Grundkurs deutsche Militärgeschichte • Band 2

Grundkurs deutsche Militärgeschichte

Drei Bände für die historische und
politische Bildung in der Bundeswehr

Im Auftrag des Militärgeschichtlichen Forschungsamtes/
Zentrums für Militärgeschichte und
Sozialwissenschaften der Bundeswehr
herausgegeben von

Karl-Volker Neugebauer

Band 2

Grundkurs deutsche Militärgeschichte

Band 2

Das Zeitalter der Weltkriege 1914 bis 1945

Völker in Waffen

Mit Beiträgen von
Ernst Willi Hansen und Karl-Volker Neugebauer

sowie Gerhard P. Groß, Harald Potempa
und Werner Rahn

DE GRUYTER
OLDENBOURG

Projektkoordination: Knud Neuhoff
Redaktion: Knud Neuhoff, Carmen Winkel
Bildredaktion: Gunnar Lucke, Daniela Morgenstern, Hubertus von Prittwitz
Lizenzen: Marina Sandig
Nebentextautoren: Eva Besteck, Andreas Brandner, Anja Hawlitschek, Dorothee Hochstetter, Alexander Kranz, Thorsten Loch, Gunnar Lucke, Knud Neuhoff, Christian Senne, Sebastian Szelat, Stephan Theilig, Carmen Winkel
Lektorat: Eva Besteck, Alexander Kranz, Knud Neuhoff, Carmen Winkel
Karten/Grafiken: Bernd Nogli, Christopher Volle, Harald Sylvester Wolf
Texterfassung/Satz: Carola Klinke, Antje Lorenz, Christine Mauersberger, Christine Nemitz, Inge Uebachs

Umschlagabbildungen:
Stellungskrieg an der Yser in Flandern. Deutsche Soldaten im Schützengraben.
 Foto, 1914/15 (akg-images)
Einstellung der Kampfhandlungen in Berlin. Deutsche Soldaten marschieren durch das Brandenburger Tor in die Kriegsgefangenschaft.
 Foto, 2. Mai 1945 (ullstein bild)
Deutscher Kriegsgefangener hinter Stacheldraht.
 Foto, Mai 1945 (ullstein bild)

Bibliografische Information der Deutschen Nationalbibliothek
Die Deutsche Nationalbibliothek verzeichnet diese Publikation in der Deutschen Nationalbibliografie; detaillierte bibliografische Daten sind im Internet über http://dnb.d-nb.de abrufbar.

Nachdruck der Ausgabe von 2009

© 2017 Walter de Gruyter GmbH, Berlin/Boston

Satz: ZMSBw, Potsdam
Layoutkonzeption: Knud Neuhoff (Berlin)/Maurice Woynoski (Potsdam)
Layout: Marc Berger (Berlin)/Maurice Woynoski (Potsdam)
Umschlaggestaltung: Maurice Woynoski (Potsdam)
Druck und Bindung: Hubert & Co. GmbH & Co. KG, Göttingen

Gedruckt auf säurefreiem Papier
Printed in Germany
www.degruyter.com

Inhalt

Einleitung

Vorstellung Der »Grundkurs deutsche Militärgeschichte« ist die neu erarbeitete Folgeauflage der 1993 erschienenen zweibändigen »Grundzüge der deutschen Militärgeschichte«. Ähnlich wie der Vorgänger ist das Folgewerk ein facettenreiches und multiperspektivisches Lehr- und Studienbuch für Studenten und und Dozenten der Geschichte und natürlich in erster Linie für die Offizieranwärter und Offizieranwärterinnen der Bundeswehr. Zudem soll die Publikation, ähnlich der Erstauflage, eine breite militärhistorisch interessierte Öffentlichkeit ansprechen.

Neuerungen Konnten in den alten »Grundzügen« der Geschichte der NVA sowie der sicherheitspolitischen Entwicklung nach 1989 auf Grund des noch unzureichenden Forschungsstandes nur wenige Seiten gewidmet werden, so betrachten wir es als einen großen Schritt nach vorne, dass der Zeitraum nach 1945 jetzt einen eigenen Band füllt. Allerdings werden die westdeutschen und die ostdeutschen Streitkräfte darin bewusst nicht äquivalent behandelt, vielmehr hat die Bundeswehr ein deutliches Übergewicht, das auch die unterschiedliche Größe der beiden deutschen Staaten und ihrer Armeen andeutungsweise widerspiegeln soll.

Zielsetzung Der »Grundkurs deutsche Militärgeschichte« bietet breite Grundlagen für einen Lernprozess des »(sich) informierenden Lernens«. Durch ihn werden die Voraussetzungen entscheidend verbessert, die drei didaktischen Zentralaufgaben des Geschichtsunterrichts zu erfüllen: das notwendige historische Orientierungswissen zu vermitteln, zu verdeutlichen, wie die Wissenschaft zu historischen Erkenntnissen und Urteilen gelangt, und Kritikfähigkeit zu wecken gegenüber jenen Darstellungsformen von Geschichte, wie sie uns in der Öffentlichkeit alltäglich begegnen.

Struktur Der erste Band umfasst den Zeitraum vom Mittelalter bis zum Vorabend des Ersten Weltkrieges 1914, Band 2 das »Zeitalter der Weltkriege« 1914 bis 1945 und Band 3 die Epoche von 1945 bis zum Anfang des 21. Jahrhunderts.

Aufbau Das Werk gliedert sich nach einem grobchronologischen Schema in zwölf schärfer konturierte, überschaubarere »Epochenabschnitte«, wobei die Leitfragen für alle Epochenabschnitte seit der ersten Auflage der »Grundzüge« nahezu unverändert geblieben sind und gleichzeitig die Kapitelstruktur bilden:

Überblick   Im Kapitel »Überblick« werden die wichtigsten historischen Ereignisse der Epoche schlaglichtartig beleuchtet, um dem Leser einen kompakten Einstieg in den behandelten Zeitabschnitt zu ermöglichen. Die vorangestellte Zeittafel gibt eine tabellarische Orientierungshilfe über die wichtigsten Daten und wird durch Literaturtipps ergänzt.

Umfeld   Im Kapitel »Umfeld« wird das komplexe und mitunter spannungsreiche Wechselverhältnis von Militär, Politik, Staat und Gesellschaft thematisiert.

Strukturen   Das Kapitel »Strukturen« beinhaltet die Organisation der Streitkräfte in umfassendem Sinne, aber auch verstärkt die »Lebenswelt« der Soldaten.

Konflikte   Im Kapitel »Konflikte« stehen die militärischen Auseinandersetzungen im Mittelpunkt, sofern sie für die deutsche Militärgeschichte von Bedeutung waren.

Die Gliederung des ersten Epochenabschnitts »Die Ursprünge: Ritter, Söldner, Soldat – Militärgeschichte bis zur Französischen Revolution 1789« weicht von diesem Schema insofern ab, als darin ein chronologischer Überblick dieses Zeitraums behandelt wird.

Zentraler Kern der Bände sind die erzählend-analytischen Autorentexte, die »Fließtexte«. Sie werden ergänzt durch vielfältige »Medien«: neben Abbildungen, Karten und grafischen Darstellungen zahlreiche »Nebentexte« wie

B Biogramme   **S** Sachtexte   **1** Primärquellen   **2** Sekundärliteratur

Auf diese parallelen Ergänzungen wird im »Fließtext« mittels ▶ hingewiesen. Ferner ermöglicht das Sachtext- und Personenregister die lexikalische Nutzung der Bände.

Literatur   Unter den »Tipps« am Anfang jedes Epochenabschnitts findet derjenige Leser, der sich intensiver mit der einen oder anderen Thematik befassen möchte, eine knappe Auswahl weiterführender, aber möglichst nicht zu spezialisierter Literatur. Umfangreichere Angaben zu der von den Autoren benutzten wissenschaftlichen Literatur befinden sich am Ende des dritten Bandes. Um die für alle Epochenabschnitte grundlegenden Werke nicht immer wieder anführen zu müssen, wird als »Standardliteratur«, die man als Erstes heranziehen sollte, an dieser Stelle benannt:

- Handbuch zur deutschen Militärgeschichte 1648–1939. Hrsg. vom Militärgeschichtlichen Forschungsamt, München 1979
- Carl Hans Hermann, Deutsche Militärgeschichte. Eine Einführung, Frankfurt a.M. 1966
- Siegfried Fiedler und Georg Ortenburg, Heerwesen der Neuzeit, Augsburg 2005

Obwohl der »Grundkurs« an Umfang zugenommen hat, ist es, wie schon in der ersten Auflage, unmöglich, alle wünschenswerten Themen, die das weite Feld der Militärgeschichte bietet, zu behandeln. Bei der Auswahl der Lerninhalte hat der Herausgeber auch bewusst den einzelnen Autoren als Fachleuten für die jeweilige Epoche weitgehende Freiheiten eingeräumt.

Die Zahl der am Gelingen des Projekts Beteiligten ist groß – mein Dank gilt dem gesamten Team.

Karl-Volker Neugebauer

Das Zeitalter der Weltkriege 1914 bis 1945 – der »Dreißigjährige Krieg« des 20. Jahrhunderts?

Im Sommer 1914 blickte Europa auf eine fünfundvierzigjährige Friedenszeit zurück. Kriege mit europäischer Beteiligung hatten in dieser Zeit lediglich als regional begrenzte Konflikte in den europäischen Randlagen wie auf dem Balkan, in Asien oder in den Kolonien stattgefunden. Seit Beginn des 20. Jahrhunderts war diese Friedensepoche jedoch durch zunehmende innen- und sozialpolitische Probleme der europäischen Staaten sowie den wachsenden Gegensatz der europäischen Machtblöcke und dem ersten »Kalten Krieg« des Jahrhunderts geprägt. Das Deutsche Reich, die Führungsmacht des Dreibundes mit Österreich-Ungarn und Italien, strebte nach Weltgeltung und forderte ebenfalls einen »Platz an der Sonne«. Die etablierten Weltmächte, Frankreich, Russland und Großbritannien waren jedoch nicht bereit, auf eigene Machtansprüche zu verzichten oder womöglich eine deutsche Vorherrschaft über Europa hinzunehmen. Die wechselseitig wahrgenommene Bedrohung der eigenen Macht führte zu einem beschleunigten Rüstungswettlauf zur See, zu Lande und in Ansätzen auch in der Luft. In einer Epoche, in der Krieg noch als ein allgemein anerkanntes Mittel der Politik verstanden wurde, sahen viele Europäer in einem kurzen Waffengang die einzige Lösung der angestauten innen- und außenpolitischen Konflikte. Die Ermordung des österreich-ungarischen Thronfolgers Franz Ferdinand und seiner Gattin in Sarajevo am 28. Juni 1914 war daher lediglich Anlass, nicht Ursache für den Ausbruch des Ersten Weltkrieges – gleichsam der Funke ins Pulverfass.

Dass mein Großvater Franz-Peter Schneider, geboren 1894 in Mainz, diese Zusammenhänge durchschaute, ist unwahrscheinlich. Für ihn war es jedoch selbstverständlich, dass er, wenn auch mit einem klammen Gefühl im Magen, als einfacher Kanonier der Leibbatterie des 1. Großherzoglichen Hessischen Feldartillerie-Regimentes Nr. 25 im August 1914 in den Krieg zog. Denn ebenso wie die meisten seiner europäischen Zeitgenossen empfand er diesen Krieg als berechtigte Verteidigung. In den folgenden Jahren kämpfte und litt Franz-Peter

Franz-Peter Schneider während des Ersten Weltkrieges. Foto, 1914.

Schneider mehrfach schwer verwundet unter anderem in der Marneschlacht 1914, vor Verdun und an der Somme 1916, vor Arras 1917 und während der Michael-Offensive 1918. Zwischenzeitlich zum Unteroffizier befördert, kehrte er nach Kriegsende 1918 hochdekoriert nach Mainz zurück. Der Krieg hatte ihn nicht nur körperlich, sondern auch seelisch gezeichnet und ihn während seines weiteren Lebensweges nie mehr losgelassen.

Franz-Peter Schneider während des Zweiten Weltkrieges. Foto, 1939.

Obwohl er – wie die meisten Deutschen – die Niederlage und den Versailler Friedensvertrag als Demütigung empfunden hatte, stand er im September 1939 dem zweiten großen Waffengang seines Lebens eher skeptisch gegenüber. Er wurde 1939, diesmal mit 46 Jahren, erneut eingezogen und als Wachtmeister und Zugführer einer Transportkompanie des Artillerieregiments 72 im Grenzgebiet zu Frankreich eingesetzt. Ohne an größeren Kampfeinsätzen teilgenommen zu haben, wurde Franz-Peter Schneider, mittlerweile zum Oberwachtmeister befördert, im April 1940 aus Altersgründen aus dem aktiven Dienst entlassen. Als älterer Soldat erschien er weniger für die Kriegführung geeignet, wohl aber als Landwirt. 1944 holte ihn der Krieg als Führer des örtlichen Volkssturms aber wieder ein. Er legte jedoch mit seinen Männern die Waffen nieder, bevor er in Kampfhandlungen verwickelt wurde. Seine Kriegserfahrungen hatten ihn gelehrt, dass bei personeller Unterlegenheit und mangelhafter Bewaffnung ein Kampf gegen Panzerkräfte sinnlos war.

Am Kriegsende 1945 blickte Franz-Peter Schneider keineswegs wie sein Vater im Alter von fünfzig Jahren vor ihm auf eine langjährige Friedensepoche mit großen wirtschaftlichen, technischen und kulturellen Fortschritten zurück. Vielmehr hatte er zwei Weltkriege sowie eine Zwischenkriegszeit erlebt, die von Revolution, Inflation, Wirtschaftskrise, politischer Instabilität und der nationalsozialistischen Diktatur geprägt war.

Politikgeschichtlich handelt es sich bei dem zweimaligen Anlauf Deutschlands zur Weltmacht um einen europäischen Konflikt um die Vormachtstellung mit weltweiten Auswirkungen, wie er seit Jahrhunderten in Europa immer wieder geführt wurde. Ebenso wie im Dreißigjährigen Krieg (1618–1648), den Eroberungskriegen Ludwigs XIV. (1667–1714) und den napoleonischen Kriegen (1792–1815) wechselten sich auch in dieser Epoche Kriegs- mit Friedenszeiten ab. Der Verlierer des ersten Waffenganges nutzte die Zwischenkriegszeit, um aus den Erfahrungen der zurückliegenden Kämpfe zu lernen, neu zu rüsten und in einem zweiten Anlauf die Niederlage rückgängig zu machen und seine eigenen Machtvorstellungen durchzusetzen.

Heute wird die Zeit von 1914 bis 1945 oft als »Zeitalter der Weltkriege« oder der »Zweite Dreißigjährige Krieg« bezeichnet, wobei der Erste Weltkrieg vielfach als Auftakt für den Zweiten gesehen wird. Trifft dieses auf den ersten Blick schlüssige Bild zu oder überwiegen nicht eher Brüche als Stetigkeiten in der Epoche der Weltkriege? Kann angesichts der Einzigartigkeit des nationalsozialistischen industrialisierten Völkermordes von einer Epocheneinheit gesprochen werden oder gibt es, trotz der Neuartigkeit der deutschen Vernichtungspolitik und Kriegführung im Zweiten Weltkrieg, einen gleichmäßigen Fortgang, der seinen Ursprung im Ersten Weltkrieg hat?

Zur Beantwortung dieser Fragen muss man dem neuartigen Charakter der beiden Weltkriege nachgehen. Das Kennzeichen besteht keineswegs darin, dass die beiden weltweiten militärischen Konflikte des 20. Jahrhunderts mehrere Kontinente erfassten sowie rund 90 Millionen Menschen das Leben kosteten. Denn so gewaltig die geografische Ausdehnung beider Kriege auch war und so furchtbar die hohen Verlustzahlen sind, hatten sich schon vor 1914 europäische Konflikte nicht nur auf Europa beschränkt, sondern – wie bereits der Siebenjährige Krieg (1756–1763) – Asien und Amerika einbezogen. Auch die schrecklichen Verluste an Menschenleben sind im Vergleich mit anderen Kriegen nicht so ungewöhnlich. So verloren allein im Chinesischen Bürgerkrieg von 1850 bis 1864 mindestens 20 Millionen, also doppelt soviel Menschen ihr Leben wie im Ersten Weltkrieg. Die weltweite Ausdehnung der Schlachtfelder und die ungeheuren Verluste an Menschenleben sind daher für sich allein kein Merkmal der beiden Weltkriege.

Deren Besonderheit ist vielmehr die zur Totalisierung neigende industrialisierte Kriegführung, die im 19. Jahrhundert vor allem im Amerikanischen Bürgerkrieg, aber auch im Deutsch-Französischen Krieg von 1870/71 und in einigen Kolonialkonflikten schon in Ansätzen erkennbar war. Wenn auch der Erste Weltkrieg in seiner Gesamtheit sicher kein »Totaler Krieg« war, lassen sich doch an ihm Entwicklungslinien totaler Kriegführung aufzeigen. Der einfache Soldat war Bestandteil einer komplexen Kampfmaschinerie, in der Maschinenwaffen immer häufiger den »Waffenträger« Mensch beherrschten und in der ihn anonymes Massensterben im Hagel der feindlichen Artilleriegranaten erwartete. An der in langen Stellungssystemen erstarrten Front setzten beide Seiten ungehemmt Giftgas, MGs und Flammenwerfer ein. Es kam zum »Krieg der Maschinen«. Zur Führung der modernen Waffensysteme wie U-Boote, Panzer oder Flugzeuge benötigte man andererseits hochqualifizierte Spezialisten, die sich aus der Masse der Soldaten heraushoben. Die mit den neuen taktischen Verfahren seit 1916 verbundene Individualisierung führte dann jedoch zu einer Aufwertung der Kleingruppe und ihren Führern sowohl im Angriff als auch in der Verteidigung. Nicht mehr der Massenangriff war das taktische Mittel, sondern der hervorragende ausgebildete Einzelkämpfer im Stoßtruppverfahren wurde zum Leitbild. Er verkörperte den Träger des Gefechts und die Speerspitze des Angriffs.

Doch nicht herausragende Taten einzelner Soldaten entschieden letztendlich den Konflikt, vielmehr die personellen und wirtschaftlichen Hilfsmittel der Krieg führenden Staaten. Der industrialisierte Krieg zwang zur Mobilisierung zusätzlicher Bevölkerungsschichten. Erstmals wurden im großen Stil Frauen in Industrie und Landwirtschaft eingesetzt. Somit weitete sich der Krieg auf alle Einwohner aus. Im Kaiserreich brachte das Hindenburg-Programm den Willen zur totalen Mobilisierung der Gesellschaft zum Ausdruck. Gleichzeitig wurde die durch Luftangriffe und Artilleriefeuer in Mitleidenschaft gezogene Zivilbevölkerung zum Teil direkt in das Kriegsgeschehen verwickelt und durch die britische Hungerblockade sowie den »uneingeschränkten U-Bootkrieg« der Kaiserlichen Marine unmittelbar in ihren Lebensgrundlagen bedroht. Die Heimat geriet so zur zweiten Front.

Die fehlenden strategischen Ressourcen Deutschlands und seiner Verbündeten versuchte die militärische Führung nicht nur durch Bereitstellung aller Kräfte, sondern auch durch gezielte Eroberungen im Osten und durch die wirtschaftliche Ausbeutung der besetzten Gebiete sicherzustellen. Doch auch derartige Bemühungen zeigten nicht die gewünschten Erfolge. Hunger und Mangelwirtschaft konnten nicht beseitigt werden. Diese Erfahrungen sowie der durch die Propaganda geschürte Hass auf den Feind führte zu einer Entgrenzung der Kriegsziele. Viele Militärs und Politiker sahen die Sicherheit der zukünftigen Generationen nur durch die dauerhafte Zerschlagung des Gegners, verbunden mit der Sicherstellung einer unabhängigen Wirtschaftsbasis, gewährleistet.

Der Krieg endete mit einem für viele Deutsche unerwarteten Zusammenbruch sowie der Novemberrevolution 1918. Die dargelegten Tendenzen zur Totalisierung haben sich im Ersten Weltkrieg jedoch nicht voll entwickeln können, da der weitaus größte Teil der europäischen Zivilbevölkerung aufgrund der festgefahrenen Fronten von unmittelbaren Kriegsfolgen nur bedingt betroffen war. Es hatte sich herausgestellt, dass Deutschland einen Abnutzungskrieg gegen die anderen europäischen Großmächte nicht gewinnen konnte. Die Ungleichheiten der strategischen Ressourcen ließen sich nicht durch taktisch-operative Neuerungen oder durch Führungskunst ausgleichen. Das Eingeständnis dieser Erkenntnis hätte folgerichtig den Verzicht auf eine militärisch gestützte Großmachtpolitik bedeuten müssen. Dies lag jedoch außerhalb der Vorstellungswelt der deutschen Eliten. Die Rücknahme des Versailler Vertrages und die Wiedererlangung des Großmachtstatus war für die militärische und Teile der politischen Führungsschicht in Deutschland ein unabdingbares Ziel.

Als Gründe für die Niederlage wurden die »Verwässerung« des als Siegesrezept verstandenen Schlieffenplans, der »Dolchstoß« der Sozialisten in den Rücken der kämpfenden Truppe und die mangelhafte Mobilisierung der Gesellschaft ausgemacht. Die im Ersten Weltkrieg an der Durchsetzung ihrer Idee gescheiterten Verfechter einer vollen Mobilisierung forderten daher für den erwarteten zweiten Waffengang, alle militärischen, wirtschaftlichen und gesellschaftlichen Kräfte schon im Frieden auf den Krieg auszurichten. Die Unterscheidung zwischen Front und Heimat sollte aufgehoben und somit die »Heimatfront« die zweite tragende Säule der Kriegführung werden. Gleichzeitig dazu fand eine Auswertung taktischer Kriegserfahrungen mit dem Ziel statt, die festgestellte militärische Unterlegenheit durch Motorisierung und taktische Beweglichkeit auszugleichen. Im Gegensatz zu den demokratischen Staaten wirkten in der Zwischenkriegszeit die durch eine antidemokratische Haltung geprägten totalitären Staaten Italien, Japan, Sowjetunion und Deutschland unbeirrbar auf eine Militarisierung der Gesellschaft hin.

Im Zweiten Weltkrieg trat die Radikalisierung zum »Totalen Krieg« dann offen zu Tage. Propaganda und Zensur galten als selbstverständlich. NSDAP und Kommunistische Partei der Sowjetunion bemühten sich durch Parteiorganisationen, Spitzelsysteme und Polizei um die totale Kontrolle der in ihren Herrschaftsbereichen lebenden Menschen. Aus der Blockadeerfahrung des Ersten Weltkrieges heraus versuchte die deutsche militärische und politische Führung in mehreren »Blitzkriegen«, einen zur Führung eines globalen Krieges befähigenden Großraum zu erobern und zu beherrschen. Das gewonnene Gebiet sollte zur Versorgung des Deutschen Reiches rücksichtslos ausgeplündert werden. Dabei kalkulierte die deutsche Führung skrupellos den Hungertod von Millionen Menschen ein. Die Besatzungsherrschaft führte zur Bildung weiträumig operierender Widerstandsbewegungen in den besetzten Gebieten. Wehrmacht und SS gingen im Partisanenkrieg mit äußerster Brutalität sowohl gegen Partisanen als auch gegen die Zivilbevölkerung vor. Millionen von Zivilisten und Kriegsgefangenen wurden unmenschlich behandelt oder ermordet. Terror war auf deutscher wie sowjetischer Seite ein Bestandteil der Kriegführung.

Das nationalsozialistische Deutschland führte einen rasseideologischen Vernichtungskrieg, der in einem einzigartigen Massenmord an den europäischen Juden gipfelte.

Neben die Blockade und den U-Bootkrieg traten der strategische Bombenkrieg sowie der Einsatz von Fernwaffen und Atombomben. Städte fielen im Luftkrieg dem Bombenhagel zum Opfer sowie ganze Landstriche wurden durch die Taktik der »verbrannten Erde« verwüstet und entvölkert. Begrenzte Kriegsziele waren angesichts der Totalisierung des Krieges nicht mehr gefragt und wichen totalen Kriegszielen. Die Zivilbevölkerung war im Zweiten im Gegensatz zum Ersten Weltkrieg in weit größerem Maße zugleich Objekt und Subjekt der Kriegführung. Die Tendenz zur industrialisierten und totalen Kriegführung, die sich, wenn auch in unterschiedlichem Ausmaß, in der totalen Mobilisierung, den totalen Kriegszielen, der totalen Kontrolle und den totalen Kriegsmethoden beider Weltkriege widerspiegelt, erlaubt es, beide Weltkriege als Kriege neuen Typs zu bezeichnen und von einem »Zeitalter der Weltkriege« zu sprechen.

Diese Erkenntnis darf nicht den Blick darauf verstellen, dass die Weltkriege von den Zeitgenossen unterschiedlich wahrgenommen wurden. Für die Generation meines Urgroßvaters endete mit der Niederlage 1918 die »gute alte Zeit« des Kaiserreichs. Den Kriegsausbruch 1939 sollte er nicht mehr erleben. Als sein ältester Enkel, mein Patenonkel, 1941 als junger Fallschirmjäger in den Krieg zog, kannte dieser den Ersten Weltkrieg wiederum nur aus Erzählungen und aus Schulbüchern. Lediglich die Generation meines Großvaters erlebte aktiv beide Weltkriege und nahm die erste Hälfte des 20. Jahrhunderts als zusammenhängende Epoche war. Die um 1890 Geborenen dienten im Ersten Weltkrieg als junge Männer im Schützengraben und im U-Boot und stellten im Zweiten Weltkrieg die wichtigsten Entscheidungsträger in Wirtschaft, Militär und Politik. Für sie war der Erste Weltkrieg unbestreitbar ein entscheidendes Lernfeld. So ist die nationalsozialistische Weltanschauung Adolf Hitlers ohne das Erlebnis des Krieges und der Niederlage von 1918 nicht denkbar. Die jungen Leutnante und Hauptleute des Ersten und Admirale und Generale des Zweiten Weltkrieges Karl Dönitz, Heinz Guderian, Erwin Rommel, Erich von Manstein, Adolf Heusinger und Hans Speidel erfuhren ihre entscheidende militärische Prägung und Sozialisation in den Jahren 1914 bis 1918. Unter dem Schlagwort »Nie wieder 1918« plante und führte daher diese Generation den Zweiten aufgrund der Erfahrungen des Ersten Weltkriegs.

Der zweimalige Versuch des Deutschen Reiches im 20. Jahrhundert, innerhalb der Lebensspanne einer einzigen Generation eine Weltmachtstellung zu erkämpfen, rechtfertigt es, die Zeitspanne von 1914 bis 1945 trotz aller erkennbarer Brüche geschichtswissenschaftlich als Epocheneinheit zu behandeln. Vorgeschichte und Nachwirkungen dieses »Dreißigjährigen Krieges« des 20. Jahrhunderts dürfen dabei aber nicht übersehen werden.

Das »Zeitalter der Weltkriege« lässt sich unter dem Leitmotiv »der Weg zum Totalen Krieg« für die deutsche Militärgeschichte in fünf Phasen einteilen:
– die Vorgeschichte als der erste »Kalte Krieg« des 20. Jahrhunderts 1905–1914,
– der Erste Weltkrieg als »industrialisierter« und erster tendenziell »Totaler Krieg« 1914–1918,
– die Zwischenkriegszeit als Versuchsaufbau für die Entwicklung taktischer und operativer Konzepte des zukünftigen Bewegungskrieges sowie der Rahmenbedingungen des »Totalen Krieges« 1919–1939,
– der Zweite Weltkrieg als vom NS-Regime entfesselter »Totaler Krieg« unter Mobilisierung aller militärischen, wirtschaftlichen und gesellschaftlichen Potenziale 1939–1945,
– das Kriegsende mit dem totalen Zusammenbruch und seinen Folgen 1945–1950.

Gerhard P. Groß

Deutsche Soldaten bei feindlichem Gasangriff an der Ostfront. Foto, 1916.

Die Urkatastrophe des 20. Jahrhunderts – Der Erste Weltkrieg 1914 bis 1918

von Karl-Volker Neugebauer

1914	28. Juni	Ermordung Franz Ferdinands
	28. Juli	Kriegserklärung Österreich-Ungarns an Serbien
	1. August	Generalmobilmachung in Deutschland
	4. August	Bewilligung der Kriegskredite
	26. –30. August	Schlacht von Tannenberg
	5. –12. September	Marne-Schlacht
1915	7. Mai	Versenkung der LUSITANIA
	Mitte Mai	Schlacht bei Tarnow-Gorlice
	23. Mai	Kriegseintritt Italiens
	11. Oktober	Niederwerfung Serbiens
1916	Februar–Dezember	Schlacht um Verdun
	27. Mai	Friedensappell Präsident Woodrow Wilsons
	31. Mai– 1. Juni	Schlacht vor dem Skagerrak
	27. August	Kriegseintritt Rumäniens
	29. August	Bildung der 3. OHL
	6. Dezember	Einnahme von Bukarest
	12. Dezember	Friedensangebot der Mittelmächte

002 Ermordung des österreich-ungarischen Thronfolgers und seiner Gattin am 28. Juni 1914 in Sarajewo. Farbdruck, 1914.

003 Die Schlacht vor dem Skagerrak am 31. Mai 1916. Öl auf Leinwand von W. Malchin.

004 Flandernschlacht: Schwer verwundete deutsche Soldaten nach ihrer Einlieferung auf dem englischen Verbandsplatz bei Potijze. Foto, 20. September 1917.

005 Die Erstürmung des Winterpalastes in Petrograd am 7. November, der Beginn der bolschewistischen Revolution in Russland. Foto, 1917.

006 Deutscher Sturmpanzer (A7). Foto, Juli 1918.

007 Waffenstillstand zwischen Deutschland und den Alliierten in Compiègne am 11. November. Bildpostkarte, um 1918.

1917	1. Februar	Beginn des »uneingeschränkten« U-Bootkrieges
	7. –15. März	Russische Februarrevolution
	6. April	Kriegseintritt der USA
	7. April	»Osterbotschaft« Wilhelms II.
	14. Juli	Sturz Bethmann Hollwegs
	19. Juli	»Friedensresolution« des Reichstages
	7. November	Russische Oktoberrevolution
1918	8. Januar	Wilsons »Vierzehn Punkte«
	3. März	Friedensvertrag von Brest-Litowsk
	21. März	Beginn der deutschen Frühjahrsoffensive
	8. August	»Schwarzer Tag des Deutschen Heeres«
	29. September	OHL fordert Waffenstillstand
	3. Oktober	Parlamentarische Regierung unter Prinz Max von Baden
	26. Oktober	Entlassung Ludendorffs
	3. November	Matrosenaufstände in Kiel
	9. November	Abdankung Wilhelms II., Ausrufung der Republik
	11. November	Waffenstillstandsabkommen in Compiègne

1. Literaturauswahl

Überblick

Berghahn, Volker R., Der Erste Weltkrieg, München 2003

Enzyklopädie Erster Weltkrieg. Hrsg. von Gerhard Hirschfeld, Gerd Krumeich, Irina Renz in Verbindung mit Markus Pöhlmann, Paderborn 2003

Mommsen, Wolfgang J., Die Urkatastrophe Deutschlands. Der Erste Weltkrieg 1914–1918, Stuttgart 2002 (= Gebhardt, Handbuch der deutschen Geschichte, 17)

Salewski, Michael, Der Erste Weltkrieg, Paderborn 2003

Strachan, Hew, Der Erste Weltkrieg. Eine neue illustrierte Geschichte, München 2004

Umfeld

Hildebrand, Klaus, Das vergangene Reich. Deutsche Außenpolitik von Bismarck bis Hitler 1871–1945, Stuttgart 1995

Hillgruber, Andreas, Die gescheiterte Großmacht. Eine Skizze des Deutschen Reiches 1871–1945, Düsseldorf 1980

Nipperdey, Thomas, Deutsche Geschichte 1866–1918, Bd 2: Machtstaat vor der Demokratie, München 1992

Ritter, Gerhard, Staatskunst und Kriegshandwerk. Das Problem des »Militarismus« in Deutschland, Bde 3–4, München 1964, 1968

Wehler, Hans-Ulrich, Das Deutsche Kaiserreich 1871–1918, Göttingen 1983 (= Deutsche Geschichte, 9)

Strukturen

Erster Weltkrieg – Zweiter Weltkrieg. Ein Vergleich. Krieg, Kriegserlebnis, Kriegserfahrung in Deutschland. Im Auftrag des MGFA hrsg. von Bruno Thoß und Hans-Erich Volkmann, Paderborn 2002

Kielmannsegg, Peter Graf, Deutschland und der Erste Weltkrieg, Stuttgart 1980

Der Krieg zur See 1914–1918. Hrsg. vom Marine-Archiv, 7 Reihen mit 23 Bden, Berlin 1920–1964

Legahn, Ernst, Meuterei in der Kaiserlichen Marine 1917/1918. Ursachen und Folgen, Herford 1970

Der Weltkrieg 1914–1918. Die militärischen Operationen zu Lande. Bearb. im Reichsarchiv, 14 Bde, Berlin 1925–1944

Konflikte

Der Erste Weltkrieg. Wirkung, Wahrnehmung, Analyse. Hrsg. von Wolfgang Michalka, München 1994

Kriegsende 1918. Ereignis, Wirkung, Nachwirkung. Im Auftrag des MGFA hrsg. von Jörg Duppler und Gerhard P. Groß, München 1999

Neitzel, Sönke, Blut und Eisen. Deutschland im Ersten Weltkrieg, Zürich 2003 (= Deutsche Geschichte im 20. Jahrhundert)

Der Schlieffenplan. Analysen und Dokumente. Im Auftrag des MGFA und der Otto-von-Bismarck-Stiftung hrsg. von Hans Ehlert, Michael Epkenhans und Gerhard P. Groß, Paderborn 2002 (= Zeitalter der Weltkriege, 2)

Die vergessene Front. Der Osten 1914/15. Ereignis, Wirkung, Nachwirkung. Im Auftrag des MGFA hrsg. von Gerhard P. Groß, Paderborn 2006 (= Zeitalter der Weltkriege, 1)

Wolz, Nicolas, Das lange Warten. Kriegserfahrungen deutscher und britischer Seeoffiziere 1914 bis 1918, Paderborn 2008 (= Zeitalter der Weltkriege, 3)

Epochenquerschnitt

Im Gedächtnis der Franzosen und Briten ist der Erste Weltkrieg der »Große Krieg« des 20. Jahrhunderts, welcher auch in viel größerem Umfang als in Deutschland das Interesse der historischen Forschung findet. In unserem historischen Selbstverständnis ist der Erste Weltkrieg hinter dem fürchterlichen Erlebnis des Zweiten Weltkrieges verblasst, der als die eigentliche militärische, politische und vor allem moralische Katastrophe empfunden wird. So sind nur einige Stichworte im kollektiven Gedächtnis der Nation haften geblieben, historische Symbole, teils von geringer, teils von hoher Bedeutung für den Verlauf des Krieges: Tannenberg, Marne-Schlacht, Langemarck, Verdun und Skagerrak. Dennoch trifft gerade für die deutsche Nation mehr als für alle anderen die Formulierung des Amerikaners George Kennan zu, dass der Erste Weltkrieg die »Urkatastrophe« des 20. Jahrhunderts gewesen ist, die eine Epoche gewaltiger Umwälzungen einleitete:

Mit dem Ersten Weltkrieg endete das »lange 19. Jahrhundert« (Eric J. Hobsbawm) und begann das »Zeitalter der Weltkriege« mit der daran anschließenden zweigeteilten Weltordnung. Mit ihm zerbrach auch das auf dem Wiener Kongress 1815 stabilisierte Mächtesystem endgültig, das bis gegen Ende des 19. Jahrhunderts eine gewisse Solidarität und gesamteuropäische Verantwortung der Großmächte weltweit gewährleistet hatte. Selbst die Veränderungen in der zweiten Jahrhunderthälfte wie die Nationalstaatbildung in Italien und Deutschland hatten dieses System im Prinzip nicht infrage gestellt. Erst durch den schrankenlosen ▶ Nationalismus und ▶ Imperialismus im ausgehenden 19. Jahrhundert fand die europäische Solidarität

008 Abfahrt des einberufenen Landsturms von einem Berliner Bahnhof. Nachkoloriertes Foto, 1914.

1914 ihr Ende. Bestanden nach dem Krieg auch weiterhin riesige Kolonialreiche, so setzten doch bereits erste Bestrebungen zur Dekolonisation ein, die in den sechziger Jahren ihren Abschluss fand. Im »Epochenjahr der Weltgeschichte« 1917 traten zwei Ereignisse von weltpolitischer Tragweite ein: Das eine, seit 1990 nur noch eine Episode der Weltgeschichte, war die Russische Oktoberrevolution, das andere war der Kriegseintritt der USA, mit dem eine seit 1000 Jahren nicht erlebte Wende einsetzte, nämlich – aus europäischer Sicht – der Abstieg Europas vom Zentrum des weltpolitischen Geschehens zu einem bloßen Teilschauplatz. Die Umstellungen von dem erwarteten »kurzen« auf einen »langen« Krieg führten zu tief greifenden gesellschaftlichen, bürokratischen, technokratischen und ideologischen Verwerfungen, die auch auf diesen Gebieten das Ende des »langen 19. Jahrhunderts« markieren. Gewaltige politische und soziale Veränderungen destabilisierten die eu-

5

Im 19. Jahrhundert bildete sich der Nationalismus als die vielleicht historisch folgenreichste Antwort auf die Daseinsfrage des Menschen heraus. Die eingliedernde Wirkung des Nationalismus fußt auf drei Säulen: Gleichheit, Zusammengehörigkeitsgefühl und Aktivierung. Wo sich die Menschen durch den Nationalismus zu nationalen Großgruppen zusammenschließen, erfahren sie sich als Gleiche, z.B. als Italiener, Franzosen oder Deutsche, was auch immer sie sonst ihrer Herkunft, ihrer Überzeugung, ihrer ökonomischen Interessenlage nach sein mögen. Dabei führt die Bewusstwerdung und Erforschung der eigenen nationalen Eigenarten, Leistungen und Vorzüge zu gleichzeitiger Abgrenzung anderer Nationen. Die zumeist positiv besetzten eigenen Wesenszüge kontrastieren oft mit negativen Stereotypen fremder oder verfeindeter Nationen. Der Nationalismus vermochte und vermag es noch, breite Menschenmassen politisch zu aktivieren und für die Ziele der Nation einzuspannen. In seiner extremsten Erscheinungsform, dem Chauvinismus, stellt er eine latente Bedrohung des Friedens dar.

ropäischen Gesellschaftsordnungen, insbesondere die deutsche, und trugen zum Niedergang des Bürgertums als führender Schicht bei. Neue radikale politische Kräfte läuteten ein »Zeitalter der Ideologien« ein.

Als Ursachen für den Ausbruch des Ersten Weltkrieges können in erster Linie folgende Faktoren gelten: Die Politik aller Großmächte wurde bestimmt von einem »absoluten« Souveränitätsverständnis, nach dem die eigene Souveränität und Handlungsfreiheit in vollem Umfang bewahrt werden musste, ohne zu erkennen, dass diplomatische Kompromisse immer nur unter freiwilliger Selbsteinschränkung erreichbar sind. Die Großmächte verfolgten eine aktiv nach außen drängende Politik mit dem konkurrierenden Ziel, Weltreiche zu bilden. Doch hatten neben ihnen auch mehrere mittlere Mächte nicht nur koloniale Bestrebungen, sondern trachteten zudem nach einer Expansion ihrer nationalen Territorien. Das Wettrüsten zwischen den großen Mächten beschleunigte sich, bedingt durch die rasanten technologischen Fortschritte, im letzten Jahrzehnt vor dem Kriegsausbruch beträchtlich. Der deutsche Schlachtflottenbau war das sichtbarste Zeichen des Rüstungswettlaufs, den Deutschland allerdings 1912 bereits gegen England verloren hatte, weil es mit dem britischen Bautempo aus finanziellen Gründen nicht mithalten konnte. Seit diesem Jahr konzentrierte das Deutsche Reich seine Mittel wieder auf die Landstreitkräfte als Reaktion auf die verstärkte französische und russische Aufrüstung und den mit französischem Kapital finanzierten Ausbau des westrussischen Eisenbahnnetzes. Die russischen Maßnahmen wiederum verstärkten in Deutschland die Überzeugung, dass nach deren Abschluss 1917 mit einem Angriff Russlands gerechnet werden müsse. Die Erwartung, dass ein europäischer Krieg früher oder später nicht zu vermeiden wäre, führte bei den führenden Schichten aller Völker zu einem Fatalismus in der Qualität einer sich selbst erfüllende Prophezeiung. Der ▸ Militarismus, speziell seine Ausprägung, in der auch Politiker den Krieg als Ultima Ratio respektierten, löste im Fall einer Krise einen militärisch-strategischen Automatismus zum Kriege hin aus, den die verantwortlichen Staatsmänner glaubten nicht anhalten zu dürfen.

Die Diskussion über die »Kriegsschuld« hat mehr als ein halbes Jahrhundert lang nicht nur die Historiker beschäftigt. Die seit den sechziger Jahren heftig umstrittene These von der Hauptverantwortung des Deutschen Reiches am Kriegsausbruch hat sich im Wesentlichen durchgesetzt. Weit gehende Übereinstimmung besteht heute jedoch in der Ablehnung jener These, dass die Reichsleitung von langer Hand auf einen Krieg hingearbeitet habe.

Um in dem Zweifrontenkrieg gegen Frankreich im Westen und gegen das Zarenreich im Osten überhaupt eine Chance zu haben, sahen die deutschen Kriegspläne vor, zuerst Frankreich in einer gigantischen Umfassungsoperation vernichtend zu schlagen und sich dann gegen Russland zu wenden. Der nach dem Urheber der Idee später so benannte »Schlieffenplan« sah hierzu die Verletzung der Neutralität Luxemburgs und Belgiens vor, was England den Anlass zum Kriegseintritt gab. Die deutsche Offensive scheiterte Anfang September an der Marne, und anschließende Versuche der Gegner, sich gegenseitig jeweils nördlich zu umfassen, dehnten die Front in einem »Wettlauf zum Meer« bis an die französische Kanalküste aus. Gegen Ende des Jahres erstarrte die Front auf 700 Kilometern von Flandern bis in die Vogesen im Stellungskrieg.

Der aus der Notlage des Zweifrontenkrieges entstandene Plan, zuerst Frankreich schnell und

6

S In einem Staat mit ausgeprägtem Militarismus wird jegliches Leben von militärischen Denkweisen und Wertvorstellungen dominiert. Militärische Prinzipien, wie beispielsweise das System von »Befehl und Gehorsam«, finden ihre Übertragung in das Zivilleben. Weitere Kennzeichen des Militarismus sind: Überzeichnete Feindbilder, Überzeugung von der Unvermeidlichkeit von Kriegen, hohe Rüstungsausgaben, überdurchschnittlich hohes Ansehen von Offizieren und Soldaten in Staat und Gesellschaft, demonstratives Tragen von Uniformen und Rang- und Ehrenzeichen in der Öffentlichkeit und Erziehung zu Disziplin und blindem Gehorsam in den Schulen.

Kolonialmächte und Kolonialgebiete 1914

Quelle: Putzger
Historischer
Weltatlas, 2000.

Legende:
- Kolonialmächte 1914
- Kolonien und abhängige Gebiete
- Außengebiete des Russischen Reiches und der USA
- Britische Dominien
- Selbständige Staaten mit von Kolonialmächten gewährten Sonderrechten
- Unabhängige Staaten ohne Kolonien
- X 1908 Konflikte

1 : 210 000 000
0 1000 2000 3000 4000 5000 km

© Cornelsen
05169-04

Als Imperialismus bezeichnet man die Expansionspolitik eines wirtschaftlich entwickelten Staates mit dem Ziel, jenseits seiner Grenzen »unterentwickelte« Gebiete von sich politisch und wirtschaftlich abhängig zu machen und diese in einem Reich zusammenzufassen.

Der Begriff selbst wurde um die Mitte des 19. Jahrhunderts Bestandteil der Umgangssprache und bezog sich zunächst auf das Regierungssystem des französischen Kaisers Napoleon III. Wenig später verwendeten ihn die britischen Liberalen als Kampfparole gegen den konservativen Parteiführer Disraeli, der den Ausbau des Empires zu einem vordringlichen Ziel der Außenpolitik Großbritanniens erklärte. Im historischen Kontext versteht man unter dem »Zeitalter des Imperialismus« den Abschnitt der Weltgeschichte von ungefähr 1880 bis 1918, in dem die bedeutendsten Industriemächte der Erde einschließlich Russland Formen der politischen und wirtschaftlichen Machtausdehnung entwickelten, die wir heute als »imperialistisch« bezeichnen. In dieser Zeit versuchten die Großmächte, andere Teile der Erde ihrer Herrschaft zu unterwerfen. Bis auf wenige Ausnahmen wurden die letzten noch unabhängigen Gebiete durch imperiale Mächte unterworfen. Bei der überseeischen Ausdehnung kam es zu einem scharfen Wettbewerb der Staaten untereinander und in der Folge zu zahlreichen Konflikten, die am Ende in den Ersten Weltkrieg mündeten.

009 Der Friedensbote. In Neu-Guinea ist die Ruhe wiederhergestellt. Farbdruck nach Zeichnung von Richard Rost, 1911.

010 Offizier der Schutztruppe auf einem Stuhl sitzend. Ostafrikanische Skulptur, um die Jahrhundertwende.

7

vernichtend zu schlagen, war der erste von vier militärstrategischen Ansätzen des Deutschen Reiches, den Krieg in einem Anlauf zu entscheiden oder ihm die erfolgreiche Wendung zu geben. Hiernach, geboren aus dem »Patt« des mörderischen ▶ Stellungskrieges, kam der deutsche Angriff auf Verdun 1916. Durch einen kalkulierten Einsatz deutscher Kräfte sollten die Franzosen bei der Verteidigung dieses nationalen Prestigeobjekts »verbluten«, der Kampfwille der französischen Nation sollte so gebrochen und damit eine Entscheidung zu Gunsten des Deutschen Reiches herbeigeführt werden. Der Plan scheiterte, denn die Schlacht verschlang gleichermaßen die Truppen beider Seiten. Der dritte militärstrategische Ansatz war der »uneingeschränkte« U-Bootkrieg seit dem 1. Februar 1917 als Antwort auf die britische Seeblockade. In fünf oder sechs Monaten müsste England zusammenbrechen, so die Zusage der Marineleitung, doch nach Anfangserfolgen scheiterte auch diese Konzeption an wirkungsvollen Gegenmaßnahmen wie Konvoibildung und U-Bootabwehr. Der letzte Versuch bestand darin, im Frühjahr 1918, bevor sich die militärische Stärke der USA voll auswirken würde, noch einmal alles auf eine Karte zu setzen und mithilfe der im Osten durch die Niederlage Russlands frei gewordenen Kräfte die militärische Entscheidung im Westen zu erzwingen. Nach einem Vorstoß von 60 Kilometern Tiefe fuhr sich die Offensive jedoch fest. Die Niederlage des deutschen Heeres war nicht mehr abzuwenden.

Im kollektiven Gedächtnis der Briten und Franzosen, aber auch der Deutschen, sind die mörderischen Materialschlachten für den Ersten Weltkrieg charakteristisch. Die »vergessene Front« im Osten und auf dem Balkan wird dabei leicht übersehen. Hier gab es, unterbrochen von

Phasen des Stellungskrieges, noch den weiträumigen Bewegungskrieg. Mehrmals selbst vor dem Abgrund der Niederlage stehend, gelang es hier den Verbündeten Österreich-Ungarn und Deutschland, auf dem Balkan unterstützt von Bulgarien und dem Osmanischen Reich, durch operative Kriegführung schließlich 1917 Russland und Rumänien zur Bitte um Waffenstillstand zu zwingen.

Doch »spektakulärer« waren natürlich die Schlachten im Westen, die mit einem gigantischen Materialaufwand und unter bewusster Inkaufnahme von ungeheuren Verlusten geführt wurden. In den sechs Monaten der »Hölle von Verdun« verloren die Franzosen 367 000 und die Deutschen 337 000 Mann. Die britische Offensive an der Somme, die am 1. Juli 1916 nach siebentägigem Trommelfeuer losbrach, kostete am ersten Tag 60 000 Soldaten der Royal Army das Leben. In den fünf Monaten bis Ende November setzten die Angreifer rund zweieinhalb Millionen Soldaten ein und hatten 700 000 Mann Verluste, die Verteidiger verloren ein Drittel ihrer Truppen, die rund einundhalb Millionen Männer umfasst hatten.

Als die britische Flotte, anders als von der »Tirpitz-Schule« erwartet, sich keineswegs auf eine enge Blockade der deutschen Nordseeküste einließ, sondern eine Fernblockade der Nordseeausgänge errichtete und damit das Risiko einer Schlacht in der südlichen Nordsee gegen die im Verhältnis drei zu zwei unterlegene kaiserliche Hochseeflotte gar nicht einzugehen brauchte, wurde deutlich, dass die deutsche Flotte eine gigantische strategische und politische Fehlplanung war. Die Seeschlacht vor dem Skagerrak ist ein zusätzlicher Beweis dafür, weil sie strategisch nicht das Geringste bewirkt hat. Hingegen trug die britische Blockade langfristig entscheidend

011 Deutsche U-Boote rüsten sich zu einer Unternehmung. Foto, 1917.

012 Der Krieg (Mittelteil des Triptychons).
Öl auf Leinwand von Otto Dix, 1929–1932.

1 Erich von Falkenhayn,
»Allgemeine Bemerkungen über den
Stellungskrieg« (25. November 1914)

*Der Stellungskrieg, der zum Synonym für den
Ersten Weltkrieg wurde, wird von dem Chef des
Generalstabes des Feldheeres als die vorüber-
gehende Kampfform des Westheeres gesehen.*

»In der nächsten Zeit gilt es vor allem, die gewonnene Linie unbedingt zu halten. Hierbei darf jedoch
der Angriffsgedanke nicht verlorengehen; es muß
vielmehr jede Gelegenheit wahrgenommen werden,
vorwärts gelegenes Gelände in Besitz zu nehmen.
Auch kleinere derartige Unternehmungen erhalten
den Angriffsgeist der Truppe, wirken der Erschlaffung
entgegen und entbehren nicht des Eindrucks auf den
Feind. Vorbedingung für das Gelingen aller Unternehmungen ist ihre gründlichste Vorbereitung; [...]
Was genommen ist, muß unbedingt gehalten werden. [...]
3. Um ein unbedingtes Halten unserer Stellungen zu
gewährleisten, sind zunächst die vordersten Linien
mit allen Mitteln weiter zu befestigen. [...]
10. Die Stimmung der Truppen frisch zu erhalten,
muß mit allen Mitteln angestrebt werden. [...]
11. Unsere Stellung trägt für die nächste Zeit in gewissem Sinne den Charakter von Gefechtswinter-
quartieren [...]. Es wird aber auch hier wiederholt, daß in diesen Winterquartieren der Wille, vorwärts zu
kommen, unter keinen Umständen einschlafen darf [...] ! Täte er es an irgendeiner Stelle, so würde die
Gefahr des Verlustes des Feldzuges nahe heraufbeschworen werden.«

*Zit. nach: Der erste Weltkrieg. Dokumente. Hrsg. von Helmut Otto und Karl Schmiedel, Berlin 1977
(= Schriften des Militärgeschichtlichen Instituts der DDR), S. 109*

013 Die Schlacht vor dem Skagerrak am 31. Mai 1916, 8 Uhr 15 abends, Signal »Ran an den Feind«.
Öl auf Leinwand von Carl Wilhelm Malchin.

zur Niederlage der Mittelmächte bei. Nicht nur auf dem Rohstoffsektor, vor allem auch auf die ▸ Ernährungslage wirkte sie sich verheerend aus, große Teile der Bevölkerung, vor allem in den Städten, litten Hunger. Als 1916 auch noch die Kartoffelernte schlecht ausfiel, mussten Steckrüben als Ersatz herhalten.

Die deutsche Marineleitung war wegen der zahlenmäßigen Unterlegenheit und zu geringer Reichweite der Hochseeflotte gegenüber der Fernblockade zur Ohnmacht verdammt. Daher entstand der Plan, im Gegenzug die Seezufuhren Großbritanniens durch das neue Waffensystem Unterseeboot zu blockieren und England so zum Frieden zu zwingen. Im Februar 1915 wurde ein internationales Seegebiet rings um die britischen Inseln zum Kriegsgebiet erklärt, in dem jedes Handelsschiff mit einem Angriff zu rechnen hatte. Völkerrechtlich war das äußerst fragwürdig, und anstatt die neutrale Schifffahrt abzuschrecken, kam es zu einem Proteststurm. Mit Rücksicht auf die USA kehrte die Reichsleitung zeitweise wieder zu dem nur gegen feindliche Handelsschiffe gerichteten »eingeschränkten« U-Bootkrieg zurück. Die deutsche Öffentlichkeit sah mehr und mehr im »uneingeschränkten« U-Bootkrieg, dem Versenken von Handels-

schiffen ohne Vorwarnung, das Allheilmittel zur Wende der Kriegslage. Unter dem Druck der öffentlichen Meinung, des Admiralstabes und der Obersten Heeresleitung (OHL) wurde der »uneingeschränkte« U-Bootkrieg im Februar 1917 wieder aufgenommen mit der Folge des Kriegseintritts der USA. Somit standen im Sommer 1918 zusätzliche 600 000 amerikanische Soldaten an der Westfront den deutschen Kräften gegenüber.

Der Krieg verursachte auf beiden Seiten unermessliche Kosten. Wer sie schließlich begleichen sollte, war beiden Seiten klar: der unterlegene Gegner. Entsprechend hoch gesteckt waren die jeweiligen Kriegsziele jener Gruppierungen, für die nur ein »Siegfrieden« in Frage kam. Im Deutschen Reich vertraten die Mehrheitsparteien des Reichstages zwar einen »Verständigungsfrieden« und bildeten einen Interfraktionellen Ausschuss, um die Reichsleitung auf diese Linie zu bringen, kamen aber gegen die »Halbdiktatur« der 3. OHL nicht an, die mit der neu gegründeten Deutschen Vaterlandspartei ein Agitationsinstrument für den »Siegfrieden« besaß. Friedensinitiativen des Papstes Benedikt XV. und des amerikanischen Präsidenten ▸ Woodrow Wilson hatten in beiden Lagern keine reale Chance.

014 Die deutsche Propaganda dementierte den Hunger sowohl an der Front als auch in der Heimat mit drastischen Postkarten.

Stadtgemeinde Heidelberg
1 Pfund Kartoffeln
Dezember 1916.

015 Lebensmittelmarke der Stadtgemeinde Heidelberg vom Dezember 1916.

1 »Verordnung über die Einschränkung des Kuchenbackens« (25. März 1915)

Angesichts der Lebensmittelknappheit wurde versucht, durch Verordnungen den Verbrauch der Bevölkerung einzuschränken.

»§ 1 Hefe, Backpulver und ähnlich wirkende Mittel dürfen zum Bereiten von Kuchen nicht verwendet werden.
§ 2 Vom 26. März bis 12. April 1915 ist das Bereiten von jeglichem Kuchen in den Haushaltungen untersagt. In der gleichen Zeit dürfen Bäckereien, Konditoreien und ähnliche Betriebe Kuchenteig, der außerhalb ihres Betriebes hergestellt ist, nicht verbacken [...]
§ 4 Zuwiderhandlungen gegen diese Verordnung werden gemäß § 44 der Bekanntmachung des Bundesrats vom 25. Januar 1915 (Reichsgesetzblatt S. 35) mit Gefängnis bis zu 6 Monaten oder mit Geldstrafe bis zu 1500 Mark bestraft. Auch kann gemäß § 2 derselben Bekanntmachung die Schließung der Geschäfte angeordnet werden.«

Zit. nach: Deutschland im Ersten Weltkrieg. Hrsg. von Ulrich Cartarius, München 1982, S. 69

B Woodrow Wilson (1856–1924)
Präsident der USA – Der Sohn eines presbyterianischen Pastors und spätere Professor für Wirtschafts- und Rechtswissenschaft an der Princeton University verinnerlichte früh eine tiefprotestantische Lebensethik. Als Präsident betrieb er eine liberale Wirtschafts- und Sozialpolitik. Bei Ausbruch des Ersten Weltkrieges proklamierte der zutiefst pazifistisch gesinnte Wilson – in der Tradition isolationistischer amerikanischer Außenpolitik – die Neutralität der USA. Die im Laufe des Krieges kontinuierlich enger werdenden Handels- und Finanzbeziehungen zwischen den USA und Großbritannien fesselten die Amerikaner immer stärker an die Briten. Wilson beharrte aber zunächst weiterhin auf seinem Neutralitätskurs, der sich auch durch die Versenkung des Passagierschiffs LUSITANIA durch ein deutsches U-Boot im Mai 1915, wobei 128 Amerikaner starben, nicht änderte. Angesichts der Versenkung mehrerer amerikanischer Schiffe im Anschluss an die Verkündung des »uneingeschränkten« U-Boot-Krieges durch das Deutsche Reich nahm er jedoch Abstand vom Neutralitätskurs (Kriegserklärung am 6. April 1917). Im Sinne des amerikanischen Fortschrittsdenkens deutete Wilson den Kriegsbeitritt der USA als »Kreuzzug« für die weltweite Verbreitung der Demokratie sowie für die Etablierung einer rationalen Friedensordnung um. Auf der Pariser Konferenz (1919) konnte er sein Friedensprogramm (»Vierzehn Punkte«), das für ihn in der Errichtung eines Völkerbundes gipfelte, nur z.T. erreichen. 1920 scheiterte die Ratifizierung des Versailler Vertrages und damit der Beitritt der USA zum Völkerbund an der isolationistisch gesinnten republikanischen Mehrheit im Senat. Ungeachtet der öffentlichen Anerkennung durch den Friedensnobelpreis (1919) sah Wilson sein politisches Lebenswerk als gescheitert an.

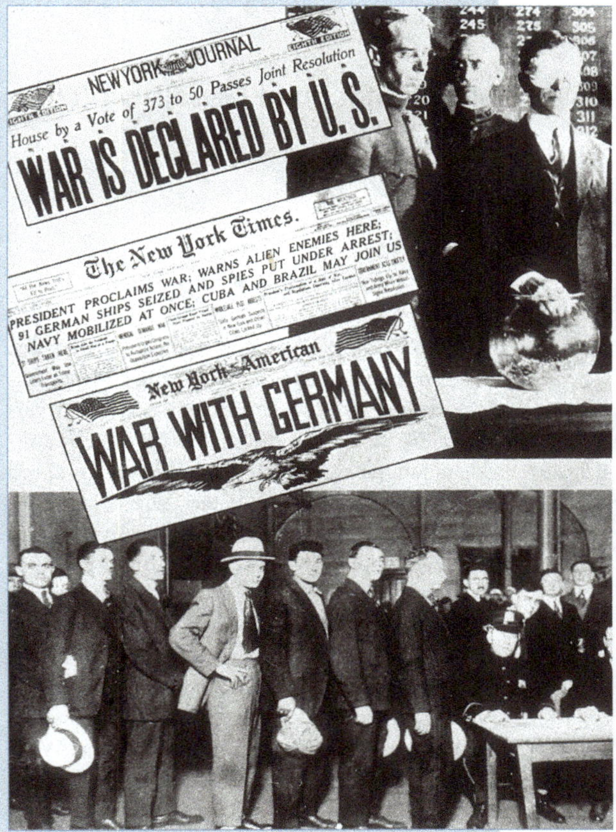

017 Montage: Zeitungsschlagzeilen geben am 7. April 1917 die Kriegserklärung der USA an das Deutsche Reich bekannt. Daneben Bilder aus einem Rekrutierungsbüro der US-Armee, sowie einem Losverfahren zur Rekrutierung.

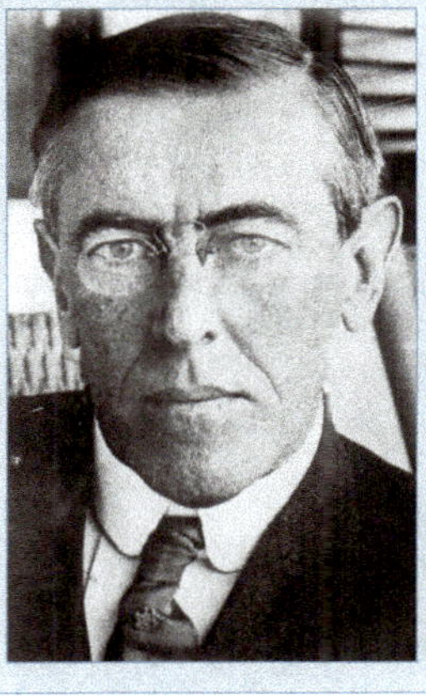

016 Woodrow Wilson. Porträtaufnahme, um 1920.

Friedensbotschaft
des
Präsidenten Wilson
am 8. Januar 1918 an den amerikanischen Kongreß gerichtet.
Vollständiger Text.

Anmerkung: Die Stellen, welche in der deutschen Presse nicht wiedergegeben wurden, sind unterstrichen.

Meine Herren!

Das Programm der Zentralmächte

In wessen Namen sprechen die Vertreter der Zentralmächte?

Abwurf feindlicher Flieger über der deutschen Front.
Potsdam, Reichsarchiv

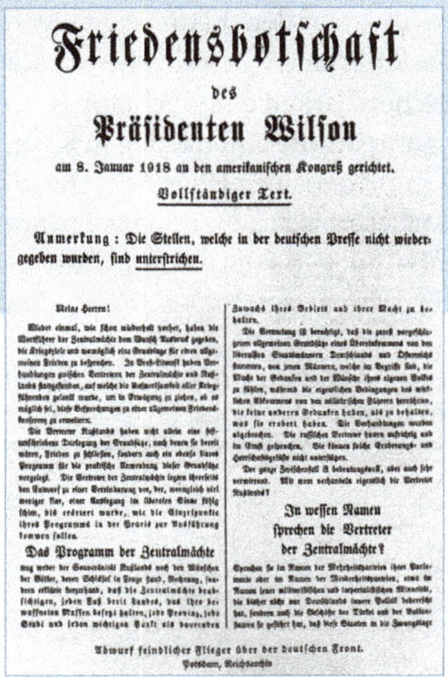

018 Vollständiger Text von Wilsons »Friedensbotschaft« aus einem Abwurf feindlicher Flieger über der deutschen Front.

Kapitel I – Umfeld:

Militär, Staat und Gesellschaft im Krieg

1. Der Weg in den Krieg

Seit der ▸ Balkankrise von 1908 bedrohte das Kriegsszenario Europa. Die britisch-französische *Entente Cordiale* (franz.; herzliches Einvernehmen), seit 1907 durch Beitritt von Frankreichs langjährigem Bundesgenossen Russland zur »Triple-Entente« erweitert, war fest gefügt. Die meisten führenden Politiker Europas hielten einen Krieg der Großmächte für unvermeidbar und unternahmen kaum etwas, ihn zu verhindern. Um diesen Verlauf abzuwenden, hätte das Deutsche Reich gegenüber Frankreich in der Frage um Elsass-Lothringen und gegenüber England in der Flottenpolitik zu Zugeständnissen bereit sein müssen. Zeitgeist und Weltmachtstreben erlaubten jedoch beides nicht, gewaltige innenpolitische Umbrüche wären die Folge gewesen. Die Regierung stand unter dem Druck bewusst geschürter imperialistischer Forderungen breiter Bevölkerungskreise, und es war fraglich, ob das kaiserliche Beamtenregime außenpolitische Rückschläge ohne strukturelle Veränderungen überstanden hätte. Auch von den anderen Großmächten war keine bereit, auf dem diplomatischen Parkett eine »Schlappe« zu riskieren, eher nahmen alle einen Krieg in Kauf.

Die Ermordung des österreichischen Thronfolgerpaars durch serbische Nationalisten am 28. Juni 1914 entzündete die Lunte am »Pulverfass Europa«. Die Frage war, ob es wie in den

019 Gefallen. Kohlezeichnung von Käthe Kollwitz, 1921.

▸ Balkankrisen 1908/09 und 1912/13 noch einmal gelingen würde, den Funken auszutreten und einen »Großen Krieg« zu verhindern. Auf der einen Seite standen das Deutsche Reich und sein einziger zuverlässiger Bundesgenosse, die mehr und mehr an politischem Gewicht einbüßende österreichisch-ungarische Vielvölkermonarchie, auf der anderen Seite Frankreich und Russland mit Großbritannien, dessen Kriegseintritt als sicher galt, wenn deutsche Truppen die belgische Neutralität verletzen würden. Und genau das sah der alternativlose deutsche Kriegsplan vor. Die Konsequenzen waren der deutschen politischen Leitung voll bewusst. War der Kriegsausbruch also ein automatischer Prozess auf Grund militärischen Kalküls? Ein Präventivschlag des »eingekreisten« Reiches oder ein willkommener, vielleicht sogar gezielt

12

Deutsche Reichskanzler
im Ersten Weltkrieg

1909–1917

020
Theobald von
Bethmann Hollweg.

Die Schwäche des Osmanischen Reiches war der Grund für die Balkankriege 1912/13. Das Osmanische Reich, der »Kranke Mann am Bospcrus«, war durch die Revolution der Jungtürken 1907/08 sowie den Tripolis-Krieg mit Italien (1911/12) stark angeschlagen. In dieser Situation ergriffen die Balkanbundstaaten Serbien, Griechenland, Montenegro und Bulgarien die Gelegenheit, um die restlichen verbliebenen osmanischen Provinzen auf dem Balkan zu erobern. In weniger als zwei Monaten Krieg sollte das Osmanische Reich beinahe fast alle seine europäischen Besitzungen verlieren. Unter Vermittlung der europäischen Großmächte wurde am 30. Mai der Londoner Vertrag geschlossen, der den Ersten Balkankrieg beendete. Die Hohe Pforte musste auf alle europäischen Gebiete westlich der Linie zwischen Midia am Schwarzen Meer und Enos an der Ägäisküste verzichteten, die Insel Kreta kam zu Griechenland. Unstimmigkeiten bei der Verteilung der im Ersten Balkankrieg eroberten Gebiete, insbesondere von Makedonien, führten schließlich noch im selben Jahr zu einem weiteren Waffengang. Die Hohe Pforte hoffte, einen Teil ihrer im Ersten Balkankrieg verlorenen Gebiete zurückgewinnen zu können. Aus den Friedensverhandlungen ging Serbien als politisch und territorial gestärkte Macht auf dem Balkan hervor.

021 Die europäischen Mächte auf dem Pulverfass Balkan. Zeitgenössische Karikatur.

022
»Lang lebe die Entente Cordiale!«
Zeitgenössische englische Postkarte.

Bündnisse in Europa 1912
Quelle: Putzger Historischer Weltatlas, 2000.

GROSS-BRITANNIEN · Interessenausgleich 1907 · RUSSISCHES REICH · NDL · DEUTSCHES REICH · BEL · FRANK-REICH · ÖSTERR.-UNG. · ATLANTISCHER OZEAN · PORT. · SPANIEN · ITALIEN · RUM. · SE. · BUL. · M. · OSMANISCHES REICH · GRIECHEN-LAND · Marokko · Algerien · Tunesien · MITTELLÄNDISCHES MEER · 0 250 500 750 1000 km · 1 : 70 000 000

Dreibund, erneuert 1912	Dreiverband (Triple Entente)
Italien, Annäherung an Frankreich 1902, an Russland 1909	Frz.-russ. Zweiverband 1892/94 Annäherung von Serbien 1900
1. Balkanbund 1912	Entente Cordiale 1904

© Cornelsen
05189-03

VIVE L'ENTENTE CORDIALE!

13

1917

023
Georg Michaelis.

1917–1918

024
Georg von Hertling.

Vor Gott und der Geschichte ist mein Gewissen rein: Ich habe den Krieg nicht gewollt.

025 Kaiserbildnis mit Zitat und faksimilierter Unterschrift. Postkarte, 1916.

herbeigeführter Krieg im Rahmen eines deutschen imperialistischen Programms?

Subjektiv empfanden die Deutschen: »Mitten im Frieden überfällt uns der Feind.« Es ist daher nicht verwunderlich, dass der Streit um die »Kriegsschuld« erst nach Kriegsende durch den Versailler Vertrag entbrannte, in dessen Artikel 231 von einem den »alliierten und assoziierten Regierungen« durch den Angriff Deutschlands und seiner Verbündeten aufgezwungenen Krieg die Rede war. Von den Alliierten in erster Linie als Begründung für ihre Reparationsforderungen gedacht, wurde der »Schmachartikel« als moralischer Schuldvorwurf empfunden, und die deutsche Geschichtswissenschaft setzte alles daran, die Behauptung der deutschen Alleinschuld zu widerlegen: Das »eingekreiste« Deutsche Reich hätte in Notwehr vor allem gegen die heranrollende »russische Dampfwalze« gehandelt. Später wurde von angelsächsischen Historikern die abwegige These vom leichtfertigen Versagen aller Regierungen vertreten. Erst 1961 entfachte der Hamburger Historiker Fritz Fischer mit seinem Buch »Griff nach der Weltmacht« erneut eine hitzige wissenschaftliche Auseinandersetzung, die ▸ »Fischer-Kontroverse«, indem er eine imperialistische und aggressive Grundtendenz der deutschen Politik und damit die Hauptschuld Deutschlands am Kriegsausbruch zu belegen suchte. Zehn Jahre später wurden die Tagebuchaufzeichnungen Kurt Riezlers, des persönlichen Referenten von Reichskanzler Theobald von Bethmann Hollweg, publiziert, die Fischers Thesen zum Teil entschärften und die deutsche Politik als eine »Konzeption des kalkulierten Risikos« erscheinen lassen.

Demnach war in der Julikrise 1914 das Verhalten der politischen Leitung des Reiches – im Gegensatz zur militärischen Führung – zunächst nicht vom Präventivkriegsdenken geprägt. Bethmann Hollweg und der Staatssekretär des Auswärtigen Amtes Gottlieb von Jagow glaubten, nach dem Mord von Sarajewo wegen des angeschlagenen Prestiges Österreich-Ungarns eine Demütigung der Doppelmonarchie nicht hinnehmen zu können. Für eine Aufwertung des Bundesgenossen, aber auch mit dem Ziel einer offensiven Nutzung der Krise, waren sie bereit, den Krieg zu riskieren, spekulierten aber darauf, ihm ausweichen zu können, weil die gegnerischen Mächte sich »rational« verhalten und es bei einer diplomatischen Kraftprobe belassen würden. Es ging also darum, ob Russland eine Aktion, die seine vitalen Interessen nicht betraf, hinnehmen würde, nämlich eine österreichische »Strafaktion« gegen seinen Schützling Serbien, das als Machtfaktor weit gehend ausgeschaltet werden sollte. Würden England und Frankreich ihren Bündnispartner Russland vom Krieg abhalten, so könnte sogar die gegnerische Allianz wegen der russischen Enttäuschung darüber Risse bekommen. Sollten aber die Russen zum Krieg entschlossen sein, dann würden die Mittelmächte als die Angegriffenen dastehen, innenpolitisch von immenser Bedeutung im Hinblick auf die Haltung der Sozialdemokraten.

14

1918

026
Max von Baden.

1918–1919

027
Friedrich Ebert.

1 Fritz Fischer
»Der Griff nach der Weltmacht« (1961)

Der von Fischer herausgestellte Zusammenhang
zwischen der deutschen »Weltpolitik« und den
Kriegszielen des kaiserlichen Deutschlands
während des Ersten Weltkrieges war ein Grund
für die kontroverse Diskussion seines Werkes
die als »Fischer-Kontroverse« in die Geschichte
eingegangen ist.

»Der rückschauende Betrachter erkennt in dem
Kriegszielprogramm des Kanzlers unschwer Objekte deutscher Wirtschaftsbestrebungen der Vorkriegszeit, wie z.B. die in Belgien, Luxemburg und
Lothringen, die aber nunmehr durch die Mitteleu-
ropakonzeption und eine antienglische Spitze gekennzeichnet waren. [...]
Die Durchsetzung dieses Programms hätte eine
vollständige Umwälzung der staatlichen und wirtschaftlichen Machtverhältnisse in Europa herbeigeführt. Die besondere Bedeutung des September-
programms [...] lag in zwei Punkten. Einmal stellte
das Programm keine isolierten Forderungen des
Kanzlers dar, sondern repräsentierte Ideen führender Köpfe der Wirtschaft, Politik und des Militärs.
Zum anderen waren [...] die in dem Programm
niedergelegten Richtlinien im Prinzip Grundlage
der gesamten deutschen Kriegszielpolitik bis zum
Ende des Krieges, wenn sich auch je nach der Ge-
samtlage einzelne Modifikationen ergaben.«

Zit. nach: Fritz Fischer, Der Griff nach der
Weltmacht. Die Kriegszielpolitik des kaiserlichen
Deutschland 1914–1918, Düsseldorf 1961,
S. 93 f.

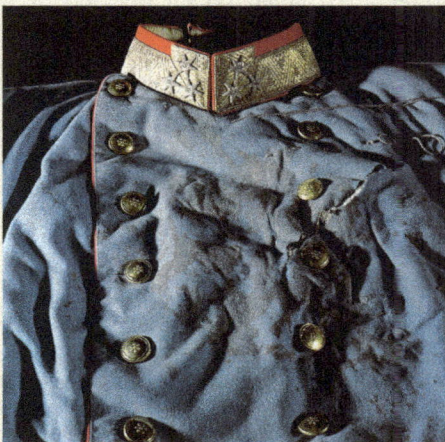

028 Ermordung des österreichisch-ungarischen
Thronfolgers Erzherzog Franz Ferdinand und seiner
Gattin durch Gavrilo Princip am 28. Juni 1914 in
Sarajewo. Farbdruck, 1914.

029 Serbien lehnt das auf 48 Stunden befristete,
österreichisch-ungarische Ultimatum ab. Extra-Blatt
des Berliner Tageblatt vom 25. Juli 1914.

030 Uniform Franz Ferdinands, getragen bei
seiner Ermordung.

Gratis! Extra-Blatt. Gratis!

Berliner Tageblatt
und Handels-Zeitung.

Nr. 378a. Sonnabend, 25. Juli 1914. 43. Jahrgang.

**Serbien
lehnt Oesterreichs
Forderungen ab.**

**Der Einmarsch der Oesterreicher
bevorstehend.**

**Der österreichisch-ungarische Gesandte
wird heute abend Belgrad verlassen.**

Belgrad, 25. Juli, 6 Uhr 40 Min. (Telegramm
unseres Korrespondenten.) Die allgemeine Mobilisierung ist
angeordnet, der Thronfolger Alexander übernimmt selbst
den Befehl über die Belgrader Truppen.

15

031 Französische Karikatur auf Kaiser Franz Joseph und das deutsch-österreichische Bündnis.

So wurde die Donaumonarchie am 5./6. Juli 1914 durch den später so genannten deutschen ▸ Blankoscheck zu einer Strafaktion gegen Serbien gedrängt, ging aber nicht mit der Schnelligkeit vor, die für ein Gelingen des leichtfertigen Vabanque-Spiels geboten gewesen wäre, so lange nämlich noch überall helle Empörung über die serbischen »Königsmörder« herrschte. Erst am 23. Juli stellte Österreich den Serben ein Ultimatum, die zwei Tage später zur allgemeinen Überraschung die Forderungen des Ultimatums weit gehend akzeptierten. Damit schien sich die Lage zu entspannen, wenn auch gerade erst der französische Staatspräsident Raymond Poincaré den Russen bei seinem Staatsbesuch in St. Petersburg die volle Unterstützung Frankreichs zugesichert hatte. Daraufhin beschloss der russische Kronrat am 25. August, Serbien zu unterstützen, das noch am selben Tag mit der Mobilmachung begann. Inzwischen war Österreich-Ungarn fest entschlossen, mit Serbien »abzurechnen«. Dennoch wirkte die österreichische Kriegserklärung an Serbien am 28. Juli auf die Öffentlichkeit schockierend. Jetzt war der »Große Krieg« unvermeidlich. Auf deutscher Seite wagte niemand, die Österreicher zurückzuhalten. Je mehr die deutsche politische Leitung ab Mitte Juli das Scheitern ihres Konzepts fürchten musste, um so mehr näherte sie sich resignierend den Präventivkriegskonzeptionen der Militärs an.

Auch ▸ Wilhelm II. hatte die Größe der Kriegsgefahr nicht erkannt. Nach außen eher ein Scharfmacher, innerlich aber unsicher und ängstlich, ging er Anfang Juli mit der Yacht Hohenzollern auf eine Nordlandreise. Erst nach der Rückkehr am 27. Juli wurde er sich der drohenden Katastrophe bewusst. Mit mehreren Telegrammen versuchte »Willy« seinen »lieben Nicki« aufs Stillhalten einzuschwören. Doch Zar Nikolaus II. kam gegen die Argumente der führenden Politiker und seines Generalstabes nicht an. Beiden Kaisern waren wesentliche Teile ihrer vermeintlichen Machtfülle schon aus den Händen geglitten. Demzufolge begannen am 29. Juli die Russen mit der Mobilmachung.

Seit diesem Zeitpunkt ordnete sich auf deutscher Seite alles nur noch den militärischen Erfordernissen unter, keinen weiteren Tag zu verlieren, die Diplomatie diente nur noch der Abschirmung. Nachdem ein deutsches Ultimatum an Russland, die Mobilmachung anzuhalten, unbeantwortet geblieben war, erklärte Deutschland am 1. August Russland und zwei Tage später Frankreich den Krieg. Der deutsche Einmarsch in Belgien war dann der äußere Anlass für den Kriegseintritt Englands am 4. August 1914.

16

Franz Joseph I. (1830–1916)
B Kaiser von Österreich – Einige Jahre vor seinem Tod bezeichnete sich Franz Joseph I. selbst als »den letzten Monarchen der alten Schule«. Mit 18 Jahren kam Franz Joseph im Revolutionsjahr 1848 an die Macht. Er brachte den revolutionären Ausbrüchen des Jahres 1848 keinerlei Verständnis entgegen. Nach Unterdrückung der Aufstände durch Kaiser Ferdinand, seinen Onkel, brach mit Franz Joseph die Zeit des österreichischen Neoabsolutismus an. Erst mit der Einsetzung einer neuen Regierung unter der Leitung des liberalen Anton von Schmer-

032 Franz Joseph I., Öl auf Leinwand von J. Siegert, 1895.

B Wilhelm II. (1859–1941)

Deutscher Kaiser und König von Preußen – Wilhelm II. stand früh in Opposition zur liberalen Aufgeschlossenheit seiner Eltern und beabsichtigte die Errichtung einer »persönlichen Monarchie«. Seinen Führungsanspruch, der unmittelbar nach der Thronbesteigung zum offenen Konflikt und schließlich zur Entlassung von Bismarck führte, legitimierte er durch das Gottesgnadentum.

Wilhelms »persönliches Regiment« unterwanderte bei dem Versuch, alle militärischen, außen- und personalpolitischen Entscheidungen selbst zu treffen, die bestehende Beamten- und Soldatentradition und schuf somit neue »byzantinische« Verhaltensweisen und Entscheidungsstrukturen, die in hohem Grade von ihm persönlich abhängig waren. Sein Festhalten an dem Tirpitz'schen Schlachtflottenbau sabotierte alle Bemühungen des Reichskanzlers und des Auswärtigen Amtes um eine Verständigung mit Großbritannien.

Durch seine unbedachten außenpolitischen Auftritte hinterließ er einen diplomatischen »Scherbenhaufen«, der Deutschland zunehmend in die Isolation trieb. Nach Ausbruch des Ersten Weltkrieges trat er gegenüber der Obersten Heeresleitung und dem Reichstag vollkommen in den Hintergrund

Der Versailler Vertrag sah die Auslieferung Wilhelms und die Anklage als Kriegsverbrecher vor, dennoch konnte er nach der Niederlage Deutschlands im niederländischen Exil in Doorn bis zu seinem Tod 1941 unbehelligt weiterleben.

033 Wilhelm II.
Öl auf Leinwand von Felix Ehrlich, um 1897.

1 Kaiser Wilhelm II., »Handschreiben an Kaiser Franz Joseph« (14. Juli 1914)

Nach der Ermordung des österreichischen Thronfolgers und seiner Frau in Sarajewo sicherte der deutsche Kaiser Österreich die unbedingte Bündnistreue Deutschlands zu. Dieser so genannte Blankoscheck ermöglichte die Kriegserklärung Österreichs an Serbien.

»Durch Deinen [...] Botschafter wird Dir meine Versicherung übermittelt worden sein, dass Du auch in den Stunden des Ernstes mich und mein Reich in vollem Einklang mit unserer altbewährten Freundschaft und unseren Bundespflichten treu an Euerer Seite finden wirst. Dir dies an dieser Stelle zu wiederholen ist mir eine freudige Pflicht.

Die Grauen erregende Freveltat von Sarajewo hat ein grelles Schlaglicht auf das unheilvolle Treiben wahnwitziger Fanatiker und die den staatlichen Bau bedrohende panslawistische Hetzarbeit geworfen. [...] Ich erachte es [...] nicht nur für eine moralische Pflicht aller Kulturstaaten, sondern als ein Gebot für ihre Selbsterhaltung, der Propaganda der Tat, die sich vornehmlich das feste Gefüge der Monarchien als Angriffsobjekt aussieht, mit allen Machtmitteln entgegenzutreten. Ich verschließe mich auch nicht der ernsten Gefahr, die Deinen Ländern und in der Folgewirkung dem Dreibund aus der von russischen und serbischen Panslawisten betriebenen Agitation droht, und erkenne die Notwendigkeit, die südlichen Grenzen Deiner Staaten von diesem schweren Druck zu befreien.«

*Zit. nach: Dokumente der deutschen Politik und Geschichte von 1848 bis zur Gegenwart,
Bd 2. Hrsg. von Johannes Hohlfeld, Berlin 1952, S. 278 f.*

17

ling kündigte sich für das Jahr 1861 der seit langem überfällige Wechsel zur konstitutionellen Monarchie an. Innenpolitisch wurden die 1880er- und ein Teil der 1890er-Jahre stark von dem seit 1879 wirkenden Ministerpräsidenten Graf Eduard Taaffe geprägt. Mit Taaffes Hilfe setzte Franz Joseph, analog zu Bismarck in Preußen, eine Reihe von Sozialreformen durch. Privat wurde er immer wieder von schweren Schicksalsschlägen heimgesucht. Sein einziger Sohn Rudolf beging Selbstmord, seine Frau Elisabeth (»Sissi«) fiel 1898 in Genf einem Attentat zum Opfer. Trotz seiner starken Skepsis gegenüber Verfassungen generell zeichnete er sich durchaus durch einen liberalen Pragmatismus aus. Franz Joseph gilt bis heute als einer der populärsten Herrscher Österreichs.

2. Außenpolitik und Kriegsziele

Im Gegensatz zu Frankreich (Rheingrenze und nach Möglichkeit Rücknahme der Reichsgründung) und Russland (Vorherrschaft auf dem Balkan und über die türkischen Meerengen) hatte das Deutsche Reich keine konkreten »Kriegsziele«. Zunächst ging es lediglich um die Behauptung der eigenen Großmachtstellung in Europa und um die Verhinderung des weiteren politischen Niedergangs des österreich-ungarischen Verbündeten. Bald nach Kriegsausbruch wurden jedoch die Kriegsziele »konkretisiert« und uferten in maßlose territoriale Forderungen aus. Sie hatten vielerlei Ursachen und Funktionen: Einerseits waren sie Ergebnis während des Krieges gemachter militärstrategischer und ökonomischer Erfahrungen und sollten zur Verbesserung der künftigen strategischen und wirtschaftlichen Lage dienen. Andererseits hatten sie aber auch die Funktion, durch die Aussicht auf zukünftige Gewinne den Durchhaltewillen zu stärken und langfristig den Bestand des konservativen deutschen Systems zu sichern.

Als Anfang September 1914 der Sieg im Westen greifbar nahe schien, fasste Reichskanzler ▸ Bethmann Hollweg die verschiedensten Ideen für einen Frieden mit Frankreich im so genannten ▸ Septemberprogramm zusammen: »Sicherung des Deutschen Reiches nach West und Ost auf erdenkliche Zeit« durch Beseitigung der Großmachtstellung Frankreichs und Abdrängung Russlands nach Osten. Doch diese Forderungen täuschen über seine wahre Einstellung hinweg. Er war der Auffassung, wenn sich das Reich behaupten, also von der denkbar stärksten Feindkoalition nicht niedergerungen werden konnte, dann hätte es eigentlich den Krieg »gewonnen«. Die nationalkonservative Rechte war hingegen überzeugt, ein Friede, der nur den territorialen *Status quo* (lat.; gegenwärtiger Zustand) bestätige, bedeute den »Verlust« des Krieges. Zwar schloss auch Bethmann Hollweg eine Machtausdehnung nicht grundsätzlich aus, doch stellten Gebietsaneignungen für ihn kein Ziel dar, für das man den Krieg um jeden Preis fortsetzen sollte, wenn man stattdessen einen Status-quo-Frieden haben konnte.

Um die 1914 vermeintlich errungene Eintracht der Parteien nicht zu gefährden, ließ sich Bethmann auf das »Septemberprogramm« ein, beging aber dann den Fehler, hierbei keinen klaren Standpunkt zu beziehen und sich nicht deutlich von den teilweise maßlosen Forderungen der konservativen und bürgerlichen Parteien zu distanzieren. Aus dem gleichen Grunde war auch die öffentliche Diskussion von Kriegszielen zunächst offiziell untersagt. Mit der Ende 1916 aufkommenden Erörterung der Kriegsziele in der Öffentlichkeit brach dann dieser »Burgfriede« zusammen, und es kam zu einer immer stärker werdenden Polarisierung zwischen gemäßigten Kräften, hier vor allem den Sozialdemokraten, die einen »Verständigungsfrieden« anstrebten, und der lange vorherrschenden »Siegfrieden-Mehrheit« mit zum Teil illusorischen Kriegszielen.

Für den Versuch, die gegnerische Allianz aufzubrechen, schien Russland das geeignete Objekt zu sein. Aber alle vorsichtigen Friedensfühler wurden abgewiesen. Im Frühjahr 1916 bemühte sich Bethmann Hollweg vergeblich, den amerikanischen Präsidenten Wilson als Vermittler zu gewinnen, der sich bis zu seiner Wiederwahl am Jahresende zurückhielt. Daher ergriff Bethmann Hollweg einseitig die Initiative. Am 12. Dezember 1916 wurde im Einverständnis mit den Verbündeten vor dem Reichstag die Friedensbereitschaft der Mittelmächte feierlich verkündet. Diesen Schritt verstanden die Alliier-

034
Die deutsch-österreichische Waffenbrüderschaft »aufgefächert«. V.l.: die Chefs der Generalstäbe Feldmarschall Conrad von Hötzendorf und Generalfeldmarschall von Hindenburg, v.r.: Thronfolger Erzherzog Karl und Kronprinz Wilhelm, die Kaiser Franz Joseph I. und Wilhelm II.

B Theobald von Bethmann Hollweg
(1856–1921)

Preußischer Politiker – Bethmann Hollweg machte zunächst eine Karriere im preußischen Staatsdienst. Nach dem Sturz des Reichskanzlers Bernhard von Bülow ernannte ihn Wilhelm II. 1909 zum Reichskanzler, preußischen Ministerpräsidenten und preußischen Minister der Auswärtigen Angelegenheiten.

Erfolglos bemühte er sich im Flottenwettrüsten um einen Ausgleich mit Großbritannien. In der Julikrise 1914 trug er maßgeblich zur Eskalation des Konflikts bei, da er Österreich-Ungarn zu einem raschen Handeln gegen Serbien ermutigte. In der »Blankovollmacht« (6. Juli 1914) sicherte Bethmann Hollweg den Habsburgern die unbedingte Bündnistreue (»Nibelungentreue«) des Deutschen Reiches zu und schränkte damit dramatisch den diplomatischen Handlungsspielraum ein. Bei seinen Kriegszielvorstellungen blieb Bethmann Hollweg deutlich hinter den Vorstellungen des Militärs und denen der bürgerlichen Interessenverbände zurück, was zu seiner zunehmenden politischen Isolierung führte.

Zum offenen Konflikt mit der 3. Obersten Heeresleitung (OHL) unter Hindenburg und Ludendorff kam es wegen des Friedensangebots der Mittelmächte (12. Dezember 1916) und seines Widerstands gegen den »uneingeschränkten« U-Boot-Krieg, so dass er im Zusammenwirken von Heeresleitung, Hof sowie den Parteien des Reichstages am 13. Juni 1917 gestürzt wurde.

Mit seinem Abgang trat an die Stelle des Nebeneinanders von ziviler Reichs- und militärischer Heeresleitung die 3. OHL mit diktaturähnlichen Vollmachten.

035 Theobald von Bethmann Hollweg.
Kolorierte Porträtaufnahme, um 1915.

---

1 Theobald von Bethmann Hollweg, »Septemberprogramm« (9. September 1914)
Das Septemberprogramm, das die Unterschrift des Reichskanzlers Bethmann Hollweg trägt, gilt als das erste umfassende Kriegszielprogramm der deutschen Reichsleitung:

»Die Ziele des Krieges im einzelnen:
Frankreich. Von den militärischen Stellen zu beurteilen, ob die Abtretung von Belfort, des Westabhangs der Vogesen, die Schleifung der Festungen, die Abtretung des Küstenstrichs von Dünkirchen bis Boulogne zu fordern ist.
In jedem Falle abzutreten, weil für die Erzgewinnung unserer Industrie nötig, das Erzbecken von Briey.
Ferner eine in Raten zahlbare Kriegsentschädigung; sie muß so hoch sein, daß Frankreich nicht imstande ist, in den nächsten 15–20 Jahren erhebliche Mittel für Rüstungen aufzuwenden.
[...]
Es ist zu erreichen die Gründung eines mitteleuropäischen Wirtschaftsverbandes durch gemeinsame Zollabmachungen, unter Einschluß von Frankreich, Belgien, Holland, Dänemark, Österreich-Ungarn, Polen und eventuell Italien, Schweden und Norwegen. Dieser Verband, wohl ohne gemeinsame konstitutionelle Spitze, unter äußerlicher Gleichberechtigung seiner Mitglieder, aber tatsächlich unter deutscher Führung, muß die wirtschaftliche Vorherrschaft Deutschlands über Mitteleuropa stabilisieren (!).«

*Zit. nach: Egmont Zechlin, Friedensbestrebungen und Revolutionierungsversuche.
In: Aus Politik und Zeitgeschichte. Nr. B 20/63 vom 15. Mai 1963, S. 42–44*

19

ten ausschließlich als Zeichen der Schwäche und wiesen die Erklärung zurück. Ende des Jahres erließ dann auch Wilson einen Friedensaufruf, den die Entente mit so weit reichenden Forderungen beantwortete, dass dies praktisch die Kapitulation der Mittelmächte bedeutet hätte.

In dieser angespannten Situation am Jahresanfang 1917 drängten die OHL und die bürgerlich-konservative Reichstagsmehrheit auf Einsatz des vermeintlich letzten Mittels, des »uneingeschränkten« U-Bootkrieges. Da dieser Schritt den Kriegseintritt der USA zur Folge haben würde, war der Kanzler strikt dagegen. General Erich Ludendorff drohte mit dem Rücktritt der 3. OHL, und Bethmann Hollweg gab dem Druck der OHL und der öffentlichen Meinung schließlich nach – die politische Leitung kapitulierte vor der militärischen Führung! Zum 1. Februar 1917 erklärte das Deutsche Reich den Beginn des »uneingeschränkten« U-Bootkrieges, am 3. Februar brachen die USA die diplomatischen Beziehungen ab und am 6. April erklärten sie dem Deutschen Reich den Krieg. Für das Deutsche Reich bedeutete dies, dass sein Kampf nun aussichtslos war. Global gesehen setzte damit eine entscheidende Wende ein: das Ende Europas als weltpolitisches Zentrum.

Der Admiralstab hatte vorhergesagt, dass England innerhalb von fünf Monaten zum Frieden gezwungen sein würde. Diese Rechnung ging nicht auf. Unter dem Eindruck des fehlgeschlagenen U-Bootkrieges und der zunehmenden Schwäche der Donaumonarchie gab der Zentrumsabgeordnete Matthias Erzberger im Juli 1917 den Anstoß zu einem Beschluss des Reichstages, der sich zum ▶ Frieden ohne Gebietsabtretung bekannte. Bethmann Hollweg hatte jeden Rückhalt verloren und trat daraufhin zurück. Durch seine »Politik der Diagonale«, die taktierend allen Richtungen gerecht zu werden

versuchte, war er für die Verfechter eines »Verständigungsfriedens« ein »Hindernis des Friedens«, für die Konservativen ein »Flaumacher«, der nicht auf den »Siegfrieden« setzte. An Bethmann Hollwegs Sturz war maßgeblich die OHL beteiligt, die nun faktisch eine Militärdiktatur errichtete, denn die beiden Kanzler-Nachfolger, der Ministerialbeamte ▶ Georg Michaelis und der greise Zentrumspolitiker Georg Graf von Hertling, besaßen nur noch wenig Einfluss.

Mit dem Zusammenbruch Russlands Ende 1917 schien sich das »Durchhalten« der Kriegszielpartei gelohnt zu haben. Halb Osteuropa war von den Mittelmächten besetzt und konnte wirtschaftlich ausgebeutet werden. Hatte vor dem Krieg noch die Beurteilung des Zarenreichs zwischen »Koloss auf tönernen Füßen« und »unaufhaltsame Dampfwalze« geschwankt, so bildete sich jetzt die folgenschwere Fehleinschätzung heraus, dass Deutschland Russland ohne große Probleme niederringen und in seiner Abhängigkeit halten könnte. Der Gewaltfrieden von Brest-Litowsk sprach allen Beteuerungen eines Friedens ohne Gebietsabtretungen Hohn. Der Verhandlungsweg für die Kriegsbeendigung im Westen war damit ausgeschlossen. Lenin hatte die unerträglichen Friedensbedingungen nur akzeptiert, weil er den Sieg der Revolution im Innern sicherstellen musste, andererseits aber fest davon überzeugt war, dass nach den Lehren von Karl Marx die Revolution sehr bald auch die Gegner ergreifen würde.

In dem Glauben, die militärische Wende im Westen doch noch erzwingen zu können, ging Deutschland auf die von Wilson im Januar 1918 proklamierten »Vierzehn Punkte« nicht ein. Erst als die deutschen Frühjahrs- und Sommeroffensiven gescheitert waren, kam die Reichsleitung darauf zurück. Doch für einen Verhandlungsfrieden war es nun zu spät.

036 Medaille anlässlich der Versenkung des britischen Passagierdampfers LUSITANIA am 7. Mai 1915, von einem Privatunternehmer aufgelegt.

B Georg Michaelis (1857–1936)

Deutscher Politiker – Der promovierte Jurist stieg nach einer Laufbahn in der preußischen Verwaltung nach Beginn des Krieges zum Vorsitzenden der Reichsgetreidestelle auf. Anfang 1917 ernannte man den fähigen Organisator zum preußischen Staatskommissar für Volksernährung. Nach der Demontage Bethmann Hollwegs wurde der weit gehend unbekannte Michaelis Verlegenheitskandidat der Obersten Heeresleitung (OHL) für die Nachfolge des scheidenden Kanzlers. Im Kalkül der Militärs spielte weniger seine hohe Fachkompetenz für Kriegswirtschaftsfragen als vielmehr die politische Profillosigkeit des Kandidaten die entscheidende Rolle. Michaelis konnte der Errichtung einer de facto Militärdiktatur durch die OHL nichts entgegenstellen, da ihm durch sein Festhalten am preußischen Dreiklassenwahlrecht die Unterstützung der Reichstagsmehrheit versagt blieb. Angesichts seiner politischen Isolierung und wachsender Probleme eines immer totaler werdenden und die innenpolitischen Verhältnisse polarisierenden Krieges, reichte er am 31. Oktober 1917 seinen Rücktritt ein.

037 Foto, 14. Juli 1917.

038 Foto, 25. Februar 1918.

1 »Friedensresolution der Mehrheitsparteien des Reichstages« (19. Juli 1917)
Im Verlaufe des Krieges kam es immer wieder zu Friedensinitiativen. Letzten Endes
scheiterten sie alle an der Unvereinbarkeit der Kriegsziele aller beteiligter Staaten.

»Wie am 4. August 1914 gilt für das deutsche Volk auch an der Schwelle des vierten Kriegsjahres das Wort der Thronrede: ›Uns treibt nicht Eroberungssucht‹. Zur Verteidigung seiner Freiheit und Selbständigkeit und für die Unversehrtheit seines territorialen Besitzstandes hat Deutschland die Waffen ergriffen. Der Reichstag erstrebt einen Frieden der Verständigung und der dauernden Versöhnung der Völker.
Mit einem solchen Frieden sind erzwungene Gebietserwerbungen und politische, wirtschaftliche und finanzielle Vergewaltigungen unvereinbar.
Der Reichstag weist auch alle Pläne ab, die auf eine wirtschaftliche Absperrung und Verfeindung der Völker nach dem Kriege ausgehen.
Die Freiheit der Meere muß sichergestellt werden.
Nur der Wirtschaftsfriede wird einem freundschaftlichen Zusammenleben der Völker den Boden bereiten.
[...]
So lange jedoch die feindlichen Regierungen auf einen solchen Frieden nicht eingehen, solange sie Deutschland und seine Verbündeten mit Eroberung und Vergewaltigung bedrohen, wird das deutsche Volk wie ein Mann zusammenstehen, unerschütterlich ausharren und kämpfen, bis sein und seiner Verbündeten Recht auf Leben und Entwicklung gesichert ist.«

Zit. nach: Dokumente der Deutschen Politik und Geschichte von 1848 bis zur Gegenwart.
Ein Quellenwerk für die politische Bildung und staatsbürgerliche Erziehung, Bd 2:
Das Zeitalter Wilhelms II. 1890–1918. Hrsg. von Johannes Hohlfeld, Berlin 1951, S. 354

21

3. Die Gesellschaft des Kaiserreichs im Krieg

Der Mythos von der grenzenlosen Kriegsbegeisterung in Europa im August 1914 ist eine spätere Übertreibung. Die nationale Begeisterung war echt, wurde aber nur von einer überwiegend »gebildeten« Minderheit getragen und war auch durchsetzt von Sorge. Der Jubel, unter dem die Dienstpflichtigen und Freiwilligen zu den Fahnen einrückten, entsprang einem dem Zeitgeist entsprechenden Ritual. Der Reichstag bewilligte mit überwältigender Mehrheit, auch der Abgeordneten der ▸ SPD, die Kriegskredite. Der Kaiser rief daraufhin den »Burgfrieden« unter den Parteien aus. Gleichzeitig übertrug der Reichstag dem Bundesrat für die Dauer des Krieges weit reichende Vollmachten zum Erlass von gesetzesgleichen Verordnungen. Die Verbitterung über den vermeintlich aufgezwungenen Verteidigungskrieg ermöglichte die Mobilisierung aller Bevölkerungsschichten.

Dieser Krieg unterschied sich grundlegend von allen bisherigen. Kein »Berufskriegerstand« oder »Kriegerstand auf Zeit« trug die eigentlichen Lasten, sondern alle wehrfähigen Männer des Deutschen Reiches: zu Kriegsbeginn fünf Millionen (7,5 Prozent der Bevölkerung), später elf Millionen (16,5 Prozent) und indirekt Millionen von Frauen, Männern und Kindern in der »kämpfenden Heimat«. Die Heimat war organisatorisch wenig auf den »Großen Krieg« vorbereitet, wurde doch allgemein eine Kriegsdauer von nur wenigen Monaten erwartet. Mit der Verhängung des Kriegszustandes ging die vollziehende Gewalt auf die territorialen militärischen Befehlshaber über, die – der Kommandogewalt des Kaisers unmittelbar unterstellt – nach eigenem Ermessen entscheiden konnten, sei es in Ernährungs- und Arbeitskräftefragen oder in Fragen der Pressezensur.

Ziel der Reichsleitung war es, die innere Politik für die Dauer des Krieges »einzufrieren« und der Bürokratie zu überlassen. Doch konnten die mit längerer Kriegsdauer auftretenden Probleme nicht ohne parlamentarischen Rückhalt gelöst werden. Am 2. Dezember 1914 trat der Reichstag zusammen, übertrug die parlamentarischen Auseinandersetzungen dem Hauptausschuss, dessen Verhandlungen der Vertraulichkeit unterlagen, und vertagte sich zunächst wieder auf unbestimmte Zeit.

Schon im Oktober 1914 waren die geringen Vorräte an Rohstoffen für die Rüstungsindustrie und an Nahrungsmitteln aufgebraucht. Das Kaiserreich war nun nicht nur von Importen abhängig, die durch die englische Blockade unterbrochen wurden, sondern hatte seine Kriegswirtschaft auch noch nicht organisiert. Der Vorsitzende des Aufsichtsrates der Allgemeinen Elektricitäts-Gesellschaft (AEG) ▸ Walther Rathenau schuf Ende 1914 beim Kriegsministerium eine ▸ Kriegsrohstoffabteilung, die er zunächst selbst leitete. Es entstand ein halb-planwirtschaftliches System, das aber die privaten Produktionsentscheidungen und Preisforderungen nie antastete und somit »Kriegsgewinnlern und Schiebern« Tür und Tor öffnete. Die Nahrungsmittelversorgung wurde bald zu einem Kernproblem, vor allem in den Städten. Das Reich, schon im Frieden auf Nahrungsmittelimporte angewiesen, sah sich im Krieg mit einem zusätzlichen Produktivitätsabfall der Landwirtschaft konfrontiert. Die Agrarier wehrten sich bis 1916 mit allen Mitteln gegen staatliche Kontrollmaßnahmen, und das daraufhin gegründete Kriegsernährungsamt vermochte die Erwartungen nicht zu erfüllen, weil es seine Höchstpreis-

039
Zeitungswerbung
für Kinderspielzeug,
1915.

040 »Ich kenne keine Parteien mehr, ich kenne nur noch Deutsche!« Öl auf Leinwand von Fritz Genutat.

041
Extra-Blatt der Berliner Morgenpost vom 1. August 1914.

042
Kriegsausbruch und Mobilmachung. Kriegsbegeisterte Jugend auf dem Pariser Platz. Foto, 1. August 1914.

Extra-Blatt.

BERLINER **MORGENPOST**

Mobilisierungs-Befehl.

Soeben ist ein Erlaß des Kaisers ergangen, der die

allgemeine Mobilisierung des Deutschen Heeres und der Flotte anordnet.

Als erster Mobilmachungstag gilt:

Sonntag, der 2. August 1914.

»Erklärung der SPD« (4. August 1914)
Die SPD bewilligt in der Erklärung die von der Regierung benötigten Kriegskredite.

»Jetzt stehen wir vor der ehernen Tatsache des Krieges. Uns drohen die Schrecknisse feindlicher Invasionen. Nicht für oder gegen den Krieg haben wir heute zu entscheiden, sondern über die Frage der für die Verteidigung des Landes erforderlichen Mittel. (*Lebhafte Zustimmung bei den bürgerlichen Parteien.*) [...]
Unsere heißen Wünsche begleiten unsere zu den Fahnen gerufenen Brüder ohne Unterschied der Partei. (*Lebhaftes allseitiges Bravo und Händeklatschen.*) Wir denken auch an die Mütter, die ihre Söhne hergeben müssen, an die Frauen und die Kinder, die ihres Ernährers beraubt sind, und denen zu der Angst um ihre Lieben die Schrecken des Hungers drohen. Zu diesen werden sich bald zehntausende Verwundeter und verstümmelter Kämpfer gesellen. (*Sehr wahr!*) Ihnen allen beizustehen, ihr Schicksal zu erleichtern, diese unermeßliche Not zu lindern, erachten wir als eine zwingende Pflicht. (*Lebhafte Zustimmung bei den Sozialdemokraten.*) [...]
(*Sehr gut! bei den Sozialdemokraten.*) Wir fordern, daß dem Kriege, sobald das Ziel der Sicherung erreicht ist, und die Gegner zum Frieden geneigt sind, ein Ende gemacht wird durch einen Frieden, der die Freundschaft mit den Nachbarvölkern ermöglicht. [...]
Von diesen Grundsätzen geleitet, bewilligen wir die geforderten Kriegskredite. (*Lebhafter Beifall bei den Sozialdemokraten.*)«

Zit. nach: Unter Wilhelm II. 1890–1918. Hrsg. von Hans Fenske, Darmstadt 1982 (= Quellen zum politischen Denken der Deutschen im 19. und 20. Jahrhundert. Freiherr vom Stein-Gedächtnisausgabe, 7), S. 370 f.

23

Die Seeblockade und ihre Auswirkungen

Großbritannien verhängte mit seinem Kriegseintritt am 4. August 1914 gegen das Deutsche Reich eine Seeblockade. Deutschland war nun von kriegswichtigen Einfuhren über See abgeschnitten. Die Blockade traf die deutsche Wirtschaft hart, denn in der Annahme eines kurzen Krieges sind keinerlei Vorräte angelegt worden. Die wichtigen Rohstoffe für die industrielle Produktion wie Chrom, Nickel, Salpeter, Schwefel, Baumwolle, Kautschuk und Rohöl gingen schnell zur Neige. In dieser Situation legte der Aufsichtsrat der Allgemeinen Elektricitäts-Gesellschaft (AEG) Walther Rathenau dem preußischen Kriegsminister Erich von Falkenhayn eine Denkschrift vor. Darin hatte sich Rathenau eingehend mit der Lösung des Problems der deutschen Rohstoffversorgung befasst. Rathenau empfahl Falkenhayn die Einrichtung einer Behörde, welche die Versorgung der Wirtschaft mit den dringend benötigten Basisgütern zentral organisieren sollte. Die Pläne fanden die Zustimmung des Kriegsministers. Die nach Rathenaus Ideen errichtete Kriegsrohstoffabteilung (KRA) nahm bereits am 13. August 1914 unter seiner Leitung ihre Arbeit auf. Die Aufgaben der KRA waren, wie bereits in der Denkschrift skizziert, die Überwachung und Organisation der Verteilung von kriegswichtigen Materialien für die deutsche Industrie.

043
»Gold gab ich dem Vaterland!«
Anstecknadel, 1916.

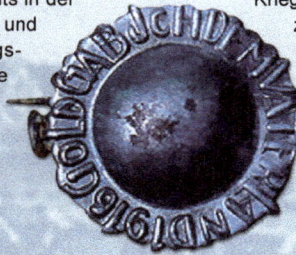

Arbeitsweise und Wirkung

Die Anfänge der Kriegsrohstoffabteilung waren sehr bescheiden. Rathenau und seine drei Mitarbeiter nahmen in den ersten Wochen zunächst Stichproben bei etwa 900 Firmen, um den Bedarf der Wirtschaft an Rohstoffen abschätzen zu können. Die Ergebnisse dieser ersten Untersuchungen stimmten Rathenau besorgt, denn die zur Verfügung stehenden Rohstoffe schienen kaum für das kommende Kriegsjahr zu reichen. Rathenau ließ daraufhin die Mehrheit der in Deutschland befindlichen Rohmaterialien beschlagnahmen und teilte sie bedarfsgerecht den Betrieben zu. Die deutschen Unternehmen mussten monatliche Berichte über ihren Rohstoffverbrauch bei der KRA vorlegen.

Aber auch diese Bewirtschaftung des Mangels geriet an ihre Grenzen. Alle deutschen Haushalte wurden dazu aufgerufen Einrichtungsgegenstände aus Aluminium, Kupfer, Messing, Nickel und Zinn sowie solche, die Gummi oder andere Buntmetalle enthielten, bei Sammelstellen der KRA abzugeben. Auch in den von deutschen Truppen besetzten Gebieten wurden die für die Kriegswirtschaft benötigten Rohstoffe konfisziert. Rathenau gab die Leitung Abteilung Ende März 1915 vereinbarungsgemäß ab. Am Ende des Ersten Weltkrieges waren in der KRA mehr als 2500 Beschäftigte tätig. Die Kriegsrohstoffabteilung beschäftigte sich aber nicht nur mit der Versorgung der Industrie mit Rohstoffen, sondern leitete auch die Forschungen zu neuen Ersatzstoffen, die geeignet waren, die nicht verfügbaren Güter zu ersetzen.

044 Materialschlacht: Munitionslager bei Verdun.
Foto, 1916.

045
Spendenaufruf für die Ölgewinnung.
Plakat, um 1916.

046 Walther Rathenau.
Öl auf Leinwand von Emil Orlik,
1922.

B Walter Rathenau (1867–1922)
Deutscher Industrieller und Politiker – Der Sohn des Gründers der Allgemeinen Elektricitäts-Gesellschaft (AEG) Emil Rathenau durchlief im Kaiserreich eine steile Unternehmerkarriere, die ihn schließlich an die Spitze der AEG im Jahre 1904 führte. 1914 zählte Rathenau zu den einflussreichsten deutschen und europäischen Großindustriellen. Bei Kriegsausbruch ernannte man ihn zum Leiter der Kriegsrohstoffabteilung (KRA) des preußischen Kriegsministeriums. In einer Denkschrift hatte er zuvor auf die in Folge einer britischen Blockade drohende Rohstoffknappheit Deutschlands bei Ausbleiben eines schnellen Sieges hingewiesen und die Schaffung eines »Rohmaterialamtes« für die Erfassung, Lagerung und Verteilung kriegswichtiger Rohstoffe vorgeschlagen. Unter seiner Leitung wuchs die KRA schnell zu einer ausgedehnten und vielverzweigten Behörde an, die tief in das deutsche wirtschaftliche Leben eingriff. Ohne die Arbeit der KRA wären der militärischen Kriegführung die entscheidenden wirtschaftlichen Voraussetzungen entzogen worden. Von der deutschen Öffentlichkeit zunächst positiv beurteilt, wurde Rathenaus Leistung mit wachsender Kriegsdauer zunehmend kritischer als unzulässige Vermischung von Privatwirtschaft und Staatsinteresse bewertet. In der antisemitischen Agitation wurde seine Tätigkeit in der KRA als Beweis für eine »jüdische Weltverschwörung« gesehen. Am 1. April 1915 schied er auf eigenen Wunsch aus der KRA aus und übernahm bis zum Ende des Ersten Weltkrieges kein politisches Amt mehr. Im Jahre 1922 wurde Rathenau als Reichsaußenminister der Weimarer Republik von Angehörigen der rechtsradikalen Organisation Consul ermordet.

Einrichtungsgegenstände aus **Aluminium Kupfer, Messing Nickel, Zinn** sind enteignet liefert sie ab!

Bekanntmachung № M. 8./1.18 K.R.A.vom 26. März 1918 ist bei allen Sammelstellen einzusehen!

047
Plakataufruf,
1918.

verordnungen in der Praxis nicht durchsetzen konnte. Schwarzmärkte mit maßlosen Preisen blühten, das Ernährungsgefälle zwischen Land und Stadt war riesig und schließlich forderte der Krieg mindestens 700 000 ▶ Hungertote. Hass gegen die wohlhabenden Schichten machte sich breit, welche die Schwarzmarktpreise bezahlen konnten, ebenso gegen Bauern und Einzelhändler, die vermeintlich Lebensmittel horteten.

Der bald nach Kriegsbeginn einsetzende Arbeitskräftemangel zwang Unternehmen und Gewerkschaften zu begrenzter Zusammenarbeit. Die Arbeitgeber mussten sozialpolitische Zugeständnisse machen. Dies wiederum wertete die Gewerkschaften als Partner auf, vergrößerte aber innerhalb der Arbeitnehmerschaft die Kluft zwischen den »gemäßigten« Sozialisten, welche die Kriegsanstrengungen unterstützten, und den »radikalen« Linken, denen es um den Sturz des Systems ging. Das ▶ »Hindenburg-Programm« von 1916 bezweckte eine Steigerung der Rüstungsproduktion um jeden Preis. Verbunden war es mit einem Hilfsdienstgesetz, das unter anderem die Arbeitszwangsverpflichtung auch für Frauen vorsah. Die Gewerkschaften wie die Mehrheit des Reichstages widersetzten sich jedoch, so dass es abgeändert werden musste. Auch dadurch gewannen Gewerkschaften und Parlament weiter an Gewicht. Die Lage an den Fronten und in der Heimat bewirkte jedoch eine zunehmende Konfrontation: vermehrte, gegen das »System«, weniger gegen die Arbeit-

geber gerichtete Streiks und wachsende Anhängerschaft bei der radikalen Linken, verstärkte Forderungen nach kompromisslosem »Durchgreifen« bei der Rechten. Die am Ende versuchte Rekrutierung von Zwangsarbeitern aus Belgien und Polen erwies sich als Fehlschlag.

War das Deutsche Reich durch das Flottenwettrüsten schon im Frieden hoch verschuldet, so mussten die unglaublichen Kriegskosten erst recht durch Kredite finanziert werden, für deren Tilgung man nach dem Sieg die gegnerischen Mächte in die Pflicht nehmen wollte. Zunächst wurden ▶ Kriegsanleihen in Umlauf gebracht, die im Vertrauen auf den Sieg vor allem Massen von kleinen Anlegern zeichneten, die dann letztendlich ihr »Erspartes« verlieren sollten. Das folgenschwere Ergebnis war die weit gehende Verarmung des »alten« Mittelstandes der selbstständigen Handel- und Gewerbetreibenden und Freiberufler, die zudem noch durch die Verdreifachung der Lebenshaltungskosten zwischen 1914 und 1918 beschleunigt wurde. Die Arbeiterschaft in der Kriegsindustrie war davon noch am wenigsten betroffen, weil die Löhne dort immerhin um das Zweieinhalbfache stiegen. Hingegen waren die Einkommenszuwächse bei den Angestellten, dem »neuen« Mittelstand, vor allem aber bei den Beamten, so gering, dass deren Realeinkommen auf gut die Hälfte des Vorkriegsniveaus sank. Mittelstand und insbesondere die Beamtenschaft waren die großen sozialen Verlierer des Krieges und wur-

S Ergebnis der neun deutschen Kriegsanleihen in Mill. Mark

Kriegsanleihe	Monat	Jahr	5%ige Reichs-anleihe	5%ige Schatz-anleihe	4,5%ige Schatz-anweisungen	Nennbetrag	Erlös
I.	September	1914	3 491,9	1 000,0	–	4 491,9	4 351,0
II.	März	1915	8 330,3	776,1	–	9 106,4	8 920,9
III.	September	1915	12 161,6	–	–	12 161,6	11 980,8
IV.	März	1916	9 194,2	–	1 571,9	10 766,1	10 502,4
V.	September	1916	9 622,4	–	1 074,3	10 696,8	10 403,9
VI.	März	1917	11 747,2	–	1 850,0	13 597,2	12 790,3
VII.	September	1917	11 304,9	–	1 369,2	12 674,1	12 252,6
VIII.	März	1918	13 532,3	–	1 593,3	15 125,6	14 635,1
IX.	September	1918	9 194,0	–	1 376,0	10 569,9	10 118,8
besondere Begebungen			19,8	800,0	1 400,0	2 200,0	973,1
Summe*			88 578,8	2 576,1	10 234,8	101 389,6	

* Kleine Differenzen durch Rundung der Zahlen
Zit. nach: Walther Lotz, Die deutsche Staatsfinanzwirtschaft im Kriege, Stuttgart 1927, S. 120

Das »Hindenburg-Programm« war ein Rüstungs- und Wirtschaftsprogramm der 3. Obersten Heeresleitung (OHL). Am 31. August 1916, zwei Tage nach Übernahme der militärischen Führung durch die 3. OHL (Hindenburg/Ludendorff), legte diese dem Preußischen Kriegsministerium umfangreiche Forderungen vor, die eine allgemeine Mobilisierung aller wirtschaftlichen Mittel sowie eine erhebliche Ausweitung der Rüstungsproduktion verlangten. Die Schlacht um Verdun hatte enorme Ressourcen verschlungen und die alliierte Offensive an der Somme setzte das Reich weiter unter Druck. Bald war es üblich, vom »Hindenburg-Programm« zu sprechen. Entwickelt wurde das Rüstungsprogramm von Oberstleutnant Max Bauer, einem Vertrauten Ludendorffs mit engen Verbindungen zu großindustriellen Kreisen. Bis zum Frühjahr 1917 sollte die Produktion von Munition und Minenwerfern verdoppelt, von Geschützen und Maschinengewehren verdreifacht werden. Dazu sollte die Pulverproduktion von monatlich 6000 Tonnen auf 12 000 Tonnen sowie die Eisenerz- und Kohlenförderung erheblich gesteigert werden. Zeitgenössische Kritiker argumentierten, dass die Produktion schneller gestiegen wäre, wenn die vom Kriegsministerium angestrebte, schrittweise Erhöhung verfolgt worden wäre.

048 Frauen in einer staatlichen Maschinengewehrfabrik während des Ersten Weltkriegs. Foto, um 1916.

Die befte Sparkaffe: Kriegsanleihe!

049 Plakat für die achte Kriegsanleihe vom März 1918, nach Entwurf von Louis Oppenheim.

1 Paul von Hindenburg, »Denkschrift« (2. November 1916)

Der Chef des Generalstabes des Feldheeres erarbeitete zusammen mit der Rüstungsindustrie das »Hindenburg-Programm«, das die letzten Menschen- und Materialreserven für den Krieg mobilisieren sollte.

»Wir können den Krieg daher nur gewinnen, wenn wir dem Heere so viel Kriegsgerät zuführen, daß es den feindlichen Armeen gleich stark gegenübersteht und wenn wir die Ernährung des gesamten Volkes sicherstellen. Das ist bei den reichen Mitteln, die unsere Feinde haben, nur möglich, wenn alles, was unser Land an Bodenschätzen birgt und was die Industrie und der Acker hergeben können, ausgenutzt wird, lediglich für die Förderung des Krieges. Dieses Höchstmaß an Leistungen kann aber nur erreicht werden, wenn das gesamte Volk sich in den Dienst des Vaterlandes stellt. [...] Es ist nach meiner Überzeugung von höchster Wichtigkeit, dass ein Gesetz zustande kommt, in welchem ausdrücklich die Wehrpflicht für die gesamte männliche Bevölkerung hinsichtlich der Dauer auf das 16. bis 60. Lebensjahr und hinsichtlich der Verwendung auf die gesamte Kriegswirtschaft ausgedehnt wird. Jeder Mann muss seinem Können entsprechend in den Dienst gestellt werden, an der Drehbank, in der Schreibstube oder zu jeder anderen Betätigung, in der er dem Staat am meisten nutzt.«

Zit. nach: Der Erste Weltkrieg in Bildern und Dokumenten, Bd 2: Stellungskrieg und Materialschlachten 1915–1916. Hrsg. von Hans Dollinger, München 1969, S. 164

27

den somit empfänglich für extreme nationalistische Ideologien.

Die Ablehnung der ersten Fassung des »Hindenburg-Programms« durch den Reichstag wie auch die Verabschiedung seiner Friedensresolution vom Juli 1917 waren deutliche Zeichen für ein zunehmendes Gewicht der parlamentarischen Kräfte. Wenn es im ersten Kriegsjahr noch politische Auseinandersetzungen gegeben hatte wie über den U-Bootkrieg oder die Kriegsziele, so hatten sie zwischen der Reichsleitung und der militärischen Führung stattgefunden, und der Chef des Generalstabes Erich von Falkenhayn hatte seinen Anspruch auf »Kriegsleitung« auch in politischen Fragen meistens durchsetzen können. Vom Reichstag wurde schlicht »klatschende Zustimmung« erwartet. Doch mit der Zeit nahm der Einfluss des Parlaments zu. In Einzelfragen bildeten sich Mehrheiten (SPD, Linksliberale, Zentrum) im Reichstag heraus. Mit den Stimmen von SPD, Fortschrittspartei, Zentrum und Nationalliberalen wurde im Oktober 1916 der Haushaltsausschuss in einen ständigen Interfraktionellen Ausschuss verwandelt. Außerdem wurde ein Verfassungsausschuss gebildet. Die Forderung nach einer Reform des preußischen ▸ Dreiklassenwahlrechts wurde immer drängender. Als der Kaiser in der »Oster-

botschaft« 1917 die Abschaffung des Dreiklassenwahlrechts vage in Aussicht stellte, drohte Ludendorff mit seinem Rücktritt.

Gegen die fortschreitende Parlamentarisierung erwog die 3. OHL mit Generalfeldmarschall Paul von Hindenburg und General Erich Ludendorff die Errichtung einer absoluten Militärdiktatur. Ludendorff war davon überzeugt, dass im Krieg der militärischen Führung die Politik im Innern wie auch nach außen unterstand, forderte also die Umkehrung des Primats der Politik. Der Sturz des Reichskanzlers Bethmann Hollweg im Juli 1917, der allerdings auch im Reichstag keinen Rückhalt mehr hatte, machte deutlich, dass bereits eine »Halb-Diktatur« der 3. OHL installiert war. Nach der Verfassung war der Reichskanzler allein vom Vertrauen des Kaisers abhängig, doch der war, auch in seiner Stellung als Oberster Kriegsherr, zum »Schattenkaiser« geworden. Die Nachfolger Bethmann Hollwegs, Michaelis und Hertling, waren mehr oder weniger »Marionetten« der 3. OHL. Um eine breitere Unterstützung ihres Kurses in der Öffentlichkeit zu finden, förderte die OHL die im Sommer 1917 entstandene Vaterlandspartei als Sammelbecken aller nationalistischen und an der Erhaltung des innenpolitischen Status quo interessierten konservativen Gruppen. Mit ungeheurem propagandistischem Aufwand verteidigten diese Kräfte die diktatorische Stellung der OHL. Erst angesichts der unvermeidlich bevorstehenden Niederlage war die 3. OHL bereit, auf die von ihr beanspruchte politische Entscheidungsgewalt zu verzichten. Jetzt wurde der Weg zu inneren Reformen frei, zumal die Amerikaner nur bereit waren, mit Vertretern einer demokratisch legitimierten deutschen Regierung zu verhandeln. Im Augenblick der ▸ Niederlage befand Ludendorff voller Zynismus, dass es nun Sache der Politiker sei, »die Suppe auszulöffeln«.

28

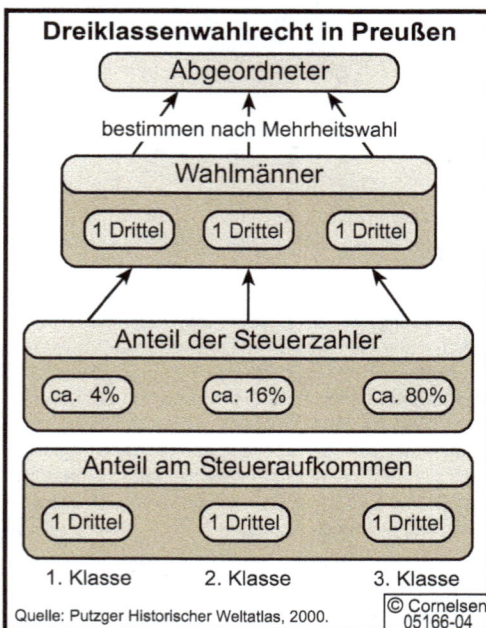

Dreiklassenwahlrecht in Preußen

Abgeordneter

bestimmen nach Mehrheitswahl

Wahlmänner

1 Drittel 1 Drittel 1 Drittel

Anteil der Steuerzahler

ca. 4% ca. 16% ca. 80%

Anteil am Steueraufkommen

1 Drittel 1 Drittel 1 Drittel

1. Klasse 2. Klasse 3. Klasse

Quelle: Putzger Historischer Weltatlas, 2000.

© Cornelsen
05166-04

Albrecht von Thaer, »Die Niederlage« (1. Oktober 1918)

In seinen Tagebuchnotizen berichtet Thaer, der während des Ersten Weltkrieges sowohl in der OHL als auch im Generalstab tätig war, von der Verkündung der militärischen Niederlage durch den Ersten Generalquartiermeister der OHL, Erich Ludendorff.

»Furchtbar und entsetzlich! In der Tat! Als wir versammelt waren, trat Ludendorff in unsere Mitte, sein Gesicht von tiefstem Kummer erfüllt, bleich, aber mit hoch erhobenem Haupt.
Er sagte ungefähr folgendes: Er sei verpflichtet, uns zu sagen, daß unsere militärische Lage furchtbar ernst sei. Täglich könne unsere Westfront durchbrochen werden. Er habe darüber in den letzten Tagen Sr. M. [Seiner Majestät] zu berichten gehabt. Zum 1. Mal sei der O.H.L. von Sr. M. bezw. vom Reichskanzler die Frage vorgelegt worden, was sie und das Heer noch zu leisten imstande seien. Er habe im Einvernehmen mit dem Generalfeldmarschall geantwortet: ›Die O.H.L. und das deutsche Heer seien am Ende; der Krieg sei nicht nur nicht mehr zu gewinnen, vielmehr stehe die endgültige Niederlage wohl unvermeidbar bevor.‹ [...] Exc. Ludendorff fügte hinzu: ›Ich habe aber S.M. gebeten, jetzt auch diejenigen Kreise an die Regierung zu bringen, denen wir es in der Hauptsache zu danken haben, daß wir so weit gekommen sind. Wir werden also diese Herren jetzt in die Ministerien einziehen sehen. Die sollen nun den Frieden schließen, der jetzt geschlossen werden muß. Sie sollen die Suppe jetzt essen, die sie uns eingebrockt haben.‹«

Zit. nach: Albrecht von Thaer, Generalstabsdienst an der Front und in der O.H.L. Aus Briefen und Tagebuchaufzeichnungen 1915–1919. Unter Mitarbeit von Helmuth K.G. Rönnefarth hrsg. von Siegfried A. Kaehler, Göttingen 1958 (= Abhandlungen der Akademie der Wissenschaften in Göttingen. Philologisch-Historische Klasse, Dritte Folge, 40), S. 234 f.

050 Generalfeldmarschall Paul von Hindenburg (vorne links) und General Erich Ludendorff (vorne rechts) mit der Operationsabteilung der Obersten Heeresleitung (OHL) in Bad Kreuznach 1917.

Flugblatt, »Hunger!« (Juni 1916)

Die Ernährung der Zivilbevölkerung wurde für alle am Krieg beteiligten Staaten zum Problem. In Deutschland reagierte die Regierung mit zusätzlichen Rationierungen auf die Versorgungsmängel. Daraufhin kam es in vielen deutschen Städten zu Unruhen.

»Was kommen mußte, ist eingetreten: Der Hunger!
In Leipzig, in Berlin, in Charlottenburg, in Braunschweig, in Magdeburg, in Koblenz und Osnabrück, an vielen anderen Orten gibt es Krawalle der hungernden Mengen vor den Läden mit Lebensmitteln. Und die Regierung des Belagerungszustandes hat auf den Hungerschrei der Massen nur die Antwort: Verschärften Belagerungszustand, Polizeisäbel und Militärpatrouillen. [...] Man hat das Volk in den Krieg gehetzt, bei dem die Zufuhr abgeschnitten wurde, kapitalistische Verbrecher haben unter Duldung der Regierung das übrige getan. Was soll werden? Man kann noch ein halbes Jahr, vielleicht ein ganzes Jahr Krieg führen, indem man die Menschen langsam verhungern läßt. Dann wird aber die künftige Generation geopfert. Zu den furchtbaren Opfern an Toten und Krüppeln der Schlachtfelder kommen weitere Opfer an Kindern und Frauen, die infolge des Mangels dem Siechtum verfallen. [...] Es gibt keine Wahl. Es gilt die Tat. Rafft euch auf, ihr Männer und Frauen! Gebt euren Willen kund, laßt eure Stimme erschallen: Nieder mit dem Kriege! Hoch die internationale Solidarität des Proletariats!«

Zit. nach: Unter Wilhelm II. 1890–1918. Hrsg. von Hans Flenske, Darmstadt 1982 (= Quellen zum Politischen Denken der Deutschen im 19. und 20. Jahrhundert. Freiherr vom Stein-Gedächtnisausgabe, 7), S. 439

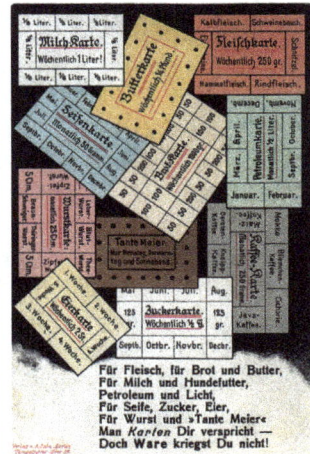

051 Satirische Bildpostkarte, um 1916.

29

Kapitel II – Strukturen:

Das neue Gesicht des Krieges

1. Kriegsbild und Kriegführung

Der auf operativen Ideen des Generals Alfred Graf von Schlieffen aufbauende Kriegsplan des jüngeren Moltke sah vor, den Gegner im Westen in einer Entscheidungsschlacht vernichtend zu schlagen und anschließend die Masse der deutschen Truppen nach Osten zu werfen. Da der Zeitfaktor von entscheidender Bedeutung war, bargen die Planungen ein hohes Risiko und stellten eher eine »Notlösung« als ein »geniales« Rezept zur Erringung des Sieges dar. Zur einzig möglichen Alternative, die politische Leitung über die hohe Wahrscheinlichkeit des Scheiterns des Kriegsplans zu informieren, konnten sich die Militärs nicht durchringen. Denn das hätte eine totale Kehrtwendung der Außen- und Innenpolitik des Reiches zwingend erforderlich gemacht – mit voraussichtlich katastrophalen Folgen für das politische System.

Nach der Mobilmachung umfasste das deutsche Kriegsheer – mobiles Feldheer und Besatzungsarmee – rund 120 000 Offiziere und 3,7 Millionen Unteroffiziere und Mannschaften. Gleich nach Kriegsbeginn wurden fünf Reserve-Divisionen aufgestellt. Sie bestanden aus jungen Kriegsfreiwilligen, deren Begeisterung ihre kurze und mangelhafte Ausbildung nicht wettmachen konnte. Schon in der zweiten Oktoberhälfte wurden sie beim »Wettlauf zum Meer« leichtfertig geopfert (Langemarck-My-

052 Plakat für die sechste Kriegsanleihe vom März 1917 nach Entwurf von Fritz Erler.

thos). Die eigentliche Mobilmachung hatte fast alle ▶ personellen Reserven verschlungen. Allerdings waren im Deutschen Reich seit Jahren nur gut 50 Prozent aller Wehrpflichtigen zum Wehrdienst einberufen worden – in Frankreich mehr als 80 Prozent –, so dass es wegen der beim Heer vergleichsweise mäßigen Rüstungspolitik 1914 über fünf Millionen nicht ausgebildete Wehrpflichtige gab. Deutschland verfügte bei 68 Millionen Einwohnern über etwa 5,5 Millionen »gediente« Reservisten, Frankreich bei nur 40 Millionen Einwohnern über 4,5 Millionen.

Aus dem tragischen »Opfergang« der jungen Divisionen zog die Heeresleitung Konsequenzen; die weiteren Neuaufstellungen erhielten Kader aus älteren Divisionen sowie eine gründlichere

30

Truppenstärken einschließlich Reserven bei Ausbruch des Ersten Weltkrieges			
Großbritannien	980 000	Rumänien	290 000
Deutschland	4 500 000	Bulgarien	280 000
Österreich-Ungarn	3 000 000	Griechenland	230 000
Frankreich	4 020 000	Türkei	210 000
Russland	5 970 000	Serbien	200 000
Italien	1 250 000		

053 Französische Infanteristen erobern einen deutschen Schützengraben bei Combles.
Lithografie von Lucien Jonas, 1916.

Der Erste Weltkrieg von 1914 bis 1916

Ausbildung. Bis 1916 wurden auf diese Weise 59 weitere Infanterie-Divisionen aufgestellt. 1918 umfasste das Heer unter den verschiedenen Heeresgruppen- und Armee-Oberkommandos 67 Generalkommandos (Armeekorps) mit 241 Infanterie- und vier Kavallerie-Divisionen.

Im Jahr 1916 begann die Heeresleitung, zwischen »Stellungs«- und »Eingreif«-Divisionen zu unterscheiden, während sich alle Divisionen des Feldheeres von 1914 noch als »Angriffs-Divisionen« gefühlt hatten. Das Ende ihres rasanten Vormarsches im September 1914 und die Entwicklung zu den Materialschlachten 1916 bis 1918 ist eine der bedeutendsten »Revolutionen« in der Kriegführung. An der Westfront scheiterten bei Freund und Feind alle Versuche, einen taktischen oder gar operativen Durchbruch zu erzwingen. Zu hoch war die Überlegenheit des Verteidigers über den Angreifer, des Feuers über die Bewegung, so dass es taktisch nicht gelang, eine auch nur zehn Kilometer tiefe Verteidigungszone mit der notwendigen Zügigkeit zu überwinden. Aber es gab noch andere Defizite: Die moderne Technik, ihre Anforderungen und ihre Auswirkungen wurden geistig nicht bewältigt. Gerade deshalb erzielte die »Tankwaffe«, die 1916 als das überraschendste Kriegsmittel auf dem Gefechtsfeld auftauchte, nur örtlich Erfolge, denn ihre operativen Chancen zur Überwindung des Stellungskrieges wurden entweder nicht erkannt oder unterschätzt und waren teilweise auch tatsächlich wegen anderer technischer Unzulänglichkeiten wie den Nachschub für raumgreifende operative Bewegungen, noch nicht auszunutzen. Ein Beispiel dafür gibt die deutsche Frühjahrsoffensive 1918: Der zunächst erfolgreiche Stoß in die Tiefe – ohne Panzerunterstützung – blieb nach 60 Kilometern liegen und konnte operativ nicht ausgenutzt werden, weil die für den Bewegungskrieg erforderlichen Waffensysteme fehlten: motorisierte Artillerie und Mannschaftstransporte nebst Nachschub sowie bewegliche Führungs- und Fernmeldemittel.

Auch das Verhältnis von Führung und Truppe unterlag grundlegenden Veränderungen. Die im Vergleich zu den Führungserfordernissen noch völlig unzureichende Fernmeldetechnik wirkte sich auf dem Höhepunkt der Marne-Schlacht verheerend, wahrscheinlich kriegsentscheidend aus. Die Nachrichtenübermittlung war an die Leitung, an den Draht gebunden. Deshalb saßen vom Bataillon an aufwärts die Führungsstäbe unbeweglich in Gefechtsständen fest. Daraus ergab sich, vor allem auf höherer Ebene, eine verhängnisvolle Trennung von Führung und Truppe, von Kommandostab und Kampfeinheit, wobei der Begriff »Front« in der Regel noch den Brigadestab mit einschloss. Anders war das Bild auf dem östlichen Kriegsschauplatz. Für Materialschlachten fehlten dem Gegner hier die Mittel. Aber neben langwierigen Phasen des Stellungskrieges gab es operative Durchbrüche, die den Mittelmächten zum Beispiel 1915 bei Tarnow und Gorlice und Ende Oktober 1917 bei Karfreit in den Julischen Alpen gelangen und zu Phasen des Bewegungskrieges überleiteten.

Das Soldatendasein an der Westfront unterschied sich grundlegend von herkömmlichen militärischen Auseinandersetzungen, keines Soldaten Phantasie hätte sich 1914 das Kommende vorstellen können. Tapferkeit war nur noch gefragt im Sinne von Leidensfähigkeit und Durchhaltevermögen gegenüber Kälte und Nässe, Ungeziefer und Krankheiten, Artilleriebeschuss und Gasvergiftung, Verstümmelung und anonymem Massensterben. In den Schützengräben entwickelten sich soziale Beziehungen, die später zum Mythos der »Frontkämpfer-Ideologie« stilisiert wurden, ein neues

Helme der Kriegsparteien

054
Deutsches Reich
bis 1916.

055
Deutsches Reich
ab 1916.

Der Erste Weltkrieg von 1917 bis 1918

Quelle: Putzger Historischer Weltatlas, 2000.

Legende:
- Mittelmächte 1918
- Alliierte und assoziierte Staaten Sept. 1918
- Vor Sept. 1918 ausgeschiedene Alliierte
- Fronten Ende 1917
- Vordringen d. Deutschen, Türken und Finnen März bis Juni 1918
- Westfront bei Waffenstillstand
- Militärische Operationen im Vorderen Orient 1916 und 1917
- Militärische Operationen 1918
- Türkische Stellungen bei Waffenstillstand

1 : 30000000

© Cornelsen 05235-08

058 Das Kriegsbild vor 1914: Sturmangriff der Infanterie. Zeitgenössische Lithografie.

33

056 Großbritannien.

057 Frankreich.

059 Flandernschlacht: Schwer verwundete deutsche Soldaten nach ihrer Einlieferung auf dem englischen Verbandsplatz bei Potijze. Foto, 20. September 1917.

060 Sanitäter an der Westfront vor »Rohrkrepierer« (42-Zentimeter-Geschütz). Foto, 1916.

061 Verwundeten-Transport der deutschen Armee auf einem Bahnhof hinter der Westfront. Foto, 1918.

Mobilisierung und Organisation

Die große Zahl der im Ersten Weltkrieg Verwundeten und Kranken stellte für das Sanitätswesen der beteiligten Armeen eine enorme Herausforderung dar. Noch nie zuvor in der europäischen Geschichte waren die militärischen Sanitätsdienste mit so vielen Verletzten und Erkrankten konfrontiert worden. Obwohl das Verhältnis von Verwundungen zu Todesfällen, das man für das 19. Jahrhundert mit etwa 4:1 annimmt, sich im Ersten Weltkrieg zu Gunsten der Soldaten leicht verbessert hatte, mussten im deutschen Kaiserreich, um die gewaltige Anzahl der durch die Kampfhandlungen in Mitleidenschaft gezogenen Soldaten bewältigen zu können, etwa 25 000 Ärzte eingesetzt werden. Das medizinische Personal wurde zudem noch um 200 000 Soldaten im Sanitätsdienst und freiwillige Krankenpfleger ergänzt.

Die Anforderungen des Stellungskrieges

Das ursprünglich auf die Anforderungen des Bewegungskrieges ausgerichtete Sanitätswesen musste innerhalb der ersten Kriegsmonate an die Verhältnisse im Stellungskrieg angepasst werden. Das Ergebnis war ein hinter der Frontlinie tief gestaffeltes System medizinischer Versorgung. Die Krankenträger brachten die Verwundeten direkt vom Kampfgeschehen zu den nahe gelegenen Verbandsplätzen. Dort wurde in der Regel nur eine oberflächliche Wundversorgung vorgenommen, weil die Verbandsplätze meist noch im Wirkungskreis der gegnerischen Artillerie lagen. Danach wurden die Verwundeten in die Feldlazarette transportiert. Die Feldlazarette waren die zentralen Einrichtungen der Krankenversorgung. Weiter hinter der Front lagen die Kriegslazarette. Im Ersten Weltkrieg gingen etwa 85 Prozent der Verwundungen auf Artillerieeinwirkung zurück. Die Verletzungen durch Splitter und Schrapnells riefen tiefe und oftmals schwer zu versorgende Wunden hervor. Die weiträumige Zerstörung des Gewebes stellte bei der Desinfektion dieser Verletzungen ein großes Problem für das medizinische Personal dar. Die Wundhygiene ließ sich jedoch durch die verstärkte Verabreichung von Tetanus-Antitoxin erheblich verbessern. Unter den verschiedenen Lazaretten gab es unter anderem auch spezielle Einrichtungen für Gaskranke und Kriegsneurotiker.

Die Kriegsneurotiker

Im Laufe des Krieges setzte sich allgemein für psychopathologische bedingte Erkrankungen, die infolge des Kampfeinsatzes bei Soldaten auftraten, der Begriff Kriegsneurose durch. Die Kriegsneurotiker wurden umgangssprachlich auch »Kriegszitterer« oder »Schüttler« genannt. Es wird geschätzt, dass unter dem Eindruck der Materialschlachten etwa 200 000 deutsche Soldaten an Kriegsneurosen litten. Die deutschen Militärärzte

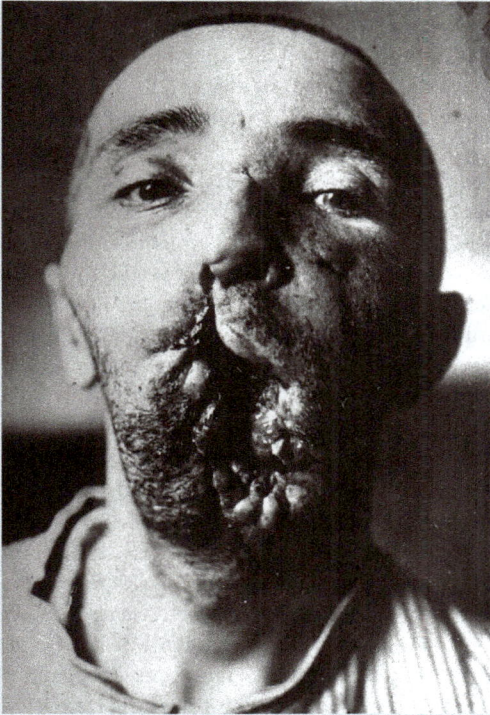

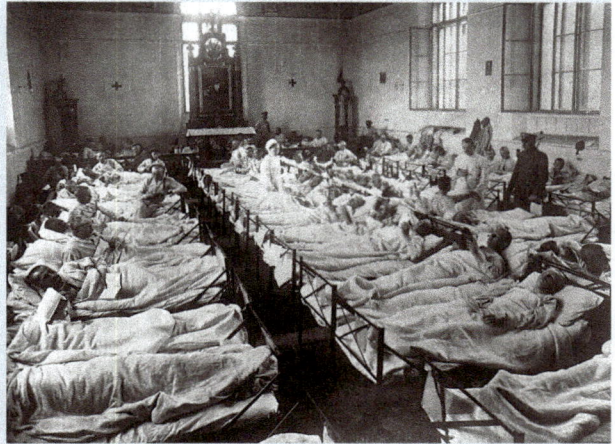

062 Östlicher Kriegsschauplatz: Verwundete deutsche Soldaten in einem Lazarett. Foto, 1916.

063 Soldat mit schwerer Gesichtsverletzung. Foto, um 1916.

064–066 Verschiedene Anzeigen in Zeitschriften.

waren seit Beginn des Krieges vom Ausmaß der vorkommenden Fälle von Kriegsneurosen völlig überrascht. Zur Linderung dieses Leidens wurden zunächst Dienstbefreiungen und Wasserkuren verordnet. Später als die Heftigkeit der Kämpfe zu Materialschlachten angestiegen war, nahm auch die Zahl der Kriegsneurotiker zu. Die Mediziner griffen nun, um ihre Patienten wieder für den Fronteinsatz verwendungsfähig zu machen, zu Methoden von ausgesuchter Brutalität: Elektroschockbehandlungen, wobei Todesfälle in Kauf genommen wurden, Kehlkopfsonden, die bei den durch das erlittene Trauma stumm gewordenen Soldaten Erstickungsanfälle auslösten, so genannte Hungerkuren oder die völlige Isolation der Geschädigten nur unterbrochen vom »Zwangs- oder Gewaltexerzieren« kamen zur Anwendung. Die Ärzte versprachen sich von diesen Behandlungsmethoden, den »Willen« der Kriegsneurotiker wieder zu entfachen und ihnen so zur Gesundung zu verhelfen.

Verhältnis zwischen Offizieren, Unteroffizieren und Mannschaften, geboren aus der gemeinsam bestandenen Not im Unterstand, der Solidarität mit den Kameraden und der Loyalität gegenüber der eigenen Einheit. Die »Front« wiederum stand im schroffen Gegensatz zur »Etappe«, hier der Kämpfer der Materialschlachten, das »Frontschwein«, dort der »Etappenhengst«, von denen jeweils eine unterschiedliche Opferbereitschaft erwartet wurde. In der Kluft zwischen den Kriegsbedingungen für die »Etappe« einerseits, die meist in festen Unterkünften, teilweise in Schlössern untergebracht war, und für die »Front« andererseits, die in den Schützengräben, oft im Schlamm dahinvegetierte und zudem schlechtere Verpflegung bekam, sind dann auch die ersten Ursachen für den Zerfall der Armee zu suchen. Dennoch gab es bis nach dem Scheitern der deutschen Frühjahrsoffensiven 1918 im deutschen Heer im Vergleich zu den alliierten Gegnern relativ wenige Fälle von Fahnenflucht. Während der Frühjahrsoffensiven erreichten Motivation und ▶ Kampfmoral der Truppen noch einmal einen Höhepunkt und erst nach deren Fehlschlagen zerbröckelte die Kampfmoral allmählich.

2. Waffengattungen und Taktik

Der Erste Weltkrieg bewirkte einen einschneidenden Wandel in der Eigenart und Bedeutung der Waffengattungen. Die Infanterie erhielt nach und nach wesentlich mehr Maschinengewehre (MGs), dazu leichte und schwere Unterstützungswaffen, Pionierkampf- und Fernsprechmittel. Schließlich verfügte jedes Bataillon über eine MG-Kompanie, das Regiment über neun leichte und sechs schwere Minenwerfer. Neben MG-Scharfschützen-Abteilungen wurden besondere Sturmbataillone

mit Flammenwerfern und Nahkampfmitteln gebildet. Auch die Artillerie erhielt Maschinengewehre zur Nahverteidigung und Fliegerabwehr. Die indirekten Schießverfahren wurden vervollkommnet. Unter Artillerie-Kommandeuren zusammengefasst, entwickelte die Artillerie eine ungeheure Feuerkraft bei Feuerzusammenfassung sowie Sperr- und Vernichtungsfeuer, so dass sie zur beherrschenden Unterstützungswaffe aufstieg und das taktische Denken wesentlich mitbestimmte. Die Pioniere erweiterten ihre Einsatzbreite im Minen-, ▶ Gas- und Festungskrieg. Dabei entwickelte sich der »Kampfpionier« als Typus heraus. Die Kavallerie schmolz im Osten auf vier Divisionen zusammen, die aber wiederum zu schwach waren für weiträumige Operationen. Panzer- und Kraftfahrtruppe wurden auch während des Krieges auf deutscher Seite nicht im gebotenen Maße ausgebaut, hingegen nahm die Fliegertruppe einen stürmischen Aufschwung.

Die taktischen Vorstellungen auf deutscher Seite gingen vor 1914 noch von dem Dogma der Überlegenheit der Offensive über die Defensive aus. Entsprechend waren Einsatz- und Ausbildungsgrundsätze auf den Angriff ausgerichtet. Verteidigung war danach nur ein kurzfristiger Übergang bis zum nächsten Angriff. Feldbefestigungen sollten nach der Vorschrift von 1906 nur eine dünne Linie bilden und wurden als Ausbildungsthema weit gehend vernachlässigt. Als dann in der ersten Phase des Stellungskrieges die Devise aufkam, jeden »Fußbreit Boden« zu halten, wurde eine tiefere Gliederung des Verteidigungssystems notwendig. Diese Taktik bewährte sich 1915, als den Engländern und Franzosen trotz tagelangem Trommelfeuer nur Einbrüche in das deutsche Stellungssystem, aber kein Durchbruch gelang.

Dennoch führte diese starre Art der Gefechtsführung, jeden Graben zu halten oder so-

067/068 Maschinengewehr 08/15 und Gurtkasten.

1 Albrecht von Thaer, »Tagebuch«
(27. April 1918)

Der Chef des Stabes des Generalquartier-
meisters schreibt über die sinkende Kampfmoral
der deutschen Soldaten. Die »Georgette-Offen-
sive«, die als Entlastung für die gescheiterte
»Michael-Offensive« gedacht war, brachte nicht
den gewünschten Erfolg. Die Soldaten waren
durch die vorangegangenen Kämpfe demoralisiert
und physisch erschöpft.

»Persönlich habe ich mich davon überzeugen
müssen, daß durchweg die Truppen jetzt unter
der Depression einer sehr großen Enttäuschung
standen. Es war nicht mehr der Angriffsgeist des
21. März und der unmittelbar nachfolgenden Tage,
wie ich es südlich Arras vor 4 bis 6 Wochen noch
miterlebt habe. Damals hatte noch einmal alles sich
innerlich zusammengerafft und alles hergegeben
in der Zuversicht: ›Das ist nun die allerletzte große
Offensive. Damit schaffen wir's, und dann wird Friede.‹ Daß diese Hoffnung gescheitert ist, darüber
ist jeder Kompanieführer und jeder Batterieführer
und demgemäß jeder Musketier und jeder Kanonier hier im Abschnitt von Armentieres sich klar [...]
Die Tapfersten sind sehr ernst. Bei den schwächeren Charakteren zeigen sich schon üblere Folgen:
Paniken bei der Infanterie bei Eintritt neuer großer
Verluste, mangelnde Leistungen bei der Artillerie,
bei der sogar in Einzelfällen das Munitionieren mit
Getränken im Vordergrund zu stehen schien. Allgemeine Zunahme von Drückebergerei. Man greift als
Vorgesetzte Instanz hiergegen scharf ein, aber das
ist doch zum Teil ein Kurieren an Symptomen, aber
nicht am Grunde der Krankheit.«

Zit. nach: Der erste Weltkrieg. Dokumente. Hrsg.
von Helmut Otto und Karl Schmiedel, Berlin 1977
(= Schriften des Militärgeschichtlichen Instituts der
DDR), S. 291 f.

Der größte innere feind

Ift der Mißwucher, welcher aus Unwiffenheit oder Ungufriedenheit, ohne fich
Aufklärung verschafft zu haben, seine Kameraden gleichfalls zu mißmutigen
Äußerungen gegen die von der harten Notwendigkeit des Krieges geboteten
Beftimmungen veranlaßt.

Kameraden,

macht es nicht wie diese verblichte Schadlichinge, welche nach Voll 3 Jahres
unerhörter Opfer des deutschen Volkes noch jeßt gelernt haben, daß unter Sein
oder Nichtsein vom Ausgange dieses schwerften aller Kämpfe abhängt.

Macht reichlichen Gebrauch von den in Eagergum Eurer Lagarette angeschlagenen

Jettelkaften,

in welchem Ihr auf einen Stüdchen Papier in kurzer Faffung und
ohne Namensnennung alle diejenigen Fragen niederlegen
könnt, die Euch und Eure Familie berühren. Es wird Euch nach Möglichkeit in kurzen Vorträgen Aufklärung darüber gegeben werden.

Wendet Euch aber auch vertrauensvoll an Eure Lazarettverwaltung, die Lazarett-
Seelforger, sowie das Pflege- und Sanitätsperfonal, die gerne bereit find,
Euch jede gewünschte Austunft zu erteilen, im Falle des Nicht-
vermögens aber mindestens zu vermitteln.

069 Aufruf zur
Unterstützung
und Hebung der
Moral unter den
Verwundeten in
den deutschen
Lazaretten.
Plakatanschlag,
1917.

070/071 Deutscher Laufgraben an der Westfront und
Verschüttete nach Artillerieangriff. Fotos, um 1916.

072 Deutsches Feldgeschütz mit Bedienmannschaft mit Gasmasken. Foto, 1917.

073 Deutsche Soldaten mit Gasmasken beim Skat. Foto, 1917.

074 Deutscher Gasangriff. Luftaufnahme, 1917.

Die Entwicklung

Mit dem Einsatz von giftigem Chlorgas am 22. April 1915 auf dem Schlachtfeld bei Ypern begann das deutsche Heer die Kriegführung mit chemischen Kampfstoffen im Ersten Weltkrieg. Die Entwicklung des Kampfstoffes Gas war eng mit dem deutschen Chemiker Fritz Haber verbunden. Im Jahre 1909 machte der Chemiker mit dem nach ihm und seinem Kollegen Carl Bosch benannten Haber-Bosch-Verfahren auf sich aufmerksam. Dieses Chemische Verfahren ermöglichte erstmals mittels Hochdruck die Bindung des Luftstickstoffes in Form von Ammoniak (NH_3). Ammoniak war aber nicht nur der Grundstoff zur Herstellung von Dünger, sondern durch die dem Haber-Bosch-Verfahren zu Grunde liegende Ammoniak-Synthese gelang es auch, Salpetersäure zu produzieren – eine Grundsubstanz zur Erzeugung von Schießpulver. Nach Ausbruch des Ersten Weltkrieges war Deutschland durch die englische Seeblockade vom Salpeter-Import aus Chile abgeschnitten. Somit erlangte die synthetische Herstellung von Salpetersäure für die deutsche Kriegswirtschaft eine enorme Bedeutung. Als Direktor des 1911 neu gegründeten Kaiser-Wilhelm-Instituts für Physikalische Chemie und Elektrochemie in Berlin-Dahlem setzte sich Haber seit Kriegsausbruch für die Entwicklung und den Einsatz von chemischen Kampfstoffen ein.

Von dem ersten Gaseinsatz bei Ypern erhoffte sich der deutsche Generalstab einen örtlich begrenzten Erfolg, aber keinen Durchbruch. Der Angriff sollte dem XV. Armeekorps einen Einbruch in das gegnerische Stellungssystem ermöglichen. Die Chlorgaswolke löste bei den französischen Truppen Panik und Entsetzen aus. Die Alliierten erklärten, dass der Gasangriff ein Verstoß ge-

075 »Stinkraum! Eintritt verboten«, Gasmaskenprüfung in der Etappe der Ostfront. Foto, 1916.

gen die Haager Landkriegsordnung und als Ausdruck der »deutschen Barbarei« verstanden werde. Dennoch antworteten die Alliierten auf diese Innovation der Kriegführung und setzten ihrerseits am 25. September 1915 erstmals Chlorgas gegen deutsche Stellungen ein. Bis Kriegsende wurden von beiden Seiten etwa 400 Angriffe mit chemischen Kampfstoffen durchgeführt. Die Mehrzahl wurde von Briten und Franzosen an der Westfront vorgenommen, weil sie von den in Westeuropa vorherrschenden meteorologischen Verhältnissen begünstigt wurden. Aber selbst der Angreifer konnte im Gaskrieg nicht vor den Kampfstoffen sicher sein. Immer wieder kam es vor, dass durch plötzlich drehende Winde die Gaswolke auf die Stellung das Angreifers abdriftete. Ganze Schlachten wurden durch den Einsatz von Gas nicht entschieden, aber durch Gasangriffe kam es zum Teil zu schweren Verlusten.

Erste Einsätze ... und ihre Folgen

Im Laufe der Zeit stand den Gaspionieren und den Artilleristen eine ganze Palette verschiedener chemischer Kampfstoffe zur Verfügung, auf deutscher Seite wurden sie nach ihrer farblichen Markierung als Weißkreuz, Grünkreuz, Gelbkreuz oder Blaukreuz bezeichnet. Das Ziel des Gaskrieges war nicht in erster Linie das Töten des Gegners, sondern die besondere Erschwerung der Lebens- und Kampfbedingungen im Schützengraben. Um den Soldaten Schutz vor den giftiger Gasen zu bieten, wurden im September 1915 im deutschen Heer Gasmasken eingeführt. Diese Gasmasken waren aus gummiertem Stoff gefertigt und besaßen einen abschraubbaren Filter, der hauptsächlich mit Aktivkohle gefüllt war. Nach Schätzungen forderte der Einsatz von Gas an der Westfront etwa 500 000 Verletzte und 20 000 Tote. Eines dieser Opfer war der Gefreite und Meldegänger Adolf Hitler, der in Folge des Gaseinsatzes kurzzeitig erblindete. Fritz Haber, dem »Vater des Gaskriegs«, wurde 1918 für die Synthese von Ammoniak, trotz seiner Rolle in der chemischen Kriegsführung Deutschlands, der Nobelpreis für Chemie zugesprochen. In den 1920er Jahren forschte Haber an Substanzen zur Schädlingsbekämpfung. Nach der »Machtergreifung« der Nationalsozialisten verlor er wegen seiner jüdischen Herkunft seine Stellung als Leiter des Kaiser-Wilhelm-Instituts und emigrierte nach England.

077 Das Giftgas und seine Erfinder. Farblithografie von Jean Gabriel Domergue, 1915.

078 Deutsche Soldaten bei feindlichem Gasangriff an der Ostfront. Foto, 1916.

076
Deutsche Gasgranate, ursprünglich gefüllt mit dem Kampfstoff »Blaukreuz«.

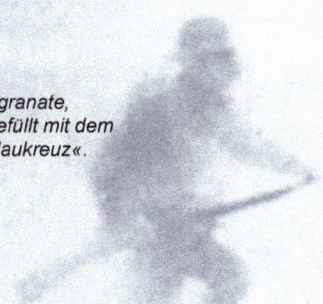

079 Flammenwerfer im Einsatz. Foto, um 1917.

fort im Gegenstoß wieder zu nehmen, zu unerträglichen Verlusten. Ende 1916 setzte sich eine beweglichere Kampfführung durch, in der eine hinhaltende Taktik zur Geltung kam und auch die Aufgabe von Geländeteilen nicht mehr tabu war. Die Folgen waren kleinere, beweglichere Kampfeinheiten sowie größere Selbstständigkeit und Verantwortung der Unterführer. Dazu sollte hinter dem ersten Grabensystem ein zweites in so großem Abstand ausgebaut werden, dass der Feind zu einem neuen Artillerieaufmarsch und zu einem neuen Ansatz des Angriffs gezwungen wurde.

In der Regel konnten wenige ▶ Maschinengewehre einen feindlichen Ansturm brechen. War dennoch ein Einbruch gelungen, so wurde die Zufuhr feindlicher Verstärkungen durch Sperrfeuer unterbunden, der Einbruchsraum unter konzentriertes Feuer aller Waffen genommen und im Gegenstoß eine Bereinigung versucht. Auch hierbei trugen die »Truppwaffen«, das seit 1916 in den Kompanien eingeführte leichte Maschinengewehr, ferner Granat-, Minen- und Flammenwerfer die Hauptlast des Kampfes. Für den Angriff bildete sich in den Sturmbataillonen der »Stoßtrupp« heraus, ursprünglich neun Mann, ausgerüstet mit je einem MG, Granat- sowie Flammenwerfer.

Aus den gemachten Erfahrungen entwickelte die deutsche Seite eine neue Angriffstaktik. Der Durchbruchskampf war kein geschlossener »Stoß« mehr, sondern wurde mit einem »Durchfressen« durch die feindlichen Stellungssysteme verglichen. Dabei wurde die Sicherung der eigenen Flanken radikal vernachlässigt, feindliche Nester und Stellungen sollten umgangen und liegengelassen werden. Wo der Widerstand am geringsten war, sollten die Stoßtrupps einsickern und vorstoßen. Nicht mehr auf ein gleichmäßiges Vordringen kam es an, sondern auf die Ausnutzung örtlicher Erfolge, ähnlich einem Wildbach, der sich nach einem Platzregen zwischen dem Geröll des Bachbettes ausbreitet. Voraussetzungen für den Erfolg der neuen Taktik waren schmale Angriffsstreifen von maximal 2000 Metern je Division, ständiges »Nähren« des Angriffs und exakte Zusammenarbeit mit der Artillerie, die mit einer »Feuerwalze« den Weg ebnen sollte. Dazu hatte die Artillerie neue Schießverfahren entwickelt, bei denen auf das verräterische Einschießen verzichtet wurde und die Feuerleitung durch »Planschießen« erfolgte. Und der taktische Erfolg stellte sich in den deutschen Frühjahrsoffensiven 1918 tatsächlich ein – die deutschen Divisionen stießen in zehn Tagen 60 Kilometer vor –, doch seine operative Ausnutzung gelang nicht.

40

080 Deutsche Stielhandgranate aus dem Ersten Weltkrieg.

083 Ein deutscher Maschinengewehr-
schütze feuert aus einem Unterstand.
Foto, 1916.

2 Ernst von Eisenhart Rothe,
»Deutsche Infanterie« (1939)

*In seinem vielbeachteten Buch beschreibt der General der
Infanterie a.D. die Entwicklung und den Einsatz des deutschen
Maschinengewehrs im Ersten Weltkrieg.*

»Die deutschen schweren M.G. waren auf starken Schlitten la-
fettiert, den Gewehrlauf umgab der kühlende Wassermantel, und
die Patronenzufuhr geschah durch Patronen- bzw. Leinwandgur-
te, die Beförderung außerhalb des feindlichen Infanteriefeuers
erfolgte auf Fahrzeugen, im Gefecht selbst wurden sie von der
Bedienung getragen. Die schweren Maschinengewehre sollten
nach den taktischen Anschauungen vor dem Kriege in erster Linie kurze günstige Gefechtsmomente ausnutzen, besonders zur
Flankierung eines feindlichen Angriffs aus überhöhender oder
seitlicher Feuerstellung; sie sollten durch Lücken in der Kampflinie
schießen und auch unter gewissen Voraussetzungen die eigenen
Truppen überschießen können. Für den Einsatz in vorderer Linie
sollten Schutzschilde verwandt werden. [...]
In den Jahren 1915 und 1916 vollzog sich eine große Veränderung des bisherigen deutschen Verteidigungsverfahrens. Es entstanden tief gegliederte Befestigungssysteme. In schmalen, aber
tiefen Gefechtsfronten führten die Truppenverbände einen zähen
und beweglichen Verteidigungskampf. Die Verteidigungsstellun-
gen bestanden nicht mehr aus einer einzigen Verteidigungslinie,
sondern aus mehreren, die zusammen ein Stellungssystem bildeten. In größeren Abständen lagen mehrere solcher Stellungssysteme wieder hintereinander. Das Zwischengelände dieser Stellungen wurde zur Hauptkampf- und Widerstandszone, in ihm fanden
die schweren Maschinengewehre ihr Hauptbetätigungsfeld. Zug-
weise, in wohl gedeckten und eingebauten Widerstandsnestern,
schachbrettförmig zu flankierender und überraschender Feuerwir-
kung eingesetzt, oder in größeren Verbänden als Artillerieschutz
oder in besonders wichtigen rückwärtigen Stützpunkten verwendet, hatten sie die Aufgabe, einen feindlichen Einbruch, der die
vordersten Linien und Stellungen überrannt hatte, aufzufangen,
abzuwehren und den Gegenstoß zu ermöglichen.«

*Zit. nach: Deutsche Infanterie. Das Ehrenmal der vordersten
Front. Bearb. und hrsg. von Ernst von Eisenhart Rothe,
Zeulenroda, S. 206*

S Die Bezeichnung 08/15 für durch-
schnittliche und gewöhnliche Dinge entstammt der Soldatensprache. Im
Ersten Weltkrieg gehörte das MG 08
und besonders die Entwicklungsstufe
von 1915 zu einer der meist benutzten
Waffen in der deutschen Armee. Der
ständige Umgang mit dem MG 08/15
wurde für die Soldaten zum Synonym
für alltägliche und gewöhnliche Handlungen. Die erfolgreiche Verfilmung des
gleichnamigen Romans von Hans Hell-
mut Kirst im Jahre 1954 trug zusätzlich
zum Eingang in den zivilen Sprachgebrauch bei.

082 Deutsche
Kugelhandgranate
aus dem Ersten
Weltkrieg.

41

081 Schweres
Maschinengewehr 08
auf modifiziertem Schlitten.

Kapitel III – Konflikte:

Der »Große Krieg«

1. Der Krieg zu Lande

085 Deutscher Stoßtrupp beim Verlassen des Grabens. Foto, 1917.

a) Der Krieg im Westen 1914 bis 1917

Um in dem befürchteten Zweifrontenkrieg gegen Frankreich im Westen und Russland im Osten überhaupt eine Erfolgschance zu haben, sahen die auf operativen Ideen Schlieffens – einer Denkschrift von 1905 und der Aufmarschanweisung für 1906/07, später ▸ »Schlieffen-Plan« genannt – beruhenden Planungen vor, zunächst Frankreich durch Umfassung des französischen Heeres mit einem starken rechten Flügel niederzuringen. Da der neue Chef des Großen Generalstabs, ▸ Helmuth von Moltke der Jüngere (d.J.), der Neffe des Siegers von 1870/71, im Gegensatz zu seinem Vorgänger an einer defensiven Operationsführung der Franzosen zweifelte und auch eine längere Dauer des Krieges nicht ausschloss, verstärkte er die deutschen Kräfte am Oberrhein und verzichtete auf den von Schlieffen vorgesehenen Durchmarsch durch die neutralen Niederlande.

Nach dem Einmarsch in das neutrale Luxemburg und Belgien trat der deutsche Schwenkungsflügel am 18. August 1914 mit fünf Armeen, insgesamt 17 Armeekorps, neun Reservekorps und drei Kavalleriekorps, zum Angriff auf Nordfrankreich an. In drei Wochen legte die äußere Flügelarmee 400 Kilometer zurück und stand nordöstlich von Paris. Der französische Oberbefehlshaber Marschall Joseph Joffre befahl am 1. September den Rückzug hinter die Seine, in Paris stürzte die Regierung und die neue verlegte ihren Sitz nach Bordeaux. Der deutsche Kriegsplan schien gelungen. Da die Kräfte nicht ausgereicht hatten, Paris westlich zu umfassen, wurde der Angriff östlich davon vorgetragen. Mitten im Vormarsch – die deutschen Spitzen hatten eine Linie zwischen Paris und Verdun erreicht – traf am 4. September ein französischer Gegenangriff die rechte Flanke der 1. Armee unter Generaloberst Alexander von Kluck. Die Marne-Schlacht begann: Die 1. Armee schwenkte nach Nordwesten, wo sich ein Abwehrsieg anbahnte, doch zum linken Nachbarn, der 2. Armee, war eine gefährliche Lücke entstanden. Weil die Lage unübersichtlich erschien – Führungs- und Fernmeldemittel waren noch unzulänglich – schickte Moltke den Oberstleutnant im Generalstab (i.G.) Richard Hentsch als Bevollmächtigten der OHL zur Lagefeststellung erst zur 2., dann zur 1. Armee. Dieser ordnete gegen den Widerspruch Klucks und unter Inanspruchnahme einer missverstandenen Autorität der OHL den Rückzug an, um einer Flankenbedrohung zuvorzukommen. In der Nacht vom 9. auf den 10. September

42

B Helmuth von Moltke d.J. (1848–1916)
Preußischer Generaloberst und Chef des Generalstabs des Feldheeres – Nach dem Eintritt in die preußische Armee war die weitere militärische Laufbahn des jungen Moltkes von der Nähe zu seinem berühmten Onkel, dem gleichnamigen preußischen Generalfeldmarschall, sowie später von der Protektion durch den jungen Kaiser Wilhelm II. gekennzeichnet. Im Jahre 1906 wurde er auf Wunsch des Kaisers Nachfolger Alfred von Schlieffens als Chef des Generalstabs. Während seiner Amtszeit sah sich

084 Helmuth von Moltke d.J. Foto, undatiert.

Der Schlieffenplan und sein Misslingen 1914

Quelle: Putzger Historischer Weltatlas, 2000.

© Cornelsen 05191-07

🟧 Belgische Truppen	⬅️ Im Schlieffenplan vorgesehener Vorstoß
🟪 Französische Truppen	◼ Festungsbauten
🟦 Deutsche Truppen	▪▪▪ Frontlinie 1915

B Alfred Graf von Schlieffen (1833–1913) Preußischer Generalfeldmarschall und Chef des Generalstabs – In den Jahren 1891 bis 1905 bekleidete Schlieffen das Amt des Generalstabchefs der Armee. Im Dezember 1905 entwickelte er in einer Denkschrift einen Operationsplan für den Fall eines befürchteten Zweifrontenkrieges Russlands und Frankreichs gegen das Deutsche Reich. Angesichts der geringeren militärischen Stärke der Mittelmächte sah der »Schlieffenplan« für den Fall eines Zweifrontenkrieges vor, zuerst die Masse des Heeres im Westen gegen Frankreich einzusetzen. Im Rahmen einer Umfassungs- und Vernichtungsschlacht sollte der westliche Kriegsgegner noch vor der Mobilisierung der »russischen Dampfwalze« rasch niedergerungen werden. Ein Frontalangriff auf das stark ausgebaute französische Festungssystem entlang der Linie Belfort–Verdun versprach jedoch wenig Erfolg, daher plante der deutsche Generalstabschef ab 1897 eine großangelegte Umfassungsoperation im Nordwesten, bei der er die Verletzung der Neutralität Luxemburgs, Belgiens und der Niederlande billigend in Kauf nahm. Innerhalb von fünf Wochen sollte der rechte Umfassungsflügel des deutschen Westheeres das gesamte französische Feldheer – dessen Hauptmacht in der Nähe des französischen Festungsgürtels vermutet wurde – von Westen her umfassen, gegen die Schweiz drängen und vernichten. Gleichzeitig sollte der linke deutsche Defensivflügel relativ schwach besetzt und Ostfront und Oberrheingebiet von deutschen Truppen sogar weitgehend entblößt werden. Erst nach einer entscheidenden Niederlage Frankreichs sollte unverzüglich der Schwerpunkt der Truppen nach Osten verlegt werden.

087 Alfred von Schlieffen. Porträtaufnahme, um 1910.

086 Französische Allegorie zum ersten Jahrestag der Marne-Schlacht. Farbdruck, 1915.

Moltke mit dem übermächtigen militärischen Erbe seines Vorgängers konfrontiert, das einen riskanten Operationsplan (»Schlieffenplan«), aber keine hierfür ausreichenden militärischen Mittel beinhaltete. Mit der Mobilmachung im August 1914 wurde er Chef des Generalstabs des Feldheeres. Als bei Ausbruch des Ersten Weltkrieges die schnelle strategische Umfassung der französischen und britischen Armee an der Marne scheiterte, brach Moltke gesundheitlich zusammen. Durch seine Entschlusslosigkeit hatte er entscheidend zum Scheitern der deutschen Truppen beigetragen. Am 14. September 1914 wurde er durch General Erich von Falkenhayn ersetzt.

lösten sich die deutschen Verbände vom Feind, nur ungläubig und zögernd rückten Engländer und Franzosen nach. Das »Wunder an der Marne« war geschehen, der deutsche Kriegsplan war gescheitert.

Am 14. September wurde Moltke als Generalstabschef vom bisherigen preußischen Kriegsminister Generalleutnant ▸ Erich von Falkenhayn abgelöst. Nun versuchten die Gegner, sich gegenseitig an den Flanken zu umfassen, ein »Wettlauf zum Meer« begann, der in der Schlacht um Flandern endete. Anfang November erstarrte die Front im Stellungskrieg auf der Linie Nieuport–Ypern–Lille–Noyon–Reims–Verdun–Basel.

Das Kriegsjahr 1915 war nun von dem Bemühen der Entente gekennzeichnet, den Stellungskrieg zu überwinden und durch frontale Angriffe den Durchbruch zu erzwingen (Winterschlacht in der Champagne Februar–März, Lorettoschlacht Mai–Juli und Herbstschlacht in der Champagne September–November). Gegen Jahresende standen den 90 deutschen Divisionen 107 französische und 37 britische gegenüber. Trotz dieser personellen und insbesondere ihrer materiellen Überlegenheit erreichten die Alliierten ihre Ziele nicht.

Unbeeindruckt von den inzwischen errungenen militärischen Erfolgen auf den östlichen Kriegsschauplätzen setzte Falkenhayn weiterhin auf eine Kriegsentscheidung im Westen, glaubte aber nicht an die Möglichkeit eines operativen Durchbruchs großen Stils. Seine strategischen Überlegungen gingen in die Richtung, durch einen kalkulierten Einsatz deutscher Kräfte die verwundbarere der Ententemächte, Frankreich, zu zermürben und zur Aufgabe zu zwingen. Dazu wollte er ein nationales »Prestigeobjekt« der Franzosen angreifen. Würden sie es um jeden Preis halten wollen, dann sollten sie sich

dort unter ungeheuren Opfern »verbluten«. Würden die Franzosen die für sie mörderische Schlacht abbrechen und das »Prestigeobjekt« aufgeben, dann sollte sich dieser Rückschlag moralisch katastrophal auswirken. Welche Option auch eintrat, so Falkenhayns Kalkül, eine von beiden müsste den Kampfwillen der französischen Nation brechen. Falkenhayns Wahl fiel auf die kleine, aber strategisch höchst bedeutende Festungsstadt ▸ Verdun an der Maas, den Ort der Teilung des Frankenreichs im Vertrag von Verdun im Jahre 843.

Nach dem Angriffsbeginn am 21. Februar 1916 stellten sich erste Erfolge ein, doch dann begann ein mörderisches Ringen in der »Hölle von Verdun«, der »Blutpumpe«. Verdun, das von General ▸ Henri Philippe Pétain verteidigt wurde, war bald auch für die Deutschen eine Prestigeangelegenheit. Falkenhayns Kalkül eines dosierten Einsatzes deutscher Kräfte ging nicht auf, die Schlacht verschlang gleichermaßen Truppen beider Seiten. Bis zum Ende kämpften dort etwa 50 deutsche und 75 französische Divisionen.

Erst als im Juni 1916 im Osten die Brussilow-Offensive losgebrochen war, konnte sich Falkenhayn dazu entschließen, die Angriffe einzustellen, obwohl schon vorher andere negative Folgen seiner Fehlspekulation offenkundig geworden waren: Die im Mai aus Tirol in den Rücken der italienischen Isonzo-Front vorgetragene österreichische Offensive war gescheitert, weil die erbetenen deutschen Verstärkungen ausblieben. Außerdem bewies im Juni die alliierte Großoffensive an der Somme, dass die Angriffskraft der Alliierten längst noch nicht gebrochen war. Mitte Juli ebbte die Heftigkeit der Kämpfe bei Verdun ab. Bis zum Jahresende 1916 gelang es den Franzosen, wichtige Festungswerke zurückzuerobern. Die

Henri Philippe Pétain (1856–1951)
Französischer Marschall – Im Jahre 1914 stand Pétain, zu diesem Zeitpunkt Oberst, am Ende seiner militärischen Laufbahn. Der Ausbruch des Weltkrieges eröffnete ihm jedoch unerwartete und rasante Aufstiegschancen. Am 31. August zum Brigadegeneral ernannt, war er nur zwei Wochen später Kommandeur einer Division; am 20. Oktober übernahm er schon das XXXIII. Armeekorps. Nach einem Erfolg im Verlauf der Artois-Offensive im Mai 1915 erfolgte im Juni seine Ernennung zum Ober-

088 Marschall Petain 1916.

Erich von Falkenhayn,
»Operationsplan für Verdun« (1916)

Der Generalstabschef wollte mit einem Groß-
angriff auf Verdun den entscheidenden Schlag
gegen Frankreich führen. Verdun war für die
Franzosen von hohem symbolischen Wert, da
die Festung in der Geschichte als Bollwerk gegen
Eindringlinge aus dem Osten galt.

»Hinter dem französischen Abschnitt der Westfront
gibt es in Reichweite Ziele, für deren Behauptung
die französische Führung gezwungen ist, den letzten Mann einzusetzen. Tut sie es, so werden sich
Frankreichs Kräfte verbluten, da es ein Ausweichen nicht gibt, gleichgültig, ob wir das Ziel selbst
erreichen oder nicht. Tut sie es nicht und fällt das
Ziel in unsere Hände, dann wird die moralische Wirkung in Frankreich ungeheuer sein. Deutschland
wird nicht gezwungen sein, sich für die räumlich
eng begrenzte Operation so zu verausgaben, daß
alle anderen Fronten bedenklich entblößt werden.
Es kann mit Zuversicht den an ihnen zu erwartenden Entlastungsunternehmungen entgegensehen,
ja hoffen, Kräfte in genügender Zahl zu erübrigen,
um den Angriffen mit Gegenstößen begegnen zu
können. Denn es steht ihm frei, seine Offensive
schnell oder langsam zu führen, sie zeitweise abzubrechen oder sie zu verstärken, wie es seinen
Zwecken entspricht.
Die Ziele, von denen hier die Rede ist, sind Belfort
und Verdun.«

Erich von Falkenhayn, Die Oberste Heeresleitung
1914–1916 in ihren wichtigsten Entschließungen,
Berlin 1920, S. 183 f.

B Erich von Falkenhayn (1861–1922)
Preußischer General – Falkenhayn stammte aus
einer westpreußischen Junkerfamilie mit starker Militärtra-
dition. Bereits im Knabenalter schlug er durch den Eintritt
in eine Kadettenanstalt ebenfalls eine militärische Laufbahn ein. 1896 ließ sich Falkenhayn aus finanziellen und
Karrieregründen beurlauben und ging als Militärberater
nach China. Dort wurde er Generalstabsoffizier im Ostasi-
atischen Expeditionskorps und dann in der Besatzungsbri-
gade. Im Jahre 1913 wurde Falkenhayn zum preußischen
Kriegsminister ernannt. In dieser Position nahm er an den
maßgeblichen Beratungen der deutschen Regierung kurz
vor Ausbruch des Ersten Weltkrieges teil. Nach dem Scheitern der deutschen Offensive an der Marne übernahm Falkenhayn die Führung des Heeres. Nachdem er vergeblich
versuchte, den Angriff im Westen doch noch zum Erfolg
zu führen, stellte er die deutsche Strategie um. Da ein
entscheidender Sieg weder im Osten noch im Westen zu
erwarten war, setzte er gegen den Widerstand führender Militärs wie u.a. Hindenburg und Ludendorff auf eine
Durchhaltetaktik bis zum möglichen Verhandlungsfrieden.
Die insgesamt günstige Kriegslage im Spätherbst 1915
verführte Falkenhayn zu dem Gedanken, die Westgegner
zu schwächen und zum Frieden zu bringen. An einen klassischen Entscheidungssieg glaubte er nach wie vor nicht.
Großbritannien wollte er durch den »uneingeschränkten«
U-Bootkrieg treffen, Frankreich durch den Angriff auf Verdun. Im Februar 1916 begann der Angriff auf die »Blut-
mühle« Verdun. Die Operation lief sich nach anfänglichen
Erfolgen bald fest, jedoch konnte Falkenhayn sich nicht
zum Abbruch entschließen. Der Kriegseintritt Rumäniens
Ende August 1916 brachte Falkenhayn schließlich zu Fall.
Er wurde durch Hindenburg und Ludendorff abgelöst und
war danach 1916/17 Armeeführer im Feldzug gegen Rumänien, 1917/18 im Nahen Osten (Ernennung zum türkischen Marschall) und 1918 in Weißrussland.

089 Blick auf das zerstörte
Stadtzentrum von Verdun.
Foto, 1916.

090
Erich von Falkenhayn.
Lichtdruck, undatiert.

befehlshaber der 2. Armee. 1916 erlangte Pétain durch seine Leistung bei der Abwehr der deutschen Offensive
vor Verdun Ruhm und Popularität. Am 1. Mai wurde er zum Oberbefehlshaber der Heeresgruppe Centre ernannt.
Nachdem 1917 die Apriloffensive scheiterte, trat Pétain am 30. April die Nachfolge Nivelles an. Es gelang ihm, die
durch Meutereien ausgelöste schwere Krise der französischen Armee zu bewältigen. Pétain begnügte sich daher
mit maßvollen Repressionen bzw. suchte die Lebensbedingungen der Soldaten zu verbessern. Als Generalstabschef der letzten Kriegsjahre rückte Pétain – gegen den Widerstand zahlreicher Untergebener – vom Prinzip der
starren Linienverteidigung ab und betrieb die Ausbreitung einer tief gestaffelten Defensivtaktik. Nicht zuletzt dieser
Wandel ermöglichte 1918 die erfolgreiche Abwehr der letzten deutschen Großoffensive und den anschließenden
Sieg der Entente.

091 Verkohlte Leichen an den Überresten eines Tanks.
Foto, 1917.

Gesamtverluste betrugen etwa 337 000 Mann auf deutscher, 367 000 auf französischer Seite.

Mit einem siebentägigen Trommelfeuer begann am 24. Juni 1916 an der Somme eine Materialschlacht nie gekannten Ausmaßes. Am 1. Juli griffen 37 britische und französische Divisionen die deutschen Stellungen an. Bis zum November folgten im Wechsel lokale Angriffe und Großoffensiven. Etwa 750 000 Opfer hatte die Entente, 500 000 die Deutschen zu beklagen. Das deutsche Heer war angeschlagen, aber der entscheidende Durchbruch gelang den Gegnern nicht. Die Geländegewinne der Alliierten hatten schließlich eine Tiefe von nur 15 Kilometern.

Unter dem Eindruck der Rückschläge des Sommers 1916 gab Kaiser Wilhelm II. dem vielfältigen Drängen nach, Falkenhayn abzulösen und Hindenburg zum Chef des Generalstabes mit Ludendorff als Erstem Generalquartiermeister zu berufen (3. OHL). Als die Somme-Schlacht durchgestanden war, verkürzte die 3. OHL in Erwartung starker alliierter Offensiven für 1917 die Front und gewann dadurch Reserven. Im März 1917 zogen sich die deutschen Truppen unter planmäßiger Zerstörung des Geländes zwischen Arras und Soissons in die vorbereitete »Siegfriedstellung« zurück, der Feind stieß ins Leere. Im April und Mai gelang den Briten ein Einbruch in die Front bei Arras, der aber zum Stehen gebracht wurde. In den selben Wochen erlitten die Franzosen bei äußerst rücksichtslosen, aber vergeblichen Angriffen an der Aisne und in der Champagne unter General ▶ George Robert Nivelle, dem so genannten Blutsäufer, so hohe Verluste, dass es zu einer Kette von Meutereien kam, deren Ausmaß der deutschen Feindaufklärung jedoch verborgen blieb. Nur mit brutalem Einschreiten wie zahlreichen Todesurteilen, aber auch teilweisem Eingehen auf die Beschwerden der Soldaten, gelang es Nivelles Nachfolger Pétain, die Lage zu stabilisieren.

In dieser angespannten Lage, verschärft noch durch die Russische Februarrevolution und den Zusammenbruch Rumäniens im Januar, nahmen die Engländer die Hauptlast an der Westfront auf sich. Von Ende Mai bis Anfang Dezember 1917 tobten die »Flandern-Schlachten«, ohne den Alliierten entscheidende Geländegewinne zu bringen. Nach Überwindung der schweren Krise griffen die Franzosen wieder – vergeblich – am Chemin des Dames an. Einen überraschenden Einbruch mit 300 Panzerwagen in der »Tankschlacht von Cambrai« 20. bis 29. November 1917 feierten die Engländer als großen Sieg. Um so bitterer war die Enttäuschung, als deutsche Gegenangriffe den Rückzug unter schweren Verlusten erzwangen.

Ende 1917 hatten die »Flandern-Schlachten« Briten und Deutsche jeweils 240 000 Mann Verluste gekostet. Die Amerikaner standen erst mit zwei noch nicht einsatzbereiten Divisionen in Frankreich. Russland schied aus dem Kampf aus, somit hatte Deutschland den Rücken im Osten weit gehend frei. Die Chancen für das deutsche Heer standen nicht schlecht, dem Krieg im Westen noch eine entscheidende militärische Wende zu geben.

46

B Georges Robert Nivelle (1856–1924)

Französischer General – Zu Beginn des Ersten Weltkrieges entwickelte Oberst Nivelle die neue und erfolgreiche Artillerietaktik der »Feuerwalze«. Bereits im Februar 1915 wurde er aufgrund seiner Verdienste zum Divisionsgeneral ernannt. In der Schlacht um Verdun erwarb er sich noch größeres Ansehen. Im Dezember 1916 trat er an die Spitze der französischen Armee und löste General Joseph Joffre im Amt des Chef des Generalstabs ab. Im Frühjahr 1917 scheiterte eine von Nivelle geplante Offensive. Wegen diese Misserfolges wurde er seines Amtes enthoben.

092 Georges Robert Nivelle. Undatierter Farbdruck.

093 Überreste des Waldes am Eingang von Chaulnes nach den Kämpfen der Sommeschlacht. Foto, 1916.

094 Tankschlacht bei Cambrai. Ein englischer Tank auf dem Vormarsch. Foto, 1917.

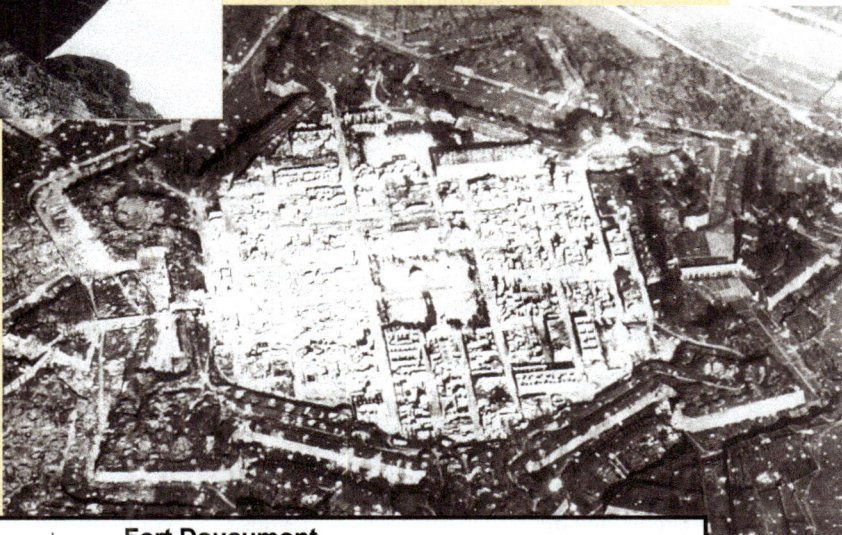

095 Französisches Sperrfort nach deutschem Artilleriebeschuss. Luftaufnahme, 1916.

Fort Douaumont

A Hang-Bunker mit seitlichen Galerien
B Beobachtungsstand (Turm)
C Waffen-Arsenal
D Geschütz- und Maschinengewehr-Turm
E Kasematte von Bourgos

Der größte Verteidigungsbau Frankreichs wurde am 25. Februar 1916 eingenommen. Über 120 000 Granaten fielen auf den Bau, ehe er von den Franzosen zurückerobert werden konnte.

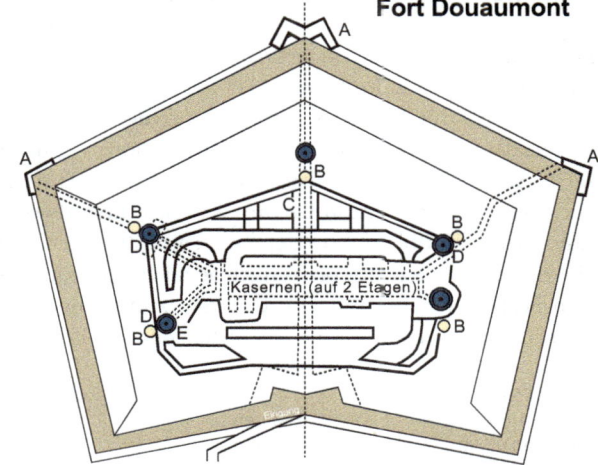

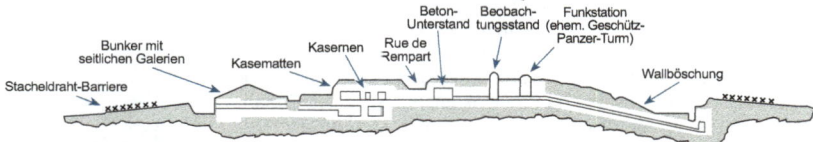

Kasernen (auf 2 Etagen)

0   100
m

Bunker mit seitlichen Galerien
Stacheldraht-Barriere
Kasematten
Kasernen
Rue de Rempart
Beton-Unterstand
Beobachtungsstand
Funkstation (ehem. Geschütz-Panzer-Turm)
Wallböschung

© MGFA
05353-04

47

b) Der Kriegsverlauf im Osten

Im Osten marschierten die Russen früher als erwartet mit zwei Armeen gegen Ostpreußen und vier Armeen gegen Österreich-Ungarn auf, das diesen zunächst nur drei Armeen entgegenstellen konnte, weil drei weitere gegen Serbien benötigt wurden. Gegen die aus Russisch-Litauen in Ostpreußen einrückende Njemen-Armee unter General ▶ Paul von Rennenkampf verteidigte sich die 8. Armee unter Generaloberst Max von Prittwitz zunächst erfolgreich. Als er die Nachricht vom Anmarsch der Narev-Armee unter General Alexander Samsonov aus südlicher Richtung erhielt, befahl er den Rückzug hinter die Weichsel. Die Oberste Heeresleitung konnte Ostpreußen nicht aufgeben und übertrug den Oberbefehl dort dem bereits seit 1912 als Pensionär in Hannover lebenden General der Infanterie Paul von Hindenburg. Als Generalstabschef wurde ihm Generalmajor Erich Ludendorff zur Seite gegeben. Die neue Armeeführung griff den in früheren Generalstabsübungen behandelten und bereits von der Führung der 8. Armee ansatzweise eingeleiteten Plan auf, die beiden nicht weit voneinander vorrückenden russischen Armeen einzeln nacheinander zu schlagen. Dazu wurden alle der Njemen-Armee gegenüberstehenden deutschen Truppen fast restlos abgezogen. In unteilbarer Verantwortung ging Hindenburg damit das Risiko ein, dass sich die Russen vereinen und die deutsche Armee einschließen könnten.

Der Plan gelang: Die Narew-Armee wurde in der Schlacht bei Tannenberg (23.–31. August 1914) vernichtet, worauf Samsonov sich das Leben nahm. Hindenburg wandte sich nun gegen die Njemen-Armee und schlug sie in der Schlacht an den Masurischen Seen (5.–15. September). Ostpreußen war von den Russen befreit. Damit begann der für die deutsche Geschichte noch bedeutungsvoll werdende »Hindenburg-Mythos«.

Der österreichische Generalstabschef Franz Conrad von Hötzendorf hoffte, die Russen noch in der Aufmarschphase fassen zu können, und stieß trotz Unterlegenheit mit zwei Armeen gegen das südöstliche russische Polen vor. In den ersten Septembertagen brach dann aber die gefürchtete »russische Dampfwalze« los. Die Österreicher wurden auf die Karpaten zurückgeworfen, ein deutscher Unterstützungsangriff unter General der Kavallerie August von Mackensen musste abgebrochen werden und somit begann auch im Osten der Stellungskrieg.

Inzwischen war Hindenburg zum Oberbefehlshaber aller deutschen Truppen im Osten (OB Ost) ernannt worden. Er und Conrad hielten es für geboten, jetzt die Kriegsentscheidung im Osten zu suchen. Dazu wäre Verstärkung aus dem Westen erforderlich gewesen. Falkenhayn hielt jedoch, gestützt auf den Kaiser, am Schwerpunkt im Westen fest. Damit begann eine Reihe von immer wieder aufflackernden Auseinandersetzungen zwischen Falkenhayn und dem ▶ OB Ost über die kriegsentscheidende Schwerpunktbildung.

Während des Winters bis in das Frühjahr 1915 standen die österreich-ungarischen Truppen in schweren Abwehrkämpfen in den Karpaten. Im Januar 1915 fielen die Russen erneut mit 250 000 Mann in Ostpreußen ein. Sie wurden im Februar von Hindenburg vernichtend geschlagen. Trotzdem blieb die Lage im Osten, vor allem in Ungarn, kritisch. Erst als sich im Frühjahr 1915 der Kriegseintritt Italiens gegen Österreich bedrohlich abzeichnete, konnte sich Falkenhayn zur Unterstützung einer Entlastungsoffensive im Osten entschließen. Unter

48

Paul Karlowitsch Edler von Rennenkampf (1854–1918)
Russischer General – Zu Beginn des Ersten Weltkrieges übernahm Rennenkampf die Führung der 1. russischen Armee. Nachdem er am 17. August 1914 die Grenze Ostpreußens überschritten hatte, kam es drei Tage später zur Schlacht bei Gumbinnen, in der es Rennenkampf gelang, Teile der deutschen 8. Armee zurückzuschlagen. Der weitere russische Vormarsch geriet aber derart langsam, dass Hindenburg die 1. und 2. russische Armee vernichtend schlagen konnte. Diese schwere Niederlage der Russen wurde vielfach der zögerlichen Operationsführung Rennenkampfs angelastet. Er nahm daraufhin seinen Abschied von der Armee. Nach der Oktoberrevolution wurde er im März 1918 von den Bolschewiki in Taganrog erschossen.

096 Paul von Rennenkampf. Foto, undatiert.

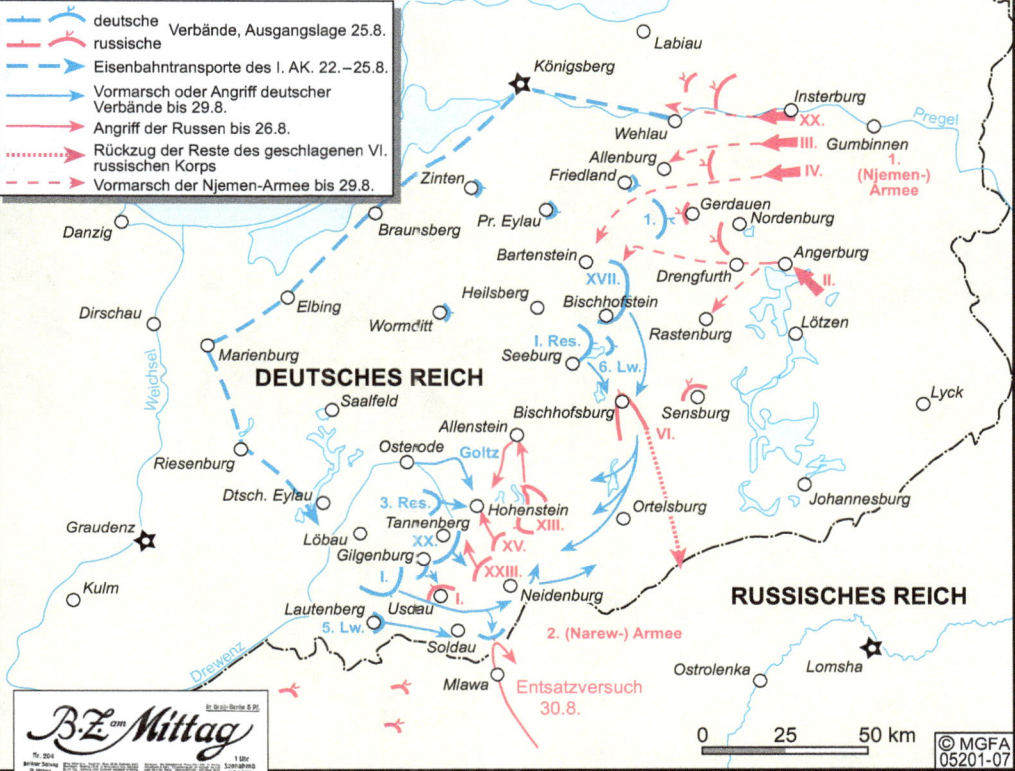

Die Schlacht bei Tannenberg 1914

Legende:
- deutsche / russische Verbände, Ausgangslage 25.8.
- Eisenbahntransporte des I. AK. 22.–25.8.
- Vormarsch oder Angriff deutscher Verbände bis 29.8.
- Angriff der Russen bis 26.8.
- Rückzug der Reste des geschlagenen VI. russischen Korps
- Vormarsch der Njemen-Armee bis 29.8.

DEUTSCHES REICH

RUSSISCHES REICH

Labiau · Königsberg · Insterburg · Pregel · Wehlau · Gumbinnen · Allenburg · 1. (Njemen-) Armee · Friedland · Zinten · Gerdauen · Nordenburg · Danzig · Braunsberg · Pr. Eylau · Angerburg · Bartenstein · Drengfurth · Dirschau · Elbing · Heilsberg · Bischhofstein · Lötzen · Wormditt · Rastenburg · Marienburg · Weichsel · Saalfeld · Bischhofsburg · Sensburg · Lyck · Allenstein · Osterode · Goltz · Riesenburg · Dtsch. Eylau · Hohenstein · Ortelsburg · Johannesburg · 3. Res. · Tannenberg · Löbau · Gilgenburg · Neidenburg · Kulm · Lautenberg · Usdau · 2. (Narew-) Armee · Soldau · Drewenz · Mlawa · Entsatzversuch 30.8. · Ostrolenka · Lomsha · Graudenz

0   25   50 km

© MGFA 05201-07

097 Extrablatt der BZ am Mittag zum Sieg von Tannenberg am 29. August 1914.

098 General Hindenburg und sein Stabschef, General Ludendorff, auf dem Feldherrnhügel während der Schlacht von Tannenberg. Öl auf Leinwand von Hugo Vogel, 1914.

B·Z am Mittag

Freudenbotschaft aus Ostpreußen:

Fünf russische Armeekorps geschlagen.

099 Russische Kriegsgefangene
in Ostpreußen. Foto, 1914.

Enstehung

Der »Militärstaat« Ober-Ost wurde 1915 unter der Leitung von Generalfeldmarschall Paul von Hindenburg und seinem Stabschef Erich Ludendorff in den von deutschen Truppen besetzten Gebieten Russlands errichtet und erstreckte sich über das heutige Staatsgebiet von Estland, Lettland, Litauen und Teilen Weißrusslands. Die Abkürzung »Ober-Ost« stand für: Oberbefehlshaber der gesamten deutschen Streitkräfte im Osten. Seit Ende 1914 hatte Hindenburg dieses Kommando inne. Als er und Ludendorff im August 1916 die Oberste Heeresleitung (OHL) übernahmen, folgte ihnen Prinz Leopold von Bayern als Oberbefehlshaber Ost nach. Nach dem erfolgreichen Vorstoß deutscher und österreichischer Truppen im Mai und Juni 1915 standen im Osten weite Landstriche unter deutscher Verwaltung.

Besatzungsherrschaft

Angesichts der für die Größe dieser Territorien recht geringen Bevölkerungszahl von etwa drei Millionen war die ethnische Vielfalt der dort lebenden Menschen außerordentlich. In den vom deutschen Heer besetzten Gebieten lebten Litauer, Letten, Esten, Baltendeutsche, Weißrussen, Polen, Russen, Ukrainer und die ethnische Minderheit der Tartaren. Die Reaktion auf die Begegnung der deutschen Soldaten mit den so genannten Ostjuden reichte von Sympathie und Respekt bis hin zur Ablehnung und offenem Antisemitismus. Die Verwaltung von Ober-Ost unterlag ganz den Interessen des deutschen

100
Vorder- und Rückseite
einer 1916 von der
deutschen Militärverwaltung geprägten
3-Kopeken-Münze.

Heeres. Im litauischen Kaunas wurde die Zentralverwaltung des Besatzungsgebiets eingerichtet. Das erklärte Ziel der deutschen Besatzungsherrschaft war die intensive wirtschaftliche Ausbeutung der Gebiete und seiner personellen Ressourcen. Diese Politik führte zu brutalen Requisitionsmaßnahmen. Von der Landbevölkerung wurden das Vieh und die Ernteerträge abgepresst, Arbeiter wurden zwangsrekrutiert. Dieses Vorgehen entfremdete auf lange Sicht die Bevölkerung des unter deutscher Besatzung stehenden Landes und erschwerte den Aufbau der Wirtschaft. Ludendorff propagierte darüber hinaus das Betreiben von deutscher »Kulturarbeit« in Ober-Ost. In diesem Sinne wurden von der deutschen Militärverwaltung Zeitungen in den verschiedenen Landessprachen herausgegeben, Einwirkungen auf die Schulpolitik unternommen, Theater sowie archäologische und andere wissenschaftliche Forschungen zur Geschichte der Region unterstützt. Von dieser »Kulturarbeit« versprach sich Ludendorff eine Disziplinierung und Manipulation der einheimischen Bevölkerung und Erzeugung eines Abhängigkeitsverhältnisses zur deutschen Besatzungsmacht.

103 Der Oberbefehlsahber der gesamten deutschen Streitkräfte im Osten, Generalfeldmarschall Paul von Hindenburg. Foto, 1915.

Zukunftspläne

Über die politische Zukunft von Ober-Ost existierten innerhalb der Militäradministration keine klaren Vorstellungen. Die diskutierten Projektionen reichten von der Annexion durch das Reich bis hin zur Schaffung von Pufferstaaten, die ein Gegengewicht zu einem wiederzuerrichtenden polnischen Staat bilden sollten. Die Debatten über die politische Zukunft von Ober-Ost wurden durch die deutsche Niederlage 1918 beendet. Mit dem Rückzug des deutschen Heeres ging auch die Herrschaft über Ober-Ost zu Ende. Aber das Streben nach Herrschaft über den Osten, das in den Jahren von 1915 bis 1918 entstanden war, lebte im Diskurs der politischen Rechten in der Zwischenkriegszeit fort und ebnete der Idee der Ostexpansion der Nationalsozialisten den Weg.

101 Blick auf eine zerstörte Stadt im Kampfgebiet von Tannenberg.

102 Juden aus dem besetzten Gebiet, fotografiert für den Ober-Ost-Pass, 1916.

der Führung Mackensens gelang den Verbündeten im Mai in der Schlacht von Tarnow und Gorlice ein entscheidender Durchbruch. Galizien und die Bukowina wurden zurückerobert. Schon im April waren deutsche Truppen nach Litauen und Kurland vorgestoßen.

Die gewonnenen Positionen legten den Plan Hindenburgs und Conrads nahe, die in Polen zusammengedrängten russischen Truppenmassen durch einen weiträumigen Zangenangriff aus Kurland und Galizien heraus zu umfassen und zu vernichten. Falkenhayn lehnte derartig raumgreifende Planungen erneut ab, er wollte schnelle, in der Zielsetzung begrenzte Operationen. Die im Juli zwischen Ostsee und San beginnende deutsch-österreichische Offensive wurde daher nur frontal und auf die Flügel des Gegners angesetzt, trotzdem wurden Warschau, Brest-Litowsk und Wilna zügig eingenommen und die Russen weit nach Osten zurückgedrängt. Im Herbst erlahmte der Angriffsschwung, die Front kam etwa auf der Linie Riga–Dünaburg–Czernowitz zum Stehen.

Mit Hilfe der Westalliierten erholte sich die russische Militärmaschine ziemlich schnell von den Niederlagen des Jahres 1915. Allerdings mussten die beträchtlichen Mengen an Hilfsmaterial über Sibirien transportiert werden, weil der Weg durch die Dardanellen und die Ostsee verschlossen blieb. Zur Entlastung der vor Verdun ringenden Franzosen unternahmen die Russen im März 1916 eine Offensive gegen Wilna, die mit einer schweren Niederlage endete. Auf Wunsch ihrer Bundesgenossen sollten sie im Juni abermals eine Großoffensive beginnen. Hierzu wurden unter General Alexej Brussilow fast zweieinhalb Millionen Mann bereitgestellt.

Die erste »Brussilow-Offensive« brachte den ganzen südlichen Teil der Ostfront ins Wanken.

Rasch stießen die Russen in die Bukowina und nach Galizien vor, machten 320 000 Gefangene, wurden aber schließlich durch einen deutsch-österreichischen Gegenangriff zum Stehen gebracht. Die russischen Verluste waren hoch, eine ▶ Demoralisierung der Soldaten begann, so dass der zweiten und dritten »Brussilow-Offensive« im Herbst 1916 kein Erfolg beschieden war.

Im Sommer 1916 hatte aber Rumänien die Kriegslage als für die Russen so günstig beurteilt, dass es Ende August gegen die Mittelmächte in den Krieg eingetreten war. Das rumänische Feldheer zählte etwa 600 000 Mann. Aus Bulgarien heraus wurde die Gruppe Mackensen (eine deutsche Division, eine bulgarische Armee und ein türkisches Korps) nach Norden gegen die Dobrudscha angesetzt. Gegen die gemächlich nach Siebenbürgen eingerückten Rumänen ging zusammen mit einer abgekämpften österreichisch-ungarischen Armee die deutsche 9. Armee unter Falkenhayn vor, der hier seine operative Führungskunst bewies. Die Rumänen wurden in der Dobrudscha wie in Siebenbürgen geschlagen. In harten Winterkämpfen öffneten die Verbündeten die Karpatenpässe und nahmen im Dezember Bukarest ein. Im Januar 1917 hatten sie die Rumänen über die untere Donau und den Sereth nach Nordosten abgedrängt. Aus dieser Linie erfolgte noch einmal im August 1917 ein rumänisch-russischer Vorstoß, der abgewiesen wurde. Im Dezember kam es zum Waffenstillstand mit Rumänien.

Inzwischen war im März 1917 in Petrograd die so genannte Februarrevolution ausgebrochen. Zar Nikolaus II. musste abdanken. Der provisorischen Regierung, zunächst bürgerlich-liberal, dann liberal-sozialistisch, gelang es nicht, die inneren Verhältnisse zu stabilisieren. Nach außen setzte sie den Krieg an der Seite

104
Russischer Aufruf
zur Zeichnung
von Kriegsanleihen.

105
Türkische Abteilung,
innerhalb der Heeresgruppe
Mackensen, während eines
Sturmangriffs bei
Braila/Rumänien.
Foto, 1917.

Der Kriegsverlauf im Osten 1915 bis 1917

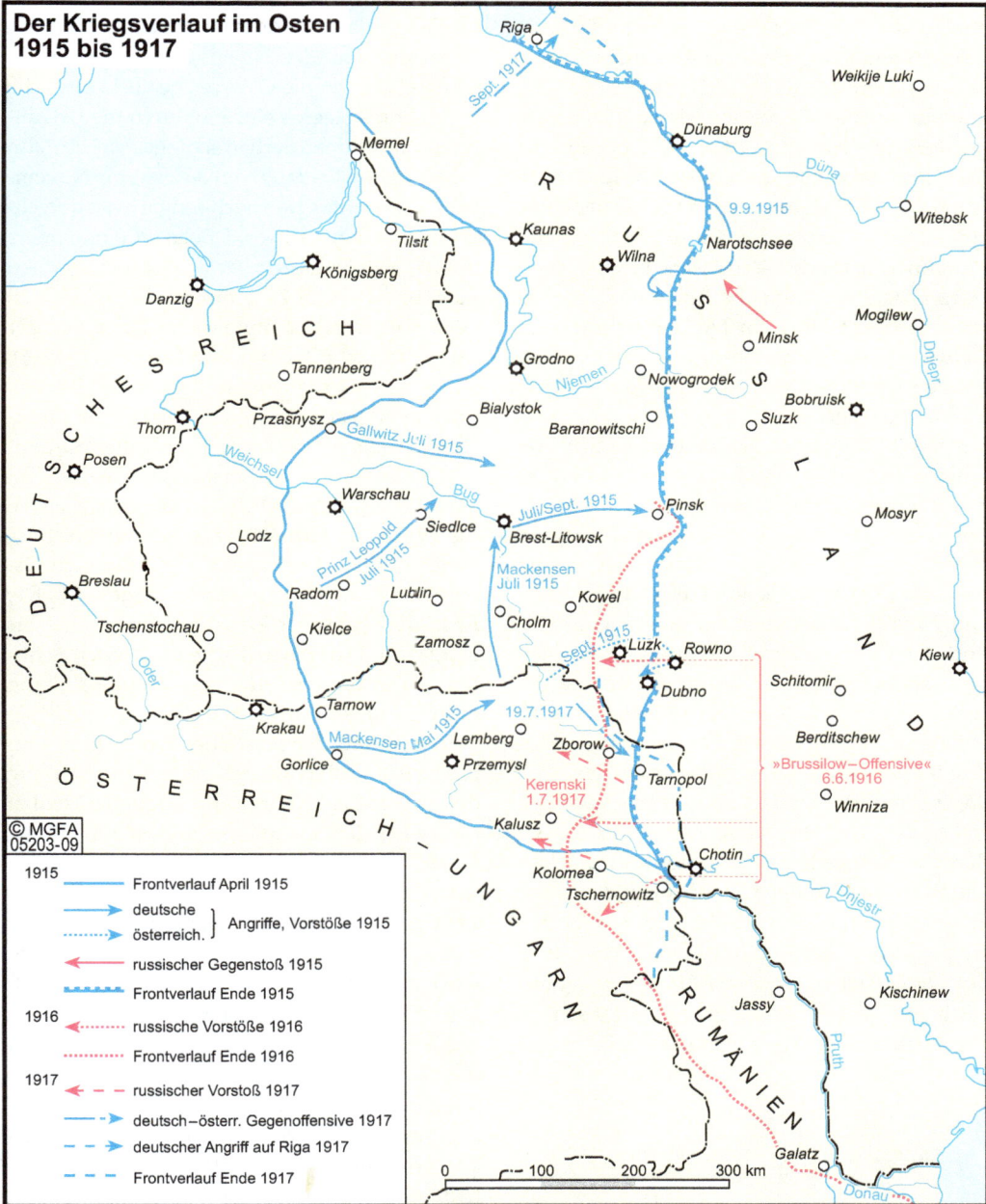

Riga

Weikije Luki

Sept. 1917

Memel

Dünaburg

Düna

Witebsk

Kaunas

9.9.1915

Tilsit

Narotschsee

Wilna

Königsberg

Minsk

Mogilew

Danzig

R U S S L A N D

Tannenberg

Grodno

Nowogrodek

Bobruisk

Bialystok

Sluzk

Thorn

Przasnysz

Posen

Gallwitz Juli 1915

Baranowitschi

D E U T S C H E S   R E I C H

Weichsel

Bug

Pinsk

Mosyr

Warschau

Juli/Sept. 1915

Lodz

Siedlce

Prinz Leopold

Brest-Litowsk

Juli 1915

Mackensen

Radom

Juli 1915

Kowel

Breslau

Lublin

Kielce

Cholm

Kiew

Tschenstochau

Zamosz

Sept. 1915

Luzk

Rowno

Oder

Schitomir

Tarnow

Dubno

Mackensen Mai 1915

19.7.1917

Berditschew

Krakau

Lemberg

Zborow

»Brussilow–Offensive«

Gorlice

Przemysl

Kerenski

Tarnopol

6.6.1916

1.7.1917

Winniza

Kalusz

Ö S T E R R E I C H -

Kolomea

Chotin

Tschernowitz

© MGFA
05203-09

U N G A R N

Dnjestr

R U M Ä N I E N

Kischinew

Jassy

Pruth

Galatz

Donau

1915
— Frontverlauf April 1915
→ deutsche } Angriffe, Vorstöße 1915
····→ österreich.
← russischer Gegenstoß 1915
▪▪▪ Frontverlauf Ende 1915

1916
←···· russische Vorstöße 1916
····· Frontverlauf Ende 1916

1917
←·– russischer Vorstoß 1917
–·–→ deutsch–österr. Gegenoffensive 1917
––→ deutscher Angriff auf Riga 1917
–– Frontverlauf Ende 1917

0   100   200   300 km

53

der Entente fort. Der immer mehr an Einfluss gewinnende Kriegsminister Alexander Kerenski, seit dem 21. Juli 1917 Ministerpräsident, glaubte, dass eine Großoffensive die Disziplin wiederherstellen würde. Am 1. Juli begann die nach ihm benannte, erfolglose »Kerenski-Offensive«; lediglich in Galizien wurde die Front eingedrückt. Unter der Gegenoffensive der Mittelmächte brach die russische Front zusammen. Ostgalizien und die Bukowina wurden zurückerobert. Hoch im Norden nahmen die Deutschen Riga und eroberten in einer amphibischen Operation die baltischen Inseln Ösel, Moon und Dagö.

Am ▸ 7. November 1917 gelang es den Bolschewisten unter ▸ Wladimir Iljitsch Lenin, der mit deutscher Hilfe aus dem Exil in der Schweiz über Schweden und Finnland nach Petrograd gereist war, die Macht an sich zu reißen. Lenin brauchte Frieden um jeden Preis. Längst schon kämpften die russischen Soldaten nicht mehr und das Gerücht, die Kommunisten würden Grundbesitz verteilen, ließ sie in Scharen desertieren. Am 15. Dezember wurde der Waffenstillstand geschlossen. Die anschließenden Friedensverhandlungen zogen sich hin, weil die horrenden Forderungen der deutschen Delegation unannehmbar waren. Erst nach dem Separatfrieden der Verbündeten mit der Ukraine und dem tiefen Vordringen deutscher Truppen ins russische Hinterland war die Sowjetregierung gezwungen, am 3. März 1918 den Diktatfrieden von Brest-Litowsk zu unterzeichnen. Deutschland konnte nun fast sämtliche Kräfte im Westen konzentrieren.

106 Handgedruckte Broschüre herausgegeben von der Lagerdruckerei im russischen Kriegsgefangenenlager Krasnojarsk, Frühjahr 1919.

c) Die übrigen Kriegsschauplätze

Gegen Serbien, den eigentlichen Auslöser des Krieges, setzten die Österreicher 1914 etwa die Hälfte ihres Heeres ein. Die durch die Balkankriege erfahrenen Serben schlugen sich gut. Im 1. Serbischen Feldzug von August bis November 1914 konnte Österreich-Ungarn nach wechselvollen Kämpfen wohl Belgrad einnehmen, musste aber im Dezember wieder ganz Serbien aufgeben. Erst im 2. Serbischen Feldzug, nach dem Kriegseintritt Bulgariens aufseiten der Mittelmächte (Oktober bis Dezember 1915), wurden die Serben endgültig von der Heeresgruppe Mackensen, einer österreichisch-ungarischen, einer deutschen und einer bulgarischen Armee auf dem historischen Amselfeld geschlagen, dem Ort ihrer Niederlage gegen die Türken im Jahr 1389. Die Landverbindung zum mit den Mittelmächten verbündeten Osmanischen Reich war damit hergestellt. Die Reste der serbischen Truppen schlugen sich bis zur Adria durch, wurden von alliierten Schiffen aufgenommen und zur Neuaufstellung nach Korfu verbracht.

In Kenntnis der russischen Kriegsziele – Inbesitznahme der Meerengen und Aufteilung des sich auf Asien und Europa erstreckenden türkischen Territoriums – war das Osmanische Reich Ende 1914 an die Seite der Mittelmächte getreten. Allerdings blieb seinen Vorstößen gegen den Suezkanal und den Kaukasus, verbunden mit dem Völkermord an eineinhalb Millionen christlichen Armeniern, der Erfolg versagt. Die im Herbst 1915 auf dem Balkan hergestellte Landverbindung zum Osmanischen Reich war zu seiner Stützung von lebenswichtiger Bedeutung, denn die von der ▸ Hohen Pforte beherrschten Dardanellen unterbrachen die Seeverbindung der Entente zu Russland. Deshalb versuchten die Alliierten, die Meerengen

> **≡S** Der Begriff Hohe Pforte bezeichnet vom 16. Jahrhundert an die osmanische Regierung. Der Name geht auf die Tradition zurück, fremde Botschafter vor den Toren des Serails zu empfangen. »Hohe Pforte« hieß auch das Gebäude im Serail, in dem sich die Administration befand.

1 Felix von Bothmer,
»Soldatenverbrüderungen« (28. Oktober 1916)

Die »Brussilow-Offensive« brachte der russischen Armee große Geländegewinne. Dieser Erfolg hatte allerdings schwere Verluste gekostet; unter den russischen Truppen machte sich Kriegsmüdigkeit breit. Der Oberbefehlshaber der Südarmee erließ daher folgenden Befehl, um Soldatenverbrüderungen vorzubeugen.

»Gefangene sagen aus, daß an verschiedenen Stellen der Front freundliche Beziehungen zwischen den gegenseitigen Posten und Grabenbesatzungen sich angebahnt hätten und sogar Austausch und Verkauf von Genußmitteln (Schnaps, Brot) stattfände. Andrerseits behaupten Gefangene, es seien viele Russen bereit, zu uns überzulaufen, aber sie fürchteten unser Schießen. Ich ersuche, allen Versuchen der Grabenbesatzungen, sich durch einen gewissen freundschaftlichen Verkehr mit dem Feinde Erleichterungen des Dienstes und Ruhe vor dem Feinde zu verschaffen, mit größter Strenge entgegenzutreten. Wenn es erwünscht erscheint, an einzelnen Stellen der Front durch scheinbar freundlichen Verkehr sich Nachrichten zu verschaffen u. dgl., so ist es den Divisionskommandeuren vorbehalten, Entsprechendes anzuordnen.«

Zit. nach: Der erste Weltkrieg. Dokumente. Hrsg. von Helmut Otto und Karl Schmiedel, Berlin 1977 (=Schriften des Militärgeschichtlichen Instituts der DDR), S. 205

Der Waffenstillstand an der Ostfront.
Leben und Treiben zwischen den Stellungen.
Russen beim Einkauf von Gebrauchsartikeln.

109 Russische Soldaten warten nach der Verkündung des Waffenstillstandes an der Ostfront auf ihre Demobilisierung. Foto, 1917.

108 Generalfeldmarschall Leopold Prinz von Bayern beim Unterzeichnen des deutsch-russischen Waffenstillstandes von Brest-Litowsk. Foto, 15. Dezember 1917.

B Wladimir Iljitsch Lenin (eigentlich W.I. Uljanow), (1870–1924)
Russischer Revolutionär und Politiker – Lenin nahm bereits während seines Jurastudiums Kontakt zu revolutionären Kreisen auf. Nach kurzer Anwaltstätigkeit organisierte er in Sankt Petersburg 1895 den »Kampfbund zur Befreiung der Arbeiterklasse«. Im Jahre 1899 trat er der ein Jahr zuvor gegründeten Russischen Sozialdemokratischen Arbeiterpartei (RSDRP) bei. Ab 1900 lebte Lenin in der Emigration. In der Februarrevolution von 1917 sah er die Möglichkeit, den Krieg in einen Bürgerkrieg zu transformieren, um so die proletarische Revolution auszulösen. Mit Unterstützung der deutschen OHL gelangte er nach Petrograd. Nach dem Scheitern des bolschewistischen Juli-Aufstandes musste er nach Finnland fliehen und kehrte erst zu Beginn der für die Bolschewiki erfolgreichen Oktoberrevolution 1917 nach Russland zurück. Als Vorsitzender des Rates der Volkskommissare (1917–1924) setzte er 1918 gegen heftigen innerparteilichen Widerstand den mit großen Gebietsverlusten verbundenen Frieden von Brest-Litowsk durch, um der jungen UdSSR eine Atempause zu verschaffen.

107 Sowjetische Ansteckn adel mit dem Portät Lenins.

55

S Papst Gregor XIII. verfügte im Jahre 1582 die Einführung eines neuen, nach ihm benanntem Kalenders. Der bisher bestehende julianische Kalender war elf Minuten länger als das Sonnenjahr gewesen, was im Laufe der Zeit zu immer größeren Verschiebungen geführt hatte. Der neue Kalender wurde anfangs nur von einigen katholischen Ländern eingeführt, in Russland wurde der neue Kalender im Jahre 1918 gültig. Nach dem neuen gregorianischen Kalender fiel die russische Oktoberrevolution des Jahres 1917 auf den 7. November. Bis zum Ende der Sowjetunion wurde das Ereignis auch an diesem Tag gefeiert.

gewaltsam zu öffnen. Im Februar 1915 beschossen die Engländer mit starken Seestreitkräften die mit deutscher Hilfe ausgebauten Dardanellen-Forts. Im März verloren sie bei einem misslungenen Durchbruchsversuch sechs Linienschiffe. Im April gelang ihnen jedoch nach verlustreichen Fehlschlägen die Landung von Truppen auf der Halbinsel Gallipoli. Hier hatte General der Kavallerie Liman von Sanders den Widerstand organisiert. Die Kämpfe waren erbittert und hart. Nach schweren Verlusten gaben die Briten im Januar 1916 endgültig auf und räumten die Brückenköpfe. Obwohl Griechenland formal neutral und König Konstantin bemüht war, seine Unabhängigkeit zu wahren, landeten im Herbst 1915 aus Gallipoli abgezogene britische und französische Truppen bei Saloniki. Quer durch den Balkan entstand hier die neue Makedonische Front. Drei Jahre lang konnte die deutsch-bulgarisch-türkische Heeresgruppe der alliierten Orientarmee aus britischen, französischen, italienischen, serbischen und russischen Truppen standhalten. Im September 1918 begannen die Alliierten ihren entscheidenden Großangriff und zwangen Ende des Monats Bulgarien zum Waffenstillstand. Im Oktober gewannen sie Serbien zurück und standen an den schutzlosen Grenzen Österreich-Ungarns.

In Mesopotamien marschierten britische Truppen auf Bagdad vor, wurden aber bei Kut el Amara gestoppt. Nach Persien und in die nordöstliche Türkei drangen die Russen ein, doch nach der Russischen Revolution konnten die Türken bis an das Kaspische Meer vorstoßen. Schließlich war der britische Vormarsch in Arabien, Palästina und in Mesopotamien nicht aufzuhalten. Ende 1917 besetzten die Briten Palästina, im Herbst 1918 standen sie vor Mossul und Aleppo.

Italien, formal mit Deutschland und der Donaumonarchie verbündet, hatte 1914 seine Neutralität erklärt. Obwohl Österreich die Abtretung der italienischsprachigen Teile Südtirols anbot, trat Italien am 23. Mai 1915 gegen Österreich-Ungarn in den Krieg ein. Die Ententemächte hatten der italienischen Regierung das Trentino, ganz Südtirol bis zum Brenner, Istrien mit Triest, Dalmatien, den Dodekanes und Einfluss in Albanien versprochen. Erst im Sommer 1916 folgte die Kriegserklärung an Deutschland, obwohl deutsche Truppen seit Mitte 1915 an dieser Front im Einsatz standen. Die Österreicher entschlossen sich zu einer defensiven Kriegführung aus entlang der ▸ Isonzo-Linie und durch die Dolomiten und Tirol verlaufenden Stellungen. Von Juni 1915 bis März 1916 tobten fünf Isonzo-Schlachten, in denen die Italiener unter hohen Verlusten frontal gegen die österreichischen Stellungen anrannten, ohne einen Durchbruchserfolg erringen zu können.

Im Mai 1916 versuchten die Österreicher, durch einen Angriff zwischen Brenta und Etsch in den Rücken der italienischen Isonzo-Front zu stoßen. Nach Anfangserfolgen scheiterte die Offensive, als in Galizien der Ansturm Brussilows begann. Die Italiener setzten den frontalen Ansturm fort, aber auch die sechste (August 1916), siebte bis neunte (September bis November 1916), zehnte und elfte (Mai bis August 1917) Isonzo-Schlacht blieben ohne nennenswerte Ergebnisse. Hingegen gelang es den Verbündeten im Oktober 1917, in den Julischen Alpen die italienischen Stellungen zu durchstoßen. Die italienischen Truppen strömten teilweise in panischer Flucht zurück, die erst am Piave mit Hilfe der Entente aufgefangen werden konnte. Erst Ende Oktober 1918 traten die Alliierten erneut zum Großangriff an. Vor den weit überlegenen feindlichen Kräften gab das österreichische Heer den Widerstand auf.

110 Angriff einer britischen Seedivision bei Achi Baba auf der Halbinsel Gallipoli. Foto, 1915.

Mit der Isonzo-Linie, benannt nach dem gleichnamigen Fluss in Slowenien, wird der Schauplatz der Kämpfe zwischen italienischen und österreichischen Truppen in den Alpen bezeichnet. Von 1915 bis 1917 kam es an der Isonzo-Linie insgesamt zu elf Schlachten. Der Kampf im hochalpiner Raum zerfiel häufig in Einzelaktionen. Die Italiener unternahmen immer wieder Offensiven gegen die österreichisch-ungarischen Truppen, denen es jedoch gelang, sich in ihren Defensivstellungen zu halten. Hohen Verlusten auf beiden Seiten standen minimale Geländegewinne gegenüber. Im August und September 1917 entgingen die österreichisch-ungarischen Truppen nur knapp einer schweren Niederlage. Österreich forderte als Reaktion auf die enormen Verluste deutsche Unterstützung an. Nach dem Eintreffen der deutschen Verstärkung begannen die Mittelmächte am 24. Oktober 1917 eine Gegenoffensive, die die seit drei Jahren erstarrte Isonzo-Linie durchbrach und Italien an den Rand der Niederlage brachte. Während dieser Offensive erwarb sich der junge Leutnant Erwin Rommel die höchste preußische Tapferkeitsauszeichnung, den Orden »Pour le Mérite«, und wurde wegen seiner Verdienste zum Hauptmann befördert.

113 Österreichischer 30,5-Zentimeter-Mörser an der Isonzo-Linie. Foto, April 1916.

111 Türkischer Soldat. Undatiertes Foto.

112 Räumung der Halbinsel Gallipoli. Abzug der letzten britischen Truppen im Januar. Foto, 1916.

In den deutschen ▸ Kolonien mussten die schwachen Schutztruppen meist nach einigen Wochen oder Monaten vor weit überlegenen Feindkräften kapitulieren. Japan erklärte am 23. August 1914 dem Deutschen Reich den Krieg und begann mit der Belagerung des festungsartig ausgebauten Seestützpunkts Tsingtau auf der Halbinsel Schantung am Gelben Meer, der sich nach harten Kämpfen im November 1914 der weit überlegenen japanischen Belagerungsarmee ergab, nachdem alle Verteidigungsmöglichkeiten erschöpft waren. Im Gegensatz dazu wurden die übrigen deutschen Besitzungen im Pazifik kampflos von Japan, Australien und Neuseeland besetzt. Die kleine afrikanische Kolonie Togo verfügte nur über eine schwache Polizeitruppe und wurde bereits kurz nach Kriegsbeginn von Briten und Franzosen erobert. In Kamerun konnte die kleine Schutztruppe noch bis Anfang 1916 Widerstand leisten. Deutsch-Südwestafrika kapitulierte im Juli 1915 gegenüber der Südafrikanischen Union. Nur in Deutsch-Ostafrika gelang es der Schutztruppe (1916: 3000 Europäer und 12 000 Askaris) unter ihrem Kommandeur Oberstleutnant (später Generalmajor) Paul von Lettow-Vorbeck in einer geschickten Kriegführung, die in Ansätzen dem modernen Guerillakrieg ähnlich war, weit überlegene Kräfte des Gegners jahrelang zu binden. Nach Verlust des Kolonialgebiets im November 1917 setzte die Truppe die Kampfhandlungen in Portugiesisch-Ostafrika und Rhodesien bis zum Waffenstillstand 1918 fort.

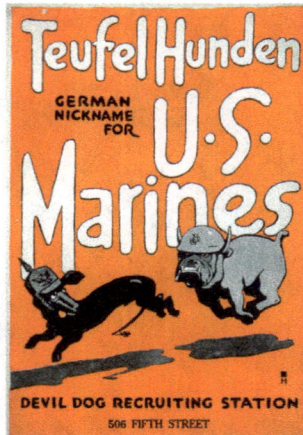

114
Werbeplakat der
US-Marineinfanterie
von 1917.

d) Letzte Kraftanstrengung Deutschlands und der Zusammenbruch 1918

Zu Beginn des Jahres 1918 war die militärische Lage der Mittelmächte nicht völlig aussichtslos. Zwar war – aus späterer Sicht – die strategische Wende mit dem Kriegseintritt der USA im April 1917 zu ihren Ungunsten vollzogen, doch wirkte sich das militärisch nicht unmittelbar aus. Vom Sommer 1918 an musste aber mit den Vereinigten Staaten als dem entscheidenden militärischen Gewicht gerechnet werden. Wenn überhaupt, dann musste vorher im Westen die Entscheidung gesucht werden.

Die 3. OHL, die – maßgeblich bestimmt durch Ludendorff – einen Verständigungsfrieden ablehnte, wollte nach dem Separatfrieden mit der Ukraine im Februar 1918, wegen der aus der Ukraine erwarteten Lebensmittellieferungen propagandistisch als »Brotfrieden« proklamiert, und dem Diktatfrieden mit Russland im März 1918 noch einmal alles auf eine Karte setzen und mit Hilfe der im Osten frei gewordenen Kräfte die militärische Entscheidung im Westen erzwingen. Geplant wurde eine Großoffensive im Raum Cambrai–St.Quentin (Operation »Michael«) in Richtung auf die Somme, um Engländer und Franzosen voneinander zu trennen. Vorsorglich wurden auch Ausweich- und Nachfolgeoperationen an anderen Stellen vorbereitet. Der Angriff begann am 21. März 1918 auf einer Frontbreite von 70 Kilometern und stieß bis Anfang April 60 Kilometer tief in das feindliche Verteidigungssystem vor. Die Lage bei den Ententetruppen war äußerst kritisch. Doch dann erlahmte der Angriffsschwung und am 5. April war die Offensive festgefahren. Auch die anderen Operationen blieben nach Anfangserfolgen liegen. Ein letzter Angriff am 15. Juli bei Reims scheiterte völlig und die Alliierten hatten sich jetzt auf die neue, 1917 entwickelte deutsche Angriffstaktik eingestellt.

S   Die Ausweitung des Ersten Weltkrieges auf die Kolonialgebiete erfolgte in erster Linie durch Großbritannien und Frankreich. Die Regierung Großbritanniens hatte bereits vor Ausbruch des Ersten Weltkrieges bestimmt, dass die deutschen Kolonien im Falle eines Krieges so schnell wie möglich zu erobern seien. Dem lag die Überlegung zugrunde, dass hiermit der deutschen Kreuzerflotte die Versorgungshäfen und Funkstationen abgenommen und damit ihre Operationsfähigkeit stark eingeschränkt werden würde. In Deutschland wurde den Kolonien im Kriegsfalle ursprünglich keine große Bedeutung beigemessen, da man der Auffassung war, dass ein möglicher Krieg letztendlich in Europa entschieden würde. Das deutsche Militär in den Kolonien, die so genannte Schutztruppe, in den afrikanischen Kolonien Kamerun, Südwestafrika und Deutsch-Ostafrika, hatte vor dem Ersten Weltkrieg eher landespolizeiliche Aufgaben ausgeübt.

Die Übernahme des Kommandos über die Schutztruppe von Deutsch-Ostafrika durch Oberstleutnant Paul von Lettow-Vorbeck im Jahre 1914 bedeutete eine strategische Neuorientierung über die Verwendung der Schutztruppen im Falle eines europäischen Krieges. Lettow-Vorbeck sah die Aufgabe der Schutztruppe darin, möglichst viele Truppen der Alliierten zu binden und von einem Einsatz auf dem europäischen Kriegsschauplatz abzuhalten.

Neben Großbritannien und Frankreich hatte auch Japan ein Interesse an den deutschen Besitzungen. Im Fernen Osten und im pazifischen Raum waren dies das Pachtgebiet Tsingtau, das Kaiser-Wilhelm-Land auf Neuguinea, das Bismarck-Archipel und die Inseln der deutschen Südsee-Kolonien. Nach wochenlanger Belagerung unterlagen die deutschen Truppen in Tsingtau am 7. November 1914 den zahlenmäßig weit überlegenen japanischen Verbänden. Die pazifischen Kolonien mussten kampflos dem Gegner überlassen werden. Auf dem afrikanischen Kriegsschauplatz hatten britische und französische Truppen bereits im August 1914 mit ihren Operationen gegen die deutschen Kolonien begonnen. Die deutsche Kolonie Togo, die nicht über eine eigene Schutztruppe verfügte, wurde noch im gleichen Monat erobert. In Kamerun kämpften auf deutscher Seite etwa 700 deutsche und 7000 afrikanische Soldaten im Dienste der Schutztruppe, ihnen standen auf alliierter Seite ca. 19 000 Soldaten gegenüber. Den Alliierten gelang es im Januar 1916, Kamerun unter ihre Kontrolle zu bringen. In Südwestafrika hatte die dortige Schutztruppe den weit überlegenen südafrikanischen Truppen nur wenig entgegenzusetzen. So konnten die Südafrikaner bereits am 13. Mai 1915 Windhuk, die Hauptstadt der Kolonie, besetzen. Dem Kommandeur der Schutztruppe von Deutsch-Ostafrika Paul von Lettow-Vorbeck gelang es jedoch, sich mit der etwa 7500 Mann starken Schutztruppe, die aus Deutschen und Afrikanern bestand, gegen einen Gegner, der ca. 160 000 Mann ins Feld geführt hatte, zu behaupten und durch geschickte Operationsführung den Kampf um die Kolonie bis zum 25. November 1918 fortzuführen. Lettow-Vorbeck erreichte zwar sein Ziel, möglichst viele gegnerische Kräfte zu binden, aber eine kriegsentscheidende Bedeutung kam den Operationen der deutschen Schutztruppe in Ostafrika während des Ersten Weltkrieges nicht zu. Dennoch wurde Lettow-Vorbeck als er im Frühjahr 1919 nach Deutschland zurückkehrte als der »im Felde unbesiegte« Held gefeiert.

118 Die Europäer der 9. Feldkompanie, Ostafrika. Foto, Januar 1916.

117 Askaris der deutschen Schutztruppe mit MG 08/15. Undatiertes Foto.

115 Ehrenabzeichen des Traditionsverbandes der ehemaligen Schutztruppen.

116
Paul von Lettow-Vorbeck.
Foto, um 1918.

59

Der deutsche Angriff im Westen 1918

NIEDERLANDE

Ostende
Brügge
Antwerpen
Dünkirchen
Genf
Köln
Calais
Ypern
4.
Aachen
DEUTSCHES
Brüssel
BELGIEN
9.4.
Tournai
Lüttich
Lille 6.
Maas
Namur
Malmedy
Koblenz
Valenciennes
17.
Charleroi
Arras
2.
Maubeuge
Abbeville
Cambrai
18.
Bastogne
LUX.
21.3.
Amiens
St. Quentin
Trier
7.
Montdidier
9.6
Sedan
REICH
Laon
1.
Luxembourg
Beauvais
27.5.
3.
Longwy
Compiègne
Aisne
5.
Diedenhofen
Saarbrücken
Clermont
Oise
Soissons
15.7.
15.7
Reims
Verdun
C.
Metz
19.
Marne
Epernay
Châlons s.M.
Fère Champenoise
Bar-le Duc
Toul
Nancy
Saarburg
PARIS
Straßburg
Vitry-le Françoise
Lunéville
A.
FRANKREICH
Troyes
Epinal
Seine
Colmar
Châtillon s.S.
Langres
Mülhausen
B.
Belfort

Heeresgruppe Kronprinz Rupprecht
Heeresgruppe Deutscher Kronprinz
Heeresgruppe Gallwitz
Heeresgruppe Herzog Albrecht

Schelde
Sambre
Somme
Maas
Mosel
Rhein
Oise
Marne
Seine
Mosel
Rhein

―――――	Deutsche Kampflinie vor dem 21.3.1918
···········	Deutsche, durch Angriff erreichte Linien
――→	Deutsche Angriffsrichtungen
―·―·―	Heeresgruppengrenzen
―――――	Armeegrenzen

Nach: Ludendorff, Kriegserinnerungen, Karte IX.

0 20 40 60 80 100 km

© MGFA
05202-06

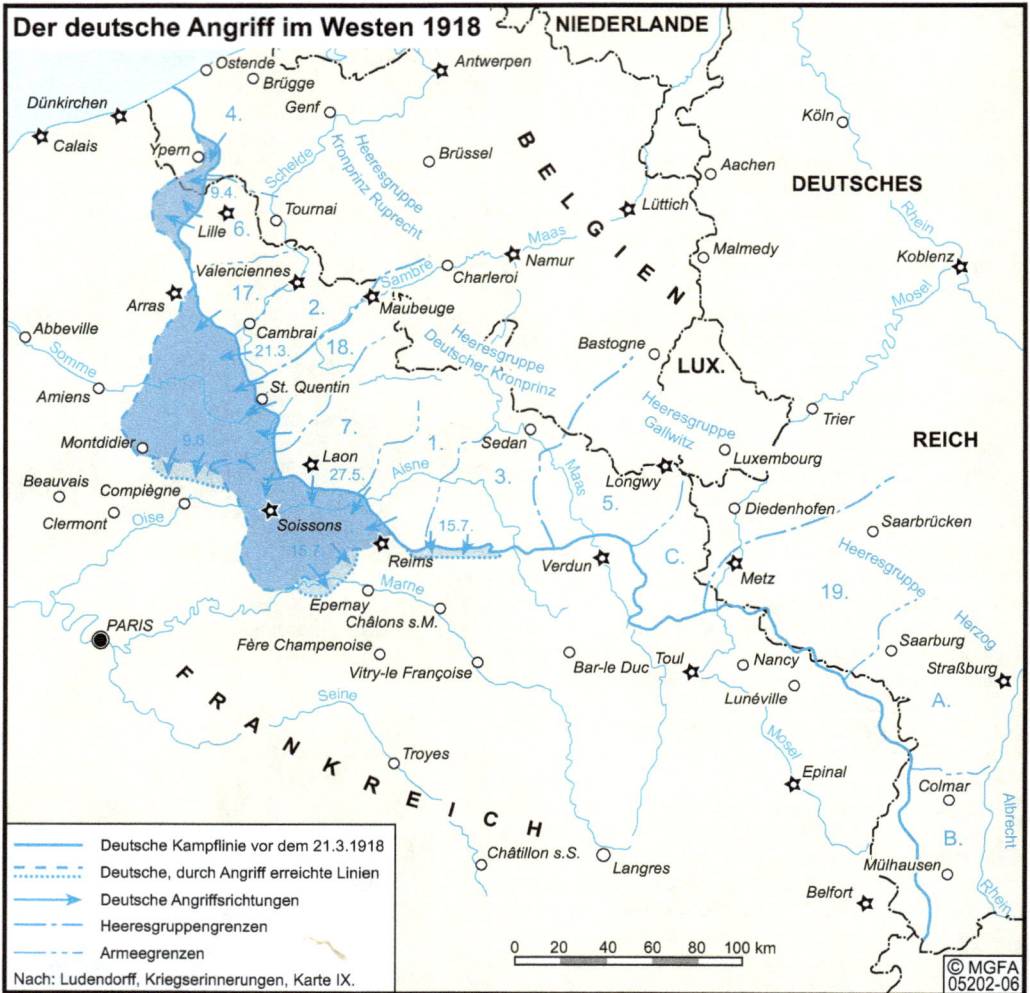

119 Erich Ludendorff.
Foto, um 1914.

Erich Ludendorff (1865–1937)

B Preußischer General – Oft als Archetyp des bürgerlichen Technokraten präsentiert, entstammte Ludendorff dem Umfeld des Landadels. Der Absolvent einer Kadettenschule wurde 1894 in den Großen Generalstab versetzt. Taktische Begabung und versierte militärgeschichtliche Kenntnisse führten ihn in die Aufmarschabteilung, als deren Chef er 1908 berufen wurde. Mit Kriegsausbruch stieg Ludendorffs Stern schnell. Seine herausragende Rolle beim deutschen Handstreich auf Lüttich (6. August 1914) brachten ihm den Orden »Pour le Mérite« ein. Der mythisch verklärte Sieg Hindenburgs in der Schlacht bei Tannenberg (26. bis 30. August 1914) wurde die Grundlage für den weiteren Aufstieg und den legendären Ruf der beiden fortan eng miteinander verbundenen Militärs. Als Hindenburg im August 1916 zum Chef der Obersten Heeresleitung (OHL) ernannt wurde, folgte ihm Ludendorff mit dem eigens hierfür geschaffenen Titel eines I. Generalquartiermeisters. In dem neuen Amt war er mitverantwortlich für die militärische Kriegführung des Deutschen Reiches und gewann zunehmend Einfluss auf politische und wirtschaftliche Fragen. Erfolgreich betrieb er die Entlassungen der Reichskanzler Bethmann Hollweg, Michaelis und Hertling. Im Westen trug Ludendorff für die Frühjahrsoffensive 1918 weit gehende Verantwortung, bei der den Deutschen der bis dahin tiefste Einbruch in die gegnerische Stellung gelang. Angesichts der sich abzeichnenden Niederlage an der Westfront brach Ludendorff zusammen und verlangte am 29. September 1918 von der Reichsregierung ein Waffenstillstandsangebot. Am 26. Oktober 1918 wurde er von Kaiser Wilhelm II. nach einer schweren Auseinandersetzung entlassen.

Drei Tage später setzte Marschall Ferdinand Fochs Großangriff gegen den von den Deutschen eroberten Frontvorsprung ein, am 8. August griffen die Engländer mit zahlreichen Tanks die 2. Armee südlich von Amiens an und brachten ihr schwere Verluste bei (»Schwarzer Tag des Deutschen Heeres«). Schon am 14. August erklärte die 3. OHL im Hauptquartier in Spa eine siegreiche Beendigung des Krieges für aussichtslos. Politische Konsequenzen wurden daraus nicht gezogen, vor allem wurde die Bevölkerung wie zahlreiche Politiker und Reichstagsabgeordnete in dem Glauben an einen siegreichen Kriegsausgang belassen. Ende September durchstießen die Engländer bei Amiens und St. Quentin die deutschen Linien, doch noch einmal konnte die deutsche Front geordnet zurückgenommen werden.

Die Makedonienfront zerbrach am 15. September. Bald darauf, am 29. September, verlangte die OHL von der Reichsregierung ein sofortiges Waffenstillstands- und Friedensangebot, das Anfang Oktober überstürzt an den amerikanischen Präsidenten gerichtet wurde. Während sich der Notenwechsel hinzog und in Deutschland der Umbau zu einem parlamentarischen Regierungssystem versucht wurde, zerfiel die Donaumonarchie und Bulgarien (30. September) und das Osmanische Reich (30. Oktober) schieden aus dem Kampf aus. Am 26. Oktober wurde ▸ Ludendorff entlassen und Generalleutnant Wilhelm Groener sein Nachfolger. Drei Tage später begannen die Meutereien der deutschen Hochseeflotte. Die Revolution breitete sich wie ein Flächenfeuer über das ganze Reich aus. Mit der Ausrufung der Republik und der Abdankung des Kaisers endete das deutsche Kaiserreich nach knapp 48 Jahren am 9. November 1918.

Der neuen Regierung oblag es, die Konkursmasse zu liquidieren. Am 8. November traf die deutsche Waffenstillstandsdelegation unter Leitung des Zentrumpolitikers ▸ Matthias Erzberger bei Compiègne mit den Vertretern der Entente zusammen. Den Deutschen blieb nichts übrig, als deren überaus harte Bedingungen zu akzeptieren: Räumung der Westgebiete bis zum Rhein, Aufhebung der Friedensverträge mit Russland und Rumänien sowie Rückzug aus Osteuropa, Internierung der Flotte, Auslieferung zahlreichen Materials wie der U-Boote und der Luftfahrzeuge sowie »Schadensersatz« in noch zu bestimmender Höhe nebst zahlloser weiterer Forderungen.

B Matthias Erzberger (1875–1921)
Deutscher Politiker – Seit 1903 war Erzberger Zentrums-Abgeordneter im Reichstag. Nach Beginn des Krieges organisierte er auf Grund seiner guten Beziehungen (u.a. zur römischen Kurie) im Auftrag Bethmann Hollwegs die deutsche katholische Propaganda im Ausland und übernahm einige diplomatische Missionen. 1915 bemühte er sich zusammen mit Bernhard von Bülow erfolglos, Italien vom Kriegseintritt aufseiten der Alliierten abzuhalten. Vom nationalen Rausch der ersten Kriegstage hinweggerissen, war Erzberger zunächst ein Befürworter umfangreicher deutscher Annexionen. Während des Krieges änderte er seine Haltung deutlich und wurde ein Gegner des »uneingeschränkten« U-Bootkrieges und kompromissloser Verfechter eines Verständigungsfriedens. 1917 hatte er maßgeblichen Anteil am Sturz Bethmann Hollwegs Seit Oktober Staatssekretär unter Max von Baden, wurde er Mitglied der Waffenstillstandskommission und unterzeichnete am 11. November 1918 in Compiègne den Waffenstillstand.

120 Matthias Erzberger. Undatiertes Porträtfoto.

121 Französische Bildpostkarte von 1918 zum Waffenstillstand von Compiègne.

2. Der Krieg zur See (Werner Rahn)

a) Überwasserkrieg. Ausgangslage und erste Operationen

Bei Kriegsausbruch 1914 stand die Kaiserliche Marine unter dem Eindruck der großen Überlegenheit des britischen Gegners. Daher setzte die Marineführung auf einen Kräfteausgleich, der mit einer Minen- und U-Boot-Offensive erzielt werden sollte. Danach war der Einsatz der Flotte in einer Schlacht »unter günstigen Umständen« vorgesehen. Bereits in diesem Stadium des Krieges fällt auf, dass Deutschland über keine Gesamtstrategie verfügte. Während das Heer im Westen die Entscheidung suchte, unternahm die Hochseeflotte nichts, um die Landstreitkräfte mit Angriffen auf alliierte Nachschublinien im Ärmelkanal zu unterstützen.

Die Ostsee galt von vornherein als Nebenkriegsschauplatz. Die hier eingesetzten Seestreitkräfte waren dem Gegner zwar unterlegen, doch der Nord-Ostsee-Kanal ermöglichte eine schnelle Kräfteverlagerung. Dadurch wirkte die Hochseeflotte stets auch in die Ostsee hinein und bildete für die russische Seekriegführung eine ständige Bedrohung.

Indem sich alle Überlegungen auf die Schlacht konzentriert hatten, war das eigentliche Ziel jeder Seekriegführung, die Sicherung der eigenen und die Bekämpfung der gegnerischen Seeverbindungen, weit gehend aus dem Blickfeld geraten. Die unzureichende Vorbereitung eines Kreuzerkrieges war Ausdruck dieser Fehleinschätzung. Mit Ausnahme der Umwandlung von einigen Schnelldampfern in Hilfskreuzer wurden für den Kreuzerkrieg nur die Einheiten eingeplant, die ohnehin auf Auslandsstationen verteilt waren.

Anfangs gab es allerdings einen Verband, der sich auf Kräftekonstellation und Gesamtverlauf des Krieges auswirken sollte. Es handelte sich um die Mittelmeer-Division, bestehend aus dem Schlachtkreuzer GOEBEN und dem Kleinen Kreuzer BRESLAU. Beide Schiffe erreichten am 10. August Konstantinopel und wurden kurz darauf formal dem Osmanischen Reich übergeben. Mit diesem Schachzug und weiteren Zusagen gelang es, die Hohe Pforte auf Seiten der Mittelmächte zu ziehen und Ende Oktober 1914 zum Kriegseintritt zu bewegen. Damit wurden Dardanellen und Bosporus für die Alliierten unpassierbar. Alle Versuche, die Meerengen mit Seestreitkräften zu durchbrechen und wenig später durch amphibische Operationen zu erobern, scheiterten 1915 unter großen Verlusten. Neben der Ostsee blieb somit auch die zweite wichtige Seeverbindung der Alliierten nach Russland gesperrt. Die noch verbliebenen Transportwege über Sibirien oder Murmansk erwiesen sich als unzulänglich. Die fast vollständige Abschnürung vom Industriepotenzial der Westmächte trug dazu bei, dass Russland 1917 für die Alliierten als Bündnispartner ausfiel.

Das in Ostasien stationierte Kreuzergeschwader unter Vizeadmiral ▶ Maximilian Reichsgraf von Spee befand sich bei Kriegsausbruch mit den Panzerkreuzern SCHARNHORST und GNEISENAU in der Südsee. Da Japan wegen Tsingtau gegen Deutschland in den Krieg eintrat, war Spee gezwungen, den pazifischen Raum zu verlassen. Lediglich der Kleine Kreuzer EMDEN wurde zum Handelskrieg in den Indischen Ozean entlassen. Am 1. November 1914 traf Graf Spee bei Coronel auf einen britischen Verband und vernichtete ohne eigene Verluste zwei Panzerkreuzer. Dieser Erfolg führte dazu, dass London zwei Schlachtkreuzer in den Südatlantik entsandte, was der deutschen Seite verborgen blieb. Es zeigte sich hier die Wechselwirkung zwischen den Operationen des Kreuzergeschwaders und der Nordsee-

62

122 Kleiner Kreuzer SMS BRESLAU
im Nord-Ostsee-Kanal. Foto, 1914.

125 SMS Scharnhorst und Gneisenau
im Seegefecht bei Coronel (Chile).
Zeitgenössisches Aquarell von Hans Bohrdt.

124
SMS Scharnhorst.
Bildpostkarte, 1915.

123 Maximilian von Spee.
Foto, um 1914.

Maximilian Reichsgraf von Spee (1861–1914)

B Admiral – Spee trat 1878 in die Kaiserliche Marine ein, wurde 1910 Konteradmiral und 1912 Chef des Kreuzergeschwaders in Ostasien. Bei Ausbruch des Ersten Weltkrieges im Jahre 1914 befand er sich mit seinem Geschwader bei Ponape, der größten Insel der Ostkarolinen. Nachdem Japan dem Deutschen Reich den Krieg erklärt hatte, entschloss sich der Admiral, den Weg über den Stillen Ozean nach Chile anzutreten. Auf diesem Marsch stießen noch zwei Kleine Kreuzer zum Geschwader. Graf Spee strebte vor allem die Bekämpfung gegnerischer Seestreitkräfte an. Sein erster Gegner war am 1. November bei Coronel ein britischer Kreuzerverband unter Konteradmiral Sir Christopher Cradock, der erfolgreich geschlagen wurde, wobei insgesamt 1600 britische Seeleute starben – der erste deutsche Seesieg über Großbritannien. Kaiser Wilhelm II. verlieh 300 Eiserne Kreuze an Spees Mannschaften. Doch nur sechs Stunden nach der Niederlage von Coronel entsandte Admiral Sir John Fisher zwei moderne Schlachtkreuzer sowie vier Panzerkreuzer und zwei Kleine Kreuzer unter dem Kommando von Vizeadmiral Sir Doveton Sturdee mit dem Auftrag, Spee zu vernichten. Am 8. Dezember unterlag dieser den weit überlegenen britischen Kräften in der Seeschlacht bei den Falklandinseln. Spee selbst fand mit seinen beiden Söhnen sowie weiteren 2200 Seeleuten den Tod.

63

kriegführung: Die Bedrohung des Seeverkehrs im Südatlantik zog starke Kräfte des Gegners an, die nur aus der Nordsee kommen konnten. Statt einen Kreuzerkrieg zu führen, entschloss sich Spee, die Falkland-Inseln anzugreifen. Dort traf er am 8. Dezember 1914 auf die beiden britischen Schlachtkreuzer und hatte keine Chance. Sein Geschwader wurde fast völlig vernichtet. Lediglich ein Kreuzer entkam.

Die übrigen Kreuzer und Hilfskreuzer erzielten bis Anfang 1915 erhebliche Erfolge, wurden jedoch nach und nach vom Gegner ausgeschaltet oder ließen sich in amerikanischen Häfen internieren. Ab 1915 wurden langsamere Frachter als Hilfskreuzer und Minenleger eingesetzt, die sehr lange in See bleiben konnten. Drei Kleine Kreuzer und elf Hilfskreuzer versenkten während des gesamten Krieges zwei Kreuzer, einen Hilfskreuzer, ein Torpedoboot und 149 Handelsschiffe mit insgesamt 600 130 Bruttoregistertonnen (BRT).

Ab Herbst 1914 rückte das U-Boot mehr und mehr in das Blickfeld strategischer Überlegungen. Doch die Marine setzte keine Schwerpunkte hinsichtlich einer Verlagerung von der Überwasser- auf Unterwasserkriegführung. Anfang November und im Dezember 1914 unternahm die Hochseeflotte erste Vorstöße, bei denen Schlachtkreuzer Hafenstädte an der britischen Ostküste beschossen.

Am 24. Januar 1915 nutzten die Briten ihre Überlegenheit in der Funkaufklärung, um Konteradmiral Franz Hipper bei der Doggerbank mit überlegenen Kräften eine Niederlage beizubringen. Wegen der unzureichenden Vorbereitung des Vorstoßes ohne Fernsicherung durch die Hochseeflotte wurde der Flottenchef, Admiral Friedrich von Ingenohl, abgelöst. Sein Nachfolger, Admiral Hugo von Pohl, unternahm 1915 sieben kürzere Vorstöße, die jedoch nicht zu Gefechtsberührungen führten.

b) Der Handelskrieg mit U-Booten 1915 bis 1918

Das ▶ U-Boot wurde nach den ersten Erfolgen in seiner Leistungsfähigkeit erheblich überschätzt. Die Überlegungen zum Einsatz von U-Booten im ▶ Handelskrieg hatten noch kein klares Bild ergeben, als Tirpitz angesichts der britischen Drohung einer »wirtschaftlichen Erdrosselung« Deutschlands durch die Blockade öffentlich ankündigte, dass Deutschland im Gegenzug alle britischen Schiffe torpedieren könne. Allerdings waren von den Anfang 1915 in der Nordsee verfügbaren 22 U-Booten nur 14 in der Lage, westlich der britischen Inseln zu operieren. Am 4. Februar 1915 fiel die Entscheidung für den Beginn des U-Bootkrieges, ohne dass Reichsleitung und Marineführung Methode, völkerrechtliche Problematik und politische Risiken eines derartigen Handelskrieges analysiert hatten. Mit dem Einsatz von U-Booten gegen Handelsschiffe beschritt das Reich in der Seekriegführung, militärisch und völkerrechtlich gesehen, neue Wege, denn es war klar, dass ein U-Boot die Regeln des Prisenrechts nur unvollkommen würde einhalten können, insbesondere weil es nicht die Besatzungen der versenkten Handelsschiffe an Bord nehmen konnte. Eine besondere Gefahr drohte den U-Booten durch die Bewaffnung der britischen Handelsschiffe und später durch die »U-Bootfallen«, die als Handelsschiffe getarnten Hilfskreuzer.

Die deutsche Kriegsgebietserklärung kündigte die Zerstörung aller britischen Schiffe an und wies zugleich darauf hin, dass es nicht immer möglich sein werde, »die dabei der Besatzung und den Passagieren drohenden Gefahren abzuwenden«. Ohne den U-Booten klare Weisungen zu erteilen, ging die Marine wohl davon aus, dass die Versenkungen meist

In Verbindung mit dem zunehmend perfektionierten Torpedo sollte sich das U-Boot, das in den ersten Jahren bei Unterwasserfahrt nicht geortet werden konnte, zu einer gefährlichen Waffe entwickeln. Die Kaiserliche Marine wandte sich 1904, im Vergleich zu anderen Seestreitkräften relativ spät, dem Bau von U-Booten zu. Erst der Übergang zum Dieselmotor (ab 1912) ermöglichte eine hinreichend betriebssichere Verwendung der neuen Waffe, die damit auch über einen ausgedehnteren Einsatzradius verfügte. Der Wandel von der Defensiv- zur Offensivwaffe war damit allerdings in der deutschen Marine noch nicht vollzogen. Erst nachdem das deutsche Kalkül (enge Blockade durch die Royal Navy, Entscheidungsschlacht) in den ersten Kriegsmonaten nicht aufgegangen war, wurde verstärkt in die offensiven Kapazitäten der U-Boot-Waffe investiert, die bald die Hauptlast der deutschen Seekriegführung zu tragen hatte.

126
Brückenwache auf Ausguck
auf dem Turm ihres U-Bootes
während einer Feindfahrt.
Undatiertes Foto.

128 U-Boot-Kriegsabzeichen
des Ersten Weltkrieges.

127 Die Geschützbedienung eines deutschen U-Boots feuert
auf den norwegischen Frachter Albis. Undatiertes Foto.

1 Hugo von Pohl, »U-Bootkrieg. Bericht an den Reichskanzler«
(7. November 1914)

Der Chef des Admiralstabes spricht sich für eine U-Bootblockade gegen England aus. Im Februar 1915
erklärte Deutschland die Gewässer um England zum Kriegsgebiet. Der Befehl zum U-Boot-Handelskrieg,
d.h. die Versenkung bewaffneter Handelsschiffe durch deutsche U-Boote, wurde am 22. Februar 1915
gegeben.

»Die Tatsache, daß England alle Mittel, unbekümmert darum, ob sie den bisherigen Grundsätzen des
Völkerrechts entsprechen oder nicht, anzuwenden versucht, um uns wirtschaftlich zu vernichten, lassen es
angezeigt erscheinen, auch unsererseits schärfere Mittel im Handelskrieg anzuwenden als bisher. Besonderen Erfolg verspricht eine Blockade der gegnerischen Küste durch Unterseeboote, für deren Erklärung ich
einen ersten Entwurf zur geneigten Prüfung übersende.
[...]
Der Einwand, daß eine Unterseeboots-Blockade den bisher gültigen Bestimmungen des Völkerrechtes nicht
entspräche, läßt sich ohne weiteres durch den Hinweis auf die völkerrechtlich auch nicht zulässige Sperrung
der Nordsee durch die englische Admiralität entkräften. Gegen den Vorwurf, daß die Unterseeboots-Blockade besonders grausam sei, weil der Blockadebrecher in den meisten Fällen vernichtet würde, ist geltend zu
machen, daß der Blockadebrecher sich bewußt in Gefahr begibt und daher auch die Folgen tragen muß.
Von diesem Standpunkte aus betrachtet ist die Unterseeboots-Blockade gegenüber den Neutralen ein viel
schonenderes Kriegsmittel, als die Sperrung der freien See am Ostausgange des englischen Kanals durch
englische Minen.«

Zit. nach: Unter Wilhelm II. 1890–1918. Hrsg. von Hans Fenske, Darmstadt 1982 (= Quellen zum politi-
schen Denken der Deutschen im 19. und 20. Jahrhundert. Freiherr vom Stein-Gedächtnisausgabe, 7),
S. 385

65

warnungslos mit Torpedoschuss erfolgen würden und dadurch auch eine Abschreckung der neutralen Schifffahrt erzielt werden könnte. Als die US-Regierung gegen diese Art der Kriegführung Bedenken anmeldete, wollte der Generalstabschef, General Erich von Falkenhayn, die Gewähr haben, dass England durch den U-Bootkrieg innerhalb von sechs Wochen »einlenken« werde, was ihm von Tirpitz und dem Admiralstabschef, Vizeadmiral Gustav Bachmann, bestätigt wurde. Die warnungslose Versenkung von Handelsschiffen, insbesondere von Passagierdampfern brachte ernste diplomatische Konflikte. Am 7. Mai 1915 versenkte U-20 den Passagierdampfer LUSITANIA. Diesem Angriff fielen 1198 Zivilisten, darunter 120 Amerikaner, zum Opfer. Der Zwischenfall führte zu einer heftigen Reaktion der US-Regierung, die von Deutschland die Einhaltung der anerkannten Prinzipien des Seekriegsrechts, vor allem aber die Sicherheit amerikanischer Staatsbürger bei Reisen im Kriegsgebiet forderte. Nachdem im August 1915 bei der Versenkung eines Passagierdampfers wieder einige US-Bürger ums Leben kamen, lenkte die Reichsleitung ein und befahl am 18. September, den Handelskrieg mit U-Booten westlich der britischen Inseln abzubrechen.

Ende 1915 ließ der Generalstabschef seine bisherigen Bedenken gegen die Wiederaufnahme des U-Bootkrieges fallen, da er einen Sieg allein mit der Landkriegführung bezweifelte. Er wollte daher bis Ende 1916 Großbritannien mit einem Handelskrieg bezwingen. In Fehleinschätzung der Politik der USA sah er keine schwer wiegenden Nachteile für die eigene Kriegführung. Demgegenüber befürchtete der Reichskanzler, dass bei warnungslosen Versenkungen mit einem Kriegseintritt der USA gerechnet werden müsse. Doch die militärische

Führung setzte einen nunmehr ▶ »verschärften« U-Bootkrieg durch, der Anfang März 1916 begann. Dabei sollten bewaffnete Handelsschiffe warnungslos versenkt, Passagierdampfer jedoch geschont werden. Die Torpedierung des Kanaldampfers SUSSEX im März 1916 führte wiederum zu einer Krise zwischen Deutschland und den USA. In einer ultimativ scharfen Note drohte Washington mit dem Abbruch der Beziehungen, falls die Reichsregierung nicht ihre gegenwärtige Methode der U-Booteinsätze aufgebe. Berlin wollte eine Konfrontation mit den USA vermeiden und gab daher Anfang Mai die Zusicherung, künftig Handelsschiffe »nicht ohne Warnung und Rettung der Menschenleben zu versenken«. Daraufhin riefen die für den U-Boot-Einsatz im Atlantik verantwortlichen Flaggoffiziere alle U-Boote aus dem Operationsgebiet zurück. Nur im Mittelmeer blieb es beim Handelskrieg nach ▶ Prisenordnung. Die Reaktion der Marineführung widersprach der tatsächlichen Lage: Von den 35 bis Juli 1916 verloren gegangenen U-Booten waren nur vier durch U-Bootfallen, aber keines durch bewaffnete Handelsschiffe vernichtet worden. Es zeigte sich nämlich, dass die U-Boot-Kommandanten mit einiger Vorsicht durchaus nach Art der Prisenordnung vorzugehen verstanden und unter Einsatz ihrer Bordgeschütze beachtliche Erfolge erzielten.

Erst allmählich setzte sich die Erkenntnis durch, dass ein U-Boot-Einsatz nach Prisenordnung durchaus möglich war und dem Gegner mehr Schaden zufügte als der Einsatz gegen militärische Ziele. Im September 1916 fiel daher die Entscheidung, mit den U-Booten Handelskrieg nach Prisenordnung zu führen. Die Marine verfügte jetzt über 82 größere Boote, die bis Januar 1917 im Monatsdurchschnitt 324 810 BRT versenkten. Damit war

Ξ Vor den Weltkriegen regelte die Prisenordnung bzw. das Prisenrecht die Handelskriegführung zur See. In der Her-
S ausbildung einer internationalen Prisenordnung spiegelt sich folgerichtig das System des vormodernen maritimen Wirtschaftskrieges wider. Als Prise bezeichnet man die von einem Waffengegner beschlagnahmten Schiffe und Waren, die das geltende Seekriegsrecht in einem geordneten Verfahren als »gute Prise« freigibt. Das materielle Prisenrecht organisiert Ablauf der Beschlagnahme und Einziehung von Schiff und Ware. Das formelle Prisenrecht (Verfahrensrecht) sichert durch ein staatliches Gerichtsverfahren, dass der Zugriff unter strikter staatlicher Kontrolle und Verantwortung steht. In älterer Zeit durfte der Zugriff auch durch private Kaper erfolgen. Hauptsächlich richtet sich das Prisenrecht als Beuterecht im Seekrieg gegen feindliche Schiffe und Güter. Unter der Absicht der Schädigung und Ausschaltung des gegnerischen Handels kann es aber auch neutrale Schiffe und Waren treffen. Für die Bestimmung der Feindeigenschaft ist bei Schiffen generell die Flagge maßgeblich, die das Schiff zu führen berechtigt ist.

129 Schulwandbild mit der perspektivischen Darstellung eines U-Bootes im Längsschnitt. Farblithografie nach Alex Kircher.

130 Deutsche Matrosen am Bordgeschütz auf cem Vorderschiff ihres U-Bootes. Undatiertes Foto.

131 Armbinde »U-Boot-Spende-Opfertag 1917«.

1 »Befehl für den U-Boot-Handelskrieg« (23. Februar 1916)

Der Chef der Hochseeflotte gab folgenden Ausführungsbefehl für einen »verschärften« U-Bootkrieg an den Führer der U-Boote.

»1. Es sollen in erster Linie die Stationen südlich und nördlich von Irland besetzt werden.

2. Alle feindlichen Handelsschiffe sind zu vernichten, es sei denn, daß der Kommandant die Überzeugung gewinnt, daß das betreffende Schiff nicht armiert ist. Passagierdampfer (Liners) sollen, auch wenn sie feindlich oder armiert sind, bis auf weiteres nicht angegriffen werden.

3. Von Untersuchungen der Dampfer ist der damit verbundenen Gefahr wegen grundsätzlich abzusehen.

4. Bei Unterwasser-Angriffen ist unter Wasser abzulaufen, damit die Art des Angriffs (Mine oder Torpedo) unbekannt bleibt.

5. Bei Fehlgriffen werden die Kommandanten gedeckt werden. [...]
   In diesem Stadium des U-Bootskrieges sei alles zu vermeiden, was zum Konflikt führen könne. Der Schlußsatz betreffend Fehlgriffe sei nicht als Sanktionierung absichtlich begangener Fehlgriffe, sondern nur als Deckung bei entschuldbaren Fehlgriffen aufzufassen.«

Zit. nach: Die deutsche Seekriegsleitung im Ersten Weltkrieg, bearb. von Gerhard Granier, Bd 3, Koblenz 2000, Dok. Nr. 393 (S. 263 f.)

67

im Wirtschaftskrieg gegen Großbritannien zwar keine Entscheidung, doch langfristig eine Schwächung des Gegners zu erzielen. Doch die Marine forderte immer wieder den »uneingeschränkten« U-Bootkrieg, in einem Sperrgebiet um Großbritannien. Sie war fest davon überzeugt, damit einen Sieg über die Entente erringen zu können.

Im Gegensatz zu den Militärs wollte der Reichskanzler den Kriegseintritt der USA vermeiden, da er von Präsident Woodrow Wilson die Vermittlung eines Verständigungsfriedens erhoffte. Als jedoch London im Dezember 1916 ein deutsches Friedensangebot in schroffer Form zurückwies, kam es in Berlin zu einem Stimmungsumschwung. Vor allem Hindenburg und Ludendorff forderten kategorisch den »uneingeschränkten« U-Bootkrieg als letztes Siegesrezept. Der Reichskanzler gab den Argumenten der Militärs nach und stimmte dieser Form des U-Bootkrieges zu. Obwohl Anfang 1917 nur 95 U-Boote zur Verfügung standen, gab der Admiralstab die Garantie, dass monatlich 600 000 BRT versenkt werden könnten, so dass Großbritannien innerhalb von fünf Monaten etwa 39 Prozent seines Seeverkehrs verlieren werde. Mit welcher Selbstsicherheit die Marine einen möglichen Krieg mit den USA beurteilte, bewies der Staatssekretär des Reichsmarineamtes, als er am 31. Januar 1917 vor dem Hauptausschuss des Reichstages behauptete, die militärische Bedeutung eines Kriegseintritts der USA sei »gleich Null«, da US-Truppen aus Mangel an Schiffsraum Frankreich gar nicht erreichen könnten.

Der »uneingeschränkte« U-Bootkrieg führte zum Bruch mit Washington, das allerdings zunächst nur eine »bewaffnete Neutralität« verkündete. Erst als Ende Februar mit dem ▶ »Zimmerman-Telegramm« das deutsche Bündnisangebot an Mexiko und Japan bekannt wurde, kam es in den USA zu einem Stimmungsumschwung gegen Deutschland, der Anfang April zur amerikanischen Kriegserklärung führte.

Die hohen Versenkungserfolge der U-Boote im Frühjahr 1917 – allein im 2. Quartal lag der Monatsdurchschnitt bei 700 355 BRT – führten zu einer Krise bei den Alliierten. Zeitweilig schien eine Fortsetzung des Krieges fraglich zu sein. Erst nach der Einführung des Konvoisystems gingen die Versenkungen seit dem Sommer 1917 zurück und lagen im letzten Quartal 1917 mit einem Monatsdurchschnitt von 365 489 BRT kaum höher als im gleichen Zeitraum des Vorjahres. Die Marine hatte ihr Ziel nicht erreicht. Neben der Unterschätzung des Potenzials und der Abwehrmöglichkeiten des Gegners kam hinzu, dass der Wirkungsgrad der U-Boote erheblich überschätzt wurde, zumal es nicht gelang, die Zahl der einsatzbereiten U-Boote über 129 (Juni 1917) zu steigern.

Zudem verstärkten die Alliierten ihre U-Boot-Abwehr durch Wasserbomben und Ortungsgeräte. Vor allem die Verminung der Auslaufwege der U-Boote führte zu hohen Verlusten, so dass die Zahl der im Operationsgebiet stehenden Boote zurückging. Von den 132 U-Booten, die 1917/18 verloren gingen, sanken allein 50 nach Minentreffern.

132
Anstecknadel
zum »U-Boot-
Spende-Opfertag
1917«.

133 U-Bootkreuzer im Gefecht (1. Oktober 1918). Gouache von Willy Stöwer, 1926.

1 »Telegramm an den deutschen Botschafter in Washington zur Weiterleitung an den Gesandten Mexikos« (16. Januar 1917)

Das »Zimmermann-Telegramm«, benannt nach dem deutschen Staatssekretär Arthur Zimmermann, mit dem Deutschland Mexiko zum Kriegseintritt veranlassen wollte, wurde vom britischen Marinenachrichtendienst entziffert und im Februar 1917 dem amerikanischen Botschafter in London übergeben. Nachdem die US-Regierung bereits am 3. Februar die Beziehungen zum Reich abgebrochen hatte, übergab sie das Telegramm am 28. Februar der Presse. Dadurch kam es zu einem Stimmungsumschwung, der entscheidend zum Kriegseintritt der USA am 6. April 1917 beitrug.

»Wir beabsichtigen, am 1. Februar uneingeschränkten U-Boot-Krieg zu beginnen. Es wird versucht werden, Amerika trotzdem neutral zu erhalten. Für den Fall, daß dies nicht gelingen sollte, schlagen wir Mexiko ein Bündnis auf folgender Grundlage vor: Gemeinsame Kriegführung. Gemeinsamer Friedensschluss. Reichliche finanzielle Unterstützung und Einverständnis unsererseits, dass Mexiko in Texas, Neu-Mexiko, Arizona früher verlorenes Gebiet zurückerobert. Regelung im einzelnen Euer Hochwohlgeboren überlassen. Euer Hochwohlgeboren wollen Vorstehendes Präsidenten streng geheim eröffnen, sobald Kriegsausbruch mit Vereinigten Staaten feststeht, und Anregung hinzufügen, Japan von sich aus zu sofortigem Beitritt einzuladen und gleichzeitig zwischen uns und Japan zu vermitteln. Bitte Präsidenten darauf hinzuweisen, dass rücksichtslose Anwendung unserer U-Boote jetzt Aussicht bietet, England in wenigen Monaten zum Frieden zu zwingen.«

Zit. nach: Der Erste Weltkrieg in Bildern und Dokumenten,
Bd 3: Weltkrieg und Weltrevolution 1917–1918. Hrsg. von
Hans Dollinger, München 1969, S. 14

134 Admiral Scheer mit seinem Stab.
Undatiertes Foto.

135 Im Torpedoraum eines deutschen U-Bootes. Foto, 1917.

c) Die Einsätze der Hochseeflotte 1916 bis 1918. Zusammenbruch und Revolution

Nachdem Vizeadmiral ▶ Reinhard Scheer im Januar 1916 die Führung der Hochseeflotte übernommen hatte, entwickelte er kein neues Konzept für ihren Einsatz. Auch er wollte eine Konfrontation mit der gesamten *Grand Fleet* (Hochseeflotte der Royal Navy) vermeiden. Der Unterschied zu früheren Einsätzen bestand darin, dass Scheer mit weiter reichenden Vorstößen Teilerfolge erzielen wollte. Doch der Nutzeffekt einer stärkeren Aktivität in der Nordsee blieb unklar, denn die Flotte konnte weder die Fernblockade durchbrechen noch die Seeverbindungen des Gegners im Atlantik angreifen. Das Problem einer effektiven Seekriegführung gegen Großbritannien blieb somit ungelöst.

Im Frühjahr 1916 unternahm Scheer zwei Vorstöße zur britischen Ostküste. Für Ende Mai 1916 plante er eine Beschießung von Sunderland. Doch das Unternehmen musste aufgegeben werden, da die Wetterlage eine Luftschiffaufklärung nicht zuließ. Um die vor britischen Stützpunkten stehenden U-Boote zu nutzen, plante Scheer als Alternative einen Vorstoß in das Skagerrak zur Handelskriegführung. Die Briten waren jedoch durch ihre Funkaufklärung vorgewarnt. Am 30. Mai 1916 erhielt der britische Flottenchef, Admiral Sir John R. Jellicoe, von der Admiralität den Auslaufbefehl. Genauere Informationen über Ziel und Umfang der deutschen Flottenaktion lagen nicht vor.

Aus einer ersten Gefechtsberührung der leichten Seestreitkräfte entwickelte sich vom Nachmittag des 31. Mai bis zum frühen Morgen des 1. Juni 1916 eine Schlacht, die von beiden Seiten nicht geplant war und die als ▶ Skagerrakschlacht bzw. Battle of Jutland in die Geschichte des Ersten Weltkrieges eingehen sollte. Auf relativ engem Seeraum operierten auf britischer Seite 37 Großkampfschiffe, acht ältere Panzerkreuzer, 26 Leichte Kreuzer und 80 Zerstörer gegen 21 Großkampfschiffe, sechs ältere Linienschiffe, elf Kleine Kreuzer und 62 Torpedoboote auf deutscher Seite. Es war eine Schlacht, deren Ergebnis weder den britischen noch den deutschen Erwartungen entsprach. Der von den Briten erhoffte Vernichtungssieg wie seinerzeit bei Trafalgar war ausgeblieben, und in Deutschland musste man erkennen, dass die Flotte zwar eine Bewährungsprobe bestanden, doch dabei noch nicht einmal den als Teilerfolg erhofften Kräfteausgleich errungen hatte. Vordergründig ließen sich zwar die größeren britischen Material- und Personalverluste (115 025 Tonnen gegen 61 180 Tonnen sowie 6094 gegen 2551 Mann) als Achtungserfolg, in der Propaganda sogar als »Sieg« interpretieren, doch in Wirklichkeit blieb das Stärkeverhältnis der beiden Flotten zueinander unverändert.

Im Juli 1916 kam Scheer zu der Erkenntnis, dass von der Flotte »wegen der Nachteile unserer militärgeographischen Lage« keine Wende im Seekrieg gegen Großbritannien zu erwarten sei. Trotzdem wollte er sie weiterhin einsetzen, um ihre Existenzberechtigung schlechthin unter Beweis zu stellen. Die Nutzung der eigenen Überlegenheit in der Ostsee oder Vorstöße von Überwassereinheiten in Richtung Ärmelkanal boten sich an, um Druck auf den Gegner auszuüben. Doch alle weiteren Vorstöße in der Nordsee – 1916 zwei und einer 1918 – führten nicht zu den erhofften Gefechtsberührungen.

Alle Verbesserungen in der Aufklärung, der Flottentaktik und der Zusammenarbeit mit U-Booten und Luftschiffen sowie bei der Funkaufklärung können nicht darüber hinwegtäuschen, dass die zentrale taktische Führung großer Flottenverbände auf engem Raum von

70

136 SMS Seydlitz nach der Skagerrakschlacht. Fotopostkarte, 1916.

1 Reinhard Scheer, »Bericht an Kaiser Wilhelm II.« (4. Juli 1916)

Der Chef der Hochseeflotte berichtet dem Kaiser über die Skaggerakschlacht.

»Bei günstigem Verlauf der neu einsetzenden Operationen wird der Gegner zwar empfindlich geschädigt werden können, trotzdem kann kein Zweifel bestehen, daß selbst der glücklichste Ausgang einer Hochseeschlacht England in diesem Kriege nicht zum Frieden zwingen wird. Die Nachteile unserer militärgeographischen Lage gegenüber der des Inselreiches und die große materielle Übermacht des Feindes werden durch die Flotte nicht in dem Maße ausgeglichen werden können, daß wir der gegen uns gerichteten Blockade oder des Inselreiches selber Herr werden, auch nicht, wenn die Unterseeboote für militärische Zwecke voll verfügbar sind. Ein sieghaftes Ende des Krieges in absehbarer Zeit kann nur durch Niederringen des englischen Wirtschaftslebens erreicht werden, also Ansetzen des Unterseebootes gegen den englischen Handel. Hierzu irgend eine abgeschwächte Form zu wählen muß ich nach pflichtgemäßer Überzeugung nach wie vor Euerer Majestät dringend abraten, nicht nur weil es dem Wesen der Waffe widerspricht und der Einsatz der Boote nicht im Verhältnis zu dem zu erwartenden Gewinn steht, sondern weil es trotz größter Gewissenhaftigkeit der Kommandanten nicht möglich ist, in Englands Gewässern, in denen die amerikanischen Interessen lebendig sind, Zwischenfälle zu vermeiden, die uns zu demütigendem Nachgeben zwingen, wenn wir nicht bis zur vollen Schärfe durchhalten können.«

Zit. nach: BA-MA, RM 47/34.

„Derfflinger" zerschossen nach der Seeschlacht. 31.5.16. (Volltreffer»)

139 Der Schlachtkreuzer DERFFLINGER mit schweren Schanztreffern nach der Skagerrakschlacht. Fotopostkarte.

138 Der britische Schlachtkreuzer HMS QUEEN MARY explodiert, nachdem die Pulverkammer des Schiffes getroffen wurde.

137
Admiral Reinhard Scheer.
Undatiertes Foto.

B Reinhard Scheer (1863–1928)
Admiral – Nach seinem Eintritt in die Kaiserliche Marine im Jahre 1879 beteiligte sich Scheer an mehreren Einsätzen in Kamerun und Ostafrika. Im Jahre 1903 zum Reichsmarineamt (RMA) kommandiert, wurde er 1909 Chef des Stabes der Hochseeflotte. Nach einer erneuten Verwendung im RMA übernahm er 1913 als Chef das II. Geschwader der Hochseeflotte. Am 15. Januar 1916 wurde er als Nachfolger von Admiral Hugo von Pohl Flottenchef. Er trat für eine aktive Verwendung der Flotte ein. Scheer konnte sich in der Seeschlacht am Skagerrak gegen die überlegene britische Grand Fleet behaupten. Als er erkannte, dass die Hochseeflotte keine Entscheidung herbeiführen konnte, trat er für den »uneingeschränkten« U-Bootkrieg ein. Nach seiner Ernennung zum Chef der Seekriegsleitung im August 1918 entschied sich Scheer indes für einen erneuten Einsatz der Hochseeflotte. Sein Einsatzbefehl löste die Novemberrevolution aus.

einem Flottenflaggschiff aus problematisch blieb, da der jeweilige Flottenchef nur selten über ein klares Lagebild verfügte. Seine Aufklärungs- und Führungsmittel entsprachen somit nicht den Möglichkeiten der damaligen Großkampfschiffe hinsichtlich Geschwindigkeit und Waffenwirkung.

Mit der Schwerpunktverlagerung des Seekrieges auf die U-Boote standen die Seeoffiziere vor der schwierigen Aufgabe, den monotonen Bereitschaftsdienst der Flotte so zu gestalten, dass ihre Einsatzbereitschaft gewährleistet blieb. Behandlung und Betreuung der Mannschaften spielten dabei eine entscheidende Rolle. Doch der U-Boot-Krieg hatte dazu geführt, dass die großen Einheiten viele jüngere Offiziere abgeben mussten, die meist den besten Kontakt zu den Mannschaften hatten. Der Ersatz war den Führungsaufgaben oft nicht gewachsen. Hinzu kam, dass auf den großen Einheiten die Offiziere – trotz schlechter Ernährungslage – eine bessere Verpflegung als die Mannschaften erhielten. Innerhalb der Mannschaften entwickelte sich allmählich eine Unzufriedenheit, die auch zu politischen Diskussionen führte. Einzelne Matrosen und Heizer suchten Kontakt zu Reichstagsabgeordneten und Funktionären der pazifistisch ausgerichteten USPD, um Unterstützung für eine politische Agitation in der Flotte zu erhalten. Verpflegungsmängel und ▸ dienstliche Schwierigkeiten führten Anfang August 1917 auf mehreren Schiffen zu Hungerstreiks und Gehorsamsverweigerungen. Zur Wiederherstellung der Disziplin ergriff die Marineführung harte Maßnahmen. ▸ Kriegsgerichtsverfahren endeten mit hohen Zuchthausstrafen und Todesurteilen. Am 5. September 1917 wurden der Heizer Albin Köbis und der Matrose Max Reichpietsch in Porz-Wahn bei Köln erschossen. Die Härte des Vorgehens löste bei den Mannschaften Verbitterung aus.

Der Rückgang der U-Boot-Erfolge führte bei der Marineführung nicht zu einer neuen Lagebeurteilung, die auch den Einsatz von Überwasserstreitkräften gegen die Seeverbindungen des Gegners erwog. Selbst als die OHL im Frühjahr 1918 eine Entscheidung im Westen suchte, kam es zu keiner Zusammenarbeit zwischen Heer und Marine. Im August 1918 übernahm Scheer als Chef der neu geschaffenen Seekriegsleitung die Gesamtverantwortung für die Seekriegführung. Doch bald darauf stand das Reich vor der militärischen Niederlage, was die OHL lange verschleiert hatte. Jetzt wurde führenden Seeoffizieren bewusst, dass die Marine den Krieg beenden musste, ohne dessen Verlauf wesentlich beeinflusst zu haben. Die künftige Daseinsberechtigung einer Flotte schien infrage gestellt. So entstand der Gedanke eines letzten Einsatzes, um noch einen Schlagabtausch mit der Grand Fleet zu erzwingen. Eine derartige Operation war jedoch mit der auf Kriegsbeendigung abzielenden Politik der neuen, jetzt vom Vertrauen des Reichstages getragenen Regierung nicht zu vereinbaren. Ein Großteil der Mannschaften sah in der Operation ein eigenmächtiges Vorgehen der Offiziere. Angesichts des bevorstehenden Waffenstillstandes verhinderten die Mannschaften Ende Oktober in Wilhelmshaven das Auslaufen der Flotte, ohne Gewalt gegen Vorgesetzte anzuwenden. Der neue Flottenchef, Admiral ▸ Franz Ritter von Hipper, musste nach kurzer Zeit einsehen, dass er nicht mehr Herr der Lage war.

Mit der Verlegung eines Geschwaders von Wilhelmshaven nach Kiel eskalierte die Rebellion. Die Mannschaften konnten dort Kontakt mit anderen Truppenteilen sowie mit der Arbeiterschaft aufnehmen und Protestversammlun-

72

Franz Ritter von Hipper (1863–1932)
B Admiral – Er trat 1881 in die Kaiserliche Marine ein, wurde 1884 Offizier. Besonderen Ruhm erwarb sich Hipper als Führer der Aufklärungsstreitkräfte in der Schlacht vor dem Skagerrak. Hiernach wurde Hipper 1916 in den bayerischen Personaladel erhoben und mit dem Orden »Pour le Mérite« ausgezeichnet. Hipper wurde im August 1918 als Nachfolger von Admiral Reinhard Scheer zum Chef der Hochseestreitkräfte ernannt und bereitete den letzten Vorstoß der deutschen Hochseeflotte vor, der aber wegen der Meuterei auf einigen Schiffen der Marine nicht mehr zur Ausführung kam.

140 Franz Ritter von Hipper. Foto, 1916.

gen abhalten. Dabei gab es mit einer Patrouille einen blutigen Zwischenfall, dem sieben Tote und 29 Verwundete zum Opfer fielen. Dies löste bei den Mannschaften eine Flucht nach vorn aus. Am 4. November 1918 bewaffneten sie sich, bildeten ▶ Soldatenräte und rissen in der Stadt, in den Kasernen und auf den Schiffen die Initiative an sich. Gleichzeitig traten die Werftarbeiter in einen Sympathiestreik.

Obwohl die revoltierenden Mannschaften die rote Fahne zu ihrem Symbol erhoben hatten und ihnen die Macht in Kiel und Wilhelmshaven ohne große Kraftanstrengung in den Schoß gefal-

len war, blieben ihre ersten Forderungen relativ gemäßigt: Militärische Führungsprobleme, wie »sachgemäße Behandlung der Mannschaften durch Vorgesetzte«, waren ihr Hauptanliegen.

Die Reichsregierung entsandte einen Staatssekretär und den SPD-Abgeordneten Gustav Noske nach Kiel. Sie sollten die Ordnung wieder herstellen. Noske verschaffte sich in kurzer Zeit sowohl bei den Mannschaften und Arbeitern als auch bei den Offizieren Autorität. Allerdings konnte er nicht verhindern, dass viele Matrosen die Stadt verließen und so die Unruhen auf andere Städte übertrugen.

---

1 Richard Stumpf, »Tagebuch« (1918)

Der religiöse Matrose, der sich nicht an den Unruhen beteiligt hatte, schildert 1918 die Zustände auf den Schiffen der Kaiserlichen Marine.

»Fast unverständlich erscheint mir heute die Geduld der Matrosen bei den verschiedenen Chikanen der damaligen Vorgesetzten. Irgend ein lumpiger Leutnant hat da z.B. die halbe Nacht bei Kameraden eines anderen Schiffes gezecht. Um 2 h. früh läßt er einen Morsespruch machen, daß ein Boot geschickt werden solle um ihn an Bord zu bringen. Nun wird die Div. der Wache geweckt um die Pinasse auszusetzen, und ihr bedeutet zu warten bis dasselbe zurück sei. In eisiger Kälte, bei Schnee oder Regen vertritt sich nun einer nach den andern die Fußspitzen und horcht ob nicht bald das Rauschen des zurückkehrenden Bootes zu vernehmen sei. Eine halbe Stunde vergeht, eine ganze noch ist nichts zu vernehmen. Der Herr Lt. hat sich es noch einmal anders überlegt und gedenkt noch eine Stunde zu bleiben. Er denkt nicht an die ihres Schlafes beraubten frierenden, und vielleicht auch hungrigen 150 Matrosen [...] Sonntagsmusterung. Eine halbe Stunde schon steht die Division angetreten auf der Schanze, bis sich der Herr Oberleutnant herbeiläßt die Leute zu mußtern. Dazu setzt er sein denkbar anmaßenstes Gesicht auf. Programmäßig ›fällt‹ etwa jeder zehnte Mann auf. Feldwebel! Dieses Schwein putzt nachher die Sirene! Dieser da meldet sich um sechs sieben acht neun und zehn beim W.O. in Paradeanzug. Und dieses Ferkel? Hat um 12 h zur Zeugmusterung ausgepackt. u.s.w. u.s.w.«

Zit. nach: Die Ursachen des Deutschen Zusammenbruches im Jahre 1918. Zweite Abteilung: Der innere Zusammenbruch. Bd 10, 2. Halbbd: Tagebuch des Matrosen Stumpf, Berlin 1928 (= Das Werk des Untersuchungsausschusses, Vierte Reihe), S. 309 f.

141 Matrosenaufstand 1918.
Öl auf Leinwand von Gerhard Goßmann.

S Bei Soldatenräten handelt es sich um revolutionäre Komitees aus Truppenverbänden, die entweder allein oder im Verein mit Arbeiter- und Bauernräten die politische Gewalt anstreben. Bei der Novemberrevolution 1918 in Deutschland waren die Soldatenräte zusammen mit den Arbeiterräten wichtige Träger der Revolution. Als Organe der Selbstverwaltung in den deutschen Städten, in denen sich Arbeiter und Soldaten erhoben hatten, stützten die Arbeiter- und Soldatenräte die neue parlamentarische Regierung. Als Folge des Matrosenaufstandes in Kiel bildete sich in der Hafenstadt am 4. November 1918 der erste Arbeiter- und Soldatenrat. Wurde die deutsche Rätebewegung anfänglich von Sozial- und Antikriegs-Protesten getragen, forderte sie nun die Abdankung des Kaisers Wilhelm II. und die Errichtung einer sozialistischen Republik. Der am 16. Dezember 1918 in Berlin zusammengetretene Reichsrätekongress setzte sich darüber hinaus für die Abschaffung der bisherigen Reichsverfassung und die Einführung eines Volksheeres mit gewählten Offizieren ein.

Die Anfänge

Unter der Regentschaft Kaiser Maximilians I. kam es 1499 zur ersten Festschreibung militärrechtlicher Bestimmungen im Heiligen Römischen Reich Deutscher Nation. Die vom Kaiser als oberstem Kriegsherren erlassenen Artikelbriefe für das freie Söldnertum der Landsknechte bildeten den Rechtsrahmen (Malefizrecht und Spießrecht), den der Kriegsherr dem Obersten und Regimentsinhaber erteilte und der als Vertrag auf Gegenseitigkeit die Rechte und Pflichten des Kriegsherrn auf der einen und des Obersten sowie seiner Offiziere und Söldner auf der andern Seite bestimmte. In der Folgezeit trat in den Artikelbriefen jedoch dieses wechselseitige Verhältnis immer mehr zurück. Im Dreißigjährigen Krieg ließen schließlich die Kriegsartikel des Schwedenkönigs Gustav Adolf alle Reste des ehemals zweiseitigen Vertrages verschwinden. Mit dem Ende des freien Söldnertums war auch das Ende des militärischen Vertragsrechts gekommen. Die Kriegsartikel besaßen nun den ausgeprägten Charakter eines Strafgesetzbuches.

142 Das Spießrutenlaufen. Holzschnitt nach Zeichnung von Jost Amman.

Militärgerichtsbarkeit in der preußischen Armee

Seit Anfang des 18. Jahrhunderts wurde in Preußen innerhalb der Militärgerichtsbarkeit zwischen Offizieren und den einfachen Soldaten differenziert. Die in Preußen seit 1712 geltende Kriegsgerichtordnung blieb bis 1808 in Kraft. In ihr waren zwar grundlegende Formalien bestimmt worden, aber es fehlte ein festgelegtes Verfahrensrecht, auf das sich der Angeklagte berufen konnte.

Reformen

Nach der verheerenden Niederlage Preußens bei Jena und Auerstedt 1806 berieten die preußischen Reformer auch über eine Reorganisation der Militärgerichtsbarkeit. Diese Überlegungen führten schließlich zur Kabinettsorder Friedrich Wilhelms III. vom 19. Juli 1809, die besagte, dass alle Kriminalsachen bei den Militärgerichten verbleiben und sämtliche zivilrechtlichen Angelegenheiten der Militärpersonen an die Ziviljustiz verwiesen werden sollten. Mit den Reformen der Militärgerichtsbarkeit in Preußen ging auch die völlige Abschaffung des Spießrutenlaufens und anderer Körperstrafen einher. Aber auch nach dem neuen Reglement war die Stellung des Angeklagten aus dem Mannschafts- und Unteroffiziersstand denkbar schwach und seine Verteidigungsmöglichkeit begrenzt. Für Offiziere waren eigene Gerichte vorgesehen. In der Institution des Gerichtsherren zeigte sich hierbei die besondere Stellung der Militärjustiz in der preußischen und später reichsdeutschen Justizverfassung. Der Gerichtsherr bzw. Kommandeur spielte die dominierende Rolle im gesamten System. Er berief das Gericht, bestätigte die Urteile, hob sie auf oder verfügte deren Vollstreckung. Die Militärgerichtsbarkeit war somit keine Frage der Justizhoheit des Staates, sondern eine der militärischen Kommandogewalt. Das preußische System der Militärgerichtsbarkeit kam nach 1867 auch im Norddeutschen Bund zur Anwendung.

144 Sitzung der Reorganisations-Kommission in Königsberg 1806. Chromotypie von Carl Röchling, 1896.

Das Militärstrafgesetzbuch

Ein erster Schritt zu einer reichseinheitlichen Militärgerichtsbarkeit in Deutschland war das Militärstrafgesetzbuch vom 1. Oktober 1872 für alle Kontingente des Heeres und für die Kaiserliche Marine. Am 1. Oktober 1900 trat außerdem die Militär-Strafgerichtsordnung in Kraft, durch die das deutsche Militärgerichtswesen vereinheitlicht wurde. Vorher hatte in Bayern, Sachsen und Württemberg eine eigene Militär-Strafgerichtsordnung bestanden, wobei die sächsische der preußischen Militär-Strafgerichtsordnung angeglichen war. Die neue Militär-Strafgerichtsordnung berücksichtigte das moderne Strafprozessrecht und sah die öffentliche Hauptverhandlung vor.

143 Erste Militärstrafe – Wie ein ehrlicher Mann Prügel empfängt. Radierung von Daniel Chodowiecki, 1776.

146 Ansicht des Reichmilitärgerichts.
Bildpostkarte, um 1910.

Weimarer Republik

In der Weimarer Republik wurde die Militärgerichtsbar-keit am 17. August 1920 aufgehoben. Die Soldaten der Reichswehr unterlagen der Zivilrechtsprechung, aus-genommen waren Strafverfahren in Kriegszeiten und Verfahren gegen Soldaten, die an Bord von in See ste-henden Kriegsschiffen ihren Dienst versahen. Grundla-ge der Strafverfahren gegen Soldaten blieb jedoch das Militärstrafgesetzbuch von 1872 bzw. in seiner Neufas-sung von 1926.

Vollstreckte Todesurteile der Militärjustiz		
Länder	I. Weltkrieg	II. Weltkrieg
Deutsches Reich	48	19 600
Japan	–	22 253
USA	35	146
Großbritannien	346	40
Frankreich	300–400	102
Russland/UdSSR	k.A.	150 000

Zit. nach: Manfred Messerschmidt,
Die Wehrmachtjustiz, S. 172

Militärgerichtsbarkeit im NS-Staat

Nach der Machtübernahme durch die Nationalsozialisten wurde die Militärgerichtsbarkeit am 12. Mai 1933 wieder eingeführt. Die Kriegs- und Oberkriegsgerichte nahmen Anfang 1934 ihre Tätigkeit auf. Der Militärgerichtsbarkeit unterlagen alle Soldaten und Wehrmachtbeamte sowie die einberufenen Reservisten. Als oberste Revisionsin-stanz diente ab 1936 das neu gegründete Reichskriegs-gericht in Berlin. Eine Verschärfung der Rechtsprechung brachte die wieder eingeführte Militärgerichtsbarkeit nicht. Erst die Kriegssonderstrafrechtsverordnung (KSS-VO) vom 17. August 1938 ermöglichte einen außeror-dentlich ausgedehnten strafrechtlichen Zugriff auf die Soldaten, deren politische Loyalität damit sichergestellt werden sollte. Die am 26. August 1939 in Kraft getre-tene Kriegsstrafverfahrensordnung (KStVO) dehnte die Zuständigkeit der Militärgerichtsbarkeit erheblich aus. Die Militärgerichtsbarkeit des NS-Staates missachtete zu Gunsten der »Aufrechterhaltung der Manneszucht« und der Nutzbarkeitserwägungen der Kriegführung die grundlegenden Prinzipien des Rechts und der Huma-nität. So verhängte die Wehrmachtjustiz in der Zeit von 1933 bis 1945 rund 30 000 Todesurteile gegen Soldaten und das Gefolge der Wehrmacht.

147 Leichnam eines Leutnants der deutschen Wehr-macht, der in Aschaffenburg öffentlich gehängt wurde, weil er sich Einheiten der 7. US-Armee ergeben wollte, die die Stadt am 28. März eroberten. Foto, März 1945.

Neuordnung nach 1945

In der Bundesrepublik existiert keine eigene Militärge-richtsbarkeit. Die Soldaten der Bundeswehr unterliegen der zivilen Justiz. Für Entscheidungen nach der Wehr-disziplinarordnung und der Wehrbeschwerdeordnung sind die Truppendienstgerichte zuständig. Das Grund-gesetz lässt prinzipiell eine Militärgerichtsbarkeit für den Verteidigungsfall, für Auslandseinsätze sowie für in See stehende Schiffe der Marine zu, bislang wurde diese jedoch nicht eingerichtet.

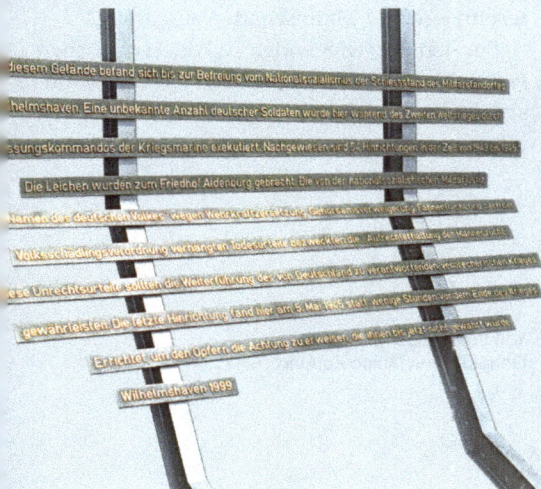

145 Mahnmal zur Erinnerung an die Opfer der nationalsozialistischen Militärjustiz in Wilhelmshaven an einem ehemaligen Schießstand des damaligen Exekutionskommandos der Kriegsmarine.

3. Luftkriegführung (Harald Potempa)

a) Luftkriegsmittel und Personal

Insgesamt waren bei den deutschen Luftstreit-kräften im Jahre 1918 wenigstens 80 000 Mann zur Bedienung von ▶ Luftkriegsmitteln (Luft-schiffe, Ballone, Flugzeuge, Flugabwehrwaf-fen sowie Kommunikations-, Führungs- und Logistikmittel) im Einsatz, unter denen das Flugzeug nur eines von vielen war, das die we-nigsten flogen.

Der Krieg begann für Deutschland mit 232 einsatzbereiten Flugzeugen des Feldheeres und endete mit 2548 Maschinen, die sich zu 40 Pro-zent auf Aufklärer, elf Prozent auf Bomber, neun Prozent auf Schlachtflieger und 40 Pro-zent auf Jäger verteilten. Innerhalb von vier Kriegsjahren hatte sich der Flugzeugbestand zwar verzehnfacht, aber die zahlenmäßige Un-terlegenheit gegenüber den Ententemächten konnte nie ausgeglichen werden. Zu Kriegs-beginn standen der deutschen Streitmacht 263 russische, 165 französische und 63 britische Maschinen gegenüber, also insgesamt 491 Ma-schinen. Im Jahre 1918 besaßen Frankreich 3331 und Großbritannien 1799 Flugzeuge, also zu-sammen 5130, wodurch das zahlenmäßige Ver-hältnis während der gesamten Zeit des Krieges zu Ungunsten des Kaiserreiches stand.

Innerhalb dieser Zeit wurden jedoch riesige Technologiesprünge erreicht. 1914 waren auf deutscher Seite 80- bis 100-PS-Flugzeugmoto-ren die Regel, nur vier Jahre später waren diese Leistungen auf 160 bis 260 PS gesteigert wor-den. Die Geschwindigkeit stieg bei Einsitzern von ungefähr 120 Stundenkilometer auf 220 bis 240 Stundenkilometer, die Dienstgipfelhöhe von 2500 bis 3000 Meter erreichte gegen Ende des Krieges bereits 7000 bis 8000 Meter und die Nutzlast bei mehrmotorigen Flugzeugen konnte von 2000 auf 5000 Kilogramm gestei-gert werden.

Hinzu kam die Fortentwicklung von ein-satzwichtigem Gerät wie Funk, MG, Kamera, Abwurfmunition, Sauerstoffgeräten, Heizun-gen und Fallschirmen. Während des Krieges wurden unter Steigerung der Industriepro-duktion trotz Blockade und Rohstoffknappheit in Deutschland über 50 000 Flugzeuge nebst Motoren produziert.

Der Aufstellungsbefehl für eine Königlich-Bayerische Kampfstaffel der Obersten Heeres-leitung (OHL) mit sechs Flugzeugen vom 5. Ja-nuar 1916 sah 21 Offiziere (Maximum) und 131 Unteroffiziere und Mannschaften vor. Jedes Flugzeug besaß drei Mann Besatzung (Pilot, Beobachter und Fliegerschütze), demzufolge waren für 18 Mann Besatzung 134 Mann am Boden notwendig. Im Schnitt kamen allein bei dieser Staffel auf einen Mann in der Luft, der Kampfaufträge ausführte, sieben Mann am Boden ohne deren Unterstützung der Einsatz nicht möglich gewesen wäre. Hinzu kamen logistische Einrichtungen im Feld und in der Heimat, so dass sich der Faktor noch mehr zu Ungunsten der Kombattanten verschob.

Da Offiziere bis einschließlich Hauptleute gesuchte Mangelware waren, um Pilotenstel-len zu besetzen, wurden tatsächlich 75 Prozent aller Piloten aus Unteroffizieren und Mann-schaften rekrutiert.

Die Beobachter mussten jedoch Offiziere oder Reserveoffiziere sein, die mit Masse bei der Artillerie oder Infanterie gedient hatten. Als Fliegerschützen wurden mehrheitlich Un-teroffiziere und Mannschaften eingesetzt.

Für den überwiegenden Teil des technischen Personals war bereits auf der Ebene der Mann-schaften ein technischer Beruf im Zivilleben

148 Luftkampf.
Gouache von Guido Zanone, 1917.

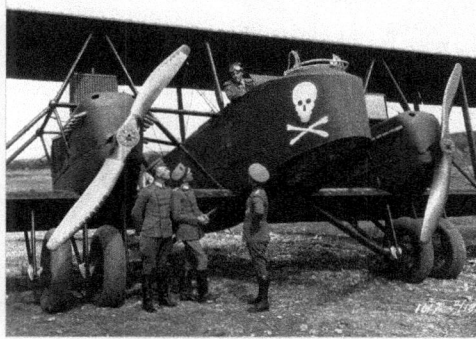

151
Deutscher Pilot in der Kanzel seines
Flugzeuges auf einem Feldflugplatz.

In Deutschland waren 1918 im Feld und
in der Heimat folgende Luftkriegsmittel
im Einsatz:

1. Luftschiffe (123 bis Kriegsende in Dienst
   gestellt) und Ballone (53 Feldluftschifferab-
   teilungen) als Teil der Luftschiffertruppe des
   Feldheeres und der Marine. Hinzu kamen
   327 Sperrballone und 209 Sperrdrachen in
   der Heimat.
2. Flugzeuge (4800) als Teil der Fliegertruppe des Feldheeres und der Marine (61 000
   Mann) sowie 170 Flugzeuge zum Heimat-
   luftschutz.
3. Flak (2576 Geschütze) als Teil der Artillerie des Feldheeres sowie in der Heimat 896
   Geschütze, 204 Fla-MG und 454 Scheinwerfer.
4. Truppennachrichtenabteilungen der Nachrichtentruppe des Feldheeres (250 Funken-
   telegrafenstationen auf den Flugplätzen),
   sowie Kommunikationsmittel in der Heimat.
5. Fliegerersatzabteilungen, Flugschulen, Flug-
   zeugparks und Werften.

150 Flugzeugproduktion.
Undatiertes Foto.

149 Luftschiff Zeppelin (LZ 6) auf dem Bodensee bei Friedrichshafen. Foto, um 1915.

oder eine vergleichbare Fähigkeit zur Dienstvoraussetzung geworden.

Insgesamt dominierte die Technik und Logistik, denn hinzu kamen 30 Fahrer nebst Beifahrer von Kraftwagen. Die Staffel war mit vier PKW, einer fahrbaren Werkstatt (KOM), sechs Schleppwagen, drei Betriebsstoff- und Gerätewagen, einem Munitions- und Gerätewagen sowie einem Kradfahrer ausgestattet.

Den Darstellungen populärer Produktionen in den Medien zufolge wird der Luftkrieg 1914 bis 1918 grundsätzlich zu einem englisch-deutschen ▶ Duell der ritterlichen Jagdflieger im Kampf Mann gegen Mann überzeichnet. Diese Filme übersehen zunächst einmal, dass die zahlenmäßig stärksten Luftstreitkräfte damals die französischen waren. Weiterhin spielte der Luftkampf weder bei den Einsatzarten noch bei den Flugzeugen die überragende Rolle. Dazu kam, dass zwei Drittel aller Gefallenen des Fliegenden Personals ohne Feindeinwirkung ums Leben gekommen waren, die Masse starb bei der überhasteten Ausbildung. Alle Nationen nutzten allerdings die Piloten und speziell die Jagdflieger, die so genannten Asse, sehr gerne für ihre Kriegspropaganda. Zum Einen waren die Besatzungen überall Freiwillige und man brauchte entsprechenden Nachwuchs. Zum Anderen benötigte man in einem Stellungskrieg, bei dem die Eroberung von wenigen Quadratkilometern Gelände Zehntausende von Toten verursachte, eine ritterliche Ausgleichswelt. Gerade bei den Jagdfliegern trafen sich persönliche Tapferkeit, das neue Luftkriegsmittel Flugzeug, Technik und der nötige Beigeschmack von Abenteuer mit messbaren Ergebnissen für die Propaganda. So wurde man ab fünf Abschüssen ein Ass, ab 20 Abschüssen gab es in Deutschland den begehrten Orden »Pour le Mèrite«, die dienstgrad- und lebensaltersjüngsten Offiziere, die ihn erhielten, waren Jagdflieger. In Deutschland wurden Manfred Freiherr von Richthofen, Ernst Udet, Hermann Göring, Oswald Boelcke, Max Immelmann, Wilhelm Frankl und viele andere auf diese Weise zum Helden hochstilisiert.

b) Ziele und Einsatzarten

Der Krieg begann als ein schneller Bewegungskrieg, bei dem Luftschiffe, Ballone und insbesondere die zweisitzigen Flugzeuge (Pilot und Beobachter) die Rollen spielten, die im Frieden eingeübt worden waren: Aufklärung, Lenkung der Artillerie mit Signalpistole und im bescheidenen Rahmen die Bekämpfung des Gegners am Boden durch Abwurfmunition wie Fliegerpfeile und Bomben, sowie die Bekämpfung von gegnerischen Luftfahrzeugen mittels Handwaffen. Die Flugzeuge leisteten durch ihre Aufklärungsergebnisse Beiträge zu den Schlachten von Tannenberg und an der Marne.

1915 hatte sich die Front im Westen jedoch festgefahren und der Krieg wurde zum Stellungskrieg. Die einzige Möglichkeit, unter diesen Bedingungen Aufklärung und Lenkung der Artillerie durchzuführen, war aus der Luft. So wurden die »Einheitsfliegerabteilungen« des ersten Kriegsjahres zu Fliegerabteilungen, Fliegerartillerieabteilungen und Fliegerabteilungen (A) für Artillerie und Aufklärung ausgefächert. Hiermit begann der Kampf um die Luftüberlegenheit. Auf französischer Seite begann man, starre Maschinengewehre in einsitzige Flugzeuge einzubauen, was die Erfindung des Jagdflugzeuges und die zeitweise Errigung der Luftüberlegenheit bedeutete.

Als Abwehr wurden auf deutscher Seite zunächst einmal die zweisitzigen Flugzeuge mit einem beweglichen MG für den Beobach-

»Fliegerasse« des Ersten Weltkrieges

152 »Pour le Mèrite«, die höchste Tapferkeitsauszeichnung Preußens.

1 Ernst Udet,
»Mein Fliegerleben« (1935)

In seinen Memoiren schildert Udet, einer der erfolgreichsten und populärsten Flieger des Ersten Weltkrieges, den Luftkampf gegen den Franzosen Guynemer.

»Vom Westen her nähert sich rasch ein Punkt. Zuerst klein und schwarz, wächst rasch im Näherkommen. Ein Spad, ein feindlicher Jagdflieger. Einsamer Einzelgänger wie ich, der hier oben auf Raub ausgeht. Ich rücke mich auf dem Sitz zurecht, es wird Kampf geben. [...]

Dann beginnt das Kreisen umeinander. Von unten mag das aussehen, als ob zwei große Raubvögel sich im Liebesspiel drehten, aber hier oben ist's ein Spiel mit dem Tode. Wer den Gegner zuerst im Rücken hat, ist verloren. Denn der Einsitzer kann mit seinen fest eingebauten MG.s nur nach vorn heraus schießen, hinten ist er wehrlos.

Manchmal brausen wir so dicht aneinander vorbei, daß ich ein schmales, blasses Gesicht unter der Lederhaube deutlich erkennen kann. Am Rumpf zwischen den Flächen in schwarzen Buchstaben ein Wort [...] ›Vieux‹ steht da – vieux – der Alte. Das ist Guynemers Zeichen.

Ja, so fliegt drüben nur einer an dieser Front. Guynemer, der dreißig Deutsche abgeschossen hat, Guynemer, der immer allein jagt wie alle gefährlichen Raubtiere [...].

Ich versuche, was ich kann, engste Kurven, Turns, seitliches Abrutschen. Aber blitzschnell hat er jede meiner Bewegungen erfaßt, und blitzschnell reagiert er auf jede. Allmählich merke ich, er ist mir überlegen. Nicht nur die Maschine da drüben ist besser. Auch der Mann, der drin sitzt, kann mehr als ich. Aber ich kämpfe weiter.

Wieder eine Kurve. Einen Augenblick rutscht er in mein Visier hinein. Ich drücke den Knopf am Knüppel ... das Maschinengewehr schweigt ... Ladehemmung! [...]

Jetzt saust er, auf dem Rücken liegend, gerade über mich hinweg. Ich habe einen Augenblick den Knüppel losgelassen und trommle mit beiden Fäusten auf das MG. ein. Ein primitives Mittel, aber manchmal hilft das.

Guynemer hat diese Bewegung von oben beobachtet, er muß sie beobachtet haben, und jetzt weiß er, was mit mir los ist. Er weiß, daß ich seine wehrlose Beute bin.

Wieder streicht er, fast auf dem Rücken liegend, ganz dicht über mich hinweg. Da geschieht's:

Er streckt die Hand aus und winkt mir, winkt ganz leicht und taucht im Sturzflug hinab nach Westen.

Ich fliege nach Hause, ich bin wie benommen.«

Zit. nach: Ernst Udet, Mein Fliegerleben, Berlin 1935, S. 57–60

156 Fokker D VII gegen Spad S13. Gouache von A. B. Henninger, 1928.

155 Abgeschossenes französisches Flugzeug auf Höhe 267. Foto, 1916.

79

153
Oswald Boelcke.

154
Max Immelmann.

ter ausgestattet (C-Flugzeug). Hinzu kamen die ersten Einsitzer mit starren MG aus dem Hause Fokker (Fokker E I), von den Gegnern »Fokker-Plage« genannt, welche den Deutschen die Luftüberlegenheit zurückbrachten. 1915 wurde der erste Versuch unternommen, die Luftstreitkräfte im Feld unter dem Chef des Feldflugwesens zu vereinen. Zudem waren erste Heimatschutzmaßnahmen notwendig, da Luftangriffe mit Flugzeugen und Luftschiffen auf Ludwigshafen, Karlsruhe, Köln und Düsseldorf stattgefunden hatten.

1916, das »Jahr der Materialschlachten« bei Verdun und an der Somme, brachte neu den Kampf in der Luft und um die Luftüberlegenheit, wobei in die Gefechte am Boden eingegriffen wurde. Erstmalig begannen Schlachten mit dem Ringen um die Luftüberlegenheit. Alle Kriegsparteien gliederten ihre Jagdflugzeuge in größeren Einheiten (Jagdstaffeln später Jagdgeschwader). Die Luftüberlegenheit lag jetzt wieder bei den Engländern und Franzosen, die Deutschen antworteten mit dem Fliegen von Jagdsperren, um das Überfliegen der Front zu verhindern.

Auf deutscher Seite versuchte man, mit den neuen Kampfstaffeln der OHL erstmalig fliegende Einheiten zu schaffen, die fähig zum Luftkampf, zur Bombardierung und zum Eingreifen in den Erdkampf waren und mit denen, da der OHL direkt unterstellt, eine schnelle Schwerpunktbildung möglich war. Ein weiterer Versuch zur Vereinheitlichung war die Schaffung des Dienstpostens des Komandierenden Generals der Luftstreitkräfte (KoGen-Luft), dem alle fliegenden Verbände unterstellt waren. Im Rahmen des Rüstungsprogrammes, des so genannten Hindenburgprogrammes, wurden die Fliegerkräfte in jeder Hinsicht bedeutend verstärkt.

Das Jahr 1917 sah im Rahmen des »Amerika-Programmes« zwei Rüstungsmittel mit höchster Priorität vor: U-Boote und Flugzeuge. Jagdstaffeln wurden in großem Stile aufgestellt, Schutzstaffeln ergänzten sie und die Fliegerabteilungen wurden ebenfalls verstärkt. Die Zahl der Fliegenden Einheiten verdoppelte sich gegenüber dem Vorjahr, was erhöhte Ausbildungskapazitäten in der Heimat, den Bau neuer Flugplätze und eine verstärkte Flugzeug- und Flugzeugmotorenproduktion nach sich zog.

Insgesamt hatten sich die Fliegenden Einheiten aufgefächert, sie wurden für die Einsatzarten Erstellen von Flieger-Bildmeldungen, Erkennen der gegnerischen Batterien, Einschießen der Artillerie, Bombenangriffe, Maschinengewehrangriffe gegen Bodenziele, Infanterie-Flüge (Verbindung zur Infanterie, Festlegung der vordersten Linie), Fernaufklärung und Luftkämpfe verwendet, wobei der Luftkampf keinesfalls dominierte. Um diese erhöhte Anzahl von Fliegenden Einheiten im Feld überhaupt führen zu können, richtete man auf der Ebene der Armee (Oberkommando über mehrere Armeekorps) unterhalb des Kommandeurs der Flieger (Kofl) so genannte Gruppenführer der Flieger (Grufl) ein, welche die Abteilungen, Staffeln und Geschwader zu führen hatten. Die Bombardierung des gegnerischen Heimatlandes, aber auch des Hinterlandes im Feld, betrieben alle Kriegsparteien verstärkt, was wiederum den Ausbau von Luftabwehrmaßnahmen in Feld und Heimat nach sich zog.

Im letzten Kriegsjahr war keine Bewegungsschlacht mehr ohne Luftüberlegenheit zu gewinnen, die Operationen in der Luft waren unwiderbringlich zu einem Teil der Gesamtoperation geworden. Hier geriet Deutschland

157
Wilhelm Frankl.

158
Manfred Freiherr
von Richthofen.

161 Zweimotoriges deutsches Bombenflugzeug
Gotha G V. Foto, 1917.

162 Die Fokker Dr I war der bekannteste Dreidecker
des Ersten Weltkrieges. Undatiertes Foto.

163 Deutsche Militärdoppeldecker auf
Erkundungsflug über dem Argonnerwald.
Bildpostkarte nach einem Gemälde
von Hans Rudolf Schulze, 1914.

81

159
Ernst Udet.

160
Hermann Göring.

ganz massiv ins Hintertreffen. Das Jahr 1918 sah auf deutscher Seite den Aufbau neuer Geschwader vor, neben Jagdgeschwadern vor allem Bombengeschwader der OHL, die zur Schwerpunktbildung und zum Bombardement des Gegners eingesetzt werden sollten. Die bisherigen Schutzstaffeln wurden in Schlachtstaffeln umbenannt und zur Unterstützung des Kampfes am Boden eingesetzt.

Die Notwendigkeit Luftkriegsmittel, speziell zur Luftverteidigung der Heimat, zu bündeln, ließ Großbritannien einen Schritt weiter gehen als die übrigen kriegführenden Mächte. Hier entstand mit der Gründung der Royal Air Force eine neue Teilstreitkraft: die Luftwaffe.

Der Luftkrieg von 1914 bis 1918 umfasst weit mehr als Flugzeuge oder Jagdasse. Im Prinzip waren alle im Zweiten Weltkrieg eingesetzten Luftkriegsmittel bereits vorhanden, sie wurden nur technisch verfeinert. Die Analyse ihres Einsatzes mündete in die Luftkriegsdoktrinen 1939 bis 1945.

4. Bilanz des Krieges

Was bleibt, außer den schon im Eingangskapitel erwähnten Phänomenen, als Bilanz des »Großen Krieges« festzuhalten? Die größte aller bisher da gewesenen Kriegskatastrophen war militärisch, aber auch für die Zivilbevölkerung, ein wahnwitziger Opfergang.

Die ungeheuren militärischen Verluste sind zurückzuführen auf die jahrelangen Massen- und Materialschlachten. Weil es keiner Kriegspartei gelungen ist, eine andere, erfolgreichere Militärstrategie zu entwickeln, blieb es beim frontalen Abringen der Kräfte. Weite Gebiete Nordostfrankreichs und Belgiens waren zu einer Trümmerwüste geworden. Abgesehen von den ungeheuren ▸ Opfern an Menschenleben und Gesundheit war das Vermögen Europas »verpulvert«. Beide Seiten waren während des Krieges davon ausgegangen, dem Besiegten letztendlich alle Kosten aufbürden zu können. Da der Krieg im Wesentlichen durch Kriegsanleihen finanziert wurde, beschleunigte er in ganz Europa den Niedergang des alten Mittelstandes, in Deutschland ging mit der Niederlage die Verarmung weiter Teile der Bevölkerung einher, vor allem des mittleren Bürgertums, das dadurch später in die Arme radikaler Parteien getrieben wurde. Obwohl einige »Kriegsgewinner« große Reichtümer zusammenraffen konnten und sich die Gegensätze zwischen den einzelnen gesellschaftlichen Gruppen verschärften, war der Krieg auf Grund der gesellschaftlichen Umwälzungen sozialgeschichtlich gesehen ein »Gleichmacher« oder gab zumindest Anstöße in diese Richtung: ▸ Aushöhlung der Autorität der bisherigen Führungseliten, Stärkung des politischen Gewichts der Arbeiterbewegung, Gleichberechtigung der Frauen. Die Deutschen waren ein auch »äußerlich zerlumptes Volk« (Friedrich Ebert) geworden, das trotz seiner demokratischen Errungenschaften in den ersten Jahren der Weimarer Republik in der eigenen Existenz und den individuellen Entfaltungsmöglichkeiten eingeschränkter und unfreier war als zuvor.

Sowohl Kriegsziele als auch Kriegskosten, die jeweils den Gegnern auferlegt werden sollten, standen auf beiden Seiten einem annehmbaren Kompromissfrieden im Wege. Dabei spielten aber noch zwei in ihrer Relevanz neue Faktoren eine Rolle: Propaganda und Ideologie. Die Propaganda hatte drei Zielgruppen als Adressaten: die eigene Armee und Heimat, den Gegner und die Neutralen. Während die deutsche Propaganda nach außen dilettantisch und fast wir-

164
»Entlausungsschein« des 10. AOK, 1917.

1 Theodor Wolf, »Die größte aller Revolutionen« (10. November 1918)

Der Chefredakteur des Berliner Tageblattes und Mitbegründer der Deutschen Demokratischen Partei äußert sich über die so genannte November-revolution. Nur einen Tag zuvor hatte Kaiser Wilhelm II. seinen Thronverzicht erklärt und Philipp Scheidemann die Republik ausgerufen.

»Die größte aller Revolutionen hat wie ein plötzlich losbrechender Sturmwind das Kaiserliche Regime mit allem, was oben und unten dazugehörte, gestürzt. Man kann sie die größte aller Revolutionen nennen, weil niemals eine so fest gebaute, mit so soliden Mauern umgebene Bastille so in einem Anlauf genommen worden ist. Es gab noch vor einer Woche einen militärischen und zivilen Verwaltungsapparat, der so verzweigt, so ineinander verfädelt, so tief eingewurzelt war, daß er über den Wechsel der Zeiten hinaus seine Herrschaft gesichert zu haben schien. Durch die Straße von Berlin jagten die grauen Autos der Offiziere, auf den Plätzen standen wie Säulen der Macht die Schutzleute, eine riesige Militärorganisation schien alles zu umfassen, in den Ämtern und Ministerien thronte eine scheinbar unbesiegbare Bürokratie. Gestern früh war, in Berlin wenigstens, das alles noch da. Gestern nachmittag existierte nichts mehr davon.«

Zit. nach: Das 19. Jahrhundert. Ein Lesebuch zur deutschen Geschichte 1815–1918. Hrsg. von Wolfgang Piereth, München 1997, S. 185 f.

165 Soldatenfriedhof von Douaumont. Undatierte Bildpostkarte.

S

Staaten	Gesamtverluste im Ersten Weltkrieg		
	Gefallene	Verwundete	Gefangene
Deutschland	1 808 000	4 247 000	618 000
Frankreich	1 385 000	3 044 000	446 000
Großbritannien	947 000	2 122 000	192 000
Italien	460 000	947 000	530 000
Österreich-Ungarn	1 200 000	3 620 000	2 200 000
Russland	1 700 000	4 950 000	2 500 000
Türkei	325 000	400 000	k.A.
USA	115 000	206 000	4 500
andere	900 000	2 000 000	k.A.

Zit. nach: Putzger. Atlas und Chronik zur Weltgeschichte, Berlin 2002, S. 207

83

kungslos war, wurde die britische Propaganda bald koordiniert und hatte großen Einfluss auf die öffentliche Meinung in den USA. Gegen Deutschland wurde eine erfolgreiche »Hasspropaganda« betrieben. Auch nach innen war die deutsche Propaganda nicht immer geschickt, die ständigen Siegesmeldungen wurden mit der Zeit unglaubwürdig. Dennoch kam es 1918, als die aussichtslose Lage plötzlich offenbar wurde, zu einem Schock in der Bevölkerung, ja selbst bei vielen Politikern. Es war der deutschen Propaganda gelungen, England, das »perfide Albion«, als den Hauptfeind im Bewusstsein der Bevölkerung zu verankern. Die leitenden Politiker wurden so auf beiden Seiten Gefangene ihrer Propaganda, denn die öffentliche Meinung verlangte die kompromisslose Behandlung der Gegner. Aus den machtpolitischen Gegensätzen früherer Kriege wurden dadurch ideologische Antagonismen, die Hasspropaganda auf beiden Seiten führte zu einer internationalen Polarisierung in neuen Dimensionen. Der maßlose Chauvinismus fegte die Ideen der Aufklärung hinweg und brach einem Irrationalismus Bahn, der zu einem entscheidenden Wegbereiter für die entstehenden radikalen menschenverachtenden Ideologien werden sollte.

Als folgenreichstes Ergebnis des Ersten Weltkriegs, dieser weltgeschichtlichen Zäsur, kann wohl der Eintritt der USA in die Weltpolitik gelten, gefolgt von der Entstehung Sowjetrusslands. Durch die vorläufige Isolierung der Sowjetunion und den Rückzug der Amerikaner auf ihren Kontinent blieb in den zwanziger Jahren der Anschein bestehen, Europa sei immer noch das Zentrum der Weltpolitik, so wie es über tausend Jahre lang der Fall gewesen war. Doch der Schein trog, die globalen Positionen der europäischen Mächte begannen zu zerbröckeln.

Über das Schicksal des Deutschen Reiches war damals allem Anschein zum Trotz noch nicht endgültig entschieden. Noch besaß es Chancen, die Stellung der ökonomisch, potenziell auch militärisch stärksten Kraft in Europa wieder zu erringen. Der kleinste gemeinsame Nenner der innerlich zerrissenen Weimarer Republik war die Revision des Ergebnisses des »Großen Krieges«. Den »Nationalisten« ging es nicht um die Frage, ob dafür ein neuerlicher Krieg riskiert werden sollte, sondern was man im nächsten Krieg »besser« machen müsse. Durch das Vertragswerk von Versailles, ja durch die ganze Friedensordnung nach dem Ersten Weltkrieg, durch die falsch angesetzten Disziplinierungsversuche und das finanzielle Beutedenken der Sieger wurden die wirtschaftlichen, politischen und ideologischen Ursachen für den nächsten Weltkrieg von noch entsetzlicheren Ausmaßen verstärkt.

Es drängt sich die Frage auf, warum die Welt aus dem Grauen des Ersten Weltkrieges nichts gelernt hat, warum trotz der Hölle von Verdun, an der Somme und in der Champagne die pazifistischen Bewegungen praktisch keinen Nährboden gefunden haben, ja eher verachtet wurden. Der bisher grausamste aller Kriege war nicht grausam genug, um uralte anthropologische Muster zu verändern. Verdun wirkte nicht abschreckend, im Gegenteil – in zahlreichen literarischen Werken wurden die »Stahlgewitter« des Krieges verklärt. Selbst das Erlebnis des Totalen Krieges im Zweiten Weltkrieg hat die Menschheit nicht davon abgehalten, weiterhin Krieg zu führen. Erst die Möglichkeit der gegenseitigen atomaren Vernichtung hat die Weltmächte davon abgeschreckt, den großen Konflikt zu riskieren.

167 Titelbild eines 1914 erschienenen bebilderten Kinder-Liederbuches.

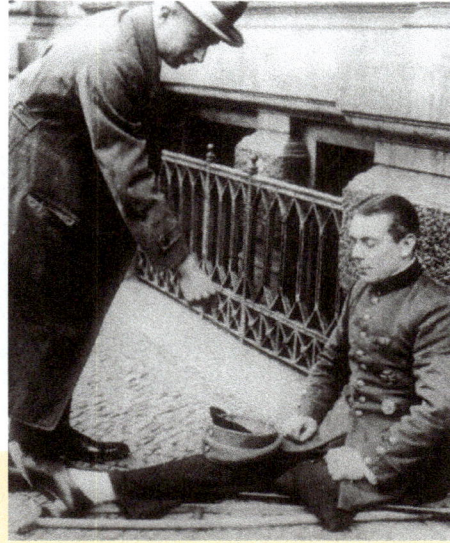

168
Bettelnder Kriegsinvalide in
Berlin. Foto, 1923.

169 Erich Maria Remarque.
Foto, um 1935.

1 Erich Maria Remarque, »Im Westen nichts Neues« (1929)

Mit seinem Roman erlangte Remarque Weltruhm. Aus der Perspektive des 20-jährigen Soldaten Paul Bäumer schildert er die Erlebnisse einer Gruppe Soldaten an der Front und in der Heimat.

»Für mich ist die Front ein unheimlicher Strudel. Wenn man noch weit entfernt von seinem Zentrum im ruhigen Wasser ist, fühlt man schon die Saugkraft, die einen an sich zieht, langsam, unentrinnbar, ohne viel Widerstand. Aus der Erde, aus der Luft aber strömen uns Abwehrkräfte zu, – am meisten von der Erde. Für niemand ist die Erde so viel wie für den Soldaten. Wenn er sich an sie preßt, lange, heftig, wenn er sich tief mit dem Gesicht und den Gliedern in sie hineinwühlt in der Todesangst des Feuers, dann ist sie sein einziger Freund, sein Bruder, seine Mutter, er stöhnt seine Furcht und seine Schreie in ihr Schweigen und ihre Geborgenheit, sie nimmt sie auf und entläßt ihn wieder zu neuen zehn Sekunden Lauf und Leben, faßt ihn wieder, und manchmal für immer. Erde – Erde – Erde! Erde, mit deinen Bodenfalten und Löchern und Vertiefungen, in die man sich hineinwerfen, hineinkauern kann! Erde, du gabst uns im Krampf des Grauens, im Aufspritzen der Vernichtung, im Todesbrüllen der Explosionen die ungeheure Widerwelle gewonnenen Lebens! Der irre Sturm fast zerfetzten Daseins floß im Rückstrom von dir durch unsere Hände, so daß wir die Geretteten in dich gruben und im stummen Angstglück der überstandenen Minute mit unseren Lippen in dich hineinbissen!«

Zit. nach: Erich Maria Remarque, Im Westen nichts Neues, Berlin 1929, S. 58 f.

Truppenübungen der Reichswehr mit abschließender Parade in Strausberg (Kreis Oberbarnim). Foto, September 1924

Der Staat im Staate – Militärgeschichte der Weimarer Republik 1919 bis 1933

von Ernst Willi Hansen

1918	9. November	Ausrufung der Republik
	10. November	»Ebert-Groener-Bündnis«
	11. November	Waffenstillstand von Compiègne
1919	5.– 13. Januar	»Spartakus-Aufstand«
	19. Januar	Wahlen zur Nationalversammlung
	6. März	Gesetz über die Bildung der »vorläufigen Reichswehr«
	28. Juni	Friedensvertrag von Versailles
	31. Juli	Verabschiedung der Weimarer Verfassung
1920	13.– 17. März	Kapp-Lüttwitz-Putsch
	26. März	Geßler wird Reichswehrminister und Seeckt Chef der Heeresleitung
1921	23. März	Gesetz über die Reichswehr (100 000-Mann-Heer)
1922	16. April	Deutsch-Russisches Abkommen von Rapallo
1923	11. Januar	Besetzung des Ruhrgebietes
	9. November	Hitler-Ludendorff-Putsch
	15. November	Einführung der »Rentenmark«

002 Unterzeichnung des Versailler Vertrages am 28. Juni 1919. Öl auf Leinwand von William Orpen, um 1925.

003 Besetzung des Regierungsviertels während des Kapp-Lüttwitz-Putsches. Foto, März 1920.

004 Putschversuch der NSDAP in München: Verhaftung linker Stadträte durch die Putschisten. Foto, 8./9. November 1923.

005 Deutschnationale Propaganda gegen den Locarno-Vertrag. Plakat, 1928.

006 Berittene Polizei löst die aufgebrachten Menschenmassen in der Wall Street auf. Foto, 24. Oktober 1929.

007 Der 30. Januar 1933. Fackelzug durch das Brandenburger Tor. Öl auf Leinwand von A. Kampf.

1925	26. April	Hindenburg wird Reichspräsident
	16. Oktober	Vertrag von Locarno
1926	Mai	Beginn der geheimen Militärfliegerausbildung
	8. September	Beitritt Deutschlands zum Völkerbund
	8. Oktober	Heye wird Chef der Heeresleitung
1927	31. Januar	Ende der Interalliierten Militärkontrolle
1928	9. Januar	Groener wird Reichswehrminister
1929	Oktober	Beginn der Weltwirtschaftskrise
1930	30. Juni	Alliierte räumen Rheinland
1932	2. Februar	Beginn der Genfer Abrüstungskonferenz
	1. Juni	Papen wird Reichskanzler und Schleicher Reichswehrminister
	22. Juli	Deutschland verlässt die Internationale Abrüstungskonferenz
	3. Dezember	Schleicher wird Reichskanzler
1933	28. Januar	Entlassung Schleichers
	30. Januar	Ernennung Hitlers zum Reichskanzler

1. Literaturauswahl

Überblick

Bracher, Karl Dietrich, Die Krise Europas 1917–1975, Frankfurt a.M. 1975
(= Propyläen Geschichte Europas, 6)
Bracher, Karl Dietrich, Die Auflösung der Weimarer Republik, 5. Aufl., Villingen 1971
Kolb, Eberhard, Die Weimarer Republik, 4. durchges. und erg. Aufl., München 1998
(= Oldenbourg Grundriss der Geschichte, 16)
Möller, Horst, Europa zwischen den Weltkriegen, München 1998
(= Oldenbourg Grundriss der Geschichte, 21)
Mommsen, Hans, Die verspielte Freiheit. Der Weg der Republik von Weimar
in den Untergang, Berlin 1989 (= Propyläen Geschichte Deutschlands, 8)
Sontheimer, Kurt, Antidemokratisches Denken in der Weimarer Republik, 4. Aufl.,
München 1994
Winkler, Heinrich August, Weimar 1918–1933. Die Geschichte der ersten deutschen
Demokratie, München 1993

Umfeld

Carsten, Francis Ludwig, Reichswehr und Politik 1918–1933, 2. Aufl., Köln 1965
Hürten, Heinz, Reichswehr und Republik. Eine Nation im Umbruch. In: Ploetz
Weimarer Republik.
Hrsg. von Gerhard Schulz, Freiburg i.Br. 1987, S. 80–89
Militär und Militarismus in der Weimarer Republik. Hrsg. von Klaus-Jürgen Müller
und Eckardt Opitz, Düsseldorf 1978
Mommsen, Hans, Militär und zivile Militarisierung in Deutschland 1914 bis 1938.
In: Militär und Gesellschaft im 19. und 20. Jahrhundert. Hrsg. von Ute Frevert,
Göttingen 1997, S. 265–276

Strukturen

Bernary, Albert, Unsere Reichswehr. Das Buch von Heer und Flotte, Berlin 1932
Hürten, Heinz, Das Offizierskorps des Reichsheeres. In: Das deutsche Offizierkorps
1860–1960. Hrsg. von Hanns H. Hofmann, Boppard a.Rh. 1980 (= Deutsche
Führungsgeschichte in der Neuzeit, 11), S. 231–245
Reinicke, Adolf, Das Reichsheer 1921–1934. Ziele, Methoden der Ausbildung und
Erziehung sowie der Dienstgestaltung, Osnabrück 1986 (= Studien zur Militärgeschichte,
Militärwissenschaft und Konfliktforschung, 32)
Seestrategische Konzepte vom kaiserlichen Weltmachtstreben zu Out-of-Area-Einsätzen
der Deutschen Marine. Hrsg. von Eckardt Opitz, Bremen 2004
Stuhlmann, Friedrich, Deutsche Wehrmacht, Berlin 1934
Wohlfeil, Rainer, und Hans Dollinger, Die deutsche Reichswehr. Bilder, Dokumente,
Texte. Zur Geschichte des Hunderttausend-Mann-Heeres 1919–1933, Frankfurt a.M. 1972

Epochenquerschnitt

Mit der Unterzeichnung des Waffenstillstandsvertrages in Compiègne am 11. November
1918 endeten die Kampfhandlungen des
Ersten Weltkrieges. Aber mit den Folgen der
»Urkatastrophe des 20. Jahrhunderts« (George Kennan) mussten die europäischen Völker
noch jahrelang leben. Etwa 10 Millionen Menschen hatten zwischen 1914 und 1918 ihr Leben
verloren, über 20 Millionen waren verwundet
worden. Weite Landstriche – vor allem im Osten Frankreichs – waren verwüstet, die Infrastruktur zerstört, die Wirtschaft lag am Boden.
Die Finanzen waren zerrüttet: Die Kriegskosten
aller beteiligten Staaten, die zumeist auf Kredit
finanziert worden waren, betrugen beinahe
eine Billion Goldmark. Der Krieg führte zu tief
greifenden gesellschaftlichen und politischen
Veränderungen in allen beteiligten Staaten
und veränderte das europäische Mächtesystem grundlegend. Zugleich bedeutete er das
Ende einer über Jahrhunderte andauernden
Vormachtstellung Europas in der Welt.

Am stärksten von den politischen Veränderungen betroffen waren die großen Monarchi-
en Mittel- und Osteuropas: Russland wurde
mehrere Jahre in einen Bürgerkrieg verstrickt;
▶ Deutschland durchlief einen revolutionären
Umsturz und verharrte bis 1923 in einer Phase wirtschaftlicher und politischer Instabilität;
die Habsburger Monarchie wurde zerschlagen
und das nun selbstständige Ungarn versank
zeitweise in einer blutigen Revolution. Mit
ihren Niederlagen schieden diese drei Staaten vorläufig aus dem Kreis der europäischen
Großmächte aus. Auf Teilen ihres Territoriums
entstanden neue Staaten, die – als »National-
staaten« gedacht – häufig kaum diesem Konzept entsprachen und ethnische Minderheiten

008 Demontage eines deutschen Tanks (nach den
Bestimmungen des Versailler Vertrages durfte die
Reichswehr nicht im Besitz von Panzern sein).
Kolorierte Fotografie, 1920.

einschlossen, die eigene Rechte beanspruchten.
Die europäische Neuordnung durch die Friedensverträge, die im Frühjahr 1919 in den Vor-
orten von Paris abgeschlossen wurden, führte
nicht zu einer dauerhaften Friedensordnung,
sondern zu einer Vielzahl neuer Konfliktherde.

Auch der Status der beiden westeuropä-
ischen Großmächte, die unter großen Opfern
den Krieg für sich entschieden hatten, veränderte sich grundlegend. Beide Länder hatten
ihrer Bevölkerung große Belastungen abgefor-
dert und Erwartungen geweckt, die nun ein-
gelöst werden sollten. Angesichts der hohen
Verschuldung und der immensen Kriegsfolge-
kosten mussten deshalb die Politiker Englands
und Frankreichs in der Nachkriegszeit versuchen, Entschädigungen zu erhalten, um ihre
nationale Ökonomie wieder in Gang zu setzen.
Deshalb waren die Jahre nach dem Krieg in hohem Maße vom Problem der ▶ Reparationen

91

009
Fünf Billionen Mark.
Gutschein Deutsche Reichsbahn,
15. November 1923
(Vorderseite).

geprägt. Zu den finanz- und wirtschaftspolitischen Problemen traten im Falle Großbritanniens Auseinandersetzungen mit den Kolonien hinzu, die ihren Anteil am Sieg über die Mittelmächte beanspruchten (Indien, Ägypten); Unabhängigkeitsbewegungen forderten die Loslösung vom Mutterland (Irland). Damit wurde das Ende des Kolonialismus eingeläutet.

Vor diesem Hintergrund ist die Politik der Alliierten in den Zwanziger Jahren zu verstehen: Für Großbritannien ging es um die Aufrechterhaltung seiner Weltmachtstellung, obwohl die innen-, wirtschafts- und finanzpolitischen Voraussetzungen dafür gar nicht mehr gegeben waren. Für Frankreich ging es darum, die schwer wiegenden demografischen und wirtschaftlichen Folgen des Krieges zu überwinden; vor allem aber ging es um Sicherheit gegenüber dem an Bevölkerung und Wirtschaftskraft auch in den Zwanziger Jahren weit überlegenen östlichen Nachbarn.

Bestimmend für die Entwicklung der internationalen Ordnung in Europa wurden drei »welthistorische Antworten« (Karl-Dietrich Bracher), welche die Politik auf die Katastrophe des Ersten Weltkrieges zu geben versuchte. Dies waren zum Einen die liberal-demokratisch geprägten Vorstellungen des amerikanischen Präsidenten Woodrow Wilson, der noch während des Krieges in einem 14-Punkte-Programm die Vorstellung von einer durch einen Völkerbund gewährleisteten internationalen Rechtsordnung entwickelt hatte. Darin waren unter anderem das Selbstbestimmungsrecht der Völker sowie die Garantie von politischer Unabhängigkeit und territorialer Unverletzlichkeit vorgesehen. Das ▸ Kriegsende schien gute Aussichten zur Verwirklichung dieser Ideale zu bieten, hatten doch der Triumph der bürgerlich-liberalen Systeme über die konservativen Monarchien des Kontinents und der Zusammenbruch des zaristischen Russlands die scheinbare Überlegenheit der westlichen Demokratien bewiesen. Aber Wilsons Vision ließ sich nur in Ansätzen verwirklichen, da ihr häufig die während des Krieges im Stile der klassischen Machtpolitik getroffenen Vereinbarungen der Kriegskoalition entgegen standen. Zu kompliziert waren auch die ethnischen Verhältnisse in Ostmittel- und Südosteuropa, als dass man das Selbstbestimmungsrecht der Völker dort hätte durchsetzen können. Zu sehr standen schließlich die Politiker, die in Paris über Friedensverträge mit den Mittelmächten zu befinden hatten, unter dem Erwartungsdruck ihrer jeweiligen Landsleute: Die im Rahmen der Kriegspropaganda gezielt eingesetzte Emotionalisierung der öffentlichen Stimmung ließ sich nach dem Kriegsende nicht einfach beenden. Und was den Völkerbund betraf, von dem sich Wilson eine dauerhafte Befriedung der internationalen Beziehungen erhofft hatte, so blieb dieser letztlich ein nahezu handlungsunfähiges Instrument, weil die USA als einzige Macht, welche die Rolle eines Schiedsrichters in den europäischen Angelegenheiten hätte übernehmen können, ihm nicht beitrat, sondern zum Isolationismus zurückkehrte. Ebenso negativ wirkte sich aus, dass die beiden großen europäischen Nationen Russland und Deutschland ihm zunächst nicht angehörten, so dass schließlich nur England und Frankreich als Garantiemächte der europäischen Nachkriegsordnung verblieben.

Die zweite Antwort, welche die europäische Politik auf die Katastrophe des Krieges zu geben versuchte, war die gesellschaftspolitische Utopie des ▸ Kommunismus, die sich als Alternative zum kapitalistisch-bürgerlichen System anbot, und deren Befürworter durchaus bereit

---

S Der Kommunismus (communis, lat.; allen gemeinsam) in seinen verschiedenen Gesellschaftsentwürfen und Umsetzungsversuchen gehörte zu den großen Utopien des 20. Jahrhunderts. Im Kern dieser einflussreichen Ideologie stand die wirtschaftliche und politische Lehre der Philosophen Karl Marx und Friedrich Engels. Nach deren Geschichtsvorstellung ist der Kommunismus eine Gesellschaftsform, die sich nach dem gesetzmäßigen Zusammenbruch des Kapitalismus, der Revolution des unterdrückten Proletariats und dem Übergangsstadium des Sozialismus herausbildet. In ihr soll der Mensch zu einer allseitigen Entfaltung seiner Fähigkeiten in einer herrschafts- und klassenlosen Gesellschaft kommen, die darüber hinaus den Privatbesitz abgeschafft hat und das erwirtschaftete Sozialprodukt für die Allgemeinheit erwirbt.

Deutschland nach dem Versailler Vertrag von 1919

1 : 9000000
0 50 100 150 km

Quelle: Putzger Historischer Weltatlas, 2000.

SCHWEDEN
LITAUEN
DÄNEMARK
Nord-Schleswig
Flensburg
Königsberg
Kiel
Stralsund
Elbing
Danzig
Cuxhaven
Rostock
Anklam
Marien-werder
Allenstein
Wilhelmshaven
Lübeck
West-preußen
Bremerhaven
Hamburg
Stettin
Bremen
Bromberg
Amsterdam
Hannover
Braun-schweig
Küstrin
Berlin
(1920 Ent-stehung Groß-Berlins)
Frankfurt
Posen
Posen
Warschau
Den Haag Utrecht
Osnabrück
NIEDERLANDE
Bielefeld
Magdeburg
Rotterdam
Münster
Lodz
Duisburg Dortmund
Essen
Kassel
Halle
Breslau
POLEN
Mühlheim
Düssel-dorf
Köln
Eisenach
Erfurt Weimar
Leipzig
Dresden
Brüssel
BELGIEN
Wetzlar
Gotha
Jena
Ober-schlesien
Krakau
Koblenz
Meiningen
Wiesbaden
Prag
LUXEM-BURG
Mainz
Frankfurt
Pilsen
TSCHECHOSLOWAKEI
Longwy
Metz
Mannheim
Nürnberg
Lothringen
Karlsruhe
Regensburg
FRANK-
Straßburg
Kehl
1919/30 frz. bes.
Stuttgart
Augsburg
REICH
Mülhausen
Elsass
München
Salzburg
Dijon
Basel
Zürich
Innsbruck
Besançon
LIECHTEN-STEIN
ÖSTERREICH
SCHWEIZ
ITALIEN

© Cornelsen
05193-07

Legende:
- Amerikanische Besatzungszone
- Englische Besatzungszone
- Französische Besatzungszone
- Belgische Besatzungszone
- Saargebiet unter Verwaltung des Völkerbundes (bis 1920)
- Freistadt Danzig unter dem Schutz des Völkerbundes
- Französische Besetzung des Ruhrgebietes (1923–1925)
- Abstimmungsgebiete
- Nach Abschluss des Versailler Vertrages besetzte Gebiete (1920–1925)
- Memelland ohne Volks-abstimmung unter alliierter Verwaltung und 1923 an Litauen
- Grenze des Deutschen Reiches 1914
- Staatsgrenzen nach dem Versailler Vertrag
- Grenzen der deutschen Länder
- Grenzen der preußischen Provinzen
- Ostgrenze der entmilitarisierten Zone
- Grenzen der Räumungszonen
- Zone mit Verbot der Neu-anlage oder Veränderung von Befestigungsanlagen
- In den Pariser Verträgen internationalisierte Flüsse

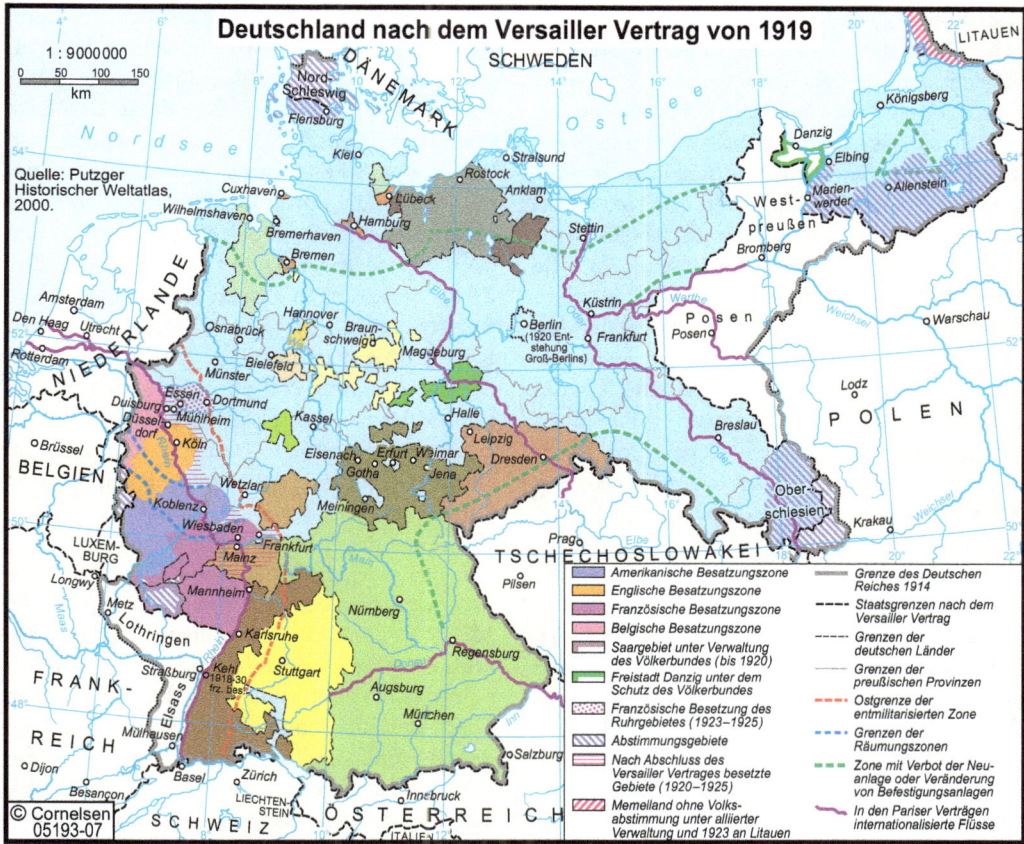

Kriegskosten (in Milliarden Goldmark)	
Deutsches Reich	194
Großbritannien und Empire	268
Frankreich	134
USA	129
Russland	106
Österreich-Ungarn	99
Italien	63
übrige Länder	23
insgesamt	1016

Zit. nach: Putzger. Atlas und Chronik zur Weltgeschichte, Berlin 2002, S. 206

010 Fünf Deutsche Goldmark. Vorder- und Rückseite.

S Der Versailler Vertrag enthielt keine abschließende Regelung der Reparationsfrage, bot den Siegermächten aber mit dem Artikel 231, der Deutschland die alleinige Kriegsschuld zuwies und somit die Verantwortung für alle den Alliierten entstandenen Schäden, eine Grundlage für finanzielle Entschädigungen.

Die Reparationshöhe und die Zahlungsmodalitäten wurden von einer alliierten Kommission, zunächst ohne Be-teiligung Deutschlands, ausgehandelt. Das Londoner Ultimatum vom 5. Mai 1921 forderte Deutschland auf, den Zahlungsforderungen der Ententemächte zuzustimmen. Demnach sollte Deutschland 25 Prozent aller Exporte an die Alliierten abführen und insgesamt 132 Milliarder Goldmark in jährlichen Raten bis 1987 zahlen.

waren, auch gewaltsam ihre Ziele zu verwirklichen. Mit ihrem von der bolschewistischen Sowjetunion ausgehenden weltrevolutionären Anspruch stellte sie eine latente Bedrohung der politischen Systeme des Westens dar, und es gelang ihr in den Zwanziger Jahren, in allen europäischen Staaten Fuß zu fassen und sich neben den klassischen Arbeiterparteien zu etablieren.

Einen Gegenpol dazu bildeten schließlich die nationalrevolutionären und ▶ faschistischen Bewegungen, die in vielen Staaten entstanden – nicht als »Reaktion« auf den Bolschewismus, denn ihre Wurzeln reichten viel tiefer –, wohl aber als klare Alternative und mit der selben Gewaltbereitschaft. Sie gediehen vor allem dort, wo die Menschen glaubten, beim Ausgang des Weltkrieges »zu kurz« gekommen zu sein. Das waren nicht nur die im Krieg unterlegenen Staaten: In Italien gelangte 1922 Benito Mussolini mit einem Staatsstreich an die Macht und begründete das erste »faschistische System«. Entsprechende »Bewegungen« formierten sich auch in anderen europäischen Ländern, so dass die meisten jungen Nachkriegsdemokratien Europas innenpolitisch dem Druck extremistischer Bewegungen von rechts und links ausgesetzt waren, die das »liberale System« in Frage stellten. Viele Staaten reagierten darauf mit der Errichtung autoritärer oder diktatorischer Regime, wobei die Nähe zum Faschismus oft unübersehbar war. Insgesamt also war Europa in der Zeit nach dem Ersten Weltkrieg von zahlreichen Konfliktherden geprägt, so dass Historiker von einer »Krise des europäischen Zeitalters« sprechen. Nur in den »klassischen« Demokratien Großbritannien und Frankreich, in den Benelux-Staaten und in Skandinavien sowie in der Tschechoslowakei als dem einzigen mitteleuropäischen Staat, konnte sich die Demokratie behaupten.

Matrosenrevolten in Wilhelmshaven und Kiel bildeten Anfang November 1918 den Auftakt für die »deutsche Revolution« und führten innerhalb kürzester Zeit dazu, dass sich überall in Deutschland – schließlich auch in Berlin – ▶ Arbeiter- und Soldatenräte bildeten, welche die Forderung erhoben, den Krieg unverzüglich zu beenden und die politischen Verhältnisse grundlegend zu verändern. Radikale Strömungen gingen dabei so weit, eine Räterepublik nach russischem Vorbild zu fordern. Am 9. November kam indessen der Sozialdemokrat ▶ Philipp Scheidemann dem Führer der radikalen Linken, Karl Liebknecht, zuvor, indem er die ▶ »Deutsche Republik« im Gegensatz zu der von Liebknecht propagierten »deutschen sozialistischen Republik« ausrief. Als neue provisorische Regierung formierte sich ein »Rat der Volksbeauftragten«, dem je drei Mitglieder der während des Krieges in die MSPD und die USPD gespaltenen Sozialdemokratischen Partei angehörten. Den Vorsitz übernahm der Vorsitzende der MSPD, Friedrich Ebert, der auch dadurch zur ausschlaggebenden Persönlichkeit der deutschen Revolution wurde, dass ihm der letzte kaiserliche Reichskanzler, Max von Baden, sein Amt übertragen hatte. Kaiser Wilhelm II., der sich zu dieser Zeit im Hauptquartier im belgischen Spa aufhielt, entschloss sich nach einigem Zögern, ins Exil in die Niederlande zu gehen.

Es kann gar keinen Zweifel daran geben, dass sich für Deutschland 1918 eine militärische Niederlage abgezeichnet hatte und der Umbruch im Reich dadurch hervorgerufen worden war. Weite Kreise der deutschen Bevölkerung weigerten sich aber, diese Realität wahrzunehmen. Sie verunglimpften jene, zumeist sozialdemokratischen, Politiker, die unter dem Druck der Ereignisse im November 1918 die Verantwor-

S Das Rutenbündel (lat.; fasces) der römischen Liktoren wurde 1919 von Benito Mussolinis Kampfbünden (ital.; fasci di combattimento) als Symbol übernommen. Ab hier wurde Faschismus zur Bezeichnung einer politischen Bewegung. Bald wurde er über Italien hinaus zum idealtypischen Begriff eines politischen Systems, das beansprucht, die »Schwächen« des parlamentarischen Systems einerseits, des Kommunismus andererseits zu überwinden. In einem faschistischen Staat soll das durchorganisierte Volk durch ein den Staat und die Partei zusammenfassendes Herrschaftssystem in Form einer Pyramide total erfasst werden (»Führerprinzip«). Der Lenkung von oben sollen aktive Dienstbereitschaft und Zustimmung von unten entsprechen. Der Faschismus ist darüber hinaus betont nationalistisch, antiliberal, antisozialistisch und antipluralistisch-parlamentarisch. Er ist bei politischer Notwendigkeit rücksichtslos gegen individuelle Grundrechte, und expansionistisch völkerrechtsverletzend, wenn der nationale Egoismus es erfordert. Schon in den dreißiger Jahren wurden ähnliche Bewegungen als faschistisch bezeichnet, so besonders der deutsche Nationalsozialismus, die spanische Falange oder die ungarischen Pfeilkreuzler.

1 Philipp Scheidemann, »Ausrufung der Republik« (9. November 1918)

Nachdem der Reichskanzler Max von Baden eigenmächtig die Abdankung des deutschen Kaisers verkündet hatte, rief der SPD-Politiker Scheidemann vom Balkon des Reichstags die »Deutsche Republik« aus. Damit kam er den radikalen Spartakisten zuvor, die nur zwei Stunden später die »Freie Sozialistische Republik« ausriefen.

»Die Feinde des werktätigen Volkes, die wirklichen ›inneren Feinde‹, die Deutschlands Zusammenbruch verschuldet haben, sind still und unsichtbar geworden. [...] Der Kaiser hat abgedankt. Er und seine Freunde sind verschwunden. Über sie alle hat das Volk auf der ganzen Linie gesiegt!
Prinz Max von Baden hat sein Reichskanzleramt dem Abgeordneten Ebert übergeben. Unser Freund wird eine Arbeiterregierung bilden, der alle sozialistischen Parteien angehören werden. Die neue Regierung darf nicht gestört werden in ihrer Arbeit für den Frieden, in der Sorge um Brot und Arbeit. Arbeiter und Soldaten! Seid euch der geschichtlichen Bedeutung dieses Tages bewußt. Unerhörtes ist geschehen. Große und unübersehbare Arbeit steht uns bevor. Alles für das Volk, alles durch das Volk! Nichts darf geschehen, was der Arbeiterbewegung zur Unehre gereicht. Seid einig, treu und pflichtbewußt! Das Alte und Morsche, die Monarchie ist zusammengebrochen. Es lebe das Neue! Es lebe die Deutsche Republik!«

Zit. nach: Lesebuch zur Deutschen Geschichte. Bd 3: Vom Deutschen Reich bis zur Gegenwart. Hrsg. von Bernhard Pollmann, Dortmund 1984, S. 111

B Philipp Scheidemann (1865–1939)
Politiker – Im Jahre 1903 wurde er Mitglied des Reichstages, zehn Jahre später einer der Führer der SPD-Fraktion und als solcher »Mehrheitssozialist«. Nach Ausbruch der Novemberrevolution rief er am 9. November 1918 die Republik aus. Er war Mitglied des Rates der Volksbeauftragten und wurde im Februar 1919 Ministerpräsident der Weimarer Republik. Im Juni 1919 trat er von seinem Amt zurück, weil er den Versailler Vertrag für unannehmbar hielt.

014
Scheidemann bei der Ausrufung der Republik am 9. November 1918. Nachgestelltes Foto.

013
Aufruf des Rates der Volksbeauftragten vom 9. November 1918.

S Nach dem Aufstand der Matrosen in Kiel und Wilhelmshaven im November 1918 bildeten sich in nahezu allen Städten Deutschlands revolutionäre Arbeiter- und Soldatenräte. Die Räte übernahmen in dieser Situation die politische Gewalt. Ihre wichtigste Aufgabe war die Aufrechterhaltung der öffentlichen Sicherheit sowie die Sicherstellung der Lebensmittelversorgung. Die Räte traten für die Beseitigung der Monarchie und für die Errichtung einer Republik auf parlamentarischer Grundlage ein. Nach der Wahl zur Nationalversammlung am 19. Januar 1919 verloren sie an Einfluss. Ende 1919 lösten sich die letzten Arbeiterräte auf.

95

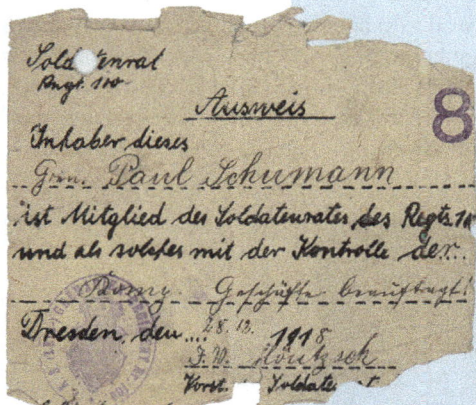

011 Ausweis des Mitglieds eines Soldatenrates in Dresden, 1918.

012 Sitzung der Soldatenräte im Reichstagsgebäude. Foto, November 1918.

tung für die Geschicke des Reiches übernommen hatten als »Verräter« und »Novemberverbrecher« und wollten nicht begreifen, dass die deutsche Revolution keineswegs von langer Hand vorbereitet, sondern Ausdruck einer tief verwurzelten Kriegsmüdigkeit in der Bevölkerung war. Die Matrosen und Arbeiter, die den Anstoß dazu gegeben hatten, waren auch keineswegs auf einen radikalen Bruch mit der Vergangenheit aus. Das aus der Revolution hervorgehende System stellte demzufolge einen Kompromiss zwischen Altem und Neuem dar. Drei grundlegende Entscheidungen, die zwischen November und Dezember 1918 getroffen wurden, bildeten dafür die Basis: Das »Bündnis« zwischen Ebert und General Groener stellte die Weichen in der Militärpolitik, das Stinnes-Legien-Abkommen regelte die Zusammenarbeit von Unternehmern und Gewerkschaften, und der Beschluss des Reichsrätekongresses, ▸ Wahlen zur Nationalversammlung anzusetzen, fällte die Entscheidung zu Gunsten einer parlamentarischen Demokratie. Insofern ist die Einschätzung mancher Historiker zutreffend, dass 1918/19 eine »wirkliche« Revolution in Deutschland nicht stattgefunden hat. Aber das Ergebnis der Wahlen am 15. Januar 1919 bestätigte auf eindrucksvolle Weise, dass dieser Weg – wenigstens zu diesem Zeitpunkt – von einer breiten Mehrheit in der Bevölkerung befürwortet wurde.

Diese Zustimmung schwand aber sehr schnell. Schon knapp eineinhalb Jahre später – nach bürgerkriegsähnlichen Auseinandersetzungen im Frühjahr 1920, dem »Kapp-Lüttwitz Putsch« und Kämpfen im Ruhrgebiet, in denen sich die Polarisierung zwischen Rechts- und Linksextremen vertiefte – verloren in den ersten Reichstagswahlen jene Parteien die Mehrheit, die sich rückhaltlos zur Weimarer Republik

bekannten: SPD, Zentrum und DDP. Sie sollten in den kommenden Wahlen immer in der Minderheit bleiben. Dies macht deutlich, dass das System der parlamentarischen Demokratie vielen Deutschen fremd blieb. Nicht nur die radikalen Populisten stellten mit den Schlagworten ▸ »Dolchstoß« und »Novemberverbrecher« auf der einen, »Verräter der Revolution« auf der anderen Seite die Demokratie infrage. Auch bürgerliche Intellektuelle lehnten den weltanschaulichen Pluralismus einer demokratischen Gesellschaft ab und wollten an einem autoritär geprägten deutschen Sonderweg im Gegensatz zu den liberalen Regierungsformen des Westens festhalten. Und die Linksintellektuellen fanden kein positives Verhältnis zu dem neuen System, weil darin ihrer Ansicht nach den alten Machteliten ein zu großer Einfluss belassen worden war. So blieb die Weimarer Republik letztlich zwar keine »Republik ohne Republikaner«, aber jene Kräfte, die bereit waren, aktiv und offensiv für das System einzutreten, waren in der Minderheit und resignierten am Ende.

Den einzigen verbindenden Faktor über alle politischen Anschauungen hinweg stellte über die gesamte Dauer der Weimarer Republik die Ablehnung des Friedensvertrages von Versailles dar. Es waren anfangs nicht so sehr die territorialen Verluste und die wirtschaftlichen Belastungen, sondern vor allem die so genannten Schmachparagrafen (Kriegsschuldartikel, Auslieferung des Kaisers und Verurteilung von Kriegsverbrechern), die dazu führten, dass der Vertrag als »entehrend« empfunden und weit über das Maß dessen hinaus, was jede Niederlage bei dem Unterlegenen an Missstimmung erzeugt, Empörung in Deutschland hervorrief. Hinzu kam, dass es in dem Pariser Vorort gar keine Verhandlungen gegeben hatte, sondern die Alliierten ihre Bedingungen »diktiert« hat-

015
Plakat von
Lucian Bernhard,
1919.

Die Dolchstoßlegende war ein Propaganda-produkt, das die Verantwortung für die militä-rische Niederlage Deutschlands dem »Versagen der Heimatfront« zuschob. Da die Kriegspropaganda bis zum Schluss keinen Zweifel an einem Sieg zu-gelassen hatte und die deutschen Truppen zudem noch immer tief in Frankreich und Russland stan-den, schien eine militärische Niederlage zunächst unfassbar. Auch der Sozialdemokrat Friedrich Ebert empfing am 10. Dezember 1918 die nach Berlin zu-rückkehrenden Feldtruppen mit den Worten »kein Feind hat euch überwunden«. Eine politische Stoß-richtung erhielt diese Aussage, als der ehemalige Feldmarschall Paul von Hindenburg am 18. Novem-ber 1919 vor dem Untersuchungsausschuss der Nationalversammlung über die Ursachen des mili-tärischen Zusammenbruchs von einer heimlichen und planmäßigen »Zersetzung von Flotte und Heer« sprach. Sich auf einen englischen Offizier berufend, gab Hindenburg zu Protokoll, die deutsche Armee sei »von hinten erdolcht worden«. Damit verlagerte er die Verantwortung für die militärische Niederlage von der Obersten Heeresleitung auf die politische Ebene. Er machte die Friedensresolution von 1917 für den militärischen und politischen Zusammenbruch eben-so verantwortlich wie etwa den Munitionsarbeiter-streik von 1918. Vor allem die Parteien der extremen Rechten, die DNVP und die NSDAP, nutzten die auf Hindenburgs Autorität gestützte Dolchstoßlegende zur hasserfüllten Agitation gegen die politischen Ver-treter und Anhänger der Weimarer Republik, die so genannten Novemberverbrecher.

Sitzverteilung in der National-versammlung und im ersten Reichstag

Nationalversammlung
421 Abgeordnete
19.1.1919

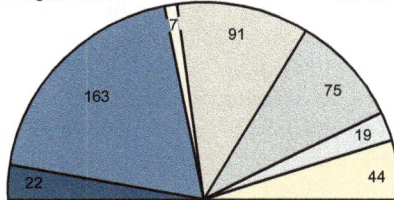

7
91
163
75
19
22
44

1. Reichstag
459 Abgeordnete
6.6.1920

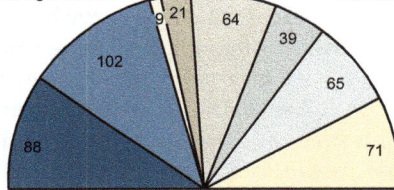

9 21
64
102
39
65
88
71

● Kommunistische Partei Deutschlands (KPD) und bis zum 20.5.1928 die Unabhängige Sozialdemokratische Partei Deutschlands (USPD)

● Sozialdemokratische Partei Deutschlands

○ Zentrum

○ Deutschnationale Volkspartei (DNVP)

○ Deutsche Volkspartei (DVP)

○ Deutsche Demokratische Partei (DDP)

○ Bayerische Volkspartei (BVP)

○ Sonstige Parteien

Quelle: dtv-Atlas Weltgeschichte, Bd 2.

© MGFA
05231-05

016 Dolchstoßlegende.
Wahlplakat der Deutschnationalen Volkspartei (DNVP) für die Reichstagswahlen am 7. Dezember 1924.

ten, so dass bald nur noch von einem »Diktat« und dem »Schandvertrag« die Rede war. Mangels Greifbarkeit der Alliierten richtete sich dabei der Hass Vieler gegen die deutschen Unterzeichner: Politische Attentate gegen demokratische Politiker wie Walther Rathenau und Matthias Erzberger belasteten die ersten Jahre der Weimarer Republik.

Mit den Reparationsforderungen rückten dann aber wirtschaftliche und finanzielle Probleme in den Vordergrund. Dabei war die deutsche Politik bis 1923 von einer Verweigerungshaltung bestimmt, die sich paradoxerweise als »Erfüllungspolitik« bezeichnete. Die »Erfüllungspolitik« der ersten Reichsregierungen hatte kein anderes Ziel, als den Alliierten zu beweisen, dass sie sich selber schaden würden, wenn sie ihre Forderungen ohne Rücksicht auf deutsche Interessen durchsetzten (Rathenau). Es zeigte sich aber, dass dieses Konzept nicht geeignet war, die Alliierten zu beeindrucken. Mit dem Einmarsch französischer und belgischer Truppen in das ▶ Ruhrgebiet, wo sie »produktive Pfänder« für ihre Forderungen beanspruchten, und mit dem »passiven Widerstand«, den die Reichsregierung dagegen ausrief, geriet die Weimarer Republik 1923 an den Rand einer Katastrophe: Die Wirtschaft wurde gelähmt, die Währung fiel ins Bodenlose und separatistische Bewegungen drohten die Reichseinheit zu gefährden. Nach dem ▶ Abbruch des aussichtslosen Ruhrkampfes verschärfte sich die Lage noch: Radikale Gruppierungen von links (»deutscher Oktober«) und rechts (»Hitler-Putsch«) unternahmen einen letzten Versuch, mit Gewalt das politische System zu verändern.

Bei der Bewältigung dieser Krisen kamen der Reichswehr und dem Chef der Heeresleitung, General Hans von Seeckt, eine zentrale Bedeutung zu, so dass sie letztlich den entscheiden-

den Anteil daran hatten, dass sich nach 1923 eine Phase der »relativen Stabilisierung« einstellte. Mit der Beendigung des Ruhrkampfes, dem Wechsel der außenpolitischen Strategie unter Reichskanzler Gustav Stresemann von der Auseinandersetzung mit Frankreich zur Zusammenarbeit, die sich in den Locarno-Verträgen von 1925 niederschlug, mit der Ökonomisierung des Reparationsproblems durch den Dawes-Plan von 1924 und mit der Währungsreform wurden die Voraussetzungen für eine Entwicklung geschaffen, die bis zur Weltwirtschaftskrise 1929/30 andauerte.

Man darf dabei aber nicht übersehen, dass die Nachkriegswirren der Jahre von 1919 bis 1923 tief greifende Folgen für die deutsche Gesellschaft hatten. Die Polarisierung zwischen Anhängern der Republik und ihren Gegnern von links und rechts führte zu einer dauerhaften Spaltung. Ganz entscheidend trugen dazu auch die Folgen der Inflation bei: In Deutschland war während der Jahre 1919 bis 1923 ein »gewaltiger Prozess der Vermögensumverteilung« (Carl-Ludwig Holtfrerich) abgelaufen. Dieser schuf eine breite Schicht von unzufriedenen Mittelständlern, die das Potenzial für radikale antidemokratische Bewegungen bildeten. Vor diesem Hintergrund kam der Tatsache, dass die politischen Parteien keine Erfahrungen damit hatten, Politik – auch über Kompromisse untereinander – zu gestalten und sich eher als »Bekenntnisparteien« betrachteten, eine verhängnisvolle Bedeutung zu. Acht Kabinette in der Zeit vom August 1923 bis zum März 1930 dokumentieren, wie instabil die politischen Verhältnisse selbst in der Phase der »relativen Stabilisierung« der Weimarer Republik blieben.

Mit dem New Yorker Börsenkrach Ende Oktober 1929, dessen Auswirkungen in allen europäischen Staaten zu spüren waren, fanden

B Albert Leo Schlageter (1894–1923)
Freikorpskämpfer – Schlageter nahm als Freiwilliger am Ersten Weltkrieg teil. Nach dem Krieg wandte er sich zunächst dem Studium zu, um sich nur kurze Zeit später einem Freikorps im Baltikum anzuschließen. Während der Besetzung des Ruhrgebietes durch französische Truppen kämpfte er als Anführer eines Sabotagetrupps gegen die Besatzer. Er wurde 1923 von einem französischen Kriegsgericht zum Tode verurteilt. Nach seinem Tod wurde er von nationalen und später von den nationalsozialistischen Kreisen zum Märtyrer stilisiert.

017 Albert Leo Schlageter. Undatierte Porträtzeichnung.

019 Besetzung des Ruhrgebiets durch die Franzosen. Foto, 11. Januar 1923.

S Die Ruhrbesetzung im Januar 1923 wurde durch einen geringen Lieferrückstand deutscher Reparationen an Frankreich ausgelöst.

Dies bot im Januar 1923 den Vorwand für den Einmarsch von fünf französischen Divisionen und einigen belgischen Einheiten mit rund 60 000 Mann ins Ruhrgebiet, über welches die Franzosen sofort den Ausnahmezustand verhängten.

In Deutschland löste der Einmarsch einen parteiübergreifenden Sturm der Entrüstung aus. Die Reichsregierung unter Wilhelm Cuno rief die Bevölkerung im Ruhrgebiet zu passivem Widerstand auf. Da die Bevölkerung dem Aufruf der Reichsregierung in beeindruckender Geschlossenheit folgte, ordneten die Besatzungsbehörden die Ausweisung von fast 150 000 Menschen aus dem Ruhrgebiet in das »unbesetzte« Deutschland an. Auch der aktive Widerstand nahm während der Ruhrbesetzung zu. Nationalisten und Kommunisten verübten gemeinsam Sabotage- und Sprengstoffanschläge gegen die feindlichen Besatzer. Auf den aktiven Widerstand reagierten die französischen und belgischen Soldaten mit rücksichtsloser Gewalt. Streiks, wirtschaftliche Absperrung des Ruhrgebiets und Produktionsausfälle ruinierten die deutsche Wirtschaft 1923. Die Kosten des passiven Widerstands überstiegen die Reichsfinanzen bei weitem, die Inflation und die Ernährungslage nahmen erschreckende Ausmaße an. Angesichts der massiven Wirtschafts- und Ernährungsprobleme sowie der rasenden Hyperinflation gab die Reichsregierung unter dem neuen Reichskanzler Gustav Stresemann den passiven Widerstand im September 1923 auf.

018 Boykottaufruf anlässlich der Besetzung des Ruhrgebiets durch französische und belgische Truppen am 11. Januar 1923.

1 Gustav Stresemann,
»Abbruch des Ruhrkampfes«
(26. September 1923)

Der Reichskanzler verkündete mehr als acht Monate nach der Besetzung des Ruhrgebietes durch französische und belgische Truppen ein Ende des so genannten Ruhrkampfes.

»Am 11. Januar haben französische und belgische Truppen wider Recht und Vertrag das deutsche Ruhrgebiet besetzt. Seit dieser Zeit hatten Ruhrgebiet und Rheinland schwerste Bedrängnis zu erleiden. Über 180 000 deutsche Männer, Frauen, Greise und Kinder sind von Haus und Hof vertrieben worden. Für Millionen Deutsche gibt es den Begriff der persönlichen Freiheit nicht mehr. Gewalttaten ohne Zahl haben den Weg der Okkupation begleitet, mehr als 100 Volksgenossen haben ihr Leben dahingeben müssen, Hunderte schmachten noch in Gefängnissen. Gegen die Unrechtmäßigkeit des Einbruchs erhob sich Rechtsgefühl und vaterländische Gesinnung, die Bevölkerung weigert sich, unter fremden Bajonetten zu arbeiten. [...] Die Reichsregierung hatte es übernommen, nach ihren Kräften für die leidenden Volksgenossen zu sorgen. In immer steigendem Maß sind die Mittel des Reiches dadurch in Anspruch genommen worden. [...] Die einstige Produktion des Rheinlandes und des Ruhrgebiets hat aufgehört. Das Wirtschaftsleben im besetzten und unbesetzten Deutschland ist zerrüttet. [...] Um das Leben von Volk und Staat zu erhalten, stehen wir heute vor der bitteren Notwendigkeit, den Kampf abzubrechen.«

Zit. nach: Lesebuch zur Deutschen Geschichte. Bd 3: Vom Deutschen Reich bis zur Gegenwart. Hrsg. von Bernhard Pollmann, Dortmund 1984, S. 131

99

020 Die Wall Street während des Börsenkrachs. Foto, 24. Oktober 1929.

die »ruhigen Jahre« ein abruptes Ende. Am verheerendsten waren seine Folgen in Deutschland, das in viel höherem Maße von ausländischen Krediten abhing als andere Länder. Der kurzfristige Abzug dieser Kredite – verstärkt noch durch die Nachrichten von zunehmender Unterstützung der nationalsozialistischen Bewegung durch die deutsche Bevölkerung – führte zu einer dramatischen Wirtschaftskrise. Hieraus entwickelte sich eine politische Krise, da der Zustrom zu den radikalen Parteien von links und rechts noch weiter anschwoll. Nach den Reichstagswahlen vom September 1930 war eine Regierungsbildung auf parlamentarischer Grundlage nicht mehr möglich. Jetzt kam die Chance für die nationalistischen und völkischen Gegner der Republik. Sie hatten schon lange den Umbau des ▸ politischen Systems hin zu einem »autoritären« Staat gefordert. Nun schien die Gelegenheit gegeben, auf dem Umweg über ein auf das ▸ Notverordnungsrecht des Reichspräsidenten gestütztes »Präsidialregime« der Weimarer Verfassung den Todesstoß zu versetzen.

In dieser Phase fiel der Reichswehr wieder die Rolle zu, die sie 1923 eingenommen hatte. Anders aber als damals war sie jetzt nicht »neutral«, denn die Reichswehrführung hatte sich seit der Mitte der Zwanziger Jahre zielstrebig darum bemüht, Einfluss auf die Politik zu nehmen. Dabei war es darum gegangen, die Nation wieder »wehrhaft« zu machen und Deutschlands Stellung als Großmacht wiederherzustellen. Dazu aber bedurfte es einer »starken« Regierung. Insofern bestand eine weit gehende Übereinstimmung zwischen ihren Zielen und jenen der rechten Parteien, denen der Reichspräsident zögernd, aber formal verfassungsmäßig, am 30. Januar 1933 die Regierungsverantwortung übertrug.

100

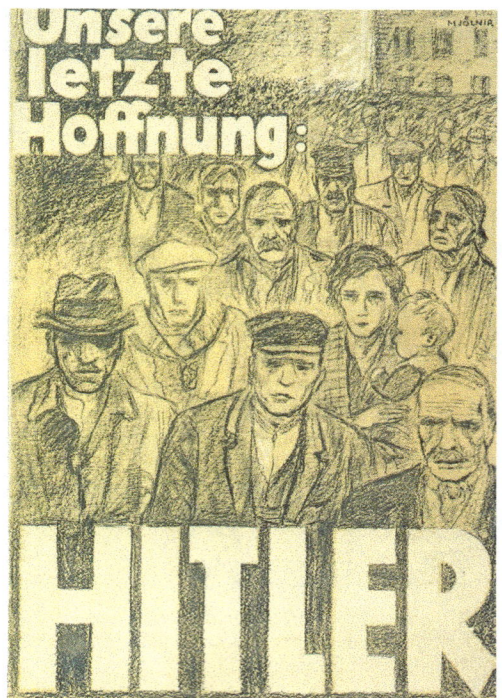

021 Plakat der NSDAP, 1932.

Die Weimarer Reichsverfassung von 1919

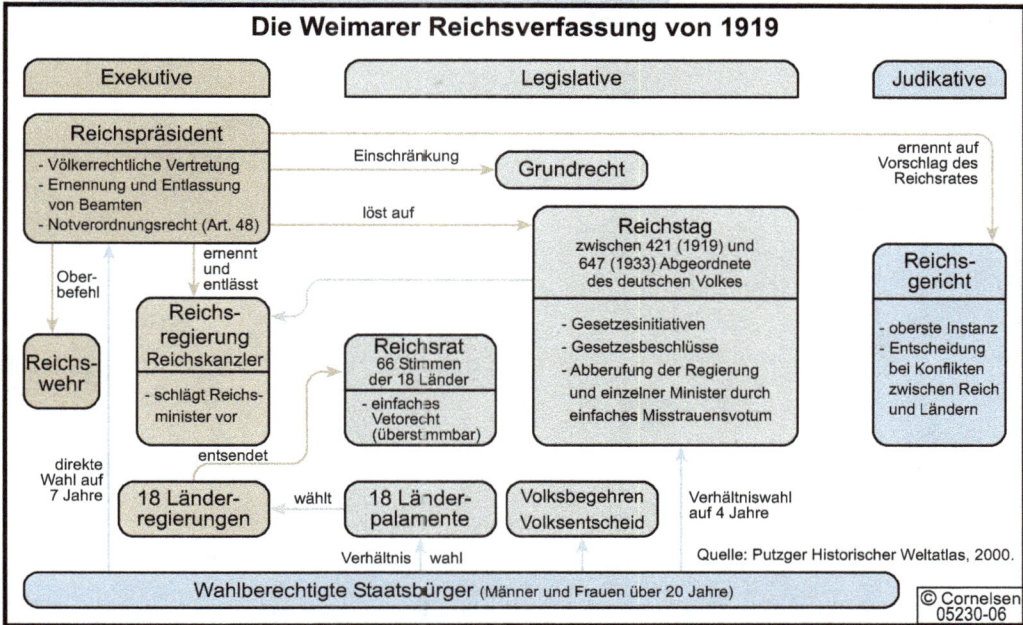

Exekutive	Legislative	Judikative

Reichspräsident
- Völkerrechtliche Vertretung
- Ernennung und Entlassung von Beamten
- Notverordnungsrecht (Art. 48)

Einschränkung → **Grundrecht**

löst auf →

ernennt auf Vorschlag des Reichsrates

Reichstag
zwischen 421 (1919) und 647 (1933) Abgeordnete des deutschen Volkes

- Gesetzesinitiativen
- Gesetzesbeschlüsse
- Abberufung der Regierung und einzelner Minister durch einfaches Misstrauensvotum

Reichsgericht
- oberste Instanz
- Entscheidung bei Konflikten zwischen Reich und Ländern

Ober-befehl

ernennt und entlässt

Reichsregierung Reichskanzler
- schlägt Reichsminister vor

Reichswehr

Reichsrat
66 Stimmen der 18 Länder
- einfaches Vetorecht (überstimmbar)

direkte Wahl auf 7 Jahre

entsendet

18 Länderregierungen ← wählt **18 Länderparlamente**

Volksbegehren Volksentscheid

Verhältniswahl auf 4 Jahre

Verhältniswahl

Quelle: Putzger Historischer Weltatlas, 2000.

Wahlberechtigte Staatsbürger (Männer und Frauen über 20 Jahre)

© Cornelsen 05230-06

---

1 »Die Weimarer Reichsverfassung« (11. August 1919)

Der Artikel 48 räumte dem Reichspräsidenten eine große Machtfülle ein. Nicht zu Unrecht wurde er daher häufig als »Ersatzkaiser« bezeichnet.

»(1) Wenn ein Land die ihm nach der Reichsverfassung oder den Reichsgesetzen obliegenden Pflichten nicht erfüllt, kann der Reichspräsident es dazu mit Hilfe der bewaffneten Macht anhalten.

(2) Der Reichspräsident kann, wenn im Deutschen Reiche die öffentliche Sicherheit und Ordnung erheblich gestört oder gefährdet wird, die zur Wiederherstellung der öffentlichen Sicherheit und Ordnung nötigen Maßnahmen treffen, erforderlichenfalls mit Hilfe der bewaffneten Macht einschreiten. Zu diesem Zwecke darf er vorübergehend die in den Artikeln 114, 115, 117, 118, 123 und 153 festgesetzten Grundrechte ganz oder zum Teil außer Kraft setzen.

(3) Von allen gemäß Abs. 1 oder Abs. 2 dieses Artikels getroffenen Maßnahmen hat der Reichspräsident unverzüglich dem Reichstag Kenntnis zu geben. Die Maßnahmen sind auf Verlangen des Reichstags außer Kraft zu setzen «

Zit. nach: Die Verfassung des Deutschen Reiches vom 11. August 1919. Hrsg. von Hermann Mosler, Stuttgart 1964, S. 18 f.

Die Verfassung des Deutschen Reichs

022 Die Weimarer Verfassung, Ausgabe zu Schulentlassung.

101

Die Weimarer Republik

Die Weimarer Republik von 1923 bis 1933

1 : 7 000 000

0 50 100 150 200
km

DÄNEMARK

1920 dän. Apenrade
Tondern
Flensburg

NORDSEE

Schleswig-Holstein
1937 preuß. old.

Kiel

Lübeck 1937 preuß.
Cuxhaven 1937 preuß.
Wilhelmshaven 1937 old.
HAMBURG M.- Mecklenburg
Altona Str. Sch
Bremerhaven Harburg

Norwich

GROSS-
BRITANNIEN

Groningen

NIEDER-

Oldenburg
Bremen

Hannover

Haarlem Amsterdam
Leiden Deventer
Den Haag Utrecht Enschede
Rotterdam Doorn Arnheim
Schiedam Nimwegen

Osnabrück Bückeburg S.-L. Hannover
Braunschweig
Münster Bielefeld Hildesheim Braun-
Lippe Pyrmont Magde
Detmold 1922 preuß. schweig Pro-

Harzbg.
Göttingen Anh

LANDE

Tilburg Eindhoven
Gelsenkirchen Dortmund
Duisburg Essen
Krefeld Bochum
Düsseldorf Barmen Hagen
M-Gladbach Elberfeld
Aachen Köln
Bonn
Eupen
Bad
Godesberg
Malmedy

Westfalen

Waldeck
1929 preuß. Kassel
Leu
Marburg
Hessen-
Gotha Weimar
Erfurt Je
Thüringen
1920 gebildet

Brügge
Gent Antwerpen
Brüssel Mecheln
Maastricht
Lüttich
Namur
Charleroi Spa
Maas

BELGIEN

Calais
Boulogne
Tourcoing
Roubaix
Lille

Rhein-
provinz
Koblenz
Wiesbaden
Mainz
Frankfurt
Offenbach
Darmstadt

Nassau
Fulda
Coburg
1920 bayr.
Bamberg

Hessen

Main

Amiens
St. Quentin
Compiègne
Reims
Oise

LUXEMBG.
Luxemburg
Trier old.
1937 pr.
Saargeb.
1920-35 u. d. Völkerb.
Metz
Saarbr.

Ludwigshafen
Mannheim
Heidelberg
Kaiserslautern
Pfalz
bayr.
Karlsruhe

Würzburg
Nürnberg

Bamberg
A

PARIS
Marne
Seine

Lothringen
1918/20 franz.
Nancy
Straßburg

Baden
Pforzheim
Stuttgart
Hohenzollern
Württemberg
Ulm

Augsburg
Landsberg
München
Donau

Troyes
FRANKREICH
Loire Yonne

Mülhausen
Freiburg

Hohenzollern

Bodensee

Altmühl

Dijon Besançon
Saône

Basel Zürich
Winterthur
St. Gallen
Luzern
Bern
LIECHTEN-
STEIN
Bregenz
Vorarl-
berg
Innsbruck
Tirol
ÖS-

Lausanne
SCHWEIZ

Südtiro
1919/20 ita

Quelle: Putzger Historischer
Weltatlas, 2000.

© Cornelsen
05195-02

4° östl. L. v. Greenw.

SVEDEN

14°

16°

18°

20°

Memel

22°

24°

Memelgebiet
1920-23 alliierte Verwaltg.
1923 v. Litauen annektiert
1924 Autonomiestatut

Kaunas

LITAUEN

Bornholm

Tilsit

Königsberg

O s t -

54°

Rügen

Gdingen

Danzig

p r e u ß e n

Köslin

DANZIG

Elbing

1920 Freie Stadt
unt. d. Völkerbund

Allenstein

Grodno

Swinemünde

m

West-
preußen

Marienwerder

ckl.-
trelitz

Stettin

1919/20 poln.

Soldau

Bialystok

ß

Posen-Westpreußen

Bromberg

Thorn

Scheidemühl

Bug

d e n -
BERLIN

Küstrin

Warthe

Grenzmark

P o s e n

1918/20 poln.

Weichsel

Modlin

Warschau

Brest-Litowsk

52°

Frankfurt

Spree

Oder

Posen

Lodz

P

O

L

E

N

u r g

Cottbus

Bober

Radom

Lublin

Glogau

N i e d e r -

Breslau

Görlitz

Liegnitz

Dresden

s c h l e s i e n

Oder

Tschenstochau

Ober-
schlesien

Pilzia

1921 poln.

Tarnowitz

Aussig

Reichenberg

Annabg.

Beuthen

Weichsel

San

50°

Teplitz

Hindenbg.

Königshütte

Gleiwitz

Kattowitz

Krakau

1921 poln.

Preß

Prag

Elbe

Hultschin

1920 poln.

1920 tschech.

Teschen

Dnjestr

Olmütz

Mährisch-
Ostrau

1919/20
poln.

poln.

22°

hmen

T S C H E C H O S L O W A K E I

M ä h r e n

Sillein

Moldau

Iglau

Brünn

March

Waag

	Grenze des Deutschen Reiches 1920
	Grenze des Deutschen Reiches 1914
	Grenze Österreich-Ungarns 1914

Budweis

1919

Gmünd

1919

Feldbg.

Laut Versailler Vertrag besetzte Gebiete:

N i e d e r -

Neutra

1.Zone (besetzt bis 1926)

O b e r -

Linz

WIEN

Pressburg

Komorn

2.Zone (besetzt bis 1929)

3.Zone (besetzt bis 1930)

Ö s t e r r e i c h

Nach Abschluss des Versailler Vertrages bes. Gebiete:

burg

Eisenstadt

Ödenburg

Raab

48°

Sanktionen (1920-25) und franz. Besetzung
des Ruhrgebietes (1923-25)

1919 Deutschösterreich

Ostgrenze der entmilitarisierten Zone

S t e i e r m a r k

Burgenld.

U N G A R N

Städte um 1925:

1921 österr.

Städte mit über 1 Mio. Einwohnern

Graz

Städte von 500 000 – 1 Mio. Einwohnern

rnten

Plattensee

Städte von 100 000 – 500 000 Einwohnern

Städte von 50 000 – 100 000 Einwohnern

14°

16°

18°

S.-L. = Schaumburg-Lippe
M.-Str. = Mecklenburg-Strelitz

Kapitel I – Umfeld:

Im Schatten der Niederlage

1. Armee im Umbruch

024 Empfang der heimkehrenden Feldtruppen durch die Berliner im Dezember 1918.
Gouache von Martin Frost.

a) Der Rat der Volksbeauftragten und die OHL

Bei seiner Abreise ins niederländische Exil hatte Kaiser Wilhelm II. den Oberbefehl über die deutschen Streitkräfte formal dem Chef des Generalstabes, Generalfeldmarschall Paul von Hindenburg, und seiner Kommandobehörde, der Obersten Heeresleitung (OHL), übertragen. Angesichts der ungewissen Verhältnisse, die zu dieser Zeit in Berlin und im Reich herrschten, und der unklaren Lage über die künftigen Aufgaben der militärischen Führung, nahm dessen engster Mitarbeiter, der Erste Generalquartiermeister General ▶ Wilhelm Groener, am Abend des 10. November telefonischen Kontakt mit dem Vorsitzenden des Rates der Volksbeauftragten auf. In diesem Gespräch wurde die Basis für das ▶ »Ebert-Groener-Bündnis« geschaffen, das zu einer der grundlegenden Weichenstellungen für die Geschichte der Weimarer Republik werden sollte. Die OHL stellte sich der neuen Regierung zur Verfügung, erkannte die in den Heimatgarnisonen gebildeten Soldatenräte an und erklärte, auf jeden Versuch der Gegenrevolution verzichten zu wollen; dafür erwartete sie, dass die neue Regierung die uneingeschränkte Befehlsgewalt der Offiziere garantieren und den Kampf gegen die radikalen Kräfte der Revolutionsbewegung, also die sich

am russischen Vorbild orientierenden Spartakisten, aufnehmen müsse. ▶ Ebert akzeptierte diese Bedingungen. Eine ähnliche Vereinbarung wurde zwei Tage später mit dem Staatssekretär des Reichsmarineamtes, Ernst Ritter von Mann, getroffen.

Die kaiserliche militärische Führung wollte also mit der neuen Reichsgewalt »zusammengehen« – so Hindenburg in seinem Telegramm an alle Heeresgruppen und Armeeoberkommandos vom 10. November 1918 – sie hatte sich ihr aber nicht unterstellt. In einem Schreiben an Ebert vom 8. Dezember beanspruchte Hindenburg unmissverständlich, Träger einer gleichberechtigten Gewalt neben dem Rat der Volksbeauftragten zu sein, die sich mit diesem zur Rettung des deutschen Volkes vor dem drohenden Zusammenbruch verbündet habe. Dieser Anspruch auf Teilhabe an der politischen Macht spiegelt das traditionelle Selbstverständnis der militärischen Elite im preußisch-deutschen Kaiserreich wider: Es hatte auf der Kommandogewalt des Monarchen beruht, die das Militär der Kontrolle durch Parlament und Politik entzogen und ihm als professionelle Elite eine Sonderstellung in Staat und Gesellschaft eingeräumt hatte. Das Ergebnis war ein maß-

104

Friedrich Ebert (1871–1925)
B Reichspräsident – Seit 1889 Sozialdemokrat, wurde im Jahre 1915 Vorsitzender der SPD. Am 9. November 1918 wurden ihm durch Max Prinz von Baden die Regierungsgeschäfte übertragen und er übernahm am darauf folgenden Tag mit Hugo Haase den Vorsitz des Rates der Volksbeauftragten. Im Jahre 1919 wurde er von der Nationalversammlung zum Reichspräsidenten gewählt.

023 Friedrich Ebert. Öl auf Leinwand von Johann Marx, 1922.

1 Wilhelm Groener,
»Lebenserinnerungen« (1957)

*In seinen Erinnerungen schildert Groener wie es
1918 zu dem Bündnis zwischen ihm als Generalquartiermeister der Obersten Heeresleitung und
dem SPD-Vorsitzenden und späteren Reichspräsidenten Friedrich Ebert gekommen ist.*

»Am Abend [des 10. November] rief ich die
Reichskanzlei an und teilte Ebert mit, daß das
Heer sich seiner Regierung zur Verfügung stelle,
daß dafür der Feldmarschall und das Offizierskorps von der Regierung Unterstützung erwarteten bei der Aufrechterhaltung der Ordnung und
Disziplin im Heer. Das Offizierskorps verlange
von der Regierung die Bekämpfung des Bolschewismus und sei dafür zum Einsatz bereit. Ebert
ging auf meinen Bündnisvorschlag ein. Von da ab
besprachen wir uns täglich abends auf einer geheimen Leitung zwischen der Reichskanzlei und
der Heeresleitung über die notwendigen Maßnahmen. Das Bündnis hat sich bewährt [...].
Wir [die Offiziere der OHL] hofften, durch unsere
Tätigkeit einen Teil der Macht im neuen Staat an
Heer und Offizierskorps zu bringen, gelang das,
so war der Revolution zum Trotz das beste und
stärkste Element des alten Preußentums in das
neue Deutschland hinübergerettet. Zunächst galt
es freilich Zugeständnisse zu machen, denn die
Entwicklung im Heer und in der Heimat war solche Wege gegangen, daß es sich vorerst nicht
um rücksichtsloses Befehlen von seiten der OHL
handeln konnte, sondern um Auffangen und Un-
schädlichmachen der revolutionären Strömungen.«

*Zit. nach: Wilhelm Groener, Lebenserinnerun-
gen. Hrsg. von Friedrich Freiherr Hiller von
Gaertringen, Göttingen 1957, S. 467 f.*

026 Reichspräsident Ebert und Reichskanzler
Wirth schreiten anlässlich des Verfassungstages
eine Ehrenformation der Reichswehr ab.
Foto von Robert Sennecke, 11. August 1922.

S Als »Ebert-Groener-Bündnis« wird die Übereinkunft zwischen dem Sozialdemokraten Friedrich Ebert vom Rat der Volksbeauftragten und Wilhelm Groener in der OHL bezeichnet. Einen Tag nach
der Abdankung Kaiser Wilhelms II. gab Groener eine
Loyalitätserklärung gegenüber der neuen Regierung
ab und sicherte ihr die militärische Unterstützung der
OHL gegen linksradikale Revolutionäre während der
politischen Umbruchphase zu. Als Gegenleistung garantierte Ebert die alleinige Kommandogewalt der Offiziere über die Truppen. Paul von Hindenburg blieb an
der Spitze der OHL, um die geordnete Rückführung
der Fronttruppen in die Heimat zu leiten.
Das vordergründige Interesse der militärischen Führung wie auch der neuen provisorischen Regierung
galt der Aufrechterhaltung von Ruhe und Ordnung.
Tatsächlich ging es dem Militär darum, Einfluss auf die
Politik in Deutschland zu behalten, was ihm mit dem
Bündnis auch gelang.

B Wilhelm Groener (1867–1939)
General und Politiker – Der Sohn eines Regimentszahlmeisters trat nach dem
Abitur 1884 in die württembergische Armee ein. Seit 1912 war er Chef der Eisen-
bahnabteilung des Großen Generalstabs und im Ersten Weltkrieg für den Ablauf des
Aufmarsches und der Truppenverschiebungen verantwortlich. Im Jahre 1916 wurde er
stellvertretender Kriegsminister. Nachdem er in Konflikt mit der Obersten Heeresleitung
geraten war, trat er im August 1917 ein Frontkommando in der Ukraine an. Nach dem
Rücktritt Ludendorffs am 29. Oktober 1918 wurde er neuer Generalquartiermeister der
Armee unter Hindenburg und leitete den Rückmarsch und die Demobilisierung der
Truppen. Im November 1918 unterstützte er zur Verhinderung einer bolschewistischen
Revolution in Deutschland die gemäßigte Politik des Rats der Volksbeauftragten unter
Friedrich Ebert und setzte sich für die Abdankung Wilhelms II. und die Unterzeichnung
des Versailler Vertrages ein. Am 30. September 1919 nahm er seinen Abschied aus
der Armee, um nach kurzem Ruhestand als Parteiloser unter mehreren Reichskanz-
lern verschiedene Ministerposten zu bekleiden.

105

025 Wilhelm Groener.
Undatiertes Foto.

geblicher Einfluss der militärischen Führung auf die Gestaltung der Politik – insbesondere die Militär- und Außenpolitik. Damit verbunden war auch der Anspruch, als zuverlässige Stütze der Monarchie die Forderungen jener gesellschaftlichen Schichten nach politischer Mitbestimmung abzuwehren, die im Zuge der Industrialisierung entstanden waren. Dieser Exklusivitätsanspruch einer überwiegend in agrarisch-vorindustriellen, halbfeudalen Traditionen verwurzelten Elite war zwar nach den Erfahrungen des gesamtgesellschaftlichen Krieges von 1914 bis 1918 und dem Zusammenbruch der Monarchie nicht mehr zu rechtfertigen, aber die Übereinkunft zwischen Ebert und der Obersten Heeresleitung vom November 1918 verlieh ihm eine neue Aktualität: Sie begründete eine Ideologie der Reichswehr, nach der die bewaffnete Macht das eigentliche staatstragende Element über der Verfassung und über den Institutionen der Republik sei.

Schon bei der Rückführung des Feldheeres waren die Signale für diesen Anspruch nicht zu übersehen: Vielfach gingen von der Front zurückkehrende Verbände gegen die in den Heimatgarnisonen gebildeten Soldatenräte vor, gleichzeitig stellte die OHL aus noch einsatzfähigen Kräften Truppenteile bereit, die für einen späteren Einsatz in Berlin vorgesehen waren. Sehr bald aber zeichnete sich ab, dass die OHL gar nicht mehr über die Machtmittel verfügte, ihren Anspruch auf Teilhabe an der politischen Macht durchzusetzen. So scheiterte der Versuch des von der OHL zusammengestellten »Korps Lequis« in den ▸ »Weihnachtsunruhen« 1918, die im Zuge der Revolution in Berlin zum Schutz des ▸ Rates der Volksbeauftragten gebildete Volksmarinedivision aus dem Berliner Schloss zu vertreiben. Diese hatte sich im Laufe von wenigen Wochen zu einer undisziplinierten und unzuverlässigen Truppe entwickelt und zunehmend eine Bedrohung der provisorischen Regierung dargestellt. Aber die Bevölkerungsmehrheit stellte sich gegen die »reaktionären« Verbände der OHL, und die Soldaten waren nicht bereit, gegen die Bevölkerung vorzugehen.

Die Erfahrungen mit der Volksmarinedivision in Berlin demonstrierten nicht nur die Ohnmacht der »alten« Armee, sondern auch, dass die während der Revolution an vielen Orten entstandenen paramilitärischen republikanischen Verbände und Sicherheitswehren auf Dauer kein zuverlässiges Instrument in der Hand der provisorischen Regierung zu bilden vermochten. Dessen war sich der Rat der Volksbeauftragten durchaus bewusst. Aber sein erster Versuch, mit dem »Gesetz zur Bildung einer freiwilligen Volkswehr« vom 12. Dezember 1918 außerhalb des bestehenden Heeres neue, der Republik loyale Streitkräfte auf Freiwilligenbasis und mit demokratischer Führerwahl zu schaffen, scheiterte daran, dass sich dafür nur wenige Bewerber einfanden.

Ebenso wenig konnte ein am 18. Dezember mit großer Mehrheit vom Ersten Reichsrätekongress in Berlin verabschiedetes Militärkonzept umgesetzt werden, das in einem ▸ 7-Punkte-Programm, den so genannten Hamburger Punkten, niedergelegt war. Ungeachtet der Frage, ob dieses »Militärprogramm der deutschen Rätebewegung« (Wolfgang Sauer) überhaupt realisierbar war, fiel es der OHL nicht schwer, es vom Tisch zu wischen. Denn aus der Sicht Eberts waren die von links für die junge Republik drohenden Gefahren nur in Zusammenarbeit mit der alten Militärelite abzuwehren. Er riskierte dabei aber, sich in eine immer stärkere Abhängigkeit von den Militärs zu begeben und dabei die Unterstützung

---

S Als Rat der Volksbeauftragten wird die deutsche Übergangsregierung bezeichnet, die am 9. November 1918 nach dem Sturz Kaiser Wilhelms II. und der Ausrufung der Republik gebildet wurde. Der Rat kam durch eine Koalition von MSPD und USPD zu Stande und wurde am 10. November 1918 von der Vollversammlung der Berliner Arbeiter- und Soldatenräte bestätigt. Der Rat organisierte vor allem die Abwicklung des Waffenstillstands, den Reichskongress der Arbeiter- und Soldatenräte und die Vorbereitung der Wahlen zur Nationalversammlung am 19. Januar 1919. Da Ebert mit dem »Ebert-Groener-Bündnis« die klaren Beschlüsse des Reichskongresses zur Demokratisierung der Armee nicht befolgte, traten die drei Unabhängigen am 29. Dezember zurück. Am 13. Februar 1919 übergab der Rat seine Amtsgewalt an die Regierung Scheidemann, die von der Nationalversammlung gewählt worden war.

029 Das Berliner Stadtschloss nach den »Weihnachtsunruhen«. Foto, 24. Dezember 1918.

Die »Weihnachtsunruhen« 1918 gaben der bis dahin nahezu friedlich verlaufenen Revolution eine blutige Wendung: Am 23. Dezember 1918 befahl der Rat der Volksbeauftragten der Volksmarinedivision den Abzug aus Berlin und die Reduzierung ihrer Truppenstärke von 1500 auf 600 Mann. Als der Volksmarinedivision Soldforderungen verweigert wurden, brachte sie die Reichskanzlei in ihre Gewalt und setzte die Regierung fest, zu deren Schutz sie im November 1918 ursprünglich in die Reichshauptstadt gekommen war.

Das »Ebert-Groener-Bündnis« kam nun erstmals zum Tragen. Die OHL nahm die Meuterei zum Anlass, durch militärische Intervention mit der revolutionären Volksmarinedivision abzurechnen. Am Heiligen Abend tobten blutige Kämpfe zwischen Truppen der OHL und den Matrosen um das Hauptquartier der Volksmarinedivision im Berliner Schloss sowie um den Marstall, wo der Berliner Stadtkommandant Otto Wels als Geisel festgehalten wurde. Die Kampfhandlungen endeten mit der Niederlage der im Häuserkampf unerfahrenen Frontsoldaten des Ersten Weltkriegs, die gegenüber elf toten Matrosen 56 Opfer zu beklagen hatten. Den Volksbeauftragten blieb aufgrund der militärischen Situation keine andere Möglichkeit, als die Volksmarinedivision, die während der Kämpfe von einer erheblichen Anzahl bewaffneter Berliner Arbeiter unterstützt wurde, zunächst in voller Stärke zu erhalten und ihren Soldforderungen nachzukommen. Als Konsequenz aus der Niederlage der Fronttruppen ordnete der in den Rat der Volksbeauftragten eingetretene Gustav Noske die verstärkte Bildung von Freikorps an. Sie sollten »zum Schutz der Heimat« im Kampf gegen innenpolitische Gegner herangezogen werden.

028 Gepanzertes Patrouillenauto der Volksmarinedivision auf dem Königsplatz vor dem Reichstagsgebäude. Fotopostkarte von G. Riebicke, 1918.

027
Der Rat der Volksbeauftragten nach den Weihnachtsunruhen 1918.
Von links: Landsberg, Scheidemann, Noske, Ebert, Wissel (alle SPD).

durch die eigenen Anhänger zu verlieren. Der Austritt der USPD-Mitglieder aus dem Rat der Volksbeauftragten aufgrund der Weihnachtsunruhen bildete den Anfang einer zunehmenden Entfremdung zwischen der provisorischen Regierung und der Massenbewegung, auf die diese sich ursprünglich gestützt hatte.

b) Die Freikorps und das Loyalitätsproblem der Offiziere

Festzuhalten ist, dass der Rat der Volksbeauftragten um die Jahreswende 1918/19 über keine eigene zuverlässige Truppe verfügte. Da indessen das Reich den Grenzschutz vor allem in Schlesien und in Westpreußen gegen polnische Übergriffe sicherstellen musste und im Auftrag der Alliierten noch Truppen im Baltikum gegen die Rote Armee zu belassen hatte, setzte der Mehrheitssozialdemokrat Gustav Noske, der nach dem Ausscheiden der USPD-Mitglieder aus dem Rat der Volksbeauftragten dort die Zuständigkeit für Militärangelegenheiten übernommen hatte, nun auf solche Freiwilligenverbände, die sich im Zuge der Auflösung des alten Heeres aus ehemaligen Angehörigen der kaiserlichen Armee gebildet hatten. Diese so genannten ▸ Freikorps sollten eine Radikalisierung der Revolution verhindern. Am 16. Dezember erließ der preußische Kriegsminister, Heinrich Scheuch, eine Verfügung, welche die organisatorischen Grundlagen für die Aufstellung der Freikorps schuf. Am 9. Januar veröffentlichte die provisorische Reichsregierung einen Aufruf zum freiwilligen Grenzschutz, und im Laufe der kommenden Monate entstanden über 100 Freikorps, die sowohl zum Grenzschutz als auch zum Einsatz im Reichsgebiet gegen ▸ »Spartakus« (Sammelbegriff konservativer Kreise für alle Linksradikalen) vorgesehen waren. Sie standen außerhalb der regulären Armee, und ihre Angehörigen verpflichteten sich in einer »Treueverpflichtung« zum Dienst auf eine Dauer von drei oder sechs Monaten, die gegenüber dem Freikorpsführer abgegeben wurde.

Mit wenigen Ausnahmen waren diese oft sehr unterschiedlich zusammengesetzten Verbände von einem Selbstverständnis beseelt, das sich grundlegend vom traditionellen Typus des Soldaten unterschied. Es entsprang dem Einsatz der Sturmtruppen in den letzten Kriegsjahren, in denen Elitesoldaten unter sorgfältig ausgewählten Einheitsführern besonders gefährliche Einsätze durchgeführt hatten. Dabei hatte sich jenseits aller Standesunterschiede ein enges Verhältnis zwischen Offizieren und Mannschaften entwickelt, das nun auf die Freikorps übertragen wurde. Die Einsatzbereitschaft der Freikorpskämpfer gründete sich nicht auf das Prinzip von Befehl und Gehorsam in einem hierarchischen System, sondern auf die unbedingte Gefolgschaftstreue zum jeweiligen Freikorpsführer; an die Stelle von »Vorgesetzten und Untergebenen« waren »Führer und Gefolgschaft« getreten.

Die Freikorps haben im Dienste der Regierung im Frühjahr 1919 ▸ Spartakusaufstände in Berlin sowie regionale kommunistische Umsturzversuche in Bremen, Hamburg und München mit oft brutalsten Mitteln niedergeschlagen. Aber sie kämpften »für die Regierung mehr aus Hass gegen deren Feinde (von links) als aus Zuneigung zu dem bestehenden Regime« (Harald J. Gordon). Viele Freikorpsführer wollten nicht der Republik dienen, sie hatten sich aber auch abgewandt von dem Gedanken an eine Wiederherstellung der zusammengebrochenen Gesellschaftsordnung des Kaiserreiches. Stattdessen wollten sie auf revolutionärem Wege einen neuen Staat auf nationalen und zugleich

---

S Auf dem Reichskongress der Arbeiter- und Soldatenräte vom 16. bis 20. Dezember 1918 in Berlin wurden von Vertretern aus Hamburg eingebrachte sieben »Hamburger Punkte« angenommen. Sie forderten neben der Abschaffung des stehenden Heeres und der Errichtung der »Volkswehr« im Wesentlichen, dass die Kommandogewalt über Heer und Marine durch die Volksbeauftragten, die Kommandogewalt in den Garnisonen von den örtlichen Arbeiter- und Soldatenräten ausgeübt werden sollte, die auch für die Zuverlässigkeit der Truppen und ihre Disziplin verantwortlich wären. Alle Rangabzeichen, Orden und Ehrenzeichen sollten von der Uniform entfernt und die Führer von den Soldaten selbst gewählt werden. Die Forderungen waren derartig unrealistisch und widersprüchlich, dass sie sich in der militärischen Praxis von selbst erledigten.

Der Januaraufstand oder Spartakusaufstand in Berlin entzündete sich an einer personalpolitischen Entscheidung. Am 4. Januar 1919 verfügte die preußische Regierung die Absetzung des Berliner Polizeipräsidenten Emil Eichhorn von der USPD. Ihm wurde zur Last gelegt, während der Weihnachtskämpfe 1918 revolutionäre Matrosen unterstützt zu haben.

Anhänger der USPD und der aus dem Spartakusbund hervorgegangenen Kommunistischen Partei Deutschlands (KPD) sowie revolutionäre Obleute entfesselten daraufhin am 5. Januar 1919 in Berlin einen bewaffneten Aufstand. Der einen Tag später eingesetzte Revolutionsausschuss unter Leitung des USPD-Politikers Georg Ledebour und des Spartakisten Karl Liebknecht erklärte den Rat der Volksbeauftragten für abgesetzt und verkündete die Übernahme der Regierungsgeschäfte. Ziel der Aktion waren die Verhinderung der Wahl zur Nationalversammlung und die Errichtung einer Räterepublik. Nach gescheiterten Verhandlungen der Regierung mit den Aufständischen begannen am 8. Januar unter dem Oberbefehl des Volksbeauftragten Gustav Noske Regierungstruppen mit der Niederschlagung des Aufstands. Vor allem um das von den Spartakisten besetzte »Zeitungsviertel« wurde mit äußerster Brutalität gekämpft. Allein die Erstürmung des Verlagsgebäudes des »Vorwärts« am 11. Januar kostete Dutzenden Menschen das Leben. Nach der Einnahme des Berliner Polizeipräsidiums einen Tag später brach der unzureichend vorbereitete Januaraufstand zusammen, der insgesamt 165 Opfer forderte.

032 Der so genannte Spartakusaufstand in Berlin: »Kampf um den Vorwärts«. Gouache von Martin Frost.

030 Aufzug bewaffneter Spartakisten. Foto, Januar 1919.

031 Verteidigungsstellung der Regierungstruppen auf dem Brandenburger Tor, während des Spartakusaufstandes. Foto, Januar 1919.

109

Der Spartakusbund wurde nach dem römischen Gladiator und Anführer eines Sklavenaufstands Spartakus benannt. Anfang 1915 formierte sich um Karl Liebknecht und Rosa Luxemburg innerhalb der SPD ein radikaler Kern der innerparteilichen Opposition gegen die sozialdemokratische Burgfriedenspolitik. Die Gruppe um Liebknecht und Luxemburg gründete am 1. Januar 1916 in Berlin den Spartakusbund. Der Bund schloss sich 1917 der USPD an und war maßgeblich an den Januarstreiks und der Novemberrevolution 1918 beteiligt. Der Spartakusbund lehnte die Wahl der Nationalversammlung strikt ab. Nach der Abspaltung von der USPD ging er am 1. Januar 1919 mit anderen linken Gruppen in der KPD auf.

033 Besetzung von Reval (Tallin). Inspizierung angetretener Truppen durch Heinrich Prinz von Preußen (zu Pferd rechts) auf dem Petersplatz. Foto, um den 26. Februar 1918.

034 Freiwillige der Nordlettischen Brigade. Foto, Frühjahr 1919.

035 Werbeplakat der Freikorps, 1918.

Entstehung

Die Freikorps waren aus Freiwilligen gebildete militärische Verbände, die von 1918 bis 1921 in Deutschland zu gegenrevolutionären Zwecken im Inneren, für den »Grenzschutz Ost« gegen Polen und im Kampf gegen die Truppen der Bolschewiki im Baltikum eingesetzt wurden. In der Übergangsphase zwischen Waffenstillstand und Frieden entstanden zahlreiche Freikorps, meist von höheren Frontoffizieren gegründet und nach diesen benannt. In ihnen versammelten sich Arbeitslose, ostelbische Junker und ehemalige Berufssoldaten, die nach dem Kriegsende im zivilen Alltag orientierungslos waren oder als ehemals angesehene Offiziere die soziale Deklassierung nicht hinnehmen wollten und die demokratische Republik ablehnten. Die Werbung von Freiwilligen erfolgte durch Anzeigen und Werbebüros. Auch Studenten und Schüler höherer Schulen schlossen sich den Freikorps an. Somit waren bei weitem nicht alle Angehörige der Freikorps ehemalige Frontsoldaten. Die Größe der Freiwilligenverbände reichte von einigen Dutzend Mann bis zu Einheiten in Armeekorpsstärke. Zeitweise bestanden 100 bis 120 Freikorps mit einer Gesamtzahl von ca. 400 000 Angehörigen.

Einsätze

Im Baltikum kam es nach dem Ende des Ersten Weltkrieges 1918 zu schweren Kämpfen zwischen deutschen Freikorps und den Truppen der Bolschewiki. Die Freikorpsverbände im Baltikum waren formell unter dem Oberbefehl von General Rüdiger von der Goltz zusammengefasst, mit stillschweigender Duldung der Westmächte trugen die Freiwilligenverbände erheblich zur Verteidigung der drei neuentstandenen Staaten Estland, Lettland und Litauen bei. Die deutschen Freikorps im Baltikum unter Rüdiger von der Goltz kooperierten mit der »Russischen Westarmee« unter der Führung von Fürst Awaloff-Bermondt im Kampf gegen die Rote Armee. Das radikale und gewaltbereite Auftreten der Freikorpsmitglieder beruhte auf einer durch das Kriegserlebnis geprägten Geisteshaltung. Ihr Bewusstsein als »politische Soldaten« wurde von einem strikten Freund-Feind-Denken, einem entschiedenen Antibolschewismus und dem Hass auf die Republik und die Demokratie bestimmt. So bildete die Verfügung zur Auflösung der Freikorps 1920 den Anlass für den Kapp-Lüttwitz-Putsch.

Auflösung

Viele Freikorps wurden geschlossen in die entstehende Reichswehr übernommen. Einige ehemalige Freikorpsmitglieder schlossen sich den nationalsozialistischen Kampfverbänden SA und SS an. Andere fanden Unterschlupf in dem vom ehemaligen Freikorpsführer Kapitän Hermann Ehrhardt gegründeten Geheimbund »Organisation Consul« (OC), der für die Ermordung führender republikanischer Politiker wie Matthias Erzberger oder Walther Rathenau verantwortlich war.

038 Bürgerkrieg in Lettland 1918–1920: Deutsche Soldaten (Angehörige eines Freikorps) im eroberten Mitau (Jelgava) neben Leichen der von den abrückenden Bolschewiki ermordeten Geiseln im Gefängnishof der Stadt. Foto, 1919.

037 Angehörige eines Freikorps an einer MG-Stellung im Berliner Stadtgebiet. Rechts ein britischer Beutetank Typ Mk IV. Foto, März 1919.

1 Albert Benary, »Die Freikorps« (1932)

Der Autor, selbst ein ehemaliger Offizier, beschreibt die Entstehung der Freikorps kurz nach dem Ersten Weltkrieg. Die Freiwilligenverbände hatten in der chaotischen Nachkriegszeit die Reichsregierung unterstützt.

»Aber drinnen im Reiche drohte das Chaos. Unverantwortliche Hetzer waren am Werk. Blut floß auf den Straßen der großen Städte. Im Osten riß der Pole ein Stück nach dem anderen aus dem Körper des ohnmächtigen Reiches, war der Bolschewismus im siegreichen Vormarsch durch die baltischen Länder. Der erste Versuch der neuen Regierung, eine Wehrmacht, eine freiwillige Volkswehr zu bilden, war mißglückt. Nach dem Gesetz vom 12. Dezember 1918 sollte sie aus Freiwilligen bestehen, die sich zu Hundertschaften zusammenschlossen, ihre Führer selbst wählten und dem Rat der Volksbeauftragten unterstanden. Sie hatte nur geringen Zulauf und schon durch die ständig sich wiederholende Führerwahl keinen inneren Halt. Ihr Kampfwert war gleich Null. Da sprang die Fronttruppe in die Bresche. Freiwilligenverbände und Freikorps entstanden. [...] Mannigfaltig war ihre Gestalt, ihre Zusammensetzung. Tausende von Gewehren zählten die einen, wenige hunderte die anderen. Flieger, Geschütze, Minenwerfer stützten die einen, während die anderen froh waren, ein paar leichte Maschinengewehre zu besitzen. Sie gaben sich selber Regeln und Gesetze, bestimmten selbst ihren Sold, ihr Werbegeld. Sie trugen am feldgrauen Rock, an der Mütze selbstgewählte Abzeichen: das Eichenlaub, den Gardestern, den Totenkopf, das Hirschgeweih. Sie trugen stolze Namen: ›Landesschützen‹, ›Eiserne Division‹, oder nannten sich schlicht nach dem Führer: ›Freikorps Neuville‹, ›Korps Lichtschlag‹. Es waren manche tolle Gesellen unter ihnen, manche Landsknechtsnaturen.«

Zit. nach: Albert Benary, Unsere Reichswehr Das Buch von Heer und Flotte. Geleitwort von General a.D. Groener, Berlin 1932, S. 10 f.

036 Totenkopfabzeichen von Freikorpsverbänden.

sozialen Grundlagen errichten. Sie glaubten daran, wahres Soldatentum und nationalbewusstes Deutschtum zu verkörpern, und verfolgten dabei eigene politische Vorstellungen. Auf lange Sicht gesehen stellten deshalb die Freikorps aufgrund ihres besonderen Charakters nicht nur eine Gefahr für die Republik, sondern auch für die Geschlossenheit einer künftigen bewaffneten Macht dar.

Die Freikorpsführer unterschieden sich deshalb grundlegend von jenen Offizieren in der OHL, die als Realisten und aus Verantwortung für das Reich den Weg zur Zusammenarbeit mit der provisorischen Regierung eingeschlagen hatten.

Den Höhe- und zugleich vorläufigen Schlusspunkt der »Freikorpsbewegung« (Rainer Wohlfeil) stellte die maßgebliche Beteiligung der zur Auflösung anstehenden Marinebrigade Erhardt am ▸ Kapp-Lüttwitz-Putsch dar. Dieser Versuch, der im März 1920 von dem konservativ-reaktionären Politiker ▸ Wolfgang Kapp und dem Befehlshaber der Reichswehrgruppe I (Berlin), General ▸ Walther Freiherr von Lüttwitz, unternommen wurde, um die legal gewählte Regierung zu stürzen und das demokratische System zu beseitigen, scheiterte zwar nach kurzer Zeit – mehr noch an der eigenen Unzulänglichkeit als an dem von der Regierung ausgerufenen ▸ Generalstreik – aber er stürzte die junge Reichswehr in eine tiefe Krise.

Der Kapp-Lüttwitz-Putsch vom März 1920 ermöglicht wie kaum ein anderes Ereignis während des Übergangs von der Monarchie zur Republik einen Einblick in die innere Verfassung des deutschen Offizierkorps nach den Erfahrungen von Krieg, militärischer Niederlage und Revolution sowie dem Verlust der Monarchie. Schon während des Krieges hatten die Offiziere mit vielen Traditionen brechen und sich statt mit militärischen zunehmend auch mit wirtschaftlichen und politischen Fragen auseinandersetzen müssen. Bedingt durch den Verlauf des revolutionären Geschehens und auf der Suche nach neuen Orientierungen erfolgte nun eine zunehmende Politisierung unter den Offizieren.

Es gab dabei durchaus unterschiedliche Reaktionen: Eine konservative »restaurative Richtung« lehnte den durch die Revolution und den Zerfall der Monarchie entstandenen Zustand grundsätzlich ab und strebte die Rückkehr zu den vorrevolutionären Verhältnissen – unter Umständen auch mit Gewalt – an. Ihr gehörten unter anderem die Generäle Rüdiger Graf von der Goltz und Walther Freiherr von Lüttwitz an. Diese Strömung war die Bewegung einer älteren Generation, die ihre politische Entwicklung im Kaiserreich durchlaufen hatte und die nicht in der Lage und auch nicht bereit war, sich mit den neuen Verhältnissen zu arrangieren. Viele dieser Offiziere verzichteten deshalb auf eine Übernahme in die neu zu schaffende Reichswehr; ihr Einfluss blieb allerdings in den paramilitärischen Verbänden, vor allem im »Stahlhelm«, lebendig, und sie bildeten eine wichtige Stütze beim Aufbau des Grenz- und Landesschutzes in den ersten Jahren der Weimarer Republik.

Eine zweite Gruppe unter den Offizieren kann als »national- und konterrevolutionär« bezeichnet werden. Zu ihr gehörten zumeist jüngere Frontoffiziere, die in den Schlachten des Krieges erfahren hatten, dass die klassischen gesellschaftlichen Schranken, welche die wilhelminische Gesellschaft gekennzeichnet hatten, in der Zeit des Totalen Krieges nicht mehr aufrechtzuerhalten waren. Sie verbanden auf der Basis der »Frontkämpfer-Mythologie« politisches Führertum und militärische

Wolfgang Kapp (1858–1922)
B Politiker – Im preußischen Staatsdienst stieg er bis zum Generallandschaftsdirektor in Ostpreußen auf. Während des Ersten Weltkrieges gründete er mit Alfred von Tirpitz 1917 die Deutsche Vaterlands-Partei. Während der Novemberrevolution 1918 versuchte er, mit rechtsextremen Kräften eine Gegenrevolution herbeizuführen. Am 12. März 1920 unternahm Kapp mit General Walther von Lüttwitz den Versuch eines Umsturzes. Der Kapp-Lüttwitz-Putsch scheiterte aber bereits nach wenigen Tagen.

039 Wolfgang Kapp. Porträtaufnahme, um 1920.

Der Kapp-Lüttwitz-Putsch stellte die junge Republik auf eine ernste Probe. Einer der führenden Köpfe des gegen die Weimarer Republik gerichteten rechtsextremen Verschwörerkreises war der ostpreußische Generallandschaftsdirektor Wolfgang Kapp, der intensiven Kontakt zum ranghöchsten General der Reichswehr in Berlin, General der Infanterie Walther von Lüttwitz, unterhielt. Einer Anweisung der Interalliierten Militärkontrollkommission (IMKK) folgend, befahl Reichswehrminister Gustav Noske am 29. Februar 1920 die 6000 Mann starke Marinebrigade 2 und die Marinebrigade 3 bis zum 1. April 1920 aufzulösen. Dem widersetzte sich General von Lüttwitz, der am frühen Morgen des 13. März an der Spitze der ihm folgenden Marinebrigade Ehrhardt das Berliner Regierungsviertel besetzte und Kapp zum Reichskanzler ernannte. Da die Reichswehr nicht in der Lage war, gegen die Putschisten militärisch vorzugehen und Minister Noske den Einsatz nicht anordnete, floh die Mehrzahl der Minister mit Reichskanzler Gustav Bauer und dem Reichspräsidenten Friedrich Ebert aus Berlin über Dresden nach Stuttgart. Noch im Laufe des 13. März erschien in allen größeren Städten ein von den sozialdemokratischen Regierungsmitgliedern und vom Parteivorsitzender der SPD Otto Wels unterzeichneter Aufruf zum Generalstreik. Der Putsch war nach vier Tagen beendet. Entscheidend für das Scheitern des Staatsstreichs war die Weigerung der Ministerialbürokratie, den Anordnungen Kapps Folge zu leisten. Zudem zeigte auch der Generalstreik mit dem Zusammenbruch der öffentlichen Dienstleistung verheerende Wirkung.

040 Nach Besetzung des Regierungsviertels in Berlin und Ausrufung Kapps zum Reichskanzler lässt die »Regierung« in der Wilhelmstraße Flugblätter verteilen. Foto, März 1920.

041 In den Wirren der Jahre 1919/20 entwickelte sich das Hakenkreuz zum Zeichen der Gegenrevolution. Dass Angehörige der Marinebrigade Ehrhardt es beim Kapp-Lüttwitz-Putsch im März 1920 auf ihre Stahlhelme malten, war augenscheinlicher Ausdruck ihres Willens, die bestehenden politischen Verhältnisse umzustürzen.

1 Aufruf der SPD, »Generalstreik gegen den Kapp-Putsch« (13. März 1920)

Wolfgang Kapp, dem Gründer der rechtsradikalen Deutschen Vaterlands-Partei, gelang es mit der Unterstützung der Marinebrigade Ehrhardt, einen Militärputsch zu initiieren. Die Reichsregierung floh. Die SPD rief die Arbeiter daraufhin zum Generalstreik auf. Am 17. März scheiterte der Aufstand wegen des Streiks.

»Arbeiter und Genossen, wir haben die Revolution nicht gemacht, um uns heute einem blutigen Landsknechtsregiment zu unterwerfen. Wir paktieren nicht mit Baltikumverbrechern. Die Arbeit eines ganzen Jahres soll in Trümmer geschlagen, Eure schwer erkaufte Freiheit vernichtet werden. Es geht um alles. Darum sind die schwersten Abwehrmittel geboten. Kein Betrieb darf laufen, solange die Militärdiktatur der Ludendorffe herrscht. Deshalb legt die Arbeit nieder! Streikt! Schneidet dieser reaktionären Clique die Luft ab, kämpft mit jedem Mittel gegen die Rückkehr Wilhelms II. Lahmlegung jedes Wirtschaftslebens – Keine Hand darf sich rühren – Kein Proletarier darf der Militärdiktatur helfen – Generalstreik auf der ganzen Linie – Proletarier verteidigt Euch – Nieder mit der Gegenrevolution!«

Zit. nach: Lesebuch zur Deutschen Geschichte. Bd 3: Vom Deutschen Reich bis zur Gegenwart. Hrsg. von Bernhard Pollmann, Dortmund 1984, S. 130

113

B Walther Freiherr von Lüttwitz (1859–1942)

General – Nach der Novemberrevolution wurde er vom Rat der Volksbeauftragten zum Oberbefehlshaber in den Marken (Berlin-Brandenburg) ernannt. Am 12. März 1920 unternahm er zusammen mit Wolfgang Kapp einen Putschversuch. Während des Putsches wurde Lüttwitz von Kapp zum Reichswehrminister und Oberbefehlshaber der Reichswehr berufen. Der Putsch scheiterte am Widerstand der Zivilbehörden, am Generalstreik der Arbeiterschaft und fehlender militärischer Unterstützung. Lüttwitz musste nach dem gescheiterten Putschversuch aus der Reichswehr ausscheiden.

042 Walther Freiherr von Lüttwitz. Foto, 1919.

Professionalität miteinander und orientierten sich am Leitbild des »politischen Soldaten«. Diese »neuen Offizierstypen des reinen Kriegers« (Klaus-Jürgen Müller) kritisierten die Unbeweglichkeit der restaurativen Richtung, die sich nach den Erfahrungen der Jahre von 1914 bis 1918 den Erfordernissen des modernen Krieges nicht öffnen wollte. Ihnen ging es um eine grundlegende Neuformierung der Gesellschaft im Sinne einer »Wehrgemeinschaft«, nicht um die bloße Rückkehr zur Monarchie. Viele Angehörige dieser Richtung dominierten die konterrevolutionären Freikorps der ersten Nachkriegsjahre und fanden später ihren Weg in die SA und SS.

Beide Richtungen fanden sich im Kapp-Lüttwitz-Putsch im ▸ März 1920 zusammen, verloren aber angesichts seines schnellen Scheiterns weit gehend ihren Einfluss auf die noch junge Reichswehr. Dennoch zeigte die Unsicherheit oder auch unverhohlene Sympathie, mit der viele Kommandeure des Reichsheeres auf den Putsch reagierten, wie zwiespältig ihr Verhältnis gegenüber der republikanischen Ordnung war. Sie unterstellten sich der »Regierung Kapp« oder befolgten zumindest deren Anordnungen. Auch der Chef der Admiralität, Vizeadmiral Adolf von Trotha, stellte die Marine »der neuen Regierung zur Verfügung«. Er und seine Berater waren dabei von dem Ziel geleitet, die Marine aus einem Konflikt wie in den Wintermonaten 1918/19 herauszuhalten. Es deutet auch manches darauf hin, dass er über die Einstellung Eberts gegenüber den Putschisten falsch informiert war; gleichwohl demonstrierte sein Verhalten auf eindrückliche Weise ein Selbstverständnis von der bewaffneten Macht im Staate, die sich nicht als Instrument der Politik, sondern als eigenständiger politischer Faktor betrachtete.

Im Gegensatz zur Marineführung hatte der Chef der Heeresleitung, Generalmajor Walther Reinhardt, zunächst durchaus erwogen, die rechtmäßige Regierung zu stützen und gegen die Putschisten vorzugehen. In dieser Situation trat jener Mann ins Rampenlicht, der eine dritte Richtung unter den deutschen Offizieren repräsentierte, und dessen Vorstellungen prägend für das Selbstverständnis des Reichswehroffizierkorps werden sollten, der damalige Chef des Truppenamtes, General Hans von Seeckt. Unter seinem maßgeblichen Einfluss beschloss die in Berlin versammelte Führung der Reichswehr, keine Gewalt gegen die Putschisten anzuwenden, weil ein Kampf »Reichswehr gegen Reichswehr« unbedingt zu vermeiden und die Einheit des Heeres zu sichern seien. Die politischen Repräsentanten des Reiches waren somit gezwungen, aus der Hauptstadt auszuweichen, um sich dem Druck der Aufrührer zu entziehen.

Die von Seeckt verkörperte Richtung, die als *Attentismus* (lat.; abwartende Haltung) in die Geschichtsbücher eingegangen ist, versuchte, auch unter den gewandelten politischen Rahmenbedingungen die Substanz des preußisch-deutschen Soldatentums zu erhalten und die bewaffnete Macht für spätere Aufgaben zu bewahren. Ihr Selbstverständnis war geprägt von der traditionellen Stellung der Armee in der Monarchie und von der Rolle, die diese Armee bei der Entstehung der Republik gespielt hatte. Sie pflegte die Orientierung an einer abstrakten Staatsidee – dem Reich – von der die Weimarer Republik als »Parteienstaat« negativ abgesetzt wurde. Ihr gegenüber nahm sie eine distanziert neutrale Haltung ein und beanspruchte als Vertreter des »wahren Staatswohls« ein »unpolitisches« Soldatentum. Vor diesem Hintergrund war es folgerichtig, dass ▸ Seeckt die Reichswehr im März 1920 nicht einem Bürger-

---

≡
S Im März 1920 kam es in Folge des von der deutschen Arbeiterschaft nahezu einmütig befolgten Generalstreiks während des Kapp-Lüttwitz-Putsches zu zahlreichen revolutionären, regional begrenzten Aufstandsbewegungen. Besonders heftig tobte der Aufstand im Ruhrgebiet, wo der rechtsradikale Umsturzversuch in Berlin als Signal für einen flächendeckenden Arbeiteraufstand wirkte, der auch nach Ende des Kapp-Lüttwitz-Putsches anhielt. Eine von Anhängern der KPD und der USPD getragene, auf etwa 50 000 Bewaffnete bezifferte »Rote Ruhrarmee« beherrschte nach heftigen Kämpfen mit Reichswehreinheiten und der Sicherheitspolizei das Industrierevier. Nach erfolglosen Einigungsversuchen der Reichsregierung mit den Aufständischen begann am 3. April 1920 der Einmarsch von Regierungstruppen. Unterstützung erhielten sie in ihrem »Kampf gegen den Bolschewismus« von

044 Spartakusaufstand: Straßenkämpfe im Zeitungsviertel in Berlin. Foto, Januar 1919.

Aufstände, Putschversuche und politische Morde in der Weimarer Republik 1919 bis 1923

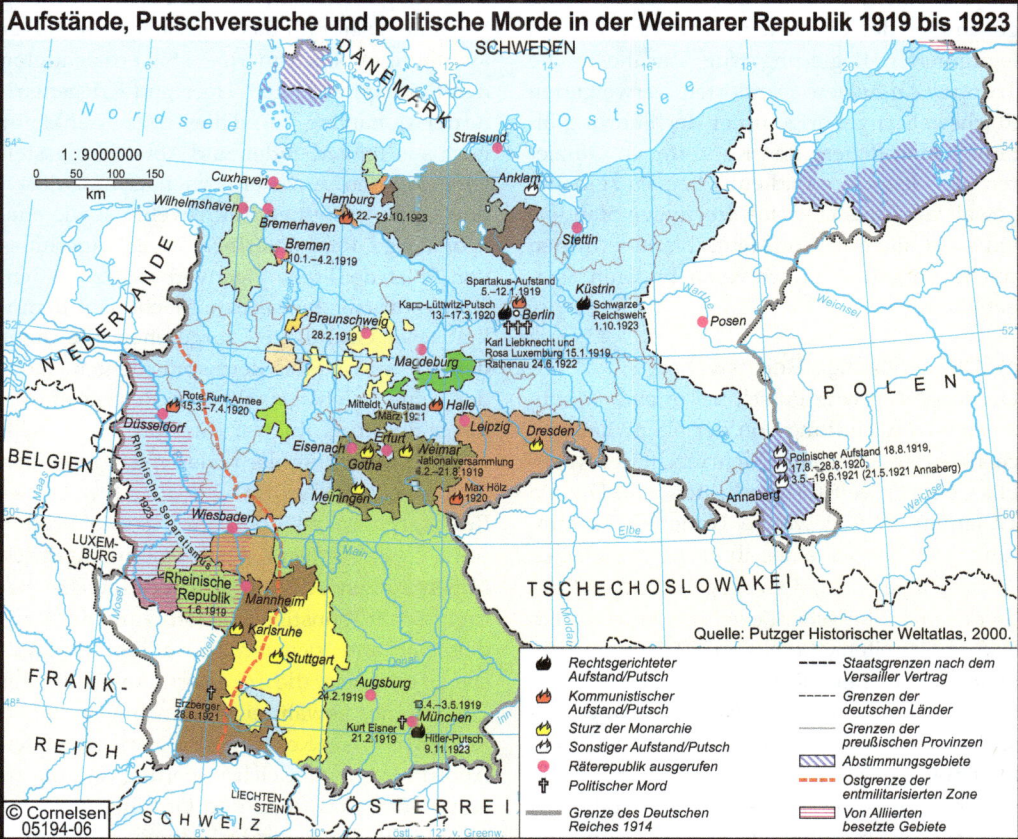

SCHWEDEN

DÄNEMARK

Nordsee   Ostsee

1 : 9000000
0 50 100 150
km

Cuxhaven
Wilhelmshaven
Hamburg
22.–24.10.1923
Bremerhaven
Bremen
10.1.–4.2.1919
Stralsund
Anklam
Stettin
Küstrin
Schwarze
Reichswehr
1.10.1923
Posen

NIEDERLANDE

Spartakus-Aufstand
5.–12.1.1919
Karl-Lüttwitz-Putsch
13.–17.3.1920   Berlin
Karl Liebknecht und
Rosa Luxemburg 15.1.1919,
Rathenau 24.6.1922

Braunschweig
28.2.1919
Magdeburg

Rote Ruhr-Armee
15.3.–7.4.1920
Düsseldorf

BELGIEN

Mitteldt. Aufstand
März 19:1   Halle
Leipzig   Dresden
Eisenach   Erfurt
Gotha   Weimar
Nationalversammlung
Meiningen   Max Hölz
1920

Rheinische Seperatisten
1923

Wiesbaden

LUXEM-
BURG

Rheinische
Republik
1.6.1919   Mannheim
Karlsruhe

FRANK-

REICH

Erzberger
28.8.1921

Stuttgart
Augsburg
24.2.1919   13.4.–3.5.1919
München
Kurt Eisner
21.2.1919   Hitler-Putsch
9.11.1923

LIECHTEN-
STEIN

SCHWEIZ   ÖSTERREI

Annaberg

POLEN

Polnischer Aufstand 18.8.1919,
17.8.–28.8.1920,
3.5.–19.6.1921 (21.5.1921 Annaberg)

Warthe
Weichsel
Weichsel

TSCHECHOSLOWAKEI

Elbe

Quelle: Putzger Historischer Weltatlas, 2000.

Symbol	Bedeutung	Symbol	Bedeutung
🔥	Rechtsgerichteter Aufstand/Putsch	----	Staatsgrenzen nach dem Versailler Vertrag
	Kommunistischer Aufstand/Putsch	---	Grenzen der deutschen Länder
	Sturz der Monarchie		Grenzen der preußischen Provinzen
	Sonstiger Aufstand/Putsch		Abstimmungsgebiete
●	Räterepublik ausgerufen		Ostgrenze der entmilitarisierten Zone
†	Politischer Mord		Von Alliierten besetzte Gebiete
	Grenze des Deutschen Reiches 1914		

© Cornelsen
05194-06

115

Freikorps. Die Niederschlagung des Aufstands im Ruhrgebiet war begleitet von einem Höchstmaß an Grausamkeit auf beiden Seiten, dem etwa 1000 Aufständische und 200 Reichswehrsoldaten zum Opfer fielen.

045 Kämpfe im Ruhrgebiet: Truppen der »Roten Ruhrarmee« im Kampf gegen Freikorpstruppen vor Wesel. Foto, 1920.

krieg aussetzen wollte. Damit aber begründete er ein Verhältnis der Reichswehr zur Republik, das einerseits von der Bewahrung überlieferter Wertvorstellungen unter formaler Loyalität zur Staatsführung gekennzeichnet wurde, andererseits mit Unverständnis demokratischen Entscheidungsprozessen gegenüberstand und an dem traditionellen Anspruch der deutschen Militärelite festhielt, an politischen Entscheidungen beteiligt zu werden.

Trotzdem gelang es nicht, die bewaffnete Macht aus dem Konflikt herauszuhalten. Das illoyale Verhalten der militärischen Führung gegenüber der durch demokratische Wahlen legitimierten Regierung trug Unruhe in die Truppe. An vielen Standorten verweigerten Reichswehrangehörige unter der Führung älterer Unteroffiziere den Kapp-treuen Offizieren den Gehorsam und enthoben sie zum Teil gewaltsam ihres Dienstes. In einigen Standorten – vor allem in Norddeutschland – führten solche Vorgänge zu schweren blutigen Straßenkämpfen.

c) Die »vorläufige Reichswehr«

Der Kapp-Lüttwitz-Putsch fiel in eine Zeit, in der die Umwandlung von der alten »kaiserlichen« Armee zu einer »Wehrmacht der Republik« bereits weit fortgeschritten war. Die am 19. Januar 1919 gewählte Nationalversammlung hatte es zu einer ihrer vordringlichen Aufgaben gemacht, dem »gegenwärtigen Chaos, das in militärischer Beziehung herrscht, ein Ende zu bereiten«. Bereits am 10. Februar 1919 hatte sie mit der »Regelung der vorläufigen Reichsgewalt« eine Art »Notverfassung« beschlossen. Darin übertrug sie den Oberbefehl über die militärischen Kräfte des Reiches, den in der Phase des Überganges der mehrköpfige Rat der Volksbeauftragten beansprucht hatte, wieder auf eine Person, den Reichspräsidenten, zu dem einen Tag später Friedrich Ebert gewählt wurde. Auf ihn wurden auch die Befugnisse übertragen, die bislang dem Kaiser zugestanden hatten, also auch das ▶ Offizierernennungs- und Verabschiedungsrecht, die Verhängung des Belagerungszustandes usw. Das vordringlichste Organisationsbedürfnis aber war zu diesem Zeitpunkt die Legalisierung der verschiedenen militärischen Verbände, die Anfang 1919 in Deutschland existierten. Diesem Ziel dienten die Gesetze über die Bildung einer »vorläufigen Reichswehr« – diese Bezeichnung galt anfangs nur für das Reichsheer – und einer »vorläufigen Reichsmarine«. Sie ermächtigten den Reichspräsidenten, Heer und Kriegsmarine der Monarchie, die zu diesem Zeitpunkt nur noch aus Teilverbänden und Abwicklungsstellen bestanden, auch der Form nach aufzulösen und eine »vorläufige Reichswehr« sowie eine »vorläufige Reichsmarine« unter Einschluss von Teilen der Freiwilligenverbände zu bilden. Darin war eine bewaffnete Macht »auf demokratischer Grundlage« vorgesehen, die unter dem Oberbefehl des Reichspräsidenten stand, der seine Befehlsgewalt dem Reichswehrminister übertrug. Ihr war die Aufgabe gestellt, »bis zur Schaffung der neuen reichsgesetzlich zu ordnenden Wehrmacht« den Schutz der Reichsgrenzen zu übernehmen. Die Marine sollte die deutschen Küsten sichern und durch Minenräumen, Ausübung seepolizeilicher Befugnisse und sonstige Unterstützung der Handelsschifffahrt sicheren Seeverkehr ermöglichen. Ferner war die ungestörte Ausübung der Fischerei zu gewährleisten. Im Innern hatten Reichswehr und Reichsmarine gemeinsam den Anordnungen der Reichsregierung Geltung zu verschaffen und Ruhe und Ordnung aufrecht zu erhalten. Dazu wurde die uneingeschränkte

B Hans von Seeckt (1866–1936)
General und Chef der Heeresleitung – Im Ersten Weltkrieg leitete Seeckt als Chef des Stabes der 11. Armee Operationen an der Ostfront, z.B. die Durchbruchsschlacht bei Gorlice-Tarnow, und auf dem Balkan und wurde schließlich bevorzugt zum Generalmajor befördert. Später diente er einige Jahre als Chef des Generalstabes der türkischen Armee. Während der Revolution war er letzter Chef des Generalstabes in

046 Hans von Seeckt. Undatierte Porträtaufnahme.

1 Hans von Seeckt, »Erziehung und Behandlung der Offizieranwärter« (20. Januar 1923)

Die Ausbildung des Offizierkorps war für Seeckt ein wichtiges Anliegen. Die Heeresleitung versuchte, ein Erziehungssystem im Offizierkorps aufzubauen. Geist und Haltung der jungen Offiziere sollten durch die Regiments- und Bataillonskommandeure sowie durch ältere Kameraden beeinflusst werden.

»Aus Anlaß einiger zu meiner Kenntnis gekommener Einzelfälle habe ich mir eingehende Meldung der Infanterie-Schule über den Stand des Offiziernachwuchses eingefordert.

Ich habe die Pflicht, unumwunden auszusprechen, daß ich die dieser für die Entwicklung des Heeres schlechthin entscheidenden Frage zugewandte Sorgfalt für teilweise völlig unzureichend erklären muß. Es ist mir vollständig unverständlich, wie bei einzelnen Kommandeuren und Offizierkorps eine unserer besten und festesten Traditionen, die Erziehung des Offiziernachwuchses, hat in Vergessenheit geraten können. [...]

Bei dem am 21.9. zur Infanterie-Schule einberufenen Lehrgang haben sich bis Anfang Dezember folgende Fälle ereignet:

1.) A. verkehrt in einem völlig unmöglichen Lokal über dessen Ungeeignetheit für den Besucher er sich klar ist.

2.) B. begründet eine dienstliche Vernachlässigung mit Besuch von Kaffee und Zirkus. [...]

4.) D. ein vortrefflicher Charakter, mit ausgeprägtem, feinem Ehrgefühl beklagt sich bitter, daß ihm selbst

048 Generaloberst von Seeckt mit Schülern der Infanterie-Schule Dresden im Manöver in Thüringen. Foto, 1925.

047 Unterricht an der Heeresfachschule. Foto, 1920er Jahre.

nach bestandener Offizieranwärterprüfung die Teilnahme am Offizier-Mittagstisch versagt wird, weil es noch nicht sicher sei, ob er Offizier würde. Er beantragt die Versetzung zu einem anderen Regiment. [...]

6.) F. hat bei der Truppe ein Verhältnis mit der Frau seines Unterfeldwebels und wurde vom Ehemann auf tätliche Beleidigung seiner Frau verklagt. [...]

9.) J. hat eine an sich harmlose Zänkerei mit einem Kameraden und gebraucht dabei die unflätigsten, nicht wiederzugebenden Ausdrücke.

Die Fälle lassen erkennen, daß das lange Zusammenleben der Offizier-Anwärter mit den Mannschaften einen ungünstigen Einfluß auf den Offizierersatz ausübt.[...]

Eine durchaus fehlerhafte und irrige Auffassung ist es, daß die Erziehung der Offizier-Anwärter in erster Linie den Schulen zufällt. [...]

Um nun eine einheitliche Heranbildung des Offizierersatzes herbeizuführen, werde ich für die Ausbildung und Erziehung der Offizier-Anwärter Richtlinien erlassen. Ich verspreche mir aber von ihnen keinen Erfolg, wenn nicht die Erkenntnis des Notwendigen und des bisher auf diesem Gebiet Versäumten durchdringt.«

Zit. nach: Offiziere im Bild von Dokumenten aus drei Jahrhunderten. Hrsg. von Hans Meier-Welcker, München 1964 (= Beiträge zur Militär- und Kriegsgeschichte, 6), Nr. 79

117

der OHL. Am Vorabend des Kapp-Lüttwitz-Putsches 1920 lehnte Seeckt, mittlerweile Chef des als Truppenamt getarnten Generalstabes des Reichsheeres, den Einsatz der Reichswehr gegen die Putschisten ab, weil er den Zusammenhalt der Truppe nicht gefährden wollte (»Reichswehr schießt nicht auf Reichswehr!«). Nach dem darauf folgenden Rücktritt des Chefs der Heeresleitung, Generalmajor Walther Reinhardt, übernahm er – zuerst kommissarisch, im Juni 1920 dann endgültig – die Aufgabe des Chefs der Heeresleitung. Er war die bestimmende Persönlichkeit beim Aufbau des Reichsheeres und bei der Ausrichtung der Reichswehr zu einer in sich einheitlichen, gegen politische Einflüsse von außen abgeschirmten Armee, die einem »Staat im Staate« innerhalb der Weimarer Republik gleichkam.

Befehlsgewalt der Offiziere wieder hergestellt; an die Stelle der während der Novemberunruhen entstandenen Soldatenräte traten nun »Vertrauensleute«, deren Tätigkeit auf die Mitwirkung bei Fürsorge- und Beschwerdeangelegenheiten in der Truppe beschränkt wurde. Neu war die Bestimmung, dass der Eintritt in die Offizierlaufbahn, die bis dahin Abiturienten oder den Absolventen der Kadettenanstalten vorbehalten war, nun auch solchen Unteroffizieren und Mannschaften eröffnet wurde, »die ihre Eignung durch ihre bisherige dienstliche Tätigkeit und Führung nachgewiesen, im Felde mit der Waffe Dienst getan und sich mindestens ein halbes Jahr als Offiziersdiensttuer bewährt haben«. Für die Marine lautete die entsprechende Bestimmung: »wenn sie ihre Eignung hierzu durch ihre bisherige dienstliche Tätigkeit nachgewiesen« und »bei entsprechender Befähigung und Leistungen die vorgeschriebenen Berufsprüfungen bestanden haben«.

Die ▸ »vorläufige Reichswehr«, also das Reichsheer, setzte sich aus Freikorps und wieder aufgefüllten Formationen der alten Armee zusammen. Dabei bestimmte der Reichswehrminister, welche von den bestehenden Freiwilligenverbänden, Volkswehren usw. in die »vorläufige Reichswehr« aufzunehmen oder ihr anzugliedern waren. Sie umfasste im Frühjahr 1919 rund 400 000 Mann, gegliedert in 24 Brigaden, die in vier Gruppenkommandos zusammengefasst waren. Alle Freikorpsverbände, die nicht übernommen wurden, sollten – mit Ausnahme der im Baltikum eingesetzten Verbände – bis zum 27. Mai 1919 aufgelöst werden. Mit Wirkung vom 3. Juli 1919 beendete auch die OHL ihre Tätigkeit. In umgewandelter Form

arbeitete sie aber als »Befehlsstelle Kolberg« bis zum 20. September 1919 weiter und führte von dort aus die im Grenzschutz und im Baltikum eingesetzten Truppen. Zehn Tage später war das alte deutsche Heer aufgelöst und ging mit Teilen in das vorläufige Reichsheer über.

Die vorläufige Reichsmarine wurde gebildet von den beiden Stationskommandos der Nord- und Ostsee, die je einen Sicherungsverband mit Schiffsstammdivision, einen Minenräumverband mit Minenstammabteilung, eine Seefliegerabteilung, eine Marinebrigade, ein Küstenwehrregiment sowie eine Kommandiertenabteilung aufzustellen hatten. Damit wurden unter anderem die Brigaden Erhardt und Löwenfeld organisatorisch der vorläufigen Reichsmarine angegliedert, obwohl sie einsatzmäßig noch dem Heer zugeteilt waren.

In der halbjährigen Übergangsphase von der Notverfassung bis zum Inkrafttreten der Verfassung des Deutschen Reiches am 11. August 1919 wirkten auf dem Wehrgebiet sowohl Organe des einstigen bundesstaatlichen Kaiserreiches als auch der werdenden zentralistischen Republik zusammen. Dies gilt für die Auflösung des alten Heeres ebenso wie für die Schaffung der neuen nationalen Reichswehr. Dabei hat der preußische Kriegsminister und spätere erste Chef der Heeresleitung, der württembergische Oberst ▸ Walter Reinhardt, zwei elementare Voraussetzungen für den ▸ Aufbau der Streitkräfte geschaffen: Er schaltete die Soldatenräte aus und stellte die klare Kommandogewalt im Heer wieder her. Auf diese Weise gewährleistete er ein hohes Maß an Kontinuität in der bewaffneten Macht im Übergang von der Monarchie zur Republik.

049 Walter Reinhardt. Undatierte Porträtaufnahme.

B Walter Reinhardt (1872–1930)

Generalstabsoffizier und preußischer Kriegsminister – Dem Großen Generalstab gehörte er als Offizier seit 1904 an. Nach verschiedenen militärischen Verwendungen im Ersten Weltkrieg wurde er Anfang 1919 im Range eines Oberst i.G. der letzte preußische Kriegsminister. In dieser Eigenschaft erreichte er es, dass die uneingeschränkte Kommandogewalt wieder in die Hand der militärischen Vorgesetzten gelangte, und er führte die Soldatenräte auf die Stellung als »Vertrauensleute« zurück. Zugleich schuf er die organisatorischen Grundlagen für den Aufbau der Reichswehr. Wegen seiner Bereitschaft, mit der SPD zusammenzuarbeiten, musste er aus dem Kreis der »alten Kameraden« scharfe Kritik über sich ergehen lassen. Im Oktober 1919 wurde er zum Chef der Heeresleitung ernannt und befürwortete 1920 vergeblich den Einsatz der Reichswehr zur Niederschlagung des Kapp-Lüttwitz-Putsches. Nach dem Scheitern des Putsches musste er von seinem Posten zurücktreten, verblieb aber weiterhin in der Armee.

1 »Gesetz über die Bildung einer vorläufigen Reichswehr« (6. März 1919)

Die vom Volk gewählte Nationalversammlung ermächtigte den Reichspräsidenten Friedrich Ebert zur Bildung einer »vorläufigen Reichswehr«. Diese provisorische Wehrmacht wurde in erster Linie durch die Eingliederung von Freiwilligenverbänden gebildet.

»§ 1 Der Reichspräsident wird ermächtigt das bestehende Heer aufzulösen und eine vorläufige Reichswehr zu bilden, die bis zur Schaffung der neuen reichsgesetzlich zu ordnenden Wehrmacht die Reichsgrenzen schützt, den Anordnungen der Reichsregierung Geltung verschafft und die Ruhe und Ordnung im Innern aufrechterhält.

§ 2 [1] Die Reichswehr soll auf demokratischer Grundlage unter Zusammenfassung bereits bestehender Freiwilligenverbände und durch Anwerbung von Freiwilligen gebildet werden. Bereits bestehende Volkswehren und ähnliche Verbände können ihr angegliedert werden.

[2] Offiziere und Unteroffiziere aller Art und Beamtenpersonal des bestehenden Heeres sowie dessen Einrichtungen und Behörden können in die Reichswehr übernommen werden.

[3] Bewährten Unteroffizieren und Mannschaften ist die Offizierslaufbahn zu eröffnen.

[4] Offiziere und Unteroffiziere, die in die Reichswehr eintreten, sollen in erster Linie bei Übernahme in die künftige Wehrmacht berücksichtigt werden.«

Zit nach: Rainer Wohlfeil und Hans Dollinger, Die Deutsche Reichswehr. Bilder, Dokumente, Texte. Zur Geschichte des Hunderttausend-Mann-Heeres 1919–1933, Frankfurt a.M. 1972, S. 50

1 Albert Benary, »Einstellungsvoraussetzungen« (1932)

Die Einstellungsvoraussetzungen der Reichswehr sahen wie folgt aus.

»Der große Andrang zur Reichswehr macht es möglich, schon beim Eintritt eine scharfe Auslese zu halten, erhebliche Anforderungen an das geistige und körperliche Können der Anwärter zu stellen.
[...]
Wer Soldat werden will, bereite sich nicht von heute auf morgen, sondern Jahre hindurch auf seinen künftigen Beruf vor. Wer die Volksschule mit Erfolg durchlaufen und in den Lehrjahren seine Augen offengehalten hat, wird den Ansprüchen des Reichsheeres genügen. Hat er dazu einen kräftigen Körper von Natur mitbekommen, ihn durch Leibesübungen aller Art gestählt, ihn vor Ausschweifungen und Krankheiten bewahrt, so wird er in Kürze den feldgrauen Rock tragen.

Die Freiwilligen müssen die deutsche Staatsangehörigkeit besitzen, unbescholten, mindestens 1,65 m groß und unverheiratet sein. Größere Freiwillige werden bevorzugt. Die Altersgrenze für die Einstellung von Freiwilligen liegt zwischen dem vollendeten 17. und 21. Lebensjahr, Freiwillige im Alter von 19 und 20 Jahren werden in erster Linie eingestellt «

Zit. nach: Albert Benary, Unsere Reichswehr. Das Buch von Heer und Flotte. Gleitwort von General a.D. Groener, Berlin 1932, S. 36 f.

119

050
Infanteristen der Reichswehr bei ihrer Vereidigung. Foto, 1920er Jahre.

d) Der Versailler Vertrag und seine Auswirkungen auf die Reichswehr

Die »vorläufige Reichswehr« stellte nur eine Zwischenlösung bis zum Abschluss des Friedensvertrages dar, über den zu der Zeit, als in Deutschland die Grundlagen für eine neue politische Ordnung gelegt wurden, die Alliierten in Paris berieten. Das Bekanntwerden ihrer Friedensbedingungen im Juni 1919 führte dann allerdings zu einem Schock in der deutschen Öffentlichkeit. Die Regierung des Sozialdemokraten Scheidemann zerbrach daran, dass sie sich nicht über die Haltung zu den Friedensbedingungen einigen konnte. Philipp Scheidemann selbst prägte das Wort, von der Hand, die verdorren müsse, die »uns in solche Fesseln legt«. Über Annahme oder Ablehnung spaltete sich auch die militärische Führung in zwei Lager. Auf der einen Seite stand die OHL, die unter Führung General Groeners für die Annahme war, weil er anderenfalls die Existenz des Reiches gefährdet sah; das andere Lager wurde vom preußischen Kriegsminister Oberst Reinhardt angeführt, der bei Annahme der Friedensbedingungen durch die Reichsregierung sogar eine allgemeine Aufstandsbewegung in den östlichen Provinzen Deutschlands ins Auge fasste. Den spektakulärsten Protest gegen die Annahme des Friedensvertrages, freilich nur mit symbolischem Charakter und die deutsche Position in Paris eher verschlechternd, stellte in diesem Zusammenhang die ▸ Selbstversenkung der deutschen Flotte in Scapa-Flow am 21. Juni 1919 dar.

Allerdings kam die Nationalversammlung unter dem Druck alliierter Ultimaten nicht umhin, die Regierung zu ermächtigen, den Vertrag zu unterzeichnen, der damit auch geltendes deutsches Recht wurde. Dieser Hinweis ist deshalb wichtig, weil sich daraus spätere Konflikte ergaben zwischen den von weiten Kreisen der Bevölkerung akzeptierten Vertragsverletzungen auf der einen und der Pflicht der Polizeiorgane der Länder auf der anderen Seite, diese zu ahnden.

Für die militärische Zukunft des Reiches war der Teil V. einschließlich der Anlage 1 des Friedensvertrages bestimmend. Darin war bis hin zur Organisationsstruktur die Gestalt einer künftigen deutschen Wehrmacht vorgegeben. Die ▸ allgemeine Wehrpflicht, die in der Reichsverfassung vorgesehen war (Art. 133), wurde verboten. Heer und Marine sollten aus maximal 100 000 und 15 000 Angehörigen bestehen, davon 4000 und 1500 Offiziere. Unteroffiziere und Mannschaften hatten sich auf eine Dienstzeit von mindestens zwölf Jahre zu verpflichten, Offiziere auf 25 Jahre. Die Bildung von Personalreserven wurde durch weitere Vorkehrungen unterbunden. Luftstreitkräfte waren gänzlich verboten (Art. 198).

Das Heer war »nur für die Erhaltung der Ordnung innerhalb des deutschen Gebietes und zur Grenzpolizei bestimmt«. Seine Gliederung wurde verbindlich auf sieben Infanterie- und drei Kavalleriedivisionen mit genauen Vorschriften über die Personalstärke und Ausrüstung festgelegt. Das »Herz des preußisch-deutschen Militarismus«, der ▸ Große Generalstab wurde verboten, ebenso die Kriegsakademie (Art. 176). Schließlich wurde verfügt, dass westlich einer Linie, die 50 Kilometer östlich des Rheins verlief, alle Befestigungen geschleift werden mussten und dort keine Truppen stationiert sein durften (Art. 180).

Die Marine hatte den unter den Interalliierten abgestimmten Auftrag, ganz allgemeine seepolizeiliche Aufgaben wahrzunehmen und den Schutz der deutschen Küsten mit Seekriegsmitteln und mit Befestigungen sicher-

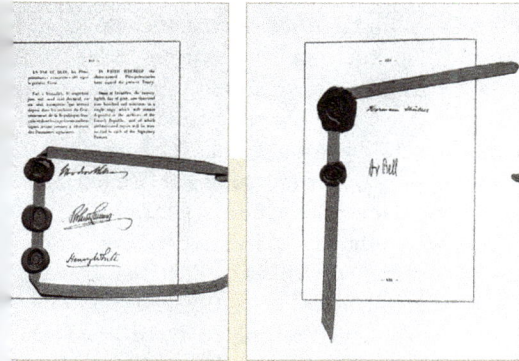

053 Die Unterschriftenseiten des Versailler Vertrages vom 28. Juni 1919.

1 »Gesetz über die Abschaffung der allgemeinen Wehrpflicht und die Regelung der Dauer der Dienstverpflichtung« (21. August 1920)

Die Abschaffung der Wehrpflicht in Deutschland war in der alliierten Kommission, die für die Aushandlung der militärischen Vertragsbestimmungen verantwortlich war, höchst umstritten. Die englischen Vertreter sprachen sich für die Abschaffung der Wehrpflicht aus, die französischen Vertreter hielten eine Berufsarmee für militärisch gefährlicher.

»§ 1 Die deutsche Wehrmacht besteht aus der Reichswehr und der Reichsmarine, die aus freiwilligen Soldaten und nicht im Waffendienste tätigen Beamten gebildet und ergänzt werden. Alle Angehörigen der Wehrmacht müssen die deutsche Staatsangehörigkeit besitzen. Die allgemeine Wehrpflicht ist abgeschafft. Alle entgegenstehenden Bestimmungen sind aufgehoben.
§ 2 Die Zahl der Soldaten beträgt im Reichsheer ab 1. Januar 1921 100 000, in der Reichsmarine 15 000. Hierzu treten die erforderlichen Sanitäts- und Veterinäroffiziere.«

Zit. nach: Rainer Wohlfeil und Hans Dollinger, Die Deutsche Reichswehr. Bilder Dokumente Texte. Zur Geschichte des Hunderttausend-Mann-Heeres 1919–1933, Frankfurt a. M. 1972, S. 57

1 »Versailler Vertrag« (28. Juni 1919)

Mit dem Artikel 160 wurde der deutsche Generalstab, die oberste militärische Kommandobehörde der Armee, verboten. Die militärischen Bestimmungen des Vertrages zielten auf die Veränderung der inneren Struktur der neuen Armee. Damit sollte sie als Instrument des preußischen Militarismus unschädlich gemacht werden.

»Die Unterhaltung oder Bildung anderswie zusammengefasster Formationen oder anderer Kommandobehörden oder Behörden für Kriegsvorbereitung ist verboten.
Der deutsche Generalstab und alle ähnlichen Formationen werden aufgelöst und dürfen unter keiner Gestalt neu gebildet werden.
An Offizieren und ihnen Gleichgestellten dürfen die Kriegsministerien der deutschen Einzelstaaten und die ihnen angegliederten Behörden nicht mehr als dreihundert zählen, die auf die Höchststärke von viertausend nach Nummer 1, Absatz 3 dieser Artikels anzurechnen sind.«

Zit. nach: Rainer Wohlfeil und Hans Dollinger, Die Deutsche Reichswehr. Bilder, Dokumente, Texte. Zur Geschichte des Hunderttausend-Mann-Heeres 1913–1933, Frankfurt a. M. 1972, S. 57

052 Die Deutsche Delegation bei der Friedenskonferenz der Alliierten in Versailles. Foto, 28. Juni 1919.

121

S Nach den Waffenstillstandsbedingungen musste der weitaus größte Teil der deutschen Hochseeflotte, fünf Schlachtkreuzer, elf Linienschiffe, acht Kleine Kreuzer sowie 50 Torpedoboote, unter Konteradmiral Ludwig von Reuter seit Ende November 1918 zum britischen Marinestützpunkt Scapa-Flow überführt werden und wurde dort interniert. Da Reuter zu Recht annahm, dass die Briten sich der Flotte bemächtigen wollten, setzte er beim Bekanntwerden der harten Friedensbedingungen am 21. Juni 1919 ein in Deutschland begeistert aufgenommenes Fanal und ließ die Flotte sich selbst versenken. Die britischen Bewacher eröffneten das Feuer, konnten aber die Selbstversenkung nicht verhindern. Im folgenden Jahr wurde ein Teil der Schiffe gehoben, bis heute ist die Bucht bei den Orkney-Inseln ein beliebtes Tauchgebiet.

051 Die Selbstversenkung der in Scapa-Flow internierten Flotte 1919. Aquarell von Willy Stöwer.

zustellen. Allerdings war ihr verboten, Befestigungsanlagen auf Helgoland und in der Ostsee zwischen Kiel und Pillau zu unterhalten; ebenso wenig war die Befestigung des Nord-Ostsee-Kanals erlaubt. Die Flotte durfte eine begrenzte Zahl von Schiffen umfassen, die erst nach einer Altersfrist von 20 oder 15 Jahren durch Neubauten mit einer vorgeschriebenen Wasserverdrängung ersetzt werden durften. Der Bau und der Erwerb von Unterwasserfahrzeugen wurde gänzlich untersagt (Art. 191).

Hinsichtlich der materiellen Ausstattung wurden Heer und Marine zusätzlichen Einschränkungen unterworfen. Der Besitz und die Herstellung bestimmter Waffen und Kampfmittel wie etwa von Flugzeugen, Panzern, schweren Geschützen und Gaskampfstoffen sowie ähnlicher Konstruktionen, die für »kriegerische Zwecke verwendbar sind«, war den deutschen Streitkräften verboten (Art. 171). Zugleich erfolgte eine massive Einschränkung der vor dem Kriege so starken deutschen Rüstungsindustrie: Art. 168 des Vertrages beschränkte die Herstellung von Waffen, Munition und Gerät aller Art auf wenige von den Alliierten zu genehmigende Fabriken. Nur dreißig Fabriken erlangten später diese Genehmigung – und auch davon nur dreizehn, die Waffen und Munition fertigten. Die Einhaltung dieser Bestimmungen sollte nach Art. 203 ff. durch Interalliierte Überwachungsausschüsse für Heer (IMKK), Marine (NIACC) und Luftfahrt (ILÜK) gewährleistet werden, die im Laufe des Jahres 1920 in Deutschland eintrafen.

Mit diesen Vorschriften waren alle Überlegungen über die Gestalt des künftigen Friedensheeres und der Marine, die noch im Frühjahr 1919 in internen Denkschriften der OHL und der Admiralität angestellt worden waren, überholt. Heer und Marine hatten sich darauf einzurichten, die Aufgabe als »Grenzpolizei« und die »Landesverteidigung zur See« in den Mittelpunkt ihrer Betrachtungen zu stellen.

Das Missverhältnis zwischen den einer künftigen deutschen Wehrmacht durch den Versailler Vertrag zugewiesenen ▶ Aufgaben und den durch die Vorgaben beschränkten Möglichkeiten stellte die deutschen Politiker vor die, freilich nie ernsthaft diskutierte, Frage, ob Deutschland überhaupt einer bewaffneten Macht dieser Art bedürfte. Schon eine Woche nach Unterzeichnung des Friedensvertrages setzte die Regierung eine Kommission für das Friedensheer ein, die über dessen ▶ endgültige Strukturen befinden sollte. Dort war lediglich die Frage, ob die Marine ihre organisatorische Selbstständigkeit innerhalb der Reichswehr sichern konnte, eine Zeitlang umstritten. Nach dem Kapp-Lüttwitz-Putsch im Frühsommer 1920 stand sie kurzzeitig erneut auf der Tagesordnung. Im August des selben Jahres gelang es dann aber dem mit der Wahrnehmung der Geschäfte des Chefs der Admiralität betrauten Admiral William Michaelis, eine Kabinettsentscheidung durchzusetzen, welche die Reichsmarine als eigenständige Teilstreitkraft in der Reichswehr sicherte. Dabei kam seinem Argument, im Kriegsfall den Zugang nach Ostpreußen aufrechtzuerhalten, die entscheidende Bedeutung zu. Wichtig war aber auch, dass sich der Chef der Heeresleitung dagegen wandte, für diesen, ihm nicht vertrauten Teil der Reichswehr die Verantwortung zu übernehmen.

≡S Die Grundzüge der Militärverfassung der Weimarer Republik waren durch den Friedensvertrag von Versailles vorgegeben und durch die Reichsverfassung vom 11. August 1919 festgelegt. Darin wurde erstmals in der deutschen Geschichte nicht nur faktisch – wie bereits im Ersten Weltkrieg – sondern nun auch formal-rechtlich eine einheitliche nationale bewaffnete Macht geschaffen, indem die Wehrhoheit der Verantwortung des Reiches übertragen wurde. Allerdings sollten die »landsmannschaftlichen Eigenarten« jener deutschen Staaten berücksichtigt werden, die bis in den Ersten Weltkrieg hinein eigene Armeen unterhalten hatten (Preußen, Bayern, Sachsen, Württemberg). Den Oberbefehl über die gesamte Reichswehr übte der Reichspräsident aus, der aber an die Gegenzeichnungspflicht durch den Reichswehrminister oder den Reichskanzler gebunden war (Art. 47). Das Recht zu Kriegserklärung und Friedensschluss stand dem Reichstag zu (Art. 45). Erstmals in der deutschen Geschichte war auch festgelegt, dass die Angehörigen der Reichswehr ihren Eid auf die Verfassung abzulegen hatten (Art. 176).

054 Der Frieden von Versailles. Marmorstatue, um 1923. Der entkleidete und gefesselte Soldat ist Ausdruck des Selbstverständnisses der Reichswehr.

057 Abtransport landwirtschaftlicher Maschinen als Reparationen nach Frankreich. Foto, um 1920.

≡"1 Hans von Seeckt, »Politische Haltung des Offizierkorps« (7. Juli 1919)

Der Erlass des neuen Chefs des Generalstabes war an die Generalstabsoffiziere gerichtet und sollte diese trotz ihrer Ablehnung der politischen Verhältnisse in der jungen Republik an ihre »soldatische Pflicht« erinnern.

»Keiner von uns zweifelt daran, daß Deutschland nur eine Zukunft haben kann, wenn es uns gelingt, in unserer neuen, wenn auch noch so kleinen, Armee einen Hort der Ordnung, eine nie versiegende Quelle nationalen Denkens, nationaler Kraft zu schaffen. [...]
Man hört: unsere Ehre sei verletzt. Die Ehre der Armee und ihres Offizierkorps ist felsenfest gegründet in Jahren treuer Friedensarbeit und ruht als Saatkorn künftiger Zeit in den blutgedüngten Schlachtfeldern der Welt. Über die persönliche Ehre ist in letzter Instanz jeder selbst Richter. Kein Feind und kein Friedensvertrag kann sie mir nehmen. Unsere Ehre ist unverletzt, so lange wir unsere Pflicht tun. So rufe ich meine Kameraden vom Generalstabe auf zur Pflicht – zur Arbeit.«

Zit. nach: Offiziere im Bild von Dokumenten aus drei Jahrhunderten. Hrsg. von Hans Meier-Welcker, München 1964 (= Beiträge zur Militär- und Kriegsgeschichte, 6), Nr. 71

056 Verschrottung von Geschützrohren. Abrüstung der deutschen Armee gemäß den Bestimmungen des Versailler Vertrages. Foto, 1920.

055 Panzerwagen-Attrappen auf dem 15-PS-BMW »Dixi« bei einer Übung des Reichsheeres. Foto, Februar 1932.

2. Die Reichswehr und der republikanische Staat

a) Offizierkorps und Republik

Das Reichswehrgesetz und die 1922 erlassenen Berufspflichten des deutschen Soldaten trugen die Handschrift jenes Mannes, der das Bild der Reichswehr entscheidend geprägt hat: General Hans von Seeckt. Er war einer von vielen Angehörigen der deutschen militärischen Elite, den die Erfahrung von Krieg, militärischer Niederlage und Revolution sowie der Verlust der persönlichen Bindung an den Monarchen zunächst tief verunsichert hatte. Hinzu kam das Trauma von der Spaltung der Nation und der Verwicklung der Armee in die bürgerkriegsähnlichen Zustände 1918 bis 1920. Die Offiziere verarbeiteten diese Situation in unterschiedlicher Weise, das hatte unter anderem der Kapp-Lüttwitz-Putsch gezeigt. Aber gemeinsam war ihnen doch die weit gehende Ablehnung des neuen politischen Systems und seiner ▸ Symbole, wie es zum Beispiel im Boykott der Feiern zum Verfassungstag am 11. August durch die höchsten Repräsentanten der Reichswehr und im so genannten ▸ Flaggenstreit deutlich wird; gemeinsam war ihnen auch das Ziel, die Revision des Versailler Vertrages zu erreichen und Deutschlands Rang als Großmacht wieder herzustellen. In der Marine war außerdem der Anspruch weltpolitischen Denkens der Ära Tirpitz lebendig geblieben.

Auf dieser Grundlage ein der Demokratie verpflichtetes Offizierkorps zu schaffen, war wenig aussichtsreich; und weder der Chef der Heeresleitung noch der Chef der Marineleitung unternahmen einen solchen Versuch. Für Seeckt wie für Admiral Paul Behncke galt es vielmehr, ein Offizierkorps zu schaffen, das sich durch Loyalität gegenüber der militärischen Führung auszeichnete und sich allem »Politisieren« enthielt. Die Reichswehr sollte – das war nach der Zerreißprobe des Kapp-Lüttwitz-Putsches das erklärte Ziel – »unpolitisch« und »überparteilich« bleiben.

Noch als Chef des Truppenamtes hatte Seeckt durchgesetzt, dass ein verhältnismäßig hoher Prozentsatz an Generalstabsoffizieren in das Reichsheer übernommen wurde. Auf diese Weise konnte sichergestellt werden, dass die traditionelle Berufsauffassung der deutschen Militärelite auch auf die Reichswehr übertragen wurde und die während des Krieges geformten neuen Offiziertypen des »reinen Kriegers« und des »politischen Soldaten« dort keinen Einfluss ausüben konnten. Im Übrigen schrieben die Auswahlrichtlinien des Reichswehrministeriums für die Übernahme von Offizieren der alten Armee in das Reichsheer vor, dass dafür in erster Linie Fähigkeit und Tüchtigkeit maßgeblich sein sollten. Die Entscheidung darüber, welche Bewerber für die Offizierlaufbahn angenommen wurden, überließ das Personalamt den Regimentskommandeuren und den Kommandeuren selbstständiger Bataillone, die ebenfalls noch in den traditionellen Kategorien dachten. Auf diese Weise war gewährleistet, »dass das Offizierkorps des Reichsheeres eine politische Homogenität [gr.; Einheitlichkeit] im Sinne eines Bekenntnisses zu vorrepublikanischen, obrigkeitsstaatlich und undemokratisch strukturierten Staats- und Gesellschaftsideen bewahrte« (Rainer Wohlfeil).

Im Geiste dieser Tradition wurde auch der Offiziernachwuchs erzogen. Das »alte Ehrgefühl« sollte als »heiliges Vermächtnis« einer großen Vergangenheit »treu bewahrt und gepflegt« werden, fordert der erste Erlass

058 Kriegsflagge des Norddeutschen Bundes, später des Deutschen Reiches 1867–1921.

059 Kriegsflagge des Deutschen Reiches 1922–1933.

1 Gustav Noske, »Das Führen von schwarz-weiß-roten Fahnen durch die Truppe« (19. September 1919)

Der Reichswehrminister verbot das Tragen von »alten« Fahnen. Da viele Soldaten die neue politische Ordnung in Deutschland ablehnten und mit ihr auch die Symbole der Weimarer Republik, trugen sie weiterhin demonstrativ die alten Reichsfarben.

»In letzter Zeit mehren sich die Fälle, daß Truppenteile unter demonstrativem Vorantragen schwarz-weiß-roter Fahnen durch ihre Garnisonen usw. marschieren. So sehr ich die Gefühle verstehe, die die Truppe den ehemaligen Reichsfarben noch entgegenbringt, muß ich doch die Herren Kommandeure eindringlichst bitten, Maßnahmen zu treffen, die in Zukunft derartige demonstrative Züge der Truppe hinter der schwarz-weiß-roten Fahne verhindern. Abgesehen davon, daß es auch unter den früheren Verhältnissen nicht üblich war, daß die Truppe hinter einer schwarz-weiß-roten Fahne marschierte, steht mit Recht zu befürchten, daß, nachdem nunmehr durch die neue Verfassung andere Reichsfarben festgelegt worden sind, ein großer Teil unserer Bevölkerung aus dem oben geschilderten Verhalten der Truppe mit Recht eine Auflehnung der Truppe gegen die jetzige Regierung und gegen die durch sie vertretene Mehrheit unseres Volkes erblicken kann.«

Zit. nach: Zwischen Revolution und Kapp-Putsch. Militär und Innenpolitik 1918–1920. Bearb. von Heinz Hürten, Düsseldorf 1977 (= Quellen zur Geschichte des Parlamentarismus und der politischen Parteien. 2. Reihe: Militär und Politik, 2), S. 222 f.

061 Plakat gegen die Beibehaltung der Farben des Kaiserreiches, um 1926.

1 »Flaggenstreit« (1925)

Sogar im Urlaub war der Flaggenstreit ein Thema. Besonders in antisemitischen und nationalistischen Hochburgen erforderte das Zeigen der Farben Schwarz-Rot-Gold einigen Mut. Ein Badegast, der im Nordseebad Juist 1925 die Reichsflagge hissen wollte, berichtete folgende Episode:

»Am Verfassungstage zogen wir mit wehender Reichsfahne fröhlich zum Strande. [...]
Aber die Reichsfarben Schwarz-Rot-Gold scheinen hierorts fremd zu sein. Im Handumdrehen hatten wir murrende Massen um uns. Wir stellten – nachdem ein passender Platz gefunden war – ruhig unser Zelt auf, hißten die Fahne. Nun brach das Unwetter los! Es erschien vorerst eine Deputation bartloser Jünglinge, die sich ›Schwarzweißrote Strandkompanie‹ nannte und uns im Auftrage ›sämtlicher Badegäste‹ aufforderte, die Fahne herunterzuholen! [...]
Wenige Augenblicke später waren wir von hunderten von Menschen umringt, die in ein wüstes Gejohle ausbrachen! Die Reichsfarben wurden als Juden- und Barmat-Fahne bezeichnet, und einzelne aus der Menge entblödeten sich nicht, meine Frau – die mit unseren fünf Kindern bei mir stand – als ›Frauenzimmer‹ zu bezeichnen. Die Menge wurde bösartig. Einer der Helden sprang auf den Sandhügel zur Fahne und fragte meinen Sohn höhnend, wie lange er wohl glaube, die Fahne noch bewachen zu können. Da sprang ich hinzu und antwortete: ›Heute, am Verfassungstage, bleibt die Fahne solange stehn, wie es mir beliebt.‹ Inzwischen – unser Zelt mochte seit etwa zwei Stunden belagert sein, und die Zudringlichkeiten wurden größer – kam ich mit einem der Helden ins Handgemenge. [...] Schutz war nicht vorhanden. [...] Nicht unerwähnt möge hierbei bleiben, daß selbst Schwestern evangelischer Verbände in eine Art Veitstanz verfielen, als sie unsere schwarz-rot-goldene Fahne gewahrten.«

Zit. nach: Frank Bajohr, »Unser Hotel ist judenfrei«. Bäder-Antisemitismus im 19. und 20. Jahrhundert, Frankfurt a.M. 2003, S. 99 f.

062 Auszug der Jenenser Studenten in
den Freiheitskampf gegen Napoleon 1813.
Ölgemälde von F. Hodler 1909.

063 Das Hambacher Fest am 27. Mai 1832.
Aquarell von Boehn.

064 Mitglieder von SS und »Stahlhelm«
zerreißen nach der »Machtergreifung«
die schwarz-rot-goldene Fahne. Berlin,
Frühjahr 1933.

Die Ursprünge

Die Nationalfarben Schwarz-Rot-Gold gehen auf die Uniformen des Lützow'schen Freikorps zurück. Während der Freiheitskriege gründete Major Ludwig Adolf Freiherr von Lützow 1813 ein Freikorps, in dem Freiwillige aus verschiedenen deutschen Staaten kämpften. Ihre Uniformen waren schwarz gefärbte Zivilröcke mit roten Samtaufschlägen und goldenen Knöpfen. Die Uniformfarben der Lützower Jäger spiegelten Farben aus dem Wappen des alten Heiligen Römischen Reiches Deutscher Nation wider: Ein schwarzer Adler mit roter Bewehrung auf goldenem Grund.

Nach den Freiheitskriegen übernahm die Jenenser Urburschenschaft, die von ehemaligen Mitgliedern des Lützower Freikorps gegründet worden war, die Farben Schwarz-Rot-Gold. Beim Wartburgfest 1817 führten die Studenten eine rot-schwarz-rote Fahne mit goldenem Eichenlaub in der Mitte mit sich.

Durch das so genannte Farbenlied »Wir hatten gebauet ein stattliches Haus« von August Daniel von Binzer (1793–1868) – während der so genannten Demagogenverfolgung (1819) – entstand die Reihenfolge Schwarz-Rot-Gold, die zum Sinnbild der nationalstaatlichen Bewegung wurde und die anlässlich des Hambacher Festes 1832 erstmals zu sehen war. Bereits 1848 erklärte die Frankfurter Nationalversammlung die schwarz-rot-goldenen Farben zu den Bundesfarben.

066 Erinnerung an den Befreiungskampf in der verhängnisvollen Nacht vom 18. zum 19. März 1848. Zeitgenössische kolorierte Kreidelithografie.

065 Am 9. November öffnet die DDR ihre Grenze nach Westberlin und zur Bundesrepublik; nach 28 Jahren fällt die Mauer. Bewohner aus West- und Ostberlin stehen auf der Mauerkrone am Brandenburger Tor. Foto, 1989.

Eine wechselvolle Geschichte

Nach dem »Bruderkrieg« von 1866 und der Gründung des Norddeutschen Bundes wurden die Flaggenfarben Schwarz-Weiß-Rot eingeführt und später vom Deutschen Kaiserreich übernommen. Erst in der Weimarer Republik wurden 1919 Schwarz-Rot-Gold wieder als Nationalfarben bestimmt, bis sie 1933 durch die Nationalsozialisten abermals abgeschafft wurden.

In der Bundesrepublik Deutschland wurden mit der Verkündung des Grundgesetzes 1949 die Farben Schwarz-Rot-Gold zur Nationalflagge bestimmt. Auch in der DDR waren Schwarz-Rot-Gold die Farben der Staatsflagge, ab 1959 mit dem Staatswappen (Hammer-Zirkel-Ährenkranz). Seit 1990 ist Schwarz-Rot-Gold die Nationalflagge für das vereinigte Deutschland.

067 Rekruten des Luftwaffenausbildungsregimentes 1 in Goslar legen das feierliche Gelöbnis (Grundwehrdienstleistende) oder den Diensteid (Zeitsoldaten) ab. Foto, 2004.

1 Daniel August von Binzer, »Wir hatten gebauet« (1819)

Anlässlich der Auflösung der Jenenser Urburschenschaft 1819 gedichtet. Mit der siebten Strophe liegt die früheste schriftliche Erwähnung der Farben Schwarz-Rot-Gold vor.

»Wir hatten gebauet ein stattliches Haus,
|: und drin auf Gott vertrauet, trotz Wetter, Sturm und Graus. :|

Wir lebten, so traulich, so innig, so frei,
|: den Schlechten ward es graulich, wir lebten gar zu treu! :|

Man lugte, man suchte nach Trug und Verrat,
|: verleumdete, verfluchte, die junge grüne Saat! :|

Was Gott in uns legte, die Welt hat's veracht't,
|: die Einigkeit erregte bei Guten selbst Verdacht! :|

Man schalt sie Verbrechen, man täuschte sich sehr;
|: die Form kann man zerbrechen, die Liebe nimmermehr. :|

Die Form ist zerbrochen, von außen herein,
|: doch, was man drin gerochen, war eitel Trug und Schein. :|

Das Band ist zerschnitten, war Schwarz, Rot und Gold,
|: und Gott hat es gelitten, wer weiß, was er gewollt! :|

Das Haus mag zerfallen, was hat's dann für Not?
|: Der Geist lebt in uns allen, und unsre Burg ist Gott! :|«

Allgemeines Deutsches Kommersbuch, unveränderter Nachdruck der 160. Auflage von 1978, Lahr 1988, S. 212

»Grundlagen der Erziehung des Heeres« vom 1. Januar 1921. Die Regimentskommandeure sollten Sorge dafür tragen, dass »richtiges Ehrgefühl, echte Kameradschaft, selbstlose Hingabe an den Dienst und würdige Lebensführung« im Offizierkorps herrschten. Wie in den »Berufspflichten« von 1922 findet sich auch in diesem Erlass nirgendwo ein Bezug auf die neue Staatsform und darauf, dass der Soldat nicht nur zum Schutz des Vaterlandes allein, sondern auch zum Schutz der Verfassung und damit der Republik bereit sein musste.

Das Problem, ein einheitliches Offizierkorps zu schaffen, stellte sich für die Marine nach der Katastrophe des Kapp-Lüttwitz-Putsches in noch stärkerem Maße als für das Heer. Dies lag auch daran, dass ein verhältnismäßig großer Anteil der in die Reichsmarine übernommenen Soldaten – etwa ein Sechstel – vormals Angehörige der beiden ▸ Freikorps Erhardt und Löwenfeld waren. Sie machten aus ihrer radikalen politischen Gesinnung keinen Hehl. Als »Hort der Reaktion« galt vor allem die Marineschule Mürwik, wo zum Beispiel der Marineoffiziernachwuchs 1921 und 1922 die ▸ Morde an den Ministern Erzberger und Rathenau durch Angehörige der von Ehrhardt geleiteten Organisation Consul gefeiert haben soll. Admiral Behncke bemühte sich mit einigem Erfolg, solchen Erscheinungen entgegenzutreten und diese Strömungen in der Reichsmarine zu neutralisieren. Dabei unterschied sich sein Weg kaum von dem, den Seeckt eingeschlagen hatte: Auch er betonte die unpolitische Ausrichtung der Streitkräfte und richtete, wie aus seiner Antrittsrede vor den Befehlshabern und Kommandeuren der Marine vom 4. September 1920 hervorgeht, seinen Blick auf eine »bessere« Zukunft: »Wer die Zeit kennt, wie sie ist, wer aber sein Ziel festhält«, so führte er aus, »der bringt

– blutenden Herzens oft – seine Überzeugungen zum Schweigen, arbeitet und kämpft weiter, bis andere Zeiten kommen. – So geht es uns mit vielen Dingen, die wir jetzt ruhen lassen, wie Monarchie, Flagge und Kokarde. Das sind Fragen, die sich einst wohl auf vernünftigem Wege lösen lassen werden – für uns, die wir fest auf dem Boden der Verfassung stehen, sind sie einstweilen praktisch abgetan.«

Trotz all dieser Bemühungen kam es dann aber Mitte der Zwanziger Jahre im Rahmen der konkreten politischen Auseinandersetzungen um die Aufrüstung zu einer Spaltung unter den führenden Offizieren der Reichswehr. Sie beruhte auf unterschiedlichen Vorstellungen vom Krieg der Zukunft, der Rolle der militärischen Eliten und ihrer Beziehungen zur Masse der Bevölkerung, der Technologie und der Außenpolitik. Neben der von Seeckt und der Mehrheit der führenden Offiziere verkörperten »attentistischen« Richtung gewannen Offiziere zunehmend an Einfluss, die von manchen Historikern als »Technokraten« bezeichnet werden, weil sie ungeachtet von Traditionen und Werten ihre alleinige Aufgabe darin sahen, die gesamte Gesellschaft professionell auf den modernen Krieg vorzubereiten. Sie waren angesichts der Hilflosigkeit, mit der die Reichswehrführung dem französisch-belgischen Ruhreinmarsch 1923 gegenüber gestanden hatte, zu der Erkenntnis gekommen, dass das Seeckt'sche Konzept nicht geeignet war, einen künftigen »Befreiungskrieg« vorzubereiten. »Sie hatten begriffen, dass nicht nur die Strukturen von Militär und Gesellschaft entsprechend den Notwendigkeiten des industrialisierten Krieges organisiert werden müssten, sondern dass auch die Gewinnung und Sicherung einer Massenbasis sowie einer Zusammenarbeit mit der politischen Führung

068 Marinedolch, 1919.

071 Linienschiffe als Eisbrecher in der Ostsee 1928/29. Öl auf Leinwand von Alex Kircher. Auffällig ist, dass der Maler auf die Darstellung der richtigen Flagge verzichtet hat und stattdessen die Flagge der Reichsmarine von 1933 bis 1935 dargestellt hat. Das Gemälde zeigt in besonderer Art und Weise die Einstellung und Haltung der Reichsmarine zur Weimarer Republik.

070
Schießübungen des
Freikorps Ritter von Epp auf
dem Oberwiesenfeld
bei München. Foto, 1920.

069 Mitgliedsabzeichen
der Marinebrigade
Ehrhardt.

1 »Verordnung des Reichspräsidenten
über das Verbot militärischer Verbände« (24. Mai 1921)

Die zahlreichen Freikorpsverbände mussten laut den Bestimmungen des Versailler Vertrages bis 1920 offiziell aufgelöst werden. Viele Verbände existierten allerdings im Untergrund weiter.

129

»Auf Grund des Artikels 48 der Verfassung des Deutschen Reichs verordne ich zur Wiederherstellung der öffentlichen Sicherheit und Ordnung für das Reichsgebiet folgendes:
§ 1 Wer es unternimmt, ohne Genehmigung der zuständigen Dienststelle Personen zu Verbänden militärischer Art zusammenzuschließen, oder wer an solchen Verbänden teilnimmt, wird mit Geldstrafe bis zu einhunderttausend Mark oder mit Gefängnis bestraft.«

Zit. nach: Rainer Wohlfeil und Hans Dollinger, Die Deutsche Reichswehr. Bilder, Dokumente, Texte. Zur Geschichte des Hunderttausend-Mann-Heeres 1919–1933, Frankfurt a.M. 1972, S. 206

Politische Morde

Im Mittelalter bezeichnete die *Feme* (altdt.; Gericht) ein Sondergericht für besonders schwere Straftaten, dessen Ursprünge auf germanische Rechtstraditionen zurückgingen. Nach Kriegsende und dem Zusammenbruch des Kaiserreichs gaben sich die »politischen Soldaten« der Freikorps, enttäuschte Monarchisten und neue Radikale rechter Gesinnung mit verbalem Protest gegen den »Schandfrieden«, gegen die Republik als verhasstes Geschöpf der Revolution, überhaupt gegen die Versailler Nachkriegsordnung nicht zufrieden.

Der politische Mord wurde zu ihrer schärfsten Waffe im »Kampf um das Reich«. Nach dem gescheiterten Kapp-Lüttwitz-Putsch wurden die meisten Freikorps 1920 aufgelöst. Viele ehemalige Freikorpsmitglieder traten in andere paramilitärische Verbände wie den »Stahlhelm« und die SA ein. Aus ehemaligen Freikorpskämpfern rekrutierten sich auch die rechtsextremen Kampfbünde der 20er Jahre. So war aus dem Freikorps »Marine-Brigade Ehrhardt«, das den Kapp-Lüttwitz-Putsch unterstützt hatte und deshalb verboten worden war, die »Organisation Consul« (OC) unter der Führung von Kapitän Hermann Ehrhardt hervorgegangen.

In Anlehnung an die mittelalterliche Feme verübten rechtsextreme Geheimbünde wie die »Organisation Consul« Fememorde an ihren politischen Gegnern. Die OC hatte sich eine radikal antidemokratische Satzung gegeben und verlangte von ihren Mitgliedern, meist ehemalige Offiziere, unbedingten Gehorsam. Zu den prominentesten Opfern der »Organisation Consul« und anderer rechtsextremer Organisationen gehörten der bayerische Ministerpräsident Kurt Eisner im April 1919, der USPD-Vorsitzende Hugo Haase im November 1919, Reichsfinanzminister Matthias Erzberger im August 1921 und Außenminister Walther Rathenau im Juni 1922.

Die Mordanschläge der Freikorpsmitglieder und Angehörigen der Schwarzen Reichswehr gegen Juden, Sozialdemokraten und andere politische Gegner konnten mit Sympathie der nationalistischen Rechten und Teilen des bürgerlichen Lagers rechnen. Nur wenige der etwa 300 Fememorde wurden von der national-konservativen Justiz geahndet. Als der Fememörder Paul Schulz gefasst und zu Tode verurteilt wurde, bezeichnete Reichswehrchef Hans von Seeckt den Richterspruch »im Sinne einer höheren Gerechtigkeit« als »ein Fehlurteil«. Die Fememörder konnten die Aussage Seeckts als Rechtfertigung ihrer Taten von höchster Stelle verstehen. Angesichts so einflussreicher Fürsprecher und der öffentlichen Sympathie wurde kein einziges Urteil gegen Fememörder vollstreckt. Aufgrund zweier Amnestieverfahren der Jahre 1928 und 1930 wurden alle inhaftierten Täter entlassen und alle noch anhängigen Verfahren eingestellt.

073 Korvettenkapitän Hermann Ehrhardt (links) mit einigen seiner Offiziere. Foto, 13. März 1920.

072 Soldaten der Marinebrigade Ehrhardt hissen die Flagge der alten Kaiserlichen Marine in Berlin. Foto, 13. März 1920.

Politisch motivierte Verbrechen und ihre Sühne in der Weimarer Republik			
Politische Morde	linke Täter	rechte Täter	gesamt
insgesamt	22	354	376
davon ungesühnt	4	326	330
teilweise gesühnt	1	27	28
Verurteilungen	38	24	
Geständige Täter			
freigesprochen	–	23	
befördert	–	3	
Durchschnittl. Haftzeit je Mord	15 Jahre	4 Monate	
Hinrichtungen	10	–	
Geldstrafe je Mord	–	2 Papiermark	

Zit. nach: Putzger. Atlas und Chronik zur Weltgeschichte, Berlin 2002, S. 228

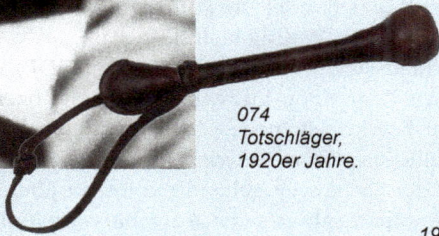

074
Totschläger,
1920er Jahre.

075
Schlagring,
1920er Jahre.

Sebastian Haffner, »Die Ermordung Rathenaus« (1938)

Haffner gehörte zu den erfolgreichsten und umstrittensten Publizisten der Nachkriegszeit. Seine Erinnerungen verfasste er 1938 im englischen Exil, wo er als Journalist tätig war.

»Es ist schwer zu sagen, wohin Rathenaus Politik Deutschland und Europa geführt hätte, hätte er Zeit gehabt, sie durchzuführen. Bekanntlich hatte er diese Zeit nicht, da er nach einem halben Jahr Amtsführung ermordet wurde. Ich erzählte schon, daß Rathenau massenhaft echte Liebe und echten Haß erregte. Dieser Haß war ein wilder, irrationaler, zu keiner Diskussion bereiter Urhaß, wie ihn wiederum seither nur ein deutscher Politiker geerntet hat: Hitler. Es versteht sich, daß die Hasser Rathenaus und die Hasser Hitlers sich irgendwie entsprechend von einander unterschieden wie diese beiden Persönlichkeiten selbst. ›Das Schwein muß gekillt werden‹ – das war die Sprache der Gegner Rathenaus. Dennoch war es überraschend, daß eines Tages die Mittagszeitungen ganz schlicht und ohne weiteres die Überschrift hatten: Außenminister Rathenau ermordet. Man hatte ein Gefühl, als wiche einem der Boden unter den Füßen, und dies Gefühl verstärkte sich, wenn man las, wie überaus leicht, mühelos und geradezu selbstverständlich die Tat vonstatten gegangen war.«

Zit. nach: Sebastian Haffner, Geschichte eines Deutschen. Die Erinnerungen 1914–1933, München 2000, S. 59 f.

076 Gedenkfahrt republiktreuer Verbände zu Rathenaus Grab. Koloriertes Foto von Georg Prahl, 24. Juni 1923.

eine unbedingte Notwendigkeit waren« (Jun Nakata). Im Denken dieser reformorientierten Offiziere hatten seit 1924/25 die Aufrüstung der Reichswehr und die ▸ »Wehrhaftmachung der Nation« absolute Priorität. Sie strebten an, die gesamte Politik des Reiches den militärischen Notwendigkeiten unterzuordnen. Allerdings gingen innerhalb dieser Gruppe die Ansichten in einem wichtigen Punkt auseinander: Oberst Joachim von Stülpnagel und Oberst Werner von Blomberg, Chefs im Truppenamt, suchten die Vorbereitung des gesamtgesellschaftlichen Krieges ungeachtet der innen- und außenpolitischen Rahmenbedingungen zu erreichen. Gegebenenfalls waren sie auch bereit, einen Verzweiflungskampf zu führen. Demgegenüber vertrat ein anderer Teil der »Reformer« – hier ist vor allem der Chef der Wehrmachtabteilung im Reichswehrministerium, Oberst Kurt von Schleicher, zu nennen – die Auffassung, dass eine autonome Aufrüstung für Deutschland in absehbarer Zeit keine Erfolge bringen könnte und dass das Risiko eines großen Krieges nicht eingegangen werden dürfe. Die »Wehrhaftmachung der Nation« könne nur in Zusammenarbeit mit den Politikern der Republik und in Abstimmung mit den außenpolitischen Vertragsverhältnissen gelingen. Diese unterschiedlichen Auffassungen innerhalb der Gruppe der »Technokraten« blieben bis zum Ausbruch der politischen Krise in Deutschland zu Beginn der dreißiger Jahre noch verdeckt, weil sich die Linie Schleichers durchsetzte. Mit der Verschärfung der Lage im Jahre 1932 wurden sie jedoch offenkundig.

b) Die Reichswehrführung in der Politik

Ungeachtet solcher Konflikte bestimmte aber ohne Zweifel über lange Zeit der zweite Chef der Heeresleitung, wie weit der politische Einfluss der Reichswehrführung in der Geschichte der Weimarer Republik ging. Seeckt verfolgte das Ziel, »militärisch und politisch Autorität zu sein« (Carl Hans Hermann). In gewisser Weise ließ er dabei den alten Immediatweg der Monarchie wieder auferstehen, indem er ohne den Dienstweg über die verfassungsmäßigen Instanzen den direkten Kontakt zum Reichspräsidenten als Oberbefehlshaber der Reichswehr suchte. Somit wurde es üblich, dass der Chef der Heeresleitung ohne Hinzuziehung des Kanzlers oder des Ministers dem Reichspräsidenten Vortrag hielt.

Reichswehrminister Otto Geßler (DDP), der nach dem Kapp-Lüttwitz-Putsch gleichzeitig mit Seeckt sein neues Amt angetreten hatte, stellte sich dieser Entwicklung nicht entgegen. In der Sache weit gehend mit Seeckt übereinstimmend sah er seine Aufgabe vornehmlich darin, die Reichswehr gegen jeden Einfluss von außen abzuschirmen. Dennoch blieb das Verhältnis zwischen Seeckt und Geßler distanziert, was wohl vor allem auf die herablassende Haltung zurückzuführen ist, mit welcher der General seinem Minister begegnete.

Seeckts Verständnis von der deutschen Politik nach der Niederlage hatte sich schon in einer ▸ Besprechung im Generalstab am 20. Dezember 1918 gezeigt. Anders als der damalige Major von Schleicher, der eine Art Stufenkonzept zur Wiedergewinnung der deutschen Großmachtstellung auf der Basis der wirtschaftlichen Gesundung des Reiches entwickelte, strebte Seeckt die Wiederherstellung der Großmachtstellung mit Hilfe einer auf Bündnisse gestützten aktiven Machtpolitik an. Hierbei

Die Reichswehrminister der
Zwischenkriegszeit

1919–1920

077
Gustav Noske.

＝"1 Hans von Seeckt, »Erlass an die Generalstabsoffiziere« (18. Oktober 1919)

In seinem Erlass ruft der Chef des Truppenamtes die Offiziere zur geistigen »Wehrhaftmachung« der Bevölkerung auf. Seeckt, der dem politischen System der Weimarer Republik ablehnend gegenüberstand, sah in der jungen Republik nur eine Zwischenstation. Eine Verfestigung der parlamentarischen Demokratie wolle er nicht.

»Der Friedensvertrag mit seinen Rüstungseinschränkungen muß durchgeführt werden. Das Wort, welches die deutsche Regierung mit ihrer Unterzeichnung gegeben hat, ist einzulösen. Kleinliche Umgehungsversuche sind ebenso unwürdig wie aussichtslos. Eins kann uns kein Friedensvertrag, kein Feind nehmen: männliches Denken Daß dieses unserem Volk nicht verloren geht, dazu mitzuhelfen ist unsere erste Aufgabe; noch mehr als früher muß der Offizier und mit ihm jeder Soldat Lehrer und Erzieher des Volkes werden. Zu dieser Arbeit rufe ich die Offiziere des Generalstabes auf. Innere Wehrhaftmachung ist das erste Ziel. Niemals ist der deutsche Offizier und im besonderen der des Generalstabes Raufbold, Abenteurer und Kriegshetzer gewesen. Er soll es auch jetzt nicht sein; aber lebendig soll in ihm die Erinnerung an die kriegerischen Großtaten deutscher Waffen bleiben. Sie in seinem Innern und im Volk zu pflegen sei ihm heilige Pflicht. Dann wird er und mit ihm das Volk nicht in verweichlichende Friedensträumereien verfallen, sondern sich bewußt bleiben, daß nur der eigene Wert des Mannes und der Nation bei der letzten Entscheidung gilt. Ruft erneut das Schicksal das deutsche Volk zu den Waffen – und unausbleiblich kommt einmal wieder dieser Tag – dann soll er kein Volk von Schwächlingen, sondern von Männern finden, die kraftvoll zur schnell vertrauten Waffe greifen.«

Zit. nach: Offiziere im Bild von Dokumenten aus drei Jahrhunderten. Hrsg. von Hans Meier-Welcker, München 1964 (= Beiträge zur Militär- und Kriegsgeschichte, 6), Nr. 73

＝"1 Friedrich von Rabenau, »Politische Lage« (Dezember 1918)

Der Bericht gibt die Besprechung von Generalstabsoffizieren über die politische Situation in Deutschland wieder.

»Am Abend des 20.12. war daher erneut eine politische Besprechung im Generalstab. Man saß und stand, aufs äußerste gedrängt, um einen länglichen Tisch herum. Schleicher sprach. Was er sagte, war zunächst vielleicht nicht so wesentlich. Eindrucksvoll war, wie er es sagte. Mit der dem Generalstabsoffizier gewohnten Prägnanz des Ausdrucks schien er ein Gebäude fesselnder Logik aufzubauen. Das wesentlichste jedoch war, daß er in einer Zeit, in der kein Mensch etwas zu wollen wagte, mit fast selbstverständlicher Nonchalance sagte, daß man in der Tat für die Zukunft etwas wolle. Er hat an diesem Tage ein Programm aufgestellt, von dem er nicht wieder abgekommen ist. Drei Etappen nannte er. Zunächst müsse man im Innern eine Regierungsgewalt wieder aufrichten, die sich durchzusetzen vermöge. Wenn der Soldat dabei helfe, könne das verhältnismäßig schnell gehen. Auf der Basis der wiederhergestellten Ordnung müsse man sodann zur Gesundung der Wirtschaft kommen. Erst auf den Schultern einer aus den Trümmern wieder aufgebauten Wirtschaft könne alsdann nach langen, mühevollen Jahren an die Wiedererrichtung der äußeren Macht herangegangen werden.«

Zit. nach: Zwischen Revolution und Kapp-Putsch. Militär und Innenpolitik 1918–1920. Bearb. von Heinz Hürten, Düsseldorf 1977 (= Quellen zur Geschichte des Parlamentarismus und der politischen Parteien. 2. Reihe: Militär und Politik, 2), S. 30 f.

133

1920–1928

078
Otto Geßler.

1928–1932

079
Wilhelm Groener.

schwebte ihm ein Zusammengehen mit dem wie Deutschland international isolierten Russland vor. In den kommenden Jahren leitete er die Zusammenarbeit zwischen der Reichswehr und der Roten Armee ein, die eine der wichtigsten Grundlagen für die spätere geheime Aufrüstung der Reichswehr bilden sollte.

Diese scheinbar widersprüchliche Zusammenarbeit mit dem Land, das zumindest bis 1923 offen die Revolution in Deutschland anstrebte, ermöglicht einen tiefen Einblick in Seeckts Staatsverständnis, das sich auch in seiner Haltung zur Weimarer Republik widerspiegelt. Für ihn gab es unabhängig von den jeweils herrschenden Regierungssystemen die »Staaten«, die als Akteure die internationale Politik beherrschten. Aus seiner Sicht war auch die Sowjetunion nichts anderes, als das »ewige alte Russland«, mit dem politisch im Sinne von Machtpolitik zusammengearbeitet werden konnte, während man im Innern den Kommunismus mit allen Mitteln bekämpfte.

Mit seinen auf »Machtpolitik« ausgerichteten Vorstellungen musste der Chef der Heeresleitung in Gegensatz zu Reichskanzler ▸ Gustav Stresemann geraten, der im Herbst 1923 den bis dahin gescheiterten außenpolitischen Kurs der Konfrontation mit den Siegermächten wechselte und die Revision des Friedensvertrages über die wirtschaftliche Zusammenarbeit mit den USA und den politischen Ausgleich mit Frankreich zu erreichen suchte. Seeckt lehnte die Zusammenarbeit mit dem Westen im Rahmen des ▸ Locarno-Paktes und den Eintritt in den ▸ Völkerbund sowie jegliche über die Grenzen des Versailler Vertrages hinausgehenden Verpflichtungen strikt ab und forderte stattdessen den weiteren Ausbau der wirtschaftlichen und militär-politischen Beziehungen zu Russland.

Auch innenpolitisch wichen Seeckts Vorstellungen von denen des Kanzlers ab. Der Chef der Heeresleitung bemängelte die föderale Struktur des Reiches, forderte die Einführung einer Reichsständekammer neben dem Reichstag und stellte das parlamentarische System grundlegend infrage. »Letzten Endes« so formulierte er in einer Stellungnahme von 1923, »handelt es sich um das große deutsche Problem: wollen wir Machtpolitik treiben, dann müssen wir den Leerlauf auf allen Gebieten ausschalten – er ist besonders groß durch den föderativen Aufbau des Reiches (rd. 90 Minister und über 2100 Abgeordnete)«. In seinem nie realisierten »Plan eines Regierungsprogramms« vom September 1923 gehörte deshalb auch die Vereinigung der Ämter des Kanzlers und des preußischen Ministerpräsidenten zu seinen vorrangigen Zielen.

Seeckt hat seine im Gegensatz zur Verfassung und im Widerspruch zur Politik der verantwortlichen Regierungen stehenden Auffassungen in zahlreichen Denkschriften niedergelegt. Er scheute sich auch nicht, dem Reichskanzler zu drohen: Wenn etwa der Chef der Heeresleitung anlässlich eines Besuches auf dem Truppenübungsplatz Döberitz am 7. September 1923 Stresemann gegenüber die deutliche Warnung aussprach: »Die Reichswehr steht hinter ihnen, wenn der Kanzler deutsche Wege geht!«, so spiegelte sich darin die traditionelle Auffassung des preußisch-deutschen Militärs über seine Rolle im politischen Geschehen wider. Dieser Vorgang macht auch deutlich, dass die Vorstellung von der »unpolitischen« und »überparteilichen« Reichswehr eine Fiktion war. Sie bezog sich lediglich auf die Masse der Soldaten, für die militärische Führung galt sie nicht. Daraus folgt, dass sie letztlich dazu diente, die bewaffnete Macht der Weimarer Repu-

134

1932–1933

080
Kurt von Schleicher.

1933–1938

(seit 1935 Reichskriegsminister und Oberbefehlshaber der Wehrmacht)

081
Werner von Blomberg.

Am 5. Oktober 1925 begann in der kleinen Stadt Locarno in der Schweiz eine internationale Konferenz über europäische Sicherheitsfragen, an der neben Reichskanzler Hans Luther und Außenminister Gustav Stresemann die führenden Staatsmänner Italiens, Frankreichs, Großbritanniens, Belgiens, Polens und der Tschechoslowakei teilnahmen. Bereits am 16. Oktober wurden Verträge abgeschlossen, welche ein europäisches Sicherheits- und Friedenssystem begründen sollten. Deutschland, Frankreich und Belgien verzichteten auf eine gewaltsame Veränderung ihrer Grenzen. Die im Versailler Vertrag festgelegte deutsche Westgrenze wurde vom Deutschen Reich ebenso bestätigt wie die Entmilitarisierung des Rheinlands. Großbritannien und Italien übernahmen die Garantie, bei einer Vertragsverletzung der jeweils geschädigten Seite zu Hilfe zu kommen. Die Verträge von Locarno, mit denen das französische Sicherheitsbedürfnis gegenüber Deutschland weit gehend zufriedengestellt wurde, galten als entscheidender Schritt zur Friedenssicherung in Europa. Eine Voraussetzung für den in Locarno unterzeichneten Verzicht auf eine gewaltsame Änderung der deutschen Westgrenze war die vertrauensvolle Zusammenarbeit zwischen Briand und Stresemann; beide erhielten für ihre Arbeit 1926 den Friedensnobelpreis. Mit »Locarno« durchbrach die Weimarer Republik endgültig ihre außenpolitische Isolierung.

Der Völkerbund ist die Vorgängerorganisation der United Nations Organization (UNO). Während des Ersten Weltkriegs griff der amerikanische Präsident Woodrow Wilson in seinem 14-Punkte-Pogramm vom Januar 1918 den Gedanken einer Friedensorganisation auf, der bereits in den beiden Haager Friedenskonferenzen von 1899 und 1907 entworfen worden war. Wilsons Forderung nach einer internationalen Gemeinschaft zur Sicherung des Friedens konnte auf der im Januar 1919 beginnenden Pariser Friedenskonferenz mit der Gründung des Völkerbundes erfolgreich umgesetzt werden. 1920 nahm der Völkerbund mit Hauptsitz in Genf seine Arbeit offiziell auf. Mitglieder des Völkerbunds waren zunächst 32 Siegermächte des Kriegs sowie 13 neutrale Staaten, nicht jedoch die USA. Deutschland wurde 1926 Mitglied und erhielt einen ständigen Sitz im Völkerbundrat. Dem Rat gehörten Großbritannien, Frankreich, Italien und Japan an. Oberstes Organ des Völkerbunds war neben dem Völkerbundrat die einmal jährlich in Genf tagende Bundesversammlung, in der jedes Mitglied eine Stimme besaß. Leitgedanke und wichtigste Aufgabe des Völkerbunds war die Erhaltung und Sicherung des Friedens. Gegenüber Friedensbrechern konnte der Völkerbund Sanktionen aussprechen. Mit Bildung der UNO 1946 beschloss der Völkerbund seine Auflösung.

082 Gustav Stresemann. Undatierte Porträtaufnahme.

Gustav Stresemann (1878–1929)

Reichskanzler – Als Abgeordneter der Nationalliberalen saß Stresemann von 1907 bis 1912 und von 1914 bis 1918 im Reichstag. Als Mitglied des Alldeutschen Verbandes trat er während des Ersten Weltkrieges für expansive Kriegsziele ein und lehnte die Friedensresolution des Reichstages 1917 ab. Stresemann gründete 1918 die Deutsche Volkspartei (DVP) und leitete diese bis zu seinem Tod. Er war zunächst gegen die Weimarer Republik und den Versailler Vertrag eingestellt, wandelte sich aber nach dem Kapp-Lüttwitz-Putsch zum »Vernunftrepublikaner«. Als Reichskanzler und Außenminister der Großen Koalition (1923) erreichte Stresemann die Stabilisierung der Weimarer Republik. Nach dem Ende seiner Kanzlerschaft gehörte er bis 1929 wechselnden Koalitionsregierungen als Außenminister an. Höhepunkte seiner Außenpolitik waren der Abschluss des Dawes-Planes 1924, die Locarnoverträge 1925, die Aufnahme Deutschlands in den Völkerbund 1926, der Berliner Vertrag 1926 und die Vorbereitung des Young-Planes. Für den von ihm initiierten Verständigungsprozess mit Frankreich erhielt er 1926 zusammen mit dem französischen Außenminister Aristide Briand den Friedensnobelpreis.

083 Plakat der DVP, Oktober 1929.

135

blik zu einem gefügigen Instrument in der Hand ihrer Führer zu machen und so zu verhindern, dass sie zu einem Mittel der verfassungsmäßig legitimierten Staatsgewalt würde.

Dennoch versagte sich Seeckt Versuchungen, die Staatskrise von 1923/24, in der ihm Reichspräsident Ebert zur Aufrechterhaltung der inneren Ordnung die vollziehende Gewalt übertragen hatte, zu einem Umsturz zu nutzen. Trotz mancher Ratschläge aus konservativen Kreisen, seine Position für einen politischen Systemwechsel zu nutzen, verhielt er sich dem Reichspräsidenten Ebert gegenüber loyal und gab im Frühjahr 1924 seine Befugnisse zurück. Seinen Anspruch, auf die Politik einzuwirken, bewahrte er sich gleichwohl; erst als im Jahre 1925 der frühere Generalfeldmarschall Paul von Hindenburg zum Staatsoberhaupt gewählt wurde, der seine Aufgabe als Oberbefehlshaber der Reichswehr in stärkerem Maße wahrnahm als Ebert, schwand Seeckts Einfluss mehr und mehr.

Stattdessen nahm die Bedeutung persönlicher Berater des Reichspräsidenten zu, wobei vor allem der Chef des Ministeramtes, General ▸ Kurt von Schleicher, zunehmend die Position eines politischen Akteurs »hinter den Kulissen« bezog. In den Hintergrund traten dagegen die Nachfolger Seeckts im Amt des Chefs der Heeresleitung, die Generale Wilhelm Heye und Kurt von Hammerstein. Leitendes Motiv Schleichers, der zu den reformorientierten Offizieren zu zählen ist, war dabei die systematische »Wiederwehrhaftmachung der Nation«. Seit dem Inkrafttreten des Versailler Vertrages hatten sich verschiedene militärische Dienststellen darum bemüht, die Abrüstungsbestimmungen zu umgehen. Alle diese Maßnahmen blieben aber wenig effektiv und waren 1924 kaum noch zu überschauen. Nach

dem politischen Ausgleich mit den ehemaligen Kriegsgegnern im Zuge der »Locarno-Politik« Stresemanns bot sich die Chance, die Rüstungsanstrengungen der Reichswehr auf eine neue Grundlage zu stellen. Begünstigt wurde dies auch durch den Abschluss der »Generalinspektion«, die das Ende der Interalliierten Militärkontrolle im Jahre 1927 herbeiführen sollte. Dazu suchte Schleicher die Annäherung an die politischen Entscheidungsträger.

Er beschränkte sich dabei aber nicht auf die ursächlich militärischen Aspekte, sondern es gelang ihm, über den Reichspräsidenten direkt auf die allgemeine Politik einzuwirken: Schleicher war es, der Hindenburg 1930 vorschlug, den Zentrumsabgeordneten ▸ Heinrich Brüning zum Reichskanzler zu ernennen und ihm die Möglichkeit zu geben, lediglich mit Hilfe präsidialer Vollmachten zu regieren; er war es auch, der Brüning 1932 zu Fall brachte und als dessen Nachfolger ▸ Franz von Papen vorschlug, einen Mann, den Schleicher steuern zu können glaubte. Schließlich übernahm der »politische General« selbst das Amt des Regierungschefs.

Anders als die Heeresführung engagierte sich die Marineführung kaum in Angelegenheiten der allgemeinen Politik. Sie hatte zunächst genug damit zu tun, ihre Selbstständigkeit im Rahmen der Reichswehr zu behaupten. Als das gelungen war, galt es, sich mit den Folgen des Kapp-Lüttwitz-Putsches auseinander zu setzen. Zudem waren Verbände noch bis 1922 damit beschäftigt, Minen in der Nord- und Ostsee zu räumen, so dass die Reichsmarine mit dieser Aufgabe vollauf ausgelastet war. Anders als Seeckt bemühte sich die Marineleitung um ein entspanntes Verhältnis zu den Repräsentanten der Politik. Im Gegensatz zum Verhältnis Geßler-Seeckt waren die Beziehun-

Heinrich Brüning (1885–1970)
Politiker – Er nahm am Ersten Weltkrieg als Kriegsfreiwilliger teil und wurde zum Offizier befördert. Von 1920 bis 1930 war Brüning Geschäftsführer der Christlichen Gewerkschaften. Seit 1924 saß er für das Zentrum im Reichstag. Brüning bildete 1930, gestützt auf das Vertrauen des Reichspräsidenten Paul von Hindenburg, eine bürgerliche Minderheitsregierung. Während der Weltwirtschaftkrise verfolgte er eine strikte Deflationspolitik und nahm damit eine Verschärfung der sozialen und politi-

084 Heinrich Brüning. Foto von E. Bieber, um 1930.

086 Kurt von Schleicher.
Porträtaufnahme, um 1930.

Kurt von Schleicher (1882–1934)
B General und Politiker – Bei Kriegende 1918, er war inzwischen zum Großen Generalstab versetzt worden, unterstützte er das Bündnis zwischen Armeeführung und Sozialdemokratie und avancierte zum engen Mitarbeiter und politischen Berater von General Hans von Seeckt.

Im Zusammenhang mit dem Verbot der SA kam es im April 1932 zum Zerwürfnis zwischen Schleicher und Reichswehrminister Groener. Schleichers Konzept zur »Zähmung« der Nationalsozialisten unter anderem durch die Einbindung der SA in eine überparteiliche Wehrorganisation scheiterte. Im Kabinett von Papen ernannte Hindenburg ihn zum Reichswehrminister. Nach ergebnislosen Verhandlungen mit Adolf Hitler über eine Regierungsbeteiligung der NSDAP wurde Schleicher am 3. Dezember 1932 von Hindenburg zum Reichskanzler berufen und mit der Bildung eines neuen Präsidialkabinetts beauftragt. Schleicher erklärte am 28. Januar 1933 nach einem Gespräch mit Hindenburg den Rücktritt seiner Regierung und empfahl die Ernennung Hitlers zum Reichskanzler. Kurt von Schleicher wurde am 30. Juni 1934 im Zuge der Niederschlagung der vorgeblichen »Röhm-Revolte« gemeinsam mit seiner Ehefrau von einem Kommando der SS ermordet.

088 Reichskanzler Franz von Papen mit Reichswehrminister General Kurt von Schleicher. Foto, 1932.

085 Franz von Papen.
Porträtaufnahme, um 1932.

Franz von Papen (1879–1969)
B Politiker – Ende des Ersten Weltkriegs war Papen Stabschef der 4. türkischen Armee in Palästina. Nach seiner Berufung zum Reichskanzler als Nachfolger Brünings brach Papen mit dem Zentrum und stürzte die Landesregierung von Preußen. Er schlug, gestützt auf Notverordnungen des Reichspräsidenten, einen zunehmend autoritären Kurs ein. So wurde während seiner Regierungszeit das Verbot von SA und SS aufgehoben. Nach den Neuwahlen zum Reichstag am 31. Juli 1932 wurde er von Kurt von Schleicher als Kanzler abgelöst. Papen war maßgeblich am Sturz seines Amtsnachfolgers beteiligt und ebnete Hitler so den Weg zur Macht. Im Kabinett Hitler wurde er Vizekanzler, blieb aber weit gehend einflusslos und trat nach der »Röhm-Revolte« 1934 zurück. Papen wurde Gesandter und Botschafter in Österreich, nach dem »Anschluss« Botschafter in der Türkei. Vom Internationalen Militärgerichtshof in Nürnberg wurde er von der Anklage des Kriegsverbrechens freigesprochen. Ein deutsches Gericht verurteilte Papen zu einer Strafe von acht Jahren Arbeitslager, aus der er aber vorzeitig entlassen wurde.

137

schen Konflikte in Deutschland in Kauf. Auf betreiben General Kurt von Schleichers wurde Brüning von Reichspräsident Hindenburg am 30. Mai 1932 entlassen. Im Jahre 1934 ging er ins Exil in die USA und lehrte dort als Professor an der Harvard University.

087 Das Kabinett Brüning tagt im Garten der Reichskanzlei in Berlin. Foto, 13. August 1930.

gen des Ministers zu den beiden Marinechefs seiner Amtszeit hervorragend. Positiv wurde auch 1922 im Reichstag bemerkt, dass sich Admiral Behncke oft unter den Zuhörern zeigte und damit seine Achtung vor dem Parlament bekundete. Er war sich der Abhängigkeit der Marine von den Parlamentsentscheidungen bewusst und suchte deshalb die Kontakte mit den Abgeordneten. Auch unter seinen Nachfolgern Hans Zenker und Erich Raeder gehörte es zu den ständigen Gepflogenheiten, Regierungsvertreter und Reichstagsabgeordnete zu Besuchen auf Kriegsschiffen einzuladen und dabei für die Belange der Marine zu werben.

Im Zusammenhang mit dem Schiffbauersatzplan, der 1927 den marineintern gewünschten stetigen Ablauf des Neubaus von Panzerschiffen festlegte, machten sich solche Kontakte positiv bemerkbar. Gleich drei Parteien – die DNVP, die DVP und die Wirtschaftspartei – brachten 1928 Anträge ein, die wie vor dem Ersten Weltkrieg das »Flottengesetz« vorsahen, den Schiffsneubau unabhängig von den jährlichen Etatberatungen des Reichstages zu machen. Einer dieser Entwürfe wurde auch angenommen, aber seine Durchführung scheiterte angesichts der sich verschärfenden Finanzkrise. Im Haushalt für 1932, der nicht mehr vom Reichstag verabschiedet, sondern aufgrund der ▶ Notverordnungspraxis erlassen wurde, gelang es dem Chef der Marineleitung dann doch, den Bau eines Panzerschiffs im Etat zu verankern. Am 1. Oktober 1932 wurde es auf Stapel gelegt. Damit war das vordringliche innenpolitische Ziel der Marine – die Lösung vom Bewilligungsrecht des Reichstages – erreicht. Raeder musste sich deshalb auch nicht an den innenpolitischen Auseinandersetzungen zur Zeit der Präsidialkabinette beteiligen.

3. Sicherheitspolitik und illegale Rüstung

Der Auftrag der Reichswehr bestand nach dem Friedensvertrag und der Verfassung darin, die Ordnung ▶ innerhalb des deutschen Gebietes aufrechtzuerhalten und den Schutz der Grenzen zu Lande und zur See zu gewährleisten. Die deutsche Militärelite hat diesen eingeschränkten Auftrag nie als endgültig akzeptiert. Daher ist erklärlich, dass schon bald nach dem Friedensschluss Möglichkeiten seiner Revision erörtert wurden. Bis in das ▶ Krisenjahr 1923 hinein musste sich aber die Reichswehr vor allem darauf konzentrieren, die innere Ordnung des Reiches gegen Angriffe von links und rechts zu behaupten. Gleichzeitig hatte sie organisatorische und personelle Probleme zu lösen und zu ihrer inneren Geschlossenheit zu finden. Dabei wurde aber das Ziel, den Weg zur Wiedererlangung der Großmachtstellung – unter Umständen auch mit militärischen Mitteln – zu beschreiten, nicht aus den Augen verloren.

Seeckt hatte schon 1921 »Grundlegende Gedanken zum Wiederaufbau unserer Wehrmacht« formuliert. Zu diesem Zeitpunkt schwebte ihm eine stufenweise Vergrößerung der Reichswehr auf zunächst 14, dann 21 Divisionen bis schließlich auf 63 Divisionen vor. In seinen Überlegungen erörterte er drei »Szenarien«, in denen die Reichswehr ihre durch den Versailler Vertrag erzwungene Form sprengen könnte: »unter Milderung des Friedens« durch alliierte Zugeständnisse, unter »Aufhebung« des Friedens oder durch einen unter bestimmten Bedingungen mit einem Volksaufgebot zu führenden »Verzweiflungskampf«, den er nicht als völlig aussichtslos ansah. Voraussetzung dafür seien aber im Innern die »Einigkeit und Festigung der Regierung« und die »nationale Bereitwilligkeit der Volksmasse zum Kampf«.

≡S Die Notverordnung nach Artikel 48 der Weimarer Verfassung regelte den Ausnahmezustand in der Weimarer Republik. Sie verlieh dem Reichspräsidenten die Macht, ohne das Parlament durch Notverordnungen zu regieren. Reichspräsident Ebert griff in der Frühphase der Weimarer Republik häufig auf diese Regelung zurück. In der Ära Hindenburg ermöglichte das Notverordnungsrecht die Bildung von Präsidialregierungen, die ohne Vertrauen des Reichstags und unabhängig vom Parlament, aber mit der Unterstützung des Reichspräsidenten regieren konnten. Im Jahre 1931 beispielsweise standen 34 vom Reichstag verabschiedeten Gesetzen 44 Notverordnungen gegenüber. Der Satz des Staatsrechtlers und Protagonisten des NS-Führerstaates Carl Schmitt »Souverän ist, wer über den Ausnahmezustand entscheidet« bewahrheitete sich damals mit der Folge, dass den Nationalsozialisten die Machtübernahme jenseits der parlamentarischen Vorgaben der Weimarer Verfassung ermöglicht wurde.

090 MG-Stellung von kommunistischen Aufständischen in Hamburg.
Foto, 23. Oktober 1923.

089
Selbst gebastelte Fahne der
KPD-Ortsgruppe Hamburg-Horn, 1919.

1 Hans von Seeckt, »Die Verwendung des Militärs im Innern« (10. September 1923)

Das Krisenjahr 1923 mit seinen unzähligen Putschversuchen von rechts wie von links veranlasste den Chef der Heeresleitung zu diesem Befehl, um die Staatsautorität aufrechtzuerhalten.

»Wir stehen vor der größten Krise, die das Reich bisher durchgemacht hat. Nur durch die unbedingte und rücksichtslose Aufrechterhaltung der Staatsautorität wird diese Krise überwunden werden können.
Die Abneigung des Soldaten, in den inneren Kampf einzugreifen und Polizeidienste zu verrichten, ist begründet. Sie darf aber nicht dazu führen, daß durch übermäßige Zurückhaltung der Truppe die Staatsautorität als solche aufs Spiel gesetzt wird. [...] Es ist die selbstverständliche Pflicht eines jeden Militärbefehlshabers, den ihm erteilten Auftrag unter allen Umständen zur Ausführung zu bringen. Die verantwortliche Entscheidung darüber, ob zur Ausführung des gegebenen Auftrages von der Waffe Gebrauch zu machen ist, und von welcher Waffe, liegt dem an Ort und Stelle befindlichen handelnden Militärbefehlshaber in jedem einzelnen Fall selbst ob. [...] Von geradezu verhängnisvoller Wirkung sind Direktiven wie: ›Nur im äußersten Notfall Waffe anwenden!‹, ›Nach Möglichkeit nicht von Schußwaffe Gebrauch machen!‹ Derartige Weisungen bedeuten lediglich das vorsorgliche Abschieben der Verantwortung für etwaige Folgen des Waffengebrauchs. Sie stellen eine psychische Beeinflussung der nachgeordneten handelnden Dienststellen dar, deren Auswirkung an die ›Schießverbote‹ der Revolutionszeit erinnert. Eine Gruppe, die schießt, löst die schwierigsten Aufgaben; ein Bataillon, das Gewehr bei Fuß steht, ist hilflos.«

Zit. nach: Zwischen Revolution und Kapp-Putsch. Militär und Innenpolitik 1918–1920. Bearb. von Heinz Hürten, Düsseldorf 1977 (= Quellen zur Geschichte des Parlamentarismus und der politischen Parteien. 2. Reihe: Militär und Politik, 2), S. 69 f.

Diese Voraussetzung war allerdings in seiner gesamten Amtszeit nicht gegeben.

Anders war es mit den Bedingungen, die Seeckt für ein solches »Volksaufgebot« noch benannte: Vorbereitungen auf personellem, technischen und operativem Gebiet sowie hinsichtlich der Ausbildungsvorschriften. Solche Vorbereitungen konnten auch unter den Bedingungen der Militärkontrolle – zumindest theoretisch – in Angriff genommen werden. Dazu begann das Truppenamt mit einer systematischen Auswertung der »Lehren des Weltkrieges«. Gleichzeitig nahm das Heereswaffenamt Kontakte zur Industrie auf, um deren Fertigungsmöglichkeiten für Rüstungsmaterial über die zugelassenen Fabriken hinaus zu erkunden. Im April 1925 legte das Truppenamt den »Großen Plan« vor, der die Voraussetzungen für die Aufstellung eines Kriegsheeres von 63 Infanterie- und 5 Kavalleriedivisionen mit einer Gesamtstärke von 2,8 Millionen Mann untersuchte.

Bis zur Besetzung des Ruhrgebietes durch französische und belgische Truppen hatte es – angesichts auch der Überwachung durch die IMKK – nur auf regionaler Basis und zum Teil ohne Kenntnis der Reichswehrführung in Zusammenarbeit mit nationalen Verbänden und ehemaligen Freikorpskämpfern im Rahmen des ostdeutschen Grenz- und Landesschutzes Ansätze zu einer geheimen Verstärkung des Wehrpotenzials gegeben, die allerdings von Seeckt eher kritisch gesehen wurden. Diese Ansätze bestanden vor allem darin, noch vorhandene Waffenbestände der alten Armee zu lagern und vor der Vernichtung durch die IMKK zu bewahren. Damit wurden »Arbeitskommandos« betraut, die sich aus Angehörigen früherer Freikorps und Einwohnerwehren der Jahre 1919/20 zusammensetzten. Sie hatten nach ihrer Auflösung in scheinbar zivilen Formen ihren militärischen Charakter beibehal-

ten und sich eng an die »vaterländischen Verbände« und den »Stahlhelm«, den nationalistischen und antiparlamentarischen Wehrverband der ehemaligen Frontkämpfer, angelehnt. Finanziert wurden solche Aktivitäten weit gehend aus privaten Spenden, die unter den »nationalen Kreisen« aufgebracht wurden. Mit dem Beginn des Ruhrkampfes im Jahre ▸ 1923 erlangten solche Verbände eine gewisse Bedeutung als Sammelbecken zur personellen Verstärkung bei einer Eskalation des Konfliktes. Gleichzeitig begann die Reichswehr mit der Anwerbung und militärischen Ausbildung von »Zeitfreiwilligen«, die kurzzeitig eine militärische Ausbildung durchliefen und den Grenz- und Landesschutz verstärken sollten. Dabei handelte es sich durchweg um Angehörige »nationaler« Organisationen. Für diese Formationen prägte die Öffentlichkeit den Begriff der »Schwarzen Reichswehr«.

Auch wenn solche illegalen Aktivitäten der Reichswehr von den rechten Kreisen unterstützt und gedeckt wurden, so konnten sie doch nicht immer verborgen bleiben. Vor allem der Grenz- und Landesschutz im Osten Deutschlands geriet frühzeitig in den Blick der Polizeibehörden Preußens und Bayerns. Während hingegen die ▸ bayerischen Behörden eher kooperativ waren, reagierte die sozialdemokratisch geführte preußische Regierung unter dem Ministerpräsidenten Otto Braun und dem Innenminister Carl Severing deutlich kritischer. Zwar versagte sich auch Severing im Gegensatz zu vielen seiner Parteifreunde nicht den Maßnahmen, die »geeignet sind, die Machtmittel des Reiches einem äußeren Feinde gegenüber zu stärken«, er verlangte aber, dass diese Waffen zum Schutz der Republik unbedingt »verfassungstreuen Männern, die das Vertrauen der Behörde und der Bevölkerung« besaßen, anvertraut würden.

S Nach der Niederschlagung der Münchener »Räterepublik Baiern« Anfang Mai 1919 und dem Scheitern des Kapp-Lüttwitz-Putsches im März 1920 wurde der Monarchist Gustav Ritter von Kahr bayerischer Ministerpräsident, der zunächst die Loslösung Bayerns vom Reich anstrebte. Unter ihm und seinen Nachfolgern entstanden zahlreiche von der Regierung geförderte konservative bis rechtsradikale »Einwohnerwehren«. Sie bildeten das Rückgrat der »Ordnungszelle Bayern«, die zum Sammelbecken für rechtsradikale Kräfte wurde. Die Bestrebungen, die »Ordnungszelle« zu separieren oder, gegebenenfalls durch einen »Marsch auf Berlin«, auf das ganze Reich auszudehnen, führten zu vielfachen Konflikten mit der Reichsregierung. Sie gipfelten im November 1923 im gescheiterten Hitler-Putsch.

S Der Hitler-Putsch erschütterte die Republik in einer tiefen wirtschaftlichen Krise. 1923 erreichte die Inflation ihren Höhepunkt. Die zum Kampf gegen die verhasste Weimarer Republik gerüstete Rechte spann ihre Fäden zunehmend in der bayerischen Hauptstadt. Hier war Adolf Hitler, Vorsitzender der NSDAP, zum politischen Führer des »Deutschen Kampfbundes« gewählt worden, dem die SA und bewaffnete bayerische Einwohnerwehren angehörten. Als Hitler erkannte, dass er mit seiner SA vom »Marsch nach Berlin« von anderen republikfeindlichen Kräften um Gustav Ritter von Kahr ausgeschlossen und ins politische Abseits gestellt werden sollte, versuchte er am Abend des 8. November 1923, das Signal zum Kampf gegen die »jüdisch-marxistische Brut« in Berlin zu geben. Er rief die »Nationale Revolution« aus und erklärte die bayerische sowie die Reichsregierung für abgesetzt.

Hitlers improvisierter und dilettantisch durchgeführter Putschversuch, zu dem er Erich Ludendorff eiligst herbeigerufen hatte, blieb isoliert. Ein am Morgen des 9. November von Hitler und Ludendorff angeführter Marsch mit mehreren Tausend, zum Teil schwer bewaffneten Teilnehmern, endete im Feuer der Polizei an der Feldherrnhalle. Vier Polizisten und 14 Demonstranten kamen ums Leben.

093 Putschversuch der NSDAP in München. Foto, 8./9. November 1923.

Die NSDAP wurde nach dem missglückten Putschversuch reichsweit verboten. Im Hochverratsprozess gegen Hitler im Februar 1924 erhielt dieser mit fünf Jahren Festungshaft ein vergleichsweise mildes Urteil. Zu diesem Zeitpunkt hatte die nationalsozialistische Propaganda den Putsch bereits in eine heroische Niederlage umstilisiert.

Proklamation
an das deutsche Volk!
Die Regierung der November-verbrecher in Berlin ist heute für
abgesetzt erklärt worden.
Eine
provisorische deutsche Nationalregierung
ist gebildet worden, diese besteht aus
Gen. Ludendorff
Ad. Hitler, Gen. v. Lossow
Obst. v. Seisser

092 Flugblatt der Putschisten vom 9. November 1923.

091 Hochverratsprozess in München. Die Angeklagten. Foto von Heinrich Hoffmann, 24. Februar 1924.

1 Hans von Seeckt, »Erlass des Reichswehrministeriums« (12. Dezember 1923)

Nachdem die Teilnahme einiger Angehöriger der Infanterie-Schule am Hitler-Putsch bekannt geworden war, reagierte der Chef der Heeresleitung darauf mit Kritik an den Kommandeuren.

»Einige Leutnants und Fähnriche waren von nationalsozialistischer Seite für die innere Organisation der eiligen Versammlung in der Schule und des Abmarsches gewonnen, mehrere bewaffnete Hitler-Kompanien zur gleichzeitigen Besetzung der Schule bestimmt, und Alles war mit skrupelloser Verschlagenheit, die vor keinem Eingriff in die Mannszucht der Anstalt zurückschreckte, darauf zugeschnitten, die Schülermasse in den trügerischen Taumel einer mächtigen grossdeutschen Bewegung zu versetzen, an der teilzunehmen vaterländische Pflicht sei. Die Befehle wurden im Namen des Generals Ludendorff gegeben und befolgt, da keiner der berufenen Vorgesetzten wirksam widersprach. [...] Nach einem Demonstrationszuge mit Gesang und Fahnen durch die Stadt, der sich unter Führung des bekannten Oberleutnants a.D. Rossbach vollzog, wurden die Schülerkompanien am Ziele von Hitler und General Ludendorff begrüsst und zu Sicherungszwecken verwendet. Gegen Mitternacht kehrten sie nach der Schule zurück. Teile brachen nachts zum zweiten Male auf. Der Rest wurde durch eingreifende Stammoffiziere festgehalten. Erst im Laufe des 9. waren die Waffenschüler wieder vollzählig versammelt. [...] Abgesehen von den gewonnenen Anführern, deren Verhalten gerichtlichem Urteil unterliegt, war sich die Masse der Schüler am Abend des 8. der Pflichtwidrigkeit ihres Tuns gar nicht bewusst und in dem naiven Glauben befangen, einer vaterländischen Pflicht folgen zu müssen. [...] Heute muss ich leider hinzufügen, daß sich das Stammoffizierkorps der Schule, als Ganzes (!) seiner vorbeugend erzieherischen Aufgabe und der kritischen Lage am 8./9. Nov. selbst nicht gewachsen gezeigt hat.«

Zit. nach: Offiziere im Bild von Dokumenten aus drei Jahrhunderten. Hrsg. von Hans Meier-Welcker, München 1964 (= Beiträge zur Militär- und Kriegsgeschichte, 6), Nr. 82

141

In zwei Abkommen vereinbarten 1923 Reichswehrminister Geßler und Severing die künftige
Zusammenarbeit. Darin versuchte das preußische Innenministerium die von der Reichswehr
betriebenen Maßnahmen im Grenz- und Landesschutz einer gewissen Kontrolle zu unterwerfen. Gleichzeitig akzeptierte es aber, dass
Personen, die nicht der Reichswehr angehörten,
Ausrüstung und Waffen verwahren durften.
»Organisationen irgendwelcher Art« sollten
dagegen nicht an diesen Maßnahmen beteiligt
sein. Trotz dieser Vereinbarungen kam es aber
weiterhin zu Auseinandersetzungen zwischen
Militär- und Zivilbehörden in Preußen, weil die
Reichswehr die Zusammenarbeit mit den Verbänden nicht aufgab. Severing betrachtete das
Übereinkommen daher bald als gescheitert.

Die enge Zusammenarbeit der bewaffneten
Macht mit den republikfeindlichen Kreisen im
Rahmen der geheimen Rüstung bildete eine
nicht unbedeutende Gefahr für das politische
System von Weimar und drohte – was für Seeckt
entscheidender war – die innere Ordnung der
Reichswehr infrage zu stellen. Deshalb vollzog
er nach einem gescheiterten Putschversuch von
Teilen der ▶ »Schwarzen Reichswehr« unter der
Leitung des Majors a.D. Buchrucker im Oktober
1923 einen Trennungsstrich zwischen der Reichswehr und solchen irregulären Formationen und
Verbänden. Verbindungen auf der unteren Ebene blieben aber mit Duldung der Reichswehrführung bestehen, und der Grenz- und Landesschutz im Osten Deutschlands basierte bis über
1933 hinaus auf dieser Grundlage.

Wichtiger als die personellen Mobilma-
chungsvorbereitungen im Innern sollte für
die deutsche Rüstungs- und Militärpolitik die
seit 1920 von Seeckt eingeleitete Zusammenarbeit zwischen der Reichswehr und der Roten
Armee werden. Ziel dieser Zusammenarbeit

142

war es aus deutscher Sicht, den Rüstungsbe-
schränkungen durch den Versailler Vertrag
zu entgehen und Erfahrungen mit modernen
Kampfmitteln zu erwerben. Nach zögerlichen
Anfängen wurde diese Zusammenarbeit während der Ruhrbesetzung Anfang 1923 verstärkt.
Angesichts der Aussichtslosigkeit, den Franzosen und Belgiern mit militärischen Mitteln begegnen zu können, hatte die Reichsregierung
den »passiven Widerstand« ausgerufen. Daneben aber bereitete die Reichswehr Maßnahmen
vor, um möglicherweise zu einem späteren
Zeitpunkt zu aktivem Widerstand übergehen
zu können. Grundlage dafür war ein Betrag
von 100 Millionen Goldmark, welcher der
Heeresleitung von der Reichsregierung und
der Reichsbank zur Verfügung gestellt wurde. Mit diesen Mitteln wurden seit 1924 über
deutsch-russische Tarnfirmen Verträge zur
Giftgaserzeugung und zum Kauf von Artilleriegranaten abgeschlossen sowie Einrichtungen zur Ausbildung militärischer Spezialisten
und zur Erprobung moderner Waffen auf russischem Boden geschaffen. In Lipezk entstand
eine Fliegerschule, in der vorübergehend aus
der Reichswehr entlassene ▶ »Jungmärker« als
Piloten ausgebildet wurden, in Kasan wurde
eine Panzerschule aufgebaut, in der deutsche
Panzerprototypen erprobt wurden, und in

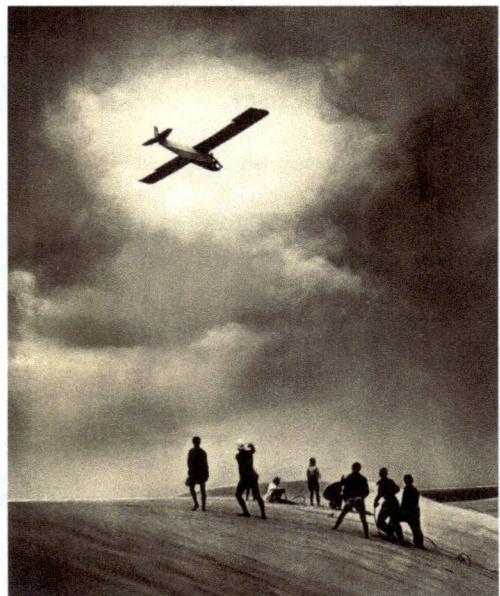

094 Segelflugzeug über den
Dünen der Kurischen Nehrung
in Ostpreußen. Foto, um 1930.

1 Bruno Ernst Buchrucker,
»Die Schwarze Reichswehr« (1928)

*Der Autor galt als Hauptorganisator der »Schwarzen
Reichswehr«. Da Buchrucker mit seiner Schrift eine
geschichtliche Darstellung der Vorgänge des Jahres
1923 bieten wollte, spricht er in der dritten Person
von sich.*

»Am 30. September 1920 wurde Buchrucker aus der
Reichswehr entlassen. Er trat in den Dienst der Orgesch
[Organisation Escherich; rechtsextreme Wehrorganisation
1920/21] der Provinz Brandenburg, die sich in dieser Provinz später in den Heimatbund umwandelte. Der Heimatbund wurde dann durch den preußischen Innenminister
aufgelöst, bestand aber heimlich weiter. Buchrucker hatte
militärische Vorbereitungen zu treffen und gewann dabei
die Ansicht, daß ohne enge Anlehnung an die Reichswehr
nicht weitergearbeitet werden dürfe. Er trat daher mit dem
Wehrkreise III (Berlin) in Verbindung und begann mit ihm
eine gemeinsame Tätigkeit. [...] In diese Zeit fielen die
Kämpfe in Oberschlesien. Buchrucker war nicht an ihnen,
wohl aber an der Bereitstellung von Truppen für sie beteiligt. Durch den Versailler Vertrag war das umstrittene
Land für die Reichswehr gesperrt. Das Reich ließ daher
die Kämpfe durch Freiwillige führen. Es gab Geld, Waffen
und Ausrüstung, sonst wäre der Kampf gar nicht möglich
gewesen. Dabei leugneten die Reichsbehörden, mit der
Sache irgendetwas zu tun zu haben, und stellen sie so hin,
als ob alles das Volk allein täte.«

*Zit. nach: Bruno Ernst Buchrucker, Im Schatten Seeckts.
Die Geschichte der »Schwarzen Reichswehr«,
Berlin 1928, S. 5 f.*

096 Werbeplakat der
Garde-Kavallerie-Schützen-Division
(Freikorps), die maßgeblichen Anteil
an der Niederschlagung des Spartakusaufstandes 1919 hatte.

S Der Begriff »Schwarze Reichswehr« bezeichnet militärisch formierte legale und illegale paramilitärische Organisationen neben der deutschen Reichswehr ab etwa 1921.
Sie wurden von der Reichswehr mit Geld, Waffen, Munition
und Gerät sowie durch die Bereitstellung von Personal und
dem Überlassen von Ausbildungsstätten unterstützt. Im en-
geren Sinn rechnete man nur die so genannten Arbeitskommandos des Majors Bruno Buchrucker, die seit den Kämpfen
der deutschen Freikorps in Oberschlesien im Frühjahr 1921
illegal beim Wehrkreiskommando III bestanden, zur Schwarzen
Reichswehr. Im weiteren Sinn gehörten zeitweilig noch andere
Verbände zur Schwarzen Reichswehr. Dazu zählten u.a. die
Sturmabteilung (SA) der NSDAP, der »Stahlhelm«, die »Organisation Consul« sowie verschiedene Einwohnerwehren. Der
Zweck dieser Verbände bestand darin, erstens den Versailler Vertrag zu umgehen, und zweitens, die Aufstellung einer
Reservearmee zu fördern. Durch den Küstriner Putsch vom
1. Oktober 1923 und durch die Prozesse gegen die so genann-
ten Fememörder erfuhr die Öffentlichkeit von der Existenz der
»Schwarzen Reichswehr«, deren Stärke Buchrucker allein für
den Wehrkreis III mit 18 000 Mann angab.

143

095 Deckblatt der Erstausgabe, 1928.

Wolsk unterhielt das Reichsheer ein wissenschaftliches Test- und Forschungsgelände für Gaskampfstoffe. Als »Gegenleistung« wurde Offizieren der Roten Armee die Möglichkeit geboten, an der geheimen Generalstabsausbildung der Reichswehr teilzunehmen.

Diese ungewöhnliche Zusammenarbeit zwischen dem ▶ Reichsheer und der Sowjetunion dauerte bis zur Machtübernahme Hitlers an. Sie schuf einige der wichtigsten Grundlagen für den technischen und personellen Ausbau der Wehrmacht im »Dritten Reich«.

Für die Marine hatte die heimliche Ausbildung personeller Reserven kaum eine Bedeutung. Nur etwa 200 Zeitfreiwillige wurden im Krisenjahr 1923 dafür erfasst. Wichtiger war es, den Anschluss an die technische Entwicklung der »Waffensysteme« zu halten, die ihr nach dem Versailler Vertrag verwehrt waren. Anders als das Heer war sie dabei aber gegenüber der Sowjetunion eher zurückhaltend. Stattdessen unterhielt sie Kontakte zu den Niederlanden, Spanien und Finnland, wo in Zusammenarbeit mit privaten Firmen der Bau deutscher U-Boot-Typen finanziell gefördert wurde. Die am Ende erzielten Erfolge blieben jedoch recht vage. Zwar gewannen deutsche Konstrukteure und inaktive Marineoffiziere im Auftrag der Marineleitung beim Bau und auf Probefahrten wertvolle Erfahrungen mit diesen Booten; das finanzielle Engagement der Reichsmarine blieb gemessen an dem Nutzen jedoch unverhältnismäßig hoch. Erfolgreicher verliefen dagegen die Bemühungen zum Aufbau einer Marineluftwaffe. Nach deutschen Plänen wurden beispielsweise in Schweden Seekampfflugzeuge gebaut. Die Weiterbildung früherer Marineflieger erfolgte aber in Deutschland auf zivilen Flugzeugen, die in den Zwanziger Jahren noch keine großen Unterschiede zu spezifischem Militärgerät aufwiesen. Seit 1925 wurden jeweils zwölf Kadetten eines Einstellungsjahres vor ihrem Eintritt in die Marine zum Seeflieger ausgebildet.

4. Reichswehr und Öffentlichkeit

Die Abkommen zwischen Geßler und Severing von 1923 zeigen, dass es auch unter der deutschen »Linken« Politiker gab, die bereit waren, Verstöße gegen den Versailler Vertrag mitzutragen, wenn sie im nationalen Interesse lagen. Aber innerhalb der SPD war die Haltung gegenüber der Reichswehr nicht einheitlich. Die Masse der Mitglieder nebst der Wähler der SPD standen der bewaffneten Macht aufgrund traditioneller Vorbehalte aus der Kaiserzeit und wegen des Vorgehens der Soldaten in den Wirren von 1919 und 1920 misstrauisch gegenüber. Die Parteiführung musste auf diese »antimilitärischen« Gefühle Rücksicht nehmen. So hielt sie sich nicht mit Kritik zurück, wenn Nachrichten über Missstände in der Reichswehr und über illegale Aktivitäten an die Öffentlichkeit gelangten. Einen Höhepunkt der Kritik bildete dabei die Rede des SPD-Reichstagsabgeordneten Scheidemann im Dezember 1926, die sich mit der Lieferung von 300 000 »Sowjetgranaten« befasste, die im September des Jahres in den Häfen von Stettin und Pillau entdeckt worden waren. Die Rede enthielt keine »Enthüllungen«, denn der Vorgang war schon in den Wochen zuvor in der Presse ausführlich dargestellt worden, aber Scheidemann nutzte die Gelegenheit, nach dem Abgang Seeckts grundlegende Reformen in der Reichswehr einzufordern.

Diese umfassende öffentliche Diskussion rückt einen Aspekt in den Vordergrund, der

144

S »Jungmärker« war die Bezeichnung für alle Fliegeroffizieranwärter die im russischen Lipezk eine fliegerische Ausbildung erhielten. Als »Altmärker« wurden wiederum alle aktiven Offiziere der Reichswehr bezeichnet, die bereits eine militärische Flugausbildung besaßen und nur zur Weiterbildung in die Sowjetunion kommandiert wurden.

097 Luftbild der Fliegerschule von Lipezk. Im Hintergrund die Wohnbaracken für die Flugschüler, links davon das weiße, 1927 neu errichtete Kasinogebäude. Luftaufnahme, nach 1928.

1 Kurt Freiherr von Hammerstein, »Das Verhältnis Reichswehr – Sowjetunion« (30. August 1930)

Der General der Infanterie bestreitet eine besondere Zusammenarbeit zwischen der Reichswehr und der Roten Armee. Viele Offiziere standen dieser Kooperation skeptisch gegenüber. Die Zusammenarbeit wurde streng vertraulich behandelt. Selbst der Reichswehrminister Geßler war nicht von Seeckt darüber informiert worden.

»Die Reichswehr ist im Kampf gegen den Kommunismus entstanden. Er war niedergeworfen, als Deutschland das Versailler Diktat annahm. Damals hat es wohl Stimmungen gegeben, die rieten, sich mit dem geschlagenen Gegner zu versöhnen und sich der bolschewistischen Idee in die Arme zu werfen, um mit Hilfe Rußlands, der einzigen Macht Europas außerhalb des Versailler Systems, den Freiheitskampf aufzunehmen. Während des Vordringens der russischen Heere nach Polen stand der ›Nationalbolschewismus‹ auf seinem Höhepunkt. [...] Damals richtete eine angebliche ›Gruppe kommunistischer Offiziere‹ – in Wahrheit August Thalheimer – einen Werbebrief an die Offiziere und versprach ihnen Rußlands Hilfe gegen Frankreich, wenn sich die Reichswehr auf die Seite der Kommunisten stellte. Damals ging die Initiative also von den Kommunisten aus, als ein Versuch, die Reichswehr für den Aufstandsversuch vom Herbst 1923 zu neutralisieren oder zu gewinnen. Seitdem ist der Gedanke des ›Nationalbolschewismus‹ tatsächlich tot. [...] Und wenn behauptet wird, sie triebe irgendwelche Sonderpolitik gegenüber Rußland, so ist das in jeder Beziehung falsch. Politik betreibt die Reichswehr überhaupt nicht, sondern die Richtlinien für ihr Handeln empfängt sie von der Reichsleitung. Gegenüber Rußland sind es dieselben wie gegenüber jedem Staat, zu dem das Deutsche Reich gute Beziehungen unterhält: wir suchen militärisch von ihm zu lernen und zeigen seinen Offizieren auch, was wir militärisch können, ebenso wie wir es mit Schweden, Spanien, der Schweiz, den Vereinigten Staaten von Nordamerika und anderen halten.«

Zit. nach: Ursachen und Folgen. Vom deutschen Zusammenbruch 1918 und 1945 bis zu staatlichen Neuordnung Deutschlands in der Gegenwart. Eine Urkunden- und Dokumentensammlung zur Zeitgeschichte. Hrsg. und bearb. von Herbert Michaelis und Ernst Schraepter unter Mitwirkung von Günter Scheel, Bd 7, Berlin 1962, Nr. 1612c

1 Arnold Rechberg, »Reichswehr und Rote Armee« (13. März 1930)

Der folgende Brief war an den Chefredakteur der »Vossischen Zeitung« adressiert und enthielt viele Punkte, die eine Zusammenarbeit zwischen Reichswehr und Roter Armee bewiesen. Die Reichswehrführung bestritt in der Öffentlichkeit immer wieder eine Kooperation mit der Sowjetunion.

»Das entscheidende Moment der Lage ist nach meiner Kenntnis der Dinge in den engen Bindungen zwischen der deutschen Reichswehr und den bolschewistischen Diktatoren gegeben. Ob der General Groener diese Bindungen in Abrede stellt, ist unerheblich, Tatsache ist jedenfalls:
1. Der Oberst Nicolai hat schon vor Jahren in Gegenwart von Zeugen den Plan des gemeinschaftlichen Kampfes der Reichswehr und der sowjetrussischen Roten Armee gegen Polen–Frankreich entwickelt. [...]
2. Diesem Plan entsprechend hat die Reichswehr, wie wiederholt öffentlich und unwidersprochen in der Presse gemeldet worden ist, den Bau deutscher Fabriken zur Herstellung von Kriegsmaterial in Sowjetrußland teils veranlaßt und teils protegiert. Noch in den letzten Wochen weilte ebenfalls nach unwidersprochenen Pressemeldungen der General Ludwig – bis vor kurzem in der Reichswehr Chef des Heereswaffen-Amtes und bekannt als einer der besten Spezialisten für die Bewaffnung moderner Armeen – längere Zeit in Rußland. [...]
4. Im Sommer 1929 ist ebenfalls nach unwidersprochenen Pressenachrichten die Verteidigung der Elblinie von der Reichswehr erneut in ausgedehnten Manövern durchgeprobt worden. Diesen Manövern haben zahlreiche Offiziere der Roten Armee als Gäste beigewohnt.«

Zit. nach: Eberhard von Vietsch, Arnold Rechberg und das Problem der politischen West-Orientierung Deutschlands nach dem 1. Weltkrieg, Koblenz 1938 (= Schriften des Bundesarchivs, 4), S. 224–229

145

098
Eine der drei Flugzeughallen der Lipezker Flugschule mit Fokker D XIII-Jagdflugzeugen. Foto, Ende 1920er Jahre.

für die deutsche militärische Elite ungewohnt war. Im Kaiserreich unter dem Schutz des Monarchen stehend und bestenfalls von den als »Reichsfeinden« verunglimpften Gruppen kritisiert, musste sie nun ein Verhältnis zu jenen Organisationen entwickeln, die den politischen Willen der Bevölkerung repräsentierten – den Parteien und Interessengruppen sowie ihren Presseorganen.

Dem Soldaten war jede politische Betätigung verboten, und die Reichswehr verstand sich im Sinne Seeckts auch als »über den Parteien stehend«. Viele Soldaten verachteten den »Parteienstaat« geradezu, weil er aus ihrer Sicht genau das Gegenteil dessen darstellte, was eine wehrhafte, in sich geschlossene Nation ausmachte. Allerdings gingen dabei nicht alle so weit wie der damalige Oberstleutnant und spätere Oberbefehlshaber des Heeres (ObdH) Werner Freiherr von Fritsch, der 1924 formulierte, dass »letzten Endes Ebert, Pazifisten, Juden, Demokraten, Schwarzrotgold und Franzosen alles das Gleiche sind, nämlich die Leute, die die Vernichtung Deutschlands wollen. Kleine Unterschiede mögen sein, im Enderfolg kommt es aber auf das Gleiche hinaus«. Aber das distanzierte Verhältnis der Mehrheit der Offiziere zum demokratischen System, zu den Parteien und zum Reichstag war doch offenkundig.

Ihren schärfsten Gegner sahen die Angehörigen der Reichswehr im organisierten Pazifismus. Bis zum Ersten Weltkrieg hatte er für das Militär keine Bedeutung gehabt. Angesichts der Rolle, die das Militär im wilhelminischen Deutschland einnahm, hielt man es für überflüssig, sich eingehend mit seinen Vertretern auseinanderzusetzen. Während des Krieges galten Anhänger der Friedensbewegung als Vaterlandsverräter, die den Kampfeswillen der Bevölkerung untergruben. Diese Einstellung

prägte auch das Verhältnis der Reichswehr zu den in der öffentlichen Meinung der Weimarer Republik geäußerten pazifistischen Stimmen. Zumal zahlreiche Publikationen aus dem pazifistischen Umfeld die geheimen Rüstungsanstrengungen der Reichswehr in die Öffentlichkeit brachten, hat die Reichswehrführung deshalb zahlreiche ▸ Gerichtsprozesse wegen Landesverrates angestrengt. Dabei fand sie sich in der zweifelhaften Lage, die Veröffentlichung ihrer eigenen Rechtsverstöße gegen den Versailler Vertrag als »Landesverrat« zu kriminalisieren. In vielen Fällen folgte ihr dabei offensichtlich aufgrund politischer Motive die noch stark vom konservativem Denken geprägte Rechtsprechung.

Dass sich innerhalb der Reichswehr deshalb eine natürliche Nähe zu den »patriotischen« Parteien und Verbänden der Rechten entwickelte, war nahe liegend. So fanden zweifellos die Deutsche Volkspartei (DVP) und die Deutschnationale Volkspartei (DNVP) im Offizierkorps die meiste Zustimmung, weil diese die Forderungen der Reichswehr in der Regel unterstützten und sich allen Versuchen demokratischer Kreise widersetzten, von außen in die bewaffnete Macht hineinzuwirken. Bei der DNVP kam hinzu, dass sich das Offizierkorps mehrheitlich aus jenen sozialen Schichten rekrutierte, die dieser Partei nahe standen.

Komplizierter gestaltete sich das Verhältnis zwischen Reichswehr und SPD. Hatte noch in der Umbruchzeit der erste Reichswehrminister, ▸ Gustav Noske, wegen seiner Persönlichkeit das Vertrauen der militärischen Führung erwerben können, so verschlechterte sich das Verhältnis nach dessen Rücktritt 1920 deutlich. Noch unter dem Eindruck des Kapp-Lüttwitz-Putsches forderte der »Vorwärts«, das Sprachrohr der SPD, es müssten nun in allen Truppen-

B Gustav Noske (1868–1946)

Politiker – Noske war der erste sozialdemokratische Minister mit der Zuständigkeit für das Militär in der deutschen Geschichte. Er ist zudem bekannt durch seine zentrale Rolle in der Novemberrevolution und den nachfolgenden politischen Auseinandersetzungen der Jahre 1918 bis 1920. In seiner weiteren Regierungstätigkeit zeigte er Verständnis für die Machtvorstellungen der Militärs. Er war nachgiebig gegenüber den re-

099 Erster Truppenbesuch des Reichswehrministers Noske in Stuttgart. Foto, 1918.

Der Wahltag in Berlin.
Die Deutsche Volkspartei am Potsdamer Platz.

101 Wahlwerbung der DVP auf dem Potsdamer Platz. Foto, Januar 1919.

S Der »Weltbühne-Prozess« gegen Carl von Ossietzky gilt als Musterbeispiel für die politische Justiz in der Weimarer Republik. Der bekennende Pazifist Ossietzky wurde als Herausgeber der Zeitschrift »Weltbühne« des Landesverrats angeklagt, da in einem Artikel der Zeitschrift über die geheime Aufrüstung der Reichswehr berichtet worden war. Ossietzky und der mitangeklagte Journalist Walter Keiser wurden wegen Landesverrat und Militärspionage zu jeweils 18 Monaten Haft verurteilt. Der Prozess, der unter Ausschluss der Öffentlichkeit stattfand, sollte das geheime Rüstungsprogramm der Reichswehr nicht gefährden. Die pazifistische Einstellung Ossietzkys rechtfertigte für das Gericht die Annahme, dass der Angeklagte als Verräter anzusehen ist. Das Weltbühne-Urteil stieß im liberalen und sozialdemokratischen Lager im In- und Ausland auf Ablehnung und Empörung.

100 Carl von Ossietzky. Porträtaufnahme, um 1923.

2 Manfred Messerschmidt, »Der Weltbühne-Prozess« (2005)

Der »Weltbühne-Prozess« gegen den Herausgeber der gleichnamigen Zeitschrift war der wohl spektakulärste Prozess gegen militärkritische Journalisten in der Weimarer Republik.

»Ein derartiges Zusammenspiel von Reichswehr und Justiz erreichte seinen Höhepunkt im ›Weltbühne-Prozeß‹ gegen Carl von Ossietzky. In den Urteilsbegründungen formulierte der IV. Senat des Reichsgerichts, der ›Angeklagte war auch Pazifist‹, womit psychologisch der Schluß gerechtfertigt sei, ›daß der Angeklagte, mit dem fraglichen Artikel antimilitärisch wirken wolle, und unter diesem Gesichtspunkt ergibt sich zwanglos der Wille des Angeklagten, etwas von der Militärverwaltung geheim Gehaltenes aufzudecken‹. Daß die Reichswehrführung ein politisches Urteil wollte, belegt der Schriftwechsel zwischen General von Schleicher und Staatssekretär Bernhard von Bülow im Auswärtigen Amt (AA). Schleicher erreichte eine prozeßwirksame Beteiligung des Auswärtigen Amtes mit der Forderung, es liege ein Präzedenzfall vor, man müsse die ›wirksamste Abwehr und die beste Verteidigung gegen das Verrätertum‹ durchsetzen. Die Anklageschrift des Oberreichsanwalts Karl August Werner hielt es ebenfalls für wichtig festzustellen, daß der Angeschuldigte überzeugter Pazifist sei. Diese Weltanschauungsfrage rechtfertigte nach Auffassung des Gerichts die Annahme, daß der Angeklagte ein Verräter sei.«

Zit. nach: Manfred Messerschmidt, Die Wehrmachtjustiz 1933–1945, Paderborn 2005, S. 12 f.

102 Plakat der DNVP. Entwurf von Richard Müller, 1924.

Frei von Versailles!
Los von jüdisch-sozialistischer Fron!
Für Freiheit u. Vaterland
Deine Losung
Deutschnational!

aktionären Bestrebungen der extremen politischen Rechten, die bei den kaiserlichen Offizieren viele Sympathien besaßen. Nicht nur bei Kommunisten, auch bei vielen Sozialdemokraten hatte er sich mit dieser Haltung jede Sympathie verscherzt. Im Zuge des Kapp-Lüttwitz-Putsches vom 13. März 1920 drängten ihn die Gewerkschaften und die SPD zum Rücktritt. Seine Versuche, nach 1920 in der SPD wieder Fuß zu fassen, scheiterten. Im Umfeld des 20. Juli 1944 wurde Noske von den Nazis verhaftet und in das KZ Ravensbrück verbracht, das er überlebte.

teilen »zivile politische Kommissare mit weitest gehenden Vollmachten« eingesetzt werden, um auf diese Weise eine demokratische Kontrolle über die bewaffnete Macht zu erlangen. Auf Parteitagen der SPD fanden sich immer wieder Stimmen, die verlangten, den Reichswehrrat grundsätzlich abzulehnen. Manche von ihnen gingen sogar so weit, die Abschaffung der bestehenden Streitkräfte zu fordern. Auf der anderen Seite gab es – wie das Beispiel Braun und Severing zeigt – SPD-Funktionsträger, die zur Zusammenarbeit mit der Reichswehr bereit waren, allerdings mit der Zielsetzung ihrer Reform zu einem Parlamentsheer. Konkrete Schritte dazu unternahm beispielsweise auch 1926 der Reichstagspräsident Paul Löbe, der nach dem Rücktritt Seeckts forderte, künftig die Einstellung von Freiwilligen durch zivile Parlamentskommissare zu überwachen, um auf diese Weise zur ▸ Republikanisierung der Reichswehr beizutragen.

Es gelang der SPD aber nicht, zu einer einheitlichen Linie zu finden. Im Jahre 1928 erreichte die Widersprüchlichkeit der ▸ SPD-Wehrpolitik ihren unrühmlichen Höhepunkt, als sich in der Auseinandersetzung über den Bau des Panzerschiffs -A- die Vertreter der SPD-Reichstagsfraktion offen gegen ihre eigenen Kabinettsmitglieder stellten und sie zwangen, gegen die eigene Gesetzesvorlage zu stimmen.

Als Versuch, ein einheitliches Wehrkonzept zu formulieren, müssen die »Richtlinien zur Wehrpolitik« gewertet werden, welche die SPD auf ihrem Magdeburger Parteitag 1929 verabschiedete. Diese Richtlinien bekannten sich im Kern zur bestehenden bewaffneten Macht, forderten aber ihre Einordnung »als dienendes Glied in die demokratische Republik«. Allerdings bestätigte das Abstimmungsergebnis von

242 zu 147 Stimmen, wie tief gespalten die Partei in dieser Frage nach wie vor war.

Aus der Sicht der Reichswehr wurde dieses Verhalten als Versuch gedeutet, sich in ihre inneren Verhältnisse einzumischen. Verbunden mit den traditionellen Vorbehalten gegenüber den »vaterlandslosen Gesellen«, die 1918 angeblich den »Dolchstoß« gegen die alte Armee geführt hatten, angesichts auch der starken pazifistischen Strömungen unter den sozialdemokratischen Funktionsträgern, wurde deshalb jeder Versuch der Einflussnahme auf die militärischen Belange abgewehrt. Dabei kam der Reichswehrführung zu Hilfe, dass sie seit 1925 mit dem neuen Reichspräsidenten über einen zuverlässigen Schutzpatron verfügte.

Als relativ unproblematisch kann man dagegen das Verhältnis der Reichswehr zu den »Mittelparteien« der Weimarer Republik, der Deutschen Demokratischen Partei (DDP) und dem Zentrum, bezeichnen. Beide Parteien zeigten den Willen zur Zusammenarbeit mit der Reichswehr und akzeptierten, – vorausgesetzt, sie würde sich der Staatsführung gegenüber loyal verhalten – dass ihr »Geist« antirepublikanisch blieb. Reichswehrführung und Truppe nahmen diese wohlwollende Einstellung als selbstverständlich hin, entrüsteten sich aber bereits über Forderungen nach kleineren Reformen, wie sie nach den Enthüllungen von 1926 auch in diesen Parteien erhoben wurden. Einen gewissen Umschwung in der Stimmung der DDP brachte dann allerdings die »Lohmann-Affäre« mit sich, so dass die Reichstagsfraktion gegen das ▸ Panzerschiff -A- stimmte. Reichswehrminister Geßler, der sich schon lange nicht mehr als Vertreter seiner Partei, sondern als Fachminister gesehen hatte, trennte sich deshalb 1927 von der DDP.

103 Stapellauf des Panzerkreuzers Deutschland (Panzerschiff -A-) auf der Germania-Werft in Kiel. Foto, März 1931.

1 Daniel Stücklen, »Staat im Staate« (26. Mai 1925)

Der SPD-Abgeordnete warf in seiner Rede vor dem Reichstag der Armee vor, eine von Gesellschaft und Staat losgelöste Existenz zu führen.

»Wir haben heute ein Heer der Republik, das, wie ich feststellen will, diesem Staate dient, dessen Leitung erklärt, wir stehen auf dem Boden der Verfassung; aber das schließt natürlich nicht aus, daß wir, wenn die Verfassung geändert, ein anderes Staatswesen aufgezogen wird, dann auch dem neuen Staatswesen dienen.

Es sind aber [...] recht deutliche Anzeichen dafür vorhanden, daß die Entwicklung der Reichswehr dahin geht, eine Art Staat im Staate zu werden. Das war das, was früher bei den Verhandlungen über die Reichswehr im Hauptausschuß und im Plenum dieses Hauses immer wieder betont wurde, eine gewisse Abgeschlossenheit, ein Korpsgeist, der zur Abgeschlossenheit führen mußte und letzten Endes bewirkte, daß die alte Armee wirklich ein Staat im Staate war, mit einem eigenen Ehrbegriff, ihrem eigenen Strafkodex, mit einem Wort eine Menge Einrichtungen, die von den Einrichtungen der zivilen Bevölkerung losgelöst waren. Im Hauptausschuß wurde darauf hingewiesen, daß die Anzeichen für eine solche Entwicklung abermals vorhanden seien. Die Gefahr ist um so größer, als früher der Soldat nur zwei Jahre diente und nach zwei Jahren in die Massen des Volkes zurücktrat, aus denen er gekommen war. Heute dient der Reichswehrsoldat zwölf Jahre. Zwölf Jahre verlebt er in einer ganz anderen Umwelt. Er ist ganz anderen Einflüssen und Eindrücken preisgegeben; das führt letzten Endes dazu, daß eine gewisse Entfremdung nicht vermieden werden kann.«

Zit. nach: Ursachen und Folgen. Vom deutschen Zusammenbruch 1918 und 1945 bis zur staatlichen Neuordnung Deutschlands in der Gegenwart. Eine Urkunden- und Dokumentensammlung zur Zeitgeschichte. Hrsg. und bearb. von Herbert Michaelis und Ernst Schraepter unter Mitwirkung von Günter Schell, Bd 6, Berlin 1961, Nr. 1606

105 Plakat der SPD zu den Reichstagswahlen vom 14. September 1930.

104 Wahlplakat der SPD.

1 »Forderungen der SPD zur Reform der Reichswehr« (Dezember 1926)

Nach dem Rücktritt Hans von Seeckts als Chef der Heeresleitung, der die Reichswehr aufgebaut und nach außen abgeschirmt hatte, forderte die SPD eine Reform der Armee. Unter Seeckt kam es zu einer Entfremdung zwischen Armee und Reichswehrministerium. Viele Entscheidungen traf Seeckt ohne die Kenntnis des zuständigen Ministers.

»Sofortige Forderungen:
6. Strikte Durchführung des Verbots jeder Verbindung der Reichswehr und der Reichsmarine mit den Rechtsverbänden. Verbot der Bestellung von Angehörigen der Rechtsverbände zu sogenannten Kreisoffizieren.
7. Verbot sämtlicher Geldsammlungen durch die Reichswehr und Verbot der Annahme von Spenden.
8. Einzelnachweise der pensionierten Offiziere oder der sonstigen Personen, die auf Privatdienstvertrag bei der Reichswehr oder der Reichsmarine angestellt sind. Die Nachweisung muß den Namen, den Stand, die Höhe der Entschädigung, den Ort und die Art der Beschäftigung enthalten.
9. Nachweisung der Munitionsdepots und Waffenlager.
10. Nachweisung, woher die Mittel zur Unterstützung von Junkers und Stolzenberg [Flugzeug- bzw. Kampfstoffhersteller] und für die Munitionslieferungen genommen worden sind.«

Zit. nach: Ursachen und Folgen. Vom deutschen Zusammenbruch 1918 und 1945 bis zur staatlichen Neuordnung Deutschlands in der Gegenwart. Eine Urkunden- und Dokumentensammlung zur Zeitgeschichte. Hrsg. und bearb. von Herbert Michaelis und Ernst Schraepler unter Mitwirkung von Günter Schell, Bd 7, Berlin 1962, Nr. 1610

Dass das Verhältnis der Reichswehr zu den Parteien der radikalen Linken, nämlich der bis 1922 existierenden Unabhängigen Sozialdemokratischen Partei (USPD) und der Kommunistischen Partei (KPD) eher ein »Nicht-Verhältnis« war, braucht kaum näher ausgeführt zu werden. Konsequente Feindschaft und Hass beruhten auf Gegenseitigkeit. Die Linksradikalen lehnten die bestehende bewaffnete Macht als ein Ordnungselement der zu überwindenden demokratischen Staatsordnung im Grundsatz ab. Dabei unterschieden sie sich nur insofern, als die USPD stärker aus pazifistischen Motiven heraus agierte, während die KPD die Errichtung eines bolschewistischen Staates mit neuen Streitkräften nach dem Vorbild der sowjetischen Roten Armee anstrebte.

Die zur Zeit der Weimarer Republik noch weit gehend bestimmten Parteien nahe stehende Presse spiegelte im Allgemeinen auch deren Positionen wider. Problematisch war, dass die Reichswehr in der Regel immer nur dann in die Spalten der Presse geriet, wenn es um »Enthüllungen« ging, wie die Zusammenarbeit mit der Roten Armee, die »Schwarze Reichswehr« oder etwa die »Lohmann-Affäre«. Dies führte dazu, dass auch liberale Presseorgane, die sich sonst bemühten, eine sachliche Position gegenüber der bewaffneten Macht einzunehmen, aus Sicht der Reichswehr zu ihren Gegnern zu zählen waren. Mit Recht ist deshalb festgestellt worden, dass die auf breitem Raum in der Öffentlichkeit ausgetragenen Diskussionen über Wehrfragen »die Kluft zwischen Heer und Republik eher vertieft, als dass sie sie überbrückt« haben (Gustav Trampe).

106 Wahlplakat der USPD, 1920.

5. Wandel der Beziehungen zur Republik unter dem Primat der »Wehrhaftmachung«

Die Wirkungen der Scheidemann-Rede vom Dezember 1926 war für die Reichswehr umso problematischer, als sich bereits in den Wochen zuvor nach Seeckts Rücktritt ein grundlegender Wandel im Umgang der Reichswehrführung gegenüber der Politik abgezeichnet hatte. Dabei war es nicht in erster Linie der Wechsel im Amt des Chefs der Heeresleitung gewesen, der diesen Wandel bewirkte, sondern die zunehmende Bedeutung, die das Problem der »Wiederwehrhaftmachung der Nation« inzwischen in den Augen der militärischen Eliten einnahm. Die ständige Gefahr der Aufdeckung illegaler Rüstungsmaßnahmen und deren fehlende Nachhaltigkeit hatten dort nämlich schon vor der Scheidemann-Rede zu Überlegungen geführt, aus der Illegalität herauszutreten und sich zumindest den verantwortlichen Politikern gegenüber zu öffnen.

Von Bedeutung für die künftige Politik der Reichswehr sollten dabei jene Überlegungen werden, die der Chef der Heeresabteilung im Truppenamt, Oberstleutnant Joachim von Stülpnagel, in einer Denkschrift vom Frühjahr 1924 entwickelt hatte. Wie Seeckt 1921 war Stülpnagel von der Vorstellung ausgegangen, dass ein künftiger Krieg Deutschlands gegen Frankreich unvermeidlich sei. Er hatte angesichts der Hilflosigkeit der Reichswehr während des französischen Ruhreinmarsches die Vision eines revolutionären Befreiungs- und Volkskrieges entwickelt, in der »jede Unterscheidung zwischen Kämpfern ausgelöscht und alle Menschen und alle Dinge Kriegsmaterial und Kriegsmittel« waren. Voraussetzung dafür aber war, dass sich das Ziel »im Einklang

109 Panzerschiff DEUTSCHLAND. Foto, Anfang 1930er Jahre.

KRIEGSSCHIFFE!

KEINE WOHNUNGEN
BAUT EINE RECHTSREGIERUNG!
Darum wählt Liste 1 · Sozialdemokraten

107 Wahlplakat der SPD zum Panzerschiffbau.

Morgenausgabe   Freitag
                                                          16. November 1928

Vorwärts
Berliner Volksblatt
Zentralorgan der Sozialdemokratischen Partei Deutschlands

Vorwärts-Verlag G.m.b.H.

Kampf um den Panzerkreuzer.
Genosse Otto Wels begründet den sozialdemokratischen Antrag. Groener für den Panzerkreuzer. — Heute Abstimmung.

108 Die öffentliche und parlamentarische Debatte um das Panzer-schiff -A- im Spiegel der Schlagzeilen des Zentralorgans der SPD. »Vorwärts« vom 16. November 1928.

Der Panzerkreuzerbau führte 1928 zu heftigen innenpolitischen Auseinandersetzungen. Mit der Parole »Kinderspeisung statt Panzerkreuzer« kritisierte die oppositionelle Sozialdemokratische Partei Deutschlands (SPD) im Reichstagswahlkampf 1928 die Ent-scheidung der bürgerlichen Reichstagsmehrheit, Zuschüsse zu Schul-kinderspeisungen zu streichen und gleichzeitig dem Bau des kostspiel-igen Panzerkreuzers -A- zuzustimmen.

Das Schiff, dessen vorgegebene militärische Bedeutung für den Küs-tenschutz in der Ostsee mehr als fraglich erschien, galt als Prestigeob-jekt der Marine. Entrüstet reagierte die sozialdemokratische Basis, als das nach der Reichstagswahl 1928 neu gebildete Kabinett unter dem sozialdemokratischen Reichskanzler Hermann Müller einmütig dem Bau des Panzerkreuzers zustimmte, um damit eine Regierungskrise

151

innerhalb der Großen Koalition zu vermeiden. Unter dem Druck der Parteibasis stellte die Reichstagsfraktion der SPD schließlich im November 1928 den Antrag, den Bau des Panzerkreuzers -A- einzustellen. Die unter Fraktionszwang stehenden sozialdemokratischen Regierungsmitglieder mussten paradoxerweise gegen den eigenen Kabinettsbeschluss für den Antrag stimmen, der von der Reichstagsmehrheit abgelehnt wurde. Eine Ausweitung der Regierungskrise konnte dadurch vermieden werden. Das öffentliche Echo auf die »Selbstde-mütigung« der regierenden SPD war hingegen verheerend: Von vielen Seiten wurde ihr Heuchelei und fehlende Glaubwürdigkeit vorgeworfen.

mit dem natürlichen Willen des Volkes« befand. Um diesen Zustand zu erreichen, hielt er eine völlige Wandlung der inneren Verhältnisse in Deutschland für zwingend notwendig und forderte letztlich die Umwandlung des Systems von Weimar in einen »Militärstaat«.

▶ Stülpnagels Überlegungen waren radikal und unter den Bedingungen einer parlamentarischen Demokratie nicht umzusetzen. Gleichwohl beeinflussten sie jene »technokratischen« Offiziere, die nach dem Ende des Ruhrkampfes und der unmittelbaren außenpolitischen ▶ Auseinandersetzung mit Frankreich zunehmend Deutschlands Militärpolitik bestimmten. Für sie machten es die Erfordernisse des modernen Krieges nötig, eine Massenbasis in der Bevölkerung zu gewinnen und solide – insbesondere auch finanzielle – Grundlagen für eine langfristige systematische Aufrüstung zu schaffen. Das aber hieß, dass man um eine Zusammenarbeit mit der Politik nicht herumkam. Allerdings bedeutete das nicht, sich freiwillig der politischen Führung unterzuordnen, denn den Führungsanspruch in den Vorbereitungen des gesamtgesellschaftlichen Krieges behauptete selbstverständlich – wie in der wilhelminischen Tradition – die militärische Elite.

Verantwortlich für diesen Kurswechsel war der Chef der Wehrmachtabteilung im Reichswehrministerium, Oberst von Schleicher. In seinem Sinne regte der neue Chef der Heeresleitung, General Heye, in einer Ministerbesprechung am 26. Februar 1927 an, einen Ausschuss zur politischen Abstimmung der geheimen Rüstungsmaßnahmen unter Beteiligung der Länder und auch der Parteien zu bilden, um langfristig »notwendige« Rüstungsvorhaben zu ermöglichen, die mit dem Versailler Vertrag nicht zu vereinbaren waren. Auch Reichskanzler Wilhelm Marx sprach sich dafür aus,

dass das Reichskabinett die Verantwortung für »diese Dinge« tragen müsse. »Dem müsse andererseits eine genaue Orientierung und jeweiliges Befragen des Kabinetts entsprechen.« Auf seinen Vorschlag hin erklärte die Reichsregierung ihr grundsätzliches Einverständnis mit dieser Politik.

Es bedurfte dann allerdings noch eines einschneidenden Ereignisses, um den von Schleicher beabsichtigten Kurswechsel mit aller Konsequenz umzusetzen. Dieses Ereignis markierte die »Lohmann-Affäre« im Sommer 1927.

Nachdem in den Jahren bis 1926 zahlreiche illegale Aktivitäten des Reichsheeres in der Öffentlichkeit bekannt geworden waren, gerieten 1927 auch die geheimen materiellen, personellen und organisatorischen Vorarbeiten der Reichsmarine in die öffentliche Kritik. Der Abteilungsleiter der Seetransportabteilung der Marineleitung, Kapitän zur See (z.S.) Walter Lohmann, hatte aus den Geldmitteln in Höhe von zehn Millionen Goldmark, die der Marineleitung für den Ruhrkampf zur Verfügung gestellt worden waren, ein kompliziertes Netz von privatwirtschaftlichen Tarnfirmen aufgezogen, die der »Sicherstellung gewisser militärisch notwendiger Marinebelange« dienen sollten, »denen aus verschiedenen Gründen beim ordentlichen Marinehaushalt nicht Rechnung getragen werden« konnte. Im Rahmen dieser Aktivitäten wurden zum Teil in Zusammenarbeit mit dem Ausland umfangreiche rüstungswirtschaftliche Vorbereitungen für die Marine betrieben, etwa im Hinblick auf die technische Weiterentwicklung von U-Booten und Flugzeugen. Auf deutschen Werften wurden Tanker und Motoryachten für die Marine gebaut – letztere als im Kriegsfalle einzusetzende Schnellboote. Darüber hinaus wurde mit dem Aufbau einer Marineluftwaffe begonnen,

152

110 100 Milliarden Mark. Einseitig bedruckte Banknote des Reichsbankdirektoriums, 5. November 1923.

B Joachim von Stülpnagel (1880–1968)

General – Nach dem Ersten Weltkrieg arbeitete Stülpnagel als Abteilungsleiter im Reichswehrministerium und beriet General von Seeckt beim Aufbau der Reichswehr. Hier verfasste er auch seine berühmte Denkschrift über den »Krieg der Zukunft«, in der er eine Art Guerillakrieg für einen zukünftigen Krieg gegen Frankreich vorschlug. Im Jahre 1929 wurde er zum General befördert. Bereits zwei Jahre später nahm er aus politischen Gründen seinen Abschied und betätigte sich fortan als Journalist. Er gründete 1936 den Verlag »Die Wehrmacht«. In den aktiven Dienst kehrte er nur kurzfristig zurück. Im Jahre 1939 wurde er reaktiviert, aber nur wenige Tage später wieder entlassen, da er Kritik an der Kriegspolitik Hitlers geäußert hatte. Stülpnagel hatte Kontakte zu Widerstandskreisen und wurde daraufhin nach dem gescheiterten Attentat vom 20. Juni 1944 verhaftet, konnte das Kriegsende aber überleben.

111
Deutscher Stoßtrupp
beim Verlassen des
Grabens, 1917.

1 Joachim von Stülpnagel,
»Der Krieg der Zukunft«
(18. März 1924)

General von Stülpnagel nahm 1931 seinen Abschied und wurde erst 1939 reaktiviert, um schon nach wenigen Tagen wegen kritischer Äußerungen gegen die Politik Hitlers wieder entlassen zu werden.

»Es steht für mich fest: Erstens, daß Deutschland in absehbarer Zeit einen Krieg führen muß, um sich von dem Vers. Diktat und dem französischen Gesindel in den Rheinlanden zu befreien und zweitens, daß wir uns bis zu diesem Zeitpunkt keine personelle und materielle Rüstung beschaffen können, die der feindlichen nur annähernd gleichwertig ist. [...]

Durchweg sind die Folgerungen aus der Erkenntnis, daß wir den Krieg unter anderen Voraussetzungen führen müssen, noch nicht gezogen. Ich fasse sie in folgenden Sätzen zusammen:

1. Wir müssen bewußt zunächst ›Ermattungsstrategie‹ und nicht ›Vernichtungsstrategie‹ treiben. [...] Im Kampf um Zeitgewinn, also strategisch defensiv, sehe ich eine Voraussetzung, die feindlichen Kräfte allmählich zu zermürben. Örtliche Angriffshandlungen gegen erkannte feindliche Schwächen sind hierbei immer zu erstreben, wie jede Defensive möglichst aktiv geführt werden muß.

2. Aus dem taktischen Zonenkampf von 1917/18 wird operativ der Flächenkrieg in tiefsten Räumen. Überall gegenüber der feindlichen Front muß der Kampf aufgenommen werden, aber nicht in der Art, daß der Feind mit seiner ungeheuerlichen Masse von schweren Kanonen, Tanks und Fliegergeschwadern auf einen deutschen Gegner stößt, der sich ›zur Entscheidungsschlacht stellt‹ und von dieser Masse erdrückt werden wird. Im Gegenteil, die schweren feindlichen Massen dürfen kein Ziel finden, wie eine ausgebaute Linie, oder eine geschlossene Artilleriegruppe, sondern sie müssen – schwer und nicht lohnend greifbar – überall in der Front auf einzelne Stoßtrupps, M.G.-Nester, Geschützzüge und auf dem Gelände angepaßte Stützpunkte in gemischten Verbänden stoßen, die den Feind immer wieder zu einem langsamen ›Durchfressen‹ durch das ganze deutsche Gebiet zwingen und ihn damit moralisch und materiell allmählich schwächen. [...]

3. Dieser Kampf wird für den Feind umso zermürbender, wenn der organisierte Volkskrieg in der Art der Sabotage oder bei genügend weitem Vorrücken des Feindes mit elementarer Gewalt mit einem Schlage im ganzen Rückengebiet ausbricht. [...]

5. Entscheidende Bedeutung von Luft- und Gaskampf – auch gegen die Bevölkerung.

6. Höchste Ausbildung der Soldaten als Einzelkämpfer und als Führer der unter Ziffer 2 genannten Stoßtrupps, Nester und Stützpunkte.«

Zit. nach: BA-MA, N 5/20, Bl. 22–36

153

indem Infrastrukturen für die Bodenorganisation geschaffen und künftige Seekadetten zu Fliegern ausgebildet wurden. Schließlich wurde über die Beteiligung an einer Filmgesellschaft der Versuch unternommen, Einfluss auf deren Projekte zu gewinnen, um den Wehrgedanken in der Öffentlichkeit zu fördern.

Diese Beteiligung an der Phöbus-Filmgesellschaft führte zum Scheitern des »Lohmann-Imperiums«. Als sie Konkurs anmelden musste, wurde auch die Beteiligung der Marine und schließlich der ganze Umfang der Lohmann'schen Aktivitäten aufgedeckt. Nach intensiven Untersuchungen musste Lohmann aus dem Dienst ausscheiden. Eine weitere Folge des Skandals war, dass auch der Chef der Marineleitung, Admiral Hans Zenker, verabschiedet wurde, denn er hatte einen Teil dieser Unternehmungen gebilligt. Seine Nachfolge trat Admiral Erich Raeder an, der die Führung der Marine bis weit in das »Dritte Reich« hinein inne haben sollte. Reichswehrminister Geßler hatte schon vorher die politische Verantwortung für den Vorgang übernommen und war Anfang 1928 zurückgetreten. Zu seinem Nachfolger ernannte der inzwischen zum Reichspräsidenten gewählte kaiserliche Generalfeldmarschall ▶ Paul von Hindenburg auf Betreiben Schleichers seinen früheren Ersten Generalquartiermeister in der OHL, den Generalleutnant a.D. Wilhelm Groener. Damit standen Anfang 1928 die gleichen Männer an der Spitze der Reichswehr, die 1918 Deutschlands militärische Führung gebildet hatten.

Mit Groener gelangte ein ehemaliger General in die politische Spitzenstellung, der anders als Geßler seine Rolle als verantwortlicher Minister auch gegenüber der militärischen Führung wahrnahm. Wie Schleicher glaubte er nicht daran, dass der Wiederaufstieg Deutschlands

durch zweifelhafte Rüstungsmaßnahmen und die Abschirmung der Reichswehr von der Politik zustandekommen würde. Stattdessen suchte er die Belange der bewaffneten Macht politisch über den Einfluss auf die verantwortlichen Vertreter der Regierung durchzusetzen.

Eine erste Folge der »Lohmann-Affäre« war, dass die Finanzierung der geheimen Rüstungsmaßnahmen auf eine neue Grundlage gestellt wurde. Seit 1925 hatte die Reichswehrführung Gelder, die für illegale Rüstungszwecke eingesetzt wurden, durch Abzweigung aus planmäßigen Mitteln einzelner Kapitel und Titel des regulären (»weißen«) Haushalts des Reichswehrministeriums entnommen und in einem besonderen Haushalt, getrennt für Heer und Marine, zusammengestellt (»roter« und »blauer« Haushalt). In der Vorlage im Reichstag wurden diese Teile durch einen vorgetäuschten Haushalt ersetzt, dessen Forderungen sachlich begründet sein mussten. Auf diese Weise konnten die Gelder ohne Kontrolle durch die Regierung und das Parlament eingesetzt werden. Nun wurde ein Mitprüfungsausschuss, bestehend aus dem Staatssekretär im Reichsfinanzministerium, den Chefs der Heeres- und der Marineleitung sowie dem Präsidenten des Reichsrechnungshofes, geschaffen, der über die Verwendung der Mittel informiert wurde. Dem Parlament blieb jedoch nach wie vor der Einblick versagt.

Für die Marineführung war die »Lohmann-Affäre« umso problematischer, als sie in eine Zeit fiel, in der die Marine ihr wichtigstes mit dem Versailler Vertrag in Einklang stehendes Rüstungsprojekt in Angriff nahm. Mit einem neuen Schiffstyp, der den Tonnagebestimmungen des Versailler Vertrages entsprach, aber an Kampfkraft den größeren Schlachtkreuzern nahe kam, suchte sie, ihre Einsatzmöglichkeiten zu verbessern. Die Marineleitung

154

112 Der deutsche Sieg bei Tannenberg in Ostpreußen im August 1914 wurde schnell zum Mythos verklärt und begründete den Ruf Hindenburgs als »Retter der Nation«. Ab 1919 benutzten rechts gerichtete Kreise den Tannenberg-Mythos zur Hetze gegen die Weimarer Demokratie. Gesamtansicht des 1927 errichteten Tannenberg-Nationaldenkmals (Luftaufnahme).

115 »Unser Hindenburg«.
Farbdruck nach Gemälde von
Walter Petersen, 1922.

B Paul von Beneckendorff und von Hindenburg
(1847–1934)

Preußischer Generalfeldmarschall und Reichspräsident – Bereits als Zwölfjähriger trat Hindenburg in die Kadettenanstalt Wahlstatt ein und entschied sich damit früh für die militärische Laufbahn. Seine Truppenverwendungen führten ihn schließlich 1903 an die Spitze des IV. Armeekorps nach Magdeburg, wo seine Karriere 1911 ihr vorläufiges Ende fand. Als der nunmehr 66-jährige General am 22. August 1914 reaktiviert und an die Spitze der 8. Armee berufen wurde, trauten ihm Wenige die Lösung der Krise an der Ostfront zu. Seine Rolle aber war von Anfang an darauf zugeschnitten, seinem designierten Stabschef Erich Ludendorff Autorität und Freiraum in der Führung zu verschaffen. Hindenburg stellte sich rasch auf den Einfluss seines Stabschefs ein und begnügte sich für die Dauer des Krieges damit, dessen Initiativen zu fördern. Die Erfolge an der Ostfront machten ihn zu einer Legende und brachten im November 1914 die Ernennung zum Generalfeldmarschall. Am 29. August 1916 wurde er Nachfolger des glücklosen Falkenhayns und damit Chef des Generalstabes des Feldheeres. Zusammen mit Ludendorff als Erstem Generalquartiermeister übernahm er die 3. Oberste Heeresleitung (OHL), die in der Folgezeit die fast uneingeschränkte strategische Leitung des Krieges an sich reißen konnte, weitgehend die Kriegsziele bestimmte und 1917 entscheidend zum Sturz des Reichskanzlers Bethmann Hollweg beitrug. Die durch Initiative Ludendorffs entstandene Quasi-Diktatur der 3. OHL untergrub fundamental die verfassungsmäßigen Machtstrukturen

113 Amtseinführung des Reichspräsidenten. Hindenburg schreitet mit Generalleutnant von Seeckt die Ehrenkompanie der Reichswehr vor dem Reichstag ab. Foto, 12. Mai 1925.

114 Wahlzettel Reichspräsidentenwahl, 1932.

des Kaiserreiches und das Kaisertum selbst. Der überzeugte Monarchist Hindenburg wurde unbewusst selbst zum »Ersatzkaiser« und damit zum unfreiwilligen Totengräber der Hohenzollermonarchie. Nach dem Waffenstillstand leitete er den Rückmarsch des Heeres. Am 3. Juli 1919 legte er den Oberbefehl nieder und ging in den Ruhestand. Im November 1919 konnte sich Hindenburg durch die von Ludendorff entwickelte Dolchstoßlegende vor dem Parlamentarischen Untersuchungsausschuss von allen Verantwortlichkeiten für den verlorenen Krieg reinwaschen und sein hohes Ansehen in der Bevölkerung bewahren.

Nach Eberts Tod wurde er im Jahre 1925 von den vereinigten Rechtsparteien zum Kandidaten ernannt und mit einer relativen Mehrheit zum Reichspräsidenten gewählt. Persönlich stand er der Republik als Monarchist misstrauisch gegenüber. Auf Artikel 48 der Reichsverfassung beruhend bildete er die Präsidialkabinette. Im Jahr 1932 wurde er im zweiten Wahlgang gegen Thälmann und Hitler wieder gewählt. Ein Jahr später ernannte er Adolf Hitler zum Reichskanzler.

155

dachte dabei auch daran, mit diesem Panzerschiff ihren auf den Küstenschutz und die Sicherung der Seeverbindungen in der Ostsee lautenden ▸ Auftrag auszuweiten und die Zufahrtssicherung über die Nordsee zu übernehmen. Geplant war der Bau von drei Einheiten, die unter der Bezeichnung »Panzerschiff -A-, -B- und -C-« firmierten (später als DEUTSCHLAND, ADMIRAL SCHEER und ADMIRAL GRAF SPEE in Dienst gestellt. Die DEUTSCHLAND wurde nach Umbau 1939 in LÜTZOW umbenannt). Auf diese Weise wurde aus Sicht der Marineführung der »Kriegsschauplatz Nordsee« zum festen Bestandteil der maritimen Landesverteidigung.

Vor dem Hintergrund der Berichte über die illegalen Rüstungen der Reichswehr in den Vorjahren und Zweifeln an der Notwendigkeit eines solchen Schiffes hatte die SPD noch in ihrer Zeit als Oppositionspartei gegen die Bewilligung der ersten Rate für den Bau des Panzerschiffs gestimmt und ihren Wahlkampf im Frühjahr 1928 unter anderem mit der von der KPD entlehnten Parole »Kinderspeisung statt Panzerkreuzer« geführt. Nachdem jedoch einerseits die neue Reichsregierung unter dem sozialdemokratischen Reichskanzler Herrmann Müller zu Stande gekommen war und dieser unter dem Druck seiner Koalitionspartner sowie der Entlassungsdrohung des neuen Reichswehrministers das Projekt billigte, andererseits seine eigene Fraktion für die bevorstehende Abstimmung an der Ablehnung festhielt und den Fraktionszwang beschlossen hatte, kam es im Reichstag am 16. November 1928 zu der absurden Situation, dass Reichskanzler Müller und die anderen Minister der SPD im Reichstag nicht für ihren eigenen Regierungsbeschluss stimmen durften. Trotzdem billigte die Mehrheit des Reichstages den Bau des Panzerkreuzers, der dann im April 1933 in Dienst gestellt wurde.

6. Systematische »Wehrhaftmachung« der Nation

a) Propagierung des Wehrgedankens

»Sowjetgranatenaffäre«, »Lohmann-Affäre« und die Auseinandersetzung um das Panzerschiff -A- beleuchten schlaglichtartig, wie problematisch die bis dahin eigenständig von Heeres- und Marineleitung betriebenen geheimen Rüstungsmaßnahmen für die Ziele der Reichswehrführung werden konnten. Sie führten dazu, dass auch solche Rüstungsvorhaben gefährdet wurden, die mit dem Versailler Vertrag zu vereinbaren waren. All diese Vorgänge bestätigten deshalb Schleicher und Groener in ihrer Politik gegenüber der Reichsregierung, denn das Hauptziel der Reichswehr, die Abschüttelung der »Fesseln von Versailles«, war nur in Zusammenarbeit mit der politischen Führung und nicht gegen sie durchzusetzen.

Die wichtigste politische Folge der Auseinandersetzung um den Bau des Panzerschiffes -A- war die Tatsache, dass Reichswehrminister Groener in der Reichstagsdebatte vom 15. und 16. November 1928 erstmals in der Geschichte der Weimarer Republik öffentlich ein in sich geschlossenes Militärkonzept entwickelte, in dem militärische und außenpolitische Vorstellungen miteinander koordiniert waren: Nachdem sich aufgrund der veränderten internationalen Lage die Wahrscheinlichkeit eines französischen Alleingangs gegen Deutschland – dem das Reich ohnehin nichts entgegenzusetzen hätte – erheblich verringert hatte, kamen für ihn zwei praktische Fälle in Betracht, auf die die Reichswehr sich einzustellen habe: Erstens der »Überfall auf deutsches Land«, in dem Heer und Marine die Aufgabe hätten, die »Grenzen so lange zu schützen, bis der Völkerbund oder eine andere Großmacht« zu Gunsten Deutschlands eingreift,

116 Neubau der
Reichsmarine, der Kreuzer LEIPZIG
(Stapellauf 18. Oktober 1929).
Foto, Ende 1920er Jahre.

1 »Verwendung der Seestreitkräfte in einem zukünftigen Kriege« (30. April 1928)

Die Marineleitung hatte auf Anordnung des Reichswehrministers Wilhelm Groener folgende Erklärung über die Aufgaben der Marine in einem zukünftigen Krieg erarbeitet.

»A. Aufgaben der Seestreitkräfte der Marine.
1. Schutz der eigenen, Schädigung der feindlichen Zufuhr.
2. Schutz militärisch wichtiger Seetransporte.
3. Schutz der Küsten gegen Angriffe von See her im Verein mit Küstenbefestigung, Unterstützung von Landungen an der Feindküste. [...]

Die wahrscheinlichsten Kriegsgegner sind
1. Polen
2. Frankreich.

Zu 1 Polen: Die deutschen Seestreitkräfte sind denen Polens weit überlegen. Auch ein Zuwachs durch die in Bau befindlichen polnischen Zerstörer und U-Boote ändert an diesem Kräfteverhältnis nichts Entscheidendes. Die Seeherrschaft in Nord- und Ostsee befindet sich unbestritten in deutschem Besitz, die eigene Zufuhr ist nicht gefährdet; gegen militärisch wichtige Transporte (Reich-Ostpreußen) sind nur vereinzelte Vorstöße zu erwarten, Landungen des Gegners in größerem Umfang sind ausgeschlossen, die Durchführung von Landungen an der Feindküste ist möglich. [...]

Zu 2 Frankreich: Ist Frankreich durch Bundesgenossen Deutschlands oder politische Rücksichten nicht gebunden und kann daher seine gesamte Seemacht gegen Deutschland einsetzen, ist Frankreichs Flotte stark genug, eine Blockade der deutschen Bucht und der Zugänge zum Kattegat eintreten zu lassen. [...]

Solange Deutschland ohne Bundesgenossen ist und Frankreich seine gesamte Seemacht gegen Deutschland einsetzt, reichen die deutschen Seestreitkräfte auch nach Durchführung des Neubauprogrammes für ihre Aufgaben nicht aus.

Bleibt Frankreich mit seinen wesentlichsten Teilen der Flotte, den Schlachtschiffen und neuesten Kreuzern, im Mittelmeer gebunden, ist Frankreich zur Durchführung einer Dauerblockade von Nord- und Ostsee nicht in der Lage. Um einer Gefährdung durch feindliche Vorstöße vorzubeugen, muß die Flotte in der Nordsee zusammengezogen werden und durch Vorstöße ihrerseits den Gegner vertreiben.

Diese Aufgabe ist nur sehr beschränkt durchführbar, solange Deutschland nicht im Besitz moderner Panzerschiffe des Neubautyps ist. Die alten Linienschiffe, die Kreuzern und Zerstörern als Rückhalt dienen sollen, sind für diese Aufgabe nicht schnell und sinksicher genug. Sie sind bei unseren geringen Kreuzer- und Zerstörerkräften sehr stark den Angriffen zahlenmäßig überlegener leichter Feindstreitkräfte ausgesetzt. Auch die U-Bootsgefahr ist für die langsamen alten Schiffe besonders groß.

Ist Deutschland im Besitz mehrerer Panzerschiffsneubauten, wird es Frankreich nicht mehr möglich sein, durch leichte Streitkräfte allein eine wirkungsvolle Dauergefährdung unserer Seezufuhr eintreten zu lassen.«

Zit. nach: Werner Rahn, Reichsmarine und Landesverteidigung 1919–1928: Konzeption und Führung der Marine in der Weimarer Republik, München 1976, S. 274–276

und zweitens die »Aufrechterhaltung der Neutralität« im Falle eines Konfliktes anderer Staaten untereinander. In beiden Fällen hätten Heer und Marine klare Aufgaben zu erfüllen. Bei dem »Überfall auf deutsches Land« dachte Groener offensichtlich an Polen, in dessen Verhalten er einen Beweis zu sehen glaubte, »dass der Fall [eines Handstreiches] praktisch werden kann«. Diesen Gegner würde man zwar nicht mit dem 100 000-Mann-Heer besiegen können, darüber war sich die Reichswehrführung klar. Aber mit einem verstärkten Heer – dem so genannten Notstandsheer – und entsprechenden Marine- und Luftstreitkräften würde man einen aussichtsreichen Abwehrkampf auf Zeit führen können.

Zwei Jahre später präzisierte er seine Vorstellungen in der Verfügung »Die Aufgaben der Wehrmacht« vom 16. April 1930. Abgesehen davon, dass darin in sehr konkreter Weise die Szenarios für einen Einsatz der Reichswehr dargestellt werden bis hin zu dem Verzicht, wenn ein solcher Einsatz keine Erfolgsaussichten hätte, ist diese Verfügung noch in einer anderen Hinsicht von Bedeutung: Sie weist erstmals in der Geschichte der Weimarer Republik der bewaffneten Macht die klar umrissene Funktion als ein Instrument der politischen Führung zu. Der erste programmatische Satz lautete: »Grundlage für Aufbau und Einsatz der bewaffneten Macht bilden die Aufgaben, die ihr von der verantwortlichen politischen Leitung gestellt werden.« Damit brach Groener mit den Vorstellungen über eine eigenständige nur von Heeres- und Marineinteressen bestimmten Rüstungspolitik und stellte die Reichswehr unter seiner politischen Verantwortung in den Dienst der von den Kabinetten der Republik verfolgten Revisionspolitik.

Zur »Wehrhaftmachung« der Nation im Sinne der Reichswehrführung gehörte auch die Propagierung des Wehrgedankens in der Öffentlichkeit. Schon während des Ruhrkampfes hatte eine Abteilung des Reichsarchivs damit begonnen, Fachzeitschriften und große Tageszeitungen mit »inoffiziellen Geldmitteln« und »geistiger Mitarbeit« zu unterstützen, um die deutsche öffentliche Meinung für die Reichswehr zu gewinnen. Auch die Beteiligung des Kapitäns z.S. Lohmann an der Phöbus-Filmgesellschaft hatte letztlich diesen Zweck verfolgt. Im konservativen und »nationalen Milieu« der deutschen Öffentlichkeit trafen solche Aktivitäten zunehmend auf Anklang, wobei nicht ganz zu klären ist, ob dies auf die Maßnahmen der Reichswehr zurückzuführen oder einer allgemeinen Stimmung in der Öffentlichkeit zuzuschreiben war. Seit 1928 jedenfalls wurden weite Teile der Gesellschaft von einer »Militarisierung« erfasst, die sich in der Verklärung des Kriegserlebnisses, der »Frontkämpfer-Mythologie« und in einer zunehmenden Gewaltverherrlichung niederschlug. Im ▸ literarischen Bereich etwa spiegelt sich dieser Trend in einem sprunghaften Anstieg der Titelzahlen und Auflagenhöhen von Kriegsromanen wider.

Ein weiterer Bereich, in dem die Reichswehrführung die »Wehrhaftmachung« betrieb, war die Einflussnahme auf die jugendliche Körperertüchtigung. Schon 1924 hatte die Reichswehr begonnen, die »Wehrsportausbildung« von Jugendlichen auf überparteilicher Basis zu fördern. Allerdings trafen solche Kurse, die unter der Leitung ehemaliger Offiziere und Unteroffiziere in eigens dafür eingerichteten Sportschulen stattfanden, im Allgemeinen nur auf das Interesse der »wehrfreudigen«, national gesonnenen Jugendlichen, die dem »Stahlhelm« oder dem »Jungstahlhelm« nahe standen, so dass die Überparteilichkeit nicht aufrecht zu erhalten war. Die preußische Regierung, die sich

117 Ringkragen aus Messing für Fahnenträger des »Stahlhelm, Bund der Frontsoldaten«, um 1930.

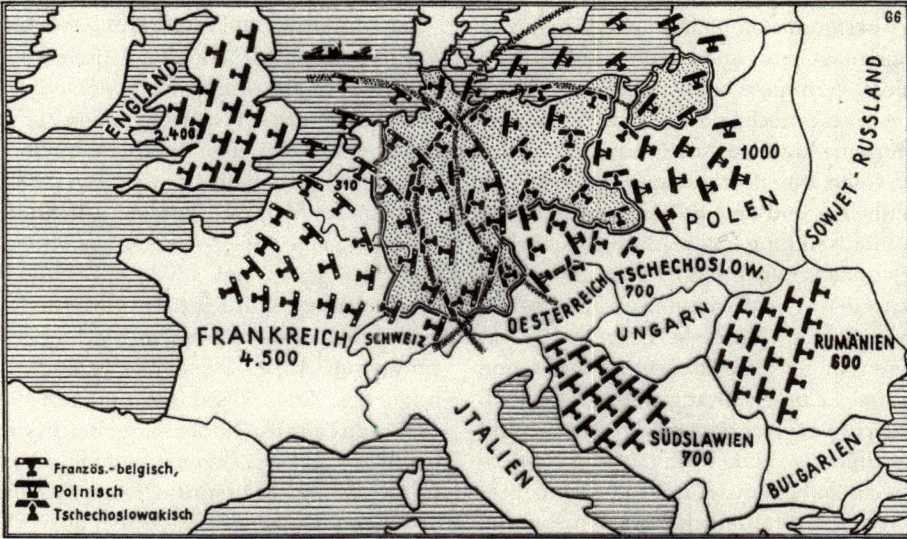

Jeder Ort in Deutschland wehrlos Luftangriffen preisgegeben.

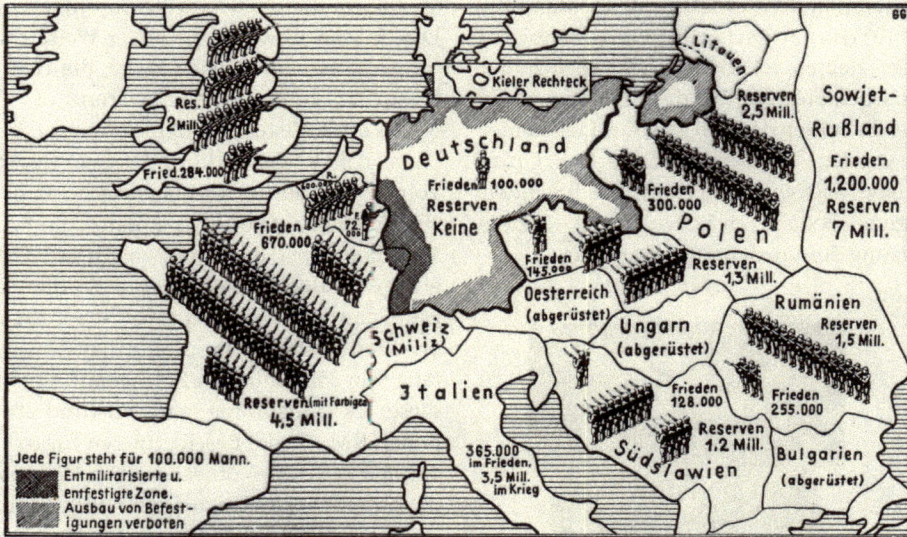

Wessen Sicherheit ist bedroht? — Frankreichs? Nein, Deutschlands!

159

118 Die Bedrohung Deutschlands aus zeitgenössischer Sicht.

grundsätzlich – wie die Abkommen von 1923 zeigen – bestimmten militärischen Maßnahmen im Bereich des Grenz- und Landesschutzes nicht verschloss, vermutete hinter solchen ▶ Aktivitäten nicht zu Unrecht, dass so eine Personalreserve für eine künftige Aufrüstung geschaffen werden sollte. Ihre Bemühungen indessen, den ▶ »Stahlhelm« und andere Wehrverbände aus der Sportausbildung zu verdrängen, blieben letztlich ohne Erfolg. Im März 1931 unternahm Schleicher den Versuch, die vormilitärische Ausbildung auf einer völlig neuen Grundlage zu organisieren. In einer Denkschrift schlug er vor, die gesamte Leibeserziehung unter die Kontrolle der Reichswehr zu bringen. Den Hintergrund für diese Initiative bildete die Tatsache, dass die Reichswehr zu Beginn der dreißiger Jahre nicht mehr über die erforderlichen personellen Reserven verfügte, um die in den Rüstungsplänen vorgesehenen Maßnahmen umzusetzen. Und die Wehrverbände, die bislang als wichtiges Potenzial für das »21-Divisionen-Heer« betrachtet wurden, stellten letztlich den Anspruch der militärischen Führung auf das Gewaltmonopol infrage. Sie sollten deshalb »an die lange Leine« gelegt werden. Mit dem Beschluss zur Gründung eines »Reichskuratoriums für Jugendertüchtigung« begann am 12. September 1932 die Umsetzung der Vorstellung Schleichers.

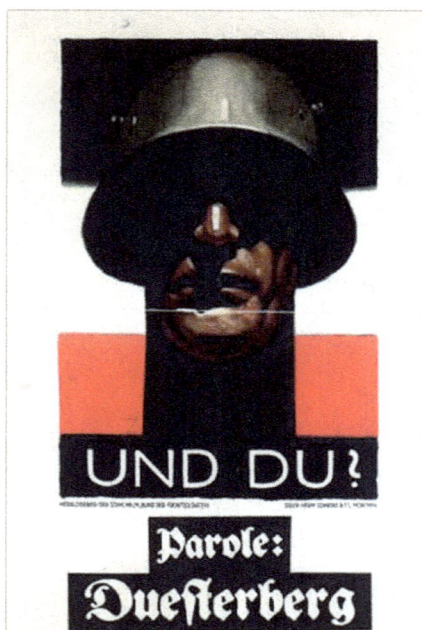

b) Die Rüstungsprogramme 1927/28 und die Internationale Abrüstungskonferenz

Voraussetzung für jeden realistischen Einsatz der Reichswehr war jedoch, dass die unter Seeckt begonnenen Anstrengungen zur personellen und materiellen Aufrüstung nun intensiviert und systematisiert wurden.

Schon im Mai 1927 hatte der Chef der Heeresleitung eine »Flieger-Rüstungsperiode 1927 bis 1931« genehmigt. Im Juni 1928 legte die Marineleitung ihre Rüstungsforderungen vor und verband sie mit einem Marinerüstungsprogramm. Am 29. September 1928 schließlich folgte das »Erste Rüstungsprogramm 1928 bis 1933«, das am 18. Oktober vom Reichskabinett gebilligt wurde. Letzteres enthielt allerdings im Gegensatz zur ursprünglichen Planung des Truppenamtes, sämtliche Rüstungsvorhaben von Heer, Marine und der im Aufbau befindlichen Luftwaffe zusammenzufassen, nur die Vorhaben für die »Notrüstung« des Heeres. Dieser Mangel war in gewisser Weise charakteristisch für die eigenen Wege, die Heer und Marine bis dahin gegangen waren.

Das erste Rüstungsprogramm sah ursprünglich vor, im Kriegsfall kurzfristig ein »Notheer« von 21 Divisionen und entsprechenden Luftstreitkräften aufstellen zu können. Im Februar 1928 hatte aber das Truppenamt aus finanziellen Gründen das »A-Heer« – so die interne Bezeichnung für das »Notheer« – auf 16 Divisionen reduziert. Das Programm hatte einen Umfang von 350 Millionen Reichsmark (RM), von dieser Gesamtsumme entfielen rund 280 Millionen RM auf die Beschaffungen für die Erstausstattung des »Notheeres«. Der Löwenanteil davon sollte zum Ankauf von Artilleriemunition und Artilleriegerät sowie für Maschinengewehre und Minenwerfer aufgewandt werden. Die Beschaffungen wurden im Rahmen der

160

119 Werbung für den Reichsfrontsoldatentag des »Stahlhelm, Bund der Frontsoldaten« in München. Theodor Duesterberg war der zweite Vorsitzende dieser Organisation. Plakat, 1929.

Das Bürgertum konnte sich nur schwer mit den neuen politischen Gegebenheiten der Weimarer Republik abfinden. Die demokratischen Verhältnisse, zu denen erstmals in der deutschen Geschichte auch das allgemeine Wahlrecht gehörte, wurden von weiten Bevölkerungskreisen abgelehnt.

»Das bis dahin in einem übersichtlichen sozialen Raster gegliederte Volk, das im wesentlichen aus Herrschaften und ›Leuten‹, aus Standespersonen und Dienstpersonal, aus privilegierten Befehlshabern und abhängigem Proletariat bestand, hatte sich in eine anscheinend diffuse Masse von ›Stimmberechtigten‹ verwandelt, die nach dem Verständnis der ›besseren‹ Gesellschaft doch nur ›Stimmvieh‹ waren, nach wie vor unmündig, der Führung bedürftig. [...]
Man liebäugelte aber auch mit den aus dem Kriege übrig gebliebenen Freikorps und befreundete sich schließlich mit den neuen militanten Formationen der NSDAP. Auch die Putschisten im Stile von Kapp durften auf Wohlwollen in der bürgerlichen Gesellschaft rechnen. Man war primär an der Ordnung, am formalen Recht interessiert; Gerechtigkeit rangierte an zweiter Stelle und wurde zumeist als Gleichmacherei missverstanden, als Nivellierung, als Niedergang der bürgerlichen Kultur.«

Zit. nach: Alltag in der Weimarer Republik. Hrsg. von Rudolf Pörtner, Düsseldorf 1990, S. 175 f.

123 Eitel Friedrich, August Wilhelm, Oskar und Wilhelm von Preußen beim »Stahlhelm«. Foto, Ende 1920er Jahre.

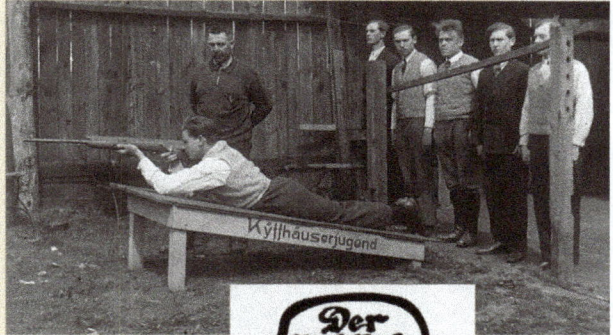

122 Schießübungen der Kyffhäuserjugend. Foto, um 1925.

121 Plakat, 1926.

Der Stahlhelm
Schießen:
Sonntag, den 9 Mai 1926:
von 8—10 Uhr 2. Zug
von 10—12 Uhr 3 Zug
nachm. von 3—6 Uhr Landsturm
und Radfahrerabteilung.

S Der »Stahlhelm, Bund der Frontsoldaten« war ein paramilitärisch organisierter Wehrverband des Deutschen Reiches, der kurz nach Ende des Ersten Weltkriegs im Dezember 1918 von dem Reserveoffizier Franz Seldte in Magdeburg gegründet wurde. Er verstand sich als Organisation, in der das Wirken aller Kriegsteilnehmer Anerkennung finden sollte und stand in eindeutiger Opposition zum politischen System der Weimarer Republik. Ehemaligen Frontsoldaten jüdischen Glaubens war die Mitgliedschaft verwehrt. In eigenen Untergliederungen (»Jungstahlhelm«, Studentenring, Langemarck, Landsturm) wurden ab 1924 interessierte Heranwachsende und ältere frontunerfahrene Männer mit Unterstützung der Reichswehr militärisch ausgebildet. Die Mitgliederzahl wuchs bis 1930 auf über 500 000 Mitglieder an. Der »Stahlhelm« war somit der stärkste Wehrverband des Deutschen Reiches. Finanziert wurde er von ehemaligen Militärs und den im »Deutschen Herrenklub« zusammengeschlossenen Unternehmern sowie ostpreußischen Großgrundbesitzern. Obwohl sich der »Stahlhelm« offiziell als überparteilich darstellte, trat er seit 1929 offen republikfeindlich in Erscheinung. Seine Ziele waren die Errichtung einer Diktatur in Deutschland, die Vorbereitung eines Revanchekrieges und die Errichtung eines antiparlamentarischen Ständestaates. Nach der Machtübernahme der Nationalsozialisten erfolgte 1934 seine Gleichschaltung: Unter der Bezeichnung »Nationalsozialistischer Deutscher-Frontkämpferbund« wurde er organisatorisch in die Sturmabteilung (SA) eingegliedert und als Traditionsverband 1935 aufgelöst.

161

120 Uniformjacke des »Stahlhelm, Bund der Frontsoldaten«.

Der Erste Weltkrieg in der Literatur

Bereits während des Ersten Weltkrieges setzte in Deutschland die literarische Verarbeitung der Kriegserlebnisse ein. Die Lyrik in »Sonne und Schild« und die Novelle »Wanderer zwischen beiden Welten« von Walter Flex fanden bei der Leserschaft großen Anklang. In seinem Werk verband sich der Geist der Wandervogelbewegung, Protestantismus und burschenschaftlicher Nationalismus. In »Wanderer zwischen beiden Welten« schilderte Flex die gemeinsamen Erlebnisse mit seinem Kameraden Ernst Wurche in der Ausbildung und im Fronteinsatz. In der Gestalt Wurches idealisierte Flex den Geist der Frontkameradschaft und Opferbereitschaft. Mit einer Millionenauflage bis zum Beginn des Zweiten Weltkrieges 1939 war Flex' »Wanderer zwischen beiden Welten« nach dem Roman von Erich Maria Remarque »Im Westen nichts Neues« und Manfred von Richthofens »Der rote Kampfflieger« das erfolgreichste und wohl auch einflussreichste literarische Werk über das Erlebnis des Ersten Weltkrieges in der Zwischenkriegszeit. Noch heute wird das Lied »Wildgänse rauschen durch die Nacht« von Walter Flex gesungen. Die wohl bekannteste literarische Darstellung des Kriegserlebnis-

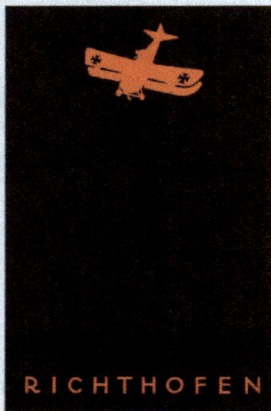

124
Einband eines der meist
verkauften Bücher der
Weimarer Republik:
»Der rote Kampfflieger«
von Manfred Freiherr
von Richthofen.

1 Walter Flex,
»Der Wanderer zwischen beiden Welten«
(1918)

Der autobiografische Roman des Kriegsfreiwilligen Flex über seine Erlebnisse an der Front erschien erstmals im Oktober 1916 und wurde sofort ein unglaublicher Erfolg. Ein Jahr nach der Veröffentlichung des Buches fiel Walter Flex auf der estnischen Insel Ösel. Das folgende Gedicht stammt aus diesem Roman und wurde nach seiner Vertonung zu einem populären Volkslied.

»Wildgänse rauschen durch die Nacht
Mit schrillem Schrei nach Norden –
Unstete Fahrt! Habt acht, habt acht!
Die Welt ist voller Morden.

Fahrt durch die nachtdurchwogte Welt,
Graureisige Geschwader!
Fahlhelle zuckt, und Schlachtruf gellt,
Weit wallt und wogt der Hader.

Rausch' zu, fahr' zu, du graues Heer!
Rauscht zu, fahrt zu nach Norden!
Fahrt ihr nach Süden übers Meer –
Was ist aus uns geworden!

Wir sind wie ihr ein graues Heer
Und fahr'n in Kaisers Namen,
Und fahr'n wir ohne Wiederkehr,
Rauscht uns im Herbst ein Amen!«

Zit. nach: Walter Flex, Der Wanderer zwischen beiden Welten, München 1918, S. 2

126 »Der Wanderer zwischen
beiden Welten«, Schutzumschlag.

125 Richthofen vor seinem
Dreidecker. Foto, 1917.

ses stammt von Ernst Jünger. In seinem Kriegstagebuch »In Stahlgewittern« schilderte Jünger seine Erfahrungen als Stoßtruppführer an der Westfront. Er beschrieb die Schlacht als »Kunstwerk, wie es Männern Freude macht« und idealisierte die Tapferkeit vor dem Feind. Ernst Jünger war mit seinen weiteren Veröffentlichungen wie »Der Kampf als inneres Erlebnis«, »Das Wäldchen 125« und »Feuer und Blut« der wichtigste Vertreter des »Soldatischen Nationalismus«.

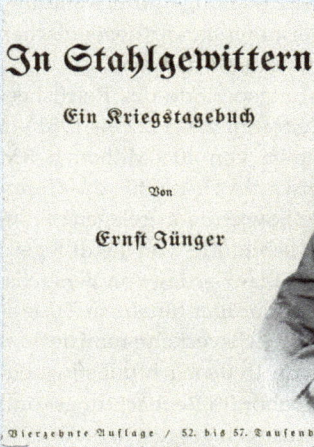

deutsch-nationalen und nationalsozialistischen Kritik als »wahre« Schilderung des Krieges begrüßt und in der Diskussion um Remarques Buch »Im Westen nichts Neues«, trotz der KPD-Mitgliedschaft Renns, als positives Gegenbeispiel gewürdigt.

Erich Maria Remarque hatte seine Erlebnisse als Schanzsoldat an der Arras- und Ypernfront in dem 1929 erschienenen Roman »Im Westen nicht Neues« unter dem Motto: »über eine Generation berichten, die vom Krieg zerstört wurde – auch wenn sie seinen Granaten entkam« verarbeitet. Darin schilderte er aus der Perspektive des Kriegsfreiwilligen Paul Bäumer die Kriegserlebnisse einer Gruppe Soldaten an der Westfront. Im Mittelpunkt von Remarques Roman stand der Verlust der zivilisatorischen Werte und die Entmenschlichung durch den Krieg sowie die soziale Perspektivlosigkeit der Soldaten, die von der Schulbank direkt an die Front geschickt worden waren. Dem Roman »Im Westen nichts Neues« war ein überragender Erfolg beschieden, innerhalb eines Jahres erreichte das Buch allein in Deutschland eine Auflage von einer Million Exemplaren. Auch heute gilt »Im Westen nichts Neues«, weltweit mit einer Gesamtauflage von 30 bis 40 Millionen Exemplaren, als einer der wichtigsten kritischen Texte zum Ersten Weltkrieg.

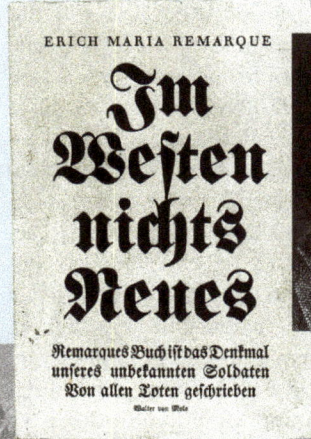

In Stahlgewittern

Ein Kriegstagebuch

Von

Ernst Jünger

Vierzehnte Auflage / 52. bis 57. Tausend

130/131 Der mit dem höchsten preußischen Tapferkeitsorden, dem »Pour le Mérite«, ausgezeichnete Leutnant Ernst Jünger sowie die Titelei der Erstausgabe.

Im Gegensatz zu anderen »nationalen« Autoren wie Werner Beumelburg oder Franz Schauwecker setzte sich der Schriftsteller Ludwig Renn kritisch mit dem Kriegserlebnis auseinander. In seinem Roman »Krieg« schilderte er die Erlebnisse des Gefreiten Ludwig Renn an der Westfront von Kriegsbeginn bis zum Waffenstillstand und die Vereinsamung des einfachen Soldaten angesichts der Kriegserlebnisse. Trotz dieser pazifistischen Grundhaltung wurde der Roman von der

ERICH MARIA REMARQUE

Im Westen nichts Neues

Remarques Buch ist das Denkmal unseres unbekannten Soldaten Von allen Toten geschrieben
Walter von Molo

129
Erich Maria Remarque.
Foto, um 1935.

128 Titelei der Erstausgabe.

127 »Im Westen nichts Neues.« Schlachtfeldszene der Erstverfilmung, USA 1930.

normalen Heereslieferungen abgewickelt und in jährlichen Beschaffungsplänen festgelegt.

Gemessen an den Erwartungen der militärischen Führung blieben allerdings die greifbaren Erfolge bescheiden. Zwar wurden ab Herbst 1932 erstmals 200 Offiziere mehr eingestellt als in den Vorjahren, und durch die Aufstellung einer schwachen Miliz mit dreimonatiger Dienstzeit begann die Ausweitung des Personalumfanges. Aber die Ausrüstung des Heeres mit modernen Waffen war noch nicht sehr weit gediehen. Im Frühjahr 1931 besaß die Reichswehr insgesamt sechs mittlere und vier leichte Kampfwagen, die sich aber alle noch in der Erprobung befanden. Die Ausstattung der Truppe mit einem Panzerabwehrgeschütz »war im Gange«. Ein 2-Zentimeter-Maschinengewehr zur Verwendung aus Kampfwagen gegen Kampfwagen war »noch in der Entwicklung« begriffen.

Die Grundlage des Marinerüstungsprogramms bildeten die operativen Forderungen, wonach die Reichsmarine im Kriegsfall die deutschen Küsten zu verteidigen, die Seeverbindungswege in der Ostsee offen zu halten und überseeische Transporte zumindest in der Nordsee zu schützen hatte sowie dort gegen feindliche Seestreitkräfte operieren sollte. Dazu entwickelte sie im 1927/28 einen Forderungskatalog (»A-Plan«), der allerdings weit über den realistischen Möglichkeiten lag. Vorerst musste sich deshalb die Marineführung in einem »Not-A-Plan« lediglich mit einer Prioritätenliste begnügen, die den Bau von Schnellbooten, Motorbooten und kleinen U-Booten vorsah. Neben der Auffüllung des Friedenssolls an Munition, das im Juni 1928 immer noch nicht erreicht war, stand zunächst die Bereitstellung eines Erstbedarfs an Waffen und Munition für den Küstenschutz, für die Flotte und für die geplanten Marineluftstreitkräfte im Vordergrund der Be-

schaffungspläne. Für die Ausrüstung der Marineluftstreitkräfte führte die Tarngesellschaft »Severa Küstenflug GmbH« Maßnahmen zur Beschaffung von Flugzeugen und von Geräten zum Umbau von Flugzeugen der ▸ Lufthansa und des Reichsverkehrsministeriums für militärische Zwecke durch. Besondere Bedeutung maß die Marineleitung konstruktiven Vorbereitungen bei, die der Erhaltung und Erweiterung des technischen Leistungsstandes der deutschen (Kriegs-)Schiffbauindustrie dienten.

Die Fliegerrüstungsperiode des Reichsheeres sah für den Zeitraum von 1927 bis 1931 ein finanzielles Volumen von 40,9 Millionen RM vor, von denen etwa ein Drittel für die Unterhaltung der in der Sowjetunion gelegenen Einrichtungen zur Ausbildung von Jagdfliegern entfiel. Neben der Finanzierung von Versuchsentwicklungen war darüber hinaus in Zusammenarbeit mit dem Reichsverkehrsministerium die Beschaffung von 18 Beobachtungsflugzeugen sowie von Zubehör für Beobachtungs- und Nachtbombenflugzeugen vorgesehen. Ab 1931 gab es je eine Fliegerstaffel in den Wehrkreisen I, II und VII, die aus der Jagdlehrstaffel in Lipezk hervorgegangen waren. Jede Staffel bestand aus vier Leichtflugzeugen, die vor allem in gemeinsamen Übungen mit Heereseinheiten verwendet wurden.

Bei der Finanzierung der Rüstungsprogramme bediente sich die Reichswehr des bewährten Geheimhaltungsverfahrens über die »farbigen Etats«. Nach der Übernahme der Verantwortung für die geheimen Rüstungsmaßnahmen durch das Kabinett wurden darüber hinaus auch aus anderen Haushaltskapiteln Gelder für die Aufrüstung zur Verfügung gestellt. So existierte etwa ein »gelber Etat« des Reichsverkehrsministeriums, der zur Finanzierung der Luftrüstung diente.

132
Linienschiff SCHLESIEN schießt zu Ehren des Reichspräsidenten am 30. Mai 1927 im Kieler Hafen Salut. Aquarell von R. Schmidt.

134 Straßenpanzerwagen
im Manöver. Foto, 1927.

133 Leichtflugzeug RK 9 »Grasmücke« mit 35-PS-Motor der
Raab-Katzenstein-Flugzeugwerke Kassel. Foto, 1928.

165

Die Deutsche Lufthansa verdankte ihre Gründung am 6. Januar
1926 vor allem militärischen Zielset-
zungen. Auf Druck des Chefs der Luft-
fahrtabteilung im Reichsverkehrsministerium hatten sich die beiden großen
deutschen Luftverkehrskonzerne, die
Junkers Luftverkehr AG und der Aero
Lloyd-Konzern zu einer »Einheitsluft-
fahrtgesellschaft« zusammengeschlossen. Seit dem Versailler Vertrag war es Deutschland verboten, Luftstreitkräfte
zu unterhalten. Die Reichsregierung versuchte daher gemeinsam mit der Reichswehr, die zivile Luftfahrtindustrie entsprechend ihren militärischen Zielen zu beeinflussen. Zwar galten auch für die zivile Luftfahrt strenge Bestimmungen
hinsichtlich der Flugzeuggrößen und deren Leistungsgrenzen, nach den Pariser Vereinbarungen und der Gründung
der Lufthansa im Jahre 1926 entfielen aber diese strengen Bestimmungen, und es konnten wieder leistungsstarke
Maschinen gebaut werden.
Die Lufthansa wurde in materieller sowie personeller Hinsicht von der Reichswehr genutzt. Neben der Ausbildung und
dem fliegerischen Einsatz von Offizieren galt die »Flotte« der Lufthansa im Mobilmachungsfall als »Behelfsluftwaffe«.
Die zivile Luftfahrt erhielt aufgrund ihrer militärischen Funktionen massive staatliche Subventionen. Trotz der Einfluss-
nahme der Reichswehr konnte die Lufthansa ihre eigenen, zivilen Interessen häufig zu Ungunsten der militärischen
Ziele durchsetzen.

Insgesamt stellten die Rüstungsprogramme der Jahre 1927/28 den folgerichtigen Schritt auf dem von der Reichswehr seit Seeckts »Grundlegenden Gedanken für den Wiederaufbau« beschrittenen Weg dar, im Falle einer »günstigen« außenpolitischen Konstellation oder einer militärischen Verwicklung die Reichswehr zu verstärken. Diese »günstige Konstellation« war durch ▸ Stresemanns Außenpolitik geschaffen worden, und die Reichswehrführung wusste sie zu nutzen. Bereits im Sommer 1930 ging man daran, das zweite Rüstungsprogramm vorzubereiten, das den Zeitraum von 1933 bis 1938 umfassen sollte. Dieses Programm wurde im Januar 1932 vom Chef der Heeresleitung genehmigt und bildete später die Anfangsgrundlage für die Aufrüstung im »Dritten Reich«.

Zuvor brachte jedoch Schleicher noch eine neue Variante ins Spiel, den »Umbauplan« vom Sommer 1932. Dieser basierte auf der Erwartung, dass die seit 1926 vorbereitete und seit Februar in Genf tagende Internationale Abrüstungskonferenz eine Konvention über die allgemeine Abrüstung zu Stande bringen würde. In einer solchen Konvention müssten zwar für Deutschland die Zahlen erscheinen, auf die es einen »rechtlichen Anspruch« habe, nämlich Gleichstellung mit Frankreich einerseits oder mit Polen sowie der Tschechoslowakei (ČSR) andererseits. Deutschland müsse auch das Recht haben, alle Waffen zu besitzen, welche die Konvention nicht ausdrücklich verbiete. Ebenso müsse ihm zugebilligt werden, eine abgestufte Dienstzeit von drei bis zu zwölf Jahren einzuführen. Vorgesehen war auch die Bildung einer kleinen Miliz mit dreimonatiger Dienstzeit. Gleichzeitig stellte er aber in Aussicht, dass Deutschland für eine Dauer von fünf Jahren diese Rechte nicht in vollem Umfang wahrnehmen würde.

Schleichers Vorstoß bedeutete einen Kurswechsel im Bereich der außenpolitischen Abschirmung der Aufrüstung. Im März 1926 noch hatte ein Mitarbeiter des Truppenamtes es als Ziel der deutschen Abrüstungspolitik bezeichnet, »Frankreich seiner dominierenden militärischen Macht zu entkleiden und in einen für Deutschland erträglichen Rüstungsstand zu drängen«. Aus diesem Grunde besitze man kein überragendes Interesse an einer allgemeinen Weltabrüstung. Eher könnte es im Interesse des Reiches liegen, »einen gewissen die allgemeine Norm übersteigenden Rüstungsstand einzelner Länder zu erhalten, die die gleichen politischen Ziele wie Deutschland verfolgen«. Bei den Vorbereitungen für die im gleichen Jahr beginnende Vorbereitende Abrüstungskonferenz des Völkerbundes, die sich über mehrere Jahre bis 1930 hinzog, stand von deutscher Seite deshalb die moralisch berechtigt erscheinende Forderung nach Abrüstung der anderen Staaten propagandistisch im Vordergrund, wohl wissend, dass für die Franzosen diese Forderung unannehmbar war. Auf diese Weise diente die Abrüstungsforderung als taktisches Mittel, um den Versailler Vertrag auszuhebeln und die deutsche Aufrüstung international zu rechtfertigen.

Mit seinem »Umbauplan« setzte Schleicher die Anforderungen auf ein auch für die Allierten akzeptables Maß zurück – ein Maß im Übrigen, das auch realistisch den deutschen Finanzierungsmöglichkeiten entsprach. Dabei scheute er aber nicht davor zurück, politischen Druck auszuüben. Im Sommer 1932 forderte er – nunmehr als Reichswehrminister – die Unterhändler des Auswärtigen Amtes bei den Genfer Abrüstungsverhandlungen ultimativ auf, den Abbruch der Verhandlungen zu betreiben, wenn Deutschland nicht die volle

1 Gustav Stresemann, »Vertraulicher Brief an Kronprinz Wilhelm« (7. September 1925)

Der Außenminister sah die politischen Ziele der Weimarer Republik in der Rückgewinnung der deutschen Machtstellung und der Revision des Versailler Vertrages durch Verhandlungen

»Die deutsche Außenpolitik hat nach meiner Auffassung für die nächste absehbare Zeit drei große Aufgaben: Einmal die Lösung der Reparationsfrage in einem für Deutschland erträglichen Sinne und die Sicherung des Friedens, die die Voraussetzung für eine Wiedererstarkung Deutschlands ist.
Zweitens rechne ich dazu den Schutz der Auslandsdeutschen, jener 10–12 Millionen Stammesgenossen, die jetzt unter fremdem Joch in fremden Ländern leben. Die dritte große Aufgabe ist die Korrektur der Ostgrenzen: die Wiedergewinnung von Danzig, vom polnischen Korridor und eine Korrektur der Grenze in Oberschlesien. Im Hintergrund steht der Anschluss von Deutsch-Österreich [...]. Wollen wir diese Ziele erreichen, so müssen wir uns aber auch auf diese Aufgaben konzentrieren. Daher der Sicherheitspakt, der uns einmal den Frieden garantieren und England sowie, wenn Mussolini mitmacht, Italien als Garanten der deutschen Westgrenze festlegen soll. Der Sicherheitspakt birgt andererseits in sich den Verzicht auf Rückgewinnung Elsass-Lothringens, [...] der aber insoweit nur theoretischen Charakter hat, als keine Möglichkeit eines Krieges gegen Frankreich besteht. [...] Zudem sind alle Fragen, die dem deutschen Volk auf dem Herzen brennen, [...] Angelegenheiten des Völkerbundes.«

Zit. nach: Gutstav Stresemann, Vermächtnis, Bd 2. Hrsg. von Henry Bernhard, Berlin 1932, S. 553 f.

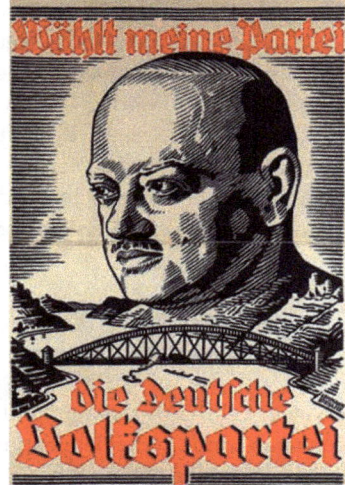

136 Das Plakat zeigt das Porträt des bereits 1929 verstorbenen Gustav Stresemann, des Gründers der Partei. Durch den Abbruch des Ruhrkampfes im September 1923 erreichte er eine neue Verständigung zwischen Deutschland und den Alliierten, die sich letztendlich in einer Senkung der Reparationszahlungen äußerte. Das Motiv des Plakates symbolisiert den Brückenschlag zwischen Deutschland und Frankreich, den Stresemann zu Stande gebracht hatte.

135 Bericht über die Rede des Reichskanzlers Brüning am 8. Februar 1932 vor der Genfer Abrüstungskonferenz. Titelblatt der Zeitung »Tempo«, 9. Februar 1932.

Gleichberechtigung in Rüstungsangelegenheiten zugebilligt würde. Und Schleicher erreichte sein Ziel: Am 11. Dezember 1932 erfolgte durch die Genfer Fünf-Mächte-Erklärung die internationale Anerkennung der grundsätzlichen Gleichberechtigung des Reiches in Rüstungsfragen und damit eine bedeutende Teilrevision vom Teil V. des Versailler Vertrages.

7. Die Reichswehr und das Ende von Weimar

»Wiederwehrhaftmachung« und Rüstungsfrage waren somit in den letzten Jahren der Weimarer Republik die bestimmenden Faktoren für das Verhältnis zwischen bewaffneter Macht und Staat, und dabei weitete die ▶ Reichswehrführung ihren Einfluss auf die Politik immer stärker aus. Schleichers Rolle beim Übergang zum Präsidialsystem im März 1930 war im Wesentlichen von dem Motiv bestimmt, im Hinblick auf die bevorstehenden Genfer Abrüstungsverhandlungen und die wachsenden Rekrutierungsprobleme für das geplante 21-Divisionen-Heer schon jetzt potenzielle Gegenkräfte zu neutralisieren. Wenn Reichswehrminister Groener im Herbst 1930 auf die Tatsache hinwies, dass es gelungen sei, »die Reichswehr zum stärksten Faktor im Staat zu machen, an dem niemand bei politischen Entscheidungen vorübergehen kann«, so spiegeln sich in diesen Worten Vorstellungen wider, die den Forderungen Stülpnagels von 1924 nach einem »Militärstaat« sehr nahe kommen.

Deutlich umrissen werden die Ziele der Schleicher'schen Politik in den Worten eines höheren Reichswehroffiziers, Johannes Blaskowitz, vom August 1932. Die Regierung, so forderte er, »muss von den Fesseln des Parlamentarismus befreit werden, um unabhängig arbeiten zu können, gestützt auf das Vertrauen des Reichspräsidenten und die Macht der Reichswehr. Beide Machtfaktoren verkörpern in sinnbildlicher Weise den Gedanken der Reichseinheit und sind infolge ihrer überparteilichen Stellung besonders geeignet, allein für das Staatswohl arbeitend, ausgleichend zu wirken und somit die einzige Basis für eine Regierung, wie wir sie jetzt brauchen, abzugeben«.

Wie weit fortgeschritten die Reichswehrführung bei der Umsetzung dieser Ziele mittlerweile war, kann man einer Äußerung des Finanzstaatssekretärs Fritz Schäffer entnehmen, der bereits ein halbes Jahr zuvor, im Oktober 1931 festgestellt hatte, dass wir »hinsichtlich des Etats schon heute in einer Militärdiktatur« leben.

Aber die entscheidenden Voraussetzungen für die Umsetzung der militärpolitischen Vorstellungen der Reichswehrführung fehlten nach wie vor: »Einigkeit und Festigkeit der Regierung« und »nationale Bereitwilligkeit der Volksmasse zum Kampf«, wie es Seeckt 1921 und Stülpnagel 1924 gefordert hatten. Im Gegenteil: Die wachsende Distanz zwischen den alten Führungsschichten und der Gesellschaft, die sich in linke und rechte Massenbewegungen spaltete, gefährdete die »Wiederwehrhaftmachung« und damit jede künftige Großmachtpolitik. Mehr noch: Die Zuspitzung der politischen Krise unter dem unpopulären Reichskanzler Franz von Papen, der – allein auf die Vollmachten des Reichspräsidenten gestützt – gegen eine breite Mehrheit der Bevölkerung die Regierung führte, drohte, die Reichswehr in die innenpolitischen Konflikte hereinzuziehen und in einen Bürgerkrieg zu verwickeln.

Vor diesem Hintergrund sind die Anstrengungen zu verstehen, die Schleicher noch in sei-

137
Truppenfahrrad Modell 25.

Die Gliederung der Reichswehr 1931/32

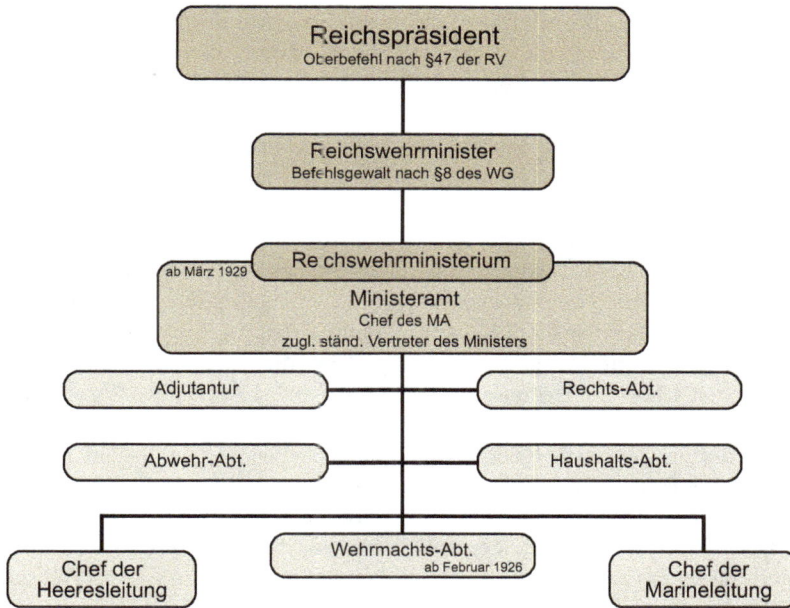

```
                    Reichspräsident
               Oberbefehl nach §47 der RV

                    Reichswehrminister
              Befehlsgewalt nach §8 des WG

                   Reichswehrministerium
   ab März 1929        Ministeramt
                      Chef des MA
               zugl. ständ. Vertreter des Ministers

   Adjutantur                        Rechts-Abt.

   Abwehr-Abt.                       Haushalts-Abt.

                   Wehrmachts-Abt.
                      ab Februar 1926
   Chef der                              Chef der
   Heeresleitung                         Marineleitung
```

© MGFA
05365-07

138 General Heye (Chef der Heeresleitung), Reichswehrminister Geßler und Admiral Zenker (Chef der Marineleitung) beim Manöver der 6. Infanteriedivision und der 3. Kavalleriedivision in Westfalen. Foto, 1927.

169

ner Zeit als Chef des Ministeramtes, dann seit Juni 1932 als Reichswehrminister, unternahm, um die gesellschaftlichen Spannungen zu überwinden. Dazu gehörte auch der Versuch, die Nationalsozialisten in die Regierungsverantwortung einzubeziehen. Die »Bewegung« sollte »gezähmt« und aus ihrer »unproduktiven Opposition zu sachlicher Arbeit« herangezogen werden.

Schleichers Ziel, die »Nazis an den Staat« heran zu führen, änderte nichts an seiner grundsätzlichen Gegnerschaft zur Nationalsozialistischen Deutschen Arbeiterpartei (NSDAP), ja zu den Parteien insgesamt. Das galt in gleichem Maße für den Chef der Heeresleitung, General von Hammerstein und die Masse der höheren Offiziere, zumal auch die NSDAP die »unpolitische« und »überparteiliche« Haltung der führenden Soldaten brandmarkte und ihr die Forderung nach politischem Engagement, also nach Bindung an die »nationalen Kräfte« entgegenstellte. Nur wenige Angehörige der höheren Führung, wie der Befehlshaber im Wehrkreis I, General Werner von Blomberg, und sein Stabschef, Oberst Walter von Reichenau, sympathisierten vor der Bildung der Regierung Hitler mit der NSDAP. Größeren Anklang fanden indessen die nationalen Parolen der Partei im jüngeren Offizierkorps. Schon im November 1923 hatte sich im Verhalten der Offiziere und Offizierschüler der gerade erst in München eingerichteten Infanterieschule während des Hitler-Ludendorff-Putsches gezeigt, wie anfällig sie dafür waren. Obwohl sich inzwischen die Verhältnisse geändert hatten, sah sich Reichswehrminister Groener im Herbst 1929 veranlasst, eine scharfe Verordnung gegen »nationalsozialistische Umtriebe« in der Reichswehr zu erlassen. Die NSDAP arbeite auf die »Zersetzung der Wehrmacht« hin, und

Hitler bezeichne die »loyale, überparteiliche Pflichterfüllung im Rahmen der Verfassung« als »Charakterlosigkeit«. Für Soldaten, die mit einer solchen Partei sympathisierten, sei »in den Reihen der Wehrmacht kein Platz«. Als wenige Monate später der ▶ Fall dreier junger Reichswehroffiziere aufgedeckt wurde, die Kontakte zur Reichsleitung der NSDAP aufgenommen hatten und sich bemühten, andere Offiziere dazu zu gewinnen, verschärfte er in zwei Erlassen den Ton noch, die bald zynisch als ▶ »Hirtenbrief« und »Uhrenerlaß« bezeichnet wurden.

Über die gegensätzlichen Auffassungen zur NSDAP zerbrach 1932 das gute Verhältnis zwischen Schleicher und seinem Förderer Groener. Denn Schleicher verließ im Hinblick auf seinen »Umbauplan« zunehmend die Linie der strikten Isolierung der Armee von der Partei Hitlers. Bis zum Sommer 1932 hielt er an der Vorstellung fest, die »wertvolle Jugend« in den Sturmabteilungen (SA) und in der Hitlerjugend (HJ) für die Ziele der Reichswehr zu nutzen. In einem Erlass vom 29. Januar 1932 über die Einstellungsrichtlinien im Heer wurde die Möglichkeit eröffnet, formell aus der Partei ausgeschiedenen Mitgliedern in die Reichswehr einzustellen; Anfang August – Schleicher war inzwischen Reichswehrminister – wies sein engster Mitarbeiter, der Chef des Ministeramtes, Oberst Ferdinand von Bredow, alle Stäbe an, bei »Versuchen der NSDAP, die Fühlung mit der Reichswehr aufzunehmen und ein vertrauensvolles Verhältnis zu erreichen«, alles zu vermeiden, »was als Abweisung oder Kränkung empfunden werden könnte. Die gebotene Zurückhaltung der Reichswehr« dürfe »nicht zu dem Eindruck führen, als stünde die Wehrmacht der vaterländischen und wehrfreudigen Gesinnung der nationalsozialisti-

170

S Im Herbst 1930 fand vor dem Leipziger Reichsgericht der »Ulmer Reichswehrprozess« gegen drei junge Offiziere des Artillerieregiments 5 statt. Diese hatten Ende des Jahres 1929 eine NS-Parteizelle gebildet. Damit handelten sie entgegen den Gesetzen, denn den Reichswehrangehörigen war jegliche politische Betätigung verboten. Die Vorgänge in Ulm offenbarten das Ausmaß der Infiltration der jungen Offiziere durch nationalsozialistisches Gedankengut. Adolf Hitler hatte einen spektakulären Zeugenauftritt während des Prozesses, wo er den so genannten Legalitätseid ablegte. In dieser eidesstattlichen Erklärung beteuerte er, dass die NSDAP nur auf legalem Wege und nicht gegen den Willen der herrschenden Parteien nach Macht streben werde. Die drei Angeklagten wurden zu 18 Monaten Festungshaft verurteilt. Der Prozess hatte deutlich gezeigt, dass die Reichswehrführung in ihren Bemühungen, ein unpolitisches Offizierkorps zu erhalten, gescheitert war.

2 Manfred Messerschmidt,
»Der Ulmer Reichswehrprozess« (2005)

Der Freiburger Jurist und Historiker ordnet den Prozess in die vorherrschende Stimmung der Zeit ein.

»Im jüngeren Reichswehroffizierkorps wirkten der Prozeß und seine Vorgeschichte wie ein Katalysator bisher unterschwelliger Stimmungen. Man unterstellte der Reichswehrführung, vor dem ›zivilen Gesindel‹ einzuknicken. Die höchste Führung sei ›parlamentarisch verseucht‹. [...]
Solche Überzeugungen reflektierten eine politische Orientierung, die erkennen läßt, daß große Teile des Offizierkorps die nationale Frage im parlamentarischen System nur ungenügend aufgehoben sahen. Auch dies war für sie eine der ›Lehren des Weltkrieges‹. Die Attraktivität der Manipulation des nationalen Gedankens seitens der NSDAP lag offensichtlich in der geschickten propagandistischen Verbindung nationaler und sozialer Ideen, die weder auf demokratischen noch marxistischen Gedanken beruhten. Scheringer und Ludin kritisierten das abgeschlossene Leben in den Offizierkasinos Sie wollten 3. Klasse fahren dürfen, um in der Eisenbahn im ›nationalen Sinne‹ auf die Arbeiterschaft einwirken zu können, und sie wollten das Recht haben, in Uniform auch ›nicht vornehme Lokale‹ aufzusuchen, in denen Arbeiter nach getaner Arbeit ihr Glas Bier tranken. Diese ›Leutnantsperspektive‹ der Volksgemeinschaft deckte sich weitgehend mit dem ›sozialen‹ Gedanken des Nationalsozialismus. Beide entwickelten Vorstellungen des nationalen Bürgertums aus der wilhelminischen Zeit weiter, in denen das Verhältnis von Nation, Staat und Macht als ein Beziehungssystem gesehen wurde. das Voraussetzung deutscher Weltpolitik sollte.«

*Zit. nach: Manfred Messerschmidt,
Die Wehrmachtjustiz 1933 bis 1945,
Paderborn 2005, S. 14 f.*

139 Leutnant Richard Scheringer, einer der Angeklagten des »Ulmer Reichswehrprozesses«. Foto, um 1930.

1 Wilhelm Groener, »Hirtenbrief«
(22. Januar 1930)

Der von Reichswehrminister Groener »Hirtenbrief« genannte, also in einer Art »seelsorgerischer« Absicht verfasste Erlass entstand aus tiefer Sorge über die zunehmende Radikalität linker und rechter politischer Kreise und ihren »zersetzenden« Einfluss auf die Reichswehr.

»In dieser Zeit schwersten Ringens treten die Kräfte wieder auf den Plan, die glauben, nur in radikaler Abkehr von den heutigen Zuständen sei der Weg in die Zukunft zu finden. Materielle Not und ideelle Enttäuschung werben in gleicher Weise für sie.
Die Kommunisten glauben die Zeit näher gerückt, wo sie den heutigen Staat und die heutige Gesellschaft umstürzen können. Sie sehen ihre erste und wichtigste Aufgabe mehr als je darin, die Machtmittel des Staates zu zersetzen. Sie wissen, daß sie nur auf diesem Wege den heutigen Staat zerschlagen und eine Diktatur nach russischem Muster errichten können. Auch das Ziel der Nationalsozialisten – so unklar es auch ausgesprochen wird – liegt in derselben Richtung. Auch sie wollen die gewaltsame Zerschlagung des heutigen Staates und die Diktatur ihrer Partei. Sie unterscheiden sich von den Kommunisten nur durch die nationale Grundlage, auf der sie fußen. Sie geben vor, Deutschland von den Ketten von Versailles durch eine gewaltsame Zerreißung der Verträge befreien zu wollen, aber sie gestehen selbst ein, daß sie dazu nicht die Macht haben. In erster Linie erstreben sie daher den inneren Kampf, und darum werben sie um die Wehrmacht. Um diese für ihre parteipolitischen Ziele auszunutzen, spiegeln sie vor, die Nationalsozialisten verträten allein die wahrhaft nationale Idee. [...] In der einigen, geschlossenen, überparteilichen Reichswehr findet das Reich sein schärfstes und vornehmstes Machtmittel. In sich muß die Wehrmacht zusammengeschmiedet sein durch Gehorsam und Vertrauen. Dem Soldaten verkörpern die Vorgesetzten den Staat. Wer nicht auf diese, sondern auf radikale Schreier, gleichgültig wo sie stehen, blickt, ist ein Schädling; er wird in der Stunde der Entscheidung versagen. Für die Angehörigen einer Wehrmacht, ob hoch oder nieder, gibt es nur einen Gehorsam, den bedingungslosen.«

*Zit. nach: Otto-Ernst Schüddekopf,
Das Heer und die Republik. Quellen zur
Politik der Reichswehrführung 1918 bis 1933,
Hannover 1955, S. 260–262*

171

schen Bewegung verständnislos gegenüber«. Auf dem Weg zur »Wiederwehrhaftmachung« wurden so die Schranken eingerissen, die bis dahin zwischen den konservativen Eliten in der Reichswehr und den nationalrevolutionären Kräften der NSDAP bestanden hatten.

Diese Politik beruhte auf einer Verkennung des Nationalsozialismus und auf einer Illusion. Sie verleitete viele Offiziere zu dem Glauben, die Hitlerbewegung sei dem eigenen Denken wesensverwandt. Und sie brächte die Gefahr mit sich, dass sich das Offizierkorps spalten würde, wenn die Reichswehr in einem zu dieser Zeit keineswegs auszuschließenden Bürgerkrieg gegen die Feinde der Republik von links und rechts eingesetzt werden müsste.

Suchte Schleicher auf der einen Seite die »nationalen Kräfte« für seine wehrpolitischen Ziele zu instrumentalisieren, bemühte er sich andererseits darum, die gesellschaftlichen Gegenkräfte von links auszuschalten. Vor diesem Hintergrund ist die »Gleichschaltung« der preußischen Regierung im Juli 1932 zu sehen. In einer Patt-Situation nach den Wahlen vom 20. April 1932 war die sozialdemokratisch geführte Regierung Braun »geschäftsführend« im Amt verblieben. Weil aber das »rote« Preußen die stärkste Machtposition der demokratischen Linken im Reich darstellte, verlangten »nationale Kreise« die Einsetzung eines »Reichskommissars« aufgrund des Art. 48 der Reichsverfassung. Den Anlass dazu bot die Weigerung der Regierung Braun, die von Schleicher im Zusammenhang mit seiner Politik gegenüber der NSDAP angeordnete Aufhebung des Verbotes der SA und der SS umzusetzen. Am 20. Juli 1932 erließ der Reichspräsident eine Verordnung, die den Reichskanzler zum Reichkommissar für Preußen bestellte und die amtierende Regierung entmachtete. Dieser Staatsstreich schuf in Preußen die Voraussetzung zu einer Reichsreform, wie sie Seeckt und Schleicher seit Langem angestrebt hatten. Die Ämter des Reichskanzlers und des preußischen Ministerpräsidenten konnten in Zukunft in einer Hand vereinigt werden. Der Weg zu einem starken Staat unter einheitlicher Führung schien geebnet.

Schleicher, der bis dahin seit 1926 hinter den Kulissen maßgeblich die entscheidenden politischen Entwicklungen mitbestimmt hatte, wurde Anfang Dezember 1932 vom Reichspräsidenten »ans Portepee gefasst« und – nachdem er den Sturz des Kabinetts von Papen herbeigeführt hatte – seinerseits zum Kanzler eines Präsidialkabinetts ernannt. Damit schien wie im Krisenjahre 1923 unter Seeckt das Schicksal des Reiches in die Hände der Reichswehr gelegt zu sein. Allerdings verfügte Schleicher – anders als Seeckt – nicht über das Vertrauen des Offizierkorps. Schleichers jahrelangen politischen Aktivitäten, die von zahlreichen Offizieren als Ränkespiele einer kleinen »Clique« im Wehramt und im Ministeramt gesehen wurden, hatten den »Bürogeneral« unglaubwürdig gemacht. Und seine – auch aus seinen militärpolitischen Zielen erwachsene – Hoffnung, den durch die Gesellschaft gehenden Riss durch ein Zusammenführen von Gewerkschaften und dem sozialrevolutionären Flügel der NSDAP unter ▶ Gregor Strasser (»Querfrontkonzept«) zu überwinden, erwies sich bald als unrealistisch. Hinter seinem Rücken wurden bereits die Weichen gestellt für eine »Regierung der Nationalen Konzentration« unter der Führung Adolf Hitlers.

An der Intrige um die Bildung dieser Regierung war die Reichswehrführung nicht beteiligt. Für sie, namentlich für den Chef der Heeresleitung, General von Hammerstein, kam es jetzt nur darauf an, dass sich der Regierungswechsel auf verfassungsmäßigem Wege vollziehen würde. Nachdem aber die Widerstände des Reichspräsidenten gegen eine solche Lösung ausgeräumt waren, und dieser aus eigener Machtvollkommenheit einen angesehenen General der Reichswehr, Werner von Blomberg, zum Reichswehrminister ernannt hatte, gab es keinen Grund, sich dieser Entwicklung entgegenzustellen.

142 Gregor Strasser bei einer Rundfunkansprache.
Foto, um 1930.

B Gregor Strasser (1892–1934)
Politiker – Bereits 1921 trat Strasser der NSDAP bei.
Am 9. November 1923 beteiligte er sich am Hitler-Putsch in
München. Strasser hatte erheblichen Einfluss in der Parteiführung der NSDAP. Seine sozialrevolutionären Ideen brachten ihn in Gegensatz zum eher nationalistischen Flügel der
Partei. Der innerparteiliche Konflikt eskalierte im Dezember
1932, Strasser trat am 8. Dezember des selben Jahres von
allen Parteiämtern zurück. Dennoch sah Hitler in ihm weiterhin eine Gefahr und ließ ihn während der »Röhm-Revolte«
am 30. Juni 1934 ermorden.

141 »Ich spüre rechts solch' Reißen - den
Apotheker Strasser könnt ich gut gebrauchen!«
Zeitgenössische Karikatur.

140
NS-Propaganda-
postkarte zum
Putschversuch
der NSDAP von
Elk Eber,
nach 1933.

Und Ihr habt doch gesiegt!

173

Kapitel II – Strukturen:

»Das Führerheer ist zu entwickeln«

1. Organisation und Ausrüstung

a) Das Reichsheer

Zur Erfüllung seiner Aufgaben standen dem Chef der ▶ Heeresleitung vier, seit 1927 fünf Ämter zur Seite. Dies waren zum einen das Heerespersonalamt (PA) mit den Personalabteilungen 1 und 2 sowie der Personalgruppe. Hier wurden die Personalangelegenheiten der Offiziere und Mannschaften bearbeitet. Dazu kam das Truppenamt (TA) mit der Heeresabteilung, der Organisationsabteilung, der Abteilung Fremde Heere, der Ausbildungsabteilung und der Völkerbundsgruppe Heer. Das Allgemeine Truppenamt nahm im Rahmen dieser Organisation die Aufgaben des nach dem Versailler Vertrag ▶ verbotenen Generalstabes wahr. Ferner bestanden das Heeresverwaltungsamt (VA) mit der Beamten- und Kassenabteilung, der Unterkunfts- und Übungsplatzabteilung, der Verpflegungs- und Bekleidungsabteilung sowie der Bauverwaltungsabteilung und das Heereswaffenamt (WaA) mit der Wirtschaftsgruppe und den Hauptabteilungen Prüfwesen und Beschaffungswesen. Dem Heereswaffenamt oblag die Konstruktion, Beschaffung und der Nachschub von Waffen, Munition und Gerät. Hier wurden auch die geheimen rüstungswirtschaftlichen Maßnahmen geplant und organisiert, die im Hinblick auf die Aufrüs-

174

143 Panzerattrappen der deutschen Reichswehr (Autos mit Blech verkleidet) in Paradeaufstellung. Foto, 1920er Jahre.

tung erforderlich waren. Das 1927 geschaffene Wehramt (WA) mit der Allgemeinen Abteilung und der Abteilung für Heeresfachschulen und Versorgungswesen sowie mit den Inspektionen der sechs Waffenschulen (Infanterie, Kavallerie, Artillerie, Pioniere und Festungen, Verkehrtruppen und Nachrichtentruppen) sowie der Heeressanitäts- und der Heeresveterinärinspektion schließlich bildete die oberste haushaltsführende Stelle im Ministerium. Die Inspektionen des Wehramtes bearbeiteten die theoretische, praktische und waffentechnische Aus- und Weiterbildung der einzelnen Waffengattungen. Sie unterstanden dem Chef der Heeresleitung unmittelbar.

Das Heer gliederte sich in zwei Armeekorps (AK), die als Gruppen bezeichnet und von einem Gruppenkommando geführt wurden. Die Gruppenkommandos waren personell ungewöhnlich gut ausgestattet: Sie bestanden aus mehr als 30 Offizieren und Beamten und entsprachen mit diesem Personal etwa dem Stab eines früheren Armeeoberkommandos. Die Aufgabe

Chefs der Heeresleitung
der Zwischenkriegszeit

1919–1920

144
Generalmajor
Walther Reinhardt.

Die Struktur der Heeresleitung der Reichswehr 1932

Chef der Heeresleitung

Wehramt (WA)

- **Allg** Allgemeine Abt.
- **Vers** Abt. f. Heeresfachschulen und Versorgungswesen
- Arbeitsstäbe der Inspekteure unter der Leitung des »Chefs der Inspektion« im Rahmen der dem Wehramt gestellten Aufgaben

Truppenamt (TA)
Chef TA=Vertr. Chef HL

- **T1** Heeres-Abt.
- **T2** Heeres-Organisations-Abt.
- **T3** Abt. »Fremde Heere«
- **T4** Heeres-Ausbildungs-Abt.
- **VGH** Völkerbunds-Abt. Gruppe Heer

Heeresverwaltungsamt (VA)

- **V1** Heeres-Beamten- und Kassen-Abt.
- **V2** Heeres-Unterkunfts- und Übungsplatz-Abt.
- **V3** Heeres-Verpflegungs- und Bekleidungs-Abt.
- **V4** Heeres-Bauverwaltungs-Abt.

Heerespersonalamt (PA)

- **P1** Heeres-Personal-Abt.
- **P2** Heeres-Personal-Abt.
- **P3** Personal-Grp.

Heereswaffenamt (WaA)

- **WaWi** Wirtschafts-Grp.
- **WaPrw** Prüfwesen
- **WaB** Beschaffungswesen

Inspekteure (In)
unmittelbar Chef HL unterstellt

- **In1** Inspektion der Waffenschulen (zugleich getarnte Abt. für den Aufbau der Flieger-Trup.)
- **In2** Inspektion der Infanterie
- **In3** Inspektion der Kavallerie
- **In4** Inspektion der Artillerie
- **In5** Inspektion der Pioniere und Festungen
- **In6** Inspektion der Kraftfahr-Trup.
- **In7** Inspektion der Nachrichten-Trup.
- **SIn** Heeressanitätsinspektion
- **VIn** Heeresveterinärinspektion

Gruppenkommando 1, Berlin

Gruppenkommando 2, Kassel

1.–4. Infanteriedivision   1.–2. Kavalleriedivision

5.–7. Infanteriedivision   3. Kavalleriedivision

© MGFA
05364-09

1920–1926

145
Generaloberst
Hans von Seeckt.

1926–1930

146
Generaloberst
Wilhelm Heye.

147 Die zwischen 1899 und 1902 nach den Plänen von Franz Schwechten, dem Architekten der Berliner Kaiser-Wilhelm-Gedächtnis-Kirche, erbaute Kriegsschule auf dem Potsdamer Brauhausberg. Bildpostkarte, 1907.

Das Reichsarchiv verdankte seine Gründung den Bemühungen des Generalmajors von Seeckt, dem letzten Chef des Großen Generalstabes. Die Bestimmungen des Versailler Vertrages verlangten die Auflösung des Generalstabes (Artikel 160). Seeckt wollte mit der Gründung des Reichsarchives einen der wichtigsten Teiles des Generalstabes, die Kriegsgeschichtliche Abteilung, retten. Die Umwandlung der Abteilung in ein Reichsarchiv war eine Möglichkeit, die Bestimmungen des Versailler Vertrages zu umgehen.

148 Signet der Weltkriegsreihe des Reichsarchivs.

Die Kriegsgeschichtlichen Abteilungen verkörperten die amtliche rein militärische Kriegsgeschichtsschreibung. Der Generalstab verfügte damit über ein Instrument, um seine Ansichten über die Kriegführung durchzusetzen. Nach der Niederlage 1918 wandelten sich die Aufgaben der Abteilung. Die geistige Wehrhaftmachung der Bevölkerung und die Verdrängung der Niederlage traten in den Vordergrund.

Die primäre Aufgabe des neuen Reichsarchivs, das die Gebäude der ehemaligen Kriegsschule auf dem Potsdamer Brauhausberg bezog, lag nach Seeckt somit in der Sammlung und Auswertung der Weltkriegsakten. Damit übernahm das Archiv die Aufgaben der Kriegsgeschichtlichen Abteilung.

Das Reichsarchiv bestand aus einer Archiv- und einer Forschungsabteilung. Letztere wurde von ehemaligen Offizieren dominiert. Den 52 ehemaligen Offizieren, die nun wissenschaftliche Beamte waren, standen nur 13 zivile Archivare gegenüber. Insgesamt arbeiteten mehr als 100 ehemalige Offiziere, unter ihnen viele Generalstäbler, auf dem Brauhausberg.

Damit lag die wissenschaftliche Aufarbeitung des Weltkrieges fast ausschließlich in den Händen des Militärs. In einer Denkschrift formulierte Seeckt die Aufgaben des Reichsarchivs; die Darstellung der »gewaltigen Kriegsleistungen« von Volk und Armee sollten die »sittlichen Schäden« des Krieges und der Revolution überwinden. Mit Publikationsreihen wie »Schlachten des Weltkrieges« oder der Herausgabe von »Erinnerungsblättern deutscher Regimenter« und schließlich dem »Weltkriegswerk« wurde das Kriegsgeschehen positiv aufgearbeitet und gleichzeitig die Entscheidungen der militärischen Führung gerechtfertigt.

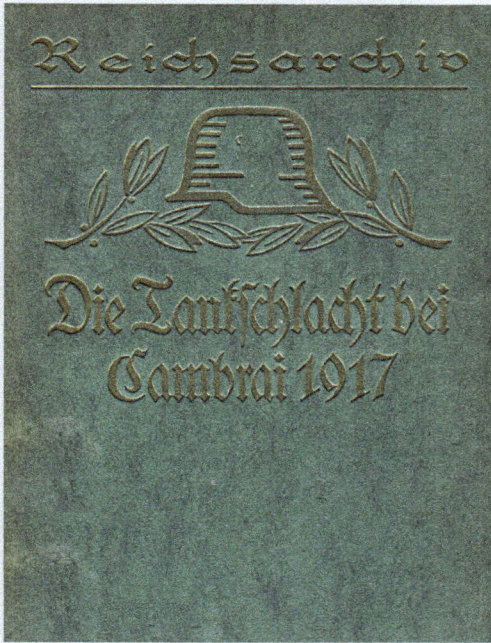

150 Einband der Reihe
»Schlachten des Weltkrieges«.

151–153
Seit 1990 dient das
Gebäude als Sitz des
Brandenburgischen
Landtages. Noch deutlich
sind am Turm die Umrisse
des Parteizeichens der
SED zu erkennen.
Fotos, September 2005.

Nach der Regierungsübernahme Hitlers 1933 wurde
die »Tarnung« als Reichsarchiv überflüssig. Die Forschungsabteilung wurde aus dem Archiv ausgegliedert
und in die »Forschungsanstalt für Kriegs- und Heeres-
geschichte« umbenannt. Die militärischen Akten wurden
in das neu gegründete Heeresarchiv überführt. Alle drei
Einrichtungen verblieben aber auf dem Brauhausberg.
Ein Bombentreffer besiegelte im April 1945 das endgültige Ende des Reichsarchives. Die Gebäude brannten fast
vollständig aus. Insgesamt wurden mehrere Tausend
laufende Aktenmeter von den Flammen zerstört.

149 Ab 1919 beherbergte die
Kriegsschule das Reichsarchiv
(ab 1936 Heeresarchiv). Zusammen mit neuen Funktionsgebäu-
den für Archivzwecke wurde der
Turm in den Jahren 1935–1937
zurückgebaut und vereinfacht.
Bildpostkarte, 1910.

der Oberbefehlshaber der Gruppen bestand darin, die einheitliche Ausbildung der Truppen in ihrem Befehlsbereich nach den Weisungen des Chefs der Heeresleitung sicherzustellen.

Die ▸ Heeresverbände setzten sich aus sieben Infanterie- und drei Kavalleriedivisionen zusammen. Dem Oberbefehlshaber der Gruppe 1 (Berlin) unterstanden die 1. bis 4. Infanteriedivision (Königsberg, Stettin, Berlin, Dresden) und die 1. und 2. Kavalleriedivision (Frankfurt/Oder und Breslau), dem Gruppenkommando 2 (Kassel) die 5. bis 7. Division (Stuttgart, Münster, München) und die 3. Kavalleriedivision (Weimar). Die Kommandeure der Infanteriedivisionen waren zugleich Befehlshaber der sieben Wehrkreise, in die das Reichsgebiet eingeteilt war. In dieser Eigenschaft nahmen sie rechtlich die Position ein, die in der alten Armee die Kommandierenden Generäle innegehabt hatten: Bei inneren Unruhen und Notständen konnte ihnen nach Art. 48 der Reichsverfassung die vollziehende Gewalt übertragen werden.

Eine Besonderheit stellte die Institution der »Landeskommandanten« dar, die innerhalb ihres Dienstbereiches die Interessen der Länder und die landsmannschaftliche Eigenart der Länder berücksichtigen sollten. Auf diese Weise wurde auch die Erinnerung an die eigenständigen Armeen der Bundesstaaten im Kaiserreich wachgehalten. Die Landeskommandanten wurden durch den Reichspräsidenten auf Vorschlag der Landesregierungen ernannt und erfüllten ihre Aufgaben neben ihren sonstigen Dienstobliegenheiten. In der Regel wurden dazu die ranghöchsten Offiziere in dem jeweiligen Land bestellt. Landeskommandant von Bayern etwa war immer der Kommandeur der 7. (bayerischen) Division.

Nach den Bestimmungen des Versailler Vertrages war die Stärke einer Infanteriedivision auf exakt 10 830 Mann zuzüglich 410 Offizieren festgelegt, die drei Kavalleriedivisionen durften nicht mehr als je 5250 Mann und 275 Offiziere umfassen.

Die ▸ Infanteriedivision gliederte sich in drei Infanterieregimenter und ein Artillerieregiment sowie ein Pionierbataillon, eine Nachrichtenabteilung, eine Kraftfahrabteilung, eine überwiegend bespannte Fahr- und eine Sanitätsabteilung. Darüber hinaus war den Divisionen im Einsatz eine Kavallerie-Eskadron zugeteilt. Die Infanterieregimenter und bis 1930 auch das Pionierbataillon unterstanden einem Infanterieführer, das Artillerieregiment und die Fahrabteilung einem Artillerieführer, beide im Range eines Obersten oder Generalmajors. Die übrigen Abteilungen, ab 1931 auch das Pionierbataillon, wurden direkt von der Division geführt. Unter einem Chef des Stabes standen in der Regel acht Generalstabs- und elf weitere Offiziere, zwei Sanitäts- und zwei Veterinäroffiziere und einige Beamte. Die Stäbe des Infanterieführers und des Artillerieführers entsprachen denen eines Divisionsstabes vor 1914, allerdings ohne Sanitätsoffiziere und Beamte.

Die Kavalleriedivisionen umfassten jeweils sechs Reiter-Regimenter mit vier Eskadrons und einer Ausbildungs-Eskadron für die Rekruten, Unteroffizier- und ▸ Remontenausbildung. Dazu kamen in geringem Umfang Pionierkräfte sowie ein Nachrichten- und ein MG-Zug.

Die Infanterieregimenter der Reichswehr setzten sich aus drei Feldbataillonen und einem Ausbildungsbataillon sowie einer Minenwerferkompanie zusammen; die Bataillone verfügten über jeweils drei Schützenkompanien und eine MG-Kompanie. Die Ausstattung der Truppe stützte sich im Wesentlichen auf die im Kriege bewährten Waffen und Geräte.

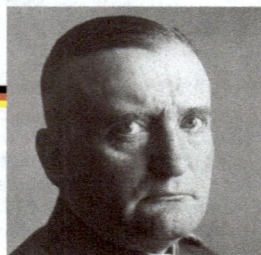

1930–1934

154
General d.Inf. Kurt von Hammerstein-Equord.

1934–1938

155
Generaloberst Werner Freiherr von Fritsch.

Gliederung des Reichsheeres

Chef der Heeresleitung

XXX — Gruppenkdo. 1 Berlin

XXX — Gruppenkdo. 2 Kassel

XX — 1. Inf.Div. Königsberg

XX — 2. Inf.Div. Stettin

XX — 3. Inf.Div. Berlin

XX — 4. Inf.Div. Dresden

XX — 1. Kav.Div. Frankfurt (O.)

XX — 2. Kav.Div. Breslau

XX — 5. Inf.Div. Stuttgart

XX — 6. Inf.Div. Münster

XX — 7. Inf.Div. München

XX — 3. Kav.Div. Weimar

© MGFA 05363-08

157 Truppenübungen der Reichswehr mit abschließender Parade in Strausberg (Kreis Oberbarnim). Foto, September 1924.

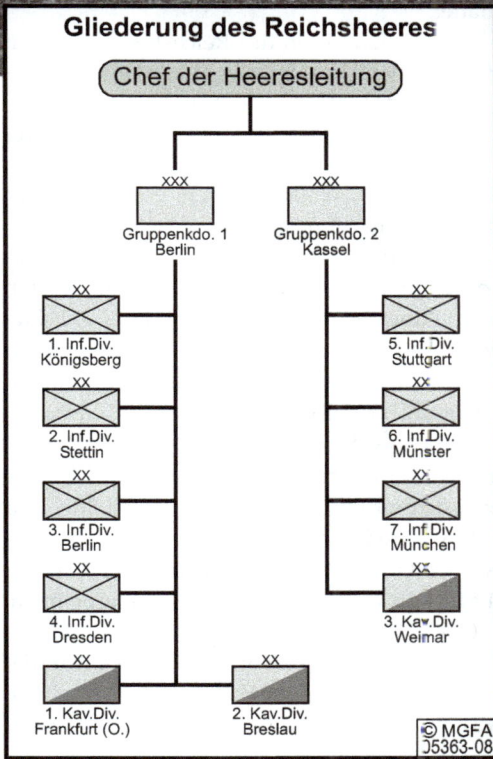

Dresden, 1. Oktober 1931 — Postvertrieb ab Leipzig — 4. Jahrg. Nr. 10

Deutsche Kavallerie-Zeitung
Das Monatsblatt des deutschen Reiters

Die Standarten der alten Armee am Waffentag in Dresden.

156 »Deutsche Kavallerie-Zeitung«, 1931.

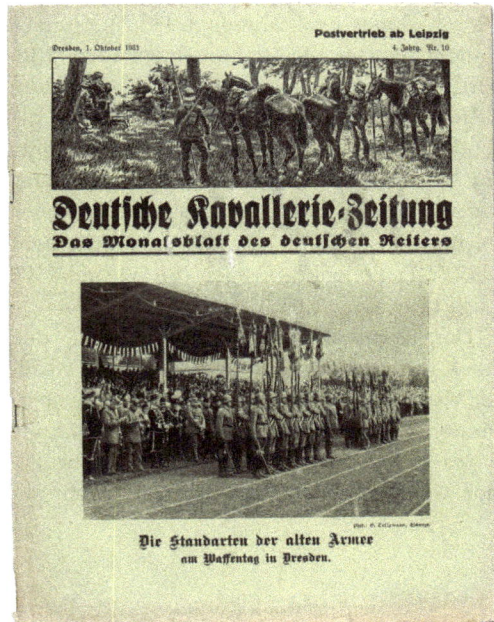

179

Im Reitsport und dem Militär werden junge Pferde, die sich noch in der Ausbildung befinden, als Remonten bezeichnet. In der Kavallerieausbildung handelt es sich dabei um 3- bis 4-jährige Pferde. Das Militär hatte einen hohen Bedarf an Remonten, da jährlich Pferde ausgemustert wurden. Die jungen Remonten wurden langsam an das Leben in der Truppe gewöhnt und dafür in eigens eingerichteten Remonten-Depots untergebracht.

So bildete der Karabiner 98 die Hauptwaffe der Infanteristen, dazu das Maschinengewehr (MG) 08/15 auf Lafette als schwere Waffe in den Schützen- und MG-Kompanien der Infanteriebataillone. Da Infanteriegeschütze und Panzerabwehrkanonen nach dem Versailler Vertrag nicht zulässig waren, bildeten die Minenwerfer die Hauptfeuerkraft des Infanterieregiments. Im Zuge der geheimen Rüstungen wurde jedoch ab 1930 begonnen, ein 3,7-Zentimeter-Tankabwehrgeschütz einzuführen.

Die Artillerieregimenter bestanden aus dem Regimentsstab mit Nachrichtenzug und Trompeterkorps, drei Abteilungen zu je drei Feldbatterien sowie einer Ausbildungsbatterie. In ihren 72 Batterien – davon neun reitende – verfügte die Reichswehr über insgesamt 204 Geschütze vom Kaliber 7,7 Zentimeter und 84 Feldhaubitzen vom Kaliber 10,5 Zentimeter.

Die Mobilität von Infanterie und Artillerie war bis zum Ende der Zwanziger Jahre weit gehend von Pferdekraft abhängig. Bis dahin verfügten nur die Kraftfahr- und mit Einschränkungen die Fahrtruppen sowie Teile der Pioniere über Kraftfahrzeuge (KFZ), zumeist handelsüblicher Qualität. In einem ersten Motorisierungsprogramm von 1926 wurde zum ersten Mal die Entwicklung eines leichten geländegängigen LKW erwähnt, 1927/28 folgte im Rahmen des ersten Rüstungsprogramms ein »Kraftfahrrüstungsprogramm«. Dennoch verfügte das Heer im Jahr 1930 über nicht mehr als 406 Personenkraftwagen (PKW) und 1176 Lastkraftwagen (LKW).

Der unverhältnismäßig hohe Anteil, den die Kavallerie nach den Vorgaben des Versailler Vertrages mit ihren 18 Reiter-Regimentern an den Kampftruppen des Reichsheeres hatte (circa 16 Prozent), spiegelte die Aufgabe wider, welche die Alliierten der Reichswehr zu-

180

gewiesen hatte: Grenzschutz und polizeiliche Aufgaben im Innern. Denn nach den Erfahrungen des Ersten Weltkrieges war die Zeit der Kavallerieangriffe im Gelände vorbei. Da aber die Reichswehr weiter gehende Vorstellungen über ihren künftigen Einsatz hatte, wurde der Einsatz der Kavallerie entsprechend umdefiniert. Neben die Aufgabe der bewaffneten Heeresaufklärung trat zunehmend der Einsatz als Infanterist zu Pferde, der abgesessen kämpfte. Dennoch wurde neben der Hauptwaffe des Kavalleristen, dem Karabiner 98b, bis 1927 auch noch die Lanze geführt. Seeckt persönlich hat sich – wohl aus Gründen der Tradition – gegen deren Abschaffung gewehrt, die er während des Ersten Weltkrieges noch selbst gefordert hatte.

Die Organisation des Reichsheeres spiegelt in mancher Hinsicht die Zukunftsvorstellungen der militärischen Führung wider. Insbesondere die starke personelle Besetzung der Divisionsstäbe mit den Stäben des Infanterie- und des Artillerieführers ermöglichte es, im Mobilmachungsfall aus diesen Stäben ein Korpskommando sowie eigene Divisionsstäbe zu formieren. Dies entsprach der Konzeption des »Führerheeres«, die Seeckt schon 1921 skizziert hatte. Als Vorbereitung für eine rasche Aufrüstung, sei es im Falle eines Angriffs auf Deutschland, sei es im Falle einer »Milderung« oder der »Aufhebung« des Versailler Vertrages, so hatte er darin gefordert, müsse die »Truppe zu höchster Vollkommenheit« ausgebildet und das »Führerheer« entwickelt werden. Kern dieses Gedankens war, dass jeder Soldat in der Lage sein musste, Aufgaben zu übernehmen, die mindestens eine Stufe über seiner regulären Dienststellung zu erfüllen waren. Auf diese Weise sollte es möglich werden, in einem Kriegsfall in kurzer Zeit aus Angehörigen der

158 Karabiner 98a mit Bajonett.

Gliederung einer Infanteriedivision des Reichsheeres

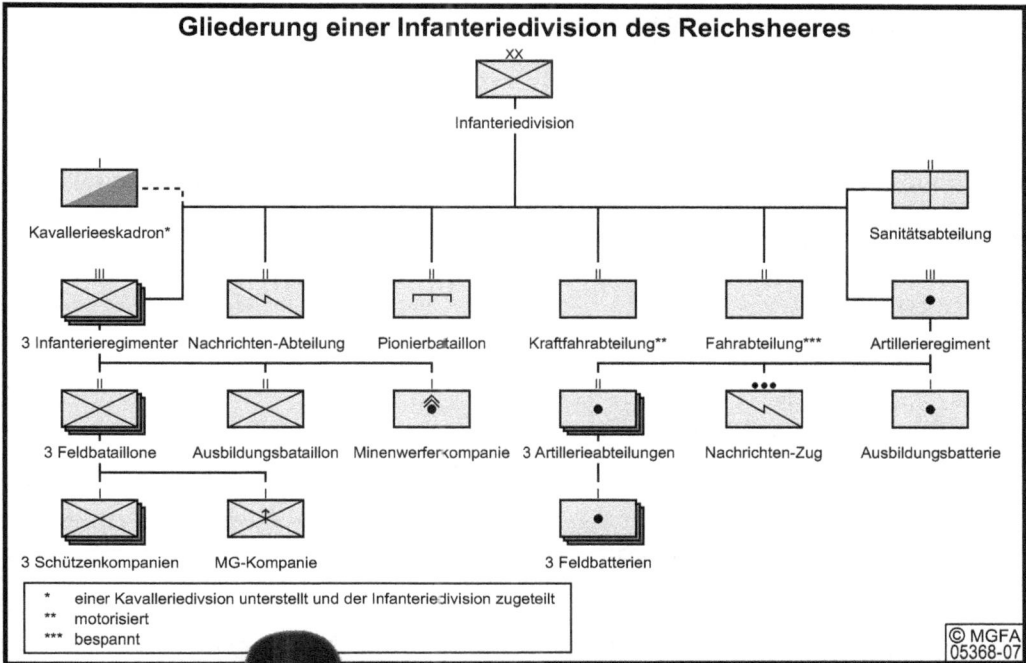

Infanteriedivision

Kavallerieeskadron*

3 Infanterieregimenter

Nachrichten-Abteilung

Pionierbataillon

Kraftfahrabteilung**

Fahrabteilung***

Artillerieregiment

Sanitätsabteilung

3 Feldbataillone

Ausbildungsbataillon

Minenwerferkompanie

3 Artillerieabteilungen

Nachrichten-Zug

Ausbildungsbatterie

3 Schützenkompanien

MG-Kompanie

3 Feldbatterien

* einer Kavalleriedivsion unterstellt und der Infanteriedivision zugeteilt
** motorisiert
*** bespannt

© MGFA
05368-07

159
Feldanzug eines
Reichswehrsoldaten,
1921.

161 Leichter Minenwerfer in Stellung. Manöver der
4. Division bei Naumburg an der Saale. Foto, 1927.

160 Schweres, wassergekühltes MG der 8. MG-Kompanie des Infanterieregiments 11 in Leipzig. Manöver der 4. Division bei Naumburg an der Saale. Foto, 1927.

181

Reichswehr und der nationalen Wehrverbände ein Volksheer zu mobilisieren. Das Reichsheer bildete insofern – wie Reichswehrminister Geßler es 1926 vor dem Reichskabinett formulierte, »das Lehrbataillon eines modernen Heeres«. Die Planungen für das »Notstandsheer« von 1927 und das erste Rüstungsprogramm der Reichswehr sahen dabei, wie Seeckt damals gefordert hatte, zunächst die Verdreifachung des Heeres in einem Kriegsfall vor.

Nach dem Abzug der IMKK aus Deutschland setzten bei allen Waffengattungen des Heeres organisatorische Umbaumaßnahmen ein, die der Schaffung dringend benötigter neuzeitlicher Heeresformationen dienten. In besonders großem Ausmaß geschah dies bei den Kraftfahr- und Fahrabteilungen der Infanteriedivisionen, aus denen sich nach 1928 Kader für Flieger-Stamm-Abteilungen, für Flugabwehrtruppen, Artillerieunterstützungstruppen sowie Kampfwagen- und Kampfwagenabwehrabteilungen formierten, erstere anfangs noch ausgerüstet mit Panzer-Nachbildungen, letztere mit Holzgeschützen.

b) Die Reichsmarine

An der Spitze der Reichsmarine stand der ▸ Chef der Marineleitung (bis 15. September 1920 noch Chef der Admiralität), der im Auftrag des Reichspräsidenten den Oberbefehl über die Reichsmarine ausübte. Die Marineleitung vereinigte in sich die Aufgaben des früheren Reichsmarineamts, Marinekabinetts und Admiralstabs. Sie war die oberste Kommandobehörde der Reichsmarine und setzte sich zusammen aus vier Hauptabteilungen:

Das Marinekommandoamt (A) mit der Marineabwehrabteilung, der Flottenabteilung, der Marineausbildungsgruppe und der Luftschutzgruppe bearbeitete alle rein militärischen An-

gelegenheiten wie Organisation, Ausbildungs- und Personalfragen einschließlich Fürsorge, taktische und strategische Angelegenheiten, Waffenverwendung und Luftabwehr. Das Allgemeine Marineamt (B) mit der Werftabteilung, der Abteilung für Werftverwaltungsangelegenheiten, der Marinewaffenabteilung und der Nautischen Abteilung koordinierte die Waffenentwicklung, nautische und Werftangelegenheiten sowie das Seetransportwesen. Das Marineverwaltungsamt (C) mit der Gruppe für Beamtenangelegenheiten war für alle Verwaltungsangelegenheiten wie Gebührnisse, Verpflegung, Unterkunft, Bekleidung und anderes zuständig.

Zur Marineleitung gehörte schließlich die Marinekonstruktionsabteilung, die für Schiff- und Maschinenbau sowie die Konstruktion (Neu- und Umbau) von Schiffen und Fahrzeugen der Marine zuständig war. Darüber hinaus stand dem Chef der Marineleitung ein Stab zur Verfügung, dem die Marineoffizierpersonalabteilung, die Militärische Abteilung für Schiffsmaschinenantrieb, die Marinemedizinalabteilung, die Marinehaushaltsabteilung sowie die Völkerbundsgruppe Marine angegliedert waren.

Direkt dem Chef der Marineleitung unterstanden zum einen der Flottenchef (bis 1925 Oberbefehlshaber der Seestreitkräfte) mit den verschiedenen Seestreitkräften, zum anderen die beiden Stationskommandos in Wilhelmshaven (Nordsee) und Kiel (Ostsee).

Der Schiffsbestand der Reichsmarine durfte nach Art. 181 des Versailler Vertrages nicht mehr als sechs ältere Linienschiffe, sechs leichte Kreuzer, zwölf Zerstörer und zwölf Torpedoboote umfassen, die nach einer Altersfrist von 15 bis 20 Jahren durch Neubauten mit einer vorgeschriebenen Wasserverdrängung er-

Chefs der Marineleitung
von 1919 bis 1928

1919–1920

162
Vizeadmiral Adolf
von Trotha.

Die Struktur der Marineleitung der Reichswehr 1932

Chef der Marineleitung

Marinekommandoamt (A)
- Marine-Abwehr-Abt. (A I)
- Flotten-Abt. (A II)
- Marineausbildungs-Grp. (A III)
- Luftschutz-Grp. (LS)

Allgemeines Marineamt (B)*
- Werft-Abt. (BB)
- Abt. für Werftverwaltungs-angelegenheiten (BBV)
- Marine-Waffen-Abt. (BW)
- Nautische Abt. (BH)

Marineverwaltungsamt (C)
- Gruppe für Beamten-angelegenheiten (CB)

Marinekonstruktions-Abt. (K)

Der Marineleitung direkt angegliederte Abteilungen
- Marineoffizier-Personal-Abt. (MPA)
- Mil. Abt. für Schiffsmaschinenantrieb (Ing. Mil.)
- Marine-Medizinal-Abt. (M)
- Marine-Rechts-Abt. (R)
- Leitung der Marine-Haushaltsarbeiten (E)
- Völkerbunds-Abt. Gruppe der Marine (VGM)

Marinestation Nordsee (Wilhelmshaven)

1. Küstenverteidigung mit Befestigungen a.d. Küste, auf West-, Ost-, Nord-friesischen Inseln u. Komandanturen Wilhelmshaven, d. Elbe- u. Weser-mündung, Cuxhaven u. der Ems-mündung, Borkum sowie der Marine-artillerie (II., IV. und VI. M.A.A.)
2. Marineteile am Lande mit Schiffs-stammdivision u. Fahrzeugverband N
3. Küstennachrichtenwesen mit Nach-richten-Abt. d. Stat. Kommandos u. 24 Marine N. Stellen
4. Inspektion der Marineartillerie Wilhelmshaven mit Art. Vers. Kdo., Schiffs-Art. Schule mit 4 Art. Schul-booten, Küstenart. Schule mit Vers. Kdos u. 1 Schulboot. Marinedepot mit M. Art.- u. M. Sperr-depots (16). Mar. Schießplatz Altenwalde.
5. Seezeichen- u. Lotsenamt Wilhelms-haven, Abwicklungsamt der Reichs-marine

Flottenkommando (Kiel)

Flottenchef (Flaggschiff SCHLESWIG-HOLSTEIN)

Befehlshaber der Linienschiffe (Flaggschiff SCHLESIEN)

L	SCHLESWIG-HOLSTEIN (O)
L	HESSEN (O)
L	SCHLESIEN (N)
V**	METEOR (O)
T***	HELA (N)

Befehlshaber der Aufklärungs-streitkräfte (Flaggschiff KÖNIGSBERG)

K	KÖNIGSBERG (O)
K	KÖLN (N)
K	EMDEN (N)
K	LEIPZIG (N)

I. Torpedobootsflotille (O)
II. Torpedobootsflotille (N)
1. Minensuchhalbflotille (O)
1. Schnellbootshalbflotille (O)

Marinestation Ostsee (Kiel)

1. Küstenverteidigung mit Befestigungen u. Kommandanturen Pillau u. Swine-münde sowie Marineartillerie (I., III., V. M.A.A.)
2. Marineteile am Lande mit Schiffs-stammdivision u. Fahrzeugverband O
3. Küstennachrichtenwesen mit Nach-richten-Abt. d. Stat.Kdos u. 20 Marine N. Stellen
4. Inspektion des Bildungswesens Kiel, Marineschulen Flensburg-Mürwik, Friedrichsort, Kiel-Wik u. Mar. Archiv Berlin, Schulkreuzer KARLSRUHE u. KÖLN sowie Segelschulschiff NIOBE****. Inspektion d. Torpedo- u. Minen-wesens Kiel mit Torpedo-Abt., Sperr-Abt., Sperr-versuchs-Kdo., Versuchsverb. d. Sperrvers.-Kdos. u.Torpedoversuchs-anstalt
5. Kommandantur Kiel

*	bis 1928 war dem Allgemeinen Marineamt auch die Seetransport-Abt. zugeordnet
**	Vermessungsschiff
***	Flottentender
****	im Juli 1932 gekentert

© MGFA
05369-12

1920–1924

163
Admiral
Paul Behncke.

1924–1928

164
Vizeadmiral
Hans Zenker.

setzt werden durften. Ferner konnte sie über 18 Wachfahrzeuge, 38 Minensuchboote und vier Artillerieschulungsboote sowie eine nicht näher bezeichnete Zahl von kleinen Unterstützungsfahrzeugen verfügen. Des Weiteren wurde ihr jedoch zugebilligt, eine Reserve zu unterhalten, die durch die alliierte Botschafterkonferenz am 26. März 1920 auf je zwei Linienschiffe und leichte Kreuzer und je vier Zerstörer und Torpedoboote festgesetzt wurde. Diese »schwimmenden Einheiten« waren gegliedert in die Linienschiffsdivision mit vier Linienschiffen und einem ▶ Tender sowie die Leichten Seestreitkräfte der Ostsee und der Nordsee, die über drei Kreuzer, zwei Torpedobootflottillen und je eine Minensuch- und Schnellbootshalbflottille sowie einige Spezialschiffe verfügte. Anfang 1930 erhielt die Spitzengliederung der Flotte in Gestalt eines Befehlshabers der Linienschiffe (BdL) und eines Befehlshabers der Aufklärungsstreitkräfte (BdA) eine Struktur, welche an die Flottenorganisation der Kaiserlichen Marine erinnerte.

Den beiden Stationskommandos oblag die Küstenverteidigung mit jeweils drei unterstellten Marineartillerieabteilungen, die Führung der Marineteile an Land (Schiffsstammdivisionen, Küstennachrichtenwesen, Schulen) und die Aufsicht über die Marinedepots. Die Marineartillerieabteilungen waren aus den Küstenwehrabteilungen hervorgegangen, welche die Reichsmarine 1921 aufgestellt hatte. Die Abteilungen mit den ungeraden Nummern I, III, V in Swinemünde, Kiel und Pillau unterstanden dem Befehlshaber der (Marine-)Landstreitkräfte der Ostsee in Stralsund, die Abteilungen mit den geraden Nummern II, IV und VI in Wilhelmshaven, Cuxhaven und Borkum dem Befehlshaber der (Marine-)Landstreitkräfte der Nordsee in Wilhelmshaven. Die Küstenwehr-

abteilungen hatten die Stärke und Gliederung eines Infanteriebataillons und wurden infanteristisch ausgebildet. Im Jahre 1924 wurden die Abteilungen im Hinblick auf ihre Verwendung als Küstenartillerie umgegliedert und 1926 in Marineartillerieabteilungen umbenannt. Weiterhin wurden aber die Artilleriekompanien infanteristisch ausgebildet und führten Übungen auf Truppenübungsplätzen des Heeres durch.

c) Die geheime Fliegerrüstung von Heer und Marine

Wie in nahezu allen Staaten hatte sich die Aufstellung von Luftstreitkräften während des Ersten Weltkrieges in Deutschland im Rahmen der »klassischen« Strukturen von Heer und Marine vollzogen. Dieses Prinzip wurde auch beim Aufbau einer geheimen Luftwaffe in der Reichswehr beibehalten. Im Truppenamt wurde 1921 eine Abteilung TA (L) als Zentralstelle für Luftfahrtangelegenheiten innerhalb des Reichsheeres eingerichtet, aus der sich später der Führungsstab T 2 V (L) und schließlich 1929 die Inspektion der Luftwaffe entwickelte. Sie war unter anderem für den Luftschutz, die Beobachtung der Luftstreitkräfte fremder Mächte und die ▶ Ausbildung von Flugzeugführern zuständig, die im Flugzentrum in Lipezk in Russland stattfand. Parallel dazu entstanden 1921 in der Inspektion Waffen und Gerät des Heereswaffenamtes Unterabteilungen für die Entwicklung und Erprobung sowie die Beschaffung und wirtschaftliche Planung von Luftfahrtgerät. Aus dieser Inspektion ging 1929 die Statistische Gruppe in der Abteilung Prüfwesen (Wa Prw 8) hervor, in der fünf Gruppen die Flugzeugentwicklung, die Ausrüstungsentwicklung, die Flugzeugerprobung, die Flugzeugbeschaffung und die wehrwirtschaftliche Rüstung bearbeiteten. Die

S Im militärischen Sprachgebrauch der Marine werden Versorgungsschiffe als Tender bezeichnet. Sie versorgen kleinere Kriegsschiffe wie U-Boote oder Schnellboote mit Nachschub, Munition und Proviant, um so deren Standzeiten auf hoher See zu verlängern. Ebenfalls können Beiboote eines Mutterschiffes so bezeichnet werden.

1 Helm Speidel,
»Geheime Fliegerausbildung« (1953)

*Der ehemalige General der Flieger über die Tarn-
maßnahmen bei der militärischen Zusammenarbeit
zwischen der Reichswehr und der Roten Armee.*

»Die Fliegerorganisation der Reichswehr in Rußland
bildete mit ihrer Heimatorganisation eine untrennbare
innere Einheit, die wiederum nur ein Ausschnitt aus der
umfassenden Gesamtorganisation der Zusammenarbeit zwischen Reichswehr und Roter Armee war. Diese
stand unter dem Zeichen der Illegalität, diesseits wie
jenseits der Grenzen, und damit unter dem Zwang zur
vollkommenen Tarnung. Die Einzelheiten der Zusammenarbeit und die sie umgebende Atmosphäre können

167 Eine »Märkergruppe« (aktive Offiziere des
Reichsheeres) des Lipezker Kursantenjahrganges
1928 mit 17 späteren Generalen der Luftwaffe und
des Heeres. Foto, 1928.

nur verstanden werden, wenn die Darstellung der illegalen Tatsachen ergänzt wird durch eine Skizzierung der
tatsächlichen Tarnung der Illegalität. [...]
Es galt also, mit einem wohlorganisierten System der
Geheimhaltung alle Organe des Rußlandkomplexes
eng zusammenzubinden. Dieser Organismus umfaßte den Chef des Truppenamtes im Reichswehrministerium
in Berlin ebenso wie den jüngsten Panzerfahrer oder Flugzeugmechaniker in Rußland; den Reichswehroffizier
nach seinem Ausscheiden aus dem Heer ebenso wie den zivilen ›Jungmärker‹ vor einem Eintritt in den aktiven
Dienst. Mit einer Verschwiegenheit, die letzten Endes nur Ergebnis freiwilligen Entschlusses sein konnte, wurden
die in der illegalen Tätigkeit liegenden Risiken für Leben und Existenz in Kauf genommen. Denn es bestand kein
Zweifel, daß im Falle der Aufdeckung des ganzen Systems schwerwiegende inner- wie außenpolitische Auswirkungen zu erwarten waren, denen gegenüber die beteiligten offiziellen Stellen ihr ›Gesicht wahren‹ mußten. Über
die persönlichen Konsequenzen für die wirklichen Akteure war sich jeder klar.«

*Zit. nach: Helm Speidel, Reichswehr und Rote Armee. In: Vierteljahresheft für Zeitgeschichte,
1 (1953), S. 10–45*

165 Ausbildung von Marine-Funkern in der Nach-
richtenschule Flensburg-Mürwik. Foto, 1922.

166 Offiziere und Beamte des Marinekommandoamtes.
Foto, 1923.

Marine, die noch früher als das Heer mit der Ausbildung von Flugzeugführern begonnen hatte, stützte sich bei ihrer Fliegerrüstung bis 1927 vorwiegend auf die privatwirtschaftlich organisierten Unternehmungen der Seetransportabteilung unter Kapitän z.S. Lohmann. 1929 wurde jedoch die schon 1925 eingerichtete Flieger-Gruppe (LS) dem Allgemeinen Marineamt unterstellt. Da indessen in dieser Gruppe sowohl die technischen als auch die militärischen Fragen der Marineluftwaffe bearbeitet wurden, teilte man 1931 die Unterstellung auf: In den militärischen Fragen war nunmehr das Marinekommandoamt zuständig.

Rein zahlenmäßig waren die Erfolge der Fliegerrüstung bescheiden. Zu Beginn des Jahres 1931 verfügte das Reichsheer über etwa 300 fertig ausgebildete Fliegeroffiziere und Offizieranwärter, in der Reichmarine waren es vermutlich zwischen 40 und 50. Aber die organisatorischen Grundlagen für den Aufbau einer Luftwaffe waren gelegt, die dann im »Dritten Reich« unter dem Einfluss Hermann Görings zu einer selbstständigen Teilstreitkraft wurde.

2. Personal und Ausbildung der Reichswehr

Die Gewinnung von Nachwuchs für die Reichswehr musste ausschließlich über die Freiwilligenwerbung erfolgen. Die »Heeresergänzungsbestimmungen« und die »Marine-Ergänzungsbestimmungen« legten für die Nachwuchswerbung fest, dass die Ergänzung des Heeres bei den Wehrkreiskommandos, für die Marine bei den Stationskommandos lag. Werbestellen waren die Bataillone, Kavallerieregimenter oder Abteilungen, bei der Marine die Schiffsstammdivisionen.

Im Reichsheer wurden jährlich etwa 10 000 Mann benötigt, der Bedarf der Marine lag bei ungefähr 1200. In den Aufbaujahren bis 1923 hatten Reichsheer und Reichsmarine zwar nicht vor Ersatzschwierigkeiten gestanden, aber auch keine großen Auswahlmöglichkeiten besessen. Dann jedoch schnellten die Bewerbungszahlen sprunghaft nach oben. Beim Heer war beispielsweise das Verhältnis von Bewerbern zu angenommenen Freiwilligen nach einer Mitteilung des Wehramtes von 1928 1 zu 15, in der Marine standen den wenigen freien Stellen Bewerberzahlen in einer Größenordnung zwischen 25 495 (1930) und 58 692 (1925) gegenüber. Diese Zahlen machen deutlich, dass die Reichswehr strenge ▶ Maßstäbe bei der Auswahl ihres Nachwuchses anlegen konnte. Hier liegt zweifellos eine der Erklärungen für das hohe professionelle Niveau, das die deutschen Streitkräfte in den Zwanziger Jahren auszeichnete.

Das Offizierkorps der Reichswehr war im Hinblick auf sein Selbstverständnis entscheidend geprägt von traditionellen Vorstellungen der Vorkriegszeit. Insgesamt herrschte ein ständisch-elitäres Denken vor, das vor allem in den Einrichtungen der Offizierwahl und der ▶ Ehrengerichtsbarkeit sowie in den strengen ▶ Heiratsbestimmungen seinen Ausdruck fand. Schon bei der Übernahme von Offizieren in das Heer in den Jahren 1920/21 hatte General Seeckt durch die Bevorzugung von Generalstabsoffizieren sichergestellt, dass der »Geist der alten Armee« erhalten blieb. Durch eine gezielte Erziehung, die den elitären Korpsgeist förderte, prägte er auch den Nachwuchs in diesem Sinne.

Dazu trug auch bei, dass sich der Offiziernachwuchs der kleinen Reichswehr in hohem Maße aus jenen Kreisen rekrutierte, die als

S Im Jahre 1931 musste sich der junge Oberleutnant z.S. Reinhard Heydrich vor dem Ehrenrat der Marine verantworten. Heydrich war zu diesem Zeitpunkt mit Lina von Osten, der Tochter eines Dorfschulmeisters auf der Ostseeinsel Fehmarn, verlobt. Vor seiner Beziehung mit der jungen Frau von Osten hatte Heydrich eine Liaison mit der Tochter eines Marine-Oberbaurats aus Potsdam gehabt. Dieser hatte er unkommentiert die Verlobungsanzeige mit Lina von Osten zugesandt. Sie erlitt daraufhin einen Nervenzusammenbruch. Der erboste Vater und Marine-Oberbaurat wandte sich daraufhin an den Chef der Marineleitung Admiral Raeder, mit dem er befreundet war. Ein Ehrenrat kam zu dem Urteil, dass sich Heydrich unehrenhaft verhalten habe. Er wurde wegen »Unwürdigkeit« aus der Marine entlassen. Der Vorfall an sich rechtfertigte einen Ausschluss aus der Marine keineswegs, es war vielmehr das uneinsichtige und arrogante Auftreten Heydrichs vor dem Ehrenrat, das die Richter zu diesem Urteilsspruch bewegte.

168 Fechttraining für den Offizier-Fünfkampf an der Sportschule Wünsdorf. Foto, 1926.

**Albert Benary,
»Heiratsbestimmungen« (1923)**

*Wie schon in der kaiserlichen Armee
existierten auch in der Reichswehr
Heiratsbestimmungen.*

»Die Soldaten dürfen nur mit Genehmigung ihrer Vorgesetzten heiraten. Die Genehmigung soll in der Regel nicht vor Vollendung des 27. Lebensjahres erfolgen.
Die Heirat soll nur gestattet werden, wenn Braut und Bräutigam schuldenfrei sind und die Führung des Haushalts in geldlicher Beziehung sichergestellt ist. Dabei wird angenommen, daß die Besoldung auch in den unteren Stufen der niederen Besoldungsgruppen zur Führung eines schuldenfreien Haushalts ausreicht, wenn die Beschaffung der ersten Einrichtung insoweit sichergestellt ist, daß die Besoldung des Ehemannes nicht mehr wesentlich dazu herangezogen werden braucht.
Es ist selbstverständlich, daß die zukünftige Ehefrau eines jeden Angehörigen der Wehrmacht einen einwandfreien Ruf besitzt, selbst ehrbar ist und einer achtbaren Familie entstammt.«

Zit. nach: Albert Benary, Der Kavallerist. Handbuch für Selbstunterricht und Ausbildung des jungen Reiters, Berlin 1923, S. 34

**Albert Benary,
»Offizierausbildung« (1932)**

Da die Reichswehr laut den Bestimmungen des Versailler Vertrages nur 100 000 Mann und das Offizierkorps nur 4000 Mann umfassen durfte, waren die wenigen Stellen für das Offizierkorps sehr begehrt. Denn der Beruf des Offiziers versprach materielle Sicherheit und hohes gesellschaftliches Ansehen.

»Der Andrang zur Offizierlaufbahn ist nach wie vor sehr groß. Die Auslese, die Anforderungen können scharf sein. Sie werden unter Verantwortung des Regimentskommandeurs, unter Heranziehung aller neuzeitlichen Hilfsmittel, der Psychotechnik, getroffen. 1 ½ Jahre tut der Anwärter Frontdienst beim Ausbildungs- und Feldtruppenteil, teilt alle Leiden und Freuden der Mannschaft, lernt ihre Sorgen und Hoffnungen kennen. Ein Jahr besucht er dann, gleichgültig welcher Waffe er entstammt, die Infanterieschule in Dresden, ein weiteres Jahr die Waffenschule seiner Waffe. Dazwischen liegen die Fahnenjunker-, die Fähnrich- und Offizierprüfung, die Beförderung zum Unteroffizier und Fähnrich. Abschließend tut er wieder Truppendienst als Oberfähnrich und wird je nach Vorhandensein offener Stellen nach 3 ½ bis 4 Jahren Offizier.«

Zit nach: Albert Benary, Unsere Reichswehr. Das Buch von Heer und Flotte. Geleitwort von General a.D. Groener, Berlin 1932, S. 52 f.

187

»erwünscht« galten: Offizierfamilien, höhere Beamte, Professoren sowie Angehörige der akademischen Ober- und Mittelschicht sowie Gutsbesitzer. Dies war weit gehend eine Folge des Auswahlsystems, das die Entscheidung über die Annahme eines Bewerbers in die Hände der Regimentskommandeure und ihrer Batterie- oder Kompaniechefs legte. Dort hatte der Bewerber eine Prüfung abzulegen, die über seine Aufnahme entschied. In einer Situation wo nur einer von acht Bewerbern angenommen wurde, lag es nahe, dass vor allem jene jungen Männer zum Zuge kamen, die als besonders »vaterländisch« galten.

Voraussetzung für die Annahme war in der Regel das Abitur. Befähigte Soldaten ohne diesen Abschluss konnten jedoch über ein System von Prüfungen im Rahmen des Reichsheeres in die Offizierlaufbahn gelangen. Das galt in gleichem Maße für die Reichsmarine, wo die Bewerber in den ersten drei Dienstjahren eine wissenschaftliche Vor- und Nachprüfung zu absolvieren hatten, bevor sie zur Offizierprüfung zugelassen wurden.

Die Ausbildung zum Offizier des Heeres dauerte etwa vier Jahre. Der Anwärter verbrachte zunächst eineinhalb Jahre im Mannschaftsstand seines Stammtruppenteils, bevor er nach bestandener Offizieranwärterprüfung als Fahnenjunker den einjährigen Lehrgang an der Infanterieschule besuchte, die er als Fähnrich verließ. Dem folgte ein weiterer Lehrgang an der Schule seiner Stammwaffe, aus dem er als Oberfähnrich zu seinem Truppenteil zurückkehrte. Anschließend war eine mehrmonatige Bewährung in der Truppe erforderlich, wo er dann von allen Angehörigen des Offizierkorps seines Verbandes zum Offizier gewählt werden musste. Erst dann erfolgte die Ernennung zum Leutnant durch den Reichswehrminister.

Mindestens ein halbes Jahr länger dauerte die Ausbildung zum Marineoffizier, und zwar sowohl für die Laufbahn des Seeoffiziers wie des Ingenieuroffiziers. Auch hier übertraf die Anzahl der Bewerber den Bedarf um ein Vielfaches. So wurden etwa 1931 von 2452 Bewerbern nur 58 angenommen. In den frühen Jahren der Reichsmarine mussten diese vor der eigentlichen Ausbildung zum Marineoffizier - wie beim Heer - zunächst zusammen mit den übrigen Freiwilligen Dienst tun, um ihnen einen Eindruck von den ▸ Lebensumständen der Mannschaftsdienstgrade zu vermitteln. Damit hatte die Marineleitung dem Vorwurf Rechnung getragen, dass der vor 1918 bestehende tiefe Riss zwischen Offizieren und Mannschaften der Kaiserlichen Marine nicht unwesentlich zu den ▸ Vorgängen 1917/18 beigetragen hatte. 1925 jedoch kehrte die Marineführung wieder zu dem Prinzip zurück, den Offizieranwärter von seinem Eintritt an gesondert auszubilden. Er erhielt zunächst eine dreimonatige infanteristische Ausbildung bei der II. Abteilung der Schiffsstammdivision der Ostsee in Stralsund und im Anschluss daran die erste seemännische Ausbildung auf dem Segelschulschiff. Die Ingenieuroffizieranwärter durchliefen in dieser Zeit die Werkstättenausbildung auf der Marineschule Flensburg-Mürwik. Nach der Ernennung zum Seekadetten oder zum Kadetten (Ing.) erfolgte eine etwa einjährige Ausbildung auf dem Schulkreuzer, die nach erfolgreicher Prüfung ihren Abschluss mit der Beförderung zum Fähnrich fand. Nach einem weiteren vierteljährigen Infanterielehrgang besuchten die Offizieranwärter im dritten Dienstjahr die ▸ Marineschule Mürwik und legten dort die Seeoffizier- oder Ingenieuroffizier-Hauptprüfung ab. In der ersten Hälfte des vierten Dienstjahres waren Sonderlehrgänge zu besuchen,

S Die Unruhen im Sommer 1917 in der deutschen Hochseeflotte wurden durch den eintönigen Borddienst, die schlechte Verpflegung und die latenten Spannungen zwischen Mannschaften und Offizieren ausgelöst. Der Flottenchef Admiral Scheer ließ daraufhin fünf »Rädelsführer« festnehmen und von Kriegsgerichten aburteilen. Der Matrose Max Reichpietsch und der Heizer Albin Köbis wurden zum Tode verurteilt. Andere Matrosen erhielten hohe Zuchthausstrafen. Reichpietsch und Köbis wurden schließlich am 5. September 1917 auf dem Schießplatz Köln/Wahn hingerichtet.

S Trotz der bereits eingeleiteten Vorverhandlungen zum Waffenstillstand sollte die Hochseeflotte, die seit der Skagerrakschlacht vom Juni 1916 kaum noch zum Einsatz gekommen war, Ende Oktober 1918 zu einem letzten »ehrenvollen« Gefecht gegen überlegene britische Verbände auslaufen. Der eigenmächtige Befehl der Seekriegsleitung führte zu Meutereien der kriegsmüden Matrosen, die sich weigerten, ihr Leben bei einer militärisch aussichtslosen »Todesfahrt« aufs Spiel zu setzen.

Obwohl etwa 1000 meuternde Matrosen der vor Wilhelmshaven auf Reede liegenden Hochseeflotte verhaftet wurden, griff die Rebellion auf das Festland über. Bei einer von zahlreichen Massenkundgebungen für die Freilassung der Inhaftierten erschoss eine Militärpatrouille am 3. November 1918 in Kiel sieben Demonstranten. Damit war das Signal zum bewaffneten Aufstand gegeben. Am Abend des 4. November befand sich Kiel in den Händen der Aufständischen, die den ersten Arbeiter- und Soldatenrat während der Revolution von 1918/19 bildeten. In einem 14-Punkte-Programm forderten sie vor allem Milderungen der harten Militärdisziplin. Einziger politischer Inhalt war die Forderung nach vollständiger Rede- und Pressefreiheit. Innerhalb weniger Tage bildeten sich in fast allen deutschen Städten revolutionäre Räte. Sie forderten immer lauter die Abdankung von Kaiser Wilhelm II. und eine demokratische Umgestaltung des Deutschen Reichs.

Max Reichpietsch,
Schiff Friedrich der Große
Erschossen am
7. Sept. 1917.

Albin Köbis,
Schiff Prinzregent Luitpold
Erschossen am
7. Sept. 1917.

Sie wirkten als Sozialisten unter ihren Kameraden
und fielen als Opfer des Tirpitz-Geistes.

1 Friedrich Wilhelm Deiß, »Kasernenleben« (1927)

Der Autor beschreibt das Soldatenleben in den Kasernen der Reichswehr.

»Besser gegen früher ist der Soldat auch mit der Lagerstätte versehen. Es sind dies durchweg die früher nur in Lazaretten vorhandenen Betten, mit Drahtfedermatratze und dreiteiligen Roßhaarmatratzen. Der frühere Strohsack ist gänzlich verschwunden, damit aber auch das jährlich sich zweimal wiederholende Fest des Strohsackstopfens mit obligatem Wanzenfang! Letztere unetatsmäßige Kasernenbewohner sind nunmehr gänzlich verschwunden und ausgerottet. Auch darin hat man im Kriege etwas hinzugelernt. Die Wanze wird nicht mehr mit der blanken Waffe, etwa der Nadel, verfolgt oder mit der nackten Faust angegriffen, sondern bei ihrer Bekämpfung benutzt man das jüngste Kampfmittel, das Gas! Weiterhin haben die Stuben an Wohnlichkeit dadurch gewonnen, daß für jeden Bewohner außer dem Schemel ein Stuhl vorgesehen ist. Ausgiebige elektrische Beleuchtung sorgen im Winter für die notwendige Helle. Mit der weiteren Dienstzeit werden den Unteroffizieren und Obergefreiten sogar Federbetten zu den sonst bewährten Decken geliefert.«

Zit nach: Friedrich Wilhelm Deiß, Das Deutsche Soldatenbuch. Deutschlands Wehr und Waffen im Wandel der Zeiten – von den Germanen bis zur Neuzeit. Ein Ehrenbuch zur Erinnerung an Deutschlands Wehrhaftigkeit, Bd 2: Vom deutschen Bundesheer bis zum Reichsheer, Leipzig 1927, S. 350 f.

169 Bildpostkarte, 1920er Jahre.

bevor der Offizieranwärter für ein Jahr an Bord kommandiert wurde. Nach der Beförderung zum Oberfähnrich zur See (z.S.) am Ende des vierten Dienstjahres und der erfolgten Offizierwahl konnte der Bewerber frühestens nach viereinhalb Jahren zum Leutnant z.S. oder Leutnant (Ing.) ernannt werden.

Eine besondere Form der Ausbildung für die Führungskräfte der Reichswehr stellten die Führergehilfenlehrgänge dar, die Seeckt noch als Chef des Truppenamtes am 25. November 1919 mit den »Richtlinien für die Ausbildung der zu besonderer Verwendung in Aussicht genommenen Offiziere« eingeführt hatte, um das Verbot des Generalstabes und der Generalstabsausbildung durch den Versailler Vertrag zu umgehen. Zur Vorbereitung und Qualifikation für diese höhere Ausbildung wurde 1920 die Wehrkreisprüfung eingeführt, der sich jeder Offizier zu unterziehen hatte. Die siebzig besten Absolventen wurden ausgewählt, um zu Führergehilfen für die Truppenführung und im zentralen Bereich der Reichswehr ausgebildet zu werden. Die Ausbildung fand im ersten und zweiten Abschnitt dezentral bei den Wehrkreiskommandos statt, im dritten und vierten Abschnitt bei höheren Stäben und im Reichswehrministerium in Berlin. Sie erstreckte sich auf militärfachliche, militärwissenschaftliche und allgemeinwissenschaftliche Gebiete. Am 1. Oktober 1932 wurden die Führergehilfenlehrgänge von den Wehrkreiskommandos vollständig nach Berlin verlegt und dort unter der neuen Bezeichnung Offizierlehrgänge Berlin fortgeführt.

Darüber hinaus fand von 1928 an in den »Reinhardt-Kursen« – benannt nach ihrem Schöpfer, dem ersten Chef der Heeresleitung, General Walther Reinhardt – eine besondere Eliteförderung statt. Zur Teilnahme an diesen Kursen wurden jedes Jahr zehn Offiziere des Heeres und zwei Offiziere der Reichsmarine für ein Jahr nach Berlin kommandiert, um an der Universität, der Hochschule für Politik und beim Stab des Gruppenkommandos 1 Vorlesungen in den Fächern Geschichte und Staatswissenschaften zu besuchen, Sprachstudien zu treiben und eine operative Übungsreise zu absolvieren. Ziel dieser Kurse war es, auf wissenschaftlicher

190

Grundlage das Allgemeinwissen der Offiziere zu erweitern, weltpolitische Zusammenhänge zu verdeutlichen und das übergreifende, gesamtstrategische Denken zu schulen.

Die wenigen Führungspositionen, die in der Reichswehr zu besetzen waren, brachten es mit sich, dass Angehörige aller Dienstränge relativ lange auf ihren Dienstposten blieben und dementsprechend lange auf eine ▶ Beförderung warten mussten. So betrugen etwa die durchschnittlichen Laufzeiten zwischen 1928 und 1932 bis zur Beförderung zum Hauptmann 16, zum Major 22, zum Oberst 31 und zum Generalmajor 35 Dienstjahre als Offizier. In manchen Fällen dauerte es noch länger, so blieb etwa der spätere Generalfeldmarschall Erwin Rommel 13 Jahre lang Hauptmann, bis er endlich zum Major befördert wurde. Vor diesem Hintergrund erscheint es nicht schwer zu verstehen, dass sich viele Offiziere mit dem Machtwechsel von 1933 und der von den Nationalsozialisten angekündigten Aufrüstung auch persönliche Karriereaussichten erhofften.

Ist Deutschland zur See gesichert?

Sonderheft Hamburger Illustrierte

VERLAG BROSCHEK, HAMBURG

20 Pf.

Deutschlands See-Abrüstung. Wann folgen die andern? Frankreich als Hindernis für die See-Abrüstung. Wettrüsten oder Frieden und Freiheit auf den Weltmeeren? Das Mißverhältnis der Rüstungen zur See

172 Flottenpropaganda der Reichsmarine in den Zwanziger Jahren.

1 Walter Holte,
»Ankunft an der Marineschule
Mürwik« (1929)

Der Ingenieuroffizieranwärter beschreibt
seine Eindrücke bei seiner Ankunft an die
Marineschule Mürwik in Flensburg.

»Endlich fuhren wir in ein weit geöffnetes
Tor ein. Unser Instinkt sagte uns ›die Marineschule‹. Ganz eigenartig wirkte sofort
auf mich die große Stille und Ruhe auf dem
weiten Hof. Dann traten wir zum ersten Mal
in die Schule, sahen mit ehrfürchtigem Stau-
nen die großen Flaggen auf der Treppe und
wunderten uns über die großzügige Aufma-
chung des ganzen Gebäudes. [...]
6:15 Wecken. Was mir wieder beim Wecken
sofort auffiel, war die große Ruhe im ganzen
Gebäude.
Wir brauchten nicht zur Pumpe zu laufen wie
auf dem Dänholm, nein, wir wurden in einen
tadellosen Waschraum geführt. Und dann
kam das Feinste; man führte uns in unsere Messe, dort konnten wir einmal wieder
an einem gedeckten Tisch frühstücken. [...]
Nachmittags wurden wir in die Werkstatt geführt und dort den einzelnen Herrn Maschi-
nenmaaten zugeteilt. [...] Meine Befürchtungen in bezug auf die Verpflegung sind nicht
in Erfüllung gegangen. Wieder war der Tisch
sauber gedeckt. Mittags konnte man einmal
wieder mit Messer und Gabel essen, nicht
wie auf dem Dänholm aus einem Napf (Pick-
napf) mit dem Löffel oder der Gabel.«

Zit. nach: Jörg Hillmann, »Das rote Schloß
am Meer«. Die Marineschule Mürwik seit
ihrer Gründung, Hamburg 2002, S. 73

171 Die Aula der Marineschule Mürwik.
Foto, um 1923.

172 Ingenieur-Fähnriche des Jahrgangs 1932.

S Das 100 000-Mann-Heer der Reichswehr war durch eine äußerst schleppende Beförderungspraxis gekennzeichnet. Durch die beschränkte Fluktuation sowie die begrenzten Posten im Stab und in der Truppe blieben
die Aufstiegschancen im Offizierkorps bescheiden. »Blitzkarrieren« waren fast nur im Reichswehrministerium möglich. Der normale Truppenoffizier musste auf seine Beförderung lange warten. Erwin Rommel, der kurz nach dem
Kriegsende 1918 zum Hauptmann befördert worden war, stieg erst 13 Jahre später in den Rang eines Majors auf.
Nach der Übernahme der Regierung 1933 setzte Hitler seine Ankündigung zur Aufrüstung in die Tat um. Die Vermehrung des Heeres, der Ausbau der Luftwaffe und der Flotte brachten so viele Offizierplanstellen mit sich, dass trotz
großzügiger Beförderungen, der Übernahme verabschiedeter Offiziere und der Übernahme von Offizieren aus dem
österreichischem Bundesheer nicht alle Stellen besetzt werden konnten. Die Karrierechancen für junge Offiziere wie
Erwin Rommel stiegen nun gewaltig. Dies war sicher ein Grund für die Zustimmung, die viele Offiziere der jüngeren
Generation dem Nationalsozialismus entgegenbrachten.

3. Operative Vorstellungen

Bis weit in die Mitte der Zwanziger Jahre hinein verfügten die deutschen Streitkräfte nicht über ein zwischen Politik, Reichsheer und -marine abgestimmtes gesamtstrategisches Konzept für den Einsatz im Krieg. Stattdessen hatten sich in Heer und Marine ▸ operative Vorstellungen entwickelt, die auch später noch ihre Gültigkeit behielten. Darin galten von Anbeginn Frankreich und Polen, deren Streitkräfte selbst im Alleingang der Reichswehr weit überlegen waren, als »natürliche« Gegner. Allerdings zeigte sich in den operativen »Kriegsspielen«, die alljährlich stattfanden, um die Einsatzmöglichkeiten zu erproben, dass die Kräfte der Reichswehr nicht einmal für einen begrenzten Konflikt gegen Polen ausreichten. Deshalb mussten die internationalen Konstellationen so konstruiert werden, dass die eigenen Kräfte sie erfolgreich meistern konnten. Gelegentlich machten sich Vertreter des Auswärtigen Amtes (AA) über derartig unrealistische Vorstellungen sogar lustig. Erst Reichswehrminister Groener setzte solchen Illusionen mit seiner Reichstagsrede von 1928 und mit der Verfügung über die »Aufgaben der Wehrmacht« vom 16. April 1930 ein Ende.

Gegen Frankreich war aus Sicht der Heeresführung trotz aller geheimen Rüstungsmaßnahmen eine militärische Konfrontation nicht zu bestehen. Schon Seeckt war nach den Erfahrungen von 1923 zu diesem Schluss gekommen. Nach Locarno wurde dieser Fall auch immer unwahrscheinlicher. Sollte er dennoch eintreten, sah Groener im Gegensatz zu manchen Offizieren des Truppenamtes, die durchaus einen »Verzweiflungskampf« aufnehmen wollten, lediglich vorbereitende Planungen (Räumung, Zerstörung usw.) vor, denn ein

Einsatz der Reichswehr müsse »bestimmte Erfolgsaussichten« haben, und das war hier nicht der Fall.

Im Vordergrund der konkreten Einsatzplanung des Heeres stand demgegenüber die Sicherung der als bedroht angesehenen Grenzen im Osten des Reiches. Dabei wurde sowohl mit einem Übergriff irregulärer Truppen (»Fall Korfanty«) als auch regulärer Verbände (»Fall Pilsudski«) gerechnet. Weder für den einen noch für den anderen Fall existiere aber ein konkreter »Aufmarschplan« des Heeres. Stattdessen bestand im ▸ Truppenamt (T 1) die Absicht, zu Beginn eines militärischen Konfliktes aufgrund der aktuellen Situation und der Entwicklung der Feindlage über den Einsatz der Hauptkräfte zu entscheiden. Der hohe Ausbildungsstand der Truppe und die Kapazität des deutschen Eisenbahn- und Straßennetzes ließen eine Schwerpunktbildung in kürzester Zeit möglich erscheinen. Insgesamt wurde dabei angesichts der begrenzten Möglichkeiten die Vorstellung einer strategischen Defensive verfolgt. Ziel dieser Operationsführung war es zunächst, Zeit zu gewinnen, um das »Notheer« mobilisieren zu können. Seit 1928 kam der Gedanke dazu, gleichzeitig auf diplomatischem Wege den Völkerbund oder andere Staaten zum Eingreifen zu bewegen.

Die strategische Verteidigung wie sie der Reichswehrführung vorschwebte, bestand im Wesentlichen in der Form des hinhaltenden Kampfes. Zwar stützte er sich auch auf befestigte Systeme, wie etwa in Ostpreußen das »Heilsberger Dreieck«, aber er war vornehmlich als Bewegungskampf zu führen. Das war die Konsequenz, die Seeckt – anders als die französischen Militärs – aus den »Lehren des Ersten Weltkrieges« gezogen hatte. »Weniger denn je« – auch das hatte er schon in seinen »Grund-

192

Chefs des Truppenamtes
der Weimarer Republik

1919–1920

174
Generalmajor
Hans von Seeckt.

177
Truppenübungen der Reichswehr mit abschließender Parade in Strausberg (Kreis Oberbarnim).
Foto, September 1924.

S Das Truppenamt wurde als inoffizielle Nachfolgeorganisation des Großen Generalstabes gegründet. Die Bestimmungen des Versailler Vertrages verlangten die Auflösung des Großen Generalstabes. Dieses Manko glich General Hans von Seeckt, Chef des Truppenamtes und danach Chef der Heeresleitung, dadurch aus, indem er im neu geschaffenen Truppenamt für die Siegermächte weit gehend unbemerkt Generalstabsaufgaben wahrnehmen ließ. Zudem wurden einzelne Abteilungen des ehemaligen Großen Generalstabs in den zivilen Bereich ausgegliedert, so die Eisenbahnabteilung ins Verkehrsministerium oder die Kriegsgeschichtliche Abteilung ins Reichsarchiv: Dort konnten die Generalstabsoffiziere nun, als Zivilisten getarnt, weiterhin ihrer Arbeit nachgehen.

1 Albert Kesselring,
»Aufgaben der Reichswehr« (1953)

Der spätere Generalfeldmarschall und OB Süd äußerte sich in seinen Erinnerungen über die Aufgabe der Reichswehr.

»Was tat nun eigentlich die Reichswehr? Da ich an maßgebender Stelle Dienst tat, kann ich darüber Auskunft geben: Die geistige Arbeit des Reichswehrministeriums konzentrierte sich auf Sicherung der Kriegserfahrungen, Niederlegung der Erfahrung in technischen, organisatorischen und Ausbildungsprogrammen und Erstellung neuer Vorschriften für Operation, Taktik, Verwaltung und Technik. Daß dabei die Frage des ›Etats‹ eine bedeutsame Rolle spielte, braucht nicht besonders erwähnt zu werden. Die praktische Arbeit sollte auf dem technischen Gebiet den Anschluß an die inzwischen bei den Alliierten gemachten Fortschritte sicherstellen und – wenn die Zeit reif war – die deutsche Armee ohne Einengung durch die Bestimmungen des Versailler Vertrages mit modernen Waffen erstehen lassen. Auf dem Ausbildungsgebiet handelte es sich um zwei Hauptpunkte: einmal um die Aufstellung einer Musterfeldtruppe verbundener Waffen, dann um die Heranbildung des Reichswehrsoldaten zum Unterführer und Führer. Entsprechend der seinerzeitigen politisch-strategischen Lage wurden die operativen Überlegungen bewußt auf die ›Reichsverteidigung‹ beschränkt, vor allem also auf die Frage der Befestigung der Ostgrenze und Ostpreußens und deren Sicherung durch eine im Ernstfall aufzustellende Grenzschutztruppe. Daneben versuchte man durch Ausbildung früherer Offiziere und Unteroffiziere und einer beschränkten Zahl von Zeitfreiwilligen die in der Reichswehr offenkundigen Lücken zu schließen. Alles in allem: der gute Wille war wertvoller als die erzielte Wirkung. Doch dürfte diese kurze Einführung in die Arbeiten der Reichswehr genügen, um erkennen zu lassen, daß das Leben bei der Reichswehr kein ›dolce far niente‹ [ital.; Müßiggang] war.«

Zit. nach: Albert Kesselring, Soldat bis zum letzten Tag, Bonn 1953, S. 20

193

1920–1922

175
Generalmajor
Wilhelm Heye.

1922–1926

176
Generalmajor
Otto Hasse.

legenden Gedanken für den Wiederaufbau« formuliert – liegt »das Ziel des Schwächeren in starrer Verteidigung, sondern im beweglichen Angriff«. Diese Doktrin der beweglichen Kriegführung blieb bis in den Zweiten Weltkrieg hinein gültig für das deutsche Heer.

Die operativen und taktischen Anschauungen, in denen das Reichsheer erzogen wurde, waren geprägt vom Ziel der Vergrößerung des Heeres im Kriegsfall und dem Führerheerkonzept. Um zu verhindern, dass sich die Soldaten auf Dauer mit der im Versailler Vertrag festgelegten Aufgabe des Grenzschutzes abfinden würden, richtete der Chef der Heeresleitung in einer »Art bewussten militärischen Utopismus« (Manfred Zeidler) die Ausbildungs- und Führungsgrundsätze des Reichsheeres auf das Heer »einer neuzeitlichen Großmacht« aus. Dies beinhaltete die systematische Auswertung der Kriegserfahrungen zwischen 1914 und 1918 und die Auseinandersetzung mit den Überlegungen zu Notwendigkeiten moderner Kriege wie sie im Truppenamt angestellt wurden. Dazu gehörte aber vor allem, dass das Fehlen der modernen Kampfmittel, die der Reichswehr durch den Versailler Vertrag verboten waren, sich in der Ausbildung und in der taktischen Schulung nicht niederschlagen durfte. Mit oft primitiven Mitteln wurde in den Übungen der Einsatz von Panzern, ▶ schweren Geschützen und Flugzeugen dargestellt, um Führer und Soldaten im Geiste eines modernen Bewegungskrieges mit rasch wechselnden Lagen und entscheidungssuchender Operationsführung zu schulen.

Auch die Marineführung entwickelte in Ermangelung eines strategischen Gesamtkonzepts seit 1922 eigene Vorstellungen über die Aufgaben einer Marine im Krieg. Darin wurden Polen, aber im Gegensatz zum Heer auch Frankreich, als Kriegsgegner angenommen, weil Polen nach Auffassung der Marineleitung immer mit dessen Unterstützung rechnen könnte. Großbritanniens Neutralität im Falle einer derartigen Auseinandersetzung wurde indessen vorausgesetzt. Zugleich richtete sie aber auch den Blick auf die Rolle der Marine in einem Konflikt anderer Staaten untereinander. In beiden Fällen wurde die Hauptaufgabe der Seestreitkräfte darin gesehen, den Schutz der überseeischen Handelsverbindungen zu gewährleisten, da die Abhängigkeit der deutschen Wirtschaft von Rohstoffimporten über See dies zwingend erforderte. Nur wenn die deutschen Küsten akut bedroht waren, wollte sie diese Aufgabe zurückstellen und zu deren Schutz die Kräfte in der Ostsee bündeln. In diesen Überlegungen, die seit 1923/24 in verschiedenen Stellungnahmen vorgetragen wurden, wird deutlich, dass die Bereitschaft der Marineleitung, sich mit der Rolle als »Küstenmarine« zu begnügen wie sie der Versailler Vertrag vorsah, sehr gering war. Zwar betonte sie noch 1926 gegenüber der Reichsregierung, in der Nordsee sei nur der Küstenschutz vorgesehen, in der Ostsee hingegen müsse die Seeherrschaft behauptet werden, aber 1928 strebte sie – wie der Chef der Marineleitung, Admiral Zenker, forderte – die Präsenz deutscher Kriegsschiffe auch in der Nordsee an: Der wirksamste Schutz für die Ostseetransporte sei die »Vorneverteidigung« in der Nordsee. »Mit dieser Argumentation hatte Zenker die Landesverteidigung um die Bedeutung der Zufuhrsicherung erweitert und die Nordsee zum integralen Bestandteil der deutschen Landesverteidigung erklärt« (Jörg Hillmann). Rüstungsmäßig schlug sich diese Entwicklung in der Entscheidung für den Bau von Panzerschiffen an Stelle von stark bewaffneten

194

1926–1927

178
Generalleutnant
Georg Wetzell.

1927–1929

179
Generalmajor
Werner von Blomberg.

183 Nachrichtentruppe des Reichsheeres. Ausbildung am Kleinfunkgerät 18. Foto, 1920er Jahre.

1 Friedrich Wilhelm Deiß, »Artilleriebewaffnung« (1927)

Die Artilleriebewaffnung der Reichswehr hatte sich nach dem Ersten Weltkrieg und den dort gemachten Erfahrungen des Graben- und Stellungskrieges stark verändert.

»Die Bewaffnung der Artillerie des Reichsheeres besteht aus der Feldkanone 96/16, der Feldkanone 16 und der leichten Feldhaubitze 16. Die Feldkanone 96/16, die in geringer Zahl vorhanden ist und die fehlenden Infanteriebegleitbatterien ersetzt, soll hauptsächlich gegen lebende, von vorn zu treffende Ziele angewandt werden. Außerdem ist sie imstande, gegen lebende Ziele dicht hinter Deckungen zu wirken und senkrechte widerstandsfähige Ziele, wie Mauern, Häuser und dergleichen, zu zerstören. Gegen eingedeckte Ziele ist sie nicht verwendbar. Sie soll den

182 Eine leichte Feldhaubitze 16 in Fahrstellung. Foto, 1920er Jahre.

Infanterieangriff unmittelbar begleiten, um im direkten Schuß solche Ziele niederzukämpfen, die von der sonstigen Artillerie, die tiefgegliedert den Angriff führt, nicht gefaßt werden kann, also Widerstandspunkte, wie M.-G.-Nester, Minenwerfer, Hindernisse, auftauchende Tanks. Die Kanone ist durch ihre große Beweglichkeit, bedingt durch das verhältnismäßig geringe Gewicht, zu diesen Aufgaben geeignet, sie kann mit der zum Gefecht nötigen Mannschaft und Munition in jeder Gangart längere Strecken, auch außerhalb der gebahnten Wege, zurücklegen und kann in jedem Gelände fechten.«

Zit. nach: Friedrich Wilhelm Deiß, Das Deutsche Soldatenbuch. Deutschlands Wehr und Waffen im Wandel der Zeit – von den Germanen bis zur Neuzeit. Ein Ehrenbuch zur Erinnerung an Deutschlands Wehrhaftigkeit. Bd 2 (Vom deutschen Bundesheer bis zum Reichsheer), Leipzig, S. 360

195

1925–1930

180
Generalmajor
Kurt Freiherr von
Hammerstein-Equord.

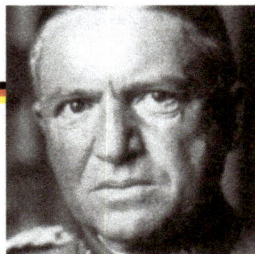

1930–1933

181
Generalleutnant
Wilhelm Adam.

Monitoren für den Küstenschutz im Rahmen der Schiffserneuerung nieder. Konsequenterweise wurde deshalb in den Überlegungen der Marineleitung den landgestützten Verbänden, die nach Auffassung der Heeresleitung in einem möglichen Kriegsfall dem Heer zu unterstellen waren, kaum ein Gedanke gewidmet. Dies widersprach der Zusicherung, welche die Marineleitung 1920 dem Heer hatte geben müssen. Danach sollte sie aus ihren Reihen im Kriegsfall etwa zwei Divisionen zur Verstärkung des Heeres aufstellen. Im Gegenteil erwartete die Marine nunmehr vom Heer nach Möglichkeit den Schutz der Nordseeküste und des Nord-Ostsee-Kanals sowie bei einem Krieg im Osten die Ausschaltung der polnischen Marinestützpunkte von Land her. Auch dies macht deutlich, dass die Marine allmählich daran ging, ihre Zukunft auf den Weltmeeren und nicht in den deutschen Küstengewässern zu suchen. In diesen Zusammenhang sind auch die »Friedensaufgaben« der Marine einzuordnen, zu denen vor allem die Auslandsfahrten der Seestreitkräfte gehörten. Erklärtes Ziel war es dabei seit 1920, für Deutschlands Ansehen in den besuchten Ländern zu werben und die nach dem Kriege zum Teil abgerissenen Kontakte mit Deutschen, die im Ausland lebten, wieder herzustellen. Diese »Friedensaufgaben« wurden von der Wirtschaft und der Politik positiv bewertet und gefördert, sie trugen aber auch dazu bei, den Ausbildungsstand zu verbessern und die operativen Möglichkeiten der Marine auszuweiten.

Das »ozeanische Denken« (Jost Dülffer), das seit 1928 allmählich im Offizierkorps der Reichsmarine an Boden gewann, stand im deutlichen Gegensatz zu dem Platz, den Reichswehrminister Groener der Marine für den Kriegsfall zugewiesen hatte. Wohl wissend, dass für die Seestreitkräfte eine Auseinandersetzung mit den großen Seemächten wie England oder Frankreich nicht infrage kam, und dass die »graue Marine« (Landstreitkräfte der Marine) mit ihren Marineartillerieabteilungen eine unerlässliche Verstärkung des Heeres bildete, hat Reichswehrminister Groener die operativen Aufgaben der Marine in seiner Reichstagsrede am 15. November 1928 anders akzentuiert. Drei Aufgaben sah er im Falle eines militärischen Übergriffs auf deutsches Gebiet (durch Polen) für die Marine vor: erstens die Führung und Deckung der Seetransporte, die für die Wirtschaft und die Abwehrfähigkeit Deutschlands lebenswichtig waren, zweitens den Eingriff in Kämpfe im Küstengebiet und schließlich die Deckung der Landstreitkräfte von See aus. Für den Fall eines Konflikts anderer Staaten untereinander galt es, die deutsche Neutralität durch den Schutz der Küstengewässer und durch die Sicherstellung der ungehinderten Handelsschifffahrt zu gewährleisten. Groener sah diese Aufgaben vor allem im Bereich der Ostsee angesiedelt, aber die Marineleitung dachte längst in anderen Dimensionen.

184
Kleiner Kreuzer BERLIN als Schulschiff auf Auslandsreise. Buchumschlag, 1920er Jahre.

186 Das Segelschulschiff DEUTSCHLAND in der Flensburger Förde. Foto, 1920er Jahre.

Rekruten des Luftwaffenregiments »General Göring« werden vereidigt. Foto, 1. Januar 1935.

Vom eigenständigen Machtfaktor zum Instrument Hitlers – Militärgeschichte im »Dritten Reich« 1933 bis 1939

von Karl-Volker Neugebauer

1933	30. Januar	Ernennung Hitlers zum Reichskanzler
	27. Februar	Reichstagsbrand
	5. März	Reichstagswahl
	21. März	»Tag von Potsdam«
	23. März	»Ermächtigungsgesetz«
	20. Juli	Konkordat mit dem Vatikan
	14. Oktober	Austritt aus dem Völkerbund
1934	26. Januar	Deutsch-Polnischer Nichtangriffspakt
	30. Juni–2. Juli	»Röhm-Revolte«
	2. August	Tod Hindenburgs
1935	16. März	Einführung der allgemeinen Wehrpflicht
	18. Juni	Deutsch-Britisches Flottenabkommen
	15. September	»Nürnberger Gesetze«
1936	7. März	Remilitarisierung des Rheinlands
	Juli	Eingreifen in den Spanischen Bürgerkrieg

002 Das Kabinett der Nationalen Konzentration. Foto, 30. Januar 1933.

003 Titelseite des »Völkischen Beobachters« zur »Röhm-Revolte«, 1934.

004 »Trau keinem Fuchs auf grüner Heid / Und keinem Jud bei seinem Eid! / Ein Bilderbuch für Groß und Klein.« 1936.

005 Einsatz von Sturzkampfflugzeugen
Typ Junkers Ju 87 im Spanischen
Bürgerkrieg. Foto, 1936.

006 Erinnerungsblatt zum
»Münchner Abkommen«,
September 1938.

007 Deutsche Soldaten am Schlagbaum
der deutsch-polnischen Grenze.
Foto, 1. September 1939.

	August	Olympische Spiele in Berlin
	9. September	Verkündung des »Vierjahresplans«
	25. Oktober	Deutsch-Italienischer Vertrag
	25. November	Antikomintern-Pakt mit Japan
1937	5. November	»Hoßbach-Besprechung«
1938	4. Februar	»Blomberg-Fritsch-Krise«
	12. März	»Anschluss« Österreichs
	18. August	Rücktritt des Chefs des Generalstabs des Heeres Beck
	29. September	»Münchener Abkommen«
	1. Oktober	Einmarsch in die sudetendeutschen Gebiete
	9. November	Reichspogromnacht
1939	15. März	Zerschlagung der »Rest-Tschechei«
	31. März	Britisch-Französische Garantie für die Unabhängigkeit Polens
	23. August	»Hitler-Stalin-Pakt«
	1. September	Deutscher Überfall auf Polen

1. Literaturauswahl

Überblick

Benz, Wolfgang, Geschichte des Dritten Reiches, München 2000

Bracher, Karl Dietrich, Die deutsche Diktatur. Entstehung, Struktur, Folgen des Nationalsozialismus, Köln 1993

Erdmann, Karl Dietrich, Die Zeit der Weltkriege, Stuttgart 1973 und 1976 (= Gebhardt, Handbuch der deutschen Geschichte, Teilbde 4/1 und 4/2)

Das Dritte Reich im Überblick. Chronik, Ereignisse, Zusammenhänge. Hrsg. von Martin Broszat und Norbert Frei, 6. Aufl., München 1999

Dülffer, Jost, Deutsche Geschichte 1933–1945. Führerglaube und Vernichtungskrieg, Stuttgart 1992

Haffner, Sebastian, Anmerkungen zu Hitler, 21. Aufl., München 1978

Hildebrand, Klaus, Das Dritte Reich, München 2003 (= Oldenbourg Grundriss der Geschichte, 17)

Mommsen, Hans, Von Weimar nach Auschwitz. Zur Geschichte Deutschlands in der Weltkriegsepoche, München 2001

Umfeld

Deist, Wilhelm, Manfred Messerschmidt, Hans-Erich Volkmann und Wolfram Wette, Das Deutsche Reich und der Zweite Weltkrieg, Bd 1: Ursachen und Voraussetzungen der Deutschen Kriegspolitik, Stuttgart 1979

Messerschmidt, Manfred, Die Wehrmacht im NS-Staat. Zeit der Indoktrination. Mit einer Einführung von Johann Adolf Graf Kielmansegg, Hamburg 1969 (= Truppe und Verwaltung, 16)

Müller, Klaus-Jürgen, Armee und Drittes Reich 1933–1939. Darstellung und Dokumentation unter Mitarbeit von Ernst Willi Hansen, Paderborn 1987

Müller, Klaus-Jürgen, Das Heer und Hitler. Armee und nationalsozialistisches Regime 1933–1940, 2. Aufl., Stuttgart 1988 (= Beiträge zur Militär- und Kriegsgeschichte, 10)

Hildebrand, Klaus, Deutsche Außenpolitik 1933–1945. Kalkül oder Dogma?, Stuttgart 1971

Hildebrand, Klaus, Das vergangene Reich. Deutsche Außenpolitik von Bismarck bis Hitler 1871–1945, Stuttgart 1995

Thamer, Hans-Ulrich, Verführung und Gewalt. Deutschland 1933–1945, Berlin 1986

Strukturen

Absolon, Rudolf, Die Wehrmacht im Dritten Reich, 6 Bde, Boppard a.Rh. 1969–1998

Güth, Rolf, Die Marine des Deutschen Reiches 1919–1939, Frankfurt a.M. 1972

Handbuch zur deutschen Militärgeschichte 1648–1939, Bd 4. Im Auftrag des Militärgeschichtlichen Forschungsamtes hrsg. von Friedrich Forstmeier, Wolfgang von Groote, Othmar Hackl, Hans Meier-Welcker und Manfred Messerschmidt, München 1979

Köhler, Karl, und Karl-Heinz Hummel, Die Organisation der Luftwaffe 1933–1939. In: Handbuch zur deutschen Militärgeschichte 1648–1939, Bd 4, Abschnitt VII: Wehrmacht und Nationalsozialismus 1933–1939, München 1979, S. 501–579

Müller-Hillebrand, Burkhart, Das Heer 1933–1945. Entwicklung des organisatorischen Aufbaus. Bd 1: Das Heer bis zum Kriegsbeginn, Darmstadt 1954

Völker, Karl-Heinz, Die deutsche Luftwaffe 1933–1939. Aufbau, Führung und Rüstung der Luftwaffe sowie Entwicklung der deutschen Luftkriegstheorie, Stuttgart 1967 (= Beiträge zur Militär- und Kriegsgeschichte, 8)

Die Wehrmacht. Mythos und Realität. Im Auftrag des Militärgeschichtlichen Forschungsamtes hrsg. von Rolf-Dieter Müller und Hans Erich Volkmann, München 1999

Epochenquerschnitt

Der 30. Januar 1933 wurde von den meisten Zeitgenossen nicht als alles verändernder »historischer« Einschnitt empfunden, sondern erst nachträglich von den Nationalsozialisten zum »Tag der Machtergreifung« stilisiert. Schon seit 1930 wurde das Reich als »Präsidialdiktatur« weit gehend mithilfe von »Notverordnungen« des Reichspräsidenten Paul von Hindenburg regiert. Nach dem politischen Scheitern der Reichskanzler Heinrich Brüning (Mai 1932), Franz von Papen (November 1932) und Kurt von Schleicher (Januar 1933) war es keine Sensation, dass der Reichspräsident den Vorsitzenden der stärksten Reichstagsfraktion Adolf Hitler mit der Regierungsbildung beauftragte, sondern eher ein End- und Tiefpunkt der »Weimarer Verhältnisse«. Neben Hitler gehörten nur zwei weitere Mitglieder der Nationalsozialistischen Deutschen Arbeiterpartei (NSDAP) der Regierung an: Wilhelm Frick als Reichsminister des Innern und Hermann Göring als Minister ohne Geschäftsbereich, aber mächtiger »Reichskommissar« für Preußen. Diese Zusammensetzung war Teil des »Zähmungskonzepts« Papens: »In zwei Monaten haben wir Hitler in die Ecke gedrückt, dass er quietscht.«

Noch wenige Stunden vor seiner Ernennung zum Reichskanzler hatte Hitler die Auflösung des Reichstages und Neuwahlen für den 5. März durchgesetzt. Er konnte nun sieben Wochen ohne parlamentarische Kontrolle regieren und hoffte, aus der Regierungsposition heraus eine Mehrheit im Reichstag zu gewinnen. Im »Wahlkampf« praktizierten die Nationalsozialisten offenen Terror gegen alle politischen Gegner, der deshalb möglich war, weil sie im Reich und in Preußen das Innenressort und damit auch die Polizeigewalt inne hatten. Schon seit Anfang

008 Der 30. Januar 1933. Fackelzug unter dem Brandenburger Tor. Öl auf Leinwand von A. Kampf.

Februar wurden Bürokratie und Polizei von politischen Gegnern »gesäubert« und gefügig gemacht. Den ▶ Reichstagsbrand am 27. Februar nutzten die Nationalsozialisten aus, um den Reichspräsidenten dazu zu bewegen, die »Verordnung zum Schutz von Volk und Staat« zu erlassen, die praktisch die in der Weimarer Reichsverfassung garantierten Grundrechte außer Kraft setzte. Für den einzelnen Bürger bedeutete das zunehmende »Rechtsunsicherheit«: Bürgerrechte waren nicht mehr einklagbar, Terror erhielt den Anschein der Legalität, Rechtsnormen blieben vordergründig gültig, wurden aber in der Praxis missachtet.

Unter diesen Verhältnissen ist es bemerkenswert, dass die NSDAP bei den Reichstagswahlen nur 43,9 Prozent der abgegebenen Stimmen erhielt, zusammen mit der Deutschnationalen Volkspartei (DNVP) erreichte die Koalition 51,9 Prozent. Außer der »Linken« hatten also auch große Teile der bürgerlichen, katholischen und konservativen Bevölkerung Hitler nicht gewählt. Um das Misstrauen dieser Kreise zu zerstreuen, inszenierte Goebbels am 21. März 1933 einen Festakt in der geschichtsträchtigen Potsdamer Garnisonkirche. Diese »Rührkomö-

203

009 Goldenes Parteiabzeichen der NSDAP, von Hitler 1933 anlässlich des 10. Jahrestags des Putschversuches von 1923 gestiftet.

die«, auf der sich Hitler über den Gräbern der preußischen Könige tief vor dem greisen Generalfeldmarschall verneigte, der Symbolfigur der meisten Deutschen für die »gute, alte Zeit«, sollte die Kontinuität zwischen dem traditionellen Preußentum und dem »neuen« Deutschland vortäuschen und Zweifler in Sicherheit wiegen.

Zwei Tage später passierte mit verfassungsändernder Zweidrittelmehrheit das so genannte ▸ Ermächtigungsgesetz den Reichstag, das der Regierung die Befugnis übertrug, vier Jahre lang Gesetze ohne Mitwirkung des Parlaments und des Reichsrates zu erlassen. Nur die SPD – die KPD-Fraktion war ausgeschlossen – stimmte dagegen, die anderen Parteien gaben sich der Illusion hin, dass man nicht durch Ablehnung, sondern nur durch Mitarbeit Einfluss auf die Regierung nehmen könne, und dass prinzipiell die Regeln des Rechtsstaates und die Rechte des Parlaments in Kraft bleiben würden.

»Draußen im Land« hatte die NSDAP inzwischen damit begonnen, die Gesellschaft »gleichzuschalten«. Neben bestehenden Verbänden, Berufsgenossenschaften und anderen Organisationen wurden entsprechende nationalsozialistische Einrichtungen dominierend wie der NS-Lehrerbund, NS-Studentenbund, NS-Dozentenbund, NS-Ärztebund oder die NS-Frauenschaft, welche innerhalb von zwei Jahren die herkömmlichen Verbände unter »Lockung und Zwang« (Andreas Kranig) übernahmen. Die »Gleichschaltung der Länder« wurde durch die Einsetzung von Reichsstatthaltern eingeleitet. Den Gewerkschaften kam Hitler scheinbar entgegen, indem er den 1. Mai als Feiertag einführte, eine uralte Forderung der Arbeiterbewegung. Am Tag darauf wurden die Gewerkschaftshäuser besetzt, zahlreiche Gewerkschaftsführer verhaftet und die Gewerkschafter im Verlauf der nächsten Monate in die ▸ Deutsche Arbeitsfront (DAF) überführt. Im April 1933 proklamierte die NSDAP den »Einparteienstaat«. Die KPD existierte de facto nicht mehr, die SPD wurde im Juni verboten, die »bürgerlichen« Parteien hatten resigniert und lösten sich auf, Anfang Juli als letzte das Zentrum. Die Parteien reagierten damit auf eine weit um sich greifende Stimmung dieser Zeit: Die Demokratie ist gescheitert, Parteien sind überflüssig und der autoritären Staatsform gehört somit die Zukunft.

Hatte die NSDAP vor der »Machtergreifung« ihren radikalen ▸ Antisemitismus eher verschleiert und sich stärker als »antikommunistische Kraft« darzustellen versucht, ließ sie diese Zurückhaltung sehr bald fallen und erhob, je mehr sich ihre Macht festigte, den Antisemitismus zur Staatsdoktrin. Bereits am 1. April 1933 wurde zum »Judenboykott« aufgerufen. Das »Gesetz zur Wiederherstellung des Berufsbeamtentums« hatte die Entlassung jüdischer Mitarbeiter aus dem öffentlichen Dienst zur Folge. Den »Nürnberger Gesetzen« vom September 1935, mit denen jüdische Mitbürger zu »Staatsangehörigen« mit minderen Rechten degradiert wurden, folgte eine Flut von Gesetzen und Verordnungen, welche die jüdische Bevölkerung, aber auch andere Gruppen wie Sinti und Roma entrechteten, aus Berufen, Besitz und teilweise außer Landes drängten. Die ▸ Reichspogromnacht vom 9. November 1938, in der Hunderte von Synagogen und Tausende von Geschäften zerstört und 100 jüdische Deutsche ermordet wurden, wies schon den Weg zur radikalen »Endlösung«.

Im Juli 1933 erklärte Hitler die nationalsozialistische »Revolution« für abgeschlossen. Das war sie allerdings nicht für die braune Schlägertruppe, die Sturmabteilung (SA), die ihm den Weg an die Macht gebahnt hatte. Ihre Mitglieder erwarte-

Der im letzten Drittel des 19. Jahrhunderts geprägte Begriff Antisemitismus dient einerseits als Oberbegriff für jede Art von Judenfeindlichkeit, er charakterisiert andererseits aber auch einen erst in der Neuzeit entstandenen antijüdischen Vorbehalt, der nicht christlich, sondern pseudowissenschaftlich mit Rasseeigenschaften und Rassemerkmalen argumentiert. Von diesem modernen Antisemitismus ist der religiös motivierte, ältere Antijudaismus zu unterscheiden, welcher gleichwohl die Basis für die sich im 19. Jahrhundert ausbreitende neue Judenfeindlichkeit bildete.

010 »Kauft nicht bei Juden«. Plakat, 1930er Jahre.

1 Preußischer Pressedienst, »Der Reichstagsbrand« (27. Februar 1933)

Am 27. Februar 1933 wurde das Reichstagsgebäude in Berlin fast vollständig durch Brandstiftung zerstört. Als Tatverdächtiger wurde der Hol-
länder Marinus van der Lubbe festgenommen. In
derselben Nacht setzte eine vornehmlich gegen
Kommunisten gerichtete Verhaftungswelle ein.
Die nationalsozialistische Regierung machte die
Kommunisten und die SPD für den Brand verantwortlich. Bis heute sind die Tathintergründe nicht
vollständig geklärt.

»Diese Brandstiftung ist der bisher unge-
heuerlichste Terrorakt des Bolschewismus in
Deutschland. Unter den Hunderten von Zent-
nern Zersetzungsmaterial, das die Polizei bei
der Durchsuchung des Karl-Liebknecht-Hauses
entdeckt hat, fanden sich die Anweisungen zur
Durchführung des kommunistischen Terrors
nach bolschewistischem Muster. Hiernach sollten Regierungsgebäude, Museen, Schlösser
und lebenswichtige Betriebe in Brand gesteckt
werden. Durch die Auffindung des Materials ist
die planmäßige Durchführung der bolschewistischen Revolution gestört worden. Trotzdem
sollte der Brand des Reichstages das Fanal zum
blutigen Aufruhr und zum Bürgerkrieg sein.«

Zit. nach: Lesebuch zur Deutschen Geschichte.
Bd 3: Vom Deutschen Reich bis zur Gegenwart.
Hrsg. von Bernhard Pollmann, Dortmund 1984,
S. 144

011 Der brennende
Reichstag. Foto vom
27. Februar 1933.

012
Wahlplakat der NSDAP
zur Reichstagswahl vom
5. März 1933.

1 »Gesetz zur Behebung der Not von Volk und Reich« (24. März 1933)

Das »Ermächtigungsgesetz« ermöglichte den Übergang der Gesetzgebung auf
die Exekutive, die als ausführende Gewalt »gleichgeschaltet« wurde.

»Artikel 1. Reichsgesetze können außer in dem in der Reichsverfassung vorgesehenen Verfahren auch durch die Reichsregierung beschlossen werden. Dies
gilt auch für die in den Artikeln 85 Abs. 2 und 87 der Reichsverfassung bezeichneten Gesetze.
Artikel 2. Die von der Reichsregierung beschlossenen Reichsgesetze können von der Reichsverfassung
abweichen, soweit sie nicht die Einrichtung des Reichstags und des Reichsrats als solche zum Gegenstand
haben. Die Rechte des Reichspräsidenten bleiben unberührt.
Artikel 3. Die von der Reichsregierung beschlossenen Reichsgesetze werden vom Reichskanzler ausge-
fertigt und im Reichsgesetzblatt verkündet. Sie treten, soweit sie nichts anderes bestimmen, mit dem auf
die Verkündung folgenden Tage in Kraft. [. .]
Artikel 4. Verträge des Reiches mit fremden Staaten, die sich auf Gegenstände der Reichsgesetzgebung
beziehen, bedürfen für die Dauer der Geltung dieser Gesetze nicht der Zustimmung der an der Gesetzgebung beteiligten Körperschaften. Die Reichsregierung erlässt die zur Durchführung dieser Verträge
erforderlichen Vorschriften.«

Zit. nach: Reichsgesetzblatt 1933, Teil I, Nr. 25, S. 141

205

Die Entstehung des »Führerstaates«

Mithilfe des »Ermächtigungsgesetzes« unternahm die NS-Regierung zuerst einen »Staatsstreich« gegen die Länderregierungen. Mit dem »Zweiten Gesetz zur Gleichschaltung der Länder mit dem Reich« schaffte sie den Föderalismus ab.

Daneben begann die nationalsozialistische Führung, Verbände, Parteien, Vereine und das Pressewesen »gleichzuschalten«. »Gleichschalten« konnte heißen, eine Gruppierung, die dem Nationalsozialismus zuwider lief, zu verbieten (z.B. Parteien). »Gleichschalten« konnte auch bedeuten, eine Vereinigung einer NS-Organisation anzugliedern, sie nach dem »Führerprinzip« auszurichten und der NS-Ideologie anzupassen.

»Volksgemeinschaft« statt Klassenkampf

Am Beispiel der Arbeiterschaft und der Gewerkschaften können der Verlauf und die Folgen einer »Gleichschaltung« veranschaulicht werden:

Die Reichsregierung erklärte den 1. Mai per Gesetz zum »Tag der nationalen Arbeit« und erfüllte damit eine lange bestehende Forderung der Gewerkschaften. Sinn dieses Tages sei es, so Hitler, dass die »Millionen Menschen, die in Berufe aufgeteilt« und vom »Standesdünkel und Klassenwahnsinn befallen« seien, sich wieder die Hand reichen.

Doch was verbarg sich hinter dieser Volksgemeinschaftsrhetorik? Bereits der folgende Tag brachte die Antwort. Am 2. Mai 1933 wurden die freien Gewerkschaften aufgelöst, ihr Vermögen eingezogen und führende Gewerkschafter verhaftet. Für alle Arbeitgeber und Arbeitnehmer schuf man am 10. Mai 1933 eine Einheitsorganisation aller »schaffenden Deutschen« – die Deutsche Arbeitsfront (DAF). Unter dem Slogan »Gemeinnutz geht vor Eigennutz«, sollten sich Unternehmer, die nun »Führer des Betriebes« hießen, und die »Gefolgschaft« zu einer »nationalsozialistischen Betriebsgemeinschaft«, zusammenfinden.

Die DAF war ein angeschlossener Verband der NSDAP, der mit 22 Millionen Mitgliedern (1939) die höchste Mit-

013 Adolf Hitler überreicht dem Führer der Deutschen Arbeitsfront, Dr. Robert Ley, zu dessen Geburtstag das Gemälde »Der zechende Mönch« von Hans Grützner. Eine unverhohlene Anspielung des abstinenten Hitlers auf Leys in der Öffentlichkeit bekannt gewordene Alkoholsucht, die ihm auch den wenig schmeichelhaften Spitznamen »Reichstrunkenbold« eingebracht hatte. Foto, 15. Februar 1938.

gliederstärke aller NS-Organisationen aufwies. Die Arbeitsfront baute ein weit verzweigtes Ämter- und Organisationswesen mit 40 000 Funktionären auf. An der Spitze stand Robert Ley, der zugleich Reichsorganisationsleiter der NSDAP war. Zuerst nahm Ley organisatorische Veränderungen vor: Betriebsräte wurden aufgelöst, Mitglieder der verschiedenen Wirtschaftszweige in 18 Reichsbetriebsgemeinschaften zusammengefasst. Unternehmer, Arbeiter und Angestellte den »Treuhändern der Arbeit« untergeordnet, die die Arbeitsverträge nach dem Vorstellungen der NSDAP abschlossen. Damit war die Tarifautonomie abgeschafft und ein NS-Zwangskartell errichtet.

Ein weiteres Ziel der Gleichschaltungsbemühungen der DAF bestand darin, die Arbeitnehmer total zu erfassen, zu kontrollieren und ideologisch zu formen. Die Mitgliedschaft in der DAF war formal freiwillig, doch wurde auf Eintrittsunwillige starker Druck ausgeübt.

Vor allem entwickelte sich die Arbeitsfront zu einem Wirtschaftsunternehmen: Wohnungsbaugesellschaften, Bauunternehmen, Banken und sogar das Volkswagenwerk waren ihr angeschlossen. Die DAF führte einen »Leistungskampf deutscher Betriebe« durch und gründete die NS-Gemeinschaft »Kraft durch Freude« (KdF). Letztere war die wohl populärste Organisation im »Dritten Reich«. Sie bot dem Arbeiter ein umfangreiches kulturelles Programm und organisierte Reisen, darunter die propagandistisch perfekt ins Bild gesetzten Kreuzfahrten mit einer KdF-eigenen Flotte.

Der DAF gelang es, ein dichtes Netz an Kontrolle und Betreuung aufzubauen, das dem Arbeiter sowohl im Betrieb als auch in der Freizeit seinen Platz im »gleichgeschalteten« NS-Staat zuwies.

014 Die SA besetzt das Berliner Gewerkschaftshaus. Foto, 2. Mai 1933.

S Mitglieder in der NSDAP und deren Organisationen
(Stand: 1. September 1939)

Nationalsozialistische Deutsche Arbeiterpartei (NSDAP)	5 310 000

Gliederungen

Sturmabteilung (SA)	1 329 448
Schutzstaffel (SS)	235 526
Nationalsozialistisches Kraftfahrkorps (NSKK)	350 000
Hitler-Jugend (HJ) und Bund Deutscher Mädel (BDM)	8 700 000
Nationalsozialistische Frauenschaft (NSF)	1 400 000
Nationalsozialistischer Deutscher Studentenbund (NSDStB)	27 700
Nationalsozialistischer Deutscher Dozentenbund (NSDozB)	15 000

Angeschlossene Verbände

Deutsche Arbeitsfront (DAF)	22 127 793
Nationalsozialistischer Deutscher Ärztebund (NSDÄB)	30 000
Nationalsozialistischer Rechtswahrerbund (NSRB)	104 171
Nationalsozialistischer Lehrerbund (NSLB)	300 000
Nationalsozialistische Volkswohlfahrt (NSV)	14 187 834
Nationalsozialistische Kriegsopferversorgung (NSKOV)	1 600 000
Reichsbund der Deutschen Beamten (RDB)	1 700 000
Nationalsozialistischer Bund Deutscher Technik (NSBDT)	140 000

Betreute Verbände

Deutsches Frauenwerk (DFW)	4 000 000
Nationalsozialistischer Reichsbund für Leibesübungen (NSRL)	3 613 000
Nationalsozialistisches Fliegerkorps (NSFK)	230 000
Nationalsozialistischer Altherrenbund (NSAhb)	75 000
Nationalsozialistischer Reichskolonialbund (RKolB)	1 200 000
Nationalsozialistischer Reichskriegerbund (RKrB)	2 307 250
Nationalsozialistischer Reichstreubund ehemaliger Berufssoldaten (RTrB)	130 000

Zit. nach: Das Deutsche Reich und der Zweite Weltkrieg, Bd 9/1: Politisierung, Vernichtung, Überleben. Im Auftrag des Militärgeschichtlichen Forschungsamtes hrsg. von Jörg Echternkamp, München 2004, S. 103

015 Plakat der NS-Organisation »Kraft durch Freude« nach Entwurf von Werner und Maria von Axter-Heudtlass, 1937.

016 Abzeichen der Nationalsozialistischen Frauenschaft (NSF).

017 Grundsteinlegung des Volkswagenwerkes in Wolfsburg. Foto, 1938.

1 Adolf Hitler, »Verordnung über die Deutsche Arbeitsfront« (24. Oktober 1934)

Die Deutsche Arbeitsfront (DAF) war der Einheitsverband der Arbeitnehmer und Arbeitgeber. Eine der bekanntesten Unterorganisationen der DAF war die Organisation »Kraft durch Freude«, die für die Gestaltung und »Gleichschaltung« des Freizeitverhaltens der Menschen verantwortlich war.

»§ 1. Die Deutsche Arbeitsfront ist die Organisation der schaffenden Deutschen der Stirn und der Faust. In ihr sind insbesondere die Angehörigen der ehemaligen Gewerkschaften, der ehemaligen Angestelltenverbände und der ehemaligen Unternehmervereinigung als gleichberechtigte Mitglieder zusammengeschlossen. [...]

§ 2. Das Ziel der Deutschen Arbeitsfront ist die Bildung einer wirklichen Volks- und Leistungsgemeinschaft aller Deutschen. Sie hat dafür zu sorgen, daß jeder einzelne seinen Platz im wirtschaftlichen Leben der Nation in der geistigen und körperlichen Verfassung einnehmen kann, die ihn zur höchsten Leistung befähigt und damit den größten Nutzen für die Volksgemeinschaft gewährleistet. [...]

§ 8. Die Deutsche Arbeitsfront ist die Trägerin der Nationalsozialistischen Gemeinschaft ›Kraft durch Freude‹. Die Deutsche Arbeitsfront hat für die Berufsschulung Sorge zu tragen.«

Zit. nach: Digitale Bibliothek, Bd 49: Das Dritte Reich, S. 8340 f.

ten konkrete Ergebnisse im Sinne eines »linken« Nationalsozialismus und verlangten nach einer Fortsetzung der »Revolution« in diese Richtung. So erwuchs Hitler mit Ernst Röhm, dem Stabschef der SA, der über mehrere hunderttausend Männer gebot, ein gefährlicher Rivale. Überdies war es Röhms Ziel, die Reichswehr mit der SA zu verschmelzen und den Oberbefehl über eine solche Volksmiliz zu übernehmen – eine Machtfülle, die Hitler nicht dulden konnte. Im Frühsommer 1934 spitzten sich die unüberbrückbaren Gegensätze zu einem offenen Konflikt zu, den Hitler durch eine überraschende Aktion löste. Am 30. Juni 1934 ließ er Röhm und zahlreiche SA-Führer sowie andere politische Gegner, insgesamt etwa 200 Personen, unter dem Vorwand, einem Putsch der SA zuvorkommen zu müssen, durch die ihm ergebene Schutzstaffel (SS) ermorden. Als nach dem Tod Hindenburgs Hitler die Ämter des Reichspräsidenten und des Reichskanzlers in seiner Person als »Führer und Reichskanzler« vereinigte, war die Phase der »Machtergreifung« und -festigung abgeschlossen.

Wichtigste Voraussetzung für die Erhaltung der Macht waren sozialpolitische Erfolge, vor allem die Beseitigung der hohen Arbeitslosigkeit. Durch Arbeitsbeschaffungsprogramme gelang es, bis Ende 1933 die sechs Millionen Arbeitslosen auf die Hälfte zu senken und bis zum Herbst 1936 auf eine Million zu reduzieren. Maßnahmen zwischen »Verführung und Gewalt« (Hans-Ulrich Thamer) brachten dem Regime wachsende Zustimmung, jetzt insbesondere auch bei der Arbeiterschaft. Die Großindustrie wurde zunächst vor Zugriffen der Partei verschont, weil Hitler ihre freiwillige Mitwirkung bei der Ankurbelung der Wirtschaft für notwendig erachtete. Zwar besaß der Staat durch Devisen- und Rohstoffzuteilungen sowie Mitsprache bei der Preisgestaltung Einflussmöglichkeiten auf die Industrie, doch behielt diese weit gehende Autonomie, zumal sich die wirtschaftlichen Interessen größtenteils deckten. Wenn aber der Reichswirtschaftsminister und Reichsbankpräsident Hjalmar Schacht, der den Wirtschaftsaufschwung mittels riskanter Kredite finanzierte, glaubte, diesen Prozess nach der Gesundung der Wirtschaft normalisieren zu können, so stand das im krassen Gegensatz zu Hitlers Zielen, der ohne Rücksicht auf einen Staatsbankrott weiterrüsten wollte, um Krieg führen zu können. Deshalb begann 1936 die Unterwerfung der Wirtschaft unter den Willen des Diktators, ohne dass es zu einer staatlichen Planwirtschaft kam: Die Industriellen wurden ebenfalls politisch »gleichgeschaltet«, behielten aber wirtschaftlich ihre Privilegien. Ende 1937 trat Schacht als Wirtschaftsminister zurück. Die Wirtschaftspolitik wurde nun durch Göring bestimmt, den »Beauftragten für den Vierjahresplan«, der Hitlers ruinösen Kriegskurs umsetzte. Mit der Übernahme des Oberbefehls über die Wehrmacht durch Hitler und des Auswärtigen Amtes (AA) durch Joachim von Ribbentrop im Frühjahr 1938 waren damit drei der wichtigsten bislang noch weit gehend unabhängigen Bereiche unter direkten nationalsozialistischen Einfluss gelangt.

Während die Jahre 1933 bis 1936 durch tief greifende innenpolitische Veränderungen geprägt waren, wurde die Folgezeit bis 1939 von der dynamischen und ständig aggressiver werdenden Außenpolitik Hitlers bestimmt. Die europäischen Großmächte nahmen Hitlers Vertragsbrüche zunächst hin – nach der Wiederherstellung der »Wehrhoheit« 1935 die Remilitarisierung des Rheinlandes im Frühjahr 1936 und der Einmarsch in Österreich 1938 – weil es sich um scheinbar »revisionistische« Ziele handelte. Außerdem war die Aufmerksamkeit Großbritanniens, damals noch Weltmacht, wie der USA

208

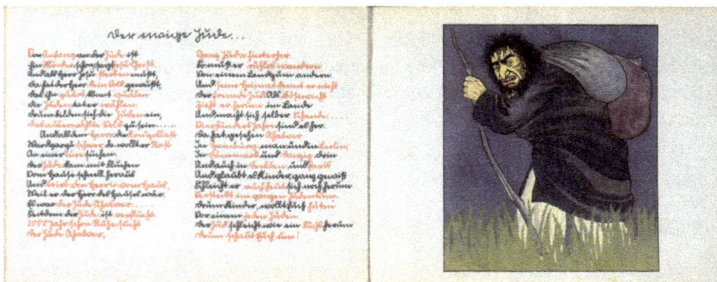

018 Der ewige Jude. Abbildung aus dem Kinderbuch »Trau keinem Fuchs auf grüner Heid / Und keinem Jud bei seinem Eid. Ein Bilderbuch für Groß und Klein« von Elvira Bauer, 1936.

1 Reinhard Heydrich, »Bericht über die Reichspogromnacht« (1938)

Der Chef der Sicherheitspolizei berichtet über die Ergebnisse der Novemberpogrome vom 8./9 November 1938, die auch als »Reichskristallnacht« bezeichnet werden. Etwa 100 jüdische Menschen wurden in dieser Nacht ermordet, weitere 30 000 wurden verhaftet und zum Teil in Konzentrationslager verschleppt.

»Die bis jetzt eingegangenen Meldungen der Staatspolizeistellen haben bis zum 11. November 1938 folgendes Gesamtbild ergeben:

In zahlreichen Städten haben sich Plünderungen jüdischer Läden und Geschäftshäuser ereignet. Es wurde, um weitere Plünderungen zu vermeiden, in allen Fällen scharf durchgegriffen. Wegen Plünderns wurden dabei 174 Personen festgenommen. Der Umfang der Zerstörungen jüdischer Geschäfte und Wohnungen läßt sich bisher ziffernmäßig noch nicht belegen. Die in den Berichten aufgeführten Ziffern: 815 zerstörte Geschäfte, 29 in Brand gesteckte oder sonst zerstörte Warenhäuser, 171 in Brand gesetzte oder zerstörte Wohnhäuser, geben, soweit es sich nicht um Brandlegungen handelt, nur einen Teil der wirklich vorliegenden Zerstörungen wieder. Wegen der Dringlichkeit der Berichterstattung mußten sich die bisher eingegangenen Meldungen lediglich auf allgemeine Angaben wie ›zahlreiche‹ oder ›die meisten Geschäfte zerstört‹, beschränken Die angegebenen Ziffern dürften daher um ein Vielfaches überstiegen werden. An Synagogen wurden 191 in Brand gesteckt, weitere 76 vollständig demoliert. Ferner wurden 11 Gemeindehäuser, Friedhofskapellen und dergleichen in Brand gesetzt und weitere 3 völlig zerstört.

Festgenommen wurden rund 20 000 Juden, ferner 7 Arier und 3 Ausländer. Letztere wurden zur eigenen Sicherheit in Haft genommen. An Todesfällen wurden 36, an Schwerverletzten ebenfalls 36 gemeldet. Die Getöteten bzw. Verletzten sind Juden. Ein Jude wird noch vermißt. Unter den getöteten Juden befindet sich 1, unter den Verletzten 2 polnische Staatsangehörige.«

Zit. nach: Leon Poliakov und Josef Wulf, Das Dritte Reich und die Juden. Dokumente und Aufsätze, Berlin 1955, S. 41 f.

019 Die brennende Synagoge von Bielefeld. Foto, 8. November.

020 Berlin am Morgen nach der Reichspogromnacht. Foto, 9. November.

209

021 Allgemeiner »Judenboykott«. Foto, 1. April 1933.

1 Adolf Hitler, »Der Jude« (1925)

In seinem Buch, das er während seiner Haftzeit in Landsberg verfasst hatte, offenbarte Hitler sein antisemitisches Weltbild.

»Nein, der Jude ist kein Nomade; denn auch der Nomade hatte schon eine bestimmte Stellung zum Begriff ›Arbeit‹ [...]. Er ist und bleibt der ewige Parasit, ein Schmarotzer, der wie ein schädlicher Bazillus sich immer mehr ausbreitet, sowie nur ein günstiger Nährboden dazu einlädt. Die Wirkung seines Daseins aber gleicht ebenfalls der von Schmarotzern: Wo er auftritt, stirbt das Wirtsvolk nach kürzerer oder längerer Zeit ab. [...] Das Judentum war immer ein Volk mit bestimmten rassischen Eigenarten und niemals eine Religion, nur sein Fortkommen ließ es schon frühzeitig nach einem Mittel suchen, das die unangenehme Aufmerksamkeit in Bezug auf seine Angehörigen zu zerstreuen vermochte. Welches Mittel aber wäre zweckmäßiger und zugleich harmloser gewesen als die Einschiebung des geborgten Begriffs der Religionsgemeinschaft? Denn auch hier ist alles entlehnt, besser gestohlen – aus dem ursprünglich eigenen Wesen kann der Jude eine religiöse Einrichtung schon deshalb nicht besitzen, da ihm der Idealismus in jeder Form fehlt und damit auch der Glaube an ein Jenseits vollkommen fremd ist.«

Zit. nach: Adolf Hitler, Mein Kampf, München 1942, S. 333 ff.

022 Vorgedrucktes Deckblatt mit Widmung aus »Mein Kampf«, das Ehepaaren bei der Heirat vom Standesamt übergeben werden musste.

durch die Aggressionen Japans gegen China auf den Fernen Osten gerichtet. Seit dem Überfall Italiens auf Abessinien im Herbst 1935 und dem Beginn des Spanischen Bürgerkriegs im Sommer 1936 war überdies der Mittelmeerraum zu einem Krisengebiet geworden, in dem die britischen Interessen vorrangig bedroht waren.

Der Angriff auf Abessinien isolierte Italien weit gehend und führte zu Sanktionen des Völkerbundes. Deutschland unterstützte Italien wirtschaftlich, das im Gegenzug zusicherte, sich nicht zu widersetzen, wenn Österreich in die deutsche Einflusszone gelänge. Die gemeinsame Unterstützung der faschistischen »Falange Española« führte Hitler und Mussolini endgültig zusammen, im Herbst 1936 wurde die ▸ »Achse Berlin–Rom« proklamiert (»Achsenmächte«). Im November des selben Jahres schlossen Japan und Deutschland den »Antikominternpakt«, dem Italien 1937 beitrat. Er hatte offiziell den Zweck der Bekämpfung der Kommunistischen Internationalen (Komintern), sah aber insgeheim eine gemeinsame Politik gegen die Sowjetunion vor. Der Pakt war in Hitlers Augen eine »Ersatzlösung«, weil sein »Wunschpartner« Großbritannien auf Distanz blieb.

Grundsätzlich war Hitlers Außenpolitik, auch aus antibolschewistischen und ▸ antisemitischen Motiven, gegen die Sowjetunion gerichtet. Hier wollte er das deutsche »Raumproblem« durch Eroberung von »Lebensraum« lösen, ein »germanisches Reich« aufrichten, in Etappen die deutsche Vorherrschaft über Mittel- und Ostmitteleuropa gewinnen und nach der Zerschlagung der Sowjetunion ein »blockadefestes« europäisches Kontinentalimperium beherrschen. Ein Konfliktpotenzial seines »Programms« mit den britischen überseeisch-imperialen Interessen vermochte Hitler nicht zu erkennen. Er war sicher, dass Großbritannien einer Teilung der Einflussgebiete zustimmen würde: Deutschland in Kontinentaleuropa, Großbritannien in seinem Weltreich. Den Kern des britischen ▸ *Appeasement* (engl.; Beschwichtigung) begriff er nicht: Während Hitler sich mit Großbritannien verbünden

S Als »Achsenmächte« wurden im Zweiten Weltkrieg die Verbündeten Deutschlands bezeichnet. Bereits 1936 hatte der italienische Diktator Benito Mussolini den Begriff einer deutsch-italienischen Achse benutzt. Ein formeller deutsch-italienischer Bündnisvertrag kam allerdings erst im Mai 1939 zu Stande. Zu den »Achsenmächten« gehörten zunächst Japan und Italien, die am 27. September 1940 mit dem Deutschen Reich den so genannten Dreimächtepakt unterschrieben. Der Allianz schlossen sich im November 1940 Ungarn, Rumänien und die Slowakei an. Im März 1941 folgte Bulgarien. Jugoslawien trat am 25. März dem Bündnis bei. Bereits zwei Tage

wollte, um in Osteuropa Krieg führen zu können, wollten die Briten dem Deutschen Reich in als berechtigt empfundenen Revisionsforderungen entgegenkommen, um durch seine Einbindung in völkerrechtliche Abmachungen seine Dynamik zu bändigen und einen Krieg zu verhindern. Der Führer der Konservativen und spätere britische Außenminister Lord Edward Halifax signalisierte Ende 1937 Verständnis für Revisionen hinsichtlich Österreich, dem Sudetenland und Danzig – allerdings auf friedlichem Wege. Doch das war Hitler nicht mehr genug, er verlangte Alles oder Nichts. Die britische Regierung dachte nicht daran, Hitlers Eroberungspläne in Osteuropa zu tolerieren oder gar als Bündnispartner zu unterstützen. Konsequenterweise hatte somit die Appeasement-Politik ihre Grenzen. Der »Anschluss« Österreichs im März 1938 und das »Münchner Abkommen« vom 29. September 1938 mit der Angliederung der Sudetengebiete an das Reich passten noch in dieses Konzept, die Zerschlagung der »Rest-Tschechei« im März 1939 überschritt die Grenze. Mit der Garantieerklärung für den Bestand Polens setzte die britische Regierung am 31. März ein deutliches Warnsignal, hielt aber den Weg friedlicher Revisionen weiter offen. Doch Hitler hatte sich jetzt entschlossen, sein »Programm« notfalls auch in Gegnerschaft zu Großbritannien durchzusetzen.

Die Entwicklung bis zum deutschen Überfall auf Polen wurde entscheidend dadurch bestimmt, dass sich die beiden Diktatoren Hitler und Stalin einander zuwandten. Wenn auch für beide diese »Wendung« nur ein taktisches Manöver bedeutete, so war Hitler davon überzeugt, dass der Pakt mit Stalin die Garantiemächte davon abhalten würde, Polen militärisch zur Hilfe zu kommen. Das

---

1 Arthur Neville Chamberlain, »Prinzipien der britischen Außenpolitik« (21. Februar 1938)

Der britische Premierminister verfolgte in den dreißiger Jahren die so genannte Appeasement-Politik, also Beschwichtigungs-Politik. Um einen Krieg zu vermeiden, strebte er die Verständigung mit dem Deutschen Reich an.

»Damit das Unterhaus ein möglichst vollständiges Bild gewinnt von den Ereignissen, die uns in die gegenwärtige Lage geführt haben, muss ich um seine Nachsicht bitten, wenn ich versuche noch einmal meine eigenen Ansichten über gewisse Aspekte der Außenpolitik darzulegen – an Einsichten, die sich niemals verändert haben und die von allen meinen Kollegen geteilt werden. Bei früherer Gelegenheit beschrieb ich, wie sich diese Politik auf drei Prinzipien gründet – erstens auf den Schutz britischer Interessen und des Lebens britischer Staatsangehöriger; zweitens auf die Erhaltung des Friedens und, soweit wir es beeinflussen können, auf die Regelung von Konflikten mit friedlichen Mitteln und nicht mit Gewalt und drittens auf die Förderung freundlicher Beziehungen mit anderen Nationen, die bereit sind unsere freundschaftlichen Gefühle zu erwidern und die die Regeln internationalen Verhaltens, ohne die es weder Sicherheit noch Stabilität geben kann, einhalten.«

Zit. nach: Parliamentary Debates, House of Commons. Übers. von B.J. Wendt, vol. 332, Spalte 53 f.

---

bestärkte seine Entschlossenheit, gegen Polen einen Krieg zu entfesseln. Dass gemäß Stalins Kalkül diesmal mit der britischen und französischen Kriegserklärung die »imperialistischen« Mächte untereinander in einen Krieg verwickelt wurden, lag nebenbei ganz im Interesse Josef Stalins.

211

später trat eine neue Belgrader Regierung von diesem Vertrag zurück und löste damit den deutschen Angriff auf Jugoslawien aus.

023 Achse Berlin–Rom. Wandbehang 1936.

Kapitel I – Umfeld:

Verlockung und Anpassung

1. Die Errichtung der Diktatur

a) Ausgangspositionen

Hitler hat sein weit reichendes außenpolitisches Programm schon in »Mein Kampf« und in seinem – damals nicht veröffentlichten – »Zweiten Buch« verkündet. Im Zusammenhang mit der »Machtergreifung« ging es kurzfristig noch um vergleichsweise bescheidene Ziele. Hier kam es Hitler vor allem darauf an, die Reichswehr in das Konzept der »legalen Machtergreifung« einzubinden. Für den Fall möglicher gewaltsamer innenpolitischer Auseinandersetzungen musste die Reichswehr neutralisiert werden, nicht zuletzt auch, um sie funktionstüchtig für künftige Aufgaben zu »konservieren«. Danach war die gewonnene Macht im Innern gegen etwa doch noch aufkeimende Widerstände der Reichswehr abzusichern und zu festigen, wie auch gegen mögliche Konkurrenten in der SA-Führung, der »Parteiarmee«, die nun in erster Linie die Früchte der »Revolution« für sich beanspruchte. Mittelfristig war unter äußerlichen Zugeständnissen der Einfluss der Reichswehrführung auf ▶ rein militärfachliche Fragen zu beschränken. Parallel dazu sollte mit ihrer Vereinnahmung durch die NS-Ideologie begonnen werden. Langfristig war dann Hitlers außenpolitisches »Stufenprogramm« zu verwirklichen.

025 Propagandaplakat aus dem »Dritten Reich«, 1938.

Die These der Existenz eines solchen »Stufenprogramms« wurde von dem Historiker Andreas Hillgruber entwickelt. Danach ging es zunächst um die Revision des Versailler Vertrages. Als nächster Schritt sollte die militärische Aufrüstung erfolgen und damit verbunden der Wiederaufstieg Deutschlands zur europäischen Großmacht. Hiernach plante Hitler die machtpolitische Ausschaltung Frankreichs zur Gewinnung von Rückenfreiheit nach Westen als Voraussetzung für die Erringung der Vormachtstellung in Mittel- und Ostmitteleuropa. Die weitere Stufe bestand in der Eroberung von »Lebensraum« im Osten und der Bildung eines »blockadefesten« Kontinentalimperiums.

026 Lampions mit Hakenkreuz.

027 Hitler beim Manöver in Munsterlager (Lüneburger Heide). Links: Reichskriegsminister Werner von Blomberg. Mitte: Der Oberbefehlshaber des Heeres General Freiherr von Fritsch. Nachkoloriertes Foto, 6. September 1935.

---

1 Adolf Hitler, »Rede vor den Befehlshabern der Wehrmacht« (3. Februar 1933)

Hitler sicherte der Reichswehr eine autonome und staatstragende Rolle neben der NSDAP im Staat zu. Diese »Zwei-Säulen-Theorie« fand breite Zustimmung in der Armeeführung. Notizen von Generalleutnant Liebmann.

213

»Aufbau der Wehrmacht wichtigste Voraussetzung für Erreichung des Ziels: Wiedererringung der politischen Macht. Allgemeine Wehrpflicht muß wieder kommen. Zuvor aber muß Staatsführung dafür sorgen, daß die Wehrpflichtigen vor Eintritt nicht schon durch Pazifismus, Marxismus, Bolschewismus vergiftet werden oder nach Dienstzeit diesem Gifte verfallen. [...] Wehrmacht wichtigste und sozialistischste Einrichtung des Staats. Sie soll unpolitisch und überparteilich bleiben. Der Kampf im Innern nicht ihre Sache, sondern der Nazi-Organisationen.«

Zit. nach: Das Dritte Reich. Dokumente zur Innen- und Außenpolitik, Bd 1. Hrsg. von Wolfgang Michalka, München 1985, S. 23 f.

Gemäß Hillgrubers These zielte Hitlers letzte Stufe auf den Aufbau einer deutschen Weltmachtstellung mit Kolonien, ozeanischen Stützpunkten und einer starker Seemacht zur Sicherung dieses Imperiums oder als Basis für den in späterer Zukunft erwarteten Entscheidungskampf gegen die USA.

Die Zielvorstellungen der Reichswehr bestanden ebenfalls zunächst in der Aufhebung des Vertrages von Versailles. Nach den Erfahrungen mit der Weimarer Republik hielt sie dafür die Errichtung einer autoritären Staatsform und die Durchsetzung von innerer Ordnung und Stabilität für vorrangig. Diese Staatsform sollte geprägt sein durch den Dualismus von politischer und militärischer Führung, das hieß politische Mitverantwortung und Mitsprache des Militärs als politisch-sozialer Führungselite. Die im Kaiserreich als misslungen erachtete »Integration der Massen« in den Staat sollte nun durch die Ausrufung und Verfolgung alle Schichten verbindender »nationaler« Ziele herbeigeführt werden. Auf dieser Grundlage sollte die militärische Aufrüstung vollzogen werden, die als »Wehrhaftmachung des gesamten Volkes« gedacht war, um schließlich die Großmachtstellung des Deutschen Reiches wieder zu erlangen.

Bei allen Gegensätzen gab es zwischen Reichswehr und Nationalsozialismus also zumindest in der Anfangsphase eine »Teilidentität der Ziele« (Manfred Messerschmidt). Weit gehende Übereinstimmung herrschte auch in der grundsätzlichen Ablehnung des demokratisch-parlamentarischen Systems, des »Parteienstaats«. Doch gab es hier einen Unterschied: Im Gegensatz zu Hitlers Radikalismus hatte diese ablehnende Einstellung die Verfassungstreue der Reichswehr gegenüber der Republik nie ernsthaft infrage gestellt. Ein widersprüch-

214

liches Nebeneinander bestand ebenfalls in der nur äußerlich mühsam verborgenen gegenseitigen Abneigung, ja Verachtung. Große Teile des Offizierkorps schauten mit einem Gefühl der Überlegenheit und Arroganz auf den Nationalsozialismus und namentlich auf die meisten seiner Repräsentanten, die »SA-Proleten«, herab und waren überzeugt, radikale Auswüchse steuern zu können. Hitler hingegen hielt nichts von den reaktionären Eliten. Seine Abneigungen gegen die konservativen Militärs, auf deren Sachverstand er aber angewiesen war, und vor allem gegen den Generalstab, sollte sich später zu blankem Hass steigern. Eine dauerhafte Beteiligung des Militärs an der Macht war allein schon aus diesem Grund für Hitler ausgeschlossen.

Ein für die Ziele der Reichswehr nützliches Mittel konnte die von den Nationalsozialisten propagierte ▸ »Volksgemeinschaft« sein. Sie sollte die Massen in den Staat einfügen und so die »Integrationsproblematik« lösen. Auch im Ziel der »Wehrhaftmachung« der Nation bestand im Grundsatz Einigkeit. Doch die mit der »Wehrhaftmachung des Volkes« verbundene Öffnung des Offizierberufs für breitere Schichten der Bevölkerung musste mit dem Elitedenken in Konflikt geraten und eine gewisse Angleichung im Sinne des nationalsozialistischen »völkischen« Gemeinschaftsgedankens herbeiführen. Nicht zuletzt strebten beide Seiten die Wiederherstellung der Großmachtstellung Deutschlands an, in der es über eine ausreichend starke militärische Macht als Voraussetzung für politische und diplomatische Handlungsfreiheit verfügen sollte. Während aber im Bewusstsein der führenden Soldaten eine Grenze zwischen »Machtpolitik« und »Gewaltpolitik« durchaus vorhanden war, gab es diese für Hitler nicht. Ein Umstand, der ab 1937 zu

028
Zigarettenbilder-Album,
1930er Jahre.

029 SA-Mann und Reichswehrsoldat. Farbdruck nach Albert Reich, 1931.

1 Adolf Hitler, »Rede zum Erntedankfest« (1. Oktober 1933)

Der Reichskanzler sprach auf diesem Fest in Bückeburg über die »Volksgemeinschaft.«

»Der Nationalsozialismus hat weder im Individuum noch in der Menschheit den Ausgangspunkt seiner Betrachtungen, seiner Stellungnahmen und Entschlüsse. Er rückt bewußt in den Mittelpunkt seines ganzen Denkens das Volk. Dieses Volk ist für ihn eine blutmäßig bedingte Erscheinung, in der er einen von Gott geweihten Baustein der menschlichen Gesellschaft sieht. Das einzelne Individuum ist vergänglich, das Volk ist bleibend. Wenn die liberale Weltanschauung in ihrer Vergötterung des einzelnen Individuums zur Zerstörung des Volkes führen muß, so wünscht dagegen der Nationalsozialismus das Volk zu schützen, wenn nötig, auf Kosten des Individuums. Es ist notwendig, daß der einzelne sich langsam zur Erkenntnis durchringt, daß sein eigenes Ich unbedeutend ist, gemessen am Sein des ganzen Volkes [...] daß vor allem die Geistes- und Willenseinheit einer Nation höher zu schätzen sind als die Geistes und Willenseinheit des einzelnen.«

Zit. nach: Der Nationalsozialismus. Friedenspropaganda und Kriegsvorbereitung 1935-1939. Hrsg. von Johannes Hampel, Bd 2, München 1988, S. 271

215

030
Propagandaplakat der NS-Volkswohlfahrt, 1934.

tief greifenden Auseinandersetzungen führen sollte. Hitlers außenpolitisches Programm bot kaum Anlass zur Kritik, da es in den Endzielen einfach nicht zur Kenntnis genommen oder in seinen Konsequenzen als Fantasterei abgetan wurde.

Auch die akuten Interessen beider Seiten unmittelbar nach der »Machtübernahme« waren zumindest in Teilen identisch. Die Reichswehr fürchtete angesichts der »Parteiarmee« SA um ihr Waffenträgermonopol und war deshalb an der Ausschaltung der Konkurrenz interessiert. Hitler ging es ebenfalls um die Eindämmung der steigenden Machtansprüche der SA, spätestens nachdem diese bei der gewaltsamen Ausschaltung oder »Gleichschaltung« der politischen Gegner ihren Zweck erfüllt hatte. Während der ersten Gewaltmaßnahmen und kriminellen Ausschreitungen war für Hitler zunächst ein Stillhalten der Reichswehr von größter Bedeutung.

b) »Machtergreifung« und -festigung

Obgleich 1933 die zukünftige Entwicklung des Verhältnisses zwischen Hitler und der bewaffneten Macht noch offen war, fielen durch die Berufung des Generals d.Inf. (der Infanterie) ▸ Werner von Blomberg zum Reichswehrminister und des Obersten ▸ Walter von Reichenau zum Chef des Ministeramts zwei folgenschwere Personalentscheidungen. Blombergs Ernennung steht im Zusammenhang mit dem »Zähmungskonzept« des Vizekanzlers Franz von Papen, der davon überzeugt war, Hitler in wenigen Monaten »in die Ecke drängen« zu können. Papen hoffte, Blomberg würde im Kabinett Hitler zur »Zähmung« der Nationalsozialisten beitragen. Obwohl kein eingefleischter Nationalsozialist, stand Blomberg jedoch dem NS-Gedankengut aufgeschlossen gegenüber, war aber vor allem davon überzeugt, mit Hitler, den er bewunderte, die Ziele der Reichswehr verwirklichen zu können. Auch Reichenau, später von vielen als der Prototyp des NS-Offiziers angesehen, war kein fanatischer Verfechter der NS-Ideologie. Im Zusammengehen mit den Nationalsozialisten sah er die Möglichkeit, die Interessen der Reichswehr durchzusetzen. Dazu musste man sich seiner Meinung nach »dem Zug der Zeit« anpassen.

Dem Anspruch der Reichswehr auf »Überparteilichkeit« und ihren Befürchtungen, in einen Bürgerkrieg zwischen Nationalsozialisten und Kommunisten verwickelt zu werden, kam Hitler taktierend mit einer Verzichtserklärung auf ihren Einsatz im Innern entgegen, die Blomberg dankbar aufnahm. Er erkannte nicht, dass das Stillhalten bei einer eventuellen Erhebung gegen die »Machtübernahme« der Nazis im Grunde eine Parteinahme für Hitler wäre. Schon am 3. Februar 1933 enthüllte Hitler nach einem privaten Abendessen im Haus des Chefs der Heeresleitung in erstaunlicher Offenheit seine politischen Ziele vor den führenden Offizieren der Reichswehr, die sie aber nicht sonderlich ernst nahmen. Näher lag ihnen die hier und in den folgenden Wochen verkündete Erfüllung ihrer dringendsten Wünsche: Aufbau der Wehrmacht, Einführung der allgemeinen Wehrpflicht, keine Verschmelzung mit der SA und schließlich die Vision des auf den gleichberechtigten »zwei Säulen«, auf Wehrmacht und Partei ruhenden Staates, also Teilhabe an der Politik.

Nicht ohne Grund blieb in der Reichswehr die Befürchtung lebendig, in der »braunen Flut« der SA unterzugehen, wie es deren Stabschef Ernst Röhm forderte, oder wenigstens das Waffenträgermonopol mit der SA teilen zu müssen. So kam es in der Rivalität mit der SA zu einem »Loyalitätswettlauf«, zu dem

216

B Werner von Blomberg (1878–1946)
General – Im Ersten Weltkrieg mit dem »Pour le Mérite« ausgezeichnet, stieg Blomberg nach der Übernahme in die Reichswehr schnell auf. Am 30. Januar 1933 wurde er von Hindenburg zum Reichswehrminister ernannt und gleichzeitig zum General d.Inf. befördert. Er war als Teil der »konservativen Einrahmung« Hitlers vorgesehen. Blomberg, der sich gegenüber diesem jedoch loyal verhielt, wurde von Hitler dafür 1935 mit dem Oberbefehl über die Wehrmacht belohnt. 1938 heiratete der verwitwete Blomberg eine Frau von zweifelhaftem Ruf, was Hitler nutzte, um ihn aus dem Amt zu drängen. Während des Zweiten Weltkrieges blieb er ohne militärische Verwendung. 1945 von den Alliierten festgenommen, verstarb er in amerikanischer Haft.

031 Werner von Blomberg. Foto, 19. Februar 1934.

032 Das Kabinett der Nationalen Konzentration. Hintere Reihe von links: Franz Seldte (Arbeit), Paul Freiherr Eltz von Rübenach (Post und Verkehr), Konstantin Freiherr von Neurath (Auswärtiges), Franz Gürtner (Jutiz), Johann Ludwig Graf Schwerin von Krosigk (Finanzen), Wilhelm Frick (Inneres), Werner von Blomberg (Reichswehr), Alfred Hugenberg (Wirtschaft). Vordere Reihe von links: Hermann Göring (ohne Geschäftsbereich), Adolf Hitler (Reichskanzler) und Franz von Papen (Vizekanzler). Foto, 30. Januar 1933.

1 Werner von Blomberg, »Wehrmacht und Nationalsozialismus« (24. Mai 1934)

Der Erlass des Reichswehrministers sollte das Verhalten der Wehrmacht zum Nationalsozialismus regeln.

»Nationales Denken ist die selbstverständliche Grundlage jeder soldatischen Arbeit. Wir wollen aber darüber nicht vergessen, daß die Weltanschauung, die den neuen Staat erfüllt, nicht nur national, sondern nationalsozialistisch ist. Der Nationalsozialismus leitet das Gesetz seines Handelns aus den Lebensnotwendigkeiten des ganzen Volkes und aus der Pflicht zu gemeinsamer Arbeit für die Gesamtheit der Nationen ab. [...] Dieses Gesetz darf aber nicht nur unsere dienstliche Arbeit erfüllen, sondern muß auch unser außerdienstliches und geselliges Leben beherrschen. Ich wünsche, daß das Offizierkorps der Wehrmacht in allen, besonders in den kleinen Standorten, in gesellschaftlicher Beziehung die führende Stellung behält, die es sich in der Vorkriegszeit geschaffen und in den schweren Jahren nach dem Kriege erhalten hat. Dazu bedarf es aber heute für unser gesellschaftliches Leben einer neuen Gestaltung und einer Erfassung weiterer Volkskreise als bisher. Repräsentative Veranstaltungen sind da gerechtfertigt und notwendig, wo sie der näheren dienstlichen und kameradschaftlichen Verbindung mit maßgeblichen Vertretern des neuen Deutschland, besonders der Behörden und Verbände, dienen. Sie sollen schlicht gehalten sein und einen der Wehrmacht eigenen Stil zeigen, der Tradition mit Fortschritt verbindet. Die Pflege der Geselligkeit innerhalb einer bestimmten Gesellschaftsschicht nach alter Auffassung kann heute nicht mehr Aufgabe eines Offizierkorps sein. Der Gedanke der Volksgemeinschaft muß auch unsere Geselligkeit durchdringen. Vorurteile, die sich auf Herkunft und Bildung allein gründen, haben keine Berechtigung. [...] Ich erwarte, daß die Herren Kommandeure unter Beachtung der vorstehenden Gesichtspunkte den richtigen Weg finden.«

Zit. nach: Offiziere im Bild von Dokumenten aus drei Jahrhunderten. Hrsg. von Hans Meier-Welcker, München 1964 (= Beiträge zur Militär- und Kriegsgeschichte, 6), Nr. 97

217

B Walter von Reichenau (1884–1942)
General – Im Ersten Weltkrieg Generalstabsoffizier wurde er im Anschluss in die Reichswehr übernommen. Am 1. Februar 1933 erfolgte die Ernennung zum Chef des Ministeramtes im Reichswehrministerium (ab 1934 Wehrmachtamt). Hier unterstützte er Hitler bei der Niederschlagung der »Röhm-Revolte« und hatte maßgeblichen Anteil an der Öffnung der Reichswehr für NS-Gedankengut. Bei Kriegsbeginn wurde er als OB der 10. Armee eingesetzt und im Oktober 1939 zum Generaloberst ernannt. Von Juni bis Dezember 1941 war er OB der 6. Armee, dann OB der HGr Süd. Walter von Reichenau galt als überzeugter Anhänger Hitlers und propagierte den Weltanschauungskrieg gegen »Bolschewisten« und Juden. Reichenau starb an den Folgen eines Flugzeugabsturzes.

033 Walter von Reichenau. Foto, 1. Januar 1941.

Bemühen der Reichswehr, sich Hitler als der zuverlässigere Partner anzudienen. In diesem Rahmen wurden parallel zur Annäherung von Reichswehrgedankengut und NS-Ideologie auch Zeichen der äußeren Anpassung gesetzt: Empfehlung an zu entlassende Soldaten, in NS-Verbände einzutreten, Einführung des »nationalpolitischen Unterrichts«, Auslegen von NS-Schriftgut in den Kasernen und Anbringen des neuen »Hoheitsabzeichens«, eines stilisierten Adlers mit Hakenkreuz, an der Uniform. Es wäre jedoch zu kurz gegriffen, das Vorpreschen der Reichswehrführung allein mit taktischen Motiven zu begründen. Im Vergleich zur Heeresführung waren Blomberg und Reichenau dem Nationalsozialismus gegenüber weit aufgeschlossener, stießen damit aber auf verbreitete Zurückhaltung bei den älteren Offizieren, während die meisten jüngeren die Entwicklung optimistisch beurteilten. Allen oppositionellen Regungen gegen die Machenschaften Hitlers fehlte aber insofern eine Grundlage, als sie anscheinend von dem Mann toleriert wurden, dem das absolute Vertrauen, der Respekt und Gehorsam der Soldaten galten: Feldmarschall Paul von Hindenburg. In der von Goebbels meisterhaft in der traditionsbeladenen Garnisonkirche inszenierten Propagandaschau am 21. März 1933, dem ▸ »Tag von Potsdam«, suchte Hitler nach außen Unterwürfigkeit vor dem Vertreter des national-konservativen Deutschlands zu demonstrieren. Indessen war der alte Feldmarschall in Wirklichkeit schon zum bald hilflosen Instrument seiner politischen Winkelzüge und Propaganda geworden, zum Werkzeug für Hitlers Aufwertung und für die Verstrickung der Armee mit dem Nationalsozialismus.

Der Rückgriff auf altpreußische Traditionen verfehlte seine Wirkung nicht. Vielen schien der »Burgfrieden«, der 1914 ausgerufen, aber nur dem Anschein nach realisiert worden war, mit der nun angekündigten »Volksgemeinschaft« endlich Wirklichkeit zu werden. Trotz erster Unterdrückungen gegen jüdische Mitbürger und Terrormaßnahmen gegen politische Gegner, trotz Notverordnungen und trotz »Gleichschaltungen« der Länder, Gewerkschaften, Verbände und Parteien vollzog sich zwischen März und Sommer 1933 ein tief greifender Stimmungsumschwung zu Gunsten des Nationalsozialismus. Ein Netz von Parteigliederungen durchzog die Gesellschaft, verdrängte die bisherigen Verbände oder saugte sie auf. Nur noch Industrie und Militär schienen sich gegenüber dem Zugriff der Nationalsozialisten behaupten zu können.

Doch unangefochten war die Position der Reichswehr nicht. Das Misstrauen der Armee, insbesondere des Heeres, gegenüber den hochgesteckten Zielen der SA hatte reale Ursachen. Die SA, die als Schlägertruppe den Nationalsozialisten den Weg an die Macht gebahnt hatte, war unter ihrem Stabschef ▸ Ernst Röhm, einem ehemaligen Hauptmann, seit 1931 nach militärischen Gesichtspunkten organisiert worden. Nach der »Machtergreifung«, nach Ausschaltung der politischen Gegner und erst recht nach der Verkündung der Beendigung der »nationalsozialistischen Revolution« durch Hitler im Juli 1933, stellte sich die Frage, was mit der nun »arbeitslosen« Revolutionstruppe anzufangen war, die sich, ohne nennenswerte materielle Verbesserungen für die Masse, um die Früchte des Sieges geprellt glaubte und nach einer ▸ zweiten Revolution schrie. Stabschef Röhm und den SA-Führern schwebte die Übernahme des Oberbefehls über eine Volksmiliz vor, die aus der Verschmelzung des Reichsheeres mit der SA entstehen sollte. Bei einer Stärke der SA

Ernst Julius Röhm (1887–1934)
Stabschef der SA – Nach Ende des Ersten Weltkrieges diente Ernst Röhm zunächst als Stabsoffizier in der Reichswehr. In Bayern wurde er Verbindungsmann zwischen NSDAP und Reichswehr, aus der er aber bald ausschied. Anfang der Zwanziger Jahre lernte er Adolf Hitler kennen und nahm 1923 am Hitlerputsch teil. Im April 1924 organisierte er die SA neu, trat nach Unstimmigkeiten mit Hitler jedoch

034 Ernst Röhm. Undatiertes Portätfoto.

1 Gerhard Rossbach, »Mein Weg durch die Zeit« (1950)

In seinen Memoiren gibt der ehemalige Freikorps-führer ein Gespräch mit dem Stabschef der SA, Ernst Röhm, wieder, in dem ihm Röhm seine politischen Ambitionen anvertraute.

»Ich höre hier von einer Absicht [Übernahme höherer SA-Führer in die Wehrmacht], über die ich als ehemaliger Offizier bestürzt war.
›Stabschef, sind Sie denn tatsächlich davon überzeugt, daß Ihre SA-Führer eine Division oder gar ein Korps zu führen imstande sind?‹ Röhm machte ein paar heftige Züge an seiner Zigarre und sah eine Weile dem Rauch nach, den er weit von sich blies. ›Das werden sie können, wenn ich Kriegsminister bin.‹ Ich erschrak fast, daß Röhm vor mir so unvorsichtig die Katze aus dem Sack ließ. Er stand erregt auf und ging zum Fenster, setzte sich dann aber wieder und sage ruhig: ›Ich werde jedem der von mir eingesetzten SA-Führer einen besonders tüchtigen Generalstabschef zur Seite stellen.‹ Röhm erwog also solche Pläne nicht mehr, sondern er war bereits fast entschlossen, sie auszuführen. Und dieser Entschluß war gleichbedeutend mit einer grundlegenden Änderung in der politischen Führung. – Ich sah ihn offen an: ›Ich habe große Bedenken!‹ Röhm betrachtete lächelnd seine Zigarre. Wir schwiegen beide. Dann fragte ich beiläufig: ›Was sagt der Führer dazu?‹ Röhm zerdrückte zornig seine Zigarre im Aschenbecher. ›Hitler ist von ebenso dummen wie gefährlichen Subjekten umgeben, die ihn nicht auslassen.‹ Er schlug mit der Faust auf den Tisch: ›Aber ich werde ihn aus diesen Fesseln befreien! Das dürfen Sie mir glauben, Rossbach!‹«

Zit. nach: Gerhard Rossbach, Mein Weg durch die Zeit. Erinnerungen und Bekenntnisse, Weilburg-Lahn 1950, S. 149 f.

035
SA-Anstecknadel.

1 Otto Meißner, »Erinnerungen« (1950)

Der Staatssekretär berichtet über die »Röhm-Revolte« vom 30. Juni 1934. Die Ermordung der SA-Führung und von politischen Gegner wurde von der Regierung als Staatsnotwehr bezeichnet und damit für rechtens erklärt.

»Der Plan Hitlers, unangemeldet und überraschend in Wiessee anzukommen, gelingt. Der Mann des Flugplatzes Hangers, der von Röhm gewonnen war, Flüge des Führers und deren Ziel sofort zu melden, war plötzlich erkrankt und konnte die verabredete Nachricht nicht – wie verabredet – an den Adjutanten Röhms durchsagen. So trifft Hitler mit seiner Begleitung und Sicherheitseskorte in den frühen Morgenstunden des 30. Juni völlig überraschend in München ein, wo er einige der Mitverschwörer Röhms verhaften und erschießen läßt, fährt mit seinem Führerbegleitkommando nach Wiessee weiter und verhaftet dort unter persönlichen Beschimpfungen Röhm und die um ihn versammelten SA-Führer; sie werden in die Strafanstalt Stadelheim bei München überführt und dort ohne Verfahren erschossen. Röhm hatte es abgelehnt, von der ihm gegebenen Möglichkeit, Selbstmord zu begehen, Gebrauch zu machen, und ein gerichtliches Verfahren gefordert.«

Zit. nach: Weltkriege und Revolutionen 1914–1945. Geschichte in Quellen. Bearb. von Günter Schönbrunn, München 1979, S. 306

036
SA-Uniform.

zurück. Nach nicht mehr zu vertuschenden homosexuellen Affären zog er sich aus der Politik zurück und ging 1928 als Militärberater nach Bolivien. Wegen Unstimmigkeiten zwischen SA und NSDAP-Parteiführung bat Hitler Röhm um Rückkehr und machte ihn am 5. Januar 1931 zum Stabschef der SA. Nach der Machtübernahme Hitlers war es die von Röhm angeführte SA, die Terror gegen die politischen Rivalen ausübte und den Weg in die Diktatur sicherte. Röhm wollte die SA zu einer Volksmiliz anstelle der Reichswehr ausbauen. Dies lehnte Hitler ab. Unter dem Vorwand, Röhm und die SA hätten einen Putsch geplant (»Röhm-Revolte«), wurden er und andere SA-Führer sowie konservative Regimegegner auf Befehl Hitlers am 30. Juni 1934 verhaftet und tags darauf durch die SS ermordet.

von 500 000 Mann Ende 1932, die bis 1934 – mit Reserven – auf vier Millionen Mann anwuchs, war das eine tödliche Gefahr für das Heer. Der »graue Fels« – so angeblich Röhm – müsse in der »braunen Flut« untergehen (Klaus-Jürgen Müller). Doch Hitler setzte auf die Kompetenz der militärischen Fachleute und auf ein gründlich ausgebildetes Wehrpflichtigenheer statt einer Miliz. Trotzdem kam das Heer zunächst nicht umhin, sich zu arrangieren und bei der Miliz-Ausbildung von Jugendlichen Hilfe zu leisten. Die Spannungen verschärften sich weiter, als Röhm im Februar 1934 das gesamte Gebiet der Landesverteidigung zur »Domäne der SA« erklärte. Inzwischen war aber der innerparteiliche Konflikt zwischen Hitler und Röhm so unüberbrückbar geworden, dass Hitler sich zum Handeln entschloss.

Unter dem Vorwand der Niederschlagung eines SA-Putsches ließ Hitler Röhm, zahlreiche höhere SA-Führer und andere politische Gegner, darunter die früheren Generale Kurt von Schleicher und Ferdinand von Bredow, insgesamt etwa 200 Personen, am 30. Juni 1934 in Bad Wiessee, in München und in Berlin ermorden. Für diese Mordaktion stellte das Reichsheer der SS nicht nur Fahrzeuge, sondern auch Waffen zur Verfügung. Die Morde waren den konservativen Kreisen nicht unwillkommen. Die Atmosphäre war vor dem 30. Juni derartig gespannt – ständige Zusammenstöße zwischen Reichswehr und SA – dass mancherorts tatsächlich mit einem Putsch gerechnet wurde, Hitlers Aktion also auf den ersten Blick unerlässlich erschien. Die Reichswehr stellte später bei der SA insgesamt 177 000 Gewehre und fast 2000 MGs sicher. Nach Bekanntwerden des Ausmaßes der wilden Exekutionen kam es zu Protesten einzelner Befehlshaber beim Reichswehrministerium, das sich aber passiv verhielt. Das Reichsheer war seinen großen Rivalen los, hatte sich aber durch die Unterstützung der SS indirekt in das Unrecht verstricken lassen und einem später viel gefährlicheren Rivalen zum Durchbruch verholfen. Die Morde wurden nachträglich durch ein Reichsgesetz als »Staatsnotwehr« für rechtmäßig erklärt.

Während der dramatischen Ereignisse war der 86-jährige Reichspräsident schwer erkrankt und es war abzusehen, dass sich bald die Frage seiner Nachfolge stellen würde. Am 1. August legte Hitler dem Kabinett einen Gesetzentwurf vor, der die Vereinigung der Ämter des Reichspräsidenten und des Reichskanzlers vorsah. Als Hindenburg am 2. August verstarb, war damit die Nachfolgefrage schon geregelt, die am 19. August in einer »Volksabstimmung« Bestätigung fand. Die Reichswehr wurde auf Initiative Blombergs sofort auf Hitler als »Obersten Befehlshaber« vereidigt, doch mit einer neuen Eidesformel, die auf Reichenau zurückging. Der verhängnisvolle ▸ Eid auf die Person Adolf Hitlers, der nicht nur den Männern des Widerstandes später Gewissensqualen bereitete, wurde am 2. August zum Teil gedankenlos, zum Teil unter inneren Vorbehalten geleistet und nur von ganz wenigen Offizieren abgelehnt. Der erste Schritt auf dem Weg war getan, die Wehrmacht ganz in die Hand Hitlers zu geben. Die Phase der »Machtergreifung« und Machtabsicherung war am 2. August 1934 abgeschlossen.

Ξ **S** Am 21. März 1933 wurde in der Garnisonkirche in Potsdam mit einem feierlichen Staatsakt die Eröffnung des Reichstags begangen, dieses Ereignis ist als »Tag von Potsdam« in die Geschichte eingegangen. Zur Begrüßung reichte der neue Reichskanzler Adolf Hitler, gekleidet in einen bürgerlich korrekten schwarzen Cut, dem 86-jährigen Reichspräsidenten Hindenburg, der die Uniform des preußischen Generalfeldmarschalls trug, mit unterwürfiger Verbeugung die Hand. Ein Bild mit Symbolwert; es vermittelte die Botschaft: Das »Dritte Reich«, in Person des »Führers« vollendet das preußisch-deutsche »Zweite Reich«, in Gestalt Hindenburgs. Der Reichspräsident rief in seiner Rede die Parteien zu nationaler Einigung auf, und Hitler versprach »im Vertrauen auf Gott« die große preußische Tradition fortzusetzen. Mit der von Goebbels raffiniert inszenierten Schau aus scheinbarer Religiosität und preußischer Traditionspflege wollte man die Zustimmung konservativer Kreise zum »Ermächtigungsgesetz« gewinnen. Abgeordnete von SPD und KPD fehlten; entweder aus Angst vor Verfolgung oder sie waren bereits verhaftet. Nur zwei Tag später, am 23. März 1933, übergab der Reichstag die gesetzgebende Gewalt an Hitler und entmachtete sich damit selbst.

037 Vereidigung der Soldaten des Berliner Wachbataillons auf Hitler. Foto, 2. August 1934.

1 »Gesetz über die Vereidigung der Beamten und der Soldaten der Wehrmacht« (20. August 1934)

Nur wenige Tage nach dem Tod des Reichspräsidenten Paul von Hindenburg und der Amtsübernahme durch Hitler mussten die Armee und die Beamtenschaft den Eid auf den »Führer und Reichskanzler« Adolf Hitler leisten.

»§ 1. Die öffentlichen Beamten und die Soldaten der Wehrmacht haben beim Eintritt in den Dienst einen Diensteid zu leisten. [...]
2. Der Diensteid der Soldaten der Wehrmacht lautet: ›Ich schwöre bei Gott diesen heiligen Eid, daß ich dem Führer des Deutschen Reiches und Volkes Adolf Hitler, dem Oberbefehlshaber der Wehrmacht unbedingten Gehorsam leisten und als tapferer Soldat bereit sein will, jederzeit für diesen Eid mein Leben einzusetzen.‹«

Zit. nach: Reichsgesetzblatt 1934, S. 785

221

038
»Tag von Potsdam«.
Foto, 21. März 1933.

041 Ein Ritter leistet Wilhelm dem Eroberer den Treueeid. Englische Buchmalerei, um 1400.

042 Schwur der Landsknechte. Holzschnitt aus Leonhart Fronspergers »Von Kayserlichem Kriegsrechten«, 1566.

Der Fahneneid im Wandel der Zeiten

In den Heeren des Hochmittelalters gab es keinen Fahneneid im eigentlichen Wortsinn. Eine Treueverpflichtung bestand jeweils nur zwischen Lehnsherren und -nehmern, die fortgesetzt in Form der Eidleistung der höchsten Vasallen gegenüber dem König in dessen Person mündete.

Landsknechte der Frühen Neuzeit

Zu Beginn der Frühen Neuzeit veränderte sich nicht nur das Gefüge der Ständegesellschaft, sondern auch das Kriegswesen. Der freie Söldner, ob adeliger Herkunft oder nicht, und mit ihm die sich verändernde Kriegstechnik und Taktik sollte für die nächsten Jahrzehnte das Wehrwesen bestimmen. Aus diesem Wandel ergab sich auch eine veränderte Treueverpflichtung gegenüber dem Kriegsherrn. Der »gemietete« Eid der Landsknechte verdrängte die traditionelle Vorstellung des Soldateneides als Treue- und Lehnsverpflichtung. Dem Schwur der Landsknechte lag das Prinzip eines Vertrages zwischen dem Kriegsherrn und dem Söldner zu Grunde. Somit beruhte die Treue allein auf einer privatrechtlichen Vereinbarung und der pünktlichen Auszahlung des vereinbarten Soldes. Erst durch das Erstarken einer zentralen staatlichen Macht, die sich militärisch im Aufbau eines stehenden Heeres verkörperte, rückte die Treuebindung des Soldaten wieder in den Vordergrund. Die Eide der Landsknechte stellen einen Sonderfall in der Geschichte des militärischen Eides dar, dennoch waren diese die ersten eigentlichen »Fahneneide«, da sie unter der über den Kriegsknechten wehenden Fahne geschworen wurden. Nach dem Dreißigjährigen Krieg verschwanden die »gemieteten« Söldnerheere und es entstanden die ständig unter Waffen gehaltenen, gut ausgebildeten und disziplinierten stehenden Heere des Absolutismus.

Stehende Heere des Absolutismus

Im Zuge dieser Entwicklung wurde die Vorstellung von der gegenseitigen Verpflichtung militärischer Vertragspartner durch die einseitige Befehls- und Disziplinargewalt des zunehmend absolut herrschenden Kriegs- und Landesherrn ersetzt. Damit geriet der Soldat nun wieder in eine direkte politische und persönliche Treueverpflichtung zum Landesherrn als Personifizierung des Staates, der das Heer unterhielt.

Vom Untertan zum Bürger

Die Französische Revolution brachte die Wandlung des Untertanen zum Bürger. Dadurch gewann der Eid des Soldaten seinen Charakter als Treueverpflichtung auf Gegenseitigkeit zurück. Die Armee war nicht länger das reine Machtinstrument des absolutistischen Herrschers, sondern wurde nun zur Staatsangelegenheit, obschon die Integration der bürgerlichen Gesellschaft in die Armee nicht gelang. Im Vormärz forderte das liberale Bürgertum die Vereidigung der Soldaten auf die Verfassung, da der Fahneneid auf den Monarchen verdeutlichte, dass die Armee jeder Kontrolle durch das Volk entzogen war. Aber in den meisten deutschen Staaten scheiterten die Bemühungen, in den Fahneneid eine Verpflichtung auf die Verfassung aufzunehmen. Im Kaiserreich bestand eine große Vielfalt von Eidesformeln. Die Soldaten wurden sowohl auf den jeweiligen Landesherren als auch auf den Kaiser vereidigt.

Wechselvolles 20. Jahrhundert

Die Weimarer Republik brach mit der Tradition der persönlichen Eidesbindung und stellte an deren Stelle einen einheitlichen Eid auf die Verfassung. Der Eid verlor zudem seinen unmittelbar religiösen Charakter und stand mit seiner sprachlichen Schlichtheit im Gegensatz zu den Fahneneiden des Kaiserreichs. Nach der »Machtergreifung« durch die Nationalsozialisten 1933 wurde wieder die Anrufung Gottes in die Eidesformel aufgenommen und gleichzeitig der Bezug auf die Verfassung entfernt. Der Umbau des Staatswesens nach dem Führerprinzip und die persönliche Bindung an Adolf Hitler sowie die Verpflichtung auf den »unbedingten Gehorsam« suggerierten dabei einen Rückgriff auf alte Traditionen. Durch diesen Eid wurde die Wehrmacht nicht nur auf unheilvolle Weise an Hitler gebunden, sondern es ergaben sich daraus auch schwere Gewissenskonflikte und ein hohes, für viele Soldaten unüberwindliches Hindernis für jeglichen Widerstand gegen das Regime.

Nach dem Missbrauch des Fahneneides durch die Nationalsozialisten folgte eine ähnliche Instrumentalisierung des Eides in der Deutschen Demokratischen Republik. Auch die DDR-Führung versuchte, den Fahneneid politisch nutzbar zu machen. Dieses geschah durch die Verpflichtung der Nationalen Volksarmee auf das SED-Regime und die Sowjetunion. Der Eid der NVA veranschaulicht somit die Rolle des Sozialismus als Staatsideologie und den Grad der Einbindung der NVA in den Warschauer Pakt. In der jungen Bundesrepublik herrschte große Skepsis gegenüber der Vereidigung der neuen deutschen Streitkräfte. Die traumatische Erfahrung des Missbrauchs des soldatischen Eides durch das NS-Regime schien eine eidliche Verpflichtung der Bundeswehr unmöglich zu machen. Erst nach kontroversen Debatten im Bundestag konnten sich die Befürworter der Vereidigung zumindest für die Berufs- und Zeitsoldaten durchsetzen. Die Eidesformel der Bundeswehr wird vom Bestreben geleitet, aus der Vergangenheit zu lernen und somit einen erneuten Missbrauch auszuschließen.

043 Vereidigung von Rekruten an der Feldherrnhalle in München. Foto, 7. November 1935.

044 Vereidigung von Wehrpflichtigen der NVA auf dem Altmarkt in Dresden. Foto, 19. Mai 1978.

*045
Soldaten der Bundeswehr leisten ihr
Gelöbnis auf die Deutschland-Fahne.*

2. Hitlers Griff nach der Wehrmacht

a) Zeit der Indoktrination

Hitlers »Zwei-Säulen-Theorie«, nach welcher der Staat auf den beiden Säulen »Partei« und »Wehrmacht« ruhten sollte, gaukelte den Streitkräften eine scheinbare Eigenständigkeit im NS-Regime vor. Obwohl dieser Anspruch insbesondere von der Führung des Heeres erhoben wurde, unternahm die neue Reichswehrführung bereits um den Jahreswechsel erste Ansätze zu einer »nationalpolitischen Schulung« mit dem Ziel der geistigen Heranführung an das Gedankengut des Nationalsozialismus. Nach der »Röhm-Revolte« ergingen immer präzisere Richtlinien zur Durchführung des »nationalpolitischen Unterrichts«. Ein Erlass Blombergs vom 30. Januar 1936 regelte die einheitliche politische Unterrichtung und Erziehung der Offiziere aller Wehrmachtteile, unter anderem auch auf dem Gebiet der NS-Rassenlehre. Im Mai 1934 wurden die »Pflichten des deutschen Soldaten« in nationalsozialistischem Sinne neu formuliert. Die Neufassung des Eides vom 2. Dezember 1933 enthielt zwar noch keine Verpflichtung auf die Person Hitler oder auf NS-Gedankengut, dafür aber eine deutliche Abkehr von der Pflicht zur Verfassungstreue und von der Gehorsamspflicht gegenüber dem Reichspräsidenten.

Wesentlich verstärken sollte die Reichswehr die Kontakte und die Zusammenarbeit mit »nationalen Verbänden«, nach der »Gleichschaltung« bedeutete das im Herbst 1934: mit NS-Organisationen. Ein schwieriges Unterfangen, denn die Masse der »Parteioberen« war nach Herkunft, Bildung und Umgangsformen entsprechend den damals noch vorherrschenden gesellschaftlichen Normen und sozialen Schranken für Offiziere »nicht gesellschaftsfähig«. Blomberg versuchte, im Sinne der NS-Idee der »Volksgemeinschaft« diese Schranken zu überwinden. Herkunft und Bildung sollten für den gesellschaftlichen Verkehr nicht mehr ausschlaggebend sein. In dieser übersensibilisierten Atmosphäre, in der die eine Seite ständig Missachtung durch das »reaktionäre« Offizierkorps argwöhnte, die andere Eingriffe in geheiligte Vorrechte und Traditionen befürchtete, kam es aus geringen Anlässen zu zahlreichen Auseinandersetzungen tätlicher Art, zu Ausschreitungen und Prügeleien zwischen Soldaten und SA-Männern, sogar vereinzelt zwischen SA-Führern und Offizieren.

Trotz aller äußeren und inhaltlichen Zugeständnisse an den Nationalsozialismus konnte das Heer zumindest bis 1938 noch an den traditionellen soldatischen Erziehungsgrundsätzen, Werten und Idealen festhalten und Übergriffe der Partei abwehren. Auch das Gebiet des Personalwesens – seit jeher durch die Besetzung von Schlüsselpositionen ein wirkungsvoller Ansatzpunkt für eine politische Einflussnahme – konnte, selbst unter den schwierigen Bedingungen der Vervielfachung des Offizierkorps,

046 Die Pflichten des deutschen Soldaten von 1934.

1 Werner von Blomberg,
»Auswahl des Offiziernachwuchses«
(27. April 1937)

*In einer Rede vor Kreisleitern der NSDAP
äußerte sich der Reichskriegsminister und
Oberbefehlshaber der Wehrmacht über den
Offiziernachwuchs.*

»Ich komme auf einen anderen Punkt zu sprechen,
der für das Vertrauensverhältnis von Partei und
Wehrmacht von zentraler Bedeutung ist. Ich meine
die Frage der Führerauslese, der Personalpolitik,
der Beförderungsgrundsätze im aktiven und im Reserveoffizierkorps. Ich weiß, daß diese Frage eine
Quelle von Mißverständnissen und Mißtrauen sein
kann und häufig genug auch ist. Um so klarer will
ich zu dieser Frage Stellung nehmen. [...]
Im 20. Jahrhundert wird jedem Volksgenossen sofern er gesund an Körper, Charakter und Geist ist,
die Offizierlaufbahn erschlossen. Wir tun das nicht
nur aus der Ideenwelt des Nationalsozialismus
heraus, sondern auch aus rein militärischen Gründen: Weil das moralische Gefüge der Armee um
so stärker ist, je mehr ihr Offizierkorps im ganzen
Körper der Nation wurzelt; weil das Offizierkorps
die soldatische Elite des Volkes sein muß, und weil
wir es uns einfach nicht leisten können, irgendwo
ein Talent brach liegen zu lassen, das überdurch-
schnittliche Leistung verspricht. [...]
Ich will diese notwendige Entwicklung gewiß nicht
bremsen, sondern vorwärtstreiben, wenn ich auf
die Schwierigkeiten der Aufgaben hinweise. Wir
kommen nun einmal mit der Volksschulbildung im
Offizierberuf nicht aus. Wir brauchen nicht nur den
Offizier als Meister in der Kunst der Kampfführung
und als Künstler in der Menschenführung und -be-
handlung, sondern dieser Idealtyp des deutschen
Offiziers umschließt auch den vielfarbigen und oft
geschmähten Begriff der Bildung. [...]
Deshalb verfolgen wir Soldaten die eingeleitete
Reform des gesamten deutschen Schulwesens mit
lebhafter Anteilnahme. Deshalb muß gerade der
Soldat fordern, daß der Zugang zur höheren Schule
nicht vom Geldbeutel der Eltern abhängt, sondern
von der Eignung und Leistung des Schülers.«

*Zit. nach: Offiziere im Bild von Dokumenten
aus drei Jahrhunderten. Hrsg. von Hans Meier-
Welcker, München 1964 (= Beiträge zur
Militär- und Kriegsgeschichte, 6), Nr. 104*

1 Maximilian von Weichs,
»Erziehung des Offizierkorps«
(2. März 1937)

*Die Verfügung des Kommandeurs der 1. Panzer-
division legte die Richtlinien für die Erziehung im
Offizierkorps fest.*

»I. Mit der nationalsozialistischen Revolution hat
unser ganzes Volk nicht nur im Äußeren, sondern
auch in seiner seelischen Haltung begonnen, den
Gleichschritt des Heeres aufzunehmen. Das bedeutet allgemein die Erkenntnis, daß als Krönung
der staatlichen Erziehungsarbeit der Jugend in der
Dienstzeit in der Wehrmacht die höchste Ehre zu-
teil wird, die es für einen jungen Mann gibt: Die
Ausbildung mit der Waffe und das Recht, die Waffe
im Dienst für sein Volk zu führen.
Dieser Gedanke gewinnt Jahr für Jahr in der heran-
wachsenden Jugend an Boden, und es ist klar, daß
eine Jugend, die im Wehrdienst eine Ehrenpflicht
sieht, ein anders zu bearbeitendes Material ist als
jene, der Haß, Abneigung oder Furcht eingeimpft
worden war. Daraus folgt, daß Führerstellen in der
Truppe nur durch ausgesprochene Persönlichkeiten mit Takt und psychologischem Verständnis,
mit Herz für die Truppe, mit großer geistiger und
körperlicher Frische und mit ganz klaren Zielen besetzt werden dürfen. [...]
Daraus ergibt sich, daß das Maß der Anforderungen, das der Offizier an sich selbst zu stellen hat,
gewaltig gewachsen ist.
III. Folgende Richtlinien für die Erziehungsarbeit im
Offizierkorps sind vornehmlich festzustellen:
1. Härte gegen sich selbst,
2. Natürliches Standesbewußtsein,
3. Ausgeprägtes Ehrgefühl,
4. Einfache Lebenshaltung
5. Im innersten Wesen deutsch sein,
6. Nicht zu übertreffende Liebe zu Volk, Vaterland
   und Führer.«

*Zit. nach: Offiziere
im Bild von Doku-
menten aus drei
Jahrhunderten.
Hrsg. von Hans
Meier-Welcker
München 1964
(= Beiträge zur
Militär- und Kriegs-
geschichte, 6),
Nr. 103*

225

047
Werbeplakat der
Hitlerjugend,
1930er Jahre.

im Wesentlichen erfolgreich gegen Einflüsse der NSDAP abgeschottet werden. Allerdings gelang dem nationalsozialistischen Rassismus ein tiefer Einbruch in die Wehrmacht. Nach einem Erlass vom Februar 1934 waren alle jüdischen Soldaten zu entlassen, nur ehemalige Frontkämpfer blieben zunächst verschont. Die Betroffenheit im Offizierkorps war groß, doch nur Oberst i.G. (im Generalstab) Erich von Manstein, der spätere Feldmarschall, erhob schriftliche Einwendungen. Die Maßnahmen geschahen nicht etwa auf ausdrückliche Weisung Hitlers, sondern gingen auf Blomberg zurück, der auch eine zu großzügige Auslegung der »Frontkämpferklausel« zu unterbinden suchte. Ende 1935 wurde auch diese Ausnahmeregelung aufgehoben. Die traditionellen Grundsätze der Kameradschaft wurden verlassen und der gemeinsame Ehrenkodex aller Offiziere verletzt.

In der Reichsmarine der Weimarer Republik besaß die NSDAP nur wenige Anhänger, obwohl sie – ähnlich wie im Heer – bei den jüngeren Offizieren mehr Sympathien genoss als bei den älteren. Hitler hatte sich mehrfach gegen eine starke Seerüstung geäußert und damit die Skepsis in der Marineleitung gegen ihn eher verstärkt. Nach 1933 betonte er seine Absicht, die Flotte auszubauen, ohne damit allerdings die distanzierte Grundeinstellung der Marineführung verändern zu können. Sie versuchte, sich der »Gleichschaltung« möglichst zu entziehen. Andererseits unternahm sie aber nichts, um die Anpassungsweisungen Blombergs zu unterlaufen oder abzuschwächen. Der Chef der Marineleitung Admiral Erich Raeder kämpfte zwar für die Militärseelsorge und setzte sich gegen Eingriffsversuche zweitrangiger NS-Führer energisch zur Wehr – Widerstand aus prinzipiellen politischen oder moralischen Gründen gab es während der Friedenszeit jedoch nicht. Kritische Äußerungen zu Auswüchsen des nationalsozialistischen Regimes wurden toleriert, Opposition gegen das System jedoch nicht geduldet. Der Nationalsozialismus sollte im Prinzip genauso bejaht werden wie vorher »Nation« und »Reich«. Andererseits wurde davor gewarnt, die loyale Haltung von Offizieren nur deshalb in Zweifel zu ziehen, weil sie einmal sachliche Kritik übten. Dieses alles lief auf ein Ziel hinaus: nach dem Trauma der Meutereien von 1918 unter allen Umständen die innere Geschlossenheit des Offizierkorps zu erhalten.

Das oberste Ziel der Marineführung war die Absicherung einer erneuten Aufrüstung zur See nach innen und außen. Unter diesem Aspekt schien Hitler der einzige Garant einer maritimen Zukunft des Reiches zu sein. Als 1938/39 bei mehreren führenden Offizieren Bedenken gegen ▶ Hitlers Kriegspolitik aufkamen, ging Raeder darauf nicht ein. Der Oberbefehlshaber der Kriegsmarine schien ein ergebener Anhänger Hitlers zu sein, stand ihm innerlich aber eher distanziert gegenüber, wenn er auch die von der Wehrmachtführung ausgehenden Bestrebungen zur Anpassung an das Regime loyal umsetzte. Opposition lag völlig außerhalb seiner Vorstellungswelt.

Die Luftwaffe war eine Schöpfung des nationalsozialistischen Staates und erhielt durch diesen einen anderen Stellenwert, als den Planern in der Reichswehr vorgeschwebt hatte. Anders als im Heer schienen die führenden Persönlichkeiten wie der Reichsminister der Luftfahrt Hermann Göring und auch sein Staatssekretär Erhard Milch die nationalsozialistische Einstellung der Luftwaffe von vornherein zu garantieren. Gerade aber wegen dieser Voraussetzungen schien die Indoktrination

049
Koppelschloss
der Wehrmacht
(Mannschaften
Heer und Marine).

050
Koppelschloss
der Wehrmacht
(Mannschaften
Luftwaffe).

mit NS-Gedankengut auch nicht in dem Maße vordringlich zu sein wie beim »reaktionären« Heer. Außerdem waren Göring und Milch in weltanschaulichen Fragen durchaus Pragmatiker, empfindlich gegenüber Eingriffen von Seiten des Oberkommandos der Wehrmacht (OKW) und der Partei gleichermaßen, und schirmten bis weit in den Krieg hinein die Luftwaffe gegen zu starke Einflussnahme von außen ab. Dennoch gab es wie in den anderen Wehrmachtteilen nationalsozialistische Indoktrinierungsbestrebungen. 1938 waren für die Ausbildung der Offizieranwärter vier von 47 Wochenstunden für den »nationalpolitischen Unterricht« vorgesehen. Für die Beförderung zum Offizier wurde die Lektüre von Hitlers »Mein Kampf« vorausgesetzt, eine in der Truppe wohl meistens nicht ernsthaft überprüfte »Formalie«. Selbst die Luftkriegsakademie hatte bis zum Sommer 1944 nur wenige weltanschauliche Themen auf dem Lehrplan.

Natürlich gab es im Offizierkorps der Luftwaffe Nationalsozialisten, aber auch Skeptiker, Gleichgültige und – besonders in der Fliegertruppe – Apolitische, die einen besonderen »fliegerischen Geist« pflegten, der durch soldatische Ambitionen, sportlichen Ehrgeiz und technisches Interesse gekennzeichnet war. Auf Grund des höheren Technisierungsgrades der Luftwaffe war im Vergleich zum Infanteristen die Forderung nach dem durch »ideologischen Fanatismus« erfolgreichen Offizier grundsätzlich schwieriger zu realisieren: Technik funktioniert, weil der Mensch sie beherrscht, nicht, weil er fanatisch von einer Weltanschauung überzeugt ist.

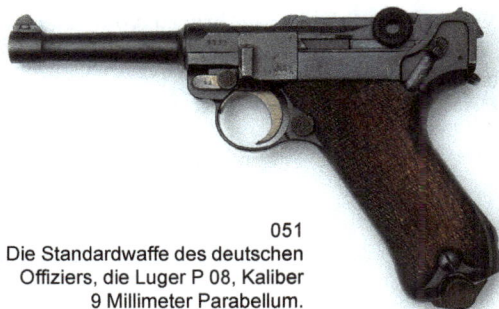

051
Die Standardwaffe des deutschen Offiziers, die Luger P 08, Kaliber 9 Millimeter Parabellum.

Adolf Hitler,
»Die Aufgaben der Propaganda für die Außenpolitik« (10. November 1938)

In seiner Geheimrede forderte der »Reichskanzler und Führer« einen radikalen Kurswechsel. Nicht mehr die Friedenspropaganda, sondern die geistige Mobilmachung des Volkes stand nun im Vordergrund.

»Die Umstände haben mich gezwungen, jahrzehntelang fast nur vom Frieden zu reden. Nur unter der fortgesetzten Betonung des deutschen Friedenswillens und der Friedensabsichten war es mir möglich, dem deutschen Volk Stück für Stück die Freiheit zu erringen und ihm die Rüstung zu geben, die immer wieder für den nächsten Schritt als Voraussetzung notwendig war. Es ist selbstverständlich, daß eine solche jahrzehntelang betriebene Friedenspropaganda auch ihre bedenklichen Seiten hat; denn es kann nur zu leicht dahin führen, daß sich in den Gehirnen vieler Menschen die Auffassung festsetzt, daß das heutige Regime an sich identisch sei mit dem Entschluß und dem Willen, den Frieden un-

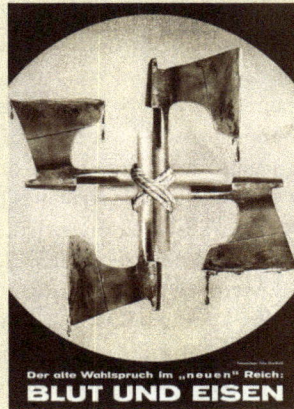

052
Fotomontage von John Heartfield, 1934.

ter allen Umständen zu bewahren. Das würde aber nicht nur zu einer falschen Beurteilung der Zielsetzung dieses Systems führen, sondern es würde vor allem auch dahin führen, daß die deutsche Nation, statt den Ereignissen gegenüber gewappnet zu sein, mit einem Geist erfüllt wird, der auf die Dauer als Defaitismus gerade die Erfolge des heutigen Regimes [...] nehmen müßte. Der Zwang war die Ursache, warum ich jahrelang nur vom Frieden redete. Es war nunmehr notwendig, das deutsche Volk psychologisch allmählich umzustellen und ihm langsam klarzumachen, daß es Dinge gibt, die [...] mit Mitteln der Gewalt durchgesetzt werden müssen.«

Zit. nach: Das Dritte Reich. Dokumente zur Innen- und Außenpolitik, Bd 1. Hrsg. von Wolfgang Michalka, München 1985, S. 261 f.

227

b) Der Sturz Blombergs und Fritschs

Als der Oberbefehlshaber der Wehrmacht, Generalfeldmarschall von Blomberg, der das Eindringen von nationalsozialistischem Ideengut in die Wehrmacht immer vorangetrieben hatte, und der Oberbefehlshaber des Heeres, Generaloberst Werner Freiherr von Fritsch, sich Ende 1937 gegen die von Hitler dargelegten gewaltsamen Expansionspläne aussprachen, keimte in Hitler der Entschluss auf, sich von diesen und anderen Generalen zu trennen und sich den direkten Zugriff auf die Wehrmacht zu verschaffen. Die Gelegenheit kam Anfang 1938 mit einer ▶ Krise um die Person des Reichskriegsministers und Oberbefehlshabers der Wehrmacht, die zum großen Teil aus einer Intrige entstand, aber auch von Blomberg selbst mitzuverantworten war. Der Generalfeldmarschall heiratete im Januar 1938 eine Frau mit »zweifelhafter Vergangenheit«, ohne über deren Vorleben ausreichend informiert zu sein. Eine einschlägige Akte lag indessen der Geheimen Staatspolizei (Gestapo) vor. Anstatt Blomberg zu warnen, hatten Göring und Heinrich Himmler dessen Heiratsabsichten mit Hitler als Trauzeugen gefördert. Kurz nach der Hochzeit wurden entsprechende Gerüchte im Offizierkorps ausgestreut; Göring unterrichtete Hitler, der moralisches Entsetzen heuchelte, und klärte den immer noch halb ahnungslosen Minister über das »Vorleben« seiner Frau auf. Als Hitler sich der Bitte Blombergs verweigerte, die Angelegenheit »mit dem Mantel der Liebe« zuzudecken, nahm Blomberg am 27. Januar 1938 seinen Abschied. Görings Ziel, Oberbefehlshaber der Wehrmacht zu werden, lag greifbar vor ihm. Doch Hitler lehnte ihn entschieden ab. Er hatte sich schon längst dazu entschlossen, selbst den Oberbefehl über die Wehrmacht zu übernehmen.

Der »natürliche« Anwärter auf Blombergs Nachfolge, der Oberbefehlshaber des Heeres, war unterdessen selbst das Opfer einer schamlosen Intrige geworden. Im Gegensatz zur Verabschiedung Blombergs, die nach den moralischen Regeln des Offizierkorps unvermeidlich war, erschütterte der Sturz Fritschs das Heer aufs Schwerste. Blomberg galt als eher politischer Soldat, als Außenseiter, der seine Sympathien für die Nationalsozialisten offen zeigte, während Fritsch das Vorbild preußischer Soldatengesinnung und -tugenden verkörperte und, obwohl persönlich ein Bewunderer des »Führers«, als Garant für die ideologische Unabhängigkeit des Heeres angesehen wurde. Bereits 1936 war Hitler ein Dossier über angebliche homosexuelle Verfehlungen Fritschs zugespielt worden. Damals hatte Hitler die Vernichtung des – offensichtlich wertlosen – Materials angeordnet. Trotzdem konnte Göring Hitler schon am 24. Januar 1938 eine teilweise erhaltene, teilweise rekonstruierte Akte vorlegen, eindeutig zu dem Zweck, den Konkurrenten Fritsch auszuschalten. Auch Hitler wollte Fritsch loswerden und mit ihm eine Reihe anderer »konservativer« Generale. Zwar war Fritsch absolut loyal, hatte aber gegen die überstürzte Aufrüstung und die beginnende Aggressionspolitik aus militärfachlichen Erwägungen Widerspruch erhoben. Da Hitler wusste, dass eine Entlassung Fritschs aus »dienstlichen« Gründen auf völliges Unverständnis und die einmütige Ablehnung des Heeresoffizierkorps stoßen würde, nutzte er die Chance, die persönliche Integrität des Generalobersten zu zerstören.

Der von den Anschuldigungen völlig überraschte Fritsch gab Hitler sein Ehrenwort, unschuldig zu sein, das Hitler nicht akzeptierte. Vielmehr beurlaubte er Fritsch vom Dienst.

228

053
Marschallstäbe
der Wehrmacht
(Heer).

054 Parade der Wehrmacht auf dem Reichsparteitag in Nürnberg: Werner von Blomberg (links), in Begleitung des Oberbefehlshabers des Heeres Werner Freiherr von Fritsch. Foto, 13. September 1937.

055 Hitler bei seiner Glückwunschansprache zum vierzigjährigen Dienstjubiläum von Reichskriegsminister Generalfeldmarschall von Blomberg im Ministersaal des Reichskriegsministeriums. Foto, 1937.

1 Friedrich Hoßbach, »Die Ausschaltung Blombergs und Fritschs« (25. Januar 1938)

Der Wehrmachtadjutant Hitlers berichtet in seinen Erinnerungen über die Intrige zur Ausschaltung der Generale Blomberg und Fritsch, die sich gegen die außenpolitischen Pläne des »Führers« gewandt hatten.

»Nachdem Hitler mich auf strengste Geheimhaltung gegen jedermann hingewiesen und mir aufgetragen hatte, mich tagsüber ständig zu seiner Verfügung in der Reichskanzlei aufzuhalten, setzte er mir folgendes, zunächst in ruhiger Rede beginnend, auseinander: Der Kriegsminister von Blomberg habe ihn in größte Verlegenheit gebracht, ihm über die Herkunft seiner Frau die ›Unwahrheit‹ gesagt und ihn als Trauzeugen zugezogen, obwohl seine Frau eine sittenpolizeilich überwachte und mehrfach vorbestrafte Person sei. Bei der Beisetzung Ludendorffs – und nun ließ er die Katze aus dem Sack – habe der Minister ihn um die Heiratsgenehmigung gebeten und von seiner Erwählten als aus kleinen Kreisen stammend gesprochen. Von ihrem üblen Leumund habe Blomberg nichts erwähnt, nur einmal kurz von einer gewissen Vergangenheit geredet, worunter er, Hitler, Andeutungen hinsichtlich des Lebensalters verstanden habe. Es folgten dann eine Lobeshymne auf die Verdienste Blombergs um die Annäherung Wehrmacht – Partei, die vom Offizierkorps nicht gewürdigt würden, sowie auf die Treue Blombergs zu Hitler, und der Ausdruck seines Schmerzes, einen so treuen Mitarbeiter verlieren zu müssen. Blomberg sei als Kriegsminister mit Rücksicht auf die Vergangenheit seiner Frau unhaltbar geworden. [...] Trafen die Anschuldigungen zu, so hatte das Offizierkorps moralisch eine Schlacht verloren. Und zu dieser Schmach und Schande, die Blomberg über uns brachte, mußte ich nun noch Angriffe gegen das Offizierkorps anhören, das das Wirken des hitlerhörigen Blombergs nicht verstanden und nicht anerkannt hätte. Zorn, Wut und Scham überkamen mich, aber was ich nun aus Hitlers Munde über Fritsch hören sollte, zwang mich, die aufwallende Gemütsbewegung dem nüchternen Verstande unterzuordnen. [...] Auch der Generaloberst von Fritsch müsse gehen, er sei homosexuell belastet, das Material hierzu habe er in der Hand, und zwar seit Jahren. Erst Blomberg und nun auch noch Fritsch! Das war zuviel. Instinktiv erkannte ich sofort, daß es sich um einen niederträchtigen Streich gegen den Kopf des Heeres handelte.«

Zit. nach: Friedrich Hoßbach, Zwischen Wehrmacht und Hitler 1934–1938, Göttingen 1965, S. 107 f.

229

Der Chef des Generalstabes, General der Artillerie Ludwig Beck, konnte nur mit Mühe die Eröffnung eines militärgerichtlichen Untersuchungsverfahrens durchsetzen, während der Generaloberst, obwohl er eigentlich der Militärjustiz unterstand, unter entwürdigenden Umständen von der Gestapo verhört wurde. Das Verfahren erbrachte schließlich den Beweis der Unschuld Fritschs und endete am 14. März mit Freispruch. Bereits am 4. Februar hatte Hitler persönlich den Oberbefehl über die Wehrmacht übernommen. So war es ihm am 27. Januar von Blomberg bei dessen Verabschiedung vorgeschlagen worden, als auch Fritsch als Nachfolger scheinbar nicht mehr in Frage kam. Zum ersten Mal in der neueren deutschen Militärgeschichte war das Militär der politischen Führung vollständig und auf dem direkten Befehlsstrang untergeordnet, war der Primat der Politik restlos durchgesetzt, allerdings von einem verbrecherischen Regime.

Da nach dem 4. Februar die Machenschaften gegen Fritsch allmählich durchsickerten, ist zu fragen, warum vom Heer keine entschiedene Reaktion zu seiner Rehabilitierung und zur Bloßstellung der Urheber erfolgte. Die breite Masse des Offizierkorps verfügte natürlich über viel zu wenige Informationen über die Intrigen, die für die Gedankenwelt der meisten Offiziere sowieso unvorstellbar waren. Unter den Generalen in der Umgebung Fritschs wurde über einen gemeinsamen Schritt nachgedacht, doch dazu kam es nicht mehr. Fritsch selbst hatte zu schnell aufgegeben und glaubte, auch Hitler

wäre das Opfer einer Täuschung. Entgegen den Forderungen zahlreicher Kameraden setzte er sich gegen den von ihm immer noch bewunderten Hitler nicht zur Wehr, sondern reichte seinen Abschied ein. Durch die umgehende Ernennung des Generalobersten ▸ Walther von Brauchitsch zum Nachfolger Fritschs am 3. Februar schuf Hitler vollendete Tatsachen. Einen Tag später wurde zusammen mit Blomberg und Fritsch eine Anzahl anderer höherer Kommandeure zur Ruhe gesetzt. Am selben Tag versammelte Hitler die Generalität und die Admiralität. Hier gelang es ihm zunächst noch, den Eindruck zu erwecken, dass Fritsch schuldig sei und er habe handeln müssen. Die ganze Affäre verschwand wenig später im Hintergrund durch den Einmarsch in Österreich am 13. März, der für Hitler ein triumphaler Erfolg wurde. Die Chance zum Handeln hatte die Heeresgeneralität unterdessen verpasst. Kaum jemand erkannte, dass der Schlag gegen Fritsch weniger gegen dessen Person, sondern vielmehr gegen die Institution des Oberbefehlshabers des Heeres und gegen das Heer an sich gerichtet war. Die Partei hatte die Autonomie der Wehrmacht zerbrochen, das Regime triumphierte über die »reaktionären« Offiziere. ▸ Fritsch wurde von Hitler mit einem kurzen Schreiben und der Ernennung zum »Chef« eines Regiments nur unzureichend rehabilitiert. In seiner Ehre aufs Tiefste verletzt, zog er mit seinem Regiment freiwillig »als Zielscheibe« in den Krieg gegen Polen und fand vor Warschau den Soldatentod.

056 Hitler beim Besuch eines Manövers. Foto, Mai 1935.

057
Werner Freiherr
von Fritsch.
Undatierte
Porträtaufnahme.

B Werner Freiherr von Fritsch (1880–1939)
Generaloberst – Im Ersten Weltkrieg war
Fritsch 1. Generalstabsoffizier der 1. Garde-Division,
die von einem Sohn des Kaisers kommandiert
wurde. Der Weimarer Republik und seinem ersten
Reichspräsidenten Friedrich Ebert stand Fritsch
ablehnend gegenüber und bekundete immer wieder
seine antidemokratische und antisemitische
Haltung. Am 1. Februar 1934 wurde er Chef der
Heeresleitung und trieb die von Hitler geforderte
Wiederaufrüstung und somit die Revision des Versailler
Vertrages voran. Die Ermordung zahlreicher
SA-Führer während der »Röhm-Revolte« duldete
Fritsch, obwohl er unter anderen von Vizekanzler
von Papen zum Einschreiten aufgefordert wurde.
Nach Vorwürfen, er sei homosexuell, die das
Reichskriegsgericht später ausräumte, musste
Fritsch am 26. Januar 1938 zurücktreten. Zu Beginn
des Zweiten Weltkrieges befehligte er in Polen
das Artillerie-Regiment 12. Er fiel am 22. September
1939 bei Kämpfen in der Nähe von Praga.

058 Generaloberst Werner Freiherr von Fritsch,
Oberbefehlshaber des Heeres (links), und General
der Artillerie Ludwig Beck, Chef des Generalstabes
des Heeres, beim Manöver in Mecklenburg.
Foto, 1937.

059 Walther von Brauchitsch.
Undatierte Porträtaufnahme.

B Walther von Brauchitsch (1881–1948)
Generalfeldmarschall – In Folge seiner ausgezeichneten Tätigkeit als
Generalstabsoffizier im Ersten Weltkrieg wurde Walther von Brauchitsch in die
Reichswehr übernommen. Dort durchlief er eine – für einen zukünftigen General
– übliche Laufbahn. Um 1938 die Nachfolge des Generalobersten Fritsch als
Oberbefehlshaber des Heeres antreten zu können, erklärte sich Brauchitsch
entgegen seiner eigenen Gesinnung bereit, die Wehrmacht näher an die nationalsozialistische
Weltanschauung heranzuführen. Im Angesicht der katastrophalen
Niederlage vor Moskau im Winter 1941 wurde der psychisch und physisch
angeschlagene Brauchitsch entlassen.

231

3. Gesellschaft und Wirtschaft

a) Der Soldat in der Gesellschaft

Die Gesellschaft im NS-Regime war eine Gesellschaft in Uniform. Selbst unter dem uniformvernarrten Kaiser Wilhelm II. gab es nur die in Europa üblichen Uniformträger: Militär, Polizei, Justiz, Eisenbahn, Post und Forst. Im ▶ »Dritten Reich« konnte jedermann, wenn er wollte, zum Uniformträger aufsteigen; er musste nur einer der zahllosen Gliederungen der Partei beitreten. Neben den »klassischen« Uniformträgern gab es Uniformen für SA, SS, Reichsarbeitsdienst (RAD), NS-Kraftfahrkorps (NSKK), NS-Fliegerkorps, ▶ Hitlerjugend (HJ), Luftsportverband und viele mehr.

Obwohl die NSDAP mit der SA über eine »Parteiarmee« von mehreren Millionen Mann verfügte, erreichte das Ansehen des Militärs nach der Ausschaltung dieses Konkurrenten in den dreißiger Jahren noch einmal einen Höhepunkt. Die Gründe dafür lagen unter anderem in der propagandistischen Herausstellung der Wehrmacht durch das NS-Regime, in ihrer Selbstdarstellung in zahllosen Paraden und Vorführungen, in der traditionellen Faszination des Militärischen und in der fesselnden Wirkung, welche die neuzeitliche Wehrtechnik auf weite Bevölkerungskreise ausübte. Außerdem war es den konservativen militärischen Führungseliten gelungen, das durch den Ersten Weltkrieg überlebte, widersinnig gewordene halb-feudale Standesbewusstsein in der Republik wieder zu etablieren und gegen deren Ende durch Nachwuchsgewinnung aus den traditionellen elitären Kreisen sogar zu verstärken. Auch in der »NS-Volksgemeinschaft« zehrte das Ansehen des Offiziers noch von seiner exklusiven sozialen Stellung, die er im Kaiserreich und in der Weimarer Republik besessen oder wenigstens beansprucht hatte. Hinzu kam die von Hitler propagierte »Zwei-Säulen-Theorie«, nach welcher der Staat auf den zwei gleichberechtigten Säulen »Wehrmacht« und »Partei« ruhe. Dabei fühlten sich die Offiziere in ihrem Selbstverständnis den »Parteibonzen« gesellschaftlich überlegen, was in den ersten Jahren zu häufigen Reibereien zwischen Partei und Wehrmacht führte.

Wie sich der gesellschaftliche »Rang« der Offiziere protokollarisch auswirkte, zeigt eine Schilderung des Generals der Kavallerie (d. Kav.) a.D. (außer Dienst) Siegfried Westphal in seinen Memoiren. Westphal berichtet vom Staatsbesuch des ungarischen Ministerpräsidenten im Sommer 1933, bei dem er auch Erfurt, den Standort des Reiter-Regiments 16, besuchte. Selbstverständlich waren nicht nur die Spitzen der Behörden zum Empfang geladen, sondern das gesamte Offizierkorps des Regiments bis zum jüngsten Leutnant, das überdies von Hitler vor allen anderen begrüßt wurde. Zu Kriegsbeginn gaben 20 Prozent der Abiturienten als Berufswunsch Offizier an, nur zwölf Prozent Arzt. Die ungeheure Vergrößerung der Wehrmacht mit einem enormen Bedarf an Offiziernachwuchs öffnete den Offizierberuf nun auch solchen Bevölkerungsschichten, denen er in der Regel bislang verschlossen war. Es ist verständlich, dass der soziale Aufstieg der Söhne in den »glänzenden« Offizierstand die Identifizierung dieser Schichten mit dem Militär, mit der Wehrmacht und indirekt mit dem nationalsozialistischen Regime verstärkte. Gleichzeitig setzte damit der Prozess der sozialen Angleichung ein, die »soziale Revolution« im Offizierkorps, die mit seinem Aufgehen in der Gesamtgesellschaft endete.

Am Beispiel der ▶ Heiratsordnung lässt sich verfolgen, wie sich selbst gesetzte, die »Kas-

---

S Nach der Erlangung der Kaiserwürde durch Otto den Großen im Jahr 962 nannte Deutschland sich »Römisches Reich«. Zur Betonung des Anspruchs der Deutschen auf die ideengeschichtliche Nachfolge der Römer entstand 1512 die amtliche Bezeichnung »Heiliges Römisches Reich Deutscher Nation«. Die Neuorganisation Deutschlands nach dem Zusammenbruch von 1806 erfolgte in den Jahren 1815–1866 als lockerer »Deutscher Bund« und erst von 1871–1945 amtlich als »Deutsches Reich« – ein Staatsname, der auch nach der Revolution von 1918 fortgalt. Der Nationalsozialismus nahm für sich die geistige Erneuerung durch ein »Drittes Reich« in Anspruch, historisierte die Hohenzollern-Monarchie als »Zweites Reich« und tat die Weimarer Republik als »Zwischenreich« ab; sein »Altreich« nach dem Stand von 1937 wurde durch den Anschluss Österreichs 1938 zum »Großdeutschen Reich« erweitert.

1 »Verordnung über das Heiraten
der Angehörigen der Wehrmacht«
(1. April 1936)

*Die Eheschließungen der Soldaten wurden durch
»Heiratsordnungen« geregelt. Seit Beginn der
stehenden Heere im 17. Jahrhundert wurden
derartige Verordnungen erlassen.*

»1. Die Angehörigen der Wehrmacht bedürfen nach
§ 27 des Wehrgesetzes zur Heirat der Erlaubnis ihrer
Vorgesetzten. Diese Genehmigung wird nicht vor Vollendung des 25. Lebensjahres oder 6. Dienstjahres
erteilt. [...]

3. Voraussetzung für jede Heiratserlaubnis ist, daß
a) die Braut deutschen oder artverwandten
  Blutes ist,
b) die Braut einen einwandfreien Ruf genießt, selbst
  achtbar und staatstreu ist und einer achtbaren und
  staatstreuen Familie angehört,
c) der Antragsteller und die Braut schuldenfrei sind,
d) die Führung des Haushalts geldlich gesichert ist,
e) die Voraussetzung des Gesetzes zum
  Schutze der Erbgesundheit des Deutschen
  Volkes (Ehegesundheitsgesetz) vom 18.10.35
  erfüllt sind.«

*Zit. nach H.V.Bl. 1936, Nr. 364,
S. 121–124*

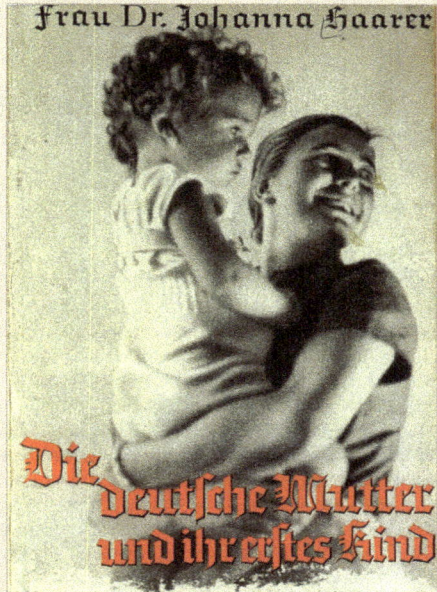

060 Buchumschlag der 1934 veröffentlichten
Erstausgabe, die als scheinbar unpolitischer
Ratgeber zur Säuglingspflege die Normen des
NS-Staates in der frühkindlichen Erziehung
propagierte.

061 Nationalsozialistische
»Esskultur«.

1 »Zusätze zur Heiratsordnung für den besonderen
Einsatz der Wehrmacht« (4. März 1940)

*Während des Krieges wurden die strengen Heiratsvorschriften
gelockert. Vielen Offizieren gingen diese Lockerungen jedoch zu weit.*

»Um gerade im Kriege allen rassisch wertvollen, gesunden und verantwortungsbewußten Menschen den Weg
zur kinderreichen Ehe frühzeitig zu eröffnen, kann für die Dauer des Krieges auch für Berufssoldaten in begründeten Ausnahmefällen von dem für sie geforderten Lebens- und Dienstalter abgesehen werden. [...]
Jeder Heiratsantrag muß, befürwortet oder nicht befürwortet, an die zur Entscheidung zuständige Stelle weiter-
geleitet werden. Eine Ablehnung – auch mündlich – oder Rückgabe durch Zwischenvorgesetzte ist unstatthaft.
[...] Als Notstand kann auch die zu erwartende Geburt eines Kindes angesehen werden. Im übrigen siehe hierzu
Zusätze zu Ziffer 2. [...] Der Ruf der Braut gilt als einwandfrei, wenn die Bürgen-, Stapo- und Staatsanwaltschafts-
auskünfte zu Bedenken keinen Anlaß geben. Hierbei gilt als Anhalt:

1. [...] Bei der Beurteilung ist der Persönlichkeitswert der zukünftigen Ehefrau wesentlich und braucht
z.B. durch die Tatsache der vorzeitigen Geburt eines Kindes nicht ohne weiteres geschmälert zu werden.
Bei früherer Ehescheidung der Braut ist es wesentlich, festzustellen, ob und aus welchen Gründen
die Scheidung erfolgte und ob die Braut hierbei durch Schuld belastet wird, die ihrem Ruf abträglich ist.
Die Tatsache, daß in einem Scheidungsurteil der Braut Schuld zugesprochen wurde, beweist nicht immer ihre
moralische Schuld.

2. Die Auslegung des Begriffes ›achtbare Familie‹ muß frei von Engherzigkeit sein. Wichtig ist vor allem die Prüfung, ob die zukünftige Ehefrau in ihrem Persönlichkeitswert durch erbmäßige Übel oder sonstige verderbliche
Einflüsse der Familie nicht für dauernd geschädigt wurde.«

*Zit. nach: H.V.Bl. 1922, Nr. 60, S. 51 f.; 1933, Nr. 313, S. 109; 1936, Nr. 364, S. 121–124; 1940, Teil C, Nr. 324,
S. 108–116*

233

1 »Jugend unterm Schicksal« (1950)

Ein Abiturient erinnert sich an seine Zeit als Hitler-junge. Die Hitlerjugend verband geschickt Freizeit-gestaltung mit ideologischer Erziehung.

»Diese Kameradschaft, das war es auch, was ich an der Hitlerjugend liebte. Als ich mit zehn Jahren in die Reihen des Jungvolks eintrat, war ich begeistert. Denn welcher Junge ist nicht entflammt, wenn ihm Ideale, hohe Ideale wie Kameradschaft, Treue und Ehre, entgegengehalten werden. Ich weiß noch, wie tief ergriffen ich dasaß, als wir die Schwertworte des Pimpfen lernten: ›Jungvolkjun-gen sind hart, schweigsam und treu; Jungvolkjun-gen sind Kameraden; des Jungvolkjungen Höchs-tes ist die Ehre!‹ Sie schienen mir etwas Heiliges zu sein. – Und dann die Fahrten! Gibt es etwas Schöneres, als im Kreis von Kameraden die Herr-lichkeiten der Heimat zu genießen? Oft zogen wir am Wochenende in die nächste Umgebung von K. hinaus, um den Sonntag dort zu verleben. Welche Freude empfanden wir, wenn wir an irgendeinem blauen See Holz sammelten, Feuer machten und darauf dann eine Erbsensuppe kochten! [...] Und es ist immer wieder ein tiefer Eindruck, abends in der freien Natur im Kreise um ein kleines Feuer zu sit-zen und Lieder zu singen oder Erlebnisse zu erzäh-len! Diese Stunden waren wohl die schönsten, die uns die Hitlerjugend geboten hat. Hier saßen dann Lehrlinge und Schüler, Arbeitersöhne und Beam-tensöhne zusammen und lernten sich gegenseitig verstehen und schätzen.«

Zit. nach: Jugend unterm Schicksal. Lebensbe-richte junger Deutscher 1946–1949. Hrsg. von Kurt Haß, Hamburg 1950, S. 61 ff.

062 Propagandaplakat des Bundes Deutscher Mädel (BDM), 1937.

063
Die NS-Wehrer-ziehung machte auch vor Brett-spiele keinen Halt.

064 Fahrtenmesser der Hitlerjugend mit dem eingravierten Sinnspruch »Blut und Ehre«.

Die Sozialisation in der Hitlerjugend war von Anfang an auf einen territorialen Expansionskrieg gerichtet. Zwar spielten paramilitärische Strukturen und Rituale auch in diversen Jugendbewegungen der Weimarer Repub-lik eine Rolle, doch auf Grund der Abrüstung Deutsch-lands nach dem Ersten Weltkrieg hatten sie keine so zentrale und folgenschwere Bedeutung angenommen. Mit der NS-Machtübernahme 1933 und mit der Einfüh-rung der allgemeinen Wehrpflicht 1935 sollte sich das ändern. Der Dienst in der Wehrmacht galt als die letzte und höchste Stufe im allgemeinen Erziehungsgang des jungen Deutschen vom Elternhaus, über die Schule, die HJ und den Arbeitsdienst. Gleichzeitig wurden schon 10-jährige Hitlerjungen offiziell auf den zukünftigen Dienst an der Waffe eingeschworen.

Nahezu alle Aktivitäten in den Jugendorganisationen des NS-Regimes bereiteten folglich direkt oder indirekt auf den kommenden Krieg vor. Sogar vordergründig harm-lose Unternehmungen wie Wandern und Zelten trugen zur vormilitärischen Ausbildung bei. In »Kriegsspielen« wetteiferten HJ-Gruppen untereinander und »stähl-ten« sich für kommende »Abenteuer«. Fahnenappelle, Fanfarensignale und Schießübungen gehörten in den streng hierarchisch organisierten HJ-Lagerveranstaltun-gen zum Alltag. Viel Bedeutung wurde dem Kartenlesen und dem Erspähen von Feinden beigemessen. Unter einem spielerischen Deckmantel wurden die Jugend auf stete Wachsamkeit, bedingungslose Disziplin und krie-gerische Rücksichtslosigkeit abgerichtet. Ausflüge führ-

065
Hitler zeichnet im Garten der Reichskanzlei in Berlin Angehörige der Hitlerjugend (HJ) mit dem Eisernen Kreuz aus. Die Szene war in der letzten Ausgabe der Wochenschau am 23. März 1945 zu sehen.

ten vorzugsweise in Regionen, die an Länder grenzten, die später erobert werden sollten. Auch der Sport diente nicht der individuellen Entspannung, sondern letztlich der Vorbereitung für kommende kriegerische Auseinandersetzungen.

Neben der allgemeinen HJ gab es einige spezialisierte Gliederungen wie die Flieger-HJ, die Motor-HJ oder die Marine-HJ. In diesen Unterorganisationen wurde schon früh der Umgang mit komplizierter Technik gelehrt. Entsprechend gern gesehen waren die Spezialisten aus diesen Verbänden im Krieg bei den verwandten Waffengattungen der Wehrmacht.

Eine besondere Bedeutung kam der Musik zu. Zum nationalsozialistischen Bildungskanon gehörte es, den Geist der Jugend mithilfe ständig wiederholter Lieder auf die NS-Ideologie einzustimmen. Die meisten Lieder, welche die HJ nach Art marschierender Soldaten sang, hatten eindeutig kriegerischen Charakter und handelten von Vaterland, Pflicht, Ehre, Blut und Boden sowie vor allem von Kampf und Tod.

Der Kriegsausbruch 1939 wurde von vielen Jugendlichen nicht als Tragödie, sondern im Sinne des nationalsozialistischen Weltbildes als politische Normalität wahrgenommen. Diese Reaktion war das Ergebnis einer jahrelangen Konditionierung auf Krieg. Ein tiefer Graben tat sich zu den älteren Generationen auf, die den Krieg überwiegend als nationale Katastrophe begriffen. Im Zweiten Weltkrieg zeichneten sich die jüngeren deutschen Generationen entsprechend durch besonderen Fanatismus aus.

066 Werbeplakat für das nationalsozialistische Fliegerkorps. Plakat, 1930er Jahre.

068 Wehrertüchtigungslager der HJ. Foto, um 1939.

067 Umschlag eines der meist gelesenen Jugendbücher des »Dritten Reiches«.

069 Abzeichen der Hitlerjugend.

te« stabilisierende Normen auflösten und sich den gewandelten Wertvorstellungen der zivilen Gesellschaft anpassten. Da besonders im Kaiserreich, aber auch noch in der Weimarer Republik die Einkünfte als Leutnant und Oberleutnant nicht ausreichten, um mit einer Familie ein »standesgemäßes« Leben zu führen, dieses aber ausdrücklich verlangt wurde, kamen oft nur Töchter aus vermögenden Familien als Offiziersfrauen infrage. So wurde auf indirekte Weise eine gewisse soziale Einheitlichkeit hergestellt. Die »Achtbarkeit der Familie« der Braut und ein gehobenes gesellschaftliches Niveau waren sowieso Voraussetzung für die Eheschließung. Nach 1933 kamen dann Forderungen nach arischer Abstammung und »Bekenntnis zum nationalsozialistischen Staat« hinzu. Die Heiratsordnung von 1941 erweiterte den Begriff »achtbare Familie« beträchtlich: Die Auslegung müsse frei von »Engherzigkeit« und Schema sein; die Persönlichkeit der Frau sei entscheidend, nicht die Wertung ihrer Familie. Auf völliges Unverständnis bei den älteren Offizieren stießen dann solche Zugeständnisse, dass weder schuldhafte Scheidung noch vorzeitige Geburt eines Kindes als moralische Mängel bei einer Offiziersfrau gelten sollten!

Die materiellen Rahmenbedingungen für eine »standesgemäße« Lebensführung waren im Vergleich zur Vorkriegszeit in der Weimarer Republik durch Inflation und Wirtschaftskrise äußerst bescheiden geworden. Doch verbesserte sich die soziale Lage der Berufssoldaten nach 1935 spürbar. Durch die explosionsartige Vergrößerung der Streitkräfte stiegen die Beförderungsmöglichkeiten in nie erhoffte Höhen, was sich auch finanziell auswirkte. Die häufigen Versetzungen und die damit verbundenen zahlreichen Umzüge bildeten kein großes Problem. Die Mobilität war hoch, angemessene

236

Dienstwohnungen waren vorhanden und die »Heimat« an den neuen Standorten bildete das Offizierkorps des Regiments. Außerdem waren die dienstlichen Belastungen während der Aufbauphase so hoch und die wöchentlichen Dienstzeiten so lang, dass wenig Freizeit blieb – und auch wenig Zeit zur Beschäftigung mit dem, was außerhalb der »Lebenswelt« Wehrmacht geschah.

b) Wehrwirtschaft und Rüstung

Nach den Erfahrungen des Ersten Weltkrieges, der Blockade der deutschen Überseeimporte durch Großbritannien, den Ernährungsproblemen und den sich anbahnenden Lösungsmöglichkeiten durch Versorgung aus dem südosteuropäischen Raum zielte Hitlers Wirtschaftspolitik auf eine weit gehende ▸ wirtschaftliche Unabhängigkeit, auf die Autarkie des Reiches, die Ausdehnung der Wirtschaftsbasis auf Mitteleuropa und schließlich auf die Schaffung eines »blockadefesten« Großwirtschaftsraums. Voraussetzung dafür war jedoch zunächst, die schwer wiegenden sozialpolitischen Probleme zu lösen, um das Regime überhaupt zu festigen. Das bedeutete vordringlich die Beseitigung der hohen Arbeitslosigkeit. Dazu wurde das System der »Wehrwirtschaft« eingeführt, die Ausrichtung der gesamten Volkswirtschaft bereits im Frieden auf die Kriegsbedürfnisse. Alle Programme zur Arbeitsbeschaffung und Konjunkturbelebung hatten der »Wehrhaftmachung« zu dienen, wie Hitler bereits im Februar 1933 erklärte. Der Bau von Autobahnen und die Aufhebung der Kraftfahrzeugsteuer kurbelten die Autoindustrie an, dienten aber gleichzeitig dem Aufbau des militärischen Transportwesens und der Motorisierung der Streitkräfte. Gegen Ende des Jahres 1933 hatten drei von sechs Millionen

070 Bauarbeiten an der Reichsautobahn in den bayrischen Alpen. Foto, 14. März 1936.

S

Amtliche Lohnstatistik (1929–1939)

		1929	1932	1936	1939
Tarif-Stundenlohn Facharbeiter	Pf.	101,1	81,6	78,3	79,1
Hilfsarbeiter	Pf.	79,4	64,4	62,3	62,8
Facharbeiterin	Pf.	63,4	53,1	51,6	51,5
Hilfsarbeiterin	Pf.	52,7	43,9	43,4	44,0
Brutto-Stundenlohn Industriearbeiter	RM	0,96	0,73	0,74	0,81
Brutto-Wochenlohn Industriearbeiter	RM	28,40	20,83	24,94	28,08
Brutto-Monatsgehalt Angestellter	RM	207,–	182,–	199,–	231,–

Zit nach: Das Dritte Reich. Hrsg. von Eberhard Aleff.
Mit Beiträgen von Walter Tormin u.a., Hannover 1974, S. 118

071
Propagandaplakat,
1936.

072 Propagandaplakat
zur NS-Beschäftigungs-
politik. 1930er Jahre.

REICHSAUTOBAHNEN in DEUTSCHLAND

1 »Selbstversorgung als vorrangiges Ziel« (1934)

Die völlige wirtschaftliche Unabhängigkeit bei der Lebens-
mittelversorgung war das erklärte Ziel der Nationalso-
zialisten. Trotz aller Anstrengungen wurde dieses Ziel
nie erreicht.

»Über die Selbstversorgung mit Nahrungsmitteln hinaus ist
ganz allgemein zum Zwecke der Arbeitsbeschaffung eine
Autarkie – soweit sie ohne Schädigung der Gesamtwirtschaft
durchführbar und zweckmäßig ist – anzustreben. Das deutsche Volk muß sich selbst helfen, muß sich selbst ernähren,
muß sich mit den wichtigsten Bedarfsgütern selbst versorgen. Nur dann wird es seine äußere Freiheit wieder erlangen
und nach innen seinen Volksgenossen Arbeit und damit die
Möglichkeit der Lebenserhaltung und Fortentwicklung – sicherstellen können.«

Zit. nach: Der Nationalsozialismus. Friedenspropaganda
und Kriegsvorbereitung 1935–1939. Hrsg. von Johannes
Hampel, Bd 2, München 1988, S. 101

S

Deutsche Außenwirtschaft 1928–1939

	1928	1932	1933	1934	1935	1936	1937	1938	1939
Ausfuhren*	12,3	5,7	4,9	4,2	4,3	4,8	5,9	5,6	5,7
Einfuhren*	14,0	4,7	4,2	4,5	4,2	4,2	5,5	6,1	5,2
Reichsbank-Devisen**	2506	975	530	165	91	75	75	76	77

*   Milliarden RM
** Millionen RM

Zit. nach: Das Dritte Reich. Hrsg. von Eberhard Aleff. Mit Beiträgen von Walter Tormin u.a., Hannover 1974, S. 125

237

Arbeitslosen wieder Arbeit, 1938 tendierte die Arbeitslosenquote gegen Null. Zusätzlich steigerte die Aufrüstung den ▸ Lebensstandard in bescheidenem Maße. Für die Arbeiterfamilie, die 1932 mit rund 50 Reichsmark Unterstützung im Monat auskommen musste, bedeutete ein nun etwa dreifacher Monatslohn subjektiv empfunden eine erhebliche Verbesserung.

Die Aufrüstung als Motor der Konjunktur musste finanziert werden. Dieses Problem wurde mit Hilfe der von Reichsbankpräsident Hjalmar Schacht erfundenen so genannten ▸ Mefo-Wechsel für einige Jahre vorübergehend gelöst. Obwohl der Staat den Devisenverkehr und den Außenhandel streng kontrollierte, stellte sich der chronische Devisenmangel als erhebliches Problem dar. Zudem verstärkte er sich ständig durch die Exportunlust der Industrie wegen der starken Binnenkonjunktur und durch den Zwang zu kostspieligen Einfuhren von Rohstoffen und Ernährungsgütern. Die Alternative »Kanonen statt Butter« konnte sich Hitler im Frieden aber noch nicht leisten.

Die sich bereits 1934 wegen des riesigen Außenhandelsdefizits zuspitzende Krise konnte Schacht, seit Sommer 1934 auch Reichswirtschaftsminister, durch den »Neuen Plan« vorübergehend entschärfen, nach welchem die Importe reduziert und die Außenwirtschaft auf die südosteuropäischen Staaten orientiert werden sollten, die ihre Importe aus Deutschland mit Rohstoffen und Nahrungsmitteln bezahlen sollten. Ein teilweise wirtschaftlich unabhängiger Großwirtschaftsraum bahnte sich an, doch wurden die Erfolg versprechenden Ansätze des »Neuen Plans«, ein staatlich gelenktes ausgewogenes Wirtschaftskonzept zu realisieren, bereits 1935 durch die Dynamik der Aufrüstung überholt. Der Aufbau der Luftwaffe verschärfte die angespannte Situation, zumal

238

Göring sich über die vom Heereswaffenamt versuchte Steuerung der Rüstung einfach hinwegsetzte. Die Koordinierung der Bedürfnisse der drei Wehrmachtteile schlug fehl, Marine und Luftwaffe gingen getrennte Beschaffungswege. Auch die Bildung einer Dienststelle Wehrwirtschafts- und Waffenwesen im Wehrmachtamt, später Wehrwirtschaftsstab genannt, brachte keine nennenswerte Abhilfe. So kam es seit Ende 1935 zu einer schweren und akuten Gefährdung aller Rüstungsprogramme. Die Ernährungs- und Konsumgüterlage verschlechterte sich, so dass mehr Devisen für Importe bereitgestellt werden mussten. In dieser Situation verkündete Hitler im September 1936 unter dem Deckmantel neuer Wirtschaftsmethoden den ▸ »Vierjahresplan« – in Wirklichkeit die wirtschaftliche Mobilmachung, die ökonomische Vorbereitung des Krieges im Frieden. Danach sollte sich die Rüstung nicht nach Rohstoff- und Devisenbeständen richten, sondern diese sollten umgekehrt den Bedürfnissen der Rüstung angepasst werden durch rücksichtslose, jede Rentabilität außer Acht lassende Ausbeutung selbst minderwertiger Rohstoffe und die Schaffung von Ersatzstoffen.

Das musste früher oder später den Bankrott der deutschen Volkswirtschaft bedeuten, und der war nur durch die in Eroberungszügen eingebrachte Beute zu verhindern. Die Lösung der Gesamtproblematik lag für Hitler aber letztlich in der Gewinnung von »Lebensraum«, also in Eroberungen. Seine Forderungen hießen im August 1936:

»Kurz zusammengefasst: Ich halte es für notwendig, dass nunmehr mit eiserner Entschlossenheit auf all den Gebieten eine hundertprozentige Selbstversorgung eintritt, auf denen diese möglich ist [...] Ich stelle damit folgende Aufgabe:

S In Vorbereitung auf den Eroberungsfeldzug im Osten zielte Hitlers Wirtschaftsplanung auf eine weit gehende Autarkie, also einer wirtschaftlichen Unabhängigkeit des Reiches vom Ausland, die Ausdehnung der Wirtschaftsbasis in Mitteleuropa und schließlich die Schaffung eines »blockadefesten« Großwirtschaftsraums. Autarkiekurs und Aufrüstung sorgten in der deutschen Wirtschaft für volle Auftragsbücher und unterstützten die konjunkturelle und sozialpolitische Gesundung des Landes. Der Preis für diese Politik waren hohe, durch Steuereinnahmen nicht gedeckte Staatsausgaben.

Diese wurden jedoch nicht durch eine offene Staatsverschuldung und den inflationsfördernden Druck von Banknoten gegenfinanziert, sondern durch ein von Hjalmar Schacht ersonnenes Wechselsystem. Nicht das Reich, sondern eine

1 Adolf Hitler, »Geheime Denkschrift über den Vierjahresplan« (August 1936)

Die Verkündung des »Vierjahresplanes« im September 1936 erfolgte auf Grund des Devisen- und Rohstoff-mangels. Mit ihm war der Übergang zur Kommandowirtschaft und Autarkiepolitik endgültig. Die gesamte Wirtschaft sollte sich von nun an den Bedürfnissen der Rüstungsindustrie unterordnen.

»Wir sind übervölkert und können uns auf der eigenen Grundlage nicht ernähren. [...] Die endgültige Lösung liegt in einer Erweiterung des Lebensraumes bzw. der Rohstoff- und Ernährungsbasis unseres Volkes. Es ist die Aufgabe der politischen Führung, diese Frage dereinst zu lösen. [...] Die Erfüllung dieser Aufgaben in der Form eines Mehr-Jahres-Plans der Unabhängigmachung unserer nationalen Wirtschaft vom Ausland wird es aber auch erst ermöglichen, vom deutschen Volk auf wirtschaftlichem Gebiet und dem Gebiete der Ernährung Opfer zu verlangen [...]. Es sind jetzt fast vier kostbare Jahre vergangen. Es gibt keinen Zweifel, daß wir schon heute auf dem Gebiet der Brennstoff-, der Gummi- und zum Teil auch in der Eisenerzversorgung vom Ausland restlos unabhängig sein könnten. [...] Ich stelle damit folgende Aufgabe:
I. Die deutsche Armee muß in vier Jahren einsatzfähig sein.
II. Die deutsche Wirtschaft muß in vier Jahren kriegsfähig sein.«

Zit. nach: Das Dritte Reich. Dokumente zur Innen- und Außenpolitik, Bd 1. Hrsg. von Wolfgang Michalka, München 1985, S. 188 f.

073 Ausstellungs-plakat, 1937.

074 Propagada-plakat zum »Vierjahres-plan«.

GEBT MIR
VIER JAHRE ZEIT
Ausstellung Berlin 1937 · vom 30. April bis 20. Juni

S

Deutsche Finanzwirtschaft in Milliarden RM (1933–1939)

	1933	1934	1935	1936	1937	1938	1939
Bruttosozialprodukt	58,4	65,5	73,1	81,2	90,9	100,2	109,3
Steuer- und Zolleinnahmen	6,8	7,9	9,3	11,1	13,4	16,8	23,1
Reichsausgaben	8,1	10,1	13,1	16,5	18,9	26,0	42,2
davon für Rüstung	0,7	3,3	5,2	9,1	10,8	15,7	25,9
Reichsschuld am 31. März	11,7	11,8	14,6	19,3	25,4	31,1	42,6

Zit. nach: Das Dritte Reich. Hrsg. von Eberhard Aleff. Mit Beiträgen von Walter Tormin u.a., Hannover 1974, S. 124

239

Scheinfirma, die »Metallurgische Forschungsanstalt« (Mefo), deren Grundkapital von Unternehmen der Schwerin-dustrie aufgebracht wurde, ersuchte bei der Rüstungsindustrie um Kredit. Offiziell nahm das »Dritte Reich« dadurch keine übermäßigen Schulden für seine Rüstung auf und der wahre Umfang der deutschen Rüstungsanstrengungen konnte verschleiert werden.
Bis 1938 wurden auf die »Mefo« verzinsliche Wechsel in Höhe von schließlich 12 Milliarden Reichsmark gezogen. Da sie nicht bezahlt werden konnten, wurde in den letzten Monaten vor Ausbruch des Zweiten Weltkrieges die Noten-presse aktiviert und die Finanzierung von Rüstung und Vollbeschäftigung inflationär betrieben. Der Krieg sollte nach Hitlers Planung letztlich die Lösung des finanziellen Dilemmas bringen.

B Hermann Göring (1893–1946)
Reichsmarschall und Politiker – Im Ersten Weltkrieg diente Göring als Jagdflieger im berühmten »Jagdgeschwader Richthofen« und war dessen letzter Kommandeur. 1922 trat er in die NSDAP ein und organisierte den Aufbau der SA. Ein Jahr später beteiligte er sich am Hitler-Putsch. 1928 zog Göring für die NSDAP in den Reichstag ein und übernahm 1932 das Amt des Reichstagspräsidenten. Mit der »Machtübernahme« der Nationalsozialisten wurde er im April 1933 Ministerpräsident von Preußen. Nachdem er 1933 zum Reichsminister für Luftfahrt im Kabinett Hitler ernannt worden war, arbeitete Göring im Geheimen an der Militarisierung des Luftfahrtwesens und übernahm im März 1935 den Oberbefehl über die »enttarnte Luftwaffe«.
Als Beauftragter für den »Vierjahresplan« betrieb er ab 1936 die Ausrichtung der Wirtschaft auf den Kriegsfall. Göring hatte bedeutenden Anteil an der Durchsetzung der NS-Herrschaft, der Verfolgung politischer Gegner und der Vernichtung der Juden. Nach Hitler der zweite Mann im NS-Staat firmierte er als sein Stellvertreter und designierter Nachfolger. Nach der fehlgeschlagenen Luftschlacht um England 1940/41 wurden Zweifel an seinen militärischen Fähigkeiten laut. Innerparteilichen Kritikern waren zudem die Ämterhäufung und der prunkvolle Lebensstil des Reichsmarschalls ein Dorn im Auge. Im April 1945 wurde Göring von Hitler aller Ämter enthoben. Im Nürnberger Prozess gegen die Hauptkriegsverbrecher zum Tode verurteilt, beging er am 15. Oktober 1946 Selbstmord.

075
Hermann Göring.
Foto, 1923.

240

I. Die deutsche Armee muss in vier Jahren einsatzfähig sein.
II. Die deutsche Wirtschaft muss in vier Jahren kriegsfähig sein.«

Da Deutschland aber bis zur Bildung eines »blockadefesten« Wirtschaftsimperiums zur Führung eines länger dauernden Krieges nicht in der Lage war, musste dieses Imperium in kurzen, begrenzten Feldzügen erobert werden. Blomberg und Göring kannten Hitlers geheime Vierjahresplan-Denkschrift vom August 1936, sie mussten also wissen, dass Hitler das Reich unaufhaltsam in den Krieg steuerte. Fritsch und Raeder erfuhren diese Konsequenzen erst etwa ein Jahr später. Hitler ernannte ▶ Göring zum »Generalbevollmächtigten für den Vierjahresplan«, der damit auch auf wirtschaftspolitischem Gebiet der einflussreichste Mann im Reich wurde, zumal der »Vierjahresplan« den Aufbau einer umfangreichen Verwaltungsorganisation auslöste. Trotzdem blieben bis zum Kriegsausbruch starke Spannungen zwischen OKW, Heer, Luftwaffe und Marine bestehen.

Die Schwerpunkte der Autarkiebestrebungen lagen bei der Mineralölversorgung (synthetischer Treibstoff), künstlichem Kautschuk (Buna) und Eisen/Stahl. 1938 wurde der Produktionsschwerpunkt noch eindeutiger auf die direkten rüstungs- und kriegswichtigen Kernbereiche verlegt: Mineralöl, Buna, Leichtmetalle, Pulver, Sprengstoffe und Kampfstoffe. Doch es gelang nicht, bis zum Kriegsausbruch die Autarkie auf diesen Gebieten zu erreichen. Vielmehr standen die deutschen Staatsfinanzen in den drei Jahren bis zum Herbst 1939 ständig kurz vor dem Kollaps, der auch durch die drei begrenzten Expansionen lediglich herausgezögert wurde: durch die Übernahme der österreichischen, sudetendeutschen und tschechischen Wirtschaftspotenziale. Dennoch ver-

076 NS-Volksempfänger.

schärften sich 1938/39 die inneren wirtschaftlichen Probleme dramatisch. Die Arbeiter waren physisch überfordert und verweigerten Überstunden, der Krankenstand stieg bedenklich an, insgesamt sank die Produktivität. Diese Probleme waren nach Hitlers Vorstellungen langfristig nur durch einen ▸ Krieg zu lösen, der die Einführung der Kriegswirtschaft mit noch stärkerer staatlicher Lenkung und drastischeren Konsumeinschränkungen für die Bevölkerung plausibel machen würde.

4. Hitlers Wehr- und Außenpolitik: Von Kooperation zu Opposition

a) Die Phase der Revisionspolitik

Bereits vor Hitlers »Machtergreifung« hatte die Reichswehr unter Geheimhaltung begrenzte Aufrüstungsprogramme entworfen. Der seit Februar 1932 beim Völkerbund in Genf tagenden Abrüstungskonferenz wurde signalisiert, dass das Reich erste Schritte dazu vorbereite, gleichgültig ob Deutschland die militärische Gleichberechtigung weiter verweigert würde oder nicht. Im Dezember 1932 wurde die Gleichberechtigung im Prinzip anerkannt, offen blieb, wie sie in die Praxis umgesetzt werden sollte, ob durch Aufrüstung des Reiches oder – das ursprüngliche hehre Ziel der Konferenz – durch Abrüstung aller.

Nach allen Erfahrungen war das Ziel einer gemeinsamen Abrüstung eine Illusion und kam für die Reichswehrführung wie für Hitler auch aus grundsätzlichen Erwägungen nicht infrage. Beide wollten ein der Größe Deutschlands angemessenes Militärpotenzial schaffen mit der dahinter stehenden Absicht, die verhasste Ordnung von Versailles rückgängig zu machen, eine scheinbare Fortsetzung der bishe-

1 Robert Ley, »Opfer für den Krieg« (24. November 1936)

Der Leiter der Deutschen Arbeitsfront sprach auf der Tagung der Reichsarbeitskammer über die zu erwartenden Belastungen eines neuen Krieges für die Bevölkerung.

»Denn wenn man von einem Volk nur Opfer verlangt – das hat uns der Krieg mit unerhörter Deutlichkeit gezeigt – aushalten, aushalten, durchhalten, durchhalten! –, so ist das alles ganz schön; es gibt aber für jeden Menschen ein Ende der Belastungsprobe und für ein Volk natürlich auch [...]. Da gibt es eine Grenze und wenn diese Belastungsprobe erreicht ist, dann bricht das eben. Und die war bei uns eben 1918 da am 9. November. Wir mögen darüber traurig sein, betrübt, mögen schimpfen und wettern; Tatsache ist, dass die regierenden Männer vergaßen dem Volke für die ungeheure Belastung dieser viereinhalb Jahre auf der anderen Seite neue Kräfte einzugeben und immer wieder hineinzupumpen.«

Zit. nach: Timothy W. Mason, Sozialpolitik im Dritten Reich. Arbeiterklasse und Volksgemeinschaft, Opladen 1977, S. 15

077 Einmarsch von deutschen Truppen ins Sudetenland. Foto, 1938.

241

078 NS-Kitsch: Andenkenbecher mit dem »Haus des Führers« auf dem Obersalzberg.

rigen deutschen Außenpolitik. Das setzte eine Gratwanderung voraus: Einerseits bestand die Gefahr, dass die ▸ deutsche Aufrüstung Präventivmaßnahmen der Nachbarn auslösen würde, andererseits musste bis zum Erreichen einer bestimmten militärischen Stärke jedes Risiko eines Krieges vermieden werden. Deshalb war es notwendig, so rasch aufzurüsten, dass die gefährliche Schwächephase möglichst schnell überwunden wurde, dabei aber nach außen so behutsam zu verfahren, dass den europäischen Mächten kein Anlass für ein militärisches Eingreifen geboten wurde.

Bis Ende 1933 geschah im Hinblick auf die Vergrößerung der Reichswehr zunächst nur wenig. Währenddessen wurde auf der Genfer Konferenz in der Frage der theoretischen deutschen Gleichberechtigung von allen Seiten weiter taktiert. Der britische »McDonald-Plan« sah eine allgemeine Begrenzung der Heeresstärken nach Verlauf von fünf Jahren vor, Deutschland verlangte aber die sofortige Gleichberechtigung. Der Reichswehrminister vertrat den Standpunkt, von dieser Forderung nicht zurückzuweichen, notfalls eher die Konferenz zu verlassen. Schließlich ließen die Engländer auf französisches Drängen ihren Plan wieder fallen. Als dann der »Simon-Plan« auf den Verhandlungstisch kam, der die deutsche Gleichstellung um weitere Jahre hinausgezögert hätte, war das für das Deutsche Reich der willkommene Anlass, im Oktober 1933 die Abrüstungskonferenz zu verlassen und aus dem Völkerbund auszutreten. Wegen der grundsätzlichen Anerkennung der Gleichberechtigung Deutschlands war aber nun – trotz Scheitern der Verhandlungen über deren praktische Durchführung – eine begrenzte deutsche »Nachrüstung« in britischen wie italienischen Augen legitim.

Da das Deutsche Reich nach dem Verlassen des Völkerbundes außenpolitisch isoliert war, versuchte Hitler, in der Aufrüstungsfrage durch bilaterale Verhandlungen mit Großbritannien und Frankreich im Gespräch zu bleiben, und unternahm zusätzlich eine Änderung der Ostpolitik. Am 26. Januar 1934 wurde ein Nichtangriffspakt mit dem von Marschall Józef Piłsudski autoritär regierten Polen geschlossen, eine für die traditionelle scharf anti-polnische Einstellung der Reichswehr wie auch des Auswärtigen Amtes nur schwer zu verkraftende Kehrtwendung. Denn Polen versuchte seit dem Sommer 1932, verstärkt seit der »Machtergreifung« Hitlers, durch provozierte Krisen und laut angestellte Präventivkriegsüberlegungen schärfsten Druck auf das Reich auszuüben. Die Sondierungsgespräche mit Frankreich scheiterten. Mit England schien sich in Fragen der Lufrüstung ein Erfolg anzubahnen, bis die Vorgänge der »Röhm-Revolte« und der ▸ nationalsozialistische Putschversuch in Österreich die Gespräche unterbrachen. Es gelang aber, den Strang der Marineverhandlungen nicht abreißen zu lassen und – nach Rückschlägen – im Juni 1935 das Deutsch-Britische Flottenabkommen zu schließen, ein großer Erfolg der Revisionspolitik: Die Lösung aus den Bestimmungen des Vertrages von Versailles wurde erstmals von einer Signatarmacht völkerrechtlich bestätigt.

So sehr sich Hitlers ▸ außenpolitische Ziele und die der militärischen Führung in diesen ersten Jahren deckten, gab es schon früh unterschiedliche Auffassungen über das Tempo der Aufrüstung. Hitler ging sie zu langsam. Als das Allgemeine Heeresamt – wegen organisatorischer Vorteile – im Frühjahr 1934 vorschlug, den strukturellen Rahmen für ein 300 000-Mann-Heer schon bis zum Herbst 1934

242

Im Juli 1934 kam es zu einem nationalsozialistischen Putsch in Österreich. Dort war seit Ausschaltung des Parlaments im März 1933 der österreichische Bundeskanzler Engelbert Dollfuß Regierungschef eines autoritären Ständestaates. Rückendeckung erhielt er dabei vom faschistischen Italien. Im Juni 1933 wurde die NSDAP nach terroristischen Anschlägen in Österreich verboten. Daraufhin operierte die Partei in der Illegalität weiter. Dollfuß versuchte derweil, durch die Gründung der austrofaschistischen Sammelbewegung »Vaterländische Front« die Unabhängigkeit des Landes zu bewahren. Im Februar 1934 schlug er eine sozialdemokratische Erhebung blutig nieder. Am 25. Juli 1934 putschte die SS-Standarte 89 in Wien. Der Aufstand brach zusammen, aber Dollfuß wurde dabei erschossen. Nach dem Fehlschlag wurde die deutsche Urheberschaft an der »Juli-Erhebung« verraten. Es kam zu erheblichen Belastungen zwischen Wien und Berlin. Mussolini ließ eine Division am Brenner aufmarschieren und machte damit unmissverständlich sein Interesse an der Unabhängigkeit Österreichs deutlich.

Die Aufrüstung im Deutschland der 1930er Jahre

1 : 9500000

Quelle: Putzger
Historischer Weltatlas, 2000.

© Cornelsen
05196-04

Legende:

- Deutsches Reich 1937
- Besetzung der entmilitarisierten Zone 1936
- 1938/39 annektierte, besetzte sowie direkt abhängige Länder und Gebiete
- Staatsgrenzen 1937

Zentren der Rüstungsindustrie 1937
- Schiffbau
- Elektroindustrie
- Metallurgie
- Chemie
- Fahrzeugbau
- Flugzeugbau

Hauptstandorte der Wehrmacht 1937
Heeresstandort — Luftwaffenstandort
- Kommando- und Truppenstandort
- Kommandostandort
- Truppenstandort
- Kriegshafen

Befestigungsanlagen 1937
- »Westwall«
- Ostbefestigungen

Autobahnnetz 1937
- gebaut
- geplant

- Haupteinsatzgebiete des Reichsarbeitsdienstes

1 Adolf Hitler, »Lebensraum« (1925)

Während seiner Haftzeit in Landsberg am Lech schrieb Hitler, mit Unterstützung von Rudolf Heß, »Mein Kampf«. Hierin entwickelt er seine politischen Vorstellungen und weltanschaulichen Überzeugungen vor dem Hintergrund seiner Autobiografie.

»Das Recht auf Grund und Boden kann zur Pflicht werden, wenn ohne Bodenerweiterung ein großes Volk dem Untergang geweiht erscheint. Noch ganz besonders dann, wenn es sich dabei nicht um ein x-beliebiges Negervölkchen handelt, sondern um die germanische Mutter all des Lebens, das der heutigen Welt ihr kulturelles Bild gegeben hat. Deutschland wird entweder Weltmacht oder überhaupt nicht sein. Zur Weltmacht aber braucht es jene Größe, die ihm in der heutigen Zeit die notwendige Bedeutung und seinen Bürgern das Leben gibt. Damit ziehen wir Nationalsozialisten bewusst einen Strich unter die außenpolitische Richtung unserer Vorkriegszeit. Wir setzen dort an, wo man vor sechs Jahrhunderten endete. Wir stoppen den ewigen Germanenzug nach dem Süden und Westen Europas und weisen den Blick nach dem Land im Osten. Wir schließen endlich ab die Kolonial- und Handelspolitik der Vorkriegszeit und gehen über zur Bodenpolitik der Zukunft. Wenn wir aber heute in Europa von neuem Grund und Boden reden, können wir in erster Linie nur an Russland und die ihm untertanen Randstaaten denken.«

Zit. nach: Adolf Hitler, Mein Kampf, München 1925, S. 136 f.

079 Karte aus einer nationalsozialistischen Veröffentlichung des Jahres 1934.

Die Entwaffnung Deutschlands

Legende der Karte:
- 50000 Mann Friedensstärke
- Reserve
- 100 Flugzeuge
- 100 Tanks
- 100 schwere Geschütze
- Festung
- Festungsverband
- Kriegsschiffe
- Torpedoboote
- Zerstörer, U-Boote
- Entmilitarisierte Zone
- Entfestigte Ostseeküste
- Zone, in der der Ausbau von Befestigungen verboten ist?

243

aufzustellen, entsprach das ganz Hitlers politischen Absichten. Fritsch und Beck wandten sich aus außenpolitischen Gründen dagegen, weil der Eindruck einer Mobilmachung entstehen könnte. Die Heeresführung verfolgte den Kurs einer vorsichtigen »Gratwanderung«, während Hitler immer mehr den Weg des Risikos einschlug. Als auf die »Enttarnung« der – schon längst nicht mehr geheimen – deutschen Luftrüstung im März 1935 keine Proteste erfolgten, fasste Hitler ohne Rücksprache mit dem Reichswehrminister den Entschluss, nun auch die »Wehrhoheit« zu verkünden und die allgemeine Wehrpflicht wieder einzuführen. Erst nach Einwänden seines Adjutanten Oberst Friedrich Hoßbach informierte er am 15. März einige Minister über seine Absichten. Blomberg war wegen der Auswirkungen auf das Ausland entsetzt, stand aber allein; seine und Fritschs Bedenken konnte Hitler am nächsten Tag zerstreuen.

Am 16. März 1935 wurde das ▸ »Gesetz für den Aufbau der Wehrmacht« verkündet. Die Reaktionen der europäischen Mächte bestanden im Wesentlichen nur aus Protesten und Resolutionen als Ergebnis der Konferenz von Stresa gegen diesen formalen Bruch des Versailler Vertrages. Frankreich, die Sowjetunion (UdSSR) und die Tschechoslowakei (CSR) schlossen daraufhin einen Beistandspakt. Zum ersten Mal hatte Hitler in einer wehrpolitischen Frage einen Alleingang gewagt und zum ersten Mal auch Ansätze von Widerstand verspürt. Die Meinungsunterschiede lagen allerdings nicht in der Sache oder im Ziel – die Einführung der allgemeinen Wehrpflicht war ein Kernanliegen der Reichswehr und die grundsätzliche Entscheidung dafür war schon im Dezember 1933 gefallen – sondern in der Wahl des Zeitpunktes und der Methoden.

Ähnlich lagen die Verhältnisse bei Hitlers nächstem Coup. Beide, politische und militärische Führung, hielten die Beseitigung des entmilitarisierten Status des Rheinlandes prinzipiell für erforderlich. Das bedeutete den Bruch des Locarno-Vertrages von 1925, in dem sich Deutschland gegenüber Belgien und Frankreich sowie Großbritannien und Italien als Garantiemächten zur Unverletzlichkeit der Westgrenzen und zur Entmilitarisierung des Rheinlandes verpflichtet hatte. Ein Vertragsbruch musste die Signatarmächte auf den Plan rufen. Anfang 1936 schien die Lage günstig: Italien, das wegen seines Überfalls auf ▸ Abessinien Sanktionen des Völkerbundes unterworfen war, benötigte die wohlwollend-neutrale Haltung Deutschlands sowie deutsche Kohlelieferungen und würde sich dementsprechend zurückhalten. Wieder fasste Hitler den Entschluss zum Einmarsch in das Rheinland allein. Als er Blomberg und Fritsch informierte, waren deren Bedenken geringer als im März 1935. Trotz der nicht einschätzbaren Reaktionen Englands und Frankreichs waren sie bereit, das Risiko einzugehen.

Der Einmarsch mit ganz schwachen Kräften am 7. März 1936 wurde von einer geschickten diplomatischen Beschwichtigungsaktion begleitet. Trotz lautstarker Empörung war die Bereitschaft in Großbritannien, einen Krieg zu riskieren, gleich null, Frankreich fühlte sich im Stich gelassen und allein zu schwach. Beide Mächte büßten in den Augen der kleineren (ost-)europäischen Staaten und auch bei Hitler an Glaubwürdigkeit ein. Doch auch das Ansehen der deutschen Generalität hatte erste Risse bekommen. Auf dem Höhepunkt der Krise verlor Blomberg die Nerven und steckte Hitler mit seiner Nervosität an. Zeitweilig wollten sie die Truppen wieder hinter den Rhein zurück-

244

080 Die Remilitarisierung des Rheinlandes bei Koblenz. Frankreich, Großbritannien und Italien reagierten mit der Konferenz von Stresa. Foto, 7. März 1936.

081 Vorrückende italienische Infanterie im Abessinienkrieg. Foto, 1935.

Der Abessinienkrieg bezeichnet den vom 3. Oktober 1935 bis zum 9. Mai 1936 währenden Italienisch-Äthiopischen Krieg. Seit seiner »Machtergreifung« spielte Benito Mussolini stets mit dem Gedanken, ein neues »Imperium Romanum« zu begründen. Neben der Herrschaft über den Adriaraum und der Hegemonie über den Mittelmeerraum strebte er hierfür die Erweiterung italienischer Kolonien an. Ein äthiopisch-italienischer Grenzzwischenfall, bei dem in italienischen Diensten stehende Afrikaner ums Leben kamen, gab dem »Duce« den nötigen Vorwand, um seine Truppen von Somaliland und Eritrea aus in Äthiopien einfallen zu lassen. Obwohl Italien se ner Zeit die größte Streitmacht ins Felde führte, die der afrikanische Kontinent bis dato gesehen hatte, kam der Angriff in den Gebirgsregionen Äthiopiens zum Erliegen. Erst die Ausweitung der Luftangriffe, bei denen sogar chemische Kampfstoffe auf die Zivilbevölkerung abgeworfen wurden, brachte die Entscheidung zu Gunsten Italiens. Die abschließende Annexion Äthiopiens festigte zwar das faschistische Regime in Italien, doch sie isolierte die Mittelmeermacht zugleich außenpolitisch. Mussolini näherte sich schließlich dem Deutschen Reich an, da dieses die Sanktionen des Völkerbunds gegen Italien während des Abessinienkrieges nicht unterstützt hatte.

Werner von Blomberg, »Die Wiedereinführung der allgemeinen Wehrpflicht« (17. März 1935)

Der Reichskriegsminister verkündete die Wiedereinführung der Wehrpflicht, die entgegen den Bestimmungen des Versailler Vertrages im Jahre 1935 erfolgte.

»Indem die Reichsregierung am gestrigen Tag das Gesetz über den Aufbau der deutschen Wehrmacht verkündete, mit dem die allgemeine Wehrpflicht wieder eingeführt wird, ist die Grundlage für die Sicherheit des Reichs geschaffen. Für das innen- und außenpolitische Leben unseres Volkes aber ist die deutsche Wehrmacht im Begriff, wieder das zu werden, was sie einst war und was sie sein muß: nach innen eine Schule der Nation für die Erziehung unserer Jugend im Geiste der Wehrhaftigkeit und opferbereiter Vaterlandsliebe, nach außen der völlig gleichberechtigte und gleichbefähigte Hüter und Wächter des Reichs.«

Zit. nach: Digitale Bibliothek, Bd 49: Das Dritte Reich, S. 8366

245

nehmen. Die feste Haltung Fritschs verhinderte einen solchen Befehl. Hitler gab sich dem Glauben hin, wieder einen Erfolg entgegen den Bedenken der Militärs errungen zu haben. Die Erfolge seiner friedlichen Revisionen brachten sein Ansehen bei der Bevölkerung auf einen vorläufigen Höhepunkt.

b) Der Übergang zur Aggressionspolitik und der »Anschluss« Österreichs

Nach Einführung der allgemeinen Wehrpflicht 1935 begann allmählich ein Prozess des Übergangs vom defensiven zum offensiven Charakter der deutschen Aufrüstung, ohne dass diese Entwicklung überall gleichzeitig und gleich deutlich bemerkt werden konnte. In einer Denkschrift vom Sommer 1936 gab Hitler Richtlinien für ein Wirtschaftsprogramm vor, das letztendlich der Gewinnung von »Lebensraum« diente. Er verlangte darin die Einsatzfähigkeit der Wehrmacht und die Kriegsfähigkeit der Wirtschaft innerhalb von vier Jahren. Der auf dieser Grundlage aufgestellte »Vierjahresplan« bedeutete den Versuch einer totalen wirtschaftlichen Mobilmachung und setzte eine Eigendynamik der Rüstung in Gang, die den Zwang zu militärischer Expansion heraufbeschwören musste.

Am 5. November 1937 enthüllte Hitler seine außenpolitische Konzeption dem Reichsaußenminister Konstantin Freiherr von Neurath, dem Reichskriegsminister von Blomberg und den Oberbefehlshabern von Heer (Fritsch), Marine (Raeder) und Luftwaffe (Göring) in Gegenwart seines Wehrmachtadjutanten Oberst Friedrich Hoßbach: Lösung der »Raumfrage« durch militärische Gewalt spätestens 1943/45 oder früheres Losschlagen im Falle einer innenpolitischen Lähmung Frankreichs oder blitzartiges Vorgehen gegen die Tschechoslowakei und

Österreich im Falle einer kriegerischen Verwicklung Frankreichs im Mittelmeerraum, die er schon im kommenden Jahr für möglich hielt. An Hitlers Behauptung, England und Frankreich würden eine solche Aggression tatenlos hinnehmen, entzündete sich der Widerspruch Neuraths, Fritschs und sogar Blombergs. Obwohl sie ihre Bedenken nicht mit prinzipiellen ethischen Einwänden, sondern mit fachlichen Gründen belegten, keimte hier Hitlers Entschluss auf, sich von diesen Männern zu trennen, deren Denken sich noch im Rahmen eines traditionellen Revisionismus bewegte.

Der Inhalt der Besprechung ist durch eine ▶ Niederschrift Hoßbachs überliefert, die er am 10. November auf der Grundlage von stichwortartigen Notizen anfertigte, weil Hitler seine Ausführungen als »testamentarische Hinterlassenschaft« bezeichnet hatte. Die Echtheit und die Relevanz dieser Quelle wird trotz gelegentlicher Versuche, sie in Frage zu stellen, nicht ernsthaft bezweifelt.

Hoßbach legte seine Aufzeichnungen dem Chef des Generalstabs des Heeres vor. ▶ Beck reagierte in einer eigenen Niederschrift mit aggressiver Kritik auf die dilettantischen und leichtfertigen Planungen Hitlers, die er Punkt für Punkt mit einem für ihn »niederschmetternden« Ergebnis analysierte. Er sprach der politischen Führung die Fähigkeit zur Beurteilung militärischer Fragen grundsätzlich ab. Wenn er auch ein »Raumproblem« nicht verleugnete, so widersprach er aber Hitlers Auffassung vom »historischen Recht« auf gewaltsame Expansionen. Damit ging ▶ Becks Kritik über methodische und fachliche Probleme hinaus, sie stellte Hitlers Weltanschauung infrage. In Bezug auf die Tschechoslowakei ging es allerdings mehr um die Methode: Auch Beck hielt eine Lösung der »tschechischen Frage« – sudetendeutsche

246

Ludwig Beck (1880–1944)
General – Beck nahm als junger Offizier am Ersten Weltkrieg teil. Nach der Übernahme in die Reichswehr machte er schnell Karriere und wurde 1935 Chef des Generalstabes des Heeres. Wegen seiner Kritik an Hitler nahm er 1938 seinen Abschied und entwickelte sich zu einer zentralen Figur der militärischen Opposition im Widerstandskreis um Carl Goerdeler. Nach dem Scheitern des Attentats auf Hitler am 20. Juli 1944 wurde Beck im Bendlerblock vor seiner Verhaftung und nach zwei gescheiterten Selbstmordversuchen schließlich von einem Feldwebel erschossen.

082 Ludwig Beck. Porträtaufnahme, um 1938.

1 Friedrich Hoßbach,
»Protokoll der Besprechung in der
Reichskanzlei« (5. November 1937)

*Hitlers Adjutant hielt Hitlers Äußerungen über
seine außenpolitischen Ziele fest. Vor führenden
Militärs und einigen Ministern sprach dieser offen
über seine Kriegspläne.*

083
Friedrich
Hoßbach.
Undatierte
Porträtaufnahme.

»Der Führer führte sodann aus: Das Ziel der deutschen Politik sei die Sicherung und Erhaltung der
Volksmasse und deren Vermehrung. Somit han-
dele es sich um das Problem des Raumes Die
deutsche Volksmasse verfüge über 85 Millionen
Menschen, die nach der Anzahl der Menschen
und der Geschlossenheit des Siedlungsraumes in
Europa einen in sich so fest geschlossenen Ras-
sekern darstelle, wie er in keinem anderen Land
wieder anzutreffen sei und wie er andererseits das
Anrecht auf größeren Lebensraum mehr als bei anderen Völkern in sich schlösse. [...] Die deutsche
Zukunft sei daher ausschließlich durch die Lösung
der Raumnot bedingt, eine solche Lösung könne
naturgemäß nur für eine absehbare, etwa 1–3 Generationen umfassende Zeit gesucht werden. [...]
Die einzige, uns vielleicht traumhaft erscheinende
Abhilfe läge in der Gewinnung eines größeren Lebensraumes, ein Streben, das zu allen Zeiten die
Ursache der Staatenbildungen und Völkerbewe-
gungen gewesen sei. Daß dieses Streben in Genf
und bei den gesättigten Staaten keinem Interesse
begegne, sei erklärlich. Wenn die Sicherheit unserer Ernährungslage im Vordergrunde stände, so
könne der hierfür notwendige Raum nur in Europa
gesucht werden, nicht aber ausgehend von liberal-
listisch-kapitalistischen Auffassungen in der Ausbeutung von Kolonien.«

*Zit. nach: Akten zur Deutschen Auswärtigen
Politik. Serie D, Bd 1, Baden-Baden 1950, Bd 7,
Baden-Baden 1956, S. 25 f.*

1 Ludwig Beck,
»Bemerkungen zum Hoßbach-Protokoll«
(12. November 1937)

*Der Generalstabschef reagierte mit heftiger Kritik
auf Hitlers Kriegspläne. Beck war später ein akti-
ves Mitglied der Widerstandsgruppe gegen Hitler.
Nach dem erfolglosen Attentat auf den »Führer«
am 20. Juli 1944 nahm er sich das Leben.*

»Das ›Problem des Raumes‹ für Deutschland besteht zweifelsohne, in erster Linie auf Grund seiner
zentralen Lage in Europa, und insofern seit jeher
und vielleicht für alle Zeiten, sodann aber auch auf
Grund der Gebietsänderungen durch Versailles.
Nicht übersehen darf andererseits werden, daß die
Bevölkerungslage als solche sich in Europa seit
1000 Jahren und länger so stabilisiert hat, daß
weitgehendere Änderungen ohne schwerste und
in ihrer Dauer nicht abzusehende Erschütterungen
kaum noch erreichbar erscheinen und für Europa
Parallelen mit Gebietsveränderungen wie für Italien
in Afrika oder für Japan in Ostasien nicht gezogen
werden können. [...] Autarkieabsichten wie sie zum
Teil dem Vierjahresplan zugrunde liegen, waren
nach unseren bisherigen Anschauungen Notlösun-
gen für befristete Zeit, aber keine Dauerregelung.
Sicher ist, daß jede Autarkiebestrebung, die in zu-
kunftsgefährdender Weise den eigenen Substanz-
besitz angreift, als Dauerlösung verfehlt ist. [...] Die
Größe der Gegnerschaft Frankreichs und Englands
gegen einen Raum- und Machtzuwachs Deutschlands ist nicht verkannt. Die Gegnerschaft jedoch
als unumstößlich bzw. unüberwindlich anzusehen,
erscheint nach den bisherigen völlig unzureichenden Versuchen ihrer Beseitigung nicht am Platze.
Die Politik ist die Kunst des Möglichen, alle drei
Völker sind zugleich auf der Welt, noch dazu in Europa, da heißt es doch wohl zunächst alle Möglichkeiten, sich zu arrangieren, zu erschöpfen, zumal
angesichts des gegenseitigen Stärkeverhältnisses.
Außerdem ist es auch für den Fall eines späteren
Bruchs klüger. [...] Es dürfte historisch nicht richtig
sein, daß die Kriege Bismarcks gegen Österreich
und Frankreich von unerhörtem Risiko waren, sie
waren vielleicht die vom Staatsmann bestvorbere-
teten, die es gegeben hat, und hatten daher auch
Erfolg. Die gesamten historischen Parallelen sind
anfechtbar.«

*Zit. nach: Klaus-Jürgen Müller, General Ludwig
Beck. Studien und Dokumente zur politisch-militärischen Vorstellungswelt und Tätigkeit des Generalstabschefs des deutschen Heeres 1933–1938,
Boppard 1980 (= Schriften des Bundesarchivs,
30), S. 498 f.*

247

Minderheit; »Flugzeugträger« Frankreichs inmitten des Reichsgebiets – für erforderlich, ja, er schloss den Krieg als letztes Mittel der Politik nicht grundsätzlich aus. Ein Krieg musste aber politisch sinnvoll, militärisch nicht aussichtslos und im nationalen Interesse sein. Beim Konflikt zwischen Beck und Hitler ging es also nicht um die Frage Krieg oder Frieden, sondern um die Rolle der Heeresführung bei der Bestimmung des Risikos, das Deutschland eingehen konnte.

Becks oppositionelle Haltung richtete sich noch nicht direkt gegen die Person Hitler, sondern er hielt dessen Umgebung für die Wurzel allen Übels. Seine Skepsis war zudem seit längerem mit einem »Kompetenzkrieg« gegen das Wehrmachtamt des Kriegsministeriums verknüpft, das seit Ende 1936 die Bezeichnung Oberkommando der Wehrmacht (OKW) führte. Beck ging davon aus, dass in einem zukünftigen Kriege das Schicksal Deutschlands von den Landstreitkräften abhängen würde, deshalb müsse der Heeresgeneralstab für die Gesamtkriegführung verantwortlich sein. Gemäß preußischer Tradition beanspruchte Beck das Recht der alleinigen militärischen Beratung der politischen Führung für den Oberbefehlshaber des Heeres (ObdH) beziehungsweise für den Chef des Generalstabs des Heeres. Das OKW, insbesondere General d. Art. (der Artillerie) Wilhelm Keitel und Oberst Alfred Jodl, versuchte hingegen, die Funktion eines »Wehrmachtgeneralstabes« an sich zu ziehen. Neben diesen strukturellen Gegensätzen argwöhnte Beck zu Recht, dass Keitel der Tendenz Vorschub leisten würde, die Wehrmacht dem nationalsozialistischen Totalitätsanspruch auszuliefern und die militärische Führung zu apolitischen Funktionsgehilfen zu degradieren. Keitel und Jodl nutzten jede Gelegenheit, ihre Stellung in Richtung »Wehrmachtgeneralstab« auszubauen. So erwirkten sie Blombergs Genehmigung, Hitlers Ausführungen vom 5. November 1937 in eine Weisung umzusetzen, ohne dass dies von Hitler ausdrücklich verlangt worden war. In ihr ging es zum ersten Mal nicht mehr allein um die Verteidigung des Reiches, sondern auch um die Eroberung fremden Territoriums.

Da die außenpolitische Lage sich Anfang 1938 günstig für eine Lösung der »österreichischen Frage« entwickelt hatte – Italien wollte den »Anschluss« hinnehmen, Frankreich war durch eine Regierungskrise gelähmt – setzte Hitler den österreichischen Kanzler Kurt von Schuschnigg unter Druck. Als dieser der drohenden Angliederung mit einer Volksabstimmung zuvorkommen wollte, entschloss sich Hitler, schnell mit militärischen Mitteln zu handeln. Doch er wies nicht das OKW, sondern unmittelbar Beck an, eine Aufmarschanweisung auszuarbeiten. Planungen lagen nicht vor, weil Beck sich seit Mai 1937 geweigert hatte – Keitel wusste von diesem Ungehorsam – einen Einmarsch in Österreich zu bearbeiten. Zusammen mit dem damaligen Oberst i.G. Erich von Manstein bewältigte er nun diesen Auftrag souverän in nur fünf Stunden. Der Einmarsch deutscher Truppen am 12. März 1938 unter dem Jubel der österreichischen Bevölkerung wurde zu einem Triumphzug, der zunächst die sofort einsetzende Verfolgung politischer Gegner verdeckte. Die Erfüllung des nationalen Wunschtraums bemäntelte weitere Folgen des »Anschlusses«: Die Ausbeutung des österreichischen Wirtschaftspotenzials nutzte der angeschlagenen deutschen Kriegswirtschaft, und die CSR befand sich nun geostrategisch in einer hoffnungslosen Lage.

248

084 Der »Anschluss« Österreichs. Hitlers Fahrt nach Wien wird zum Triumphzug. Foto, 15. März 1938.

1 Adolf Hitler, »Weisung zum Einmarsch in Österreich« (11. März 1938)

Der Einmarsch der deutschen Wehrmacht in Österreich verlief unblutig. Der »Anschluss« Österreichs wurde am 13. März vollzogen und im April durch eine Volksabstimmung bestätigt.

»1. Ich beabsichtige, wenn andere Mittel nicht zum Ziele führen, mit bewaffneten Kräften in Österreich einzurücken und dort verfassungsmäßige Zustände herzustellen und weitere Gewalttaten gegen die deutschgesinnte Bevölkerung zu unterbinden. [...]
3. Aufgaben:
a) Heer: Der Einmarsch nach Österreich hat in der mir vorgetragenen Art zu erfolgen. Das Ziel für das Heer ist zunächst die Besetzung von Oberösterreich. Salzburg, Niederösterreich, Tirol, die schnelle Besitzrahme von Wien und die Sicherung der österreichisch-tschechischen Grenze. [...]
5. Das Verhalten der Truppe muss dem Gesichtspunkt Rechnung tragen, dass wir keinen Krieg gegen ein Brudervolk führen wollen. Es liegt in unserem Interesse, dass das ganze Unternehmen ohne Anwendung von Gewalt in Form eines von der Bevölkerung begrüßten friedlichen Einmarsches vor sich geht. Daher ist jede Provokation zu vermeiden. Sollte es aber zum Widerstand kommen, so ist er mit größter Rücksichtslosigkeit durch Waffengewalt zu brechen. Übergehende österreichische Verbände treten sofort unter deutschen Befehl.«

Zit. nach: Digitale Bibliothek, Bd 49: Das Dritte Reich, S. 8506 f.

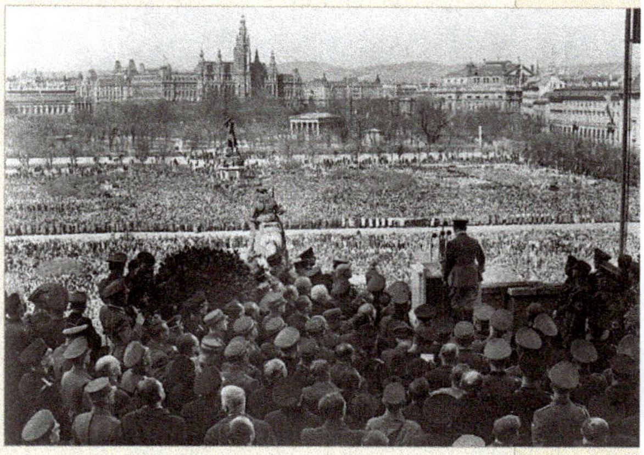

085 Hitlers Rede auf dem Heldenplatz in Wien. Foto, 15. März 1938.

1 »Erklärung der österreichischen Bischöfe zum »Anschluss« an Österreich« (10. April 1938)

Am 12. März 1938 marschierten deutsche Truppen in Österreich ein. Einen Tag später unterzeichnete Adolf Hitler das Reichsgesetz über den »Anschluss« Österreichs an das Deutsche Reich. In einer Volksabstimmung sprachen sich nach offiziellen Angaben 99,7 Prozent der Stimmberechtigten für den »Anschluss« Österreichs aus. Zu dieser Volksabstimmung erklärten die österreichischen Bischöfe:

»Wir erkennen freudig an, dass die nationalsozialistische Bewegung auf dem Gebiet des völkischen und wirtschaftlichen Aufbaues sowie der Sozialpolitik für das Deutsche Reich und Volk, namentlich für die ärmsten Schichten des Volkes, Hervorragendes geleistet hat und leistet. Wir sind auch der Überzeugung, dass durch das Wirken der nationalsozialistischen Bewegung die Gefahr des alles zerstörenden gottlosen Bolschewismus abgewehrt wurde.
Die Bischöfe begleiten dieses Wirken für die Zukunft mit ihren besten Segenswünschen und werden auch die Gläubigen in diesem Sinne ermahnen.
Am Tage der Volksabstimmung ist es für uns Bischöfe selbstverständliche nationale Pflicht, uns als Deutsche zum Deutschen Reich zu bekennen, und wir erwarten auch von allen gläubigen Christen, daß sie wissen, was sie ihrem Volk schuldig sind.«

Zit. nach: Lesebuch zur Deutschen Geschichte Bd 3: Vom Deutschen Reich bis zur Gegenwart. Hrsg. von Bernhard Pollmann, Dortmund 1984, S. 154

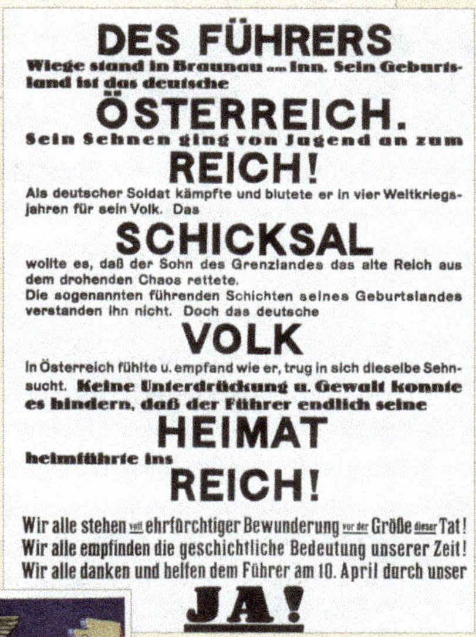

DES FÜHRERS Wiege stand in Braunau am Inn. Sein Geburtsland ist das deutsche **ÖSTERREICH.** Sein Sehnen ging von Jugend an zum **REICH!**
Als deutscher Soldat kämpfte und blutete er in vier Weltkriegsjahren für sein Volk. Das **SCHICKSAL** wollte es, daß der Sohn des Grenzlandes das alte Reich aus dem drohenden Chaos rettete.
Die sogenannten führenden Schichten seines Geburtslandes verstanden ihn nicht. Doch das deutsche **VOLK** in Österreich fühlte u. empfand wie er, trug in sich dieselbe Sehnsucht. **Keine Unterdrückung u. Gewalt konnte es hindern, daß der Führer endlich seine HEIMAT** heimführte ins **REICH!**
Wir alle stehen voll ehrfürchtiger Bewunderung vor der Größe dieser Tat! Wir alle empfinden die geschichtliche Bedeutung unserer Zeit! Wir alle danken und helfen dem Führer am 10. April durch unser **JA!**

086 Volksabstimmung über den »Anschluss« Österreichs an das Deutsche Reich. Plakat, April 1938.

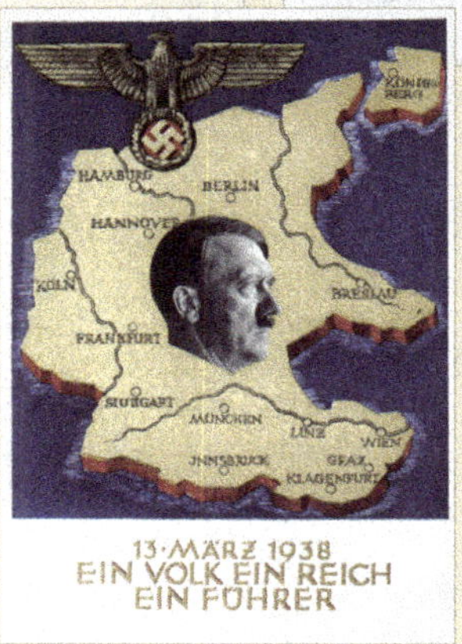

249

13. MÄRZ 1938
EIN VOLK EIN REICH
EIN FÜHRER

087 Propagandapostkarte zum »Anschluss« Österreichs 1938.

c) Der Fall »Grün« und die Militäropposition

Der triumphale Erfolg Hitlers in Österreich dämpfte auch die Aktivitäten der militärischen und zivilen Oppositionellen, u.a. Admiral Wilhelm Canaris, Oberst Hans Oster, Hans Bernd Gisevius, Carl Friedrich Goerdeler, die sich in der Folge der Blomberg-Fritsch-Affäre zusammengefunden hatten und von denen einige weit gehende Ziele wie Anprangerung der Methoden von SS und Gestapo und deren Entmachtung zur Sprache brachten. Solchen Plänen versagten sich aber Beck und der Nachfolger Fritschs als Oberbefehlshaber des Heeres, Generaloberst Walther von Brauchitsch. Erst als Hitler Ende April 1938 durch Keitel, der seit der Übernahme des Oberbefehls über die Wehrmacht durch Hitler als »Chef OKW« fungierte, auf die Beschleunigung der Planungen »Grün« (CSR) drängte, nahm Beck seinen Kampf gegen Hitlers Kriegskurs wieder auf. In einer ersten Denkschrift stellte Beck die aussichtslose Lage Deutschlands in einem Kriegsfall heraus. Brauchitsch legte auf Drängen Keitels Hitler nur Teile der Schrift vor, der sie mit Empörung zurückwies. Am 30. Mai hielt Beck die im OKW verfasste »Weisung für den Plan ›Grün‹« in Händen, in der es unzweideutig hieß:

»Es ist mein unabänderlicher Entschluss, die Tschechoslowakei in absehbarer Zeit durch eine militärische Aktion zu zerschlagen. Den politisch und militärisch geeigneten Zeitpunkt abzuwarten oder herbeizuführen, ist Sache der politischen Führung.«

Die Zerschlagung der CSR sollte in einer Blitzaktion von höchstens zwei bis drei Tagen Dauer erfolgen. In seiner Stellungnahme hob Beck diesmal weniger auf die Frage nach der Haltung der Westmächte ab, vielmehr geißelte er die in seinen Augen dilettantischen Vorgaben des OKW.

Inzwischen wurde der Konflikt zwischen der immerhin dreieinhalb Millionen Menschen zählenden sudetendeutschen Minderheit und dem tschechischen Staat gezielt »hochgefahren«. Beck verlangte in einer ▸ dritten Denkschrift vom 16. Juli 1938 die Einstellung aller Kriegsvorbereitungen. Gegen Ende des Monats hatte er sich zu der Überzeugung durchgerungen, dass gegen Hitlers SS- und SD-Umgebung, die »Tscheka«, aktiv vorgegangen werden müsse. Beck konnte Brauchitsch zur Einberufung einer »Generalversammlung« bewegen, von der er sich einen gemeinsamen, unwiderruflichen Schritt gegen Hitlers Kriegspläne erhoffte. Auf der Zusammenkunft am 4. August kam es zu dieser letzten Konsequenz jedoch nicht, Brauchitsch, Bewunderer Hitlers, scheute – wie die meisten Generale – davor zurück. Als Hitler im Gegenzug deren Generalstabschefs – er spürte instinktiv, welche Gefahr ihm drohte – und danach die Generale selbst versammelte und auf seinem Standpunkt beharrte, reichte Beck am 18. August resigniert seinen Abschied ein und beugte sich sogar der Staatsraison, seinen Rücktritt zunächst geheim zu halten.

Becks Nachfolger wurde der von Hitler nur unter Misstrauen akzeptierte Oberquartiermeister I, Generalleutnant ▸ Franz Halder. Im Gegensatz zu Beck war Halder davon überzeugt, dass Hitler selbst das Kriegsrisiko verkörperte, dass ein Putsch sich demnach gegen den »Führer« richten musste. Doch stand er vor einem Dilemma: Einerseits war es seine Pflicht gegenüber der Truppe, die Vorbereitungen für den Ernstfall so gewissenhaft und perfekt wie möglich zu treffen, andererseits fühlte er sich moralisch verpflichtet, einen Krieg Europas gegen das Deutsche Reich zu verhindern, den

250

B Franz Halder (1884–1972)
General – Franz Halder trat 1902 in die bayerische Armee ein, wo er zum Generalstabsoffizier ausgebildet wurde. Nach dem Ersten Weltkrieg wurde er in die Reichswehr übernommen und erlebte dort Hitlers Regierungsantritt. Trotz einer Teilidentität mit den Zielen Hitlers stand er den Nationalsozialisten distanziert gegenüber. Im Zuge der Aufrüstung nach 1933 machte Halder rasch Karriere. Erstmals Zweifel an Hitler kamen dem Offizier im Zuge der Blomberg-Fritsch-Affäre 1938. Im selben Jahr

088 Franz Halder. Undatierte Porträtaufnahme.

1 Ludwig Beck, »Fall Grün« (16. Juli 1938)

Die folgenden Notizen des Chefs des Generalstabes des Heeres, General Ludwig Beck, für einen Lagevortrag beim ObdH, beziehen sich auf den drohenden Krieg mit der Tschechoslowakei.

»Der Führer hält anscheinend eine gewaltsame Lösung der sudetendeutschen Frage durch Einmarsch in die Tschechei für unabwendbar; er wird in dieser Auffassung bestärkt durch eine Umgebung verantwortungsloser, radikaler Elemente. Über die Einstellung von Göring ist man geteilter Auffassung. Die einen glauben, daß er den Ernst der Lage erkennt und versucht, auf den Führer beruhigend einzuwirken, die anderen meinen, daß er wie in dem Falle Blomberg und Fritsch ein doppeltes Spiel treibt und umfällt, wenn er vor dem Führer steht. Alle aufrechten und ernsten deutschen Männer in staatsverantwortlichen Stellungen müssen sich berufen und verpflichtet fühlen, alle erdenklichen Mittel und Wege bis zur letzten Konsequenz anzuwenden, um einen Krieg gegen die Tschechei abzuwenden, der in seinen Auswirkungen zu einem Weltkrieg führen muß, der das *finis Germaniae* [lat.; Ende Deutschlands] bedeuten würde. Die höchsten Führer der Wehrmacht sind hierzu in erster Linie berufen und befähigt, denn die Wehrmacht ist das ausübende Machtmittel der Staatsführung in der Durchführung eines Krieges. [....] Ihr soldatischer Gehorsam hat dort eine Grenze, wo ihr Wissen, ihr Gewissen und ihre Verantwortung die Ausführung eines Befehls verbieten.

Finden ihre Ratschläge und Warnungen in solcher Lage kein Gehör, dann haben sie das Recht und die Pflicht vor dem Volk und vor der Geschichte, von ihren Ämtern abzutreten. [...] Außergewöhnliche Zeiten verlangen außergewöhnliche Handlungen! Andere aufrechte Männer in staatsverantwortlichen Stellungen außerhalb der Wehrmacht werden sich auf ihrem Wege anschließen. Wenn man die Augen und Ohren offen hält, wenn man sich durch falsche Zahlen nicht selbst betrügt, wenn man nicht in dem Rausch einer Ideologie lebt, dann kann man nur zu der Erkenntnis kommen, daß wir zur Zeit wehrpolitisch (Führung, Ausbildung und Ausrüstung), wirtschaftspolitisch und stimmungspolitisch für einen Krieg nicht gerüstet sind. Der Gedanke eines ›Blitzkrieges‹ (nach 2 Tagen in Prag?) ist ein unsinniger Traum; man sollte aus der modernen Kriegsgeschichte gelernt haben, daß überfallartige Überraschungen kaum jemals zu einem dauernden Erfolg geführt haben.«

089 Einmarsch in das Sudetenland. Die Soldaten der Wehrmacht werden von der deutschen Bevölkerung stürmisch begrüßt. Foto, 1. Oktober 1938.

WIR DANKEN UNSERM FÜHRER

090 Die von Deutschland nach dem »Münchner Abkommen« besetzten Gebiete. Postkarte, 1938.

Zit. nach: Klaus-Jürgen Müller, General Ludwig Beck. Studien und Dokumente zur politisch-militärischen Vorstellungswelt und Tätigkeit des Generalstabschefs des deutschen Heeres 1933–1938, Boppard a.Rh. 1980 (= Schriften des Bundesarchivs, 30), S. 551 f.

251

wurde er Nachfolger des bisherigen Chef des Generalstabes des Heeres, General Ludwig Beck. In dieser Position war Halder sowohl höchster Operationschef wie auch Leitfigur der Militäropposition. Putschpläne während der Sudetenkrise und der Anfangsphase des Zweiten Weltkrieges kamen nicht zur Ausführung. Im Frankreichfeldzug setzte Halder den von General Erich von Manstein inspirierten »Sichelschnitt-Plan« mit Erfolg in die Tat um. Nach dem deutschen Überfall auf die UdSSR geriet er über operative Fragen mit Hitler in Konflikt, was 1942 zu seiner Ablösung führte. Nach dem Attentat vom 20. Juli 1944 wurde Halder verhaftet und verbrachte die Zeit bis zum Kriegsende in verschiedenen Konzentrationslagern. Am 5. Mai 1945 wurde er von US-Truppen befreit.

091 Die Münchener Konferenz.
Von links: Mussolini, Hitler, Schmidt (Dolmetscher)
und Chamberlain. Foto, 1938.

092 Die Zerschlagung der »Rest-Tschechei«.
Einmarsch deutscher Truppen in Prag.
Foto, 15. März 1939.

1 »Münchener Abkommen«
(20. September 1938)

*Mit der Kampagne »Heim ins Reich« hatte Hitler
die Sudetenkrise verschärft. Er forderte die Abtretung des Sudetenlandes, in dem eine deutsch-
sprachige Bevölkerung lebte, und konnte sich mit
dieser Forderung im »Münchener Abkommen«
schließlich durchsetzen.*

»Deutschland, das Vereinigte Königreich von Großbritannien, Frankreich und Italien sind unter Berücksichtigung des Abkommens, das hinsichtlich
der Abtretung des sudetendeutschen Gebietes
bereits grundsätzlich erzielt wurde, über folgende
Bedingungen und Modalitäten dieser Abtretung
und über die danach zu ergreifenden Maßnahmen
übereingekommen und erklären sich durch dieses
Abkommen einzeln verantwortlich für die zur Sicherung seiner Erfüllung notwendigen Schritte.
1. Die Räumung beginnt am 1. Oktober.
2. Das Vereinigte Königreich von Großbritannien,
Frankreich und Italien vereinbaren, daß die Räumung des Gebietes bis zum 10. Oktober vollzogen
wird, und zwar ohne Zerstörung irgendwelcher bestehender Einrichtungen, und daß die tschechoslowakische Regierung die Verantwortung dafür trägt,
daß die Räumung ohne Beschädigung der bezeichneten Einrichtungen durchgeführt wird. [...]
8. Die tschechoslowakische Regierung wird innerhalb einer Frist von vier Wochen, vom Tage des
Abschlusses dieses Abkommens an, alle Sudetendeutschen aus ihren militärischen und polizeilichen
Verbänden entlassen, die diese Entlassung wünschen. Innerhalb derselben Frist wird die tschechoslowakische Regierung sudetendeutsche Gefangene entlassen, die wegen politischer Delikte
Freiheitsstrafen verbüßen.«

*Zit. nach: Digitale Bibliothek, Bd 49:
Das Dritte Reich, S. 8522–8523*

252

er für den Preis der Zerschlagung der Tschechoslowakei nicht riskieren wollte. Es ging ihm
nicht mehr allein um die Kriegsverhinderung,
sondern um die Entmachtung Hitlers. Und
gerade die nach dem deutschen Überfall auf
die Tschechoslowakische Republik erwartete
Entfesselung eines europäischen Krieges sollte
Anlass und spätere Rechtfertigung für den Militärputsch sein. Damit hing sein Gelingen von
der Reaktion der Westmächte ab, deren Eingreifen dem deutschen Volk vor Augen führen
sollte, dass Hitler im Begriff stand, das Reich in
einen neuen Weltkrieg zu stürzen.

Die Koordinierung der verschiedenen Widerstandsgruppen im Generalstab, im Amt
Ausland/Abwehr, im Auswärtigen Amt und in
anderen zivilen Bereichen gelang einigermaßen,
auch die Bereitstellung der benötigten Heeres-
truppen für die Besetzung der Reichshauptstadt
durch General d.Inf. Erwin von Witzleben. Während der Druck auf die CSR seinen Höhepunkt
erreichte, signalisierte Großbritannien, an einer
friedlichen Lösung auf Kosten der Tschechoslowakei interessiert zu sein. Noch am 10. September kam es zwischen Hitler und Brauchitsch
wie Halder zu erregten Auseinandersetzungen
über den Aufmarschplan für »Grün«, in deren
Verlauf Hitler die Generalität der »Feigheit« be-
zichtigte. Der britische Premierminister Neville
Chamberlain traf auf dem Höhepunkt der Krise
am 15. September 1938 mit Hitler in Berchtesga-
den und eine Woche später in Bad Godesberg
zusammen. Er war mit der Abtretung der sudetendeutschen Gebiete durch die CSR im Grundsatz einverstanden. Als Hitler seine Forderungen
höher schraubte, gelangte Chamberlain zu der

Einsicht, dass Hitler den Krieg riskieren wollte, und machte ihm deutlich, dass ein militärisches Eingreifen Großbritanniens unvermeidlich würde. Das war die Situation, die die Oppositionellen sich gewünscht hatten. Doch vergeblich warteten sie auf Hitlers Angriffsbefehl. Im letzten Moment zuckte er zurück und akzeptierte am 29. September das von Mussolini vermittelte ▸ »Münchener Abkommen«. Halder brach nach der Anspannung vor Enttäuschung seelisch zusammen. Dem Staatsstreich war der Boden entzogen, die Widerstandsgruppen bröckelten auseinander, die Voraussagen des Generalstabschefs hatten sich als falsch erwiesen. Hitler hatte ohne einen Schuss einen neuen Erfolg errungen.

In Wirklichkeit fasste Hitler den Münchener Kompromiss als Niederlage auf, denn er wollte ja die ganze CSR. Er war entschlossen, beim nächsten Mal »durchzuhalten«. Und wieder gelang ihm, auch in den Augen vieler Militärs, ein erneuter großer Erfolg, als am 15. März 1939 deutsche Truppen die »Rest-Tschechei« kampflos besetzten. Dass nun der letzte Vertrauensvorschuss im Ausland verspielt war, wurde nicht erkannt oder verdrängt. Bislang hatte Hitler – wenigstens vordergründig – Ziele verfolgt, die von der deutschen Öffentlichkeit gebilligt und auch vom Ausland als wenigstens subjektiv berechtigte Revisionen hingenommen wurden. Jetzt wurde auch weniger aufmerksamen Beobachtern schlagartig klar, dass Hitler gewaltsame Expansionen plante.

Hitlers – gegen die Warnungen der »feigen« Heeresgenerale – erreichte spektakuläre Erfolge hatten seinen ursprünglichen Respekt vor ihnen weiter sinken lassen. Hitler kanzelte sie nun bei jeder Gelegenheit ab, Unsicherheit breitete sich aus. Als Vorsichtsmaßnahme wurden die Verbindungen der Verschwörer untereinander gelöst. Neue Bestimmungen für den Generalstabsdienst nahmen den Generalstabsoffizieren jede Mitverantwortung und degradierten sie zu reinen Führungsgehilfen. Abweichende Meinungen durften sie nicht mehr aktenkundig machen. Die Verwendung des Terminus »Militärpolitik« wurde verboten.

Zum Widerstand gegen Hitlers Kriegsplanungen gegen Polen kam es nicht, zumal Hass und Verachtung gegenüber Polen tief einge-

093 Besetzung der Prager Burg durch deutsche Truppen. Foto, 15. März 1939.

prägt waren. Der Oberbefehlshaber des Heeres konnte sich ganz auf den Standpunkt des soldatischen Gehorsams zurückziehen. Halder hielt die Stimmungslage für ungünstig. Es war in der Tat zweifelhaft, ob die Bevölkerung, wie auch das jüngere Offizierkorps, für einen Militärputsch Verständnis aufgebracht hätte. Die »Abrechnung« mit Polen, die Revision der Ostgrenzen und des Status von Danzig waren von jeher populistische Ziele. Und hatten nicht bisher die Westmächte alle »Revisionen« schließlich hingenommen? Der »Hitler-Stalin-Pakt« verfehlte seine Wirkung als »genialer Schachzug des Führers« nicht. Er trug dazu bei, dass trotz der Garantieerklärungen Englands und Frankreichs für Polen ein militärisches Eingreifen beider Mächte als unwahrscheinlich eingeschätzt wurde. Umso tiefer saß der Schock, als nach Ablauf des Ultimatums vom 1. September sich das Deutsche Reich am 3. September 1939 nicht allein mit Polen, sondern auch mit Großbritannien und Frankreich im Kriegszustand befand.

253

Kapitel II – Strukturen:

»Die deutsche Armee muss in vier Jahren einsatzfähig sein.«

094 Motorisierte schwere Artillerie am »Tag der Wehrmacht« während des Reichsparteitages in Nürnberg. Foto, 1935.

1. Die Gesamtwehrmacht

Im Zeitalter der *combined* (engl.; die Teilstreitkräfte übergreifenden) Stäbe und Operationen wird besonders krass deutlich, dass die Wehrmacht mit einer nach funktionalen Gesichtspunkten ungeeigneten Spitzengliederung in den Zweiten Weltkrieg ging. In der Spitzengliederung der Reichswehr waren der Chef der Heeresleitung und der Chef der Marineleitung formal gleichgestellt unter dem zivilen Reichswehrminister, dem seit 1929 mit dem Ministeramt (Adjutantur, Wehrmachtabteilung, Abwehrabteilung, Rechtsabteilung) ein militärpolitischer Führungsstab zur Verfügung stand. Mit der Ernennung eines Soldaten, des Generals von Blomberg, zum Reichswehrminister, 1935 zum Reichskriegsminister und Oberbefehlshaber der Wehrmacht, mit dem Ausbau des Ministeramts zum Wehrmachtamt, schließlich zum Oberkommando der Wehrmacht, waren die Ansätze zu einer zentralen Wehrmachtführung und zu einem »Wehrmachtgeneralstab« gemacht, obwohl gleichzeitig auch Oberbefehlshaber für die drei Teilstreitkräfte ernannt wurden. Dass das OKW sich als zentrale Führungsinstanz nicht durchsetzen konnte, hat neben dem natürlichen Bestreben konkurrierender Instanzen, einmal gewonnene Kompetenzen zäh zu verteidigen, und neben dem begrenzten Durchsetzungsvermögen Blombergs drei wesentliche Ursachen.

Diese weit gehende Autonomie der Wehrmachtteile war zum einen historisch bedingt. Es gehörte aber auch zum Führungsstil Hitlers, keine mächtige zentrale Instanz unter sich zu dulden, vielmehr Rivalitäten zu fördern, um immer wieder selbst als oberste Instanz in den Entscheidungsgang eingreifen zu können. Sogar nach der Übernahme des Oberbefehls über die Wehrmacht im Februar 1938 durch Hitler selbst wurden die Zuständigkeiten des OKW nicht erweitert. Hitler standen fünf unabhängige Führungsorgane zur Verfügung: die drei Oberbefehlshaber von ▶ Heer, Kriegsmarine und Luftwaffe, der Chef OKW, der Hitler hörige Generaloberst Wilhelm Keitel, und der Chef des Wehrmachtführungsstabes im OKW, General Alfred Jodl. Hitlers Grundeinstellung beleuchtet eine Bemerkung zu Rüstungsminister Albert Speer nach dem Attentat vom 20. Juli 1944: »In einer Hand zusammengefasst, ist die Wehrmacht eine Gefahr!«

Die Sonderstellung Görings als »Zweiter Mann« im Staat, als Reichsminister der Luftfahrt und somit dem Kriegsminister gleichgestellt und als Oberbefehlshaber der Luftwaffe verhinderte jede Zentralisierung, außer in

Chefs des Generalstabes des Heeres
(bis 1935 Chefs des Truppenamtes)

1930–1933

095
Generalleutnant
Wilhelm Adam.

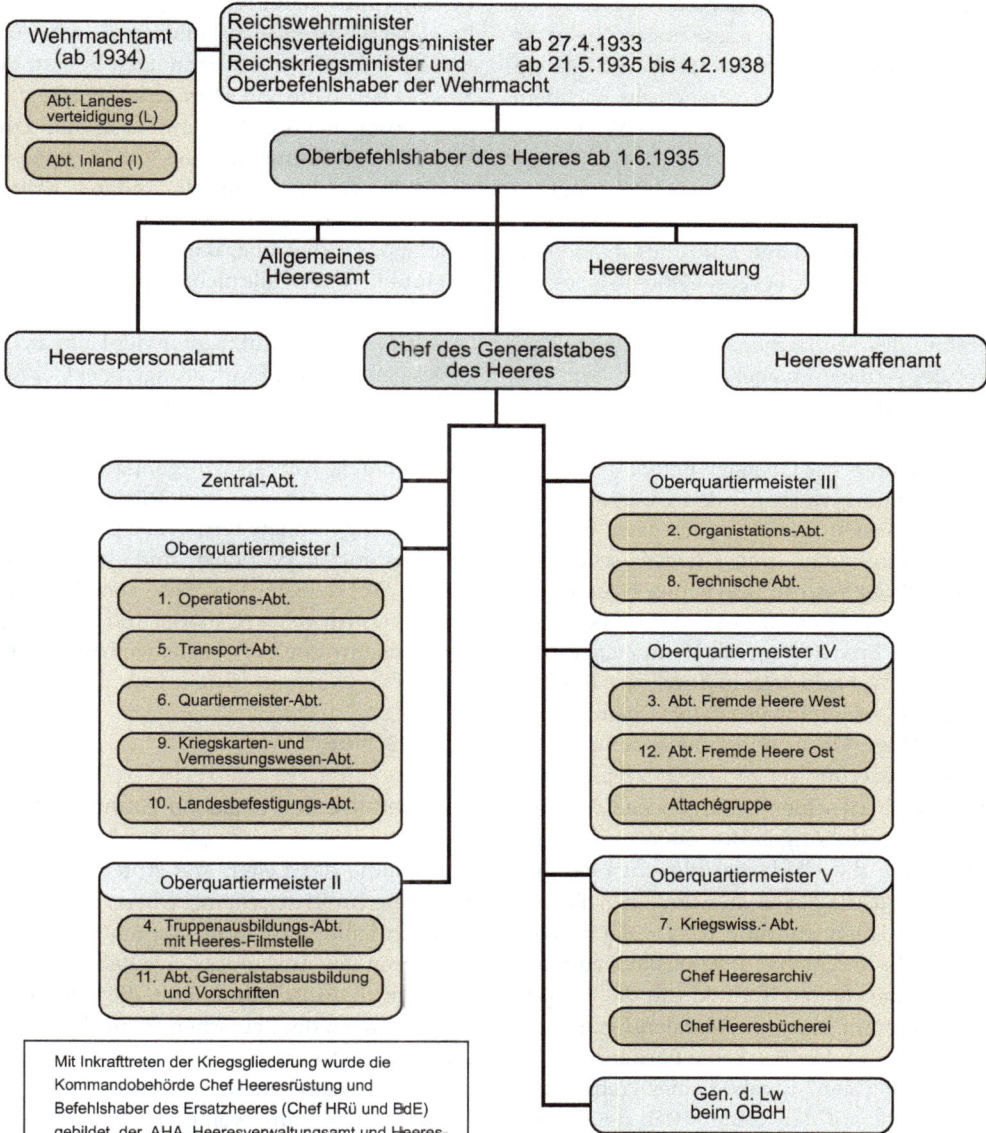

Die Spitzengliederung des Heeres im Frieden

Wehrmachtamt (ab 1934)
- Abt. Landes-verteidigung (L)
- Abt. Inland (I)

Reichswehrminister
Reichsverteidigungsminister ab 27.4.1933
Reichskriegsminister und ab 21.5.1935 bis 4.2.1938
Oberbefehlshaber der Wehrmacht

Oberbefehlshaber des Heeres ab 1.6.1935

Allgemeines Heeresamt

Heeresverwaltung

Heerespersonalamt

Chef des Generalstabes des Heeres

Heereswaffenamt

Zentral-Abt.

Oberquartiermeister I
- 1. Operations-Abt.
- 5. Transport-Abt.
- 6. Quartiermeister-Abt.
- 9. Kriegskarten- und Vermessungswesen-Abt.
- 10. Landesbefestigungs-Abt.

Oberquartiermeister II
- 4. Truppenausbildungs-Abt. mit Heeres-Filmstelle
- 11. Abt. Generalstabsausbildung und Vorschriften

Oberquartiermeister III
- 2. Organistations-Abt.
- 8. Technische Abt.

Oberquartiermeister IV
- 3. Abt. Fremde Heere West
- 12. Abt. Fremde Heere Ost
- Attachégruppe

Oberquartiermeister V
- 7. Kriegswiss.- Abt.
- Chef Heeresarchiv
- Chef Heeresbücherei

Gen. d. Lw beim OBdH

Mit Inkrafttreten der Kriegsgliederung wurde die Kommandobehörde Chef Heeresrüstung und Befehlshaber des Ersatzheeres (Chef HRü und BdE) gebildet, der AHA, Heeresverwaltungsamt und Heereswaffenamt unterstellt waren.

© MGFA
05420-07

255

1933–1938

096
General der Artillerie
Ludwig Beck.

1938–1942

097
Generaloberst
Franz Halder.

Görings Händen selbst. Hoffnungen Blombergs auf Unterstellung der Luftwaffe blieben deshalb von Beginn an aussichtslos. Vielmehr trat eine Abhängigkeit des OKW von Göring in Rohstoff- und Rüstungsfragen ein, nachdem dieser 1936 »Beauftragter für den Vierjahresplan« geworden war.

Dem entgegen bestand ein Führungsanspruch des Oberkommandos des Heeres (OKH) gegenüber den anderen Führungsorganen. In Preußen hatte der Chef des Generalstabes die unangefochtene Funktion des militärischen Beraters des Monarchen, des Oberbefehlshabers der Armee, innegehabt. Auf dieser Tradition beruhte der Anspruch des ▸ Chefs des Generalstabs des Heeres (Beck), die Rolle des ersten Beraters des Obersten Befehlshabers für sich beziehungsweise für den Oberbefehlshaber des Heeres (Fritsch) zu fordern, gestützt auf das Argument, eine Kriegsentscheidung im Landkrieg würde durch das Heer fallen. Verstärkt wurde das Bestreben des OKH, sich gegen eine Erweiterung der Kompetenzen des OKW zur Wehr zu setzen, durch die Tendenz des OKW, sich nationalsozialistischen Einflüssen zu öffnen. Die Auseinandersetzung um die Spitzengliederung steigerte sich schließlich so sehr, dass Beck seinen Untergebenen den Umgang mit Angehörigen des OKW untersagte. Dabei wäre die »Wehrmachtlösung« sachlich durchaus richtig gewesen. Allmählich aber erkannte die Heeresführung, dass Hitler und das OKW mehr und mehr auf Kriegskurs gerieten. Beck verquickte den Konflikt um die Spitzengliederung mit seinem Widerstand gegen die riskante Politik Hitlers. Seine Forderung nach Übertragung der Aufgaben eines Wehrmachtgeneralstabs auf den Generalstab des Heeres sollte dessen mäßigenden Einfluss zur Geltung bringen.

Das Fehlen einer angemessenen Spitzengliederung führte dann im Krieg zu einer Aufteilung der Führung des Landkrieges. Der Generalstab des Heeres wurde nach Beginn des Krieges gegen die Sowjetunion auf die operative Führung im Osten beschränkt, während der Wehrmachtführungsstab des OKW, operativ direkt Hitler unterstellt, alle anderen Kriegsschauplätze führte (Dänemark und Norwegen, Finnland, Westeuropa, Balkan, Italien; Afrika seit Juni 1941). Für alle nichtoperativen Belange blieb aber hier weiterhin das OKH zuständig, ebenfalls für das Ersatzheer in der Heimat.

Als gemeinsame Einrichtungen der Gesamtwehrmacht bestanden unter dem Dach des OKW als bedeutendste die das ganze Reich überziehende Wehrersatzorganisation und die dem Wehrwirtschafts- und Rüstungsamt im OKW nachgeordnete territoriale Organisation mit Rüstungsinspektionen und -kommandos in den Wehrkreisen und besetzten Gebieten, ferner die »Abwehr« (Canaris) und das Kriegsgefangenenwesen mit sämtlichen Lagern.

2. Das Heer

a) Operative und taktische Grundsätze

Eine Studie des Leiters der Abteilung Fremde Heere im Truppenamt, Oberst Karl-Heinrich von Stülpnagel, »Der künftige Krieg nach Ansichten des Auslandes«, aus dem Jahr 1934 bietet auch Aufschlüsse über die operativen Vorstellungen der deutschen Heeresleitung zu dieser Zeit. Demnach ist die Offensive im Feindesland anzustreben. Da ein durchschlagender Erfolg nur an ganz wenigen entscheidenden Stellen errungen werden kann, sind hier stärkste Kräfte zusammenzufassen. Der Grundsatz

256

1942–1944

098
Generaloberst
Kurt Zeitzler.

1944–1945

099
Generaloberst
Heinz Guderian.

101 Der Bendler-Block in der heutigen Stauffenbergstraße. Im Zweiten Weltkrieg war das Gebäude Sitz des Oberkommando des Heeres. Foto, 2006.

1 Adolf Hitler,
»Erlass über die oberste Wehrmachtsführung«
(4. Februar 1938)

Nachdem Hitler Kriegsminister Werner von Blomberg und den Oberbefehlshaber des Heeres Werner von Fritsch durch eine Intrige ausgeschaltet hatte, übernahm er den Oberbefehl über die Wehrmacht. Das Amt des Kriegsministers entfiel.

»Die Befehlsgewalt über die gesamte Wehrmacht übe ich von jetzt an unmittelbar persönlich aus.
Das bisherige Wehrmachtsamt im Reichskriegsministerium tritt mit seinen Aufgaben als ›Oberkommando der Wehrmacht‹ und als mein militärischer Stab unmittelbar unter meinen Befehl.
An der Spitze des Stabes des Oberkommandos der Wehrmacht steht der bisherige Chef des Wehrmachtsamts als ›Chef des Oberkommandos der Wehrmacht‹. Er ist im Range den Reichsministern gleichgestellt.
Das Oberkommando der Wehrmacht nimmt zugleich die Geschäfte des Reichskriegsministeriums wahr, der Chef des Oberkommandos der Wehrmacht übt in meinem Auftrage die bisher dem Reichskriegsminister zustehenden Befugnisse aus. Dem Oberkommando der Wehrmacht obliegt im Frieden nach meinen Weisungen die einheitliche Vorbereitung der Reichsverteidigung auf allen Gebieten.«

Zit. nach: Digitale Bibliothek, Bd 49: Das Dritte Reich, S. 8499

257

1945

100 General
der Infanterie
Hans Krebs.

der Kräftezusammenfassung zwingt zu einer Rollenverteilung bei den Operationen; das Fesseln des Gegners durch Nebenangriffe wie auch starre Verteidigung an allen Fronten ist nur eingeschränkt möglich, große Abschnitte der Verteidigungsfronten müssen daher zur beweglichen Verteidigung übergehen. Neben der Kräftezusammenfassung ist die Überraschung das Hauptmoment moderner Operationsführung. Dazu gehört die Ausnutzung der Motorisierung. Der gepanzerte Kampfwagen muss die Rolle als reines Hilfsmittel für die Infanterie aufgeben und neue Aufgaben als eigene Waffe zur selbstständigen Führung von Angriffsoperationen erhalten.

Im Reichsheer der Weimarer Republik galt die Infanterie noch als Hauptwaffe. Trotz der relativen Unbeweglichkeit und Langsamkeit der Infanterieverbände pflegte das Reichsheer seit Hans von Seeckt das »Dogma des Bewegungskrieges«. In operativen Aufgaben und bei Übungsreisen wurden den höheren Führern und den Führergehilfen (Generalstabsoffizieren) immer wieder die Grundsätze des operativen Bewegungskrieges »eingehämmert«: Berücksichtigung von Zeit und Raum, weites Vorausdenken, Kürze und Schnelligkeit in der Befehlsgebung, Schaffung von Umfassungsmöglichkeiten, Überraschung des Gegners, äußerste Konzentration der Kräfte an einer Stelle, größte Schnelligkeit, Mut zur Schwächung breiter Frontabschnitte, Mut zu Lücken nebst Mut zum Entschluss ins Ungewisse.

Die Erziehung zu diesen Grundsätzen war die wesentliche geistige Voraussetzung für die in der Kriegsgeschichte »revolutionären« Erfolge der Wehrmacht im Westfeldzug 1940. Die taktischen und technischen Voraussetzungen brachte die Schöpfung der modernen Panzerwaffe durch General Heinz Guderian. Früh-

zeitig hatte er erkannt, dass der Panzer vom Angriffstempo der Infanterie gelöst werden und gleich schnelle Unterstützungswaffen, also motorisierte Infanterie oder besser Panzergrenadiere, motorisierte Artillerie und Pioniere erhalten musste, um operative Aufgaben bewältigen zu können.

Trotzdem herrschte noch bis zum Polenfeldzug Unsicherheit im taktischen Umgang mit der neuen Waffe. 1938 gab der Generalstab eine »Leitungslösung« heraus, wie sich die Truppenstäbe den Angriff einer Panzerdivision vorzustellen hatten. Für den Erdeinsatz der Luftwaffe, später als »bewegliche schwere Artillerie« für die Panzerdivisionen unentbehrlich, wurden im ▶ Spanischen Bürgerkrieg erste Erfahrungen gewonnen. Über den operativen Einsatz der »schnellen Verbände« gab es unter der Generalität bis in den Westfeldzug hinein kontroverse Ansichten, je nachdem, ob man der neuen Waffe mehr oder weniger zutraute.

b) Aufrüstung und Organisation

Bereits in der zweiten Hälfte der Weimarer Republik stellte die Reichswehrführung Überlegungen an, wie die sieben Infanteriedivisionen des Reichsheeres auf 21 verdreifacht werden könnten. Im Zusammenhang mit der sich bei den Genfer Abrüstungsverhandlungen abzeichnenden Gleichberechtigung Deutschlands genehmigte Reichswehrminister Kurt von Schleicher 1932 einen »Umbauplan« für ein »Neues Friedensheer«. Er sah die ▶ Vergrößerung des Heeres auf 147 000 Mann bis zum 31. März 1938 vor, darunter 12 500 jeweils für ein Quartal eingestellte Kurzdienende. So hätten jährlich 50 000 Reservisten eine Grundausbildung erhalten, die für das mit 21 Divisionen geplante Kriegsheer benötigt wurden. An diesem Plan wurde auch unter Hitler zunächst festgehalten.

Terminologische Änderungen seit Sommer 1935	
Reichswehr	Wehrmacht (auch vorher gebräuchlich)
Reichswehrministerium	Reichskriegsministerium
Reichswehrminister	Reichskriegsminister und Oberbefehlshaber der Wehrmacht
Heeresleitung (HL)	Oberkommando des Heeres
Chef Heeresleitung	Oberbefehlshaber des Heeres
Truppenamt	Generalstab des Heeres

≣
S
   Maßnahmen zur Vergrößerung des Heeresoffizierkorps
1935–1938

– Aufhebung der Dienstzeitbegrenzung von 25 Jahren
– Wiedereinstellung von ehemaligen Offizieren des Ersten Welt-
  krieges, vorwiegend in den Dienstgraden Hauptmann/Major, als
  »E-(Ergänzungs-)Offiziere, die für eine Verwendung in der fechten-
  den Truppe nicht mehr tauglich waren
– Übernahme von etwa 1200 Polizeioffizieren aus den Landespolizeien
– Übernahme von etwa 1500 bewährten Unteroffizieren in die
  Offizierlaufbahn
– Überführung von 300 Referendaren aus dem überbesetzten Justiz-
  dienst in die Offizierlaufbahn
– Übernahme von 1600 Offizieren des österreichischen Bundesheeres
– Einstellung von jährlich 2000 Offizieranwärtern (bisher 170)
– Kürzung der Offizierausbildung auf zwei Jahre

*Zit. nach: Grundzüge der deutschen Militärgeschichte, Bd 1: Histo-
rischer Überblick. Im Auftrag des Militärgeschichtlichen Forschungsamtes hrsg. von Karl-Volker Neugebauer, Freiburg i.Br. 1993, S. 359*

102 Reichskanzler Adolf Hitler im Gespräch mit dem
Reichswehrminister von Blomberg. Foto,1933.

≣
S
   Vergrößerung des Offizierkorps des Heeres (1935–1938)

Dienstgrad	1.2.1935	15.10.1935	6.10.1936	12.10.1937	10.11.1938
Generalfeldmarschälle	–	–	1	1	–
Generalobersten	1	1	1	1	3
Generale d. Inf. usw.	3	8	16	26	31
Generalleutnante	24	35	41	57	87
Generalmajore	51	60	91	108	140
Obersten	176	274	328	393	491
Oberstleutnante	279	328	421	636	872
Majore	602	787	1139	1217	1303
Hauptleute u. Rittmeister	2049	2325	2466	2614	3162
Oberleutnante	1421	1704	1584	1637	2006
Leutnante	596	1031	2366	3592	7282
akt. Offz. insgesamt	5202	6553	8454	10 282	15 377

Ohne Ergänzungs-, Sanitäts- und Veterinäroffiziere, ohne Offiziere (W).

*Zit. nach: Rudolf Absolon, Die Wehrmacht im Dritten Reich, Bd 4: 5. Februar 1938 bis 31. August 1939,
Boppard a.Rh. 1979 (= Schriften des Bundesarchivs, 16/IV), S. 185*

259

Reichsmarine	Kriegsmarine
Marineleitung	Oberkommando der Kriegsmarine
Chef Marineleitung	Oberbefehlshaber der Kriegsmarine
Chef Marinekommandoamt	Chef des Stabes der Seekriegsleitung
Reichsluftfahrtministerium	ab 1944 Oberkommando der Luftwaffe
Reichsminister der Luftfahrt	Reichsminister der Luftfahrt und Oberbefehlshaber
	der Luftwaffe
Luftkommandoamt	Generalstab der Luftwaffe

Spanischer Bürgerkrieg
Juli 1936 bis März 1939

Quelle: Putzger Historischer Weltatlas, 2000.

Gebiet der Nationalisten Juli 1936 — Unterstützung der Nationalisten

Eroberungen bis Dezember 1938 — Unterstützung der Republikaner

© Cornelsen 05192-03

103 Die deutsche Brigade »Ernst Thälmann« in Spanien. Foto, 24. August 1936.

Die Ausgangslage

Am 18. Juli 1936 putschte eine rechtsgerichtete Militär-junta unter Führung von Generalmajor Francisco Franco gegen die »Volksfrontregierung« aus Sozialisten, Kommunisten und Anarchisten in Madrid. Dies war der Beginn eines dreijährigen Bürgerkrieges zwischen regierungstreuen Republikanern und rechten Nationalisten, der rund 500 000 Todesopfer forderte und das Land verwüstete. Am Ende siegten die Truppen Francos und marschierten Ende März 1939 in Madrid ein.

Der Spanische Bürgerkrieg war nicht nur ein innerspanischer Konflikt um die Führung im Lande. Er entwickelte sich zu einer Bühne, auf der die ideologischen Gegensätze des 20. Jahrhunderts militärisch ausgetragen wurden. Die UdSSR unterstützte bis 1938 offen die republikanische Seite. Viele Freiwillige – Demokraten und Sozialisten – aus der ganzen Welt schlossen sich den republikanischen Kämpfern an. Die liberalen Demokratien Frankreich und Großbritannien verfolgten offiziell eine Nichteinmischungspolitik. Das autoritär regierte Portugal, das faschistische Italien und das nationalsozialistische Deutschland leisteten Franco Hilfe.

104 Kampf um Madrid. Zerstörte Brücke über den Guadarrama, die von republikanischen Truppen gesprengt wurde, um den Vormarsch der nationalspanischen Verbände aufzuhalten. Foto, 17. November 1936.

Die »Legion Condor«

Die Gründe und Ziele des deutschen Eingreifens veränderten sich mit der Dauer des Krieges. Durchgängig als Motiv nachweisbar ist die antikommunistische Zielrichtung in Hitlers Spanienpolitik. Dazu traten militärstrategische, wirtschaftliche und bündnispolitische Interessen. Spanien wurde zu einem wichtigen »Testfeld« für neue Waffensysteme. Die deutsche Luftwaffe konnte nun mo-

derne Flugzeuge unter realen Kriegsbedingungen erproben, so z.B. Jagdflugzeuge und Sturzkampfflugzeuge. Spanien war der erste Auslandseinsatz deutscher Soldaten nach dem Ende des Ersten Weltkriegs. Die Wehrmacht hatte dafür ein spezielles Expeditionskorps aufgestellt – die »Legion Condor«. Sie verfügte über rund 140 ständig im Einsatz befindliche Flugzeuge (insgesamt 600–700 Flugzeuge), Panzer sowie einige Schiffe. Die Mannschaften lösten sich nach kurzer Zeit ab, so dass rund 19 000 Soldaten »praktische Kriegserfahrungen« sammeln konnten.

Von Anfang 1937 an bis zum Ende des Krieges war die »Legion Condor« an allen größeren Kämpfen beteiligt. Eingesetzt als »fliegende Artillerie« unterstützten die Luftstreitkräfte das nationalspanische Heer. Die deutsche Intervention in Spanien trug entscheidend zum Sieg Francos bei.

Am 26. April 1937 legten drei Bomber-Staffeln (Ju 52) der »Legion Condor« über zweieinhalb Stunden einen Bombenteppich über die baskische Kleinstadt Guernica und zerstörten sie fast vollständig. »Guernica« ging als erster Luftangriff auf ein ziviles Flächenziel und als Symbol »totaler« Luftkriegführung in die Geschichte ein.

105 Das Ruinenfeld der baskischen Stadt Guernica y Luno, die am 26. April 1937 von der »Legion Condor« dem Erdboden gleichgemacht wurde. Foto, August 1937.

Bezogen auf den konkreten Auftrag, die Stadt als Verkehrsknotenpunkt für den republikanischen Rückzug zu sperren, ist diese Bewertung umstritten. Hinsichtlich der schrecklichen Wirkung und der Skrupellosigkeit, mit der der Angriff auf die Zivilbevölkerung geführt wurde, ist die Bezeichnung »Terrorbombardement« jedoch vollkommen berechtigt.

106 Guernica. Öl auf Leinwand von Pablo Picasso, 1937.

107 Abschiedsparade der »Legion Condor«. Der Befehlshaber der Legion, General von Richthofen (rechts), übergibt Franco (Mitte) offiziell ihre Flugzeuge. Foto, 24. Mai 1939.

108 Nach der Rückkehr der »Legion Condor« zeichnet Göring in Hamburg Freiwillige aus. Foto, 1939.

109 Spanienkreuz mit Schwertern in Bronze.

Nachdem Deutschland die Abrüstungskonferenz verlassen hatte, fiel im Dezember 1933 die Entscheidung, innerhalb von vier Jahren mit einjähriger allgemeiner Wehrpflicht ein Friedensheer von 21 Divisionen aufzustellen. Doch forderte Hitler schon im Frühjahr 1934 die Aufstellung der 21 Divisionen bis zum Herbst des selben Jahres. Fritsch und Beck konnten jedoch eine Terminverschiebung bis zum Herbst 1935 erreichen. Auch der ▸ organisatorische Rahmen der Heeresaufstellung blieb noch unverändert, obwohl im April 1934 erstmals Freiwillige statt für zwölf nur für eineinhalb Jahre eingestellt wurden und das Heer eine Stärke von 180 000 Mann erreichte. So wurden kaum neue Verbände aufgestellt, sondern die vorhandenen weit über ihre Sollstärke aufgefüllt.

Schon hier wurde deutlich, dass es über Art und Umfang des Heeresaufbaus gegensätzliche Auffassungen gab. Hitler und die Organisationsabteilung im Truppenamt drangen auf eine frühzeitige Aufstellung des gesamten Heeresrahmens und eine allmähliche personelle Auffüllung der Rahmenverbände, was große organisatorische Vorteile bot. Beck hingegen bevorzugte die schrittweise Aufstellung von jeweils personell voll ausgestatteten Verbänden, die nach einer Aufbauzeit wirklich einsatzfähig waren, und danach ihre allmähliche Vermehrung. Beide Auffassungen wurden auch mitbestimmt durch eine bedrohliche außenpolitische Problematik, der Gefahr des Eingreifens der anderen europäischen Mächte. Jedes Risiko eines Präventivkrieges musste vermieden werden, bevor die Aufrüstung beendet war. Das bedeutete einerseits eine nach außen möglichst vorsichtige Aufrüstung, andererseits eine möglichst schnelle Überwindung der Schwächephase. In diesem Zielkonflikt vertraten Hitler und die Heeresführung abweichende Standpunkte. Hitler neigte zum »Bluffen«, wollte schnell eine das Ausland abschreckende Stärke erreichen, während die Heeresführung jede Provokation vermeiden wollte, zumal die beschränkten materiellen Rüstungskapazitäten und personellen Reserven dem Umfang und dem Tempo der Aufrüstung Grenzen setzten. Aus diesen Zwängen heraus musste auf eine »Tiefenrüstung«, also die Bereitstellung von Mitteln für eine lang dauernde Kriegführung, verzichtet werden. Stattdessen fand eine »Breitenrüstung« statt, die alle Anstrengungen auf die »stehenden« Truppen konzentrierte, hingegen Reserven und Vorratshaltung völlig vernachlässigte, so dass nur kurze Feldzüge durchgestanden werden konnten.

Auf der Basis der 180 000 Mann und mit den am 1. Oktober 1934 unter Verpflichtung auf ein Jahr eingetretenen Freiwilligen erfolgte die Heeresvermehrung: Jede Division hatte zwei neue aufzustellen; die alten Wehrkreis-(Divisions-)Kommandos wurden zu General-(Korps-)Kommandos ausgebaut und vermehrt. Bei der Verkündung der »Wehrhoheit« im März 1935 wurde die zukünftige Friedensstärke auf zwölf Armeekorps mit 36 Divisionen festgesetzt, nachdem das Truppenamt in einer Studie die erforderliche Kriegsstärke mit 63 bis 73 Divisionen und die dafür notwendige Friedensstärke mit 36 Divisionen berechnet hatte. Hitler forderte aus politischen, die Organisationsabteilung aus organisatorischen Gründen die Aufstellung der Rahmenverbände schon zum 1. Oktober 1935, Fritsch und Beck hatten als Ziel 1939 im Auge. Zunächst konnten sie ihre Auffassung noch einmal durchsetzen. Vergrößert wurde der Gesamtrahmen von 21 Divisionen zunächst nur durch die Übernahme von 58 Abteilungen der Landespolizeien, welche die Stämme für drei Infanteriedivisionen bildeten. Damit hatte sich

Ξ S	Wichtige gesetzliche Grundlagen		
12. Mai	1933	Einführung der Militärgerichtsbarkeit	
16. März	1935	Gesetz über den Aufbau der Wehrmacht (Einführung der allgemeinen Wehrpflicht)	
21. Mai	1935	Wehrgesetz (Regelung der allgemeinen Wehrpflicht)	
24. August	1936	Erlass über Einführung der 2-jährigen aktiven Wehrpflicht	
26. August	1939	Kriegssonderstrafrechtsverordnung (KSSVO)	

111 Das Reiter-Regiment 4 aus Potsdam marschiert durch den Grunewald. 1936/37 wurden 13 Reiterregimenter in Kavallerie-regimenter umgebildet, die im Mobilmachungsfall nach Dreitei-lung als Aufklärungsabteilungen (eine Reiter-, eine Radfahr-, eine schwere Schwadron) zu den Infanteriedivisionen treten sollten. Die Reiter-Regimenter 1 und 2 bildeten unverändert in Ostpreußen eine selbstständige Kavallerie-Brigade (mit einer reitenden Art.-Abt.), die 1940 zur Kav.Div. aufwuchs, aus der wiederum die 24. Pz.Div. entstand. Foto, ohne Jahr.

112 Die 5. Batterie des Artillerieregi-ments 6 (Minden) bei der Feldparade in Munsterlager nach dem Herbst-manöver des VI. Armeekorps. Die Infanteriedivision verfügte über drei leichte (bespannte) und eine schwere (bespannte) Abteilung zu drei Bat-terien mit je vier Geschützen, die »schnellen« Divisionen über zwei bis drei motorisierte leichte Abteilungen. zwei bis drei schwere Abteilungen waren für jedes Korps vorgesehen. Foto, 1935.

113 Infanterie marschiert. Die Gliederung des Infanterie-Regi-ments des Reichsheeres (drei Btl. zu je drei Schützen- und einer MG-Kp., einer Minenwerfer-Kp., später einer Panzerabwehr-Kp.) wurde 1936 dahin gehend ver-ändert, dass die Unterstützungs-waffen (sMG, Granatwerfer) in die Kp.- und Btl.-Ebenen integriert wurden. Panzerabw.- und Inf.-Geschütz-Kp. waren direkt dem Regiment unterstellt. Über noch mehr Unterstützungswaffen (z.B. Pionierzug) verfügte das Gebirgs-jägerbataillon. Foto, ohne Jahr.

263

die Personalstärke des Heeres in nur zweieinhalb Jahren bis Ende 1935 vervierfacht.

Im Frühjahr 1936 nach der ▶ Remilitarisierung des Rheinlandes mit seinem Potenzial an Wehrpflichtigen und an Landespolizei (vier weitere Divisionen) wurden die bisherigen Planungen gesprengt und 36 Rahmendivisionen für den Herbst vorgesehen. Ein neuer Gesamtaufbauplan vom Juni 1936 erweiterte die Planungen erheblich (drei leichte Divisionen zusätzlich, Motorisierung von vier Infanteriedivisionen, Vermehrung auf 13 Panzerbrigaden), schob aber den Abschlusstermin des Heeresaufbaus bis 1941 hinaus. Trotz Einführung der ▶ zweijährigen Dienstzeit ab Oktober 1936 und trotz einer Heeresstärke von 520 000 Mann fehlten den 36 Infanteriedivisionen Ende 1936 noch 97 000 Mann zur Sollstärke. Es kam daher dem Aufbau und der Festigung der Verbände zu Gute, dass das Jahr 1937 vergleichsweise geringe Neuaufstellungen brachte.

Das Jahr 1938 war zunächst geprägt durch die Eingliederung des österreichischen Bundesheeres. Es bestand aus 58 000 Soldaten (einschließlich geringer Luftstreitkräfte), nämlich sieben (unvollständigen) Divisionen, einer gemischten Brigade und einer schnellen Division. Hatten viele österreichische Offiziere gehofft, weiterhin einen eigenständigen Heereskörper bilden zu können wie etwa das bayerische Kontingent im Heer des Kaiserreichs, so strebte Hitler die völlige Verschmelzung mit dem deutschen Heer an. Das bedeutete praktisch die Auflösung des Bundesheeres, die Vermischung seiner Teile mit reichsdeutschen Einheiten und die Neuaufstellung von sechs Divisionsverbänden. So fand sich der eine oder andere österreichische Offizier plötzlich in ein ostpreußisches Reiterregiment oder ein westfälisches Infanterieregiment versetzt. In dem im Herbst 1938 besetzten Sudetenland entstanden zwei weitere Divisionsverbände. Gleichzeitig wurde die Zahl der so genannten Ergänzungsbataillone für Wehrpflichtige der älteren Jahrgänge drastisch erhöht, um eine vermehrte Reservistenausbildung der »weißen« Jahrgänge 1901 bis 1913 zu gewährleisten, eine Maßnahme, die schon auf den Krieg hindeutete.

Vor der Mobilmachung 1939 bestand das Heer aus 52 »aktiven« Divisionen (35 Infanteriedivisionen, vier motorisierte Infanteriedivisionen, sechs Panzerdivisionen, vier leichte Divisionen, drei Gebirgsdivisionen) und einer Kavalleriebrigade. Zu den Waffengattungen des Reichsheeres: Infanterie, Kavallerie, Artillerie, Pioniere, Nachrichtentruppe, Kraftfahrtruppe, Fahrtruppe und Sanitätstruppe traten vor dem Zweiten Weltkrieg die Panzertruppe und die Nebeltruppe. Die spektakulären Erfolge der Panzer- und motorisierten Verbände in der ersten Hälfte des Krieges täuschen über die Tatsache hinweg, dass das Heer der Wehrmacht ein Infanterieheer war und bis zum Kriegsende blieb. Die Infanteriedivision hatte eine Kriegsstärke von etwa 17 000 Mann und 4760 Pferden. Die Infanteriedivision (mot.) war auf nur bedingt geländegängigen Kraftfahrzeugen verlastet. Ihre Stärke betrug rund 16 000 Mann auf 4000 Fahrzeugen. Die leichten Divisionen mit motorisierter Infanterie, einer Panzerabteilung und einem Aufklärungsregiment erfüllten die in sie gesetzten Erwartungen nicht, sie wurden nach Kriegsbeginn in Panzerdivisionen umgegliedert.

Durch die Bestimmungen des Versailler Vertrages war das Reichsheer überproportional mit der traditionsreichen, aber veralteten Kavallerie ausgestattet. Im Gegensatz zu anderen Ländern wurde die deutsche Kavallerie nicht zum treibenden Element bei der Motorisie-

264

114
Feldfernsprecher der Wehrmacht.
Mitte 1930er Jahre.

115 Einmarsch der deutschen Wehrmacht in das entmilitarisierte Rheinland. Foto, 7. März 1936.

≡" 1 »Winterübung. Befehl des Oberbefehls-habers des Heers/Generalstab des Heeres« (3. März 1936)

Der Versailler Vertrag hatte beiderseits des Rheins eine entmilitarisierte Zone geschaffen. Militärische Anlagen und die Stationierung deutscher Truppen waren hier verboten. Der Einmarsch der Wehrmacht im Frühjahr 1936 löste nationalen Jubel aus.

»Der Führer und Oberste Befehlshaber der Wehrmacht hat angeordnet, dass die entmilitari-sierte Zone überraschend besetzt wird.
Durchführung erfolgt auf das Stichwort ›Winter-übung‹ [...].
Zur Wahrung der Überraschung ist die Absicht zur Besetzung der entmil. Zone allen nicht un-mittelbar beteiligten Stellen und der Truppe ge-genüber bis zum Abtransport der Truppe streng geheim zu halten [...].
Die Unterrichtung der Stadtverwaltungen und höheren Verwaltungsbehörden erfolgt durch die territorial zuständigen Gen.Kdos. etwa gleichzei-tig mit dem Eintreffen der ersten Transporte.«

Zit. nach: BA-MA, RH 2/1007, Bl. 11–18

≡" 1 »Vertrauliche Presseanweisung des Reichsministeriums für Volksaufklärung und Propaganda über die Verlängerung der Wehrdienstpflicht« (24. August 1936)

Nach der Einführung der allgemeinen Wehrpflicht 1935 war die Verlängerung der Dienstzeit nun ein weiterer Schritt zum Übergang vom defensiven zum offensiven Charakter der deutschen Aufrüs-tung.

»Die Einführung der zweijährigen Militärdienstzeit in Deutschland muß mit den ungeheuren Rüstun-gen in der Sowjetunion begründet werden, die in Spanien aktiv und durch Waffenlieferungen in den Krieg eingegriffen hat. Das Opfer, das durch die zweijährige Dienstzeit gebracht werden müsse, sei verglichen mit dem Bewußtsein, in einem gesicher-ten Lande zu wohnen, gering.«

Zit. nach: Digitale Bibliothek, Bd 49: Das Dritte Reich, S. 8445

265

rung, sondern hielt zäh am Pferd fest. So wurden von den 18 Reiterregimentern nur eines in ein Panzerregiment und zwei in (mot.) Schützenregimenter umgegliedert. Zwei ostpreußische Reiterregimenter bildeten eine Kavalleriebrigade, die übrigen Kavallerieregimenter sollten im Mobilmachungsfall nach Teilung in jeweils drei Aufklärungsabteilungen zu den Infanteriedivisionen treten.

Die Panzertruppe entstand vielmehr aus der Kraftfahrtruppe des Reichsheeres. Ihre Entwicklung ist aufs Engste mit den Generalen Oswald Lutz und ▸ Heinz Guderian verbunden, die frühzeitig die operativen Möglichkeiten der neuen Waffe erkannt hatten. Während der Panzer sonst überwiegend als taktisches Hilfsmittel der Infanterie zur Überwindung des Stellungskrieges angesehen wurde, war Guderian davon überzeugt, dass die Panzer vom Angriffstempo der Infanterie gelöst und in operativen Großverbänden zusammengefasst werden müssten. Dazu waren den Kampfpanzern die notwendigen Unterstützungswaffen beizugeben: motorisierte Artillerie, Kradschützenbataillone und motorisierte Schützenregimenter. Obwohl die Heeresleitung schon 1934 beschlossen hatte, drei Panzerdivisionen aufzustellen, sollte nach Becks Absicht die ▸ Panzerbrigade der größte operative Panzerverband sein. Hier trat eine gewisse Skepsis gegenüber Guderians Konzept zutage. Beck sah im Panzer immer noch zugleich ein Mittel zur direkten Unterstützung der Infanterie und wollte beide Wege offen halten. Als »Bausteine« sollten die Panzerbrigaden entweder den Kern einer Panzerdivision bilden oder abteilungsweise auf Infanteriedivisionen aufgeteilt werden können. Nach der Bewährungsprobe der Panzerdivisionen in den Manövern von 1937, vollends nach dem Rücktritt Becks als Chef des Generalstabs, setzte sich Guderians Konzept

endgültig durch und die selbstständigen Brigaden wurden zum Kern neuer Panzerdivisionen. Bei Kriegsausbruch erreichten diese ihre Sollstärke von 12 700 Mann, 450 Panzern und 4000 weiteren Fahrzeugen allerdings nicht, sondern verfügten jeweils über nur 320 bis 330 Panzer.

Im Reichsheer war ganz besonders die Stärke der Artillerie beschränkt worden. Vor allem die schwere Artillerie, die nach dem Versailler Vertrag verboten war, musste nach 1935 völlig neu aufgebaut werden. Die Folge war, dass sich die Artillerie in den knapp fünf Jahren des Heeresaufbaus fast verzehnfachen musste. Pionier- und Nachrichtentruppen wurden sogar um mehr als das Zehnfache vergrößert, standen aber trotzdem im Hinblick auf Ausbildung und Ausrüstung im internationalen Vergleich an der Spitze. Die auf der Fahrtruppe basierenden Versorgungstruppen wurden beim Heeresaufbau vernachlässigt, so dass sie bei der Mobilmachung fast ausschließlich aus Reservisten aufgestellt werden mussten.

c) Personeller Strukturwandel

Im Jahr 1932 verfügte das Reichsheer über weniger als 4000 Truppenoffiziere. Obwohl davon nach 1933 fast 900 in die Luftwaffe übertraten, vergrößerte sich ihre Zahl bis 1938 auf etwa 22 000, eine Vervielfachung in einer Größenordnung, wie sie in diesem Verhältnis selbst im Krieg nicht auftrat.

Wenngleich der Offiziertyp der Reichswehr das Vorbild für alle Neuzugänge blieb, musste die rasante Vermehrung das Offizierkorps traditioneller Prägung und dessen soziale Einheitlichkeit zerstören: Ein revolutionärer Vorgang in der deutschen Militärgeschichte und – nach den Restaurationsbestrebungen der Reichswehr – ein umso radikaler wirkender Modernisierungsprozess. Denn das Reichsheer war bei

116
Feldstecher der Wehrmacht.
Mitte 1930er Jahre.

117 Befehlsausgabe beim Stab des Panzer-Regiments 7 (Ohrdruf) beim Wehrmachtsmanöver in Mecklenburg und Pommern. Foto, 1937.

119 Vorgehende Panzer des Panzer-Regiments 1 im Manöver. Foto, 1937.

120 Motorisierte schwere Feldhaubitze bei der Herbstübung des Gruppenkommandos 2 des V. und IX. Armeekorps. Foto, 1936.

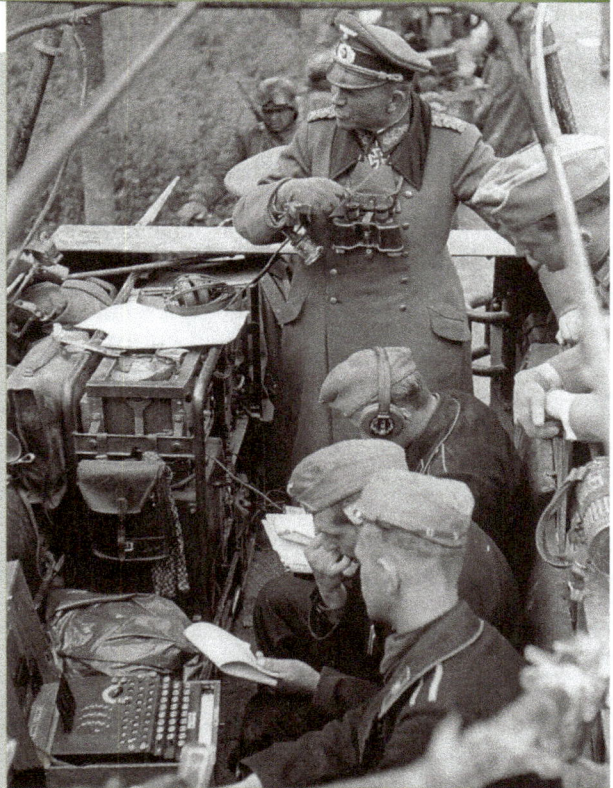

118 General Heinz Guderian in seinem Befehlspanzer während des Frankreichfeldzuges; vorne links eine Enigma-Chiffriermaschine. Foto, Mai 1940.

B Heinz Guderian (1888–1953)
Generaloberst – Guderian entwickelte in den späten 20er Jahren die Vorstellung, dass einzig der Panzer eine Wiederbelebung der beweglichen Kriegführung ermöglichen würde. Dazu mussten die Panzer vom Angriffstempo der Infanterie gelöst und in eigenen »schnellen« Verbänden zusammengefasst werden.

In den folgenden Jahren war Guderian maßgeblich an der Entwicklung der nötigen Strukturen für dieses entscheidende Waffensystem beteiligt und ebnete ihm schließlich 1934 mit einem Vortrag vor Hitler den Weg.

Die wagemutigen Vorstöße des Schöpfers der deutschen Panzerwaffe während des Polen-, Frankreich- und in der Anfangsphase des Russlandfeldzuges brachten ihm den Ruf eines legendären Panzerkommandeurs ein. Als er jedoch vor Moskau eigenwillig seine von Einschließung bedrohten Verbände zurückzog, verabschiedete ihn Hitler in den Ruhestand.

Seiner Reaktivierung als Generalinspekteur der Panzertruppe folgte 1944 die Ernennung Guderians zum Generalstabschef des Heeres. Nach dem Krieg ging er für drei Jahre in amerikanische Kriegsgefangenschaft.

267

der Ergänzung seines Offiziernachwuchses Anfang der dreißiger Jahre etwa wieder auf dem Stand von 1865 angelangt. Über 80 Prozent der Offizieranwärter wurden aus den traditionellen »offizierfähigen« Gesellschaftsschichten, den so genannten erwünschten Kreisen, also aus den alten, meist adeligen Offizierfamilien, den höheren Beamten- und Akademikerfamilien und Gutsbesitzern rekrutiert, nur bei einem geringeren Anteil waren die Väter Kaufleute und Fabrikanten oder nachgeordnete Beamte.

Dass bei dem immensen Bedarf an Offiziernachwuchs der bevorzugte Rekrutierungsbestand viel zu klein war und daher auch auf Söhne aus bisher an sich »unerwünschten Kreisen« zurückgegriffen werden musste, liegt auf der Hand. Das galt erst recht für das Reserveoffizierkorps. Doch kamen auch politisch-ideologische Faktoren hinzu. Die seit der Monarchie bestehende »Integrationsproblematik« der halb-feudal eingestellten militärischen Führungselite in die moderne Industriegesellschaft ließ sich durch eine »soziale Öffnung« teilweise lösen. Die ▸ »Frontkämpfermythologie« des Ersten Weltkrieges hatte das Verhältnis von Offizier und Mannschaften zueinander grundlegend verändert. Standesprinzipien und -privilegien waren schon hier von der Wirklichkeit eingeholt worden. Der vor allem nach Kriegsende stilisierte »Frontkämpfer« galt als Prototyp des Offiziers im künftigen »Totalen Krieg«. Ebenso war die »Frontkämpfermythologie« ein wesentlicher Bestandteil der nationalsozialistischen Ideologie, hinzu kam außerdem die Idee der »Volksgemeinschaft«.

Künftig sollte, so Generalfeldmarschall von Blomberg 1937, »jedem Volksgenossen, sofern er gesund an Körper, Charakter und Geist ist, die Offizierlaufbahn erschlossen« sein; er sah »in der schrittweisen Durchführung des Leistungsprinzips ohne Rücksicht auf Herkunft, Stand und Geldbeutel des Vaters eine der wichtigsten Forderungen des neuen deutschen Sozialismus«. Die hohen Verluste im Zweiten Weltkrieg steuerten dann zwangsläufig zur »Einebnung ständisch orientierter Selektionsmechanismen« bei (Bernhard R. Kroener). Von den Offizieranwärtern des Jahres 1942 entstammten nur noch 21 Prozent den sozial gehobenen Schichten, hingegen 51 Prozent den mittleren und 28 Prozent den unteren.

Die früheren Auslesemechanismen bestanden vor allem in der geforderten Bildungsvoraussetzung, in der Reichswehr das Abitur, im Recht der Regimentskommandeure auf Auswahl und Einstellung von Offizieranwärtern in ihre Regimenter auf Grund ihres persönlichen Urteils – die bereits im Reichsheer eingeführten psychologischen Eignungstests wurden von zahlreichen Kommandeuren als Einmischung in ihr Auswahlrecht abgelehnt – sowie im Privileg des Offizierkorps auf die »Offizierwahl«, das heißt die Zustimmung zur Aufnahme eines Fähnrichs in das Offizierkorps des Regiments. Als zwangsläufige Folge der hohen Verluste im Krieg gegen die Sowjetunion musste als Erstes auf das »Bildungsprivileg« verzichtet werden; der Anteil der Abiturienten unter den Offizierbewerbern sank im Jahr 1942 von 75 auf 59 Prozent. Aber auch die anderen Auswahlkriterien waren nicht mehr zweckmäßig, ja sie galten in den Augen der meisten jüngeren Offiziere als überholt und entbehrlich, wie auch ein anderes Kennzeichen des Offizierkorps als Stand und herausgehobene gesellschaftliche Gruppe: der traditionelle Ehrenkodex.

Das nationalsozialistische Regime förderte diese Entwicklung, weil durch das Eindringen breiter Bevölkerungskreise, vor allem auch von Zigtausenden von Reserveoffizieren, in das tra-

---

S Das Entstehen der »Frontkämpfermythologie« setzte unmittelbar nach dem Ende des Ersten Weltkrieges ein. Für eine ganze Generation war das Fronterlebnis des Krieges das Schlüsselerlebnis ihrer Jugend. Als Soldaten hatten sie erlebt, wie in den Schützengräben eine Solidaritätsgemeinschaft entstand, die scheinbar alle gesellschaftlichen Schranken verwischte. Nach dieser Erfahrung konnten sich viele ehemalige Soldaten nicht mehr in die Zivilgesellschaft einfügen. Konfrontiert mit der unruhigen Weimarer Republik, verklärten Sie ihr Fronterlebnis zu einem gesellschaftlichen Gegenmodell. Hitler verstand es, die Gefühle dieser Generation zu artikulieren und seine militärisch organisierte Partei in ein Sammelbecken für jene Jahrgänge zu verwandeln.

Gliederung der 4. Panzer Brigade
(2,2 km breit, 2,8 km tief)

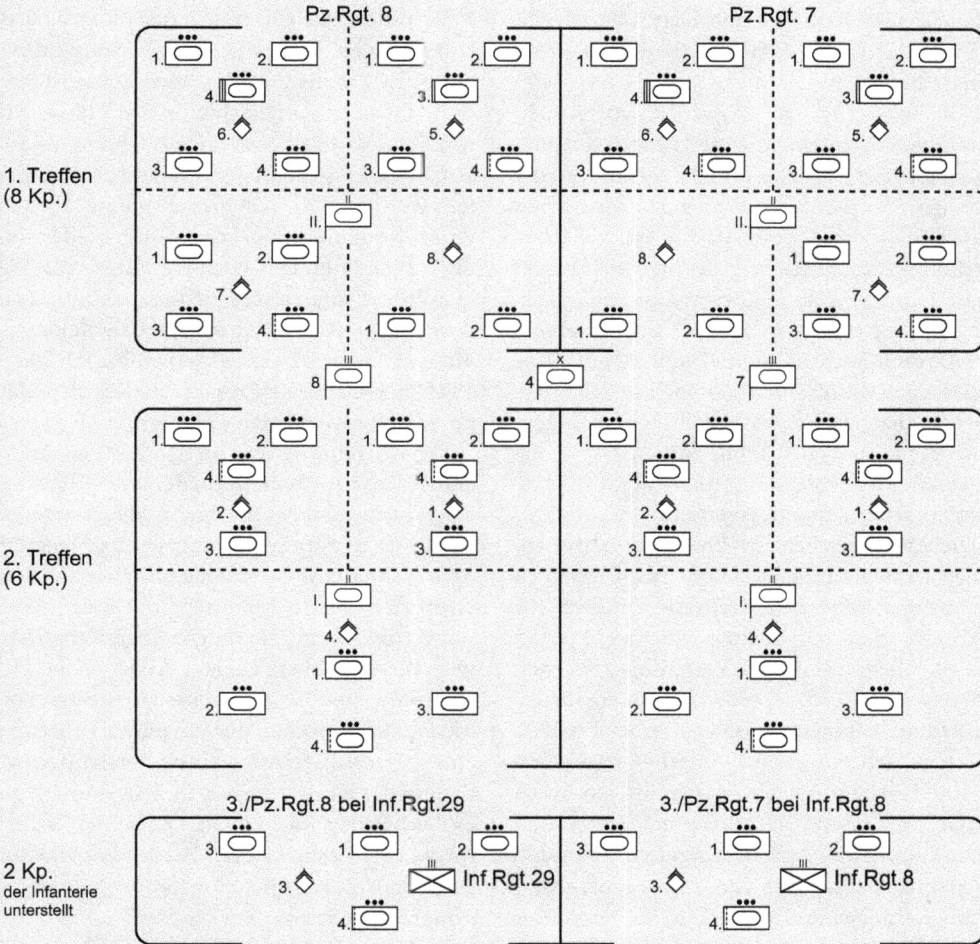

Pz.Rgt. 8   Pz.Rgt. 7

1. Treffen
(8 Kp.)

2. Treffen
(6 Kp.)

3./Pz.Rgt.8 bei Inf.Rgt.29   3./Pz.Rgt.7 bei Inf.Rgt.8

2 Kp.
der Infanterie
unterstellt

Inf.Rgt.29   Inf.Rgt.8

	1.,2.bzw.3. Zg.d.1.,2.,4.–7./Pz. Rgt.7 u.8 in Keilform		1.,2.bzw.3.Zg.d.1.–8./Pz. Rgt.7 u.8 in Doppelreihe	Stab Pz.Abt.
	3.Zg.d.8./Pz.Rgt.7 u.8 in Keilform		4.Zg.d.1.u.2./Pz. Rgt.7 u.8 in Keilform	Stab Pz.Rgt.
	4.Zg.d.8/Pz.Rgt.7 u.8 in Keilform		Komp.Führer mit Komp.Tr.	Stab Pz.Brig.
	4.Zg.d.3.-7./Pz.Rgt.7 u.8 in Doppelreihe			

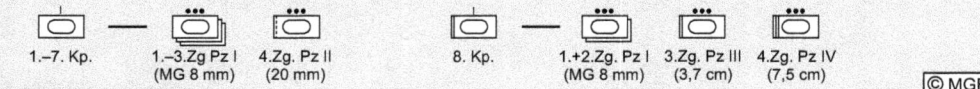

1.–7. Kp.   1.–3.Zg Pz I   4.Zg. Pz II   8. Kp.   1.+2.Zg. Pz I   3.Zg. Pz III   4.Zg. Pz IV
(MG 8 mm)   (20 mm)   (MG 8 mm)   (3,7 cm)   (7,5 cm)

Quelle: BA-MA, RH 37/2378

© MGFA
05464-05

269

ditionelle Offizierkorps und durch die damit verbundene Auflösung der die Gruppensolidarität garantierenden Normen die ideologische »Gleichschaltung« und Kontrolle erleichtert wurde. Nach dem Kalkül des Regimes konnte die gesellschaftliche Aufwertung, welche die bisher für den Offiziernachwuchs nicht in Frage kommenden Gesellschaftsschichten durch Offiziere aus ihren Reihen erfuhren, die Identifizierung mit der nationalsozialistischen Aufrüstungs- und Kriegspolitik nur erhöhen. Im Beförderungswesen ging man mehr und mehr vom ▶ »Anciennitätsprinzip« zum »Leistungsprinzip« über, später im Krieg bedeutete das »Frontbewährung«, und konnte auf diese Weise jüngere, oft auch ideologisch zuverlässigere Offiziere in Spitzenstellungen bringen. Nach dem »Endsieg« sollte dann die Tendenz zu einem alle Schichten umfassenden »Volksoffizierkorps« vollendet werden.

Die ideologischen Triebfedern für die sozialen Umwälzungen blieben aber schließlich nachrangig. Bedeutender für die Zukunft war vielmehr, dass die Lösung von den Werten des 19. Jahrhunderts das Verhältnis zwischen Offizier und Zivilgesellschaft »normalisierte«. Hatte die bewaffnete Macht noch bis 1935 durch Abschottung ihre überlieferten Werte und Normen bewahren können, so brach durch die rasche Heeresvermehrung, erst recht durch die Auswirkungen des totalen »Massenkrieges«, der die Zivilbevölkerung kaum weniger berührte als die Soldaten, der Damm der Abgrenzung. Am Ende dieser »sozialen Revolution« war das Offizierkorps keine ▶ gesellschaftliche Elite mehr, besaß es keine Exklusivität mehr, war es sozial angeglichen und in der Gesellschaft aufgegangen. Es war – im sozialgeschichtlichen Sinne – »modernisiert«.

d) Ausbildung und Erziehung

Bei der stürmischen Vergrößerung des Heeres war es unmöglich, das außerordentlich hohe Niveau des Reichsheeres in der Mannschafts-, Unteroffizier- und Offizierausbildung zu halten. Das Problem in der Mannschaftsausbildung lag in der unterschiedlichen Altersstruktur: Da dem Heer Reservisten fehlten, musste auf ältere ungediente Jahrgänge zurückgegriffen werden. Die Geburtsjahrgänge ab 1914 wurden regulär eingezogen und friedensmäßig ausgebildet. Die »weißen Jahrgänge« 1901 bis 1913 erhielten nur eine Kurzausbildung von drei Monaten. Zu Beginn des Polenfeldzuges mussten auch die kriegsgedienten Jahrgänge 1894 bis 1900 herangezogen werden, also Männer im Alter von 39 bis 45 Jahren.

Die Ausbildung war, an den Zeitumständen gemessen, an sich modern, der alte »Kommissgeist« war mehr und mehr verschwunden. Lediglich in den Ergänzungstruppenteilen, in denen ältere kriegsgediente Offiziere und Unteroffiziere ältere Mannschaften ausbildeten, wurde über »stumpfsinnigen Exerzierbetrieb«, wie vor 1914 üblich, geklagt. In der ersten Phase des Zweiten Weltkrieges ermöglichten noch die Pausen zwischen den einzelnen Feldzügen eine gründlichere Ausbildung der Truppe. Mit Beginn des Krieges gegen die Sowjetunion gab es diese Pausen nicht mehr. Die hohen Verluste führten schließlich zu der Forderung, die Rekruten in drei bis vier Monaten »frontverwendungsfähig« zu machen.

Im Ersten Weltkrieg hatte sich der Unteroffizier zum taktischen Führungsgehilfen des Offiziers entwickelt. Dieser Prozess setzte sich im Reichsheer mit seiner zwölfjährigen Dienstzeit naturgemäß verstärkt fort und wurde auch in der Wehrmacht gefördert. Ziel der Ausbildung war der zur Führung eines Zuges befähigte,

270

S Die Beförderungspraxis im Offizierkorps der frühneuzeitlichen Armee des 18. Jahrhunderts beruhte auf dem Anciennitätsprinzip. Dieses Prinzip bedeutete eine Beförderung, die streng an das Dienstalter gebunden war. Beförderung außerhalb der »tour«, also unabhängig vom Dienstalter, waren besonders in Kriegszeiten möglich oder bedurften der besonderen Gunst des Fürsten. Das Anciennitätsprinzip blieb selbst in der Wehrmacht, wenn auch in abgeschwächter Form, noch weiter bestehen.

S Auszug aus der Einkommensübersicht der Soldaten (1935)

Ortsklasse A	Verheiratete u. ledige Selbstmieter über 45 Jahren	ledige Selbstmieter unter 45 Jahren	ledige Kasernierte
General	1717,90	1689,82	
Generalleutnant	1392,91	1364,83	
Generalmajor	1169,83	1146,43	
Oberst	972,70	948,70	
Oberstleutnant	773,05	748,15	
Major	696,40 bis 672,49	673,90 bis 646,09	
Hauptmann	642,59 bis 451,71	614,66 bis 430,26	
Oberleutnant und Leutnant	405,08 bis 243,76	383,64 bis 228,37	
Oberfeldwebel	243,76	228,37	186,80
Feldwebel	239,10	223,70	182,13
Unteroffizier, Stabsgefreiter	191,01	176,53	149,44
Gefreiter	136,84	126,09	116,80
Schütze	118,29	106,86	89,46

Zit. nach: H.Dv. Nr. 325. Kassen- und Rechnungslegungsordnung für das Heer (HKRO), Nachdruck 1936

selbstständig denkende und handelnde Feldwebel. Dass die Kriegsverluste auch an diesem Ideal zu Abstrichen zwangen, leuchtet ein. Die Verkürzung der Ausbildungszeit zum Offizier von vier auf zweieinhalb Jahre sowie der Zwang, so viele Bewerber wie möglich anzunehmen, ließen auch die ▸ Qualität des jüngeren Offizierkorps – an Reichswehr-Maßstäben gemessen – deutlich absinken. Schon 1938 bezeichneten die Kriegsschulen 30 Prozent eines Jahrgangs als nicht geeignet! Der Verlauf der ersten Kriegsjahre bewies jedoch die hohe Qualifikation des deutschen Offiziers – wie auch des Unteroffiziers und Soldaten – im Vergleich zu seinen Gegnern und Verbündeten.

Ein unlösbares Problem bestand darin, auf der Basis der etwa 300 ausgebildeten Führergehilfen des Reichsheeres die notwendige Anzahl von Generalstabsoffizieren auszubilden und die vorhandenen Stellen zu besetzen.

Die Ausbildung wurde von drei auf zwei Jahre verkürzt und ein Qualitätsverlust in Kauf genommen. So wurde zum Beispiel 1935 von Generalstabschef Beck eine Ausbildung oberhalb der Divisionsebene untersagt. Trotzdem gelang es bei Kriegsausbruch nicht, alle 824 Generalstabsstellen mit voll ausgebildeten Generalstabsoffizieren zu besetzen. Nur durch Heranziehung von 299 noch an der Kriegsakademie in der Ausbildung befindlichen Offizieren sowie von »Ergänzungsoffizieren« aus der Truppe wurde der Bedarf knapp gedeckt, Reserven waren aber nicht vorhanden.

Im Bereich der »soldatischen Erziehung« begann die Reichswehr- und Wehrmachtführung schon frühzeitig im Winter 1933/34 die Weichen in Richtung NS-Gedankengut zu stellen. Im Gegensatz dazu versuchte die Heeresführung an den traditionellen Erziehungsgrundsätzen festzuhalten. Fritsch, seit Februar 1934 Chef

271

121
Schirmmütze für Offiziere des Heeres (Gebirgstruppe).

⊡ 1 Werner von Blomberg,
»Grußpflicht der Wehrmachtangehörigen«
(23. September 1933)

*Die Anordnung des Reichswehrministers regelte
die militärischen Grußformen und die Anwendung
des »Deutschen Grußes«.*

»3. Ein gegenseitiges Grußverhältnis verbindet die
Wehrmacht mit den Angehörigen der nationalen
Verbände. Es ist selbstverständliche Taktfrage, daß
auch hierbei der Jüngere und im Dienstgrad Nie-
dere dem Älteren und im Dienstgrad Höheren den
Gruß zuerst erweist. Es ist Ehrensache des Soldaten, jeden Gruß soldatisch stramm zu erweisen.

4. Die Fahnen der nationalen Verbände sind bei
Aufmärschen geschlossener Abteilungen oder öffentlichen nationalen Kundgebungen zu grüßen.

5. Der deutsche Gruß ist von Soldaten und Beamten in Uniform, wenn sie keine Kopfbedeckung
tragen, in folgenden Fällen anzuwenden:
a) beim Singen des Deutschland- und des Horst-
Wessel-Liedes
b) im außerdienstlichen Grußverkehr innerhalb und
außerhalb der Wehrmacht.
Der einem Vorgesetzten zu erweisende Gruß ist
immer eine militärische Ehrenbezeugung, die in
militärischer Form geschieht.

6. Soldaten und Beamte in bürgerlicher Kleidung
wenden ebenso wie Angestellte und Arbeiter stets
den deutschen Gruß an.

7. Soldaten, welche ein Hoch ausbringen, bedienen
sich dabei wie bisher des alten Soldaten-Schlacht-
rufes ›Hurra‹.

8. Im Schriftverkehr mit Behörden oder Einzelper-
sonen ist nichts dagegen einzuwenden, daß an
Stelle langer Höflichkeitsformeln die sich immer
mehr einbürgernde Form ›Mit Heil Hitler!‹ Anwendung findet.

9. Als besondere Ehrung, lediglich für die Person
des Reichskanzlers Adolf Hitler wird bestimmt, daß
er von Offizieren, Unteroffizieren und Mannschaften, soweit sie nicht dienstlich eingetreten sind, mit
dem deutschen Gruß begrüßt wird. Dieser Fall tritt
z.B. im Manövergelände bei der rührenden oder
rastenden Truppe ein.

*Zit. nach: Ursachen und Folgen. Vom deutschen
Zusammenbruch 1918 und 1945 bis zur staatlichen Neuordnung Deutschlands in der Gegenwart. Eine Urkunden- und Dokumentensammlung
zur Zeitgeschichte. Hrsg. und bearb. von Herbert
Michaelis und Ernst Schraepler unter Mitwirkung
von Günter Scheel, Bd 10, Berlin 1965, Nr. 2357c*

der Heeresleitung, war bemüht, ein »standes-
bewusstes«, »exklusives« Offizierkorps ohne
»Standesdünkel« zu bewahren. Die Inhalte der
Erziehung waren nach ▶ nationalsozialistischen
Maßstäben eher unpolitisch und orientierten
sich an den überkommenen soldatischen Werten und Idealen. Im Wesentlichen gelang es bis
zur Verabschiedung Fritschs im Februar 1938,
schwer wiegende Einbrüche der »Partei« in den
Bereich des Heeres abzuwehren.

Auch ihr Versuch, auf das Schrifttum der
Wehrmacht und auf Veröffentlichungen von Soldaten durch Zensur Einfluss zu nehmen, konnte
noch vereitelt werden. Zur Abwehr bildete sich
in den Heeresschriften eine »Wehrmachtideolo-
gie« (Manfred Messerschmidt) heraus, die im
Kern versuchte, der NS-Ideologie Sekundär-
funktionen zuzuweisen: Soldatentum und Nationalsozialismus seien vom gleichen Stamme,
der Nationalsozialismus nur die politische Ver-
körperung echten Soldatentums.

122 Email-Schild zur Befestigung
vor Geschäften, 1930er Jahre.

123 Große Wehrmachtparade in Berlin anlässlich Adolf Hitlers 50. Geburtstag. Foto, 20. April 1939.

1 Hermann Foertsch, »Wer soll Offizier werden?« (1938)

Der Oberst i.G. und Pressechef im Reichswehrministerium äußert seine Meinung über die Voraussetzungen, die zum Offizierberuf befähigen.

»Wer soll Offizier werden? Kurz gesagt; wer in sich den Willen und die Kraft fühlt, diese Pflichten auf sich zu nehmen und Vorbild zu sein; wer dazu über die sittlichen, geistigen und körperlichen Kräfte verfügt [...].

Wer im Offizierberuf nur eine bevorzugte gesellschaftliche Stellung erstrebt, der bleibe fern. Wer glaubt, durch die Uniform und Achselstücke ›etwas Besseres‹ zu werden als andere, der hat den Sinn der Zeit nicht erfaßt [...].

Wer der Ansicht ist, die in manchen Kreisen vor dem Kriege sich festzusetzen schien, daß es zum Offizierberuf immer ›noch reiche‹, wenn ein Studium oder ein anderer ›geistiger Beruf‹ verschlossen blieb, der lasse die Hände weg. Wer ausbilden, erziehen und führen will, muß schon über ein erhebliches Maß von geistigen Fähigkeiten verfügen. Dummköpfe haben noch nie eine Armee zum Siege geführt. [...]

Wer glaubt, daß der Offizier ein bequemes Leben führt, wird schwere Enttäuschungen erleben. Der Offizier ist immer im Dienst. Die Bindungen, die er auf sich genommen hat, wenn er sich diesem Beruf verschrieb, kann er nie ablegen. Die Pflicht steht obenan. Deshalb heißt er Offizier. Mit dem Abreißen bestimmter Dienststunden ist es nicht getan. Immer umgibt ihn die Pflicht zur Fürsorge und immer und in stetig wachsendem Maße die Pflicht zur eigenen Weiterbildung. [...]

Wer der Ansicht sein sollte, daß Wehrmacht und Soldatentum eine politische Isolierschicht in sich bergen, hat die Voraussetzungen für Leben und Vergehen der Völker nicht erkannt. Er taugt nicht zum Offizier. Eine unpolitische Wehrmacht gibt es nicht und hat es nie gegeben. Die Wehrmacht ist ein Instrument der Politik. Diesem Gesetz hat sich jeder zu fügen, der in der Wehrmacht dienen, vor allem als Diener führen will. Wer ein Sonderleben führen will, bestreite es auf seine Kosten. Der Offizier des Dritten Reiches ist Nationalsozialist oder er ist kein Offizier des neuen Deutschland.«

Zit. nach: Hermann Foertsch, Wer soll Offizier werden? In: Deutsche Infanterie, 9 (1938), S. 3 f.

273

3. Die Marine (Werner Rahn)

a) Seestrategie und Kriegsbild

Die konzeptionellen Vorstellungen der Reichs- und Kriegsmarine waren von 1928 bis Anfang 1943 geprägt vom Chef der Marineleitung (ab 1935 Oberbefehlshaber der Kriegsmarine), Admiral (ab 1939 Großadmiral) Erich Raeder. Er entwickelte nach Auswertung der Seekriegführung im Ersten Weltkrieg eine seestrategische Konzeption, die es dem zur See Schwächeren ermöglichen sollte, sowohl seine Schutz- und Sicherungsaufgaben zu erfüllen, als auch die gegnerischen Seeverbindungen zu bekämpfen. Diese Idee ging davon aus, dass alle Seekriegsschauplätze eine Einheit bilden und dadurch jede Operation in ihrer Wechselwirkung zu anderen Seegebieten gesehen werden musste. Kreuzerkrieg in Übersee und Schlachtflotteneinsatz im Heimatgebiet waren demnach keine sich gegenseitig ausschließenden Alternativen, sondern Bestandteile einer Seestrategie, die unter Ausnutzung der Kräfteaufsplitterung beim Gegner die Abnutzung seiner Kräfte und die Unterbrechung der Zufuhren anstrebte.

Raeder präsentierte seinen strategischen Ansatz am 3. Februar 1937 in einem Vortrag vor Hitler, Reichskriegsminister Blomberg und höheren Parteiführern. Bei der Analyse der Kriegserfahrungen wies er auf die Wechselwirkung zwischen Strategie und wehrgeografischer Lage eines Landes hin. Er machte dabei deutlich, dass bei einer künftigen Seekriegführung gegen Frankreich die ungünstige eigene geografische Lage nur durch weiträumige Operationen im Mittel- und Nordatlantik gebessert werden könne. Beim Vergleich der Land- und Seekriegführung hob er die Bedeutung der materiellen Komponente für den Seekrieg hervor.

Versäumnisse im Frieden seien im Kriege nicht mehr nachzuholen: »Starke und weit reichende Schiffbaupolitik im Frieden ist deshalb ein Bestandteil der Strategie im Kriege.« Raeder war sich auch der Totalität eines künftigen Krieges bewusst, der ein Kampf nicht nur der Soldaten sondern »Volk gegen Volk« sei. Bei dem wechselseitigen Ringen werde »dann der Staat den Enderfolg für sich buchen können, der über die größere Menschenzahl, noch mehr aber über unbegrenztes Material und Lebensmittel« verfüge. Damit wies er auf die offenkundigen Schwächen im Kriegführungspotenzial des Reiches hin.

Am 18. Juni 1937, zwei Jahre nach Abschluss des ▶ Deutsch-Britischen Flottenabkommens, vertrat die Seekriegsleitung die Auffassung, dass bei einem Zweifrontenkrieg gegen Frankreich und Russland ein englisches Eingreifen nicht ausgeschlossen sei. In diesem Fall könne eine Entscheidung nur im Angriff auf die atlantischen Seeverbindungen angestrebt werden, was im Hinblick auf die fehlenden materiellen und geografischen Voraussetzungen wenig aussichtsreich sei.

Nur wenige Monate später verschärfte sich die Lage, als Hitler am 5. November 1937 erklärte, dass er seine imperialistischen Ziele – »Gewinnung größeren Lebensraumes« – gewaltsam erreichen wolle. Raeder musste nunmehr erkennen, dass der ▶ Flottenaufbau in Gefahr geriet, lediglich ein Torso zu bleiben, wenn ein Konflikt unter Beteiligung Großbritanniens vorzeitig auszubrechen drohte.

Als Hitler im Frühjahr 1938 bei dem sich abzeichnenden Widerstand der Westmächte gegen seine Expansionspolitik in Mittel- und Osteuropa die Weisung erteilte, bei allen Kriegsvorbereitungen neben Frankreich und Russland auch Großbritannien als möglichen Gegner zu berücksichtigen, war die Marineführung ge-

Ξ **S** Am 18. Juni 1935 kam es zum Abschluss eines Deutsch-Britischen Flottenabkommens. Das Abkommen zur Rüstungsbegrenzung sah bei der Kriegsmarine ein deutsch-britisches Stärkeverhältnis von 35 zu 100, bei U-Booten von 45 zu 100 sowie im Falle verstärkten Flottenbaus von Drittstaaten, eine Parität vor. Hitler verstand das Abkommen als Auftakt für ein umfassendes Bündnis mit Großbritannien. Die britische Seite dagegen betrachtete den Vertrag als Vorstufe für ein Luftwaffenabkommen und wollte angesichts der maritimen Bedrohungen durch Italien und Japan ein Flottenwettrüsten mit den Deutschen vermeiden. London nahm dafür den offenen Bruch des Versailler Vertrages und das Ende der außenpolitischen Isolierung Hitlers in Kauf.

s

Der Ausbau der Kriegsmarine (1920–1939)

1920–1933

Zahl	Typ [1]		ts (Standard) [2]	Indienststellung
–	Großkampfschiffe		verboten	
1	Panzerschiff	DEUTSCHLAND (1931)	11 700	1.4.33
–	Schwere Kreuzer		verboten	
5	Leichte Kreuzer	LEIPZIG (1929)	6 515	8.10.31
		KÖLN (1928)	6 650	15.1.30
		KARLSRUHE (1927)	6 730	6.11.29
		KÖNIGSBERG (1927)	6 650	17.4.29
		EMDEN (1925)	5 600	15.10.25
–	Zerstörer		–	–
12	Torpedoboote	MÖWE/TIGER (1926/28)	11 142	1926/29
–	U-Boote		verboten	

1933–1939

Zahl	Typ		ts (Standard)	Indienststellung
2	Schlachtkreuzer	SCHARNHORST (1936)	31 850	7.1.39
		GNEISENAU (1936)	31 850	21.5.38
2	Panzerschiffe	ADMIRAL GRAF SPEE (1934)	12 100	6.1.36
		ADMIRAL SCHEER (1933)	11 700	12.11.34
2	Schwere Kreuzer	BLÜCHER (1937)	14 050	20.9.39
		ADMIRAL HIPPER (1937)	14 050	29.4.39
1	Leichter Kreuzer	NÜRNBERG (1934)	6 520	2.11.35
22	Zerstörer	Z 1–22 (1935/38)	50 145	
58	U-Boote	U 1–43 (1935/39)		1935/39
		U 45–49, 51–53,		1938/39
		56–61 (1938/39)	23 590	
18	Neubauten von 1920 bis 1933		54 987	
87	Neubauten von 1933 bis 1939		195 855	
2	Linienschiffe [3]	SCHLESWIG-HOLSTEIN (1906)	12 100	6.7.08
		SCHLESIEN (1906)	12 100	5.5.08
107	Stand der Kriegsmarine am 31.8.1939 [4]		275 042	

Im Bau bei Kriegsbeginn

Zahl	Typ		ts (Standard)	Indienststellung
1	Flugzeugträger	GRAF ZEPPELIN (1938)	23 200	Baustop 1940
2	Schlachtschiffe	TIRPITZ (1939)	42 900	25.2.41
		BISMARCK (1939)	41 700	24.8.40
3	Schwere Kreuzer	LÜTZOW (1939)	14 240	an UdSSR 1940
		SEYDLITZ (1939)	14 240	Rückbau 1942
		PRINZ EUGEN (1938)	14 240	1.8.40
1	Zerstörer	Z 23 (1939)	2 600	15.9.40
19	Torpedoboote	T 1–19 (1937/39)	16 080	1939/41
9	U-Boote	U 44, 50, 54, 55, 62–66 (1939)	5 210	1939/40
35	Bis 31.12.1939 v. Stapel gel. Neubauten		174 410	

1) Die kleinen Sicherungsstreitkräfte sind nicht berücksichtigt.
2) ts = Standard displacement nach Erich Gröner, Die deutschen Kriegsschiffe 1815–1945, Bd 1, München 1966.
3) Die 1919 zugestandenen weiteren Kriegsschiffe wurden bis 1933 aus der Liste gestrichen. Kl. Kreuzer BERLIN (2970 ts) diente ab 1935 als Wohnschiff.
4) Berücksichtigt wurden nur die Neubauten, die bis einschl. September in Dienst gestellt wurden. Zahlen in Klammern bedeuten Jahr des Stapellaufs.

Zit. nach: Carl Hans Hermann, Deutsche Militärgeschichte. Eine Einführung. Hrsg. im Auftrag des Arbeitskreises für Wehrforschung, Frankfurt a.M. 1968, S. 436

danklich bereits auf diesen Konfrontationskurs vorbereitet. Raeder ließ daher die Möglichkeiten einer künftigen Seekriegführung gegen Großbritannien untersuchen. Die Ergebnisse lagen im Sommer 1938 in Form einer umfangreichen Denkschrift der Seekriegsleitung vor. Daraus ergab sich, dass eine deutsche Seekriegführung in einem künftigen Krieg gegen Großbritannien angesichts der wie 1914 gegebenen geografischen Ausgangslage und der absehbaren weiteren Überlegenheit des Gegners nur im ozeanischen Kreuzerkrieg mit Panzerschiffen, Kreuzern und U-Booten gewisse, jedoch keineswegs sichere Erfolgsaussichten habe. Trotz dieser Erkenntnis beschäftigte sich ein Planungsausschuss – von Raeder eingesetzt, doch ohne seine direkte Beteiligung – mit der Frage, welche Kriegsaufgaben Schlachtschiffe künftig übernehmen sollten. Man hielt diesen Schiffstyp grundsätzlich für erforderlich, wollte jedoch seinen Verwendungszweck erst später festlegen.

Hier zeigte sich, dass die deutsche Marine, wie übrigens damals andere Marinen auch, noch in strategischen Kategorien dachte, in denen das Großkampfschiff mit seiner schweren Artillerie einen zentralen Stellenwert für eine Seemacht hatte. Neue Dimensionen der Seekriegführung, die von Seeluftstreitkräften ausgingen, wurden unterschätzt. Dies führte dazu, dass die von der Seekriegsleitung entwickelte Konzeption eines Kampfes gegen die Seeherrschaft eines überlegenen Gegners in den Hintergrund trat gegenüber der eines Kampfes um die Seeherrschaft. Bei einem derartigen Kampf sollte es – nach den Worten des damaligen Flottenchefs, Admiral Rolf Carls, vom Herbst 1938 – um »eine in sich gesicherte Weltmachtstellung« des Reiches schlechthin gehen, um den Willen Hitlers umzusetzen.

Bei der Diskussion über die Verwendungsmöglichkeiten einer künftigen Flotte fällt auf, dass man zwar die Ungunst der geografischen Ausgangslage erkannte, jedoch die sich daraus ergebende Forderung nach sicheren Stützpunkten außerhalb der Deutschen Bucht weit gehend ausklammerte.

Der damalige Führer der U-Boote, Kapitän z.S. Karl Dönitz, entwickelte aus den Erfahrungen des Weltkrieges zwar ein taktisches Konzept, das den Einsatz von U-Boot-Gruppen vorsah, doch bis 1939 plädierte er nicht für eine grundsätzlich andere Konzeption der Seekriegführung, die den U-Booten eine entscheidende Rolle im Kampf gegen die britischen Seeverbindungen zuwies. Wie bei anderen Seemächten gab es auch in Deutschland eine verbreitete Auffassung, dass das ▸ U-Boot als Waffe an strategischer Bedeutung verloren habe und nicht mehr im Zentrum eines strategisch-operativen Konzeptes stehen könne.

Raeder war im Herbst 1938 vom Ansatz eines ozeanischen Kreuzerkrieges gegen die britischen Seeverbindungen so überzeugt, dass er den Bau neuer schneller Panzerschiffe in möglichst großer Zahl anstrebte. Doch er konnte sich damit bei Hitler nicht durchsetzen. Dieser forderte einen stärkeren Schlachtschiffbau, den Raeder für nicht zweckmäßig und realisierbar hielt. Hitler jedoch wollte möglichst bald über ein weltweit einsetzbares Machtinstrument verfügen. Raeder akzeptierte diese schwer wiegende Veränderung seines Konzeptes und ließ einen Plan (»Z-Plan«) erarbeiten, der im Kern bis 1946 den Bau von sechs großen Schlachtschiffen und acht Panzerschiffen vorsah. Darüber hinaus sollten wenige ▸ Flugzeugträger, Kreuzer und etwa 160 größere U-Boote für Fernverwendungen die wichtigsten Träger des atlantischen Seekrieges werden.

127
Schirmmütze eines
Admirals der Kriegsmarine,
nach 1936.

128 Stapellauf des Flugzeugträgers GRAF ZEPPELIN in Kiel. Foto, 8. Dezember 1938.

S Im November 1935 wurde der Bauauftrag für den späteren Flugzeugträger GRAF ZEPPELIN an die Werft Deutsche Werke AG Kiel vergeben. Am 8. Dezember 1938 erfolgte der Stapellauf. Der weitere Ausbau des Schiffes musste mangels Werftkapazität im Oktober 1939 zunächst gestoppt werden. Ende 1942 wurden jedoch Veränderungen am Rumpf vorgenommen und die Turbinenanlage für einen teilweisen Betrieb vorbereitet. Am 2. Februar 1943 erfolgte der endgültige Baustopp, da Hitler alle großen Kampfeinheiten der Marine außer Dienst stellen wollte. Der unfertige Flugzeugträger wurde nach Stettin geschleppt. Hier wurde er kurz vor dem Einmarsch der Roten Armee geflutet und gesprengt. Im März 1947 wurde das Schiff von den Sowjets wieder gehoben und für Experimente genutzt, bevor es entgültig in der Danziger Bucht durch zwei Torpedos versenkt wurde. Im Jahre 2006 wurde das Wrack von einer polnischen Ölgesellschaft in der Ostsee entdeckt.

S Das Unterseeboot (U-Boot) ist ein Kriegsschiff, das sich zur Unterwasserfahrt eignet. Durch das Fluten der Tauchtanks wird das Boot schwerer als das Gewicht der von ihm verdrängten Wassermenge, so dass es abtauchen kann. Wird das Wasser durch Pressluft aus den Tauchtanks herausgepresst, taucht das Boot wieder auf. Mittels des Periskops beobachtet der Kommandant bei Unterwasserfahrt in geringerer Tiefe die Wasseroberfläche. Bei Unterwasserfahrten in größerer Tiefe wird die verbrauchte Atemluft in speziellen Anlagen wieder aufbereitet. Der Antrieb erfolgt bei Überwasserfahrt durch Dieselmotoren, die gleichzeitig die Fahrbatterien aufladen. Bei Unterwasserfahrt treiben Elektromotoren mithilfe der Batterien das Boot an. Etwa seit 1944 ermöglichte ein Schnorchel die Belüftung und den Dieselbetrieb auch bei Unterwasserfahrt in geringerer Tiefe. Bewaffnet waren U-Boote mit Torpedos und Bordkanone, später auch mit Flugabwehrgeschützen; außerdem besaßen sie eine Minenlegekapazität. Haupttyp der deutschen U-Boot-Waffe des Zweiten Weltkriegs war das 500-Tonnen-Boot vom Typ VII, das zum Typ VII B und VII C weiter entwickelt worden war. In entfernteren Operationsgebieten wurde das 1120 Tonnen große Boot des Typs IX C eingesetzt. Schiffbaulich waren diese U-Boote relativ gut konstruiert, so dass kaum Veränderungen eintraten, dennoch waren sie im Grunde nur Tauchboote, da sie außenluftabhängig waren.

129
Unterseeboot Typ VII C. Modell
im Maßstab 1:100.

b) Aufrüstung

Bereits im Februar 1933 gab Hitler der militärischen Führung offen zu erkennen, dass er die Reichswehr zu einem Instrument seiner Machtpolitik ausbauen wolle. Doch hinsichtlich der Umsetzung dieser Zielvorstellung in konkrete Rüstungsmaßnahmen blieb er zunächst noch vorsichtig. Bis zum Sommer 1934 stand eine Flottenrüstung gegen Großbritannien nicht auf seinem Programm, sondern ein Übereinkommen mit der führenden Seemacht. Die britische Regierung war sich darüber im Klaren, dass die deutsche Wiederaufrüstung nicht aufzuhalten, sondern bestenfalls in kontrollierbare Bahnen zu lenken war. Im Hinblick auf seine weltweiten maritimen Sicherheitsinteressen kam es London daher darauf an, das bisherige international vertraglich abgesicherte System der Flottenrüstung im Kern zu bewahren und Deutschland darin einzubinden.

Mit dem Deutsch-Britischen Flottenabkommen, das am 18. Juni 1935 – dem 120. Jahrestag von Waterloo! – unterzeichnet wurde, erhielt das Reich die Möglichkeit, seine Flottenstärke bis auf 35 Prozent der britischen Kriegsschifftonnage zu erhöhen. Es lag im Interesse der Royal Navy, dass die Kriegsmarine mit dem Aufbau einer so genannten Normalflotte begann. Daher galt die 35-Prozent-Grenze nicht allein für die Gesamttonnage, sondern auch für die einzelnen Kriegsschiffkategorien, also für Schlachtschiffe, Flugzeugträger, Kreuzer und Zerstörer. Nur bei den U-Booten war das Reich berechtigt, die gleiche Gesamttonnage wie das britische Empire zu besitzen, doch es beschränkte sich zunächst auf 45 Prozent. Als Gegenleistung verpflichtete sich die deutsche Seite, im Kriegsfall U-Boote gegen Handelsschiffe nur nach den einschränkenden Klauseln des Londoner Flottenvertrages von 1930 einzusetzen, nämlich nach den für Über-wassereinheiten geltenden völkerrechtlichen Regeln. Nur elf Tage nach Abschluss des Flottenabkommens wurde das erste 250 Tonnen-U-Boot in Dienst gestellt und damit der Schleier über die bisherigen jahrelangen geheimen Bauvorbereitungen gelüftet. Auch wenn sich das U-Boot nach 1918 technisch nicht grundlegend gewandelt hatte, war es doch in vielerlei Hinsicht kampfkräftiger geworden, so durch bessere Tauchfähigkeit, bessere Fernmeldemittel (Kurzwelle), bessere Torpedos sowie Minenlegefähigkeit aller Typen. Dönitz war davon überzeugt, dass seine Waffe weiterhin ein äußerst schlagkräftiges Seekriegsmittel sei, da die U-Boot-Abwehr nach 1918 keine entscheidenden Fortschritte mehr gemacht habe und erheblich überschätzt werde.

Im Sommer 1935 schien für die Kriegsmarine das Ziel der Gleichberechtigung – der ungefähre Gleichstand mit der französischen Flotte – in absehbarer Zeit erreichbar zu sein. Die Rüstungsplanung orientierte sich ganz an der Struktur der übrigen Seemächte, quasi als verkleinertes Spiegelbild der Royal Navy. Es galt die Devise: Was die anderen traditionsreichen Marinen für richtig halten und was jetzt für Deutschland innerhalb der 35-Prozent-Grenze erlaubt ist, wird auch gebaut. Um die Möglichkeiten des Flottenabkommens auszuschöpfen, entstand mit dem Schweren Kreuzer ein Schiffstyp, dessen militärische Zweckbestimmung unklar war. Er wurde nicht auf der Grundlage eines operativen Konzepts und der daraus abgeleiteten militärischen Forderung gebaut, sondern nur deswegen, um die für den Kreuzerbau mögliche Gesamttonnage ausnutzen zu können.

Für Raeder war das Deutsch-Britische Flottenabkommen von vornherein nur ein zeitlich befristetes Instrument, um den weiteren Flot-

130
Panzerschiff Deutschland.
Bildpostkarte, 1933.

131 U-Bootflottille im Frieden. Undatiertes Foto.

Die Spitzengliederung der Kriegsmarine im Juni 1939

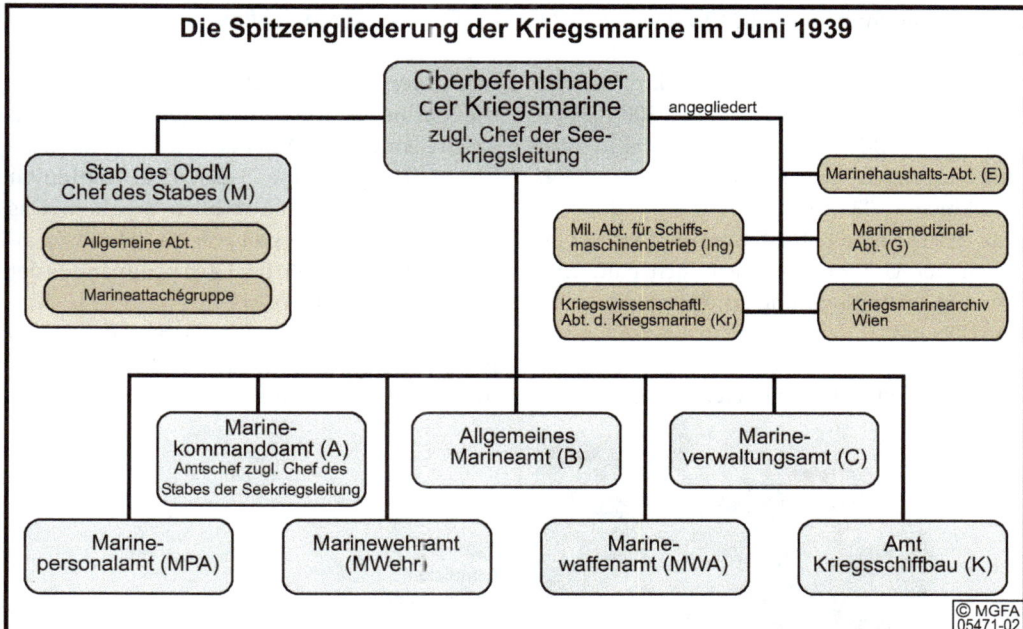

Oberbefehlshaber der Kriegsmarine
zugl. Chef der See-kriegsleitung

angegliedert

Stab des ObdM
Chef des Stabes (M)

Allgemeine Abt.

Marineattachégruppe

Mil. Abt. für Schiffs-maschinenbetrieb (Ing)

Kriegswissenschaftl. Abt. d. Kriegsmarine (Kr)

Marinehaushalts-Abt. (E)

Marinemedizinal-Abt. (G)

Kriegsmarinearchiv Wien

Marine-kommandoamt (A)
Amtschef zugl. Chef des Stabes der Seekriegsleitung

Allgemeines Marineamt (B)

Marine-verwaltungsamt (C)

Marine-personalamt (MPA)

Marinewehramt (MWehr)

Marine-waffenamt (MWA)

Amt Kriegsschiffbau (K)

© MGFA
05471-02

279

tenaufbau außenpolitisch abzusichern. Er war sich darüber im Klaren, dass Deutschland mit den verfügbaren Werftkapazitäten vorerst nicht in der Lage sein würde, den gemäß Flottenvertrag möglichen Aufbau überhaupt auszuschöpfen, es sei denn, es kam in der Wehrmacht zu einer Änderung der Rüstungsschwerpunkte. Diese Änderung trat ein, als ab Januar 1939 die Umsetzung des ▶ »Z-Planes« den Ausbau der Werftkapazitäten erforderte, um den von Hitler vorgegebenen engen Terminplan einhalten zu können. Der Diktator befahl daher, dass der »Aufbau der Kriegsmarine allen anderen Aufgaben einschließlich der Aufrüstung der beiden anderen Wehrmachtteile« vorzugehen habe. Damit zeichnete sich der Aufbau einer großen, modernen Flotte ab, mit der das Reich nach der Kündigung des Deutsch-Britischen Flottenabkommens am 28. April 1939 eine Seemachtstellung anstrebte, die langfristig – in Verbindung mit der erneuten Besitznahme von Kolonien und damit weltweiten Stützpunkten – die britische Vorherrschaft zur See ablösen sollte.

Der »Z-Plan« wurde bis zum Sommer 1939 mehrfach abgewandelt. Hitler forderte die Fertigstellung von sechs überschweren Schlachtschiffen vom Typ H (mit einer Standardverdrängung von 52 500 Tonnen und acht 40,6-Zentimeter-Geschützen) bis 1944. Im gleichen Zeitraum sollten drei Schlachtkreuzer (mit einer Standardverdrängung von 32 300 Tonnen und sechs 38-Zentimeter-Geschützen), zwei Flugzeugträger, fünf Leichte Kreuzer, zwölf Spähkreuzer, 33 Zerstörer, 52 Torpedoboote und 183 U-Boote gebaut werden. Doch beim Anteil der U-Boote zeichnete sich bald eine Schwerpunktverlagerung ab. Bereits im Frühjahr 1939 hatte Dönitz nach Auswertung eines Kriegsspiels gefordert, dass der Anteil der für den Atlantikeinsatz geeigneten Boote auf über 350 gesteigert werden sollte. Die Seekriegsleitung unterstützte zwar diese Forderung, erkannte aber zugleich, dass ihre Umsetzung eine Erweiterung der Werftkapazitäten für den U-Bootbau zur Folge haben müsste. Doch zur gleichen Zeit zeigten sich bei der Umsetzung des »Z-Planes« bereits die Grenzen eines modernen Industriestaates, der außer Kohle kaum strategische Rohstoffreserven besaß.

Bei Kriegsausbruch verfügte die Kriegsmarine über folgende Einheiten: zwei Schlachtschiffe, drei Panzerschiffe, einen Schweren Kreuzer, sechs Leichte Kreuzer, 21 Zerstörer, zwölf Torpedoboote, zehn Flottenbegleitboote, 18 Schnellboote, zwölf Minensuchboote, 45 Minenräumboote und 57 U-Boote. Mit einer Gesamttonnage von 254 185 Tonnen hatte die deutsche Flotte erst etwa 20 Prozent der britischen Kriegsschifftonnage erreicht. Im Rahmen des »Z-Planes« waren folgende Einheiten im Bau: vier Schlachtschiffe, zwei Flugzeugträger, sechs Kreuzer, 20 Zerstörer und T-Boote und 38 U-Boote. Von diesen Einheiten wurden im Laufe des Krieges zwei Schlachtschiffe, zwei Schwere Kreuzer, alle U-Boote, Zerstörer und T-Boote fertiggestellt.

c) Führungsorganisation

Die Folgegesetze für den Aufbau der Wehrmacht vom 16. März 1935 brachten auch für die Marine zahlreiche Umorganisationen und Umbenennungen. Aus der Reichsmarine wurde die Kriegsmarine. Doch die Kontinuität der Kommandostruktur blieb erhalten. Das zentrale Führungsorgan war das Marinekommandoamt innerhalb des Oberkommandos der Kriegsmarine (OKM).

Die Flotte wurde vom Flottenkommando in Kiel geführt. Dem Flottenchef unterstanden direkt der Befehlshaber der Linienschiffe

132
Filmplakat,
1930er Jahre.

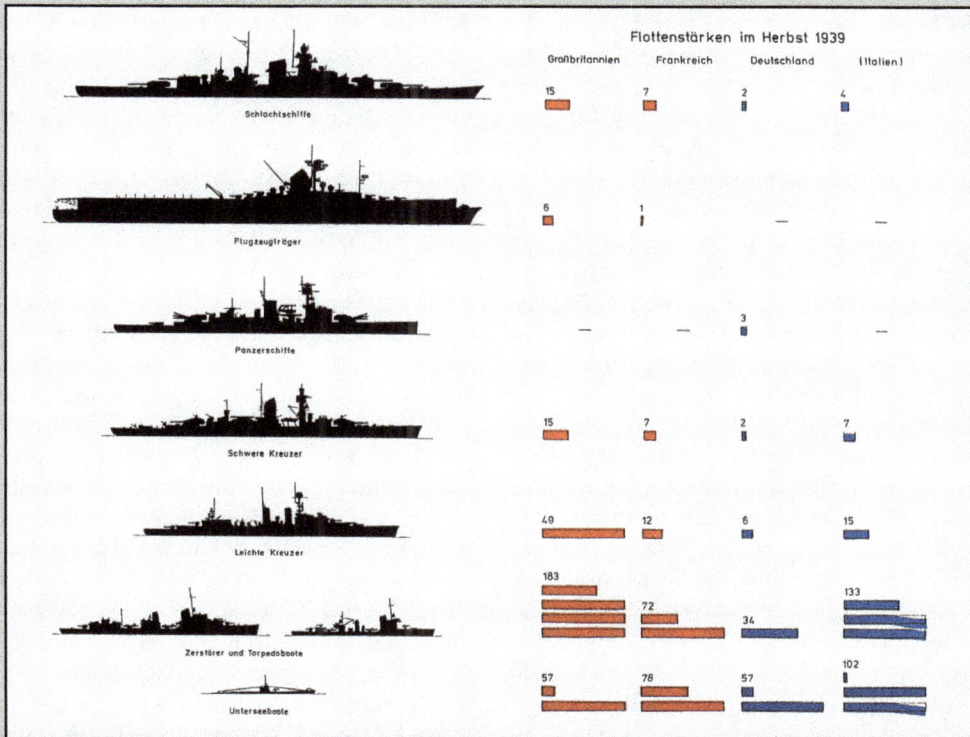

Flottenstärken im Herbst 1939

	Großbritannien	Frankreich	Deutschland	(Italien)
Schlachtschiffe	15	7	2	4
Flugzeugträger	6	1	–	–
Panzerschiffe	–	–	3	–
Schwere Kreuzer	15	7	2	7
Leichte Kreuzer	49	12	6	15
Zerstörer und Torpedoboote	183	72	34	133
Unterseeboote	57	78	57	102

133 Flottenstärke im Herbst 1939. Zeitgenöss sche Grafik.

S Der »Z-Plan« wurde von der Marineführung erarbeitet, nachdem Hitler 1938 den Bau von großen Schlacht-schiffen gefordert hatte. Die Großkampfschiffe sollten möglichst bald als ein weltweit einsetzbares Macht-instrument dienen. Hiernach sollten bis 1946/48 u.a. gebaut werden:
Sechs große Schlachtschiffe, drei Schlachtkreuzer, zwei Flugzeugträger, fünf leichte Kreuzer, 12 Spähkreuzer, 33 Zerstörer, 52 Torpedoboote und 183 U-Boote.
Unverkennbar bildete der U-Boot-Bau einen Schwerpunkt. Wenngleich Hitler der Marinerüstung ab Anfang 1939 eine Vorrangstellung einräumte, so blieb die Konkurrenz zur Heeres- und Luftwaffenrüstung doch ein unlösbares Problem. Rohstoffe und Fachpersonal waren knapp.

134
Flaggenwechsel an Bord
eines Panzerschiffes.
Foto, 7. November 1935.

(BdL) in Wilhelmshaven – 1936 umbenannt in Befehlshaber der Panzerschiffe (BdP) –, der Befehlshaber der Aufklärungsstreitkräfte (BdA), der Führer der Torpedoboote (FdT), der Führer der Minensuchboote (FdM) und seit 1936 der Führer der Unterseeboote (FdU). Bis auf den FdT, der in Swinemünde stationiert war, befanden sich alle anderen in Kiel.

Die Marinestationen der Nordsee und Ostsee mit je einem Kommandierenden Admiral unterstanden dem Oberbefehlshaber der Kriegsmarine (ObdM) direkt und hatten vor allem die Aufgabe der Küstenverteidigung, Ausbildung und Personalbewirtschaftung.

Der Aufbau einer Seekriegsleitung (Skl) setzte 1937 ein, als ein neuer Konflikt in Europa immer wahrscheinlicher zu werden drohte. Die Marineführung wollte nun innerhalb des OKM ein Entscheidungszentrum schaffen, das im Hinblick auf eine geordnete Seekriegführung mit klaren Kompetenzen ausgestattet sein sollte. Zunächst erhielt der Chef des Marinekommandoamtes innerhalb des OKM am 1. April 1937 zugleich die Bezeichnung Chef des Stabes der Skl. Diese Personalunion hob man allerdings im Juli 1939 wieder auf, denn damals wurde der Chef des Marinekommandoamtes dem Chef des Stabes der Skl unterstellt. Raeder selbst verstand sich, in direkter Anlehnung an die Führungsorganisation der Kaiserlichen Marine seit dem August 1918, als Chef der Seekriegsleitung, führte diese Bezeichnung jedoch erst nach Kriegsbeginn im September 1939.

Die Gesamtführung der Operationen musste die Skl in ihrer bestehenden Struktur überfordern. Daher kam es im August 1939 zu einer Aufgliederung in räumliche Kommandobereiche: Marinegruppenkommando West (für Nordsee und Skagerrak) und Marinegruppenkommando Ost (Ostsee und -zugänge).

282

d) Ausbildung und Erziehung

Als nach 1933 eine rasche allgemeine Aufrüstung einsetzte, machte der verstärkte Offizierbedarf eine Verkürzung der Ausbildung erforderlich. Die Fähnriche blieben nur noch neun (später sieben) Monate an der Marineschule Mürwik. Ab dem Offizierlehrgang 1936/37 rückte der praktische Dienst stark in den Vordergrund, weil die Ausbildung der Fähnriche zum Soldaten und Vorgesetzten mehr gefördert werden sollte. In der Praxis sah dies so aus, dass fast elf Prozent der Ausbildungszeit an der Marineschule für den militärischen Kompaniedienst zur Verfügung gestellt wurden.

Während die ▸ Ausbildungsziele in der militärischen Fachausbildung weit gehend beibehalten wurden, erfuhr das Fach Dienstkenntnis eine schwer wiegende qualitative Erweiterung, die von der neuen politischen Führung des Staates ausging. Um eine einheitliche politische Erziehung des Offizierkorps im Sinne der nationalsozialistischen Ideologie zu erreichen, ordnete der Reichskriegsminister, Generaloberst von Blomberg, am 30. Januar 1936 für die Offizierschulen der drei Wehrmachtteile an, mindestens zwei Ausbildungsstunden im Monat für den nationalpolitischen Unterricht einzuplanen. Die Marineschule arbeitete einen neuen Leitfaden für Dienstkenntnis aus, dessen Abschnitt »Verfassungsrecht« auf über 40 Druckseiten Entstehung, Grundlagen und Ziele des nationalsozialistischen Staates mit seiner ungeschriebenen »völkischen Verfassung« würdigte und gegenüber den Prinzipien des Weimarer Staates herausstellte. Jetzt galten Demokratie, Föderalismus und Liberalismus lediglich als negative Prinzipien eines Systems, die zur Entmachtung des Staates geführt hätten. Den Grundrechten wurde nur noch eine »gemeinschaftsauflösende Tendenz« zugesprochen.

135 Das Offizierkorps des Panzerschiffes ADMIRAL GRAF SPEE am Tag der Indienststellung. Foto, 6. Januar 1936.

1 Karl Hinrich Peter, »Fähnrichsausbildung« (1985)

Peter, der 1938 in die Marine eintrat und nach dem Krieg eine leitende Funktion im Deutschen Minenräumdienst inne hatte, bevor er 1955 in die Bundesmarine eintrat, erinnert sich an seine Fähnrichsausbildung:

»Für die Seeoffizieranwärter lag der Schwerpunkt bei den Fächern Navigation, Seemannschaft und Seetaktik. Auch die Elektrotechnik hatte ein gewisses Gewicht. Bei den Ingenieur- und Waffenoffizieranwärtern standen technische Fächer im Mittelpunkt, aufgelockert durch Bootsdienst und Sport, die natürlich für alle Fähnriche obligatorisch waren. Am Dienstkenntnis-Unterricht und am nationalpolitischen Unterricht, der vom Kompaniechef erteilt wurde sowie am Kompaniedienst (Ausbildung zum Vorgesetzten vor der Front) nahmen die Fähnriche gemeinsam teil.

Der nationalpolitische Unterricht, der natürlich der einheitlichen ideologischen Erziehung zu dienen hatte, war 1936 mit einem Erlaß des Reichskriegsministers eingeführt worden. Zwei Ausbildungsstunden pro Monat waren einzuplanen. Dieser Order wurde in der Marineschule durch Erweiterung der ›Dienstkenntnis‹ Rechnung getragen.

Es mag interessant sein, daß ich mich – wie auch jene Kameraden, mit denen ich gesprochen habe – an kein Wort dieses Unterrichts erinnern kann und daß auch meine persönlichen Aufzeichnungen nichts über diesen aufweisen. Sehr eindrucksvoll kann also diese ›Berieselung‹ nicht gewesen sein!«

Zit. nach: Karl Peter, Fähnrichsausbildung während des Zweiten Weltkrieges. In: Marineschule Mürwik (1910–1985). Hrsg. vom Deutschen Marine Institut, Herford 1985, S. 145 f.

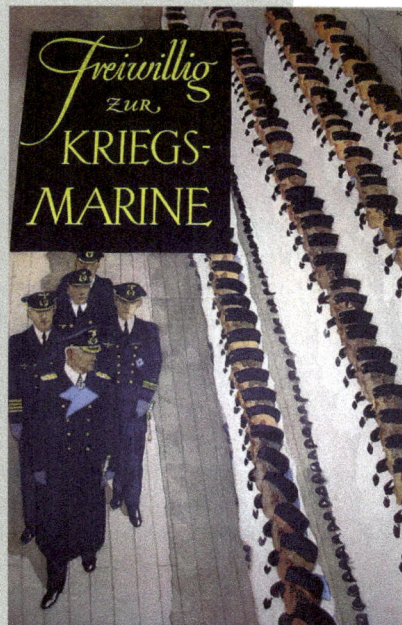

136 Werbeplakat für die Kriegsmarine, 1930er Jahre.

S Vergrößerung des Offizierkorps der Kriegsmarine (1935–1938)

Seeoffiziere Dienstgrad	1935	1936	1937	1938
Großadmirale	–	–	–	–
Generaladmirale	–	1	1	1
Admirale	1	3	4	6
Vizeadmirale	5	4	8	10
Konteradmirale	16	17	17	20
Kapitäne zur See	48	57	71	82
Fregattenkapitäne	30	42	65	70
Korvettenkapitäne	142	159	159	150
Kapitänleutnante (u. MA)	237	281	260	258
Oberleutnante zur See (u. MA)	171	101	203	294
Leutnante zur See (u. MA)	99	254	298	762
akt. Seeoffz. insgesamt	749	919	1086	1653
Übrige Offiziere	**1935**	**1936**	**1937**	**1938**
Ergänzungsoffiziere	334	414	560	625
Ingenieuroffiziere	282	372	522	648
Marinesanitätsoffiziere	145	188	220	227
Waffenoffiziere	118	166	201	264
Verwaltungsoffiziere	117	189	215	261
Offiziere insgesamt	996	1329	1718	2025

Zit. nach: Rudolf Absolon, Die Wehrmacht im Dritten Reich, Bd 4: 5. Februar 1938 bis 31. August 1939, Boppard a.Rh. 1979 (= Schriften des Bundesarchivs, 16/IV), S. 229

Zur Ergänzung des Offiziernachwuchses griff die Kriegsmarine ab 1936 verstärkt auf Unteroffiziere zurück, die nach Persönlichkeit und Leistung die Gewähr boten, in jeder Hinsicht vollwertige Offiziere zu werden. Die ausgewählten Unteroffiziere erhielten vor Beginn der Offizierausbildung einen Vorbereitungslehrgang an der Marineschule und wurden danach – je nach Laufbahn – den verschiedenen Ausbildungsgängen zugeordnet. Im September 1939 erweiterte die Kriegsmarine diese Auswahl, um zusätzlichen Offizierersatz zu gewinnen. Dadurch sollten die leistungsstärksten Unteroffiziere eine Anerkennung erhalten. Zugleich war diese Maßnahme auch ein Leistungsanreiz für das Unteroffizierkorps.

Bereits im Sommer 1934 war das Marineoffizierkorps durch die neue Laufbahn der Marinewaffenoffiziere erweitert worden. Die Offizieranwärter dieser Laufbahn durchliefen einen ähnlichen Ausbildungsgang wie die Ingenieuroffizieranwärter, also Grundausbildung, Bordkommando auf dem Schulkreuzer und Fähnrichslehrgang an der Marineschule waren die wichtigsten Abschnitte einer gemeinsamen Ausbildung mit den übrigen Offizieranwärtern ihres Jahrgangs. Die Marinezahlmeister erhielten ab Februar 1935 den Status von Verwaltungsoffizieren. 1939 wurden noch die Laufbahnen für Marineartillerieoffiziere und Offiziere der Marinenachrichtentechnik geschaffen.

Die Umstellung der Marinerüstung auf den »Z-Plan« ab Frühjahr 1939 bedingte eine erhebliche Ausweitung aller Ausbildungseinrichtungen. Das OKM rechnete mit einer jährlichen Einstellungsquote von 1000 Offizieranwärtern – davon 560 für die Seeoffizierlaufbahn – und befahl daher den Neubau einer zweiten Marineschule mit einer Ausbildungskapazität für 600 Fähnriche. Der Ausbruch des Zweiten Weltkrieges ließ diese Pläne jedoch hinfällig werden.

Bereits in der Reichsmarine hatten jüngere Offiziere nach neuen Wegen und Formen in der ▸ Menschenführung gesucht. Doch in der Ausbildung des Offiziernachwuchses blieb dieser Bereich weit gehend ausgeblendet. Raeder hatte diesen Mangel frühzeitig erkannt und erließ bereits im November 1929 für das Offizierkorps das Merkblatt »Erziehungsfragen in der Reichsmarine«, das in knappen Leitsätzen Hilfe und Richtschnur bildete. 1932 schrieb die Marineleitung ein Preisausschreiben für ein Handbuch über Menschenführung aus, dessen Entwurf bis zum Frühjahr 1933 vorgelegt werden sollte. Der damalige Kapitänleutnant ▸ Siegfried Sorge gewann den Ersten Preis

---

1 Siegfried Sorge,
»Vom Kaiserreich zur Bundesrepublik« (1993)

Sorges Buch »Der Marineoffizier als Führer und Erzieher« entstand vor dem Hintergrund seiner negativen Erfahrungen als junger Offizier der Kaiserlichen Marine im Ersten Weltkrieg.

»Geschrieben wurde es im wesentlichen im Winter 1932/33. Leider wurde es dann 1936, bis die Entscheidung für den Druck und die Einführung des Buches fiel, nunmehr natürlich mit den unumgänglichen Erwähnungen des Nationalsozialismus, die aber die erzieherischen Grundlagen nicht berührten. Das Buch enthält im Grunde nichts anderes als die Zusammenfassung und praktische Interpretation der Erziehungsgrundsätze, wie sie in der Reichsmarine aus dem überprüften Kern der alten soldatischen Auffassungen, den teuer bezahlten Erfahrungen der Kriegs- und Nachkriegszeit und den der damaligen Zeit entsprechenden Neuerungen entwickelt worden sind. So fühle ich mich als Autor nur in dem Sinne, daß ich diese Grundsätze habe zusammenfassen und praktisch erläutern dürfen.«

Zit. nach: Siegfried Sorge, Vom Kaiserreich zur Bundesrepublik. Aus den Schriften eines engagierten Offiziers und Staatsbürgers. Im Auftrag des Militärgeschichtlichen Forschungsamtes hrsg. von Werner Rahn, Bonn 1993, S. 103

und erhielt später den Auftrag, seine Arbeit für das gewünschte Handbuch umzuarbeiten. Das Buch erschien 1937 unter dem Titel »Der Marineoffizier als Führer und Erzieher« und erreichte bis 1943 fünf Auflagen mit insgesamt 30 000 Exemplaren. Auf Weisung Raeders erhielt jeder Offizieranwärter ein Exemplar. Bis 1945 gehörte es zu den meist gelesenen Büchern des Offizierkorps der Kriegsmarine. Im Vorwort machte Sorge die Zielsetzung des Buches deutlich: Es sei notwendig, »dass Erfahrungen, wie wir sie im Herbst 1918 machen mussten, nur einmal in einer Wehrmacht gemacht werden, dass die Lehren, die daraus gezogen wurden und die den Wiederaufbau einer innerlich gesunden Wehrmacht ermöglichten, weitergegeben werden weit über die Generation hinaus, die sie erlebten«. Im Herbst 1944 untersagte allerdings der NS-Führungsstab der Wehrmacht eine Neuauflage mit der Begründung, dass das Buch trotz der Bezugnahme auf Hitler und Nationalsozialismus »auf humanistischer und nicht auf nationalsozialistischer Grundlage geschrieben und daher in der vorliegenden Fassung zur Erziehung eines nationalsozialistischen Offizierkorps nicht geeignet sei«.

---

1 Siegfried Sorge,
»Der Marineoffizier als Führer und Erzieher« (1943)

Sorge, der 1916 als Kriegsfreiwilliger der Kaiserlichen Marine beigetreten war, diente bis 1945 in der deutschen Marine. Nach dem Krieg geriet er in sowjetische Kriegsgefangenschaft, aus der er 1950 entlassen wurde.

»Der Offizier muß den klaren Willen zur Führung haben. Er erfüllt eine Pflicht nicht, wenn er eingespannt in den festen Rahmen der militärischen Organisation mitläuft, das Notwendige immer so weit tut, daß ihm kein Vorwurf gemacht werden kann, seine Unterführer sich selbst überläßt, von seinen Leuten so wenig Unangenehmes wie möglich verlangt und so einen möglichst unangefochtenen Weg bis zur Erreichung einer auskömmlichen Pension zurücklegt. Der Führer soll die Seele der Arbeit sein, der Treibende, Fordernde, Bestimmende, dessen Führerstellung dem Mann in der Truppe notwendig und natürlich erscheint, dem zu gehorchen allen selbstverständliche Gewohnheit ist. Er soll bei dem geringsten möglichen Appell an äußere Hilfsmittel das Höchste an Leistung aus seinen Leuten herausholen und die Mannszucht stabilisieren wie einen Felsen von Erz. Es muß der Stolz des jungen Offiziers sein, daß ›etwas geschieht‹, wo ihm eine Aufgabe übertragen ist, und daß es von ihm geschieht.«

Zit. nach: Siegfried Sorge, Der Marineoffizier als Führer und Erzieher, Berlin 1943, S. 32

Der Marineoffizier als Führer und Erzieher

Von
SIEGFRIED SORGE
KAPITÄN ZUR SEE

VIERTE AUFLAGE

BERLIN 1943

OBERKOMMANDO DER KRIEGSMARINE

137
Titelblatt der vierten Auflage 1943.

138 Konteradmiral Siegfried Sorge bei der Musterung an Bord eines Segelschulschiffs der deutschen Kriegsmarine. Foto, 1943/44.

4. Die Luftwaffe

a) Luftkriegstheorien und Kriegsbild

Nach dem Ersten Weltkrieg entwickelte der italienische General Giulio Douhet eine revolutionäre ▸ Luftkriegstheorie. Danach sollten – möglichst mit Überraschungsschlägen beginnend – durch Bombenflugzeuge alle feindlichen militärischen Anlagen und zivilen Einrichtungen so lange angegriffen werden, bis dem Gegner der eigene politische Wille aufgezwungen werden könnte. Nicht durch Vernichtung der feindlichen Landstreitmacht oder Kriegsflotte, sondern allein durch die Zerstörung seiner militärischen Infrastruktur, seiner Industrieanlagen, Verkehrswege und vor allem Wohnstätten sollte der Gegner zur Kapitulation gezwungen werden. Natürlich konnte man Elemente dieser Theorie mit Elementen der herkömmlichen Kriegführung kombinieren, »reinrassiger« Douhetismus war das dann aber nicht mehr.

Die operativen Vorstellungen der deutschen Luftwaffenführung standen in deutlichem Kontrast zu denen Douhets. Nach der Luftwaffen-Druckvorschrift 16 »Luftkriegführung« von 1935 verstand sich die Luftwaffe als Teil der Gesamtwehrmacht und hatte im Zusammenwirken mit Heer und Marine die gegnerischen Streitkräfte niederzuringen. Lediglich zur Erreichung dieses Ziels wurden Elemente der Lehren Douhets übernommen: Überraschungsschläge gegen die feindliche Luftwaffe, um möglichst viel Material noch am Boden zu vernichten, Zerstörung ihrer Basen, um sie weiter auszuschalten, danach indirekte Unterstützung der Landkriegführung durch ständige Angriffe auf Ziele im rückwärtigen Operationsgebiet des Feindes wie Verkehrswege, Brücken, militärische Infrastruktur und

Rüstungsindustrien. Terrorangriffe gegen die Zivilbevölkerung wurden im Prinzip abgelehnt und nur als Druckmittel oder Vergeltung in Betracht gezogen.

Das Heer hingegen forderte frühzeitigere direkte und taktische Unterstützung seiner Operationen. Der Kampf gegen feindliche Rüstungsindustrien wurde in seinen positiven Auswirkungen auf die Heeresoperationen als zu spät greifend eingeschätzt. Die Erfahrungen aus dem Spanischen Bürgerkrieg und aus dem Einmarsch in das Sudetenland im Herbst 1938 – bei tschechischem Widerstand wären keine Fliegerkräfte vorhanden gewesen, um das Heer durch die tschechischen Grenzbefestigungen »durchzubomben« – führten dazu, dass sich die Luftwaffe intensiver mit der direkten Unterstützung des Heeres, dieser »schwierigsten Aufgabe für Luftstreitkräfte«, auseinander setzen musste.

Von ihrer Ausstattung mit zweimotorigen Mittelstrecken- und Sturzkampfbombern her war die Luftwaffe für dieses Luftkriegskonzept geeignet. Als der Generalstab der Luftwaffe im Gegensatz zu Hitlers politischen Hoffnungen ab 1938 auch mit Großbritannien als möglichem Gegner zu rechnen begann, wurden theoretische Untersuchungen über eine Luftkriegführung gegen England angestellt. Sie kamen zu dem Ergebnis, dass ohne Basen in Belgien und den Niederlanden weder gegen die Insel noch über See ein Luftkrieg mit der Aussicht auf Erfolg geführt werden konnte. Zusätzlich wurde deutlich, dass in einem strategischen Luftkrieg auch die Luftverteidigung der Heimat nicht sichergestellt werden konnte.

Bei den »schnellen Feldzügen«, die einen taktischen und operativen Einsatz der Luftwaffe erforderten, überdeckten deren Erfolge zunächst noch die Schwächen in der strate-

139
Banderole einer
Sammelbüchse des
Reichsluftschutzbund.

140 Einsatz von Sturzkampfflugzeugen des Typs Junkers Ju 87 im Spanischen Bürgerkrieg. Foto, 1936.

1 Guilio Douhet, »Luftherrschaft« (1935)

Douhet erkannte als einer der Ersten das militärische Potenzial der Luftfahrt. Sein Werk »Luftherrschaft«, das bereits 1921 in Italien erschien, beeinflusste Militärs in ganz Europa.

»Wir haben die Luftflotte als Gesamtheit derjenigen Luftfahrzeuge definiert, die eine zur Eroberung der Luftherrschaft fähige, geschlossene Luftmacht bilden, und haben erkannt, daß zur Erreichung dieses Kampfzieles die Vernichtung aller feindlichen Flugmittel und deren Stützpunkte notwendig ist.
Dieses Kampfziel ist durch das Aufspüren und Bekämpfen der feindlichen Luftstreitkräfte in der Luft nur unwirksam, sondern vollkommen illusorisch. Der Gegner muß in seinen Stützpunkten, seiner Etappe, seinen Produktionsgebieten, d.h. also in seiner strategischen taktischen und wirtschaftlichen Etappe vernichtet werden. Diese Etappen lassen sich als Bodenziele naturgemäß nur durch den Bombenwurf zerstören. Die Luftflotte muß also eine Angriffsmacht gegen diese Erdziele besitzen.«

Zit. nach: Guilio Douhet, Luftherrschaft, Berlin 1935, S. 29

287

141 Jagdflieger-Einsatzbesprechung der »Legion Condor« vor dem Start auf einem spanischen Flughafen. Foto, 1939.

gischen Luftkriegführung. Als die Luftwaffe dann jedoch einen selbstständigen Luftkrieg führen musste, auf den sie nicht vorbereitet war – Luftschlacht um England, See-Luftkrieg über Nordsee und Nordatlantik, Abwehr des alliierten strategischen Luftkrieges über dem Reich –, da zeigte sich, dass sie überfordert war.

b) Aufrüstung und Organisation

Der Aufbau der Luftwaffe in den ersten Jahren des »Dritten Reiches« war eine dreiste Täuschung der europäischen Mächte. 1933 standen der Reichswehr nur einzelne Prototypen von Militärflugzeugen zur Verfügung, und auf eine Fertigung von Flugzeugen in nennenswerten Serien war die deutsche Industrie nicht vorbereitet. Entsprechend bescheiden waren die Möglichkeiten zur materiellen Aufrüstung im Jahr der nationalsozialistischen »Machtergreifung«. Erst Anfang 1934 gelangten die ersten Maschinen an die geheimen und getarnten Ausbildungseinrichtungen der späteren Luftwaffe. Den personellen und organisatorischen Ursprung der Fliegertruppe bildeten seit 1931 drei so genannte Reklamestaffeln, die 1933 zu einer Jagdgruppe zusammengefasst wurden, offiziell aber nur zu Werbungszwecken flogen. 1934 entstanden erste Jagd-, Kampf- und Seefliegerverbände sowie zahlreiche Schulen. Im März 1935 waren bereits 23 Fliegerhorste vorhanden und neun weitere im Bau. Dazu entstand eine umfangreiche Versorgungsorganisation.

Nach der »Enttarnung« der Luftrüstung im März 1935 gab Hitler gegenüber Anthony Eden, dem britischen Außenminister, an, die deutsche Luftwaffe sei bereits ebenso stark wie die britische. Das entsprach jedoch keineswegs der Wahrheit. Obgleich zu diesem Zeitpunkt eine beachtliche Anzahl von Maschinen bereit stand, war die angebliche ▶ »Risikoluftwaffe«

ein Bluff, weil es zu wenige voll ausgebildete Piloten gab. Die Quantität hatte absoluten Vorrang vor der Qualität, um den europäischen Mächten ein Vorgehen gegen die deutsche Aufrüstung als zu riskant erscheinen zu lassen. Halbwegs einsatzbereit waren nur etwa 15 Staffeln und 29 Flakbatterien.

Das änderte sich allerdings in rasantem Tempo. Ende 1936 waren 109, Ende 1937 schon 214 und Ende 1938 sogar 243 Staffeln einsatzfähig. Daneben verfügte die Luftwaffe nun über 200 Flakbatterien. Bei ▶ Kriegsausbruch bestand die Luftwaffe aus der Fliegertruppe mit rund 300 Staffeln mit etwa 4200 Flugzeugen und aus der Flakartillerie mit fast 1200 schießenden Batterien. Ferner war aus sechs 1935 bestehenden Nachrichtenkompanien eine moderne und leistungsfähige Luftnachrichtentruppe entstanden. Die neu aufgebaute Fallschirmtruppe setzte sich aus fünf Bataillonen und vier Unterstützungseinheiten zusammen.

Bis 1936/37 standen den fliegenden Verbänden nur technisch veraltete, schon vor 1933 entwickelte Flugzeugtypen zur Verfügung. Seit 1937 flossen den Kampffliegern wie den Jägern moderne Maschinen zu. Die Entwicklung von weit reichenden viermotorigen schweren Bombern kam aber über das Versuchsstadium nicht hinaus. Als Kompromiss wurden zweimotorige Bomber in erhöhter Anzahl gebaut. Wegen ihrer begrenzten Reichweite war die Luftwaffe nicht in der Lage, einen ▶ operativ-strategischen Luftkrieg zu führen.

In der Reichswehr vor 1933 hatten Heer und Marine ihre geheimen Vorbereitungen zur Luftrüstung weit gehend unabhängig voneinander betrieben. Bereits im April 1933 wurden die jeweiligen Sachgebiete aus der Heeres- und Marineleitung ausgegliedert und im – völlig defensiv klingenden – »Luftschutzamt« direkt

288

142
Das meistgebaute deutsche Jagdflugzeug, die Messerschmidt Bf 109.

2 Rolf-Dieter Müller,
»Der Bombenkrieg« (2004)

Der Militärhistoriker Müller bewertet den Aufbau einer deutschen Bomberflotte wie folgt:

»Erste Rüstungspläne bezogen den Bau von schweren Bombern ein. Nach dem Vorbild der anderen Großmächte wurde ein viermotoriger Fernbomber in Auftrag gegeben, der 1936 seinen Erstflug absolvieren und bis 1939 in die Luftwaffe eingeführt werden sollte. Zwischenzeitlich wollte man eine »Rsikoluftflotte« schaffen, einschließlich einer Bomberflotte von 357 Maschinen, teilweise mit umgerüsteten Passagierflugzeugen vom Typ Ju 52. Das war noch keine imponierende Luftmacht, mit der man einen selbstständigen Fernluftkrieg von vernichterder Wirkung im Sinne Douhets führen konnte. Dazu hätte es der Weiterentwicklung bedurft, aber Hitler bot bei den Genfer Abrüstungsgesprächen den Verzicht auf den Bau von Bombern und das Projekt eines Luftpaktes zum Schutz gegen Bombenflugzeuge an. Das hätte ihm die Möglichkeit geboten, die Überlegenheit potentieller Feindmächte auf diesem Gebiet mit einem Federstrich zu beseitigen und sich bei der Aufrüstung auf andere Angriffswaffen zu konzentrieren.«

Zit. nach: Rolf-Dieter Müller, Der Bombenkrieg 1939–1945, Berlin 2004, S. 29 f.

143 Sturzkampfflugzeug Heinkel He 118.

S Stärke der Luftwaffe (1. September 1939)

		Ist	Einsatzbereit
30 1/3	Kampfgruppen	1171	1083
9 1/3	Stukagruppen	373	350
1	Schlachtgruppe	39	39
	Bombenträger insgesamt	1583	1472
19	Jagdgruppen	820	709
10	Zerstörergruppen	433	396
	Jäger insgesamt	1253	1105
16	(F) Staffeln Luftwaffe	171	151
5	Westa-Staffeln	26	26
10	(F) Staffeln Heer	120	95
30	(H) Staffeln Heer	357	280
	Aufklärer insgesamt	674	552
16	Seefliegerstaffeln	177	165
11	Transportstaffeln	533	496
	Gesamte Luftwaffe	4220	3790

Zit. nach: Ulf Balke, Der Luftkrieg in Europa. Die operativen Einsätze des Kampfgeschwaders 2 im Zweiten Weltkrieg. Teil 1: Das Luftkriegsgeschehen 1939–1941: Polen, Frankreich, England, Balkan, Rußland, Koblenz 1989 (= Beiträge zur Luftkriegsgeschichte, 2/1), S. 399

144 Heinkel He 59 der »Legion Condor« über der spanischen Küste. Foto, 1937.

289

unter dem Reichswehrminister zusammengefasst. Nach Bildung des zivilen »Reichsluftfahrtministeriums« übernahm dieses das Luftschutzamt, da Verbindungen zum Militär aus Tarnungsgründen vermieden werden sollten. Diejenigen Offiziere, die sich in Heer und Marine mit den Luftwaffensachgebieten befasst hatten, traten in den Geschäftsbereich des Reichsministers der Luftfahrt (Göring) über. Unter Staatssekretär Erhard Milch gliederte sich das Ministerium in Luftkommandoamt, Allgemeines Luftamt (Zivilfliegerei), Technisches Amt, Luftwaffenverwaltungsamt, Luftwaffenpersonalamt, Zentralabteilung und Inspektion der Schulen. Nach der »Enttarnung« führte Göring seit dem 1. Juni 1935 den Titel Reichsminister der Luftfahrt und Oberbefehlshaber der Luftwaffe. Das Kommandoamt wurde 1937 in Generalstab der Luftwaffe umbenannt. Zwischen den Chefs des Generalstabs und dem Staatssekretär (Milch) als Vertreter Görings kam es ständig zu Reibungen, die zu mehreren Umorganisierungen führten.

Die Versuche der Marine, eigenständige Seeluftstreitkräfte zu bewahren, scheiterten. Daraus entstanden erhebliche Spannungen zwischen Luftwaffenführung und Marineleitung, die sich mit der »Einheitsluftwaffe« nicht abfinden wollte, während das Heer diese Entwicklung hingenommen hat. Nur im Hinblick auf die Unterstellung der Flak (Flugabwehr) gab es Querelen zwischen Heer und Luftwaffe. Für die Waffenentwicklung bei der Flak blieb allerdings das Heereswaffenamt zuständig.

Als Tarnung für die Aufstellung und Ausbildung der Fliegerkräfte diente der Deutsche Luftsportverband, in dem die Angehörigen der späteren Luftwaffe in Fliegerschaften organisiert waren. Von April 1934 an wurden getarnt sechs Luftkreiskommandos errichtet,

290

parallel dazu die erste Fliegerdivision. Nach der »Enttarnung« unterstanden die Verbände der Fliegertruppe, der Flakartillerie und der Luftnachrichtentruppe diesen regionalen Luftkreiskommandos, die 1938 in Luftwaffengruppenkommandos (Ost: Berlin; West: Braunschweig; Süd: München) und Luftwaffenkommandos (Ostpreußen: Königsberg; See: Kiel; »Ostmark«: Wien) umgegliedert wurden. Jedes Kommando stellte im Hinblick auf Waffengattungen, Verbandsgattungen, Bodenorganisation, Nachschub- und Ausbildungseinrichtungen das Abbild einer selbstständigen »kleinen« Luftwaffe dar. Doch wurden noch im selben Jahr die Frontverbände von der Bodenorganisation und der Heimatluftverteidigung getrennt, um sie beweglich an Schwerpunkten zusammenfassen zu können. Unter den Luftwaffengruppenkommandos wurden Luftgaukommandos aufgestellt, unter deren Befehl die Bodenorganisation und die Luftverteidigung kamen. Jäger- und Flakverbände blieben somit unter regionalen Kommandos aufgesplittert. Die Luftgaukommandos waren auch zuständig für den Unterhalt der Bodenorganisation der Frontverbände. Das waren sechs Fliegerdivisionen, die sich jeweils aus einer Fernaufklärungsstaffel, zwei bis drei Kampfgeschwadern, einem Zerstörergeschwader (Begleitjäger), einem Sturzkampfgeschwader und einer Luftnachrichtenabteilung zusammensetzen sollten.

Anfang 1939 wurden die drei Luftwaffengruppenkommandos und das Luftwaffenkommando »Ostmark« in die ▸ Luftflottenkommandos 1 bis 4 umbenannt. Das Luftwaffenkommando See wurde aufgelöst, seine Verbände kamen zum neu errichteten General der Luftwaffe beim Oberbefehlshaber der Kriegsmarine. Jede Luftflotte war auf Zusammenarbeit

145 Wimpel des Deutschen Luftsportverbandes.

Territoriale Gliederung der Luftwaffe 1939

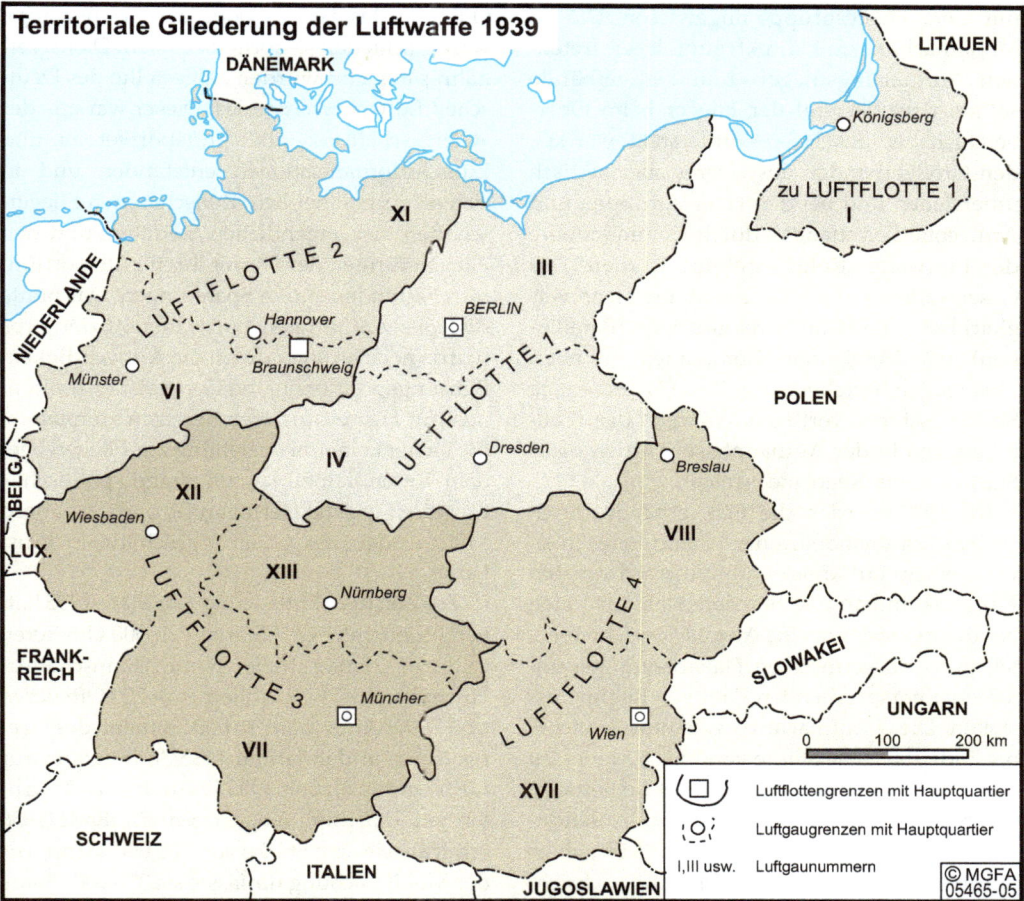

☐	Luftflottengrenzen mit Hauptquartier	
☉	Luftgaugrenzen mit Hauptquartier	
I, III usw.	Luftgaunummern	

DÄNEMARK
LITAUEN
Königsberg
zu LUFTFLOTTE 1
I
XI
III
NIEDERLANDE
LUFTFLOTTE 2
Hannover
BERLIN
Münster
Braunschweig
VI
POLEN
IV
LUFTFLOTTE 1
Dresden
Breslau
BELG.
XII
Wiesbaden
VIII
LUX.
XIII
Nürnberg
LUFTFLOTTE 4
FRANK-REICH
LUFTFLOTTE 3
München
SLOWAKEI
VII
Wien
UNGARN
XVII
SCHWEIZ
ITALIEN
JUGOSLAWIEN

0   100   200 km

© MGFA
05465-05

146 Flakgeschütz in Feuerstellung. Foto, 1937.

291

mit einer Heeresgruppe angewiesen. Die im Mobilmachungsfall direkt zum Heer tretenden Aufklärungsflieger- und Flakverbände sollten dem General der Flieger beim Oberbefehlshaber des Heeres unterstellt werden, den Großverbänden des Heeres aber taktisch unterstehen und bei den Heeresgruppen und Armeeoberkommandos durch Kommandeure der Luftwaffe (Koluft) geführt werden. Das Geschwader – dem Regiment im Heer vergleichbar – sollte aus drei Gruppen (Bataillonen) zu je drei Staffeln (Kompanien) mit neun Flugzeugen bestehen, also über 81, und einige Stabsmaschinen verfügen. Während der »Zellteilungen« in der Aufbauphase wurden diese Stärken in der Regel nie erreicht.

Bis 1938 wurden die Flakverbände durch höhere Kommandeure der Flakartillerie in jeweils einem Luftkreis geführt, danach von den Luftgaukommandos. Bei den Flakverbänden handelte es sich um eine Anzahl von schweren, leichten und gemischten Flakabteilungen unter einer entsprechenden Zahl von Regimentsstäben. Die ▸ Luftnachrichtentruppe erreichte bis Ende 1938 eine Stärke von 35 000 Mann. Zu den Luftflotten gehörten Luftnachrichtenregimenter, zu den Luftgaukommandos Abteilungen, später ebenfalls Regimenter. 1939 gab es darüber hinaus noch zahlreiche Luftnachrichtenkompanien und -züge bei den 64 Leithorsten, den 133 Flieger- und Seefliegerhorsten und anderen Einrichtungen.

c) Personalwesen und Ausbildung

Den personellen Grundstock der fliegenden Verbände bildeten Ende 1933 etwa 350 Offiziere, die in der Reichswehrzeit im sowjetischen Lipezk oder auf zivilen Flugzeugführerschulen in Deutschland als Piloten oder Beobachter ausgebildet worden waren. Sofern sie aktive Offiziere des Heeres oder der Reichsmarine waren, schieden sie formal aus dem Dienstverhältnis aus und wurden Angestellte des Deutschen Luftsportverbandes. Dieser war aus der »Gleichschaltung« aller Luftsportvereine und Luftsportorganisationen entstanden und in sich sehr uneinheitlich. Zwischen den Fliegerschaften, den eigentlichen Soldaten, und den Fliegerstürmen der SA mit ihren Luftsportführern bestanden starke Spannungen. Das bunte Bild des zukünftigen Luftwaffenoffizierkorps wurde noch farbiger durch die Notwendigkeit, Führungspositionen und Generalstabsfunktionen mit Heeresoffizieren besetzen zu müssen, die bisher keinerlei Beziehung zur Fliegerei gehabt hatten. Hinzu kamen einige »politische« Karrieren wie die Hermann Görings, ▸ Erhard Milchs oder, als »Aushängeschild«, ▸ Ernst Udets.

Zur Zeit der »Enttarnung« im März 1935 hatte die Luftwaffe eine Stärke von 900 Offizieren und 10 000 Unteroffizieren und Mannschaften. Hinzu kam die Flakartillerie mit 200 Offizieren und 7000 Mann. Über 13 000 Soldaten des Heeres traten in den Jahren 1935/36 freiwillig zur Luftwaffe über. Seit 1935 wurden auch Rekruten zur Luftwaffe eingezogen. Bis Ende 1938 erreichte sie eine Stärke von 275 000 Mann, vor der Mobilmachung umfasste sie 370 000 Mann, darunter 15 000 Offiziere, in der Masse junge Leutnante. Deshalb stellte der Aufbau eines altersmäßig einigermaßen natürlich strukturierten Offizierkorps ein großes Problem dar. Von 1937 bis 1939 betrug der jährliche Zuwachs etwa 2500 Offiziere, von denen 70 Prozent regulär ausgebildete Leutnante waren, 20 Prozent ältere reaktivierte »Weltkriegsveteranen«, so genannte E-(Ergänzungs-)Offiziere, und zehn Prozent ehemalige Unteroffiziere. Noch schwer wiegender wirkte sich der Mangel an

Ξ Zu den Aufgaben der Luftnachrichtentruppe gehörte die Flugsicherung, der Flug-
S meldedienst, der Jägerleitdienst, die Funkaufklärung sowie die Nachrichtenübermittlung. Die Entwicklung der Radartechnik versetzte die Luftnachrichtentruppe in die Lage, gegnerische Bomber frühzeitig zu erfassen, sie während des Anfluges zu verfolgen und Jäger gezielt an diese heranzuführen. Eine weitere wichtige Aufgabe während des Krieges bestand in der Störung der gegnerischen Nachrichten-, Führungs- und Angriffssysteme.

147 Wappenschild der Luftnachrichtenschule in Erfurt.

B Ernst Udet (1896–1941)

Generalluftzeugmeister – Udet diente im Ersten Weltkrieg als Jagdflieger. Er erzielte die zweithöchste Zahl von Flugzeugabschüssen und wurde dafür vielfach ausgezeichnet, u.a. mit dem »Pour le Mérite«. Udet arbeitete in den 20er Jahren als Testpilot, Kunstflieger und wirkte bei Filmaufnahmen mit. Nach der Neugründung der Luftwaffe 1935 war er als Oberst im Reichsluftfahrtministerium tätig, 1936 als Inspekteur der Jagd- und Sturzkampfflieger. 1938 wurde er zum Generalluftzeugmeister ernannt. In diesem Amt trug er die Hauptverantwortung für die Luftrüstung.

Udet trat dafür ein, die Entwicklung schwerer Bomber zu Gunsten von Jagdflugzeugen, Stukas und leichten Bombern zurückzustellen. Nach heftigen Anschuldigungen von Hitler, Göring und Milch, die ihm Fehlplanungen im Luftkrieg gegen England und beim Angriff auf die Sowjetunion vorwarfen, erschoss er sich 1941. Seine Selbsttötung wurde in der Öffentlichkeit als Flugunfall dargestellt. Carl Zuckmayer nahm Udet als Vorbild für die Titelfigur seines Dramas »Des Teufels General«.

148
Ernst Udet als Leutnant im Ersten Weltkrieg.

2 Carl Zuckmayer,
»Des Teufels General« (1946)

Das Drama gehört zu den bekanntesten Werken Zuckmayers, dass in den fünfziger Jahren mit Curd Jürgens erfolgreich verfilmt wurde. Als Vorbild für die fiktive Figur des Fliegergenerals Harras diente Ernst Udet, der als Flieger im Ersten Weltkrieg erfolgreich war und im »Dritten Reich« Karriere in der Luftwaffe machte.

»Ich hab ihn [Hitler] satt. Er hat uns zu viele Windeier gelegt. Das Haus Wahnfried. Den Größenwahn. [...] – wie man sich manchmal sehnt – nach einem simplen Volk ohne Wahn und Aberwitz. Nach Fußballern, Monteuren, Gummikauern, Kindsköpfen. Wie man es über hat, die Wichtigkeit, die Bedeutung, den Todesrausch, das gespaltene Innenleben, den faustischen Geldbriefträger, den dämonischen Blockwart. Die Halbbildung hat uns den Unterleib mit Metaphysik erfüllt und den Kopf mit Darmgasen. Das Unverdauliche zieht uns hinab. Wir sind eine Nation verstopfter Volksschullehrer geworden, die den Rohrstock mit der Reitpeitsche vertauscht haben, um das menschliche Angesicht zu entstellen. Wolkenjäger und Schindknechte. Ein miserables Volk.«

Zit. nach: Carl Zuckmayer, Des Teufels General, Frankfurt a.M. 1946, S. 117

B Erhard Milch (1892–1972)

General – Erhard Milch begann seine Flieger-Karriere während des Ersten Weltkrieges an der Westfront. Da der Versailler Vertrag eine deutsche Luftwaffe verbot, schied Milch aus dem Armeedienst aus. 1926 wurde er Vorstandsmitglied in der neu gegründeten Lufthansa AG. In dieser Zeit lernte er über seinen Bekannten Hermann Göring Adolf Hitler kennen. Hitler überredete Milch, als Staatssekretär Stellvertreter Görings im Luftfahrtministerium zu werden. Rückwirkend zum 1. April 1929 trat er im März 1933 der NSDAP bei. Die jüdische Abkunft Milchs wurde mit Wissen Hitlers und Görings verschleiert. »Wer bei mir Jude ist, bestimme ich«, befand Göring. Am 19. Juli 1940 wurde er zum Generalfeldmarschall befördert, 1942 Präsident der Deutschen Lufthansa. Hitler gegenüber vertrat er die Ansicht, im Osten in die Verteidigung übergehen zu müssen und mehr Jagdflugzeuge zu bauen. Milch übertrug seine Kompetenzen nach und nach an das Rüstungsministerium unter Albert Speer, dessen Stellvertreter Milch am 20. Juni 1944 wurde. Am 4. Mai 1945 geriet er in britische Gefangenschaft. Am 17. April 1947 zu lebenslanger Haft verurteilt, wurde er am 28. Juni 1954 entlassen. Danach arbeitete Milch als Industriearbeiter.

293

149 Erhard Milch.
Porträtaufnahme, 1941.

Generalstabsoffizieren aus, den auch die 1935 gegründete Luftkriegsakademie nicht beheben konnte. Bei Kriegsbeginn war von den rund 300 Generalstabsstellen nur die Hälfte mit »Generalstäblern« besetzt, von denen die Masse ihre Ausbildung noch vor 1935 beim Heer erhalten hatte. Die Sonderdienstzweige wie Technik- und Ingenieurwesen, Wetterdienst, Verwaltung, Luftwaffengerichte, wurden von Beamten in Uniform versehen.

In der Weimarer Republik war an wenigen zivilen Fliegerschulen nur die Ausbildung zum Flugzeugführer möglich. Erst mit der Errichtung des deutschen Flugzentrums in Lipezk in Zentralrussland konnte auch die taktische Schulung aufgenommen werden. In den Jahren 1925 bis 1931 wurden hier 120 Flugzeugführer und 100 Beobachter ausgebildet. Ein Stamm von Flakartilleristen wurde geheim in den Kraftwagen-Kanonenbatterien einiger Heeresartillerieregimenter herangezogen. In den Jahren nach 1933 entstanden neben zahlreichen Schulen mehrere Lehrverbände. Ihre Aufgabe war die Ausbildung im taktischen Zusammenwirken der verschiedenen Waffengattungen und Verbandsarten.

Die Offizieranwärter der Fliegertruppe begannen ihre Ausbildung auf den Luftkriegsschulen mit der militärischen Grundausbildung und einem Beobachtergrundlehrgang, dann folgte die Flugzeugführerausbildung. Die Offizieranwärter der Flakartillerie traten in die Truppenverbände ein, die der Luftnachrichtentruppe in die Luftnachrichtenlehrabteilung. Die Beförderung zum Fahnenjunker-Gefreiten erfolgte nach sechs, zum Fahnenjunker-Unteroffizier nach acht und zum Fähnrich nach 13 Dienstmonaten. Gemeinsam besuchten alle Offizieranwärter der Luftwaffe den Kriegsschullehrgang, der mit

der Offizierhauptprüfung und der Beförderung zum Oberfähnrich endete. Leutnant wurde man nach einer Dienstzeit von zwei Jahren. Der Ausbildungsstand war bei ▸ Kriegsausbruch unterschiedlich, insbesondere bei den fliegenden Verbänden. Naturgemäß waren solche, die über längere Zeit nicht durch die Abgabe von Kadern für Neuaufstellungen geteilt worden waren, auf einem höheren Ausbildungsstand als junge Verbände. Insgesamt wurde der Ausbildungsstand bei der Fliegertruppe, Flakartillerie und Luftnachrichtentruppe als befriedigend beurteilt.

150 Ein Sturzflugzeug Typ Junkers Ju 87 beim Bombenabwurf. Foto von Hans Schaller, 1940.

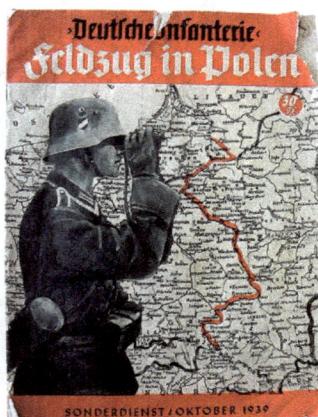

151
Sonderausgabe der Zeitschrift »Deutsche Infanterie«, Oktober 1939.

Manfred Vasold,
»Die letzten Stunden vor Kriegsbeginn« (31. August 1939)

Die letzten Tage vor Ausbruch des Zweiten Weltkrieges waren durch hektische politische und militärische Aktionen geprägt. Hitler trieb trotz diplomatischer Kontakte mit Polen den Angriff auf das Land unermüdlich voran. Der fingierte Überfall auf den Sender Gleiwitz durch deutsche Soldaten in polnischer Uniform bot schließlich den Vorwand zum Losschlagen.

»An diesem Donnerstag sind in der Reichskanzlei mehr Uniformen zu sehen als je zuvor. Militärs und Parteifunktionäre kommen und gehen. Aus Rom ist die Anregung zu einer Konferenz eingegangen. Skepsis herrscht besonders in den allerhöchsten Rängen. Mittags wird in der Reichskanzlei bekannt, daß Hitler für morgen früh 10 Uhr den Reichstag einbestellt hat.

Der Besucherstrom schwillt im Laufe des Tages noch mehr an. Es sind dieselben Leute, die in den Tagen zuvor hier ein und aus gegangen sind, also Heß, Goebbels, Himmler, Bormann, Bouhler, Dietrich, Lutze, Frick, dann noch General Bodenschatz und Hewel vom Auswärtigen Amt [...]. Hitler spricht mit vielen alten Parteigenossen, sofern er sich nicht mit einem ausländischen Diplomaten oder einem deutschen General in den Wintergarten oder in den Musiksalon zurückzieht. Er ist nicht sonderlich auf Zurückhaltung bedacht – morgen gehe es los, hört man.

Manch einem ist offensichtlich mulmig zumute, wie Göring; aber es fällt kein Wort der Widerrede! Er sei heilfroh, hört Meissner, der Chef der Reichskanzlei, Hitler sagen, daß die Polen sein großzügiges Angebot nicht angenommen hätten, er habe es gegen seine innere Überzeugung gemacht, hätte aber doch dabei bleiben müssen falls sie darauf eingegangen wären. Hitlers Adjutanten von Below prägt sich eine Szene unvergeßlich ein: Hitler in einem größeren Kreis stehend, darunter auch Göring und Ribbentrop. Göring: Er könne nicht an eine Kriegserklärung der Engländer glauben. Daraufhin klopft ihm Hitler auf die Schulter und sagt: ›Mein lieber Göring, wenn der Engländer an einem Tag ein Abkommen ratifiziert, dann bricht er es nach vierundzwanzig Stunden!‹ Und dann noch ein verbaler Hieb gegen die britische Scheinheiligkeit.

Vorläufig ist nur den höchsten Militärs zuverlässig bekannt, was am nächsten Tag geschehen soll. Um 16 Uhr ist der letztmögliche Zeitpunkt, den gestrigen Angriffsbefehl für den morgigen Tag zurückzunehmen. Die Gelegenheit verstreicht ungenutzt.«

Zit. nach: Manfred Vasold, August 1939. Die letzten Tage vor Ausbruch des Zweiten Weltkriegs, Hamburg 2001, S. 247 f.

152 Hitler erklärt im deutschen Reichstag, dass Deutschland sich im Kriegszustand mit Polen befindet. Foto, 1. September 1939.

153
Mützenband
Linienschiff
Schleswig-Holstein,
um 1935.

154
Das Schulschiff der deutschen Kriegsmarine, die Schleswig-Holstein, eröffnet das Feuer auf die polnische Westerplatte. Foto, 1. September 1939.

Ein Wehrmachtsoldat
in einer eroberten französischen Ortschaft.
Foto, um Mai/Juni 1940.

Größenwahn und Untergang – Der Zweite Weltkrieg 1939 bis 1945

von Karl-Volker Neugebauer

1939	23. August	»Hitler-Stalin-Pakt«
	1. September	Deutscher Überfall auf Polen
	3. September	Kriegserklärung Frankreichs und Großbritanniens
1940	9. April	Besetzung Dänemarks und Norwegens (»Weserübung«)
	10. Mai	Westfeldzug Churchill neuer britischer Premierminister
	10. Juni	Kriegseintritt Italiens
	25. Juni	Waffenstillstand in Frankreich
	28. Oktober	Überfall Italiens auf Griechenland
1941	6. April	Beginn des Balkan-Feldzugs
	20. Mai	Luftlandeunternehmen gegen Kreta (»Merkur«)
	22. Juni	Deutscher Überfall auf die UdSSR (»Barbarossa«)
	5. Dezember	Sowjetische Gegenoffensive vor Moskau
	7. Dezember	Überfall Japans auf Pearl Harbor
	11. Dezember	Deutsche Kriegserklärung an die USA
	19. Dezember	Hitler wird OB des Heeres
1942	20. Januar	»Wannsee-Konferenz« zur »Endlösung der Judenfrage«
	3.–7. Juni	See-Luftschlacht bei Midway
	28. Juni	Deutsche Sommeroffensive im Süden der Ostfront
	30. Juni	Rommel in El Alamein

002 Besetzung der Stadt Posen durch deutsche Truppen. Foto, 11. September 1939.

003 Einmarsch deutscher Truppen in Paris. Truppen der Wehrmacht am Arc de Triomphe. Foto, 14. Juni 1940.

004 Angriff der Heeresgruppe Mitte auf Moskau (»Unternehmen Taifun«). Foto von Hans Grimm, November 1941.

005 Landung der Alliierten in
der Normandie (»Operation Overlord«).
Foto, 6. Juni 1944.

006 Das zerstörte Führerhauptquartier
»Wolfsschanze« nach der Explosion der
Bombe Stauffenbergs am 20. Juli 1944.
Foto von Heinrich Hoffmann.

007 Das vom Luftkrieg völlig zerstörte
Köln. Foto, 1945.

	7. November	Amerikanisch-britische Landung in Nordwestafrika
	19.–22. November	Sowjetische Offensiven im Raum Stalingrad, Einschließung der 6. Armee
1943	14. Januar	Konferenz von Casablanca
	31. Januar–2. Februar	Kapitulation der 6. Armee in Stalingrad
	13. Mai	Kapitulation der Heeresgruppe Afrika
	24. Mai	Abbruch der U-Boot-»Schlacht im Atlantik«
	10. Juli	Amerikanisch-britische Landung auf Sizilien
	8. September	Frontwechsel Italiens, Fall »Achse«
1944	6. Juni	Alliierte Landung in Nordfrankreich
	22. Juni	Sowjetische Großoffensive gegen die Heeresgruppe Mitte
	20. Juli	Attentat Stauffenbergs auf Hitler
1945	12. Januar	Beginn der sowjetischen Winteroffensive
	4. Februar	Konferenz von Jalta
	30. April	Selbstmord Hitlers
	7. Mai	Bedingungslose Gesamtkapitulation
	17. Juli	Potsdamer Konferenz
	6. August	Abwurf der ersten Atombombe auf Hiroshima
	2. September	Kapitulation Japans

1. Literaturauswahl

Überblick

Müller, Rolf-Dieter, Der Zweite Weltkrieg 1939–1945, Stuttgart 2004 (= Gebhardt, Handbuch der deutschen Geschichte, 21)

Salewski, Michael, Deutschland und der Zweite Weltkrieg, Paderborn 2005

Schreiber, Gerhard, Der Zweite Weltkrieg, München 2004

Weinberg, Gerhard L., Eine Welt in Waffen. Die globale Geschichte des Zweiten Weltkriegs, Stuttgart 1995

Winkler, Heinrich August, Der lange Weg nach Westen, Bd 2: Deutsche Geschichte vom »Dritten Reich« bis zur Wiedervereinigung, München 2000

Umfeld

Benz, Wolfgang, Der Holocaust, München 1999

Hildebrand, Klaus, Das vergangene Reich. Deutsche Außenpolitik von Bismarck bis Hitler 1871–1945, Stuttgart 1995

Hillgruber, Andreas, Hitlers Strategie. Politik und Kriegführung 1940-1941, 2. Aufl., München 1982

Hoffmann, Peter, Widerstand, Staatsstreich, Attentat. Der Kampf der Opposition gegen Hitler, 4. Aufl., München 1985

Müller, Klaus-Jürgen, Armee, Politik und Gesellschaft in Deutschland 1933-1945. Studien zum Verhältnis von Armee und NS-System. Paderborn 1986

Wehler, Hans-Ulrich, Deutsche Gesellschaftsgeschichte, Bd 4: Vom Beginn des Ersten Weltkrieges bis zur Gründung der beiden deutschen Staaten 1914–1949, München 2003

Strukturen

Absolon, Rudolf, Die Wehrmacht im Dritten Reich, 6 Bde, Boppard a.Rh. 1969–1998

Boog, Horst, Die deutsche Luftwaffenführung 1935-1945. Führungsprobleme – Spitzengliederung – Generalstabsausbildung, Stuttgart 1981 (= Beiträge zu Militär- und Kriegsgeschichte, 21)

Kroener, Bernhard R., Auf dem Weg zu einer »nationalsozialistischen Volksarmee«. Die soziale Öffnung des Heeresoffizierkorps im Zweiten Weltkrieg. In: Bernhard R. Kroener, Kriegerische Gewalt und militärische Präsenz in der Neuzeit. Ausgewählte Schriften. Im Auftrag des Militärgeschichtlichen Forschungsamtes hrsg. von Ralf Pröve und Bruno Thoß, Paderborn 2008

Messerschmidt, Manfred, Die Wehrmachtjustiz 1933-1945, Paderborn 2005

Müller-Hillebrand, Burkhart, Das Heer 1933-1945. Entwicklung des organisatorischen Aufbaus, Bd 2: Die Blitzfeldzüge 1939–1941. Das Heer im Kriege bis zum Beginn des Feldzuges gegen die Sowjetunion im Juni 1941, Frankfurt a.M. 1956; Bd 3: Der Zweifrontenkrieg. Das Heer vom Beginn des Feldzuges gegen die Sowjetunion bis zum Kriegsende, Frankfurt a.M. 1969

Salewski, Michael, Die deutsche Seekriegsleitung 1935–1945, 3 Bde, Frankfurt a.M. 1970–1975

Die Wehrmacht. Mythos und Realität. Im Auftrag des Militärgeschichtlichen Forschungsamtes hrsg. von Rolf-Dieter Müller und Hans Erich Volkmann, München 1999

Konflikte

Beevor, Antony, Stalingrad, München 2002

Das Deutsche Reich und der Zweite Weltkrieg, 10 Bde, Stuttgart, München 1979–2008

Frieser, Karl-Heinz, Blitzkrieg-Legende. Der Westfeldzug 1940, München 1995 (= Operationen des Zweiten Weltkrieges, 2)

Müller, Rolf-Dieter, Der Bombenkrieg 1939-1945, Berlin 2005

Rohwer, Jürgen, und Gerhard Hümmelchen, Chronik des Seekrieges 1939–1945, Oldenburg 1968

Ruge, Friedrich, Der Seekrieg 1939-1945, Stuttgart, 2. Aufl., 1962

Tippelskirch, Kurt von, Geschichte des Zweiten Weltkrieges, 2. Aufl., Bonn 1956

Epochenquerschnitt

Vom »Beginn« oder gar vom »Ausbruch« des Ersten Weltkrieges zu sprechen, ist sicherlich gerechtfertigt. Beim Zweiten Weltkrieg wäre dies nicht nur eine Verharmlosung, sondern eine Verfälschung der historischen Tatsachen: Der Zweite Weltkrieg wurde von Hitler-Deutschland herbeigeführt oder »entfesselt«. Der Diktator wollte den Krieg gegen Polen, aber 1939 nach Möglichkeit keinen größeren europäischen Konflikt. Dieses Risiko ging er jedoch ein, weil er spätestens bis 1943 ohnehin damit rechnete. Also spielte er *Vabanque* (franz.; alles auf eine Karte setzen) in der Hoffnung, seine mittelfristigen Ziele noch ohne einen »großen« Krieg erreichen zu können. Seit dem Pakt mit Josef Stalin vom 23. August befand sich Adolf Hitler in einer »verkehrten« Frontstellung, denn grundsätzlich war seine Außenpolitik, vor allem aus antibolschewistischen und antisemitischen Motiven, gegen die Sowjetunion gerichtet. Hier wollte er das deutsche »Raumproblem« durch Eroberung von »Lebensraum« lösen. Dazu wollte er nach der Gewinnung von Rückenfreiheit im Westen durch Ausschaltung Frankreichs schrittweise die deutsche Vorherrschaft über Mittel- und Ostmitteleuropa errichten, die Sowjetunion zerschlagen und ein »blockadefestes« europäisches Kontinentalimperium begründen. Das war die Basis für Hitlers Endziel: eine deutsche Weltmacht-Stellung mit Kolonien, ozeanischen Stützpunkten und starker Seemacht als Rückhalt für einen später erwarteten Entscheidungskampf gegen die USA um die »Weltherrschaft« (Andreas Hillgruber).

Polen war also nur eine Etappe auf dem Weg zur Eroberung von »Lebensraum« im Osten. Als Hitlers »Pokerspiel« missglückte und er

008 Hitler, Göring und Goebbels als die Apokalyptischen Reiter. Grafik von Leo Jordaan, um 1940.

einen europäischen Krieg auslöste, war die Wehrmacht trotz ihres damaligen Rüstungsvorsprungs weit von der Kriegstüchtigkeit für einen derartigen Konflikt entfernt: Es mangelte ihr an Personal, Material und Munition für einen länger dauernden Krieg. Der Angriff gegen das in seiner Fähigkeit weit überschätzte französische Kriegspotenzial war ein militärisches Wagnis – und gelang. Die starre französische Defensivstrategie wurde durch höchst riskante Operationen weniger schneller Divisionen ausgehebelt, den in diesem Ausmaß auch auf deutscher Seite unerwarteten Erfolg münzte die Propaganda nachträglich in eine überlegen geplante »Blitzkrieg-Strategie« um (Karl-Heinz Frieser). Damit stand Hitler im Sommer 1940 **301**

009
Karikatur auf die von Hitler geplante Invasion Englands (»Unternehmen Seelöwe«). Fotomontage von Marinus Jacob Kjeldgaard, 1940.

auf dem Höhepunkt seiner Macht und seines Ansehens.

Genau jetzt hätte Großbritannien eigentlich gefügig sein sollen für eine Verständigung, damit Hitler den Rücken frei gehabt hätte für seinen »eigentlichen« Krieg, den gegen die Sowjetunion. Die Entschlossenheit des neuen britischen Premierministers Winston Churchill, das Nazi-Regime niederzuwerfen, war jedoch unerschütterlich und hinderte Hitler letztlich daran, die Welt nach seinen fehlgeleiteten Vorstellungen zu verändern. Da der Vernichtungskrieg gegen die Sowjetunion Hitlers »persönlicher« Krieg war, hatten strategische Alternativen zur Fortführung des Krieges gegen Großbritannien wie die »Mittelmeerstrategie« der Seekriegsleitung oder die »Kontinentalblock«-Konzeption des Reichsaußenministers ▸ Joachim von Ribbentrop keine Chance. Hitler verschmolz den sowieso vorgesehenen Krieg im Osten mit dem noch nicht beendeten im Westen. Ein erfolgreicher Ostkrieg sollte neben dem Hauptziel »Lebensraum« zu erobern, nun als Mittel dienen, Churchill von der Aussichtslosigkeit der Weiterführung des Krieges gegen das dann unermesslich große deutsche »Kontinentalimperium« zu überzeugen. Sollte dieser »improvisierte Gesamtkriegsplan« erfolgreich sein, musste die Sowjetunion allerdings in einem »Blitzkrieg« zerschlagen werden.

Bislang hatte in den Augen der Masse der Bevölkerung – auch der Offiziere – eine trügerische Verquickung von Hitlers Aggressionspolitik mit den Mitteln herkömmlicher Großmachtpolitik bestanden. Der Vernichtungskrieg gegen die Sowjetunion entfesselte endgültig verbrecherische und zerstörerische Triebkräfte. In diesem Krieg beherrschte schließlich Hitlers Weltanschauung alle politische und militärfachliche Logik.

Zunächst bestand noch eine Art Nebeneinander von politisch-strategischem Kalkül und rassistischem Dogma, doch Letzteres schloss von Anfang an jede politische Lösung aus.

Hitler verfehlte das Ziel der Niederwerfung der Sowjetunion und der Beherrschung Kontinentaleuropas im Herbst 1941 nur knapp. Wegen dieses Fehlschlags und der Ausweitung des europäischen Konflikts zum Weltkrieg mit dem Überfall Japans auf Pearl Harbor im Dezember ist das zweite Halbjahr 1941 eine der entscheidendsten Phasen des Zweiten Weltkriegs. Jedoch sogar für skeptische Zeitgenossen war der Kriegsausgang bis zum Spätherbst 1942 noch offen, zumal ja das verbündete Japan bis Mitte dieses Jahres in Südostasien eine riesige Region erobert hatte. Der heutige Betrachter weiß, dass spätestens mit dem Scheitern des »Weltblitzkrieges« gegen die Sowjetunion und dem Beginn der Gegenoffensive der Roten Armee am 5. Dezember 1941 Hitler »seinen Krieg« verloren hatte. Wenn man aber bedenkt, dass die Briten und Amerikaner im Sommer 1941 mit dem Zusammenbruch der Sowjetunion rechneten, auch zeitweilig den Verlust der britischen Mittelmeerpositionen einkalkulierten, und die USA, trotz der vermeintlichen Bindung im Pazifik durch Japan, entschlossen und in der Lage waren, einen »Zwei-Ozean-Krieg« zu führen, dann wird deutlich, dass auch bei einem siegreichen Abschluss des Unternehmens »Barbarossa« der Krieg langfristig nicht zu gewinnen war. Letztlich verfügte die »Anti-Hitler-Koalition« über 75 Prozent der weltweiten Ressourcen. Unübersehbar für aufmerksame Zeitgenossen waren allerdings die Signale des ersten Halbjahres 1943, welche die deutsche Niederlage ankündigten: der Untergang der 6. Armee in ▸ Stalingrad bis zum 2. Februar, die Kapitulation der Heeresgruppe Afrika in

Joachim von Ribbentrop (1893–1946)
B Außenminister – Im Verlauf der Weltwirtschaftskrise 1929 wandte sich Ribbentrop der NSDAP zu und lernte 1932 Hitler kennen und baute eine mit außenpolitischen Fragen beauftragte »Dienststelle Ribbentrop« auf. 1935 schloss er das Deutsch-Britische Flottenabkommen, ehe er ein Jahr später Botschafter in London wurde. Im Gegensatz zu Hitler ging Ribbentrop von einer bevorstehenden kriegerischen Auseinandersetzung mit Großbritannien aus. Nachdem er im Februar 1938

010 Joachim von Ribbentrop. Undatiertes Foto.

2 Theodor Plivier,
»Stalingrad« (1986)

Der Autor schildert in seinem Roman den verzweifelten Versuch
von verwundeten deutschen Soldaten, an Bord einer Maschine zu
kommen, die sie aus der eingeschlossenen Stadt bringen würde.

»Die Sanitäter hatten ihre Arbeit begonnen und an vierzig Schwerver-
wundete auf das Rollfeld getragen, und das war, wie schon seit Tagen
bei jeder Landung, das Zeichen für die anderen. Und Hunderte hum-
pelten und stolperten, so schnell sie konnten. von den Verwundeten-
zelten zum Flugplatz. Die eine Ju war ausgerollt, die Propeller drehten
sich weiter, aber die Maschine stand still. Die Kabinentür öffnete sich
und mit dem Ausladen wurde begonnen. [...] Schnee, und auf dem
Schnee von Fetzen, Decken, Zeltleinwand umwickelte, schlurfende

011 Allein bei Stalingrad verlor die
Luftwaffe 269 Maschinen des
Typs Ju 52. Foto, Winter 1942/43.

Füße. Und andere, welche schneller waren, welche die Haufen der Fuß- und Halblädierten durchbrachen und mit
geweiteten flackernden Augen, mit aufgerissenen Mäulern, mit geblähten Nasen, keuchend näher kamen. Und
nicht die Überrannten und Niedergetretenen – die lagen mit dem Gesicht im Schnee – jene, die zu langsam waren
und zurückblieben, erfüllten die Luft mit Geschrei. [...] Auch die von der Wache waren betäubt von den gellen-
den Schreien und der von Sterben geschwängerten Luft. Sie benutzten die Kolben ihrer Gewehre, um sich den
Weg zum Eingangsloch frei zu schlagen, oben angelangt, warfen sie ihre Gewehre weg und schlüpften selbst in
den Vogel hinein. Versprengte, Verwundete, Sanitätsträger, Soldaten, Offiziere, alle drängten und stießen und
schluchteten in das Flugzeug hinein.«

Zit. nach Theodor Plivier, Stalingrad. Roman. Hrsg. und mit einem Nachwort versehen von Hans-Harald Müller,
München 1986, S. 120 f.

1 Adolf Hitler,
»Geheimrede vor den Oberbefehlshabern über weitere Kriegspläne« (23. November 1939)

Nach dem Einmarsch der Wehrmacht in Polen und der kurz danach erfolgten Kriegserklärung Großbritanniens
und Frankreichs an Deutschland erläutert Hitler vor hohen Militärs sein außenpolitisches Programm für die
Zukunft.

»Dann kam die Errichtung des Protektorats, und damit war die Grundlage für die Eroberung Polens gelegt, aber
ich war mir zu dem Zeitpunkt noch nicht im klaren, ob ich erst gegen den Osten und dann gegen den Westen oder
umgekehrt vorgehen sollte. [...] Es ist ein ewiges Problem, die Zahl der Deutschen in Verhältnis zu bringen zum
Boden. Sicherung des notwendigen Raumes Keine geklügelte Gescheitheit hilft hier, Lösung mit dem Schwert.
[...] Die Kämpfe sind anders geworden als vor 100 Jahren. [...] Heute kämpfen wir um Ölfelder, Gummi, Erdschät-
ze usw. [...] Grundsätzlich habe ich die Wehrmacht nicht aufgestellt, um nicht zu schlagen. Der Entschluß zum
Schlagen war immer in mir. Früher oder später wollte ich das Problem lösen. Zwangsläufig wurde entschieden,
daß der Osten zunächst zum Ausfall gebracht wurde. [...] Wir können Rußland nur entgegentreten, wenn wir
im Westen frei sind. [...] Mein Entschluß ist unabänderlich. Ich werde Frankreich und England angreifen zum
günstigsten und schnellsten Zeitpunkt. Verletzung der Neutralität Belgiens und Hollands ist bedeutungslos. Kein
Mensch fragt danach, wenn wir gesiegt haben.«

Zit. nach: Digitale Bibliothek, Bd 49: Das Dritte Reich, S. 8603 f.

303

zum Außenminister ernannt worden war, schloss er am 23. August 1939 den »Hitler-Stalin-Pakt« ab. Ribbentrops
antibritische und zugleich auf Verständigung mit der Sowjetunion ausgerichtete Politik mündete im Herbst 1940
in eine »Kontinentalblock-Konzeption«: ein Bündnis zwischen Deutschland, Italien, der UdSSR und Japan unter
Einbeziehung Frankreichs und Spaniens, das eine Illusion blieb. Seit 1943 verlor Ribbentrop an politischer Bedeutung. Das Außenministerium war indes auf verschiedenen Ebenen in die »Endlösung der Judenfrage« verwickelt.
Ribbentrop wurde in Nürnberg als Kriegsverbrecher verurteilt und am 16. Oktober 1946 hingerichtet.

Tunis und der Verlust des U-Bootkrieges im Atlantik im Mai.

Die Kriegführung der späteren »Anti-Hitler-Koalition« wurde auf einer Reihe von bi- und multilateralen Absprachen und Konferenzen abgestimmt. Nach der Wiederwahl Franklin D. Roosevelts zum US-Präsidenten im November 1940 war klar, dass die USA als »Arsenal der Demokratie« den Kampf gegen Hitler unterstützen würden. Nachdem sich Großbritannien und die USA im Verlauf des Jahres 1941 auf verschiedenen Ebenen über die gemeinsame Kampfführung gegen das Deutsche Reich verständigt hatten, begann im Dezember 1941 in Washington die erste Kriegskonferenz, auf der die Atlantik-Charta vom August 1941 und die »Germany First«-Strategie bestätigt wurden. Auf der Konferenz von Casablanca im Januar 1943 erhoben Roosevelt und Churchill die Forderung nach der »bedingungslosen Kapitulation« Deutschlands und Japans und beschlossen den strategischen Bombenkrieg. Ende November 1943 trafen sich dann die »großen Drei« in Teheran und einigten sich grundsätzlich über eine Aufteilung Deutschlands. Stalin und Churchill verständigten sich über die Westverschiebung Polens zu Gunsten der sowjetischen Besetzung Ostpolens. Auf der Konferenz von Jalta im Februar 1945 wurden dann Einzelheiten der deutschen Teilung – Frankreich erhielt eine Besatzungszone – und die polnische Westgrenze festgelegt. Die Potsdamer Konferenz vom 17. Juli bis zum 2. August 1945 geriet endlich unbeabsichtigt zur Schlusskonferenz des Zweiten Weltkrieges, auf der bereits die Uneinigkeit der Sieger deutlich hervortrat. Hitlers Endziele, Erringung der »Weltherrschaft« und Vernichtung der Juden, waren dermaßen radikal gewesen, dass sie fast die ganze Welt herausgefordert und über alle ideologischen Ge-

304

gensätze hinweg, aber lediglich bis zu seinem Untergang zusammengeschweißt hatten.

▸ Hitlers rassischer Wahn nebst seiner verbrecherischen Umsetzung lagen außerhalb des Vorstellungsvermögens der meisten Deutschen. Das vordergründige Ziel, die Wiederherstellung der Großmachtstellung des Reiches, wurde aber von nahezu allen mitgetragen. So kam es zunächst zu einer erfolgreichen Zusammenarbeit der »alten« und »neuen« Eliten. Doch trotz jahrelanger Propaganda und Militarisierung der Gesellschaft herrschte 1939 im Gegensatz zum August 1914 eine gedrückte Stimmung vor. Nach der überraschend schnellen Niederringung Frankreichs im Sommer 1940, der »Revision« der Niederlage von 1918, erreichten der Siegestaumel und der »Führer-Mythos« wohl einen Höhepunkt, aber die optimistische Grundstimmung kippte schon lange vor der Katastrophe von Stalingrad um (Ian Kershaw). Um über diesen Schock hinwegzukommen, verkündete Propagandaminister Joseph Goebbels im Februar 1943 den »Totalen Krieg«. Die »totale« Mobilisierung existierte überwiegend nur in der NS-Propaganda, weniger in der Realität. Schon seit 1939 waren aus Rücksichtnahme auf die Stimmung der Bevölkerung Kriegswirtschaft und Gesellschaft in einem friedensähnlichen Zustand geblieben, Großbritannien war weit stärker mobilisiert, im deutschen Machtbereich kam es erst seit Sommer 1944 zur Durchsetzung radikaler Maßnahmen.

Alle Aktionen des NS-Systems vermitteln dem nachträglichen Betrachter das Bild eines heillosen Kompetenzchaos. Das führte in den siebziger und achtziger Jahren des 20. Jahrhunderts dazu, dass eine Gruppe von Historikern die *monokratische* (gr.; Herrschaft eines Einzelnen mit alleiniger Entscheidungsgewalt)

Schulaufsatz, »Jesus und Hitler« (ohne Jahr)

1 *Die ideologische Ausrichtung von Kindern während der NS-Diktatur zeigt dieses Volksschuldiktat.*

»Wie Jesus die Menschen von Sünde und Hölle befreite, so rettete Adolf Hitler das deutsche Volk vor dem Verderben. Jesus und Hitler wurden verfolgt, aber während Jesu gekreuzigt wurde, wurde Hitler zum Kanzler erhoben. Während die Jünger Jesu ihren Meister verleugneten und ihn im Stich ließen, fielen die 16 Kameraden für ihren Führer. Die Apostel vollendeten das Werk ihres Herrn. Wir hoffen, dass Hitler sein Werk selbst zu Ende führen darf. Jesus baute für den Himmel, Hitler für die deutsche Erde.«

Zit. nach: Lesebuch zur Deutschen Geschichte. Bd 3: Vom Deutschen Reich bis zur Gegenwart. Hrsg. von Bernhard Pollmann, Dortmund 1984, S. 149

Adolf Hitler (1889–1945)
B »Führer« und Reichskanzler – Der im österreichischen Braunau am Inn geborene Adolf Hitler war das vierte Kind des Zollbeamten Alois Hitler und seiner Frau Clara. Die vom Vater erträumte höhere Karriere im Zolldienst blieb dem Sohn verwehrt, da er an der Realschule scheiterte und sie ohne Abschluss verlassen musste. Hitler verarbeitete die Niederlage durch Flucht in künstlerische Parallelwelten und antibürgerliche Reflexe. Er wollte Maler werden. Zu diesem Zweck ging er 1907 nach Wien und bewarb sich an der Kunstakademie. Doch Hitlers Talent war gering; er wurde abgelehnt. Trotz des Misserfolges blieb er in Wien und führte das Leben eines Bohème. Seinen Lebensunterhalt bestritt er aus seiner Waisenrente und später mit Postkartenmalerei. Im Jahre 1913 ging Hitler nach München, wo er den Ausbruch des Ersten Weltkrieges erlebte. Begeistert meldete sich Hitler beim bayerischen Heer. Den gesamten Kriegsverlauf verbrachte er als Melder an der Westfront. Nach der deutschen Niederlage 1918 kehrte er nach München zurück, wo er 1919 mit der Deutschen Arbeiterpartei (seit Februar 1920 NSDAP) in Kontakt kam. Bald riss Hitler, der derweil sein rhetorisches Talent entdeckt hatte, die Führung der Partei an sich. Er wurde zur politisch wirksamsten Figur der in Bayern konzentrierten nationalistischen Gruppen und Wehrverbände. Am 9. November 1923 wagte Hitler von München aus den Putsch gegen die Reichsregierung in Berlin. Da die bayrische Regierung die Zusammenarbeit verweigerte, scheiterte er kläglich. Die NSDAP wurde verboten, Hitler zu einer fünfjährigen Festungshaft verurteilt, die aber bereits im Dezember 1924 endete. Während der Haft diktierte er den ersten Band seines Programmbuchs »Mein Kampf«. In dieser Schrift waren bereits seine rassistischen und expansionistischen Ziele vorgezeichnet.

012 Der Gefreite Adolf Hitler (x) im Kreise von Kameraden im Quartier an der Westfront. Foto, um 1916.

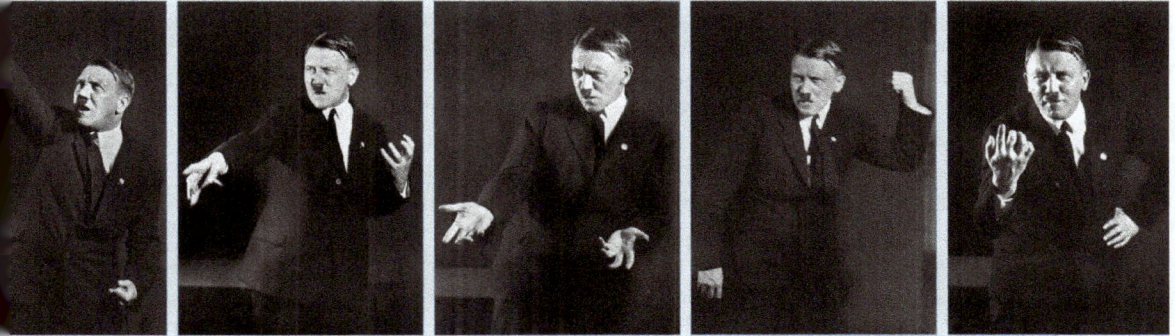

013 Adolf Hitler in Rednerpose. Fotopostkarten, 1927.

Nach der Haftentlassung änderte Hitler seine Strategie. Von nun an wollte er mit der neu gegründeten NSDAP (1925) auf legalem Wege, also durch Wahlen und Parlamentsbeteiligung, die Macht in Deutschland erobern. Für diesen Zweck wurde die Partei straff organisiert und nach dem so genannten Führerprinzip Hitler unterstellt. Die schwere wirtschaftliche Krise, in die Deutschland ab 1930 geriet, spielte Hitler zu. Am 30. Januar 1933 wurde er als Führer der stärksten Partei zum Reichskanzler ernannt.

014
Hitler besichtigt die Trümmer der Reichskanzlei nach einem Luftangriff. Foto, April 1945.

305

Struktur der Diktatur Hitlers infrage stellte und ihn weniger als politischen »Gestalter«, sondern eher als einen von den äußeren Umständen »Getriebenen« ansah. Tatsache war jedoch, dass jede beiläufige Äußerung Hitlers über die verschiedenen hierarchischen Stränge staatliche Maßnahmen bis auf die unterste Instanzenebene auslöste. So wird das »Dritte Reich« zutreffender als Herrschaftssystem mit starker monokratischer Spitze bei gleichzeitigen polykratischen Machtstrukturen beschrieben (Hans-Ulrich Thamer), ja, diese »autoritäre Anarchie« war der Garant für die absolute Durchsetzung des »Führerwillens«.

Das spektakulärste »Untersystem« stellte Heinrich Himmlers »SS-Staat« dar. Die Schutzstaffel der NSDAP (SS) diente zunächst zur Bekämpfung ideologischer Gegner und zur Herrschaftssicherung. Sie war weiter Mittel zur Durchführung der mörderischen Rassenpolitik und errichtete in diesem Zusammenhang ein Wirtschaftsimperium, das sich wesentlich auf das System der Konzentrationslager (KZ) mit den Häftlingen als Arbeitssklaven abstützte. Die SS baute zudem eigene »Parteistreitkräfte« auf, die Waffen-SS, die gegen Kriegsende rund 900 000 Mann umfasste und bei einem siegreichen Kriegsausgang wohl das Heer »gleichgeschaltet« hätte. Doch je mehr sich die militärische Niederlage abzeichnete, umso mehr nahm unter den Zwängen des Bombenkrieges und des Totalen Krieges die Macht eines anderen polykratischen »Untersystems« mit seinen Gauleitern bis hinab zu den Blockwarten wieder zu: Je furchtbarer die Niederlagen waren, desto »siegreicher« war die Nationalsozialistische Deutsche Arbeiterpartei (NSDAP). Die »alten« Staatsgewalten existierten schließlich nicht mehr oder nur noch dem Namen nach. Immerhin gelang es der Partei, wenn auch

306

zunehmend unter Einsatz der staatlichen Terrorinstrumente, dass im Gegensatz zum Ersten Weltkrieg, in dessen Verlauf der Zusammenhalt der Kriegsgesellschaft zerbrach, die Masse der Bevölkerung aus Angst vor der unbekannten Zukunft bis zum bitteren Ende am Regime festhielt. Die zum Ideal erkorene »Volksgemeinschaft«, die eher ein Schlagwort geblieben als Realität geworden war, verkam zur »Notgemeinschaft«.

Die schwerste und wohl niemals tilgbare Schuld der deutschen Geschichte ist der mit der Nazidiktatur und dem Verlauf des Zweiten Weltkrieges verbundene Völkermord. Rassenpolitik war nicht nur ein der traditionellen »Großmachtpolitik« nach- oder beigeordnetes, sondern ein alles beherrschendes Element des nationalsozialistischen Regimes. Die Vernichtung der europäischen Juden war das zentrale Ziel Hitlers. Bis 1939 musste es aus Rücksicht auf das europäische Ausland »lediglich« bei rechtlicher Diskriminierung, wirtschaftlicher Enteignung und persönlicher Bedrohung der Juden bleiben. Nach Kriegsbeginn war die zweite Phase durch die Einrichtung von Großghettos und eine »territoriale Endlösung« gekennzeichnet, die dritte Phase bedeutete dann die physische ▸ »Endlösung«. Der »Rassenkrieg« gewann gegenüber dem »Waffenkrieg« zunehmend an Bedeutung. Kennzeichnend für die NS-Ideologie war der feste Glaubenssatz von der rassischen Überlegenheit mit der daraus folgenden ständigen Selbstüberschätzung. Eine perverse Konsequenz aus dem Rassendogma bestand auch darin, dass sich vor der deutschen Niederlage Hitlers Hass gegen das eigene Volk richtete, das sich für seine Pläne als zu schwach erwiesen hatte und diese »Schmach« nicht überleben sollte. Auch dieses letzte Ziel verfehlte er nur knapp.

015 Knopf von KZ-Häftlingsbekleidung mit Gravur »Deutsche Mode«.

1 »Die Endlösung der Judenfrage«
(20. Januar 1942)

Auf der »Wannseekonferenz« kamen 15 hochrangige Vertreter des nationalsozialistischen Regimes zusammen, um die Deportation und Ermordung der europäischen Juden zu planen und zu organisieren.

»III. An Stelle der Auswanderung ist nunmehr als weitere Lösungsmöglichkeit nach entsprechender vorheriger Genehmigung durch den Führer die Evakuierung der Juden nach dem Osten getreten. Diese Aktionen sind jedoch lediglich als Ausweichmöglichkeiten anzusprechen, doch werden hier bereits jene praktischen Erfahrungen gesammelt, die im Hinblick auf die kommende Endlösung der Judenfrage von wichtiger Bedeutung sind.
Im Zuge dieser Endlösung der europäischen Judenfrage kommen rund 11 Millionen Juden in Betracht. [...] Unter entsprechender Leitung sollen im Zuge der Endlösung die Juden in geeigneter Weise im Osten zum Arbeitseinsatz kommen. In großen Arbeitskolonnen, unter Trennung der Geschlechter, werden die arbeitsfähigen Juden straßenbauend in diese Gebiete geführt, wobei zweifellos ein Großteil durch natürliche Verminderung ausfallen wird. Der allfällig endlich verbleibende Restbestand wird, da es sich bei diesen zweifellos um den widerstandsfähigsten Teil handelt, entsprechend behandelt werden müssen, da dieser, eine natürliche Auslese darstellend, bei Freilassung als Keimzelle eines neuen jüdischen Aufbaus anzusprechen ist. (Siehe die Erfahrung der Geschichte.) Im Zuge der praktischen Durchführung der Endlösung wird Europa von Westen nach Osten durchgekämmt. Das Reichsgebiet einschließlich Protektorat Böhmen und Mähren wird, allein schon aus Gründen der Wohnungsfrage und sonstiger sozialpolitischen Notwendigkeiten, vorweggenommen werden müssen.«

*Zit. nach: Digitale Bibliothek, Bd 49:
Das Dritte Reich, S. 8716–8716*

016 Selektion von ungarischen Juden auf der Verladerampe des Vernichtungslagers Auschwitz-Birkenau. Foto, Juni 1944.

1 Rudolf Höß, »Auschwitz« (1945)

Nach dem Ende des Zweiten Weltkrieges berichtete der ehemalige Kommandant des Konzentrationslagers Auschwitz über seine Tätigkeit. Er wurde nach dem Krieg an Polen ausgeliefert und zum Tode verurteilt. Gehängt wurde er vor seiner ehemaligen Residenz in Auschwitz.

»Massenhinrichtungen durch Vergasung begannen im Laufe des Sommers 1941 und dauerten bis zum Herbst 1944. Ich beaufsichtigte persönlich die Hinrichtungen in Auschwitz bis zum 1. Dezember 1943. [...] Die ›Endlösung‹ der jüdischen Frage bedeutete die vollständige Ausrottung aller Juden in Europa. Ich hatte den Befehl, Ausrottungserleichterungen in Auschwitz im Juni 1942 zu schaffen. Zu jener Zeit bestanden schon drei weitere Vernichtungslager im Generalgouvernement: Belzec, Treblinka und Wolzek. Diese Lager befanden sich unter dem Einsatzkommando der Sicherheitspolizei und des SD. [...] Als ich das Vernichtungsgebäude in Auschwitz errichtete, gebrauchte ich also Zyclon B, eine kristallisierte Blausäure, die wir in die Todeskammer durch eine kleine Öffnung einwarfen. Es dauerte 3 bis 15 Minuten, je nach den klimatischen Verhältnissen, um die Menschen in der Todeskammer zu töten. Wir wussten, wann die Menschen tot waren, weil ihr Kreischen aufhörte. Wir warteten gewöhnlich eine halbe Stunde, bevor wir die Türen öffneten und die Leichen entfernten. Nachdem die Leichen fortgebracht waren, nahmen unsere Sonderkommandos die Ringe ab und zogen das Gold aus den Zähnen der Körper.«

Zit. nach: Das Dritte Reich und die Juden. Hrsg. von Léon Poliakov und Josef Wulf, Berlin 1955, S. 127 f.

307

017 Antisemitisches Propagandaplakat.

Der Zweite Weltkrieg in Europa von 1939 bis 1942

1 : 25 000 000

Quelle: Putzger Historischer Weltatlas, 2000.

0 200 400 600 km

Vordringen der Achsenmächte und ihrer Verbündeten:
- 1. September bis 6. Oktober 1939
- Bis Ende Juni 1940
- Bis Ende Dezember 1941
- Bis Mitte November 1942

- Angriffe der Achsenmächte und ihrer Verbündeten
- Kesselschlachten
- Luftlandetruppen
- Angriffe der Alliierten
- Rückzüge der Alliierten
- Vordringen der Sowjetunion 1939 und 1940
- 1.42 Stellungen der Alliierten in Afrika
- Luftlandetruppen
- Griechisch-italienische Front April 1941
- Staatsgrenzen bei Kriegsbeginn 1.9.1939

WS. = Waffenstillstand

- Deutsches Reich und Danzig bei Kriegsbeginn Sept. 1939
- Italien und Albanien
- Verbündete der Achsenmächte 1941
- POLEN Alliierte bei Kriegsbeginn
- Gebiet der westlichen Alliierten November 1940
- Von westlichen Alliierten besetztes Gebiet November 1942
- Sowjetunion bei Beginn des deutschen Angriffs 22.6.1941
- Neutrale Staaten
- „État Français" (Vichy-Regierung) seit 10.7.40, mit Kolonialgebieten

© Cornelsen
05197-04

ISLAND 1940 brit. bes., 1941 amerik. bes.

Färöer 1940 brit. bes.

Shetland-In.

Orkney-In.

GROSS-BRITANNIEN

IRLAND

10.7.1940–Frühj. 1941 „Luftschlacht über England"

Birmingham · Coventry
London
Dover
Kanal-In. brit.
Brest
Nantes · Orléans
Bordeaux
Hendaye
ÉTAT FRANÇAIS Vichy-Reg. s. 10.7.41 11.11.42 besetzt
Marseille · Toulon 27.11.42
SPANIEN
Barcelona

NORWEGEN
Narvik
Kiruna
Gällivare
Erzbahn
Namsos
Dronteim
Andalsnes · Dombås
Bergen
Lillehammer
Stavanger
Oslo
Kristiansand

SCHWEDEN
Luleå
Stockholm sowj. Stützpunkt

FINNLAND
Kirkenes
Petsamo
Murmansk
Salla
30.11.1939–12.3.1940 Winterkrieg mit UdSSR
Helsinki
Hanko
Viipuri
Reval
Estland 3.1940

Nordsee
DÄNEMARK
Aalborg
Kopenhagen
Hamburg
NDL.
Rotterdam
BELG.
Lüttich
Dünkirchen
Sédan
Compiègne 22.6.40
Paris WS
Strasbourg
LUX.
Köln
Frankfurt
SCHWEIZ
Bern
Lyon
Vichy

DEUTSCHES REICH
Stettin
Berlin
Posen
Breslau
München
Wien
Prag
Böhmen u. Mähren
Lidice
Prot.
Krakau

Ostsee
Königsberg
Danzig
Gdingen
Litauen
Lettland
Riga
Kalinin
Kowno
Bialystok
Brest-Litowsk
Warschau
POLEN
Lemberg
Umań

Leningrad eingeschl. s. 9.41
Kronstadt
Schlüsselburg
Tichwin
Moskau
Gorki
Tula
Smolensk
Katyn
Minsk
Gomel
Brjansk
Orel
Kursk
Woronesch
Charkow
Stalingrad

SOWJETUNION

SLOWAKEI
UNGARN
Budapest
Agram
8.1940 ungar.
RUMÄNIEN
22.6.41
Ploești
Bukarest
BULGARIEN
Sofia 19.4.41
9.1940 bulg.

JUGOSLAWIEN
Belgrad
Sarajewo
Nisch

ITALIEN
Venedig
Rom
Tarent
Sardinien
Korsika
ALBANIEN
Saloniki
Janina
GRIECHENLAND
Athen
Kap Matapan 3.41
Heraklion
Maleme
Kreta 11.40 brit. bes.

TÜRKEI
Istanbul
Ankara

Schwarzes Meer

Odessa
Perekop
Kertsch
Sewastopol 7.42
Feodosia
Tuapse
Maikop
Kaukasus
Rostow
Donbas
Krementschug
Kiew

Dodekanes ital.
Zypern brit.

Mittelmeer
Algier
Bône
Bizerte
Tunis
Pantelleria ital.
Sizilien
Malta brit.
Afrikakorps seit 2.41
Gabes
Tripolis
El Aghella
Marsa el-Brega
Benghasi
Derna
Tobruk
Sollum
El Alamein
Alexandria
Port Said
Sues
Kairo
ÄGYPTEN

Syrien 6.–7.41 brit. frei-franz. bes.
Haleb
Libanon
Beirut
Damaskus
Palästina brit. Mand.
Jerusalem
Transjordanien brit. Mandat

Der Zweite Weltkrieg in Europa von 1942 bis 1945

Quelle:
Putzger
Historischer
Weltatlas, 2000.

1 : 25 000 000

0   200   400   600
km

Legende:

- Alliierte und von ihnen besetzte Gebiete Ende 1942
- Vordringen der Alliierten:
  - Bis Anfang Oktober 1943
  - Bis Mitte Dezember 1944
  - Bis zum Kriegsende Mai 1945
- Bei Kriegsende von deutschen Truppen gehaltene Gebiete
- Angriffe der Alliierten
- 5.45 Daten der Einnahme durch alliierte Truppen
- Kesselschlachten
- Weitestes Vordringen der Achsenmächte November 1942
- Angriffe der Achsenmächte
- Rückzüge der Achsenmächte
- 1.3.45 Daten der Kriegserklärungen an Deutschland

- Bis Anfang 1945 neutrale Staaten
- Bis zum Kriegsende neutrale Staaten
- Staatsgrenzen November 1942

Ard. = Ardennen
Avr. = Avranches
Fal. = Falaise

© Cornelsen
05198-03

Kapitel I – Umfeld:

Diktatur und Kriegführung

020 Deutsche Soldaten am Schlagbaum an der deutsch-polnischen Grenze. Foto, 1. September 1939.

1. Politik und Strategie

Wurden die Verwirklichung von Hitlers außenpolitischen Zielen im Jahr 1938, der »Anschluss Österreichs« und die »Rückgewinnung des Sudetenlandes«, von der deutschen Bevölkerung und auch einem großen Teil der Europäer noch als »berechtigte« Revisionen des Vertrages von Versailles empfunden, so stellte die Besetzung der »Resttschechei« am 15. März 1939 einen klaren Rechtsbruch dar. Polen zog daraus die richtigen Folgerungen und lehnte die zuletzt äußerst nachdrücklichen deutschen Forderungen nach einer grundsätzlichen »Bereinigung« des deutsch-polnischen Verhältnisses ab, unter anderem die Rückkehr Danzigs zum Reich. Die gegenseitigen Beziehungen verschlechterten sich nun rasch. Großbritannien garantierte, zugleich im Namen Frankreichs, den Bestand – nicht den Besitzstand – Polens und gab ihm am 6. April ein Beistandsversprechen. Hitler setzte die Bearbeitung des Aufmarsches gegen Polen – »Fall Weiß« – in Gang und kündigte das Deutsch-Britische Flottenabkommen und den Deutsch-Polnischen Nichtangriffspakt.

Eine Schlüsselstellung in der internationalen Konstellation nahm die Sowjetunion ein. Stalins langfristiges Konzept bestand darin, in einem von ihm erwarteten Krieg der »imperialistischen« Mächte gegen Hitler zum Schluss das Gewicht der Sowjetunion in die Waagschale zu werfen. Seit dem Frühjahr 1939 verhandelte er mit den Westmächten. Die Gespräche scheiterten unter anderem an der nicht unbegründeten Weigerung Polens, der Roten Armee im Kriegsfall mit dem Deutschen Reich Durchmarschrechte zu gewähren sowie an Stalins Forderung nach Einbeziehung der baltischen Staaten in die sowjetische Interessensphäre. Hitler hatte hier mehr zu bieten, und so wurde die Welt am 23. August durch den Deutsch-Sowjetischen Nichtangriffsvertrag überrascht. Der eigentlich bedeutende Teil des »Hitler-Stalin-Pakts« war das geheime ▸ Zusatzprotokoll, dessen Existenz bis zum Sommer 1989 von der sowjetischen Geschichtsschreibung abgestritten wurde. Es grenzte die beiderseitigen Interessensgebiete ab: ▸ Finnland, Estland, Lettland, Ostpolen und Bessarabien sollten zum sowjetischen, Litauen und Westpolen zum deutschen Einflussbereich gehören. Stalin hatte das Seine getan, um Hitlers Aggressionsabsichten zu fördern und selbst ohne verlustreiche kriegerische Verwicklungen große Gebietsgewinne zu machen.

Dem deutschen Diktator ging es nicht nur um Revisionen, sondern um die komplette Zerschlagung Polens. Um die Westmächte doch noch aus dem Konflikt herauszuhalten, wollte er ihnen die mangelnde Verständigungsbereitschaft Polens einreden. Durch einen blitzschnellen Sieg sollte ihnen dann die Sinnlosigkeit ihres Eingreifens deutlich gemacht werden. Hitler

Der Versuch der Sowjetunion, die Interessensphäre, die ihr im Zusatzprotokoll des »Hitler-Stalin-Paktes« zugestanden wurde, in ihren Machtbereich einzubeziehen, mündete im November 1939 in den Finnisch-Sowjetischen Krieg, den so genannten Winterkrieg. Nachdem die deutsche Wehrmacht Polen »niedergerungen« und ihre ganze Kraft gegen den Westen geworfen hatte, erkannte Stalin die Chance, die sowjetische Stellung in Europa im Schatten der deutschen Aggressionen auszubauen. Die Westmächte waren im Kampf gegen das Deutsche Reich gebunden und konnten daher der Sowjetunion nur schwer Einhalt gebieten. Estland, Lettland und Litauen mussten dem Druck Moskaus nachgeben und wurden in den sowjetischen »Sicherheitsbereich« einbezogen. Einzig und allein Finnland verweigerte sich der Sowjetunion, da es seine Unabhängigkeit gefährdet sah. Die

📝 1 »Hitler-Stalin-Pakt« (23. August 1939)

Der Nichtangriffsvertrag zwischen Deutschland und der UdSSR enthielt ein geheimes Zusatzprotokoll, das die Aufteilung Nordost- und Südosteuropas zwischen der Sowjetunion und dem Deutschen Reich regelte.

»Aus Anlaß der Unterzeichnung des Nichtangriffs-vertrages zwischen dem Deutschen Reich und der Union der Sozialistischen Sowjetrepubliken haben die unterzeichneten Bevollmächtigten der beiden Teile in streng vertraulicher Aussprache die Frage der Abgrenzung der beiderseitigen Interessensphären in Osteuropa erörtert. Diese Aussprache hat zu folgendem Ergebnis geführt:

1. Für den Fall einer territorial-politischen Umgestaltung in den zu den baltischen Staaten (Finnland, Estland, Lettland, Litauen) gehörenden Gebieten bildet die nördliche Grenze Litauens zugleich die Grenze der Interessensphäre Deutschlands und der UdSSR. Hierbei wird das Interesse Litauens am Wilnaer Gebiet beiderseits anerkannt.

2. Für den Fall einer territorial-politischen Umgestaltung der zum polnischen Staat gehörenden Gebiete werden die Interessensphären Deutschlands und der UdSSR ungefähr durch die Linie der Flüsse Narew, Weichsel und San abgegrenzt. Die Frage, ob die beiderseitigen Interessen die Erhaltung eines unabhängigen polnischen Staates erwünscht erscheinen lassen und wie dieser Staat abzugrenzen wäre, kann endgültig erst im Laufe der weiteren politischen Entwicklung geklärt werden. In jedem Falle werden beide Regierungen diese Frage im Wege einer freundschaftlichen Verständigung lösen.

3. Hinsichtlich des Südostens Europas wird von sowjetischer Seite das Interesse an Bessarabien betont. Von deutscher Seite wird das völlige politische Desinteressement an diesen Gebieten erklärt.

4. Dieses Protokoll wird von beiden Seiten streng geheim behandelt werden.

Für die Deutsche Reichsregierung:

v. Ribbentrop

In Vollmacht der Regierung der UdSSR:

W. Molotow«

Zit. nach: Akten zur Deutschen Auswärtigen Politik, Serie D, Bd 7, Baden-Baden 1956, S. 206 f

021 Die Unterzeichnung des »Hitler-Stalin-Paktes«. Foto, 23. August 1939.

022 Britische Karikatur zum »Hitler-Stalin-Pakt« vom 23. August 1939.

geforderte Abtretung eines großen Gebietsstreifens auf der Karelischen Landenge kam für Helsinki nicht in Frage, denn dies hätte auch den Verlust der wichtigsten finnischen Verteidigungslinie bedeutet. Am 30. November 1939 griff die Rote Armee schließlich den vermeintlich schwachen Gegner an. Doch trotz dreifacher Überlegenheit gelang es den Sowjets nicht, die tapfer kämpfenden finnischen Truppen zu schlagen. Die Geländevorteile geschickt ausnutzend gelang es den Finnen, den sowjetischen Truppen während des Winterkrieges große Verluste zuzufügen. Gleichwohl musste sich Finnland schließlich im Frieden von Moskau vom 13. März 1940 geschlagen geben und Teile der Karelischen Landenge und Ostkareliens an die Sowjetunion abtreten.

akzeptierte also britische Vermittlungsvorschläge und erklärte sich zu direkten Verhandlungen mit Polen bereit. Die eigene Stärke sowie die Hilfsmöglichkeiten der Westmächte weit überschätzend lehnte jedoch Polen jegliche Zugeständnisse ab und ordnete am 30. August die Mobilmachung an. Als der polnische Botschafter – ohne die geforderten Vollmachten – dann doch noch am 31. August bei Reichsaußenminister von Ribbentrop vorsprach, hatte Hitler bereits mittags den Befehl zum Angriff erteilt, der am 1. September um 4.45 Uhr begann. Nach Ablauf eines Ultimatums erklärten Großbritannien und Frankreich am 3. September dem Deutschen Reich den Krieg. Hitler hatte wiederum alles auf eine Karte gesetzt, jedoch diesmal verloren.

Trotzdem hielt er auch nach der Zerschlagung Polens an dem Wunschdenken fest, ein Ausgleich der britischen »imperialen« und der deutschen »kontinentalen« Interessen werde möglich sein. Er verkannte dabei die traditionellen Prinzipien der britischen Außenpolitik, die Hegemonialmächten immer auf dem Kontinent entgegengetreten war. England hatte sich bereits auf eine Kriegsdauer von drei Jahren eingestellt, in der zuerst eine »strategische Defensive«, dann eine Offensive im italienischen Teil Nordafrikas und gegen Italien und zuletzt gegen Deutschland direkt vorgesehen war. Trotz eines öffentlichen Friedensangebots »auf der Basis des Erreichten« hätte Hitler am liebsten noch im Herbst 1939 die erhoffte Kriegsentscheidung durch eine Offensive im Westen herbeigeführt. In seinem Kalkül hatte Großbritannien seine Siegeszuversicht lediglich auf die zwei »Festlandsdegen« Polen und Frankreich gestützt. Würde nun auch Frankreich ausgeschaltet, dann müsste Großbritannien aufgeben und dem ersehnten Ausgleich zustimmen. Im

Oberkommando des Heeres (OKH) regte sich noch einmal Widerstand gegen Hitlers Absichten. Die Planungen für den Feldzug wurden zum Teil bewusst verzögert und Hitler musste sich den fachlichen Einwänden der Generalität gegen einen Winterfeldzug beugen. Zu einem offenen Widerspruch gegen Hitlers Aggressionspläne kam es jedoch nicht.

Nach dem raschen Zusammenbruch Frankreichs im Sommer 1940 erwartete alle Welt das »Einlenken« Großbritanniens. Hitler meinte nun zu einem »vernünftigen« Friedensschluss kommen zu können auf der Basis der »Teilung der Welt«: deutsche Herrschaft über Kontinentaleuropa, Rückgabe der ehemaligen Kolonien gegen Erhaltung des Empires und Entschädigung Großbritanniens aus französischem Kolonialbesitz. Doch in der britischen Regierung setzte sich ▸ Churchills kompromissloser Kurs durch, den Krieg fortzusetzen, »wenn nötig, jahrelang, wenn nötig, allein«. Churchills Entschlossenheit, den Kampf gegen die Nazi-Tyrannei um jeden Preis zu Ende zu führen, ist eine der entscheidendsten Weichenstellungen in der Geschichte des 20. Jahrhunderts: Es ist kaum auszudenken, welche Folgen ein Kompromiss mit dem Diktator gehabt hätte.

Allerdings war die Lage Großbritanniens nicht so aussichtslos, wie es den Zeitgenossen erscheinen mochte. Die Mittelmeerposition brauchte nicht aufgegeben zu werden, und die Inseln waren so lange sicher, wie Flotte und Luftwaffe intakt blieben. Es gelang Churchill, Präsident ▸ Roosevelt von der Notwendigkeit eines künftigen Kriegseintritts der USA zu überzeugen. Die USA begannen daher mit dem Bau einer Zwei-Ozean-Flotte und den Vorbereitungen für die Einführung der allgemeinen Wehrpflicht. Gegen Stützpunkte in der Karibik erhielten die Briten von den Amerikanern 50

Franklin D. Roosevelt (1882–1945)
B Amerikanischer Präsident – Im Jahre 1929 trat Roosevelt den Posten als Gouverneur von New York an. Als amerikanischer Präsident sorgte er seit 1933 durch Aufrüstung und Sozialprogramme (»New Deal«) für Mehrbeschäftigung und überwand die Weltwirtschaftskrise. Mit Kriegsbeginn 1939 unterstützte Roosevelt Großbritannien im Kampf gegen die »Achsenmächte« und sprach sich für die Taktik »Germany first« aus, wonach erst Deutschland und dann Japan besiegt werden sollte. Von Deutschland verlangte er die »bedingungslose Kapitulation«. Roosevelt gilt als Initiator der Vereinten Nationen.
024 Franklin D. Roosevelt. Porträtaufnahme, 20. Juni 1936.

1 Winston S. Churchill, »Blut, Schweiß und Tränen« (13. Mai 1940)

Drei Tage nach seiner Ernennung zum Premierminister einer Allparteienregierung hielt Churchill eine kurze Antrittsrede vor dem Unterhaus, die er anschließend im Rundfunk wiederholte. Der zentrale Satz: »Ich habe nichts zu bieten als Blut, Mühsal, Tränen und Schweiß« war ein Eigenzitat aus den Erinnerungen an den Ersten Weltkrieg.

»Eine Regierung von solchem Ausmaß und solcher Vielgestaltigkeit zu bilden, ist an sich eine schwere Aufgabe; man muß aber bedenken, daß wir uns im Anfangsstadium einer der größten Schlachten der Weltgeschichte befinden, daß wir an vielen Punkten Norwegens und Hollands kämpfen, daß wir im Mittelmeer kampfbereit sein müssen, daß der Luftkrieg ohne Unterlaß weitergeht und daß wir hier im Lande viele Vorbereitungen treffen müssen. Ich hoffe, man wird es mir verzeihen, wenn ich in dieser kritischen Lage mich heute nicht mit einer längeren Ansprache an das Haus wende. Ich hoffe, daß jeder meiner Freunde und jeder meiner jetzigen oder früheren Kollegen, der von der Regierungsbildung berührt ist, den etwaigen Mangel an Förmlichkeit nachsehen wird, mit dem wir vorgehen mußten. Ich möchte dem Hause dasselbe sagen, was ich den Mitgliedern dieser Regierung gesagt habe: ›Ich habe nichts zu bieten als Blut, Mühsal, Tränen und Schweiß‹.«

Zit. nach: Winston S. Churchill, Reden in Zeiten des Kriegs. Hrsg. von Klaus Körner, Hamburg 2002, S. 52

025 Krise um Danzig und den polnischen Korridor. Fotomontage von Marinus Jacob, 1939.

026 Premierminister Churchill (Mitte), General de Gaulle, Chef des »Nationalkomitees der freien Franzosen« (2.v.r.), General Sikorski, Ministerpräsident der polnischen Exilregierung (2.v.l.), u.a., bei einer Panzerübung. Foto, 19. Februar 1941.

B Winston S. Churchill (1874–1965)

Britischer Politiker – Im Mai 1940 zum Premierminister einer Allparteienregierung gewählt, sprach er sich gegen einen Frieden mit »Hitlerdeutschland« aus. In seiner berühmten Antrittsrede vom 13. Mai 1940 bereitete er die Bevölkerung auf eine schwere Zeit vor. In der nachfolgenden »Luftschlacht um England« stärkte er den Durchhaltewillen der Briten. Churchill war ein Gegner Stalins und lehnte den Kommunismus ab. Doch sah er Hitler als das größere Übel an. In diesem Sinne kommentierte er den Überfall der Deutschen auf die Sowjetunion: »Würde Hitler in die Hölle einmarschieren, würde ich im Unterhaus sogar über den Teufel eine höfliche Bemerkung machen.« Churchill gelang es, eine Anti-Hitler-Koalition (»Grand Alliance«) zwischen Großbritannien, den USA und der UdSSR zu schmieden. Auf den Konferenzen von Teheran, Jalta und Potsdam einigte er sich mit Stalin und Roosevelt bzw. Truman auf eine europäische Nachkriegsordnung. Nach der Wahlniederlage der Konservativen 1945 trat Churchill zurück. Von 1951 bis 1955 übernahm er erneut das Amt des Premierministers. 1953 erhielt er für seine Geschichtsbetrachtung über den Zweiten Weltkrieg den Nobelpreis für Literatur.

313

027 Winston Churchill. Foto, 11. Mai 1940.

028 Amerikanische Lastkraftwagen, die für Großbritannien bestimmt sind. Bevor die USA im Dezember 1941 in den Zweiten Weltkrieg eintraten, vollzog Roosevelt nach seiner Wiederwahl zum Präsidenten (November 1940) den Übergang von der Neutralität zur »Nichtkriegführung« mit wachsenden materiellen Hilfeleistungen zu Gunsten Großbritanniens. Foto, 1940.

Zerstörer. Da Großbritannien die Zahlungsunfähigkeit drohte, wurde der Präsident Anfang 1941 im ▸ Leih-Pacht-Gesetz ermächtigt, allen Partnerländern unbeschränkt Rüstungsmaterial und Rohstoffe zu liefern.

Hitler vermutete als entscheidenden Faktor für die Kompromisslosigkeit Großbritanniens dessen Hoffnung, die Sowjetunion doch noch als neuen »Festlandsdegen« gewinnen zu können. Deshalb ließ er bereits im Sommer 1940 die Chancen für einen Herbstfeldzug gegen die UdSSR prüfen. Die Ausschaltung des Machtfaktors Sowjetunion sollte außerdem Japan den Rücken frei halten und es dadurch machtpolitisch so aufwerten, dass die USA gezwungen wären, ihre Kräfte im pazifischen Raum zu binden. Die in der neueren deutschen Militärgeschichte bis 1945 konfliktträchtige Frage nach dem Verhältnis von Militär und Politik – Auseinandersetzungen zwischen Moltke und Bismarck, die »Halbdiktatur« der 3. Obersten Heeresleitung (OHL) im Ersten Weltkrieg, die Sonderwege der Reichswehr sowie der Kampf Becks um Mitsprache bei politischen Entscheidungen – hatte sich nach dem Frankreichfeldzug faktisch erledigt. Die Meinung der Generalität war – außer auf ihrem Fachgebiet – nicht mehr gefragt. Hitler hatte den Primat der Politik so »total« durchgesetzt wie nie zuvor im Deutschen Reich. In dem Jahr bis zum Überfall auf die Sowjetunion besaß er alle Freiheiten, ohne Rücksicht auf die alten Führungseliten die Richtlinien für Wirtschaft, Militär und Diplomatie festzulegen.

Das hieß nicht, dass er ihm nützlich erscheinende Konzepte Anderer ablehnte. Als sich die Undurchführbarkeit des Herbstfeldzuges gegen die Sowjetunion herausstellte, wurde dieser auf das Frühjahr 1941 verschoben. Da sich Hitlers Furcht vor einem früheren Kriegsein-

314

Im März 1941 trat das *Leih- und Pacht-Gesetz* (engl.; Lend-Lease-Act) in Kraft. Es ermächtigte den amerikanischen Präsidenten zu Kriegslieferungen an alle Staaten, deren Verteidigung im Interesse der USA lag. Zunächst profitierte davon überwiegend Großbritannien, seit dem November 1941 auch die Sowjetunion.

029 Zugpferde der deutschen Wehrmacht versinken bei Kursk in Russland im Schlamm. Foto, April 1942.

tritt der USA verstärkte, griff er als politische Zwischenlösung eine Konzeption Ribbentrops auf. Jetzt sollte die Bildung eines »Kontinentalblocks«, bestehend aus dem »Dreimächtepakt« – Deutsches Reich, Italien und Japan – und der Sowjetunion unter Einbeziehung Spaniens und Vichy-Frankreichs eine bedeutende machtpolitische Aufwertung Japans bewirken. Die damit den USA drohende Gefahr eines »Zwei-Ozean-Krieges« zielte auf eine Stärkung der isolationistischen Kräfte in den USA, sollte die Vereinigten Staaten im Pazifik fesseln, Großbritannien somit in Europa isolieren und zur Aufgabe des Kampfes bewegen. Das Projekt scheiterte nicht nur an der Unvereinbarkeit der Interessengegensätze, die bei den Verhandlungen mit Wjatscheslaw Molotow im November 1940 in Berlin deutlich hervortraten, sondern vor allem deshalb, weil es für Hitler, der unbeirrt am Ziel der Zerschlagung der Sowjetunion festhielt, eigentlich nur

ein politisches Ablenkungsmanöver darstellte. Hitler entschloss sich, den ohnehin vorgesehenen Krieg um »Lebensraum« mit dem Westkrieg zu verschmelzen, und improvisierte damit den Plan eines »Weltblitzkrieges« zur Beherrschung der gesamten östlichen Erdhälfte durch Deutschland und Japan und zur Isolierung der USA in der westlichen Welt. Am 18. Dezember 1940 unterzeichnete er die ▸ »Weisung Nr. 21 (Barbarossa)«.

Hitlers Überfall auf die Sowjetunion am 22. Juni 1941 führte diese in eine »Strange Alliance« mit Großbritannien – ein »unnatürliches Bündnis« deshalb, weil die ideologischen Gegensätze bestehen blieben. Am 12. Juli 1941 schlossen Großbritannien und die Sowjetunion ein Bündnis, das seine eigentliche Wirksamkeit durch die Ausweitung des Leih-Pacht-Gesetzes auf Russland erhielt. Nach kurzer Zeit flossen Nachschubströme über den Eismeerhafen Mur-

Am 18. Dezember 1940 erteilte Hitler dem Oberkommando der Wehrmacht in der »Weisung Nr. 21 (Barbarossa)« den Auftrag, einen Angriff auf die Sowjetunion vorzubereiten. Ziel war die Niederwerfung der UdSSR in einem schnellen Blitzkrieg noch vor der Beendigung des Konfliktes mit Großbritannien. Von der NS-Propaganda wurde der am 22. Juni 1941 beginnende brutale Eroberungs- und Vernichtungskrieg als Kreuzzug des zivilisierten christlichen Abendlandes gegen den Bolschewismus dargestellt. Wohl in diesem Zusammenhang wählte man als Decknamen für die Operation die Bezeichnung »Barbarossa«, Beiname des legendären Kaiser Friedrich I. »Barbarossa« (ital.; Rotbart), der 1190 auf einem Kreuzzug ins Heilige Land im Fluss Saleph in der heutigen Türkei ertrank.

mansk und durch Persien, im Jahr 1941 noch 360 000 Tonnen Kriegsmaterial, 1942 bereits 2,5 Millionen Tonnen. Im Bündnis mit den Westmächten durfte Stalin nun davon ausgehen, dass er letzten Endes den Krieg nicht mehr verlieren konnte. Trotzdem stellten sich die Westmächte zunächst darauf ein, den Krieg gegen das Deutsche Reich notfalls allein führen zu müssen. Weltpolitisch hatte die Sowjetunion nur noch wenig Gewicht; das gewann sie erst zurück, als sie ihre Überlebensfähigkeit bewiesen hatte.

Mit der ▶ »Atlantik-Charta«, einer im August 1941 getroffenen Absprache zwischen Churchill und Roosevelt über die Nachkriegsordnung, versuchte der britische Premier, die noch neutralen USA enger an sich zu binden. Doch erst mit dem Überfall Japans auf Pearl Harbor am 7. Dezember 1941 trat nun auch die bis dahin zögernde amerikanische Nation der »Strange Alliance« bei, die aber nur durch die gemeinsamen Feinde zusammengekittet wurde und von Anfang an durch Misstrauen, vor allem hinsichtlich möglicher Separat-Vereinbarungen mit Hitler-Deutschland, überschattet war. Außerdem war die »Anti-Hitler-Koalition«, die immerhin über drei Viertel der personellen und materiellen Ressourcen der Welt verfügte, kein Mächteblock im herkömmlichen Sinne. Sie bezog sich nur auf den europäischen Kriegsschauplatz, gegen Japan standen Großbritannien und die USA allein. Beide hatten schon im März 1941 in gemeinsamen Stabsbesprechungen als strategische Richtlinien festgelegt:

1. Im Zentrum stand die Sicherung der atlantischen Seewege.
2. Der europäische Kriegsschauplatz besaß Vorrang – »Germany first«.
3. Erst nach Beendigung des Krieges in Europa waren alle Kräfte auf Japan zu konzentrieren.

Der anglo-amerikanische Entschluss, die »zweite Front« zunächst nicht in Europa, sondern in Nordafrika zu errichten, machte Stalin misstrauisch. So versuchte er auf dem Höhepunkt der Schlacht um Stalingrad, vorsichtig zu erkunden, ob mit Hitler ein Ausgleich möglich wäre. An der Konferenz von Casablanca im Januar 1943 nahm er nicht teil. Hier beschlossen die Westalliierten, den Kampf gegen die deutschen U-Boote zu verstärken, die Luftoffensive durch amerikanische Tagangriffe zu ergänzen, durch das zentrale Mittelmeer auf Sizilien und Italien vorzustoßen und die Landung in Frankreich bis 1944 zu verschieben. Zusätzlich wurden zwei Entscheidungen mit weit reichenden Folgen getroffen. Die Planungen zur Aufstellung von 215 US-Heeresdivisionen wurden auf letztlich 89 reduziert, ein für das Nachkriegsschicksal Europas folgenschwerer Entschluss. Ferner wurde die Formel von der »bedingungslosen Kapitulation« geprägt, die den Durchhalteparolen der Nazipropaganda reichlich Munition lieferte.

Vor allem die polnische Frage, dabei das Schicksal des 1939 von Stalin besetzten Ostpolens, belastete das Verhältnis der Alliierten zur Sowjetunion, das 1943 zusätzlich erschwert wurde durch den Fund der Leichen von über 4000 von den Sowjets ermordeten polnischen Offizieren im Wald bei ▶ Katyn. Die Konferenz von Teheran Ende 1943 bildete den wichtigsten Einschnitt im Verhältnis der ungleichen Verbündeten. Neben der Invasion in Frankreich im Frühjahr 1944 wurden hier die Westverschiebung Polens und die »Zerstückelung« Deutschlands beschlossen. Die gegenseitig gehegten Befürchtungen vor gesonderten Verhandlungen mit Hitler entbehrten allerdings jeder Grundlage. Schon auf Grund der nationalsozialistischen Verbrechen waren die Westalliierten fest entschlossen, den »Kreuz-

S In der Nähe von Katyn, einem russischen Ort 20 Kilometer westlich von Smolensk, entdeckten deutsche Soldaten im Frühjahr 1943 in Massengräbern die Leichen von rund 4400 erschossenen polnischen Offizieren. Sie gehörten zu den mehr als 200 000 Offizieren und Soldaten, die beim Einmarsch der Roten Armee in Ostpolen (September 1939) in Kriegsgefangenschaft gerieten. Auf Befehl Stalins wurden sie vom sowjetischen Geheimdienst NKWD 1940 ermordet. Die UdSSR wies die Schuld an diesem Verbrechen den deutschen Besatzungstruppen zu. Doch bereits damals häuften sich die Hinweise, wonach die Erschießung bereits 1940, also vor der deutschen Besetzung, geschehen sind. Das Massaker und die ungeklärten Hintergründe belasteten die Beziehungen zwischen den polnischen Exilpolitikern und der UdSSR während des Krieges und blieben auch nach 1945 eine offene Wunde zwischen den sozialistischen »Bruderstaaten«. Erst 1990 gestand die sowjetische Führung die Verantwortung Stalins und weiterer politischer Führungsmitglieder für den Massenmord in Katyn offiziell ein.

1 »Die Atlantik-Charta« (14. August 1941)

Unter dem Eindruck des deutschen Überfalls auf die Sowjetunion trafen sich Franklin D. Roosevelt und Winston Churchill auf einem britischen Schlachtschiff im Atlantik und entwarfen hier die Nachkriegsordnung für Europa, die »Atlantik-Charta«.

»Der Präsident der Vereinigten Staaten und Premierminister Churchill als Vertreter Seiner Majestät Regierung des Vereinigten Königreiches halten es [...] für richtig gewisse allgemeine Grundsätze der nationalen Politik ihrer beiden Länder bekannt zu machen, auf die sie ihre Hoffnung auf eine bessere Zukunft für die Welt gründen: Ihre Länder erstreben keinerlei Gebiets- oder sonstige Vergrößerung.

2. Sie wünschen keine Gebietsveränderungen, die nicht den frei zum Ausdruck gebrachten Wünschen der betreffenden Völker übereinstimmen.

3. Sie anerkennen das Recht aller Völker die Regierungsform zu wählen, unter der sie leben wollen; und sie wünschen, dass denen souveräne Rechte und Selbstregierung zurück gegeben werden, die ihrer gewaltsam beraubt worden sind.

4. Sie werden sich unter gebührender Berücksichtigung ihrer bestehenden Verpflichtungen bemühen allen Staaten groß oder klein, Siegern oder Besiegten, fördernd zu helfen, dass sie unter gleichen Bedingungen Zutritt zum Handel und zu den Rohstoffen der Welt haben, die zu ihrem wirtschaftlichen Gedeihen notwendig sind. [...]

6. Sie hoffen, dass nach der endgültiger Zerstörung der Nazityrannei ein Frieden geschaffen wird, der allen Nationen die Möglichkeit gibt in Sicherheit innerhalb ihrer eigenen Grenzen zu leben und der Gewähr dafür bietet, dass alle Menschen in allen Ländern der Welt ihr Leben frei von Furcht und Mangel leben können.«

Zit. nach: Dokumente zur Geschichte der Vereinigten Staaten. Hrsg. von Herbert Schambeck, Berlin 1993, S. 480 f.

030 Konferenz von Casablanca. Gruppenbild Roosevelt (l.) und Churchill mit hohen Militärs. Foto, 24. Januar 1943.

S

Am 14. August 1941 wurde die »Atlantik-Charta« unterzeichnet. Auf dem britischen Schlachtschiff PRINZ OF WALES im Nordatlantik kam es zu einer Grundsatzerklärung des amerikanischen Präsidenten Roosevelt und des britischen Premierministers Churchill über die zukünftige Friedensordnung. So forderten die beiden Politiker u.a. den Verzicht auf Annexionen und Gewalt, die Anerkennung des Selbstbestimmungsrechts der Völker, freien und gleichen Zugang zu den Rohstoffen der Erde sowie den Aufbau eines kollektiven Sicherheitssystems unter vollständiger Entmilitarisierung von Aggressorstaaten.

031 Japanischer Überraschungsangriff auf die vor Pearl Harbor, Hawaii, liegende US-Pazifikflotte. Foto, 7. Dezember 1941.

zug« gegen Nazi-Deutschland zu Ende zu führen. Im Osten lehnte Hitler alle Friedenssondierungen ab, weil ein Arrangement mit dem »jüdisch-bolschewistischen Todfeind« für ihn grundsätzlich nicht in Frage kam.

Niemand vermag zu sagen, ob Hitler in seinem Innersten je den Krieg als verloren angesehen hat. Immer wieder beschwor er die wundersame Rettung aus hoffnungslos erscheinenden Situationen während der »Kampfzeit« in der Weimarer Republik. Wahrscheinlich hoffte er, auf irgendeine Weise »davonzukommen«, und wenn nicht, wenigstens das eigene Ende durch rücksichtslose Opferung von Menschen möglichst lange hinauszuschieben. Sollte auch das NS-Reich schließlich untergehen, weil sich das deutsche Volk als »zu schwach« erwiesen hätte, dann wollte Hitler zumindest so lange durchhalten, bis er »wenigstens« sein rasseideologisches Ziel vollendet hätte, um dann von Europa möglichst viel mit in den Abrund zu reißen. Daneben wurde bis zum Kriegsende die Illusion vom Auseinanderbrechen der feindlichen Allianz beschworen, noch einmal verstärkt nach dem plötzlichen Tod Roosevelts am 12. April 1945 und sogar teilweise noch nach der Kapitulation in der »Reichsregierung« in Mürwik. Mit der Verhaftung der »Geschäftsführenden Reichsregierung« am 23. Mai existierte dann auch körperlich kein deutsches Staatsorgan mehr, das Außenpolitik hätte betreiben können.

2. Die Gesellschaft im »Totalen Krieg«

Im Gegensatz zu 1914 war die ▸ Stimmung in der deutschen Bevölkerung beim Kriegsausbruch 1939 gedrückt. Die schnellen Erfolge in den Feldzügen gegen Polen, Dänemark und Norwegen und vor allem im Westen jedoch ließen die Stimmung hochschnellen. Im Sommer 1940 erreichte die ▸ Popularität des Regimes einen Höchststand. Alles schien auf ein rasches Kriegsende hinzudeuten, zumal die kriegsbedingten Einschränkungen im Alltagsleben relativ erträglich blieben. Das Regime hatte aus den Erfahrungen des Ersten Weltkriegs gelernt, wie wichtig eine ausreichende Ernährung und eine sozial gerechte Verteilung der Konsumgüter waren. Der Stimmungsumschwung erfolgte nicht schlagartig mit der Katastrophe von Stalingrad, sondern war ein fortschreitender Prozess, der die Bevölkerungsteile unterschiedlich erfasste. Bereits um die Jahreswende 1941/42 mit den Rückschlägen vor Moskau kamen Zweifel an den Siegesaussichten auf. Mit Stalingrad, der Kapitulation in Tunesien, dem Abbruch des U-Bootkrieges und dem Einsetzen des verschärften Bombenkrieges im ersten Halbjahr 1943 breitete sich dann die Gewissheit der Aussichtslosigkeit des Krieges aus. Der NS-Propaganda und dem Terror der Geheimen Staatspolizei (Gestapo) gelang es zwar, den Zusammenbruch der »Heimatfront« zu verhindern, doch die Masse der Bevölkerung verfiel wegen fehlender politischer Alternativen in einen tiefen Fatalismus: Der Westen verlangte die bedingungslose Kapitulation, im Osten fürchtete man die Rache der Roten Armee, die Propaganda gegen den Bolschewismus blieb wirkungsvoll – also machte man aus Angst vor der ungewissen Zukunft weiter und hoffte, irgendwie »davonzukommen«.

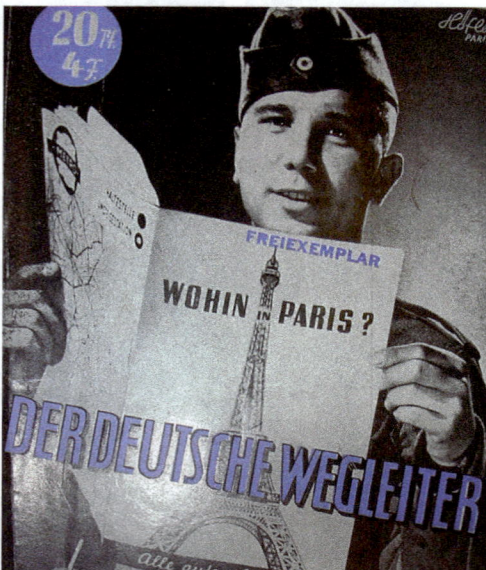

032 Wehrmachtreiseführer für Paris, 1940.

Victor Klemperer, »Kriegsausbruch«
(4. September 1939)

Klemperer verlor 1935 auf Grund seiner jüdischen Herkunft seine Professur an der Technischen Hochschule in Dresden. In seinen Tagebüchern beschreibt er eindrucksvoll sein Leben im NS-Regime. Über die keineswegs euphorische Stimmung anlässlich des Kriegsbeginns und der Kriegserklärung von Frankreich und England an das Deutsche Reich berichtet er folgendes:

»Der Mann entsetzt: ›Ich bin 1914 verschüttet worden und muß nun als Landwehrmann wieder heraus. Ist das notwendig gewesen, ist das menschlich? Sie sollten die düsteren Gesichter der Truppentransporte sehen – anders als 14. Und haben wir 14 mit Knappheit der Lebensmittel begonnen? Wir müssen unterliegen, es kann nicht wieder vier Jahr dauern.‹ Im Bienertpark der Krämer Berger, Soldat von 1914, jetzt Funker:
›Sie haben es gut jetzt!‹ – ›Ich? Ich rechne mit Totgeschlagenwerden.‹ – ›Sie sind aus allem heraus – wir armen Hunde müssen wieder ran!‹
Anschläge und Zeitungen in der Stadt, ebenso die eben gekommenen ›Dresdener NN‹ bagatellisieren, verschweigen geradezu, daß Frankreich seit gestern fünf Uhr im Krieg mit uns, und sprechen nur von französischem Beistand für Polen, breiten die Erfolge an ›allen Fronten‹ (sc. in Polen) aus, berichten über anerkennende Worte der italienischen Presse für die deutschen Siege und sagen kein Wort über die italienische Neutralität.«

Zit. nach: Victor Klemperer, Tagebücher 1937–1939. Hrsg. von Walter Nowojski, Berlin 1999, S. 160 f.

»Westfeldzug«
(27. Juni 1940)

Der Sicherheitsdienst des Reichsführers der SS, kurz SD, war gewissermaßen das »Meinungsforschungsinstitut des Dritten Reiches«. Regelmäßig berichtete der SD über Stimmung in der Bevölkerung. Nach den schnellen militärischen Erfolgen des Westfeldzuges und den Waffenstillstandsverhandlungen mit Frankreich war die Stimmung in der Bevölkerung hervorragend.

»Die stürmische Begeisterung der letzten Wochen hat sich angesichts der Waffenstillstandsverhandlungen und der jetzt eintretenden Waffenruhe in eine mit stiller, stolzer Freude und Dankbarkeit für Führer und Wehrmacht gezeichnete Feierstimmung gewandelt. Besonderen Ausdruck fand diese tiefe Freude bei der Durchgabe der Nachricht vom Inkrafttreten des Waffenstillstandsvertrages. Noch in der Nacht wurden überall Flaggen gehißt, viele Volksgenossen eilten auf Straßen und Plätze, um sich an etwaigen Dankeskundgebungen zu beteiligen. Teilweise mußten sie enttäuscht wieder nach Hause gehen, da von keiner Seite entsprechende Anstalten getroffen worden waren, was man eigentlich erwartet hatte. Nur wenige ließen sich die nächtliche Feierstunde entgehen, sogar in Luftschutzkellern wurde die Sendung abgehört.«

Zit. nach: Meldungen aus dem Reich. Auswahl aus den geheimen Lageberichten des Sicherheitsdienstes der SS 1939–1944. Hrsg. von Heinz Boberach, Neuwied, Berlin 1965, S. 79

033
Propagandaplakat aus dem Zweiten Weltkrieg.

SIEG UM JEDEN PREIS

034 Hitler mit Albert Speer (links) am Trocadéro, im Hintergrund der Eiffelturm. Foto, 28. Juni 1940.

Die Macht des SS-Staates war seit Kriegsbeginn unaufhaltsam gewachsen. Im September 1939 wurde die Sicherheitspolizei (Sipo), die sich aus Gestapo und Kriminalpolizei zusammensetzte, mit dem Sicherheitsdienst (SD) der SS im Reichssicherheitshauptamt (RSHA) verschmolzen. Von hier aus betrieb ▸ Himmler die Ausschaltung von politischen Gegnern, die Sicherung des Herrschaftssystems, die mörderische Rassenpolitik und den Aufbau eines SS-Wirtschaftsimperiums auf der Basis von inhaftierten ▸ »Sklavenarbeitern«. Gegen Kriegsende vegetierten fast 800 000 Häftlinge in den Konzentrationslagern der SS. Von den zwischen 1939 und 1945 insgesamt über 1,5 Millionen Häftlingen in den Arbeitslagern – die Vernichtungslager nicht eingerechnet – kamen über eine Million ums Leben. Die Bevölkerung wurde durch einen lückenlosen Polizeiapparat überwacht und schon die geringste kritische Bemerkung konnte die Todesstrafe zur Folge haben.

Trotz dieses totalitären Systems ist das »Dritte Reich« durch ein fast unvorstellbares Ämter- und Kompetenzchaos gekennzeichnet. Daraus ableiten zu wollen, Hitlers Wille sei nur begrenzt »unten« angekommen, wäre allerdings falsch. Die »autoritäre Anarchie« diente vielmehr gerade dem Zweck der Entfaltung des absoluten »Führerwillens«. Die alten Staatsgewalten waren längst abgeschafft oder entmachtet und durch Sondergewalten ersetzt, die Hitlers Willkürherrschaft auf allen Gebieten durchsetzten. Soweit der alte Staats- und Beamtenapparat weiter existierte, wurde er »gleichgeschaltet«. Dadurch gewann die Partei und mit ihr der »Leiter der Parteikanzlei der NSDAP«, Martin Bormann, in der Endphase des Krieges eine entscheidende Rolle in der Kriegführung. Die Partei organisierte mit der

320

Nationalsozialistischen Volkswohlfahrt (NSV) die Hilfsmaßnahmen nach den Bombenangriffen, richtete Sprechstunden ein und versuchte, die Einsatz- und Opferbereitschaft durch Appelle und Aufmärsche zu erhöhen. Schließlich organisierte sie den Totalen Krieg, brachte im Sommer 1944 rund 1,5 Millionen Menschen für den Stellungsbau auf und mobilisierte acht Millionen Männer für den ▸ »Volkssturm«. Auch der Einsatz der ausländischen Arbeitskräfte erfolgte mit der »Deutschen Arbeitsfront« durch die Partei. Die Ausländer waren überwiegend »Fremdarbeiter«, die in der Masse unter Zwangsmaßnahmen, zum Teil aber auch freiwillig in den besetzten Gebieten rekrutiert wurden, zu einem großen Teil Kriegsgefangene und zu einem kleineren Teil KZ-Häftlinge.

Der Zweite Weltkrieg gilt als der Höhepunkt des »Totalen Krieges«. Erste Phänomene dieser Kriegsform lassen sich bereits im Amerikanischen Bürgerkrieg (1861–1865) und verstärkt im Ersten Weltkrieg beobachten. Es geht dabei um die totale Mobilisierung und Ausrichtung der Gesellschaft auf die Kriegsanstrengungen, den totalen Einsatz von Wirtschaft, Rüstung und Technik für Kriegszwecke, die Ideologisierung und Radikalisierung der Kriegführung bis hin zur Unterwerfung und Auslöschung ganzer Völkerschaften. In der Zwischenkriegszeit war der »totale« Charakter eines zukünftigen Krieges Gegenstand zahlreicher Diskussionen nicht nur in Deutschland. So war der Gedanke daran ▸ nichts völlig Neues.

Dennoch wurde der Krieg auf deutscher Seite zunächst nicht als »Totaler Krieg« geführt. Das lag zum einen daran, dass 1939/40 die deutsche Machtbasis zu schmal war. Als Voraussetzung für die Führung eines »Totalen Krieges« bedurfte es der Eroberung großer Teile Europas und mussten die Möglichkeiten zur

B Heinrich Himmler (1900–1945)
Reichsführer der SS – Während der Weimarer Republik war Heinrich Himmler Mitglied diverser rechtsradikaler Wehrorganisationen, die die junge Demokratie bekämpften. In dieser Zeit entwickelte er einen radikalen Antisemitismus. Im Jahre 1923 nahm Himmler am Hitler-Putsch teil, 1925 begann seine Karriere in der NSDAP, vier Jahre später avancierte er zum Reichsführer SS. Nach der Ermordung von Ernst Röhm und anderer SA-Führer am 30. Juni 1934 wurde die SS eine selbstständige Organisation innerhalb der NSDAP. Die Waffen-SS baute Himmler zu einem selbstständigen

035 Heinrich Himmler. Foto von Heinrich Hoffmann.

1 Erich Ludendorff, »Der totale Krieg« (1935)

Als Generalquartiermeister im Ersten Weltkrieg hatte Ludendorff entscheidenden Einfluss auf die deutsche Kriegführung gehabt. Er gehörte zu den erklärten Gegnern der Weimarer Republik und prägt die Legende vom »Dolchstoß«.

»Der kommende Krieg wird noch ganz andere Anforderungen an das Volk in der Bereitstellung seiner seelischen, physischen und materiellen Kräfte für die Kriegsführung stellen, als es schon der Weltkrieg tat. Die Abhängigkeit der Wehrmacht vom Volk und namentlich von seiner seelischen Geschlossenheit wird in Zukunft gewiß nicht geringer, sondern noch erheblich größer sein, wenn es möglich wäre, als es schon im Weltkriege 1914/18 der Fall war. Wie damals die Feindmächte mit nur zu großer Folgerichtigkeit danach strebten, die seelische Geschlossenheit des deutschen Volkes zu zerstören, so wird dies in Zukunft ganz allgemein neben der Vernichtung der feindlichen Streitkräfte das Ziel feindlicher Kriegsführung sein. [...] Das Wesen des totalen Krieges beansprucht buchstäblich die gesamte Kraft des Volkes, wie er sich gegen sie richtet. [...] Da der Krieg die höchste Anspannung eines Volkes für seine Lebenserhaltung ist, muß sich eben die totale Politik auch schon im Frieden auf die Vorbereitung dieses Lebenskampfes eines Volkes im Kriege einstellen und die Grundlage für diesen Lebenskampf in einer Stärke festigen, daß sie nicht in dem Ernst des Krieges verschoben, brüchig oder durch Maßnahmen des Feindes völlig zerstört werden kann.«

Zit. nach: Erich Ludendorff, Der totale Krieg, München 1936, S. 9 f.

1 Adolf Hitler, »Bildung des Deutschen Volkssturms (25. September 1944)

Der »Volkssturm« sollte die regulären Truppen verstärken. Dessen militärische Bedeutung war aber auf Grund der schlechten Ausrüstung und mangelnden Ausbildung gering.

»Dem uns bekannten totalen Vernichtungswillen unserer jüdisch-internationalen Feinde setzen wir den totalen Einsatz aller deutschen Menschen entgegen. Zur Verstärkung der aktiven Kräfte unserer Wehrmacht und insbesondere zur Führung eines unerbittlichen Kampfes überall dort, wo der Feind den deutschen Boden betreten will, rufe ich daher alle waffenfähigen deutschen Männer zum Kampfeinsatz auf. Ich befehle:
1. Es ist in den Gauen des Großdeutschen Reiches aus allen waffenfähigen Männern im Alter von 16 bis 60 Jahren der Deutsche Volkssturm zu bilden. Er wird den Heimatboden mit allen Waffen und Mitteln verteidigen, soweit sie dafür geeignet erscheinen.
2. Die Aufstellung und Führung des Deutschen Volkssturms übernehmen in ihren Gauen die Gauleiter. Sie bedienen sich dabei vor allem der fähigsten Organisatoren und Führer der bewährten Einrichtungen der Partei, SA, SS, des NSKK und der HJ. [...]
4. Die Angehörigen des Deutschen Volkssturms sind während ihres Einsatzes Soldaten im Sinne des Wehrgesetzes.«

Zit. nach: Reichsgesetzblatt 1944, Teil I, S. 253 f.

Deutscher Volkssturm
Wehrmacht

036 »Volkssturm«.
Foto, Frühjahr 1945.

037 Armbinde des »Volkssturms«.

Truppenkörper neben der Wehrmacht aus. Zusammen mit Reinhard Heydrich war er Organisator der »Endlösung« (Holocaust). Juden, politisch Andersdenkende und vor allem Menschen in den besetzten Ostgebieten betrachtete er als »Untermenschen«. Sein Ziel war es, im Osten Europas Siedlungsraum für die so genannte germanische Rasse zu schaffen. Heinrich Himmler galt immer wieder als ein Nachfolger Hitlers, weil er sich im nationalsozialistischen Staat eine große Machtbasis geschaffen hatte: Er war Chef der deutschen Polizei (1936), Reichskommissar für die Festigung deutschen Volkstums (1939), Reichsinnenminister (1943) und Befehlshaber des Ersatzheeres (1944). Nach seinem eigenmächtigen Kapitulationsangebot an die Westmächte (23./24. April 1945) enthob Hitler ihn vier Tage später allerdings aller Ämter. In britischer Gefangenschaft nahm Himmler sich am 23. Mai 1945 das Leben.

Informationen

Zwischen 1939 und 1945 kamen im Deutschen Reich schätzungsweise elf bis zwölf Millionen Zwangsarbeiter zum Einsatz. Bei diesen Zwangs- und Fremdarbeitern handelte es sich sowohl um KZ-Häftlinge als auch um Kriegsgefangene und Zivilisten aus nahezu 20 europäischen Ländern. Sie wurden vorwiegend in der Landwirtschaft und der Industrie eingesetzt und stellten 1944 etwa ein Viertel (5,5 Mio. Ausländer, 1,9 Mio. Kriegsgefangene, 400 000 KZ-Häftlinge) aller Beschäftigten im Deutschen Reich. Auf deutschem Boden existierten allein 30 000 Arbeitslager. Die Zwangsarbeit im NS-Staat, die wegen Arbeitskräftemangel und wirtschaftlichem Vorsprung der Alliierten ausgenutzt wurde, wurde in den Nürnberger Kriegsverbrecherprozessen zum Kriegsverbrechen und Verbrechen gegen die Menschlichkeit erklärt.

039 Die Bevölkerung in den besetzten Gebieten der Sowjetunion wird zur Zwangsarbeit nach Deutschland verfrachtet. Foto, Juni 1942.

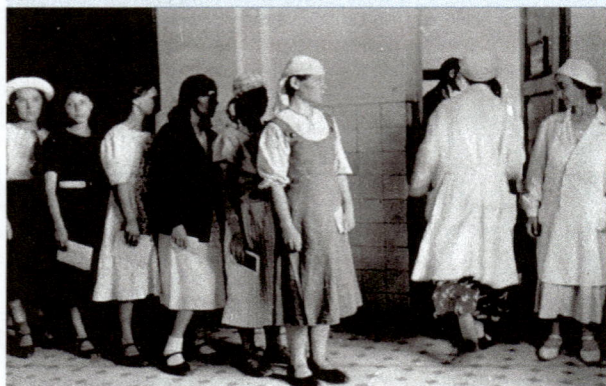

040 Vor dem Abtransport nach Deutschland und ihrem Einsatz als Zwangsarbeiter in der deutschen Industrie werden die ukrainischen Frauen untersucht. Foto, Mai 1942.

Erst im Laufe des Zweiten Weltkrieges wurde der Einsatz der Zwangsarbeiter erwogen. Nach dem siegreichen Feldzug gegen Polen arbeiteten zunächst 200 000 polnische Kriegsgefangene in der deutschen Landwirtschaft. Anfang 1940 kam es in den besetzten polnischen Gebieten schließlich zu Zwangsverpflichtungen. Im Gegensatz zu französischen, niederländischen oder belgischen Fremdarbeitern – Kriegsgefangene wie Zivilisten – wurden die Polen gemäß der sozial-rassischen Hierarchie im Nationalsozialismus menschenunwürdig behandelt. Dies zeigte sich in einer zu zahlenden Sondersteuer auf den ohnehin kargen Bruttolohn ebenso wie in der schlechten Verpflegung, Unterkunft und dem Polensonderstrafrecht: Polen wurden mit einem P-Abzeichen stigmatisiert, durften keine öffentlichen Verkehrsmittel benutzen, und bei sexuellem Kontakt zwischen einem Polen und einer deutschen Frau drohte dem Zwangsarbeiter die öffentliche Hinrichtung. Noch schlimmer erging es den sowjetischen Zwangsarbeitern: Als der Arbeitseinsatz von drei bis vier Millionen Kriegsgefangenen und Zivilisten beschlossen worden war, waren Ende 1941 bereits 2,8 Millionen sowjetische Soldaten verhungert. Bis dahin war ihre Arbeitskraft nicht

041 In einem Kraftfahrzeug-Instandsetzungswerk der deutschen Wehrmacht eingesetzte zwangsverpflichtete Facharbeiter aus der Sowjetunion. Foto, Januar 1945.

042 Wertmarke des Arbeitslagers Mittelbau-Dorau.

S

Geschätzte Gesamtzahl ausländischer Arbeiter 1939 bis 1945
und Überlebender 1945

	Gesamtzahl 1939 bis 1945	Todesfälle 1939 bis 1945	Überlebende Mitte 1945
Nach Rechtsstatus:			
Zivilarbeiter	8 435 000	490 000	7 945 000
Kriegsgefangene	4 575 000	1 115 000	2 575 000
KZ-Häftlinge	1 550 000	1 075 000	475 000
»Arbeitsjuden«	55 000	25 000	30 000
Gesamt	13 480 000	2 455 000	11 025 000

Zit. nach: Das Deutsche Reich und der Zweite Weltkrieg, Bd 9/2: Ausbeutung, Deutung, Ausgrenzung.
Im Auftrag des Militärgeschichtlichen Forschungamtes hrsg. von Jörg Echternkamp, München 2004, S. 575

einkalkuliert, ihr Tod jedoch bewusst in Kauf genommen worden. Sowjetische Zwangsarbeiter waren grundsätzlich von deutschen Arbeitern abgeschirmt, hungerten und konnten bei jeglicher »Disziplinwidrigkeit« ohne formelles Urteil hingerichtet oder ins KZ geschickt werden. Unter ihnen traten Krankheiten wie Tuberkulose, Flecktyphus und Hungerödeme auf. Die Hälfte der sowjetischen zivilen Arbeiter waren Frauen. Für die Deportation der sowjetischen Bürger war seit März 1942 vor allem der »Generalbevollmächtigte für den Arbeitseinsatz«, Fritz Sauckel, zuständig. Das unter Albert Speers Verantwortung stehende Reichsministerium für Rüstung und Kriegsproduktion arbeitete indes mit den Rüstungsbetrieben zusammen, die auf KZ-Häftlinge zurückgriffen. Der Tod der KZ-Häftlinge war auch während der Zwangsarbeit einkalkuliert. Ihre Versorgung war katastrophal, sie litten unter Misshandlungen durch die SS und neben den langen Anmarschwegen von den KZs zu unterirdischen Rüstungsfabriken wie Mittelbau-Dora hatten die KZ-Arbeitskräfte bis zu 16 Stunden zu arbeiten. Ein Abkommen über die Entschädigung ehemaliger Zwangsarbeiter unterzeichnete die Bundesrepublik Deutschland im Jahr 2000 – 55 Jahre nach Kriegsende.

1 »Erinnerungen an die Zwangsarbeit«
(1942)

Eine Ukrainerin, die als Jugendliche in das Deutsche Reich zur Zwangsarbeit verschleppt wurde, erinnert sich:

»Ich hatte mein 15. Lebensjahr noch nicht vollendet. Man brachte mich 1942 nach Deutschland, in die härteste Fabrik. Die Arbeit war schrecklich [...] man goss den Zement, einen speziellen Zement, wenn er tropfte, bildeten sich in der Kleidung sofort Löcher. In der Nähe der Fabrik waren die Baracken, wo wir schliefen, [...] wir bekamen nicht einmal Strohsäcke [...]. Als man uns in Viehwaggons nach Deutschland brachte, kamen die Deutschen, die uns anschauten als seien wir Wilde. [...] Zu essen gab man uns Steckrüben und verschiedene Rübenabfälle, von solchen Rüben, die für Tiere angebaut werden.«

Zit. nach: G.G. Werbizky, Ostarbeiters. Russian Forced Laborers in Nazi Germany (World War II). Documents and Life Stories, Vestal, NY 2000, S. 16 f.

043 Kriegsgefangenlager bei Uman. Verwahrung sowjetischer Kriegsgefangener in deutschen Lagern. Foto, undatiert.

Ausbeutung ihrer personellen und materiellen Ressourcen gegeben sein. Zum anderen wagte es das Regime nach den Erfahrungen des Ersten Weltkrieges noch nicht, dem Volk die mit einer totalen Kriegführung verbundenen Belastungen zuzumuten, zumal auch noch bis in den Herbst 1941 hinein die Hoffnung auf einen siegreichen Abschluss des »Weltblitzkrieges« bestand. Erst als dessen Scheitern nach der Katastrophe von Stalingrad nicht mehr zu beschönigen war, wurde der »Totale Krieg« proklamiert, aber schließlich erst im letzten Kriegsjahr umgesetzt. Bis zum Sommer 1944 wurde eine relativ hohe Produktion von Konsumgütern aufrechterhalten. In Großbritannien war der Mobilisierungsgrad der Gesellschaft bereits 1939/40 bedeutend höher als in Deutschland, insbesondere beim ▶ Arbeits- und Kriegseinsatz der Frauen. Bei Hitler spielten ideologische Grundsätze eine entscheidende Rolle, wie zum Beispiel die nationalsozialistische Idee von der »Rolle der deutschen Frau« und der rassistische Dünkel, nach dem zunächst die ausländischen Sklavenarbeiter die Lasten des »Totalen Krieges« zu tragen hatten.

Als Goebbels im Februar 1943 in einer Massenkundgebung im Berliner Sportpalast vor einer tobenden Menge den »Totalen Krieg« ausrief, war das zunächst eine psychologische Propagandamaßnahme zur Eindämmung des Schocks von Stalingrad. Psychologisch nützlich war dabei auch die kurz zuvor von den Westalliierten erhobene Forderung nach der Unconditional Surrender (engl.; bedingungslose Kapitulation). Obwohl das Ziel die rücksichtslose Ausschöpfung aller personellen, materiellen und technologischen Möglichkeiten war, fand der »Totale Krieg« bis Mitte 1944 nur beschränkt statt. Außer auf dem Rüstungssektor waren nur geringe Erfolge zu verzeichnen.

Verbunden mit der Ernennung Goebbels' zum »Generalbevollmächtigten für den totalen Kriegseinsatz« im August 1944 blieben auch weitere radikale Maßnahmen ohne spürbare Auswirkungen. Diese bestanden unter anderem in Verordnungen über den Arbeitseinsatz, zunehmend brutalere Anwendung der Kriegssonderstrafrechtsverordnungen (KSSVO) wie der Verordnung über »Wehrkraftzersetzung« oder der »Volksschädlingsverordnung« mit Androhungen von Todesstrafen, in der Erhöhung der Wochenarbeitszeit auf 60 Stunden, in der Schließung aller kulturellen Einrichtungen, der Oberschulen und Universitäten, in Polizei- und Justizterror und sinnlosen Opfern der Zivilbevölkerung.

Lediglich in der ▶ Rüstungswirtschaft gelangen bis zum Sommer 1944 auf einigen Gebieten erstaunliche Produktionssteigerungen. Insgesamt war natürlich der deutsche Herrschaftsbereich den wirtschaftlichen Ressourcen der Anti-Hitler-Koalition hoffnungslos unterlegen. Nur zu Kriegsbeginn hatte Hitler vom deutschen Rüstungsvorsprung profitieren können, aber bereits im Herbst 1941 steckte das Reich in einer schweren Wirtschaftskrise. Eine Ursache dafür lag in der zögerlich durchgeführten wirtschaftlichen Mobilmachung, also in der weit gehenden Beibehaltung der Friedenswirtschaft zu Lasten des militärischen Bedarfs. Tausende von Rüstungsbetrieben erhielten nicht die erforderlichen Arbeitskräfte, Maschinen und Rohstoffe und mussten auf »Sparflamme« im Einschichtbetrieb produzieren. Eine andere Ursache lag in der militärischen »Kommandowirtschaft«, mit der das im OKW angesiedelte Wehrwirtschafts- und Rüstungsamt die Rüstungsbetriebe steuern wollte. Es gelang ihm jedoch nie richtig, die Rüstungsprogramme der Wehrmachtteile zu koordinie-

044 Bekanntmachung des Volksgerichtshofes über die Vollstreckung von Todesurteilen wegen »Vorbereitung zum Hochverrat, Feindbegünstigung, Zersetzung der Wehrkraft und Verbreitens ausländischer Rundfunksendungen«.

1 Joseph Goebbels, »Totaler Krieg« (18. Februar 1943)

Der Reichspropagandaminister schwor seine Zuhörer im Berliner Sportpalast auf den »Totalen Krieg« ein.
Nach der verlorenen Schlacht um Stalingrad appellierte Goebbels an den Durchhaltewillen der Bevölkerung.

»Wir haben die Gefahr, die uns aus dem Osten bedrohte, immer hoch, aber leider nicht immer hoch genug eingeschätzt. Der Krieg hat auch hier unsere nationalsozialistischen Anschauungen nicht nur bestätigt, sondern überbestätigt. Da wir die Gefahr zwar sahen, aber nicht in ihrer ganzen Größe erkannten, haben wir dementsprechend auch den Krieg, man möchte fast sagen, mit der linken Hand zu führen versucht. Das Ergebnis ist unbefriedigend. Wir müssen uns also zu dem Entschluss durchringen nun ganze Sache zu machen, das heißt, den Krieg um das Leben unseres Volkes auch mit dem Leben des ganzen Volkes zu bestreiten. Der totale Krieg ist also das Gebot der Stunde. [...] Jedermann weiß, dass dieser Krieg, wenn wir ihn verlören, uns alle vernichten würde. Und darum ist das Volk mit seiner Führung entschlossen nunmehr zur radikalsten Selbsthilfe zu greifen. [...] Darum ist die totale Kriegsführung eine Sache des ganzen Volkes.«

Zit. nach: Archiv der Gegenwart, 13 (1943), S. 5837 f.

045 Goebbels verkündet bei einer Sonderveranstaltung der NSDAP im Berliner Sportpalast den »Totalen Krieg«. Foto, 18. Februar 1943.

S

Produktion von Panzern (1940–1944)

Jahr	Gepanzerte Fahrzeuge insgesamt		davon leichte Panzer		mittelschwere und schwere Panzer		Gepanzerte Fahrzeuge insgesamt (Gefechtsgewicht)	
	Stck.	Prozent*	Stck.	Prozent*	Stck.	Prozent*	t	Prozent*
1940	2154	100	795	100	1359	100	37 235	100
1941	5138	239	2263	285	2875	212	83 188	223
1942	9278	431	3614	455	5673	417	140 454	377
1943	19 824	920	7927	995	11 897	875	369 416	992
1944	27 340	1269	10 012	1264	17 328	1275	622 322	1671

*1940=100%
Zit. nach: Dietrich Eichholtz, Geschichte der deutschen Kriegswirtschaft 1941–1943, Bd 2, Berlin 1985
(= Forschungen zur Wirtschaftsgeschichte, 1), S. 336

Die Wehrmacht verfügte im Zweiten Weltkrieg zwar nicht über kämpfende Soldatinnen in ihren Reihen, denn dies hätte im völligen Gegensatz zur nationalsozialistischen Ideologie gestanden. Allerdings gab es seit 1940 immer mehr Wehrmachthelferinnen, die uniformiert und völkerrechtlich geschützt, Angestellte der Wehrmacht waren. In höheren Stellen gab es sogar Führerinnen im Rang vom Hauptmann bis zum Oberst. Die Arbeit als so genanntes Blitzmädchen – an Ärmel und Kragen der Uniform befand sich ein Blitz – war eine Alternative zur Arbeit in der Rüstungsindustrie. Die jungen Frauen meldeten sich freiwillig für den Dienst als Fernschreiberin, Telefonistin, Funkerin, Stabs-, Marine-, Luftwaffen-, Schwestern-, Flak- und Flakwaffenhelferin oder sie wurden dienstverpflichtet. Die Tätigkeiten reichten folglich von der Arbeit als Krankenschwester bis zur Weitergabe von militärisch relevanten Informationen, z.B. über Truppenverschiebungen, als Nachrichtenhelferin. Die Wehrmachthelferinnen waren sowohl in Deutschland als auch in den besetzten Ländern West- und Osteuropas im Einsatz. Vor allem in den besetzten Gebieten der Sowjetunion lernten die Wehrmachthelferinnen aufgrund der sich gegen Kriegsende verschärfenden Partisanengefahr den Umgang mit der Waffe. Insgesamt gab es während des Zweiten Weltkrieges ca. 500 000 Wehrmachthelferinnen. Am Ende des Jahres 1944 war ein Wehrmachthelferinnenkorps gebildet worden. 1943/44 verteilten sich die »Blitzmädchen« wie folgt: 300 000 dienten beim Ersatzheer, knapp die Hälfte von ihnen war dienstverpflichtet worden. Beim Feldheer arbeiteten etwas mehr als 20 000, davon 8000 als Nachrichten- und 12 500 als Stabshelferinnen. Bis zum Kriegsende 1945 hatte die Luftwaffe außerdem 130 000 »Blitzmädchen« eingesetzt. Zahlen über die Wehrmachthelferinnen, die infolge von Bombenangriffen, Kämpfen und in der Kriegsgefangenschaft ums Leben gekommen sind, gibt es bisher nicht.

047 Werbeplakat für Luftnachrichtenhelferinnen.

048
Anstecknadel einer Schwesternhelferin des Deutschen Roten Kreuz.

049
Wehrmachthelferinnen beim Dienst im besetzten Frankreich. Foto, 1942.

1 »Erinnerungen an die Kriegsgefangenschaft« (1978)

Wie ihre männlichen Kameraden gerieten viele Wehrmachthelferinnen nach dem Krieg in sowjetische Kriegsgefangenschaft. Sie wurden in speziellen Frauenarbeitslagern interniert.

»Wir alle, Nachrichtenhelferinnen, Stabshelferinnen, Rot-Kreuz-Schwestern und Zivilangestellte, wurden von den Russen nicht als Kriegsgefangene, sondern als Zivilinternierte behandelt. Das bedeutete, wir mußten arbeiten und wurden für die Arbeit entlohnt. Wer krank war, bekam kein Geld, und wer die Norm nicht erfüllte, mußte noch mehr hungern als die anderen. Die Arbeitsnorm war bei uns Frauen höher als die der Männer.
Für einen Tag Arbeit im Bergwerk erhielten wir zwischen sechs und zehn Rubel. Für die 1200 Gramm Brot, die uns Bergarbeiterinnen zustanden, hatten wir 8 Rubel zu zahlen. Für eine Zwiebel, die ich mir einmal wegen des Vitamingehaltes kaufte, mußte ich zehn Rubel hergeben.
Wer nicht unter Tag arbeitete, durfte nur 600 Gramm Brot pro Tag kaufen. Diese Unglücklichen mußten einen Teil dieser Ration noch zu Schwarzmarktpreisen verkaufen, um das Geld für die nächste Ration aufzutreiben. Ein Teufelskreis. Wir arbeiteten bis zum Umfallen. Viele von uns hatten im Bergwerk Unfälle, wurden verschüttet und erlitten Quetschungen und Knochenbrüche. [...] Drei Jahre nach Kriegsende hatten wir immer noch keine Verbindung mit unseren Angehörigen. Einmal hatten wir die üblichen Rot-Kreuz-Karten schreiben dürfen. Wir fanden sie später im Lager in Säcken. Sie sind nie abgeschickt worden. Ab 1949 brauchten wir nicht mehr in das Bergwerk zu gehen, sondern arbeiteten auf dem Bau oder in Steinbrüchen.«

Zit. nach: Franz W. Zeidler, Frauen zu den Waffen? Marketenderinnen – Helferinnen – Soldatinnen, Bonn 1978, S. 79 f.

051 Heimkehr von kriegsgefangenen Frauen aus sowjetischer Gefangenschaft nach dem Staatsbesuch Bundeskanzler Adenauer in Moskau. Die deutschen Frauen waren während des Krieges hauptsächlich als Krankenschwestern und Nachrichtenhelferinnen eingesetzt. Foto, 1955.

050 Dienst in der Telefonvermittlung. Foto, 1940.

ren oder sich gegen Ausnahmewünsche ihrer Oberbefehlshaber durchzusetzen. Göring als einer dieser Oberbefehlshaber, »zweiter Mann« im Regime und »Beauftragter für den Vierjahresplan«, ging sowieso eigenmächtige Wege. Andererseits war er überfordert oder gar unfähig, seine allumfassenden Kompetenzen als »Wirtschaftsdiktator« wahrzunehmen. Nach dem Sieg im Westen und in Vorbereitung des »Blitzkrieges« gegen die UdSSR wurden im Herbst 1940 insgesamt 400 000 Soldaten in die Rüstungsbetriebe »beurlaubt«. In der Illusion, der Russlandfeldzug würde »ein Sandkastenspiel«, wurden die Weichen bereits vorher auf den Vorrang der Marine- und Luftrüstung umgestellt. Als »Barbarossa« gescheitert war, stand die Rüstungswirtschaft vor einem Debakel. Die Produktion reichte teilweise nicht mehr aus, die zunehmenden Verluste zu kompensieren.

Nachfolger des im März 1940 ernannten, im Februar 1942 tödlich verunglückten Reichsministers für Bewaffnung und Munition, Fritz Todt, wurde der Architekt ▶ Albert Speer, der Hitler persönlich nahe stand und von ihm alle Unterstützung erhielt. Durch Konzentration auf die Rüstungsproduktion, verbesserte Planung, Rationalisierung, vor allem aber Zurückdrängung der staatlich gelenkten »Kommandowirtschaft« und Unabhängigkeit der Privatwirtschaft gelang Speer ein ▶ »Rüstungswunder«: Im Juli 1944 erreichte die Produktion von Kriegsmaterial den absoluten Höchststand des ganzen Krieges. Allerdings bediente sich auch Speer aus dem Arbeitskräftereservoir der »Fremdarbeiter«, das durch den »Generalbevollmächtigten für den Arbeitseinsatz« Fritz Sauckel mit menschenverachtenden Methoden aus den besetzten Gebieten immer wieder neu angefüllt wurde: neben Kriegsgefangenen vorwiegend »Ostarbeiter«, von denen es manchen

nur wenig besser ging als Himmlers Arbeitssklaven in den Konzentrationslagern.

Bereits im Herbst 1944 begann der Zusammenbruch der deutschen Kriegswirtschaft mit der gezielten Zerstörung des Verkehrsnetzes durch die alliierten Luftwaffen. Der Transport des zentralen Rohstoffs Kohle kam praktisch zum Erliegen. Im März 1945 lag die Wirtschaft dann komplett am Boden. Am 30. dieses Monats fällte Hitler mit dem so genannten ▶ Nero-Befehl ihr Todesurteil: Danach sollten alle Industrieanlagen, Fabriken, Schächte und Infrastrukturen vor dem heranrückenden Feind vernichtet werden. Speer erhob dagegen Protest; mithilfe der Betriebsleiter, die zum Teil schon seit Ende 1944 mit Speers Billigung die Kriegsproduktion sabotierten, um die Umstellung auf eine Nachkriegswirtschaft vorzubereiten, sowie der Belegschaften gelang es, die Zerstörungen zu verhindern.

Zweifellos hatte der Zweite Weltkrieg mit seinen Folgen die größten Auswirkungen auf die deutsche Gesellschaft im 20. Jahrhundert. Die sozialen Veränderungen müssen aber wohl mehr auf den Krieg an sich als auf die gezielte Politik des Nationalsozialismus zurückgeführt werden. In vielen Bereichen wie beispielsweise der bäuerlichen »Blut-und-Boden«-Romantik und dem altmodischen Frauenbild war der Nationalsozialismus rückwärtsgewandt. Andererseits führte die zumindest ansatzweise realisierte »Volksgemeinschaft«, wenn sie auch unter dem Eindruck der Niederlagen und des alliierten Flächenbombardements zur »Notgemeinschaft« oder »Überlebensgemeinschaft« mutierte, zu einer größeren Durchlässigkeit der gesellschaftlichen Schranken und zu einer Aufwertung der Arbeiterschaft. Der »nationale Sozialist« Goebbels gewann den Auswirkungen des Luftkrieges jedenfalls den positiven

B Albert Speer (1905–1981)
Architekt und Rüstungsminister – Albert Speer trat der NSDAP im Januar 1931 bei. Durch seine NSDAP-Beziehungen erhielt er erste Bauaufträge, so z.B. von Joseph Goebbels, der sich sein Propagandaministerium von Speer umbauen ließ. In der Folgezeit zeichnete Speer für zahlreiche monumentale Repräsentationsbauten der NSDAP verantwortlich. 1937 wurde er zum Generalbauinspekteur für die Reichshauptstadt Berlin ernannt und trieb das Projekt der so genannten Welthaupt-

053 Albert Speer. Porträtaufnahme, um 1940.

1 Albert Speer, »Rüstungswunder« (1969)

*Speer, der als Architekt der von Hitler geplanten
Welthauptstadt »Germania« ein enges Verhältnis
zum »Führer« hatte, wurde später mit der Führung
der Rüstung und Wirtschaft beauftragt. Er verhalf der
deutschen Kriegswirtschaft zu einem »Rüstungswunder«,
das seinen Höhepunkt 1944 erreichte.*

»Gerade im Juli 1944 hatte unsere Rüstung ihren Höhepunkt erreicht. Um die Parteiführer nicht erneut zu reizen
und meine Situation zu erschweren, war ich dieses Mal mit
allgemeinen Bemerkungen vorsichtig und überschüttete
sie statt dessen mit einem Schwall von Zahlen über die
Erfolge unserer bisherigen Arbeit und über die neuen Programme, die uns Hitler aufgegeben hatte. Die verlangten
zusätzlichen Steigerungen mußten auch den Parteiführern
zeigen, daß ich und mein Apparat gerade in diesen Monaten unersetzbar waren. Es gelang mir, die Stimmung auf-
zulockern, als ich an zahlreichen Beispielen demonstrierte,
welche großen Zubehörlager bei der Wehrmacht ungenutzt
vorhanden waren. Goebbels rief laut: ›Sabotage, Sabotage‹ und zeigte damit, wie sehr die Führungslinie seit
dem 20. Juli überall Verrat, Verschwörung und Heimtücke
am Werke sah. Immerhin waren die Gauleiter von meinem
Leistungsbericht beeindruckt.«

Zit. nach: Albert Speer, Erinnerungen, Berlin 1969, S. 402

054 Mobilisierung der »Heimatfront«.
Plakat, 1943.

1 Adolf Hitler, »Nero-Befehl« (19. März 1945)

*Angesichts der Bedrohung des Ruhrgebietes durch die Alliierten gab Hitler den so genannten Nero-Befehl. Die
deutschen Truppen sollten beim Rückzug ins Innere des Reiches den vorstoßenden Feinden nur »verbrannte
Erde« hinterlassen. Sein Rüstungsminister Albert Speer verhinderte die vollständige Ausführung des Befehls.*

»Der Kampf um die Existenz unseres Volkes zwingt auch innerhalb des Reichsgebietes zur Ausnutzung aller Mittel,
die die Kampfkraft unseres Feindes schwächen und sein weiteres Vordringen behindern. Alle Möglichkeiten, der
Schlagkraft des Feindes unmittelbar oder mittelbar den nachhaltigsten Schaden zuzufügen, müssen ausgenutzt
werden. Es ist ein Irrtum zu glauben, nichtzerstörte oder nur kurzfristig gelähmte Verkehrs-, Nachrichten-, Industrie-
und Versorgungsanlagen bei der Rückgewinnung verlorener Gebiete für eigene Zwecke wieder in Betrieb nehmen
zu können. Der Feind wird bei seinem Rückzug uns nur eine verbrannte Erde zurücklassen und jede Rücksichtnahme auf die Bevölkerung fallenlassen. Ich befehle daher: 1. Alle militärischen, Verkehrs-, Nachrichten-, Industrie- und
Versorgungsanlagen sowie Sachwerte innerhalb des Reichsgebietes, die sich der Feind für die Fortsetzung seines
Kampfes irgendwie sofort oder in absehbarer Zeit nutzbar machen kann, sind zu zerstören.«

Zit. nach: Digitale Bibliothek, Bd 49: Das Dritte Reich, S. 8943

329

stadt »Germania« voran. Wissentlich setzte er für seine Bauprogramme KZ-Häftlinge als Arbeitskräfte ein. 1942
übernahm Speer nach dem Tod von Fritz Todt die Organisation Todt sowie das Reichsministerium für Bewaffnung
und Munition. Speers Imperium umfaßte 70 000 Mitarbeiter. Im Juli 1943 und August 1944 übernahm er zudem
die Marine- sowie die Luftwaffenrüstung. Diese Konzentrierung der Rüstungsproduktion hatte dazu geführt, dass
Speer am 2. September 1943 von Hitler das neu geschaffene Ministerium für Rüstung und Kriegsproduktion übertragen wurde. Im Nürnberger Hauptkriegsverbrecherprozess wurde er 1946 wegen seiner Mitwirkung am Zwangs-
arbeitersystem zu 20 Jahren Haft verurteilt.

Aspekt ab, dass er weder die Reichen noch die Armen verschone und damit die letzten Klassenschranken fallen würden. Dabei war ausgerechnet Goebbels das herausragendste Abbild jener nicht kleinen neuen nationalsozialistischen »Elite« und ▸ *Parvenüs* (franz.; Emporkömmlinge), die in übertriebenem Luxus lebten. »Volksgemeinschaft« bedeutete nämlich längst nicht Gleichheit der Einzelnen, sondern gemäß dem NS-Führerprinzip strenge Hierarchie, die durch die Rangordnung der Partei, die Tüchtigkeit als Soldat und nicht zuletzt die »Rasse« bestimmt wurde. Insofern hat sich die Modernisierung der deutschen Gesellschaft im sozialgeschichtlichen Sinne wohl erst als Folge des Krieges vollzogen.

3. Die Wehrmacht im NS-Regime: Zwischen Anpassung und Widerstand

Nach der Entfesselung des Zweiten Weltkrieges vergrößerte sich der Einfluss der Partei auf die weltanschauliche Erziehung der Wehrmacht unaufhaltsam. In einem »Arbeitsabkommen« zwischen OKW und Partei von Ende 1940 wurden der NSDAP weit reichende Einflüsse auf die politische Schulung eingeräumt. Inhaltlich glitt die »wehrgeistige Führung« nach 1941 mehr und mehr in schlagwortartige Parolen ab. Sehr viel geschickter verfuhr die Luftwaffe, die auf soldatisches Gedankengut aus der Zeit vor der NS-Herrschaft zurückgriff. Selbst im Heer waren die Luftwaffenschriften als Unterrichtsmaterialien begehrt. Dieser Anklang zeigt, wie wenig positiv die weltanschauliche Erziehung des OKW in weiten Teilen des Offizierkorps aufgenommen wurde, in dem nur eine Minderheit das ▸ Leitbild vom »nationalsozialisti-

schen Offizier« verkörperte, das im Herbst 1942 veröffentlicht wurde. Zu dessen Aufgaben sollte nicht mehr nur die militärische Ausbildung und Führung der Soldaten gehören, sondern in erster Linie die Erzeugung unbedingten Vertrauens auf Hitler und die Erweckung der »Macht des Glaubens«, die zum »Endsieg« führen würde. Es ist nur natürlich, dass in dieser Welt fanatischer Ideologien für den klassischen, rational-kritisch denkenden Generalstabsoffizier kein Platz mehr war. »Glaube«, »Härte« und »Improvisationstalent« wurden gefordert. Alte, für den Standeskodex bedeutende Traditionen des Offizierkorps wie die überkommenen Ehrbegriffe und die Offizierwahl passten nicht in das Bild des »NS-Offiziers«.

Die schärfsten Verfechter der Indoktrination waren die beiden letzten Chefs des Heerespersonalamts, Generalleutnant Rudolf Schmundt und insbesondere General Wilhelm Burgdorf. Ihnen gelang durch gezielte Personalpolitik, einige zentrale Dienststellen unter nationalsozialistischen Einfluss zu bringen, während das Heer personalpolitische Einbrüche auf der mittleren und unteren Führungsebene mühsam abwehren konnte. Burgdorf teilte Hitlers Überzeugung, dass nur solche Offiziere, die ihren Männern die »nationalsozialistische Ausrichtung« einzuimpfen vermochten, die fanatische »Kämpfergesinnung« hervorrufen könnten, die zur Erringung des »Endsieges« notwendig sei. Dass aber das rechte Vertrauen in die Wirksamkeit des neuen Leitbildes fehlte, beweist die Einrichtung des »Nationalsozialistischen Führungsoffiziers« (NSFO). Seit Ende 1943 erhielten die Kommandostäbe bis hinunter zur Divisionsebene hauptamtliche NSFO. Ihre Aufgabe sollte sein, der am Sinn der Fortsetzung des Krieges zweifelnden Truppe blindfanatische Kampfbesessenheit einzupeit-

055 Hitler mit seinen neu ernannten Generalfeldmarschällen in der Reichskanzlei. Foto, August 1940.

2 Frank Bajohr,
»Parvenüs und Profiteure« (2001)

*Die Korruption in der NS-Diktatur, insbesondere die Bereicherung der Führungsriege, war in der
Bevölkerung ein heiß diskutiertes Thema. Der aufwendige Lebensstil der NS-Elite stand im deutlichen
Gegensatz zu allen propagandistischen Bemühungen, die Führung als bescheidene Idealisten zu stilisieren.*

»Noch 1932 hatte Goebbels als Berliner Gauleiter ein
Jahreseinkommen von 619 RM angegeben. Im Jahre
1943 betrugen seine Gesamteinkünfte 424 317 RM,
von denen ca. 300 000 RM aus Honoraren stammten,
die der Propagandaminister für seine wöchentlichen
Leitartikel für die Zeitung ›Das Reich‹ seitens des Eher-
Verlages erhielt. Diese exorbitant hohe Summe stellte
– vergleicht man sie mit seinem ministeriellen Jahres-
gehalt von 38 000 RM – weniger ein reales Entgelt für
erbrachte Leistungen dar als vielmehr eine bewußte
materielle Alimentierung des Propagandaministers
durch den Eher-Verlag und seinen Leiter Max Amann,
der seinerseits von den guten Beziehungen zum Propagandaminister geschäftlich profitierte und im Jahre
1944 fast 80 Prozent des gesamten Pressemarktes
kontrollierte. Obwohl Goebbels wöchentliche Kommen-
tare dem Minister keine Kosten verursachten, machte
er dennoch gegenüber dem Finanzamt 20 % seiner
Einnahmen als steuerfreie Betriebsausgaben geltend.
Nach Berechnung der zuständigen Beamten des Fi-
nanzamtes Berlin-Mitte setzte Goebbels auf diese Weise mindestens 400 000 RM steuerfrei ab.«

056 Joseph Goebbels bei Volkssturmsoldaten in
Lauban, Niederschlesien. Foto, 9. März 1945.

Zit. nach: Frank Bajohr, Parvenüs und Profiteure. Korruption in der NS-Zeit, Frankfurt a.M. 2001, S. 65

2 Manfred Messerschmidt,
»Der nationalsozialistische Offizier« (1969)

*Nach dem verlorenen Ersten Weltkrieg zog sich das deutsche Offizierkorps der Reichswehr auf das rein
Militärische zurück und pflegte das Ideal vom »unpolitischen Soldaten«. Die in diesem Denken erzogenen
höheren Wehrmachtoffiziere des Zweiten Weltkrieges folgten den Anweisungen Hitlers trotz besseren Wissens
und scheuten sich, eigene Verantwortung zu übernehmen.*

»Eine allgemein-gültige Erklärung dafür, daß die Wehrmacht mit ihrem ›Bild vom Soldaten‹ auch Grundsätze
ihres bisherigen Erziehungssystems über Bord warf, sich das Ideal des ›politischen Soldaten‹, des Weltan-
schauungskämpfers zunächst oktroyieren ließ, um es dann selbst wieder und wieder als vorbildlich hinzustellen,
wird vielleicht niemals gefunden werden. Bei den verantwortlichen Soldaten finden sich die verschiedensten
persönlichen und sachlichen Motive. Hitlers Kunst im Umgang mit den Generalen hat diese persönlichen Mo-
mente mit Erfolg zu fassen vermocht, wobei ihm die Traditionen der Seeckt-Schule zustatten kamen. Hieraus
hervorgegangene, in Befehlshaberstellen aufgerückte Offiziere haben im Zweiten Weltkrieg in Krisensituationen
sich nicht selten an den ideologischen Gehorsamsbegriff geklammert, wo die fachmännische Lagebeurteilung
eigenverantwortliches Handeln gefordert hätte. Man denke an Paulus in Stalingrad. ›Treue‹, vor allem aber der
›Glaube‹ an den Führer erleichterten das Ausweichen vor der Übernahme höherer persönlicher und zugleich
sachlich gerechtfertigter Verantwortung, wie sie etwa in der Konsequenz Clausewitz'scher Gedanken gelegen
hätte. So absurd es klingt: derartige Passivität und solches Ausweichen vor mutiger Entscheidung paßten auch
in den höchsten Rängen im Namen des ›blinden‹ Gehorsams sehr wohl zum NS-Kämpferbegriff, der stures
Festhalten und sich Festbeißen zur hohen Tugend strategischer Führungskunst erhob.«

331

Zit. nach: Manfred Messerschmidt, Die Wehrmacht im NS-Staat. Zeit der Indoktrination, Hamburg 1969, S. 233

schen. Die traditionelle Militärseelsorge wurde immer schärfer behindert und bekämpft.

Vor dem Krieg hatte Hitler die »konservativen« Generale innerlich zwar abgelehnt, ihre Fachkompetenz jedoch benötigt. Mit jedem gegen ihren Rat gelungenen Unternehmen wuchs Hitlers Überheblichkeit. Nach dem Westfeldzug glaubte er, auch in der militärischen Führungskunst überlegen zu sein. Im Vollgefühl dieser Überlegenheit entließ er auf dem Höhepunkt der Krise an der Ostfront am 19. Dezember 1941 den Oberbefehlshaber des Heeres, Generalfeldmarschall Walther von Brauchitsch, und übernahm persönlich die Führung mit der Bemerkung: »Das bisschen Operationsführung kann jeder machen.« In zunehmendem Umfang griff Hitler in die Operationsführung ein, sogar in die taktische Führung bis hinunter zur Divisionsebene. Die Ursachen für Rückschläge beschränkte er auf Feigheit, Unfähigkeit, mangelndes Stehvermögen und ▸ Ungehorsam der Generale. Von den 56 Generalfeldmarschällen und Generalobersten des Heeres waren im letzten Kriegsjahr noch elf im Dienst. Zeitgleich mit der Herabwürdigung der Generalität verlief die des Generalstabs. Nach dem Attentat vom 20. Juli 1944 verschärfte sich Hitlers Abneigung zu blankem Hass. Der im Führerhauptquartier tödlich verletzte Schmundt hatte schon früher bekundet, der Führer habe »gegen die Unfähigkeit seiner Feldmarschälle und des neunmal klugen Generalstabes seine Schlachten gewinnen müssen«. Der neu betraute Generalstabschef Heinz Guderian, Truppenoffizier und alter Gegner des Generalstabes, erließ prompt einen Befehl, der mit den Worten begann: »Jeder Generalstabsoffizier muss ein NS-Führungsoffizier sein ...«

Je mehr das Heer in Misskredit geriet, desto eifriger wurden die Leistungen der Waffen-SS herausgestrichen, die Hitler auf die »einheitliche nationalsozialistische Ausrichtung« zurückführte. Und rapide nahm das Gewicht der SS zu: 1944 umfasste die »Parteiarmee«, die ▸ Waffen-SS, 900 000 Mann, im Juli wurde Himmler als Folge des Attentats Befehlshaber des Ersatzheeres (BdE), schließlich sogar vorübergehend Oberbefehlshaber von Heeresgruppen. Die von ihm im Sommer 1944 aufgestellten »Volksgrenadierdivisionen« sollten das Modell für die Verbände des nationalsozialistischen Nachkriegsheeres abgeben. Doch die SS hatte den Höhepunkt ihrer Macht schon überschritten, im Todeskampf des »Dritten Reiches« war die Partei mit ihren Organisationen, und damit Hitlers Parteisekretär Martin Bormann, im Kommen. Schon Himmler hatte befohlen, Offiziere des Ersatzheeres vorübergehend zur Dienstleistung in Parteidienststellen zu kommandieren und somit der Partei zu unterstellen. Bormann trieb den Prozess der »Heranführung des Heeres an die Partei« noch energischer voran. Das alte Verbot, sich parteipolitisch zu betätigen, wurde aufgehoben. Gleichzeitig wurde der Plan entwickelt, die Offiziere des Ersatzheeres durch die Partei beurteilen zu lassen und einen außermilitärischen Beschwerdeweg zur NSDAP einzuführen. Ebenfalls im Sommer 1944 wurde der »Deutsche Volkssturm« gebildet, der nicht der Wehrmacht, sondern der Partei unterstand. Die »Reichverteidigungskommissare« der letzten Kriegsmonate waren die Gauleiter, denen der Chef des OKW Keitel auf keinen Fall »in ihr Handwerk pfuschen« wollte.

Auf Grund der Kriegslage, nicht zuletzt aber auch in Reaktion auf das Attentat vom 20. Juli 1944 verschärften sich die Anstrengungen in den letzten neun Kriegsmonaten zusehends, die Wehrmacht der Parteiherrschaft zu unter-

332

Die Führerdienstgrade der Waffen-SS		
Dienstgrad	Abk.	Wehrmachtdienstgrad
SS-Oberstgruppenführer und Generaloberst der Waffen-SS	(Oberstgruf.)	Generaloberst
SS-Obergruppenführer und General der Waffen-SS	(OGruf.)	General
SS-Gruppenführer und Generalleutnant der Waffen-SS	(Gruf.)	Generalleutnant
SS-Brigadeführer und Generalmajor der Waffen-SS	(Brif.)	Generalmajor
SS-Oberführer	(Oberf.)	–

S Als Hitler sich am 16. Dezember 1941 selbst zum Oberbefehlshaber des Heeres ernannt hatte, erließ er einen »Halte-Befehl«, der es der Truppe verbot, auch nur einen Schritt vor den anstürmenden Sowjets zu weichen. Welche Gefahr dieser fanatische »Halte-Befehl« für höhere deutsche militärische Führer darstellte, die sich gezwungen sahen, ihm aufgrund von operativen Notwendigkeiten zuwider zu handeln, verdeutlicht der Fall des Generalleutnants Hans Graf von Sponeck. Im Dezember 1941 kommandierte Sponeck das auf der Krim kämpfende XXXXII. Armeekorps. Als sowjetische Truppen erfolgreich auf der Krim landeten und sein Korps einzuschließen drohten, entschloss sich Sponeck die ihm unterstellte 46. Infanteriedivision unter Zurücklassung des schweren Materials vom östlichen Teil der Krim, der Halbinsel Kertsch, zurückzunehmen. Obwohl er sein Korps durch diese eigenmächtige Räumung vor der Einkesselung bewahrte, wurde Sponeck durch den ihm vorgesetzten Oberbefehlshaber der 11. Armee, Erich von Manstein, des Kommandos enthoben. Ein auf Anweisung Hitlers einberufenes Kriegsgericht, dessen Vorsitz der Reichsmarschall Hermann Göring innehatte, verurteilte Sponeck daraufhin wegen »Ungehorsam im Feld« zum Tode. Zwar wurde er durch Hitler im März 1942 zu sechs Jahren Festungshaft begnadigt, doch fiel er Himmlers Willkür nach dem 20. Juli 1944 zum Opfer. Nur drei Tage nach dem Attentat auf Hitler ließ der Reichsführer SS den eigentlich begnadigten Generalleutnant erschießen.

058 Generalleutnant Hans Graf von Sponeck. Foto, um 1940.

1 Eberhard Einbeck, »Das Exempel Graf Sponeck« (1970)

Weil Sponeck Ende 1941 auf der Krim einen ausdrücklichen »Halte-Befehl« Hitlers nicht befolgt und stattdessen die Halbinsel Kertsch geräumt hatte, wurde er von einem Kriegsgericht wegen Ungehorsam zum Tode verurteilt. Die endgültige Fassung lautete:

Führerhauptquatier, den 20. Februar 1942

I. In der Strafsache gegen Generalleutnant Graf von Sponeck bestätige ich das Urteil des Besonderen Senates des Reichskriegsgerichts vom 23. Januar 1942.
II. Im Gnadenwege wandle ich die erkannten Strafen in eine Festungshaft von 6 Jahren um und bestimme dazu: Der Verurteilte scheidet aus jedem Wehrdienstverhältnis aus. Er verliert den militärischen Rang, die Dienstbezeichnung, das Recht auf Tragen der Uniform, der Orden und Ehrenzeichen und die Ansprüche auf Fürsorge und Versorgung.
III. Die Strafe ist zu vollstrecken.
IV. Der Verurteilte und seine Familie sind vor finanzieller Not zu schützen.

Der Führer   Der Chef des Oberkommandos
gez. Adolf Hitler   der Wehrmacht gez. Keitel.«

Zit. nach: Eberhard Einbeck, Das Exempel Graf Sponeck. Ein Beitrag zum Thema Hitler und die Generale, Bremen 1970, S. 45

SS-Standartenführer	(Staf.)	Oberst
SS-Obersturmbannführer	(OStubaf.)	Oberstleutnant
SS-Sturmbannführer	(Stubaf.)	Major
SS-Hauptsturmführer	(HStuf.)	Hauptmann
SS-Obersturmführer	(OStuf.)	Oberleutnant
SS-Untersturmführer	(UStuf.)	Leutnant

FRONT UND HEIMAT
HÖCHSTER EINSATZ FÜR DEN SIEG

059 Propagandaplakat, 1943.

S
Abteilungen in den Führungsstäben des Heeres

Chef des Stabes (nicht bei Divisonen)

Ia	1. Generalstabsoffizier: Operative und taktische Führung, Leiter des Divisionsstabes
Ib	2. Generalstabsoffizier bei Divisionen (Versorgung, wirtschaftliche Organisation, Ausnutzung des Operationsgebietes für die Bedürfnisse der Truppe) Quartiermeister bei Generalkommandos und Oberquartiermeister bei Armeeoberkommandos
Ic/AO	3. Generalstabsoffizier: Feindaufklärung und Nachrichtenbeschaffung, Abwehr und geistige Betreuung
Id	4. Generalstabsoffizier: Gehilfe der Führungsabteilung (nur bei Armeeoberkommandos und Heeresgruppen)
IIa	1. Adjutant: Personalangelegenheiten von Offizieren
IIb	2. Adjutant: Personalangelegenheiten von Unteroffizieren und Mannschaften (nur bei Armeeoberkommandos und Heeresgruppen)
III	Gericht: Militärgerichtsbarkeit, Gericht der Division, Rechtsberater der Gerichtsherrn
IVa	Intendant: Dem Ib/Quartiermeister/Oberquartiermeister zugeteilter Facharbeiter
IVb	Arzt: Divisionsarzt/Armeearzt/Heeresarzt
IVc	Veterinär: Divisionsveterinär/Armeeveterinär/Heeresveterinär
IVd	(ev./kath.) Militärpfarrer: seelsorgerische Betreuung der Soldaten durch Geistliche beider Konfessionen
V	Kraftfahrwesen
F.P.M.	Feldpostmeister: Leiter Div. Feldpostamt/Armeefeldpostmeister
NSFO	Nationalsozialistischer Führungsoffizier, ab 1944 in allen selbstständigen Verbänden und Einheiten

334

werfen. So wurde unter anderem der Volksgerichtshof in politischen »Strafsachen« wie Hochverrat auch für Soldaten zuständig. Der Anschlag löste bei den führenden Nationalsozialisten einen Schock aus, weil eine Verschwörung in diesem Ausmaß unvorstellbar gewesen war und Anhaltspunkte dafür nicht erkannt worden waren. Tatsächlich hatten zwischen Anfang 1940 und Ende 1941 fast alle diesbezüglichen Aktivitäten geruht, obwohl in Berlin eine Art ▶ Widerstandszentrum unter Generaloberst außer Dienst (a.D.) Ludwig Beck bestand. Die Gründe dafür sind im Kriegsverlauf zu suchen. Das Problem, das General Franz Halder bereits 1939/40 erkannte, hatte sich mit den militärischen Erfolgen nur noch verschärft: Es erschien unmöglich, eine siegreiche Armee gegen ihren bewunderten Obersten Befehlshaber einzusetzen. So kam es in dieser Zeit nur zu ▶ einzelnen Widerstandshandlungen aus christlichen Motiven oder soldatischer Verantwortung. Seit Sommer 1941 bildete sich aber im Stab der Heeresgruppe Mitte um deren ▶ Ia (Chef der Führungsabteilung des Stabes), Oberst im Generalstab (i.G.) Henning von Tresckow, ein weiteres Zentrum, das zum Attentat auf Hitler bereit war. Enge Beziehungen nach Berlin bestanden, jedoch waren die psychologischen Voraussetzungen für einen Umsturz – die sich in aller Deutlichkeit abzeichnende Niederlage – noch nicht gegeben.

Ende 1942 war die Gruppe um Tresckow zur Tötung Hitlers entschlossen. Der Plan, Hitler bei einem Besuch der Heeresgruppe im Februar 1943 festzunehmen und bei Gegenwehr zu erschießen, schlug fehl, weil die Reise nicht stattfand. Hitler während eines späteren Aufenthalts bei der Heeresgruppe Mitte von zehn dazu bereiten Offizieren zu erschießen, ließ der Oberbefehlshaber Generalfeldmarschall Hans

B **Wilm Hosenfeld** (1895–1952)
Offizier – Am 26. August 1939 wurde Hosenfeld als Feldwebel d.R. zur Wehrmacht einberufen. In der Nähe von Lodz leitete er Aufbau und Betrieb eines Kriegsgefangenenlagers. Die mit dem Krieg gegen Polen einsetzenden Verbrechen lehnte er ab, wie die Briefe an seine Frau zeigten. Hosenfeld entwickelte Mitgefühl für die von den Besatzern Unterdrückten: Er genehmigte Angehörigen von Gefangenen verbotenerweise Besuche und setzte sich für schnelle Entlassungen ein. Am 1. Februar 1940 wurde er zum Leutnant d.R. ernannt, ein knappes halbes Jahr später nach

060 Wilm Hosenfeld. Foto, Mai 1944.

1 Wilm Hosenfeld,
»Brief an Frau und Kinder« (23. August 1944)

Wilhelm, genannt Wilm Hosenfeld, war als Besatzungsoffizier in Polen eingesetzt und erlebte den Aufstand der polnischen Untergrundamree mit. Er rettete zahlreichen Polen das Leben und starb 1952 in sowjetischer Gefangenschaft.

»In einem fort knattern die Gewehre und M.G. [Maschinengewehre], und die Artillerie haut in die Häuser hinein, daß die Fetzen bis her zu uns fliegen. Von meinem Fenster aus sah ich zu, wie die große und prächtige Kreuzkirche in Brand geschossen wird. Ein Turm nach dem andern sank in das Flammenmeer. Jetzt ragen nur noch die Ruinen aus dem Qualm. Jeden Tag habe ich Verhöre durchzuführen. Heute wieder ein Aktivist und ein 16jähriges Mädchen. Aber es war aus beiden nichts herauszukriegen. Vielleicht kann ich das Mädchen retten. Eine Studentin wurde gestern vorgeführt. Sie ist auch auf so eine dumme Weise in die Widerstandsbewegung hineingeraten. Dann ein polnischer Oberwachtmeister der Polizei. 56 Jahre. Aus reinstem Patriotismus handeln diese Menschen, aber wir können sie nicht schonen. Ich versuche jeden zu retten, der zu retten ist. [...] Ich bin nicht der Mensch dazu, solche Untersuchungen zu führen, wenigstens nicht mit der Herzlosigkeit, die hier am Platze wäre und meist angewendet wird. Und doch bin ich dankbar, daß ich das machen muß, denn ich kann doch manches noch gutmachen.«

Zit. nach: Wilm Hosenfeld, »Ich versuche jeden zu retten«. Das Leben eines deutschen Offiziers in Briefen und Tagebüchern. Im Auftrag des Militärgeschichtlichen Forschungsamtes hrsg. von Thomas Vogel, München 2004, S. 834

von Kluge nicht zu. Daraufhin schmuggelte Tresckow Sprengstoff, den ihm wenige Tage zuvor der Chef des Amtes Ausland/Abwehr im OKW, Admiral Wilhelm Canaris, mitgebracht hatte, in Hitlers Flugzeug. Die Bombe zündete jedoch nicht. Im März 1943 wollte sich Oberst i.G. Rudolf-Christoph von Gersdorff bei einer Führung durch das Berliner Zeughaus zusammen mit Hitler in die Luft sprengen, doch Hitler eilte unprogrammgemäß schnell durch die Ausstellung von Beutewaffen, so dass Gersdorff nur mit knapper Mühe die Bombe wieder entschärfen konnte.

Im Sommer 1943 hatte Tresckow die Gelegenheit, in Berlin die Planungen für »Walküre« – Einsatz des Ersatzheeres bei einem Aufruhr unter den Millionen von Fremdarbeitern – für die Absichten der Verschwörer nutzbar zu machen, denn es war offensichtlich, dass das System auch nach dem Tod Hitlers weiter

existieren könnte, wenn seine einflussreichsten »Untersysteme« nicht ausgeschaltet wurden. Oberstleutnant i.G. Claus Schenk Graf von Stauffenberg kam im Spätsommer 1943 als Chef des Stabes des Allgemeinen Heeresamtes (AHA) unter General Friedrich Olbricht in die Planungszentrale des Berliner Widerstandes und wurde dessen führender Kopf. Allerdings hatte er erst seit dem Frühsommer 1944 direkten Zugang zu Hitler, als er Chef des Stabes beim – dem AHA vorgesetzten – Chef der Heeresrüstung und Befehlshaber des ▶ Ersatzheeres, Generaloberst Friedrich Fromm, wurde. Die Verschwörer hatten nahezu unüberwindliche Probleme zu lösen. Obwohl Hitler seinen Eid tausendfach gebrochen hatte, fühlten sich Millionen von Soldaten an ihren Eid auf Hitler gebunden. Dessen bloße Verhaftung reichte also nicht aus, sondern durch die Tötung des »Führers« musste ein »eidfreier« Zustand ge-

335

Warschau versetzt. Die Kritik, die sich in der Korrespondenz mit seiner Frau immer häufiger zeigte, wurde insoweit zum Widerstand, als Hosenfeld jetzt Polen und Juden vor Verfolgung und Deportation schützte, indem er sie in seiner Abteilung beschäftigte. Nachdem die Verteidigung der »Festung Warschau« von den Deutschen aufgegeben worden war, wurde Hosenfeld am 17. Januar 1945 von sowjetischen Soldaten gefangen genommen. Sämtliche Bemühungen, entlassen zu werden, scheiterten trotz der Unterstützung der von ihm Geretteten. Mitte 1950 verurteilte ihn ein weißrussisches Militärtribunal sogar wegen vermeintlicher Kriegsverbrechen zu 25 Jahren Haft, er starb 1952 in sowjetischer Kriegsgefangenschaft. Der Öffentlichkeit ist er als Retter des jüdischen Polen Wladyslaw Szpilmann bekannt, dessen Leben Roman Polanski verfilmte.

062 Führerhauptquartier »Wolfschanze« in Ostpreußen. Von links: Stauffenberg, Fromm, Hitler, Keitel. Foto, 15. Juli 1944.

063 Das zerstörte Führerhauptquartier »Wolfschanze« nach der Explosion der Bombe Stauffenbergs. Foto von Heinrich Hoffmann.

064 In der Führungsabteilung der Heeresgruppe Mitte. Henning von Tresckow ist der Vierte von rechts. Foto, 1942.

Militärischer Widerstand im »Dritten Reich«

Ende 1937 wurde immer deutlicher, dass Hitlers Pläne weit über die Revision von Versailles hinausgingen und Deutschland auf einen Krieg um die Vorherrschaft in Europa und die Gewinnung von »Lebensraum« im Osten zusteuerte. Instrument der Expansionspolitik sollte die Armee sein, die Hitler nach dem Tod Hindenburgs auf sich vereidigte (1934), von unbequemen Generälen säuberte (1938) und zunehmend »gleichschaltete«.

In NS-kritischen Kreisen des Offizierkorps bildete sich verstärkt der Wille zum Widerstand heraus, um die befürchtete nationale Katastrophe, die »Finis Germaniae« zu verhindern. Zentrale Gestalt der militärischen Opposition wurde der Generalstabschef des Heeres General d.Art. Ludwig Beck. Ursprünglich Sympathisant des NS-Systems und einer der Organisatoren der deutschen Aufrüstung, entwickelte sich der General zu einem entschiedenen Gegner Hitlers. Im Vorfeld der Sudetenkrise schlug Beck den kollektiven Rücktritt der deutschen Generalität als letzten Schritt zur Verhinderung eines Krieges vor. Doch die Masse der hohen Offiziere war dazu nicht bereit. Resignierend trat Beck am 18. August 1938 zurück. Nach seiner Demission sammelte er weiter militärische und zivile Gegner des Nationalsozialismus um sich.

Zusammen mit seinem Nachfolger, General der Artillerie Franz Halder, und weiteren ranghohen Vertretern aus Militär und Politik, plante Beck für den Fall eines deutschen Einmarschs in die Tschechoslowakei den Staatsstreich. Der Abschluss des Münchner Abkommens entzog dem Plan jedoch seine Basis. Während der Polenkrise 1939 versuchte Beck ein letztes Mal erfolglos, die Generalität für einen Umsturzversuch gegen Hitler zu gewinnen.

Zu Beginn des Zweiten Weltkrieges existierten einzelne Widerstandsgruppen im Amt Ausland/Abwehr, im Oberkommando des Heeres und im Auswärtigen Amt. Angesichts der deutschen Verbrechen in Polen schien eine Zerstörung der Hitlerdiktatur dringender den je. Auch die raschen deutschen Siege in den Anfangsjahren des Krieges brachten den festen Kern der Widerstandskämpfer nicht von ihrem Entschluss zum Handeln ab. Führender Kopf diverser Anschlagpläne auf Hitler war der spätere Generalmajor Henning von Tresckow. Bei vielfältigen Frontverwendungen knüpfte er Verbindungen zu oppo-

065 Roland Freisler, Präsident des Volksgerichtshofes, verliest die Urteile gegen die Verschwörer. Foto, 8. August 1944.

sitionellen Offizieren. Doch mehrere Attentatspläne scheiterten an widrigen Umständen.

Als 1943 Generalmajor Hans Oster, eine der wichtigsten Figuren des deutschen militärischen Widerstandes im Amt Ausland/Abwehr, vom Dienst suspendiert und Henning von Tresckow an die Ostfront versetzt wurde, entwickelte sich Oberst Graf von Stauffenberg zur zentralen Gestalt der Umsturzbemühungen. Von seiner Position als Stabschef beim Befehlshaber des Ersatzheeres aus versuchte er, die verschiedenen Kreise und Gruppen innerhalb des Widerstandes zu vereinen. Wie Tresckow war Stauffenberg von der Notwendigkeit eines tödlichen Attentats auf Hitler überzeugt. Nach mehreren Fehlschlägen und Verhaftungen von engen Mitverschwörern im Sommer 1944 entschloss er sich, sowohl das Attentat als auch die Führung des Staatsstreiches selbst zu übernehmen. Am 20. Juli 1944 gelang es Stauffenberg, eine Bombe in das streng bewachte Führerhauptquartier »Wolfschanze« nahe dem ostpreußischen Rastenburg einzuschleusen und in der Lagebesprechung explodieren zu lassen. Vom Tod Hitlers überzeugt, kehrte Stauffenberg nach Berlin zurück und versuchte dort, den Umsturz zu erzwingen. In den späten Abendstunden musste er das Scheitern des Anschlags erkennen. Noch in derselben Nacht wurden Stauffenberg, sein Adjutant

066 Bundespräsident Horst Köhler und Wolfgang Schneiderhan, Generalinspekteur der Bundeswehr, während der Kranzniederlegung an der Gedenktafel für die nach dem gescheiterten Hitler-Attentat hingerichteten Frauen und Männer in der Gedenkstätte »Deutscher Widerstand« im Bendlerblock in Berlin. Foto, 20. Juli 2004.

von Haeften, Ritter Mertz von Quirnheim und General Olbricht als die Hauptverantwortlichen des Attentats standrechtlich erschossen. Der von den Verschwörern als zukünftiges Staatsoberhaupt vorgesehene Ludwig Beck wurde zum Selbstmord gezwungen. Henning von Tresckow nahm sich später an der Ostfront das Leben.

schaffen werden, erst danach konnte der eigentliche Staatsstreich beginnen. Da ▸ Fromm nicht für die Verschwörung gewonnen werden konnte, musste Stauffenberg versuchen, die erforderlichen »Walküre«-Befehle an Fromm vorbei beim Ersatzheer durchzusetzen, obwohl er als Chef des Stabes formal nicht über Befehlsgewalt verfügte. Als bis zum Frühjahr 1944 alle Attentatsversuche gescheitert waren, entschloss sich Stauffenberg, Hitler selbst zu töten. Nach Möglichkeit mussten gleichzeitig Göring und Himmler als potenzielle Nachfolger ausgeschaltet werden. Wegen dieser Bedingungen und wegen Stauffenbergs schwerer Verwundungen kam dafür nur eine Bombe in Frage.

Der unglückliche Verlauf des 20. Juli ist allgemein bekannt. Es bleibt die Frage, warum die Verschwörer den Anschlag überhaupt wagten. Denn die Erfolgschancen für das Attentat wie für den weiteren Verlauf des Umsturzversuchs standen denkbar ungünstig. Und selbst wenn er gelingen sollte: War die innenpolitische Umwälzung, die Entmachtung der tausenden von »kleinen Hitlers«, die Selbstreinigung, die Bestrafung der Verbrecher und Mörder möglich? Außenpolitisch war nichts mehr zu gewinnen. Die militärische Lage war hoffnungslos im Westen wie im Osten, alle Sondierungsversuche, eine Abschwächung der Formel von der bedingungslosen Kapitulation bei den Westalliierten zu erreichen, stießen auf eisige Ablehnung. Die Rettung des Reiches vor der totalen Niederlage, für die Stauffenberg und seine Kameraden ihre soldatische Pflicht taten, war unmöglich geworden. Mehr noch: Angesichts der militärischen Lage musste im Fall des Waffenstillstands mit der Besetzung des größten Teils Deutschlands durch die Rote Armee gerechnet werden, denn die Westalliierten saßen noch in der Normandie fest. Die Rache der Sieger war zu erwarten und – historisch am folgenschwersten – der Keim für eine neue Dolchstoßlegende nach dem Motto: Hätte der »Führer« überlebt, hätte er uns sicherlich doch noch zum »Endsieg« geführt.

Als Stauffenberg eigene Bedenken kamen, begründete Tresckow die Notwendigkeit des Attentats: »Das Attentat muss erfolgen, *coûte que coûte* (franz.; koste es was es wolle). Sollte es nicht gelingen, so muss trotzdem in Berlin gehandelt werden. Denn es kommt nicht mehr auf den praktischen Zweck an, sondern darauf, dass die deutsche Widerstandsbewegung vor der Welt und vor der Geschichte den entscheidenden Wurf gewagt hat. Alles andere daneben ist gleichgültig.«

4. Besatzungsherrschaft und verbrecherische Kriegführung

Polen war das erste Opfer der Verbrechen Hitlers und Stalins. Während Stalin in Ostpolen die entwaffneten polnischen Soldaten in Straflager deportieren und im Rahmen des »Klassenkampfes« Offiziere, Geistliche, Gutsbesitzer und andere »Klassenfeinde« ermorden ließ, organisierte Himmler im deutschen Besatzungsgebiet den »Rassenkampf« gegen die Juden und die als »rassisch minderwertig« erachteten Polen. Als »Reichskommissar für die Festigung des deutschen Volkstums« veranlasste er die Vertreibung der Bevölkerung, die Deportation oder Ermordung von Führungskräften und Intellektuellen und das Einpferchen der jüdischen Minderheit in Ghettos. Polen wurde als »Beuteland« betrachtet, dessen Bevölkerung auf niedrigstem Niveau dahinvegetieren und dem Reich »Sklavenarbeiter« zur

Friedrich Fromm (1888–1945)
Generaloberst – Als Chef des Allgemeinen Heeresamtes und seit 1939 als Chef HRü und BdE wirkte er an höchster Stelle an den deutschen Kriegsplanungen und -vorbereitungen mit. Nach dem Angriff auf die Sowjetunion brachten seine Lagebeurteilungen Fromm dazu, mehrfach ein politisches Ende des Krieges zu fordern. Der Widerstandsgruppe schloss er sich jedoch nicht an. Am 20. Juli 1944 geriet Fromm, ursprünglich Gegner des Attentates gegen Hitler, in ausweglose Handlungszwänge und ließ die Verschwörer erschießen. Trotzdem wurde er aus der Wehrmacht entlassen, kam vor den Volksgerichthof und wurde am 12. März 1945 hingerichtet.
067 Friedrich Fromm. Porträtaufnahme, nach 1940.

Die Gliederung des Stabes Chef HRü und BdE 1942

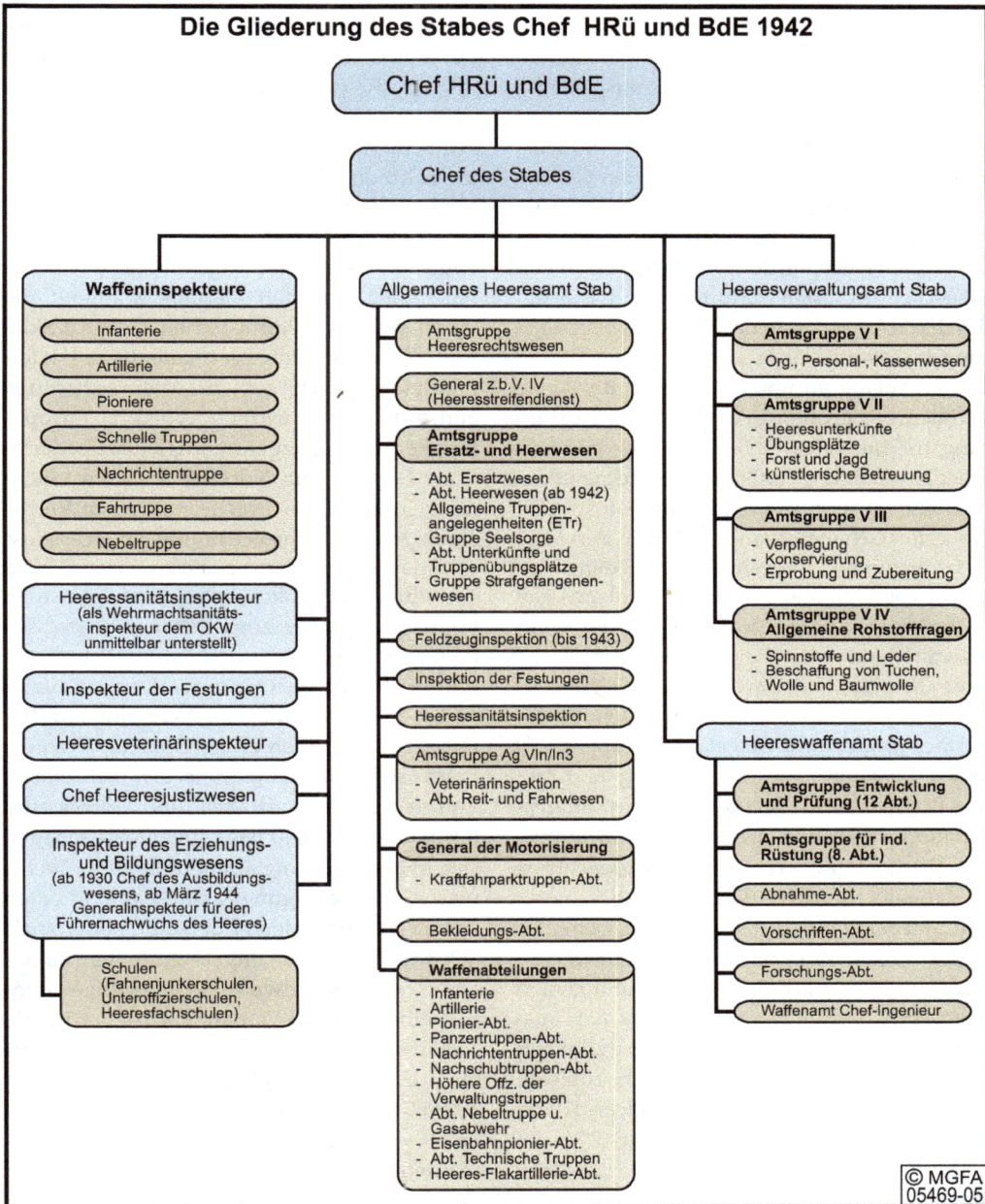

Chef HRü und BdE

Chef des Stabes

Waffeninspekteure

- Infanterie
- Artillerie
- Pioniere
- Schnelle Truppen
- Nachrichtentruppe
- Fahrtruppe
- Nebeltruppe

Heeressanitätsinspekteur
(als Wehrmachtsanitäts-
inspekteur dem OKW
unmittelbar unterstellt)

Inspekteur der Festungen

Heeresveterinärinspekteur

Chef Heeresjustizwesen

**Inspekteur des Erziehungs-
und Bildungswesens**
(ab 1930 Chef des Ausbildungswesens, ab März 1944
Generalinspekteur für den
Führernachwuchs des Heeres)

Schulen
(Fahnenjunkerschulen,
Unteroffizierschulen,
Heeresfachschulen)

Allgemeines Heeresamt Stab

Amtsgruppe
Heeresrechtswesen

General z.b.V. IV
(Heeresstreifendienst)

**Amtsgruppe
Ersatz- und Heerwesen**

- Abt. Ersatzwesen
- Abt. Heerwesen (ab 1942)
  Allgemeine Truppen-
  angelegenheiten (ETr)
- Gruppe Seelsorge
- Abt. Unterkünfte und
  Truppenübungsplätze
- Gruppe Strafgefangenen-
  wesen

Feldzeuginspektion (bis 1943)

Inspektion der Festungen

Heeressanitätsinspektion

Amtsgruppe Ag VIn/In3

- Veterinärinspektion
- Abt. Reit- und Fahrwesen

General der Motorisierung

- Kraftfahrparktruppen-Abt.

Bekleidungs-Abt.

Waffenabteilungen

- Infanterie
- Artillerie
- Pionier-Abt.
- Panzertruppen-Abt.
- Nachrichtentruppen-Abt.
- Nachschubtruppen-Abt.
- Höhere Offz. der
  Verwaltungstruppen
- Abt. Nebeltruppe u.
  Gasabwehr
- Eisenbahnpionier-Abt.
- Abt. Technische Truppen
- Heeres-Flakartillerie-Abt.

Heeresverwaltungsamt Stab

Amtsgruppe V I
- Org., Personal-, Kassenwesen

Amtsgruppe V II
- Heeresunterkünfte
- Übungsplätze
- Forst und Jagd
- künstlerische Betreuung

Amtsgruppe V III
- Verpflegung
- Konservierung
- Erprobung und Zubereitung

**Amtsgruppe V IV
Allgemeine Rohstofffragen**
- Spinnstoffe und Leder
- Beschaffung von Tuchen,
  Wolle und Baumwolle

Heereswaffenamt Stab

**Amtsgruppe Entwicklung
und Prüfung (12 Abt.)**

**Amtsgruppe für ind.
Rüstung (8. Abt.)**

Abnahme-Abt.

Vorschriften-Abt.

Forschungs-Abt.

Waffenamt Chef-Ingenieur

© MGFA
05469-05

Im Zuge der Anforderungen, die der moderne industrialisierte Massenkrieg an die Heeresorganisation stellte, entwickelte sich in der preußischen Armee des Ersten Weltkrieges das Ersatzheer. In ihm wurden die im Reichs-gebiet verbliebenen Ausbildungs- und Ersatztruppenteile der einzelnen Verbände des Feldheeres zusammengefasst. Neben der Aufgabe, den Ersatz für die an der Front kämpfenden Divisionen auszubilden, stellte das Ersatzheer Wachtruppenteile und testete technische Erneuerungen für die Front. Während des Zweiten Weltkrieges machten sich die Mitglieder der militärischen Opposition bei ihren Staatsstreichplanungen Anweisungen zu Nutze, die inner-halb des Ersatzheeres der Wehrmacht erarbeitet worden waren, um potenzielle innere Unruhen schnellstmöglich niederschlagen zu können.

Verfügung stehen sollte. Ohne jeden Rechtsschutz war die Bevölkerung im »gesetzlosen Osten« der ▸ Willkür der Sieger ausgeliefert. Da die deutschen Ressourcen für eine längere Kriegführung nicht ausreichten, war die wirtschaftliche Ausbeutung der eroberten Gebiete von kriegsentscheidender Bedeutung. Notfalls wurde billigend in Kauf genommen, auch von der militärischen Führung, dass Millionen von Menschen im Osten verhungerten, wenn dadurch die Versorgung der deutschen Bevölkerung verbessert wurde.

Von Anfang an unterschied sich der Krieg in Osteuropa grundlegend von jener Kriegführung, für die später die Bezeichnung »europäischer Normalkrieg« aufkam. Entsprechend unterschiedlich wurden auch die von Deutschland eroberten Gebiete behandelt. Neben den Militärverwaltungen in Frankreich, in Belgien bis 1944, in Serbien und Teilen Griechenlands gab es weiter amtierende Regierungen oder Zivilverwaltungen unter »Reichsbevollmächtigten« oder »Reichskommissaren« wie in Dänemark, Norwegen und den Niederlanden sowie an das Reich angegliederte Gebiete wie Eupen-Malmedy, Luxemburg, Elsass-Lothringen, Krain und Bialystok und die beiden »Reichskommissariate Ostland« und »Ukraine«, die – wie auch das »Generalgouvernement« – rücksichtslos ausgebeutet wurden und schrecklich unter den Mordaktionen der »Einsatzgruppen« des Sicherheitsdienstes (SD) zu leiden hatten. Ansätze von Wehrmachtdienststellen und zivilen Behörden, die Kollaborationsbereitschaft auszunutzen und Unabhängigkeitsbestrebungen zu unterstützen, wurden dadurch zunichte gemacht. Ehemals deutschfreundliche Kräfte wurden zu den Partisanen getrieben.

Denn in Hitlers Plänen für ein »Großgermanisches Reich« war irgendeine Form von Selbstbestimmung für die Völker Osteuropas nicht vorgesehen. Es ging dabei nicht nur um die politische, sondern auch um die rassische Umgestaltung Europas. Nach dem »Generalplan Ost« sollten in Osteuropa und im Baltikum 30 Millionen »fremdvölkische« Menschen nach Sibirien abgeschoben, die »rassisch wertvollere« Bevölkerung »eingedeutscht« und der riesige Raum von Deutschen neu besiedelt werden, während die verbliebenen »Untermenschen« eine Art Sklavendasein unter der germanischen ▸ »Herrenrasse« führen sollten. Aber selbst den anderen »germanischen« Völkern Europas war keine echte Eigenständigkeit zugedacht. Ganz Europa vom Nordkap bis zum Mittelmeer sollte vom »Großgermanischen Reich« abhängig sein. Umso erstaunlicher ist es, dass es unter Verschleierung dieses Ziels gelang, den Europagedanken relativ erfolgreich in Form eines »Kreuzzugs Europas gegen den Bolschewismus« zu propagieren. Wehrmacht und SS stellten – häufig in Konkurrenz zueinander – ▸ fremdländische Verbände auf. Bereits 1942 kämpften 25 000 Spanier, Kroaten, Franzosen und Wallonen in der Wehrmacht. Zahlreiche Völkerschaften der UdSSR und der von ihr 1939/40 besetzten Gebiete hatten sich in der Hoffnung auf Befreiung der Wehrmacht zur Verfügung gestellt und dienten – zunächst gegen den Widerstand Hitlers – als »Osttruppen« in eigens aufgestellten Bataillonen oder als »Hiwis« – »Hilfswillige« – innerhalb deutscher Verbände. 1944 betrug die Zahl der Osttruppen und der »Hiwis« jeweils etwa eine halbe Millionen Mann. Mehr als 400 000 Nichtdeutsche bildeten in der Waffen-SS elf »Freiwilligen-Divisionen« der »germanischen« Völker und elf »Waffen-Divisionen« der »nichtgermanischen« Völker.

340

068 Großadmiral Raeder (ObdM), Generalfeldmarschall Keitel (Chef OKW), Generalfeldmarschall Milch (Generalinspekteur der Luftwaffe) und Generaloberst Fromm (Chef HRü u. BdE) bei einem Staatsakt. Foto, Oktober 1940.

1 Helmuth Stieff, »Eindrücke in Polen« (21. November 1939)

Der Oberstleutnant der Wehrmacht und spätere Chef der Organisationsabteilung im Generalstab berichtet von seinen Erlebnissen in Polen.

»Der Krieg in dieser Auswirkung ist etwas Furchtbares, und auch der letzte Krieg hat solche Auswirkungen nicht zur Folge gehabt. Damals wußte man, daß nachher irgendwie eine Aufbauarbeit einsetzt, weil irgendwer, neuer oder alter Staat, am Aufbau ein Interesse hat oder über die Mittel dazu verfügt. Dies Gefühl fehlt vollkommen, wenn man die Ruine Warschau erlebt hat. Man bewegt sich dort nicht als Sieger, sondern als Schuldbewußter! [...] Dazu kommt noch all das Unglaubliche, was dort am Rande passiert und wo wir mit verschränkten Armen zusehen müssen! Die blühendste Phantasie einer Greuelpropaganda ist arm gegen die Dinge, die eine organisierte Mörder-, Räuber- und Plündererbande unter angeblich höchster Duldung dort verbricht. Da kann man nicht mehr von ›berechtigter Empörung über an Volksdeutschen begangene Verbrechen‹ sprechen. Diese Ausrottung ganzer Geschlechter mit Frauen und Kindern ist nur von einem Untermenschentum möglich, das den Namen Deutsch nicht mehr verdient.
Ich schäme mich, ein Deutscher zu sein!.«

Zit. nach: Hans Rothfels, Ausgewählte Briefe von Generalmajor Helmuth Stieff. In: VfZ, 2 (1954), S. 291–305

069 Erschießung von polnischen Zivilisten durch deutsche Soldaten. Foto, September/ Oktober 1939.

1 Wilhelm Pleyer,
»Von unserem Herrentum im Osten« (1940)

Der sudetendeutsche Schriftsteller, der durch den »Volkstumskampf« in der Tschechoslowakei geprägt wurde, sieht den deutschen Soldaten im Osten in einer »Herrenrolle«.

»Wir sind ein Volk auf dem Marsche. Ein Volk auf dem Marsche muß soldatisch sein. Soldatisch sein heißt Haltung haben. [...] Vom Soldaten wird Einsatz des Lebens gefordert. Einsatz des Lebens, der mehr ist als ›Sterben‹. Einsatz des Lebens heißt vor allem: wirklich für eine Sache zu leben, für eine Sache Wohlbefinden und Lust opfern. Dies ist aber die Sache: das Ansehen des deutschen Volkes und damit die Sicherheit des Reiches auf die weiteste Sicht. [...] Der soldatische Mensch steht immer im Felde, über sich die Sterne des Volkes, den ungeheuren Himmel einer letzten Verantwortung. Der Deutsche im Osten aber steht nicht bloß im Felde: er steht immer im Kampf; auch ohne den Gebrauch des Eisens. Mit dem kämpft sich's jäher, mit einem anderen zäher und notwendiger. Dieses andere ist Haltung. Haltung ist vor allem ein Sittliches, aber sie ist auch ein Geistiges; sie ist nicht denkbar ohne Wissen von der Umwelt. Ahnungslosigkeit in völkischen Dingen ist durch keine Uniform zu beheben. In Verbindung mit einer Uniform aber ist sie besonders gefährlich. [...] Mit einem Worte: Haltung. Derjenige, der diese Völkerschaften seit Menschenaltern kennengelernt hat, kennt als die einzig richtige Art des Umganges: Abstand. Wo man Völker niederwirft, braucht man Eisen; wo man Völker führt, braucht man Achtung. Die wahre Achtung aber genießt der ganze Kerl, das Vorbild. Vorbild sei der deutsche Soldat im Osten; er trage seine Uniform, daß ihn alle beachten; er habe Haltung, daß ihn jeder achte. Durch seine Haltung hat der deutsche Soldat im Osten das größte und mächtigste Volk Europas zu vertreten.«

Zit. nach: Wilhelm Pleyer, Von unserem Herrentum im Osten. In: Soldatenblätter für Feier und Freizeit. Hrsg. vom Oberkommando der Wehrmacht/Abteilung Inland in der Reihe der Tornisterschriften, 1. Jg., Juli 1940, S. 133 f.

341

071 Ausgabe von Gewehren an russische Partisanen-
abteilungen durch Angehörige der Roten Armee.
Foto, Sommer 1941.

Deshalb täuscht die nach dem Krieg in den ehemals besetzten Ländern überbetonte Bedeutung des Widerstandes gegen die deutsche Besatzungsmacht über die Tatsache hinweg, dass anfangs die Kollaboration zumeist überwog. Der erste bewaffnete Aufstand brach im Mai 1941 in Jugoslawien durch die nationalserbischen ▸ Tschetniks aus, dem sich die kommunistischen ▸ Tito-Partisanen erst nach dem deutschen Überfall auf die Sowjetunion anschlossen. Dort wurden die deutschen Truppen überwiegend nicht feindselig, zum Teil sehr freundlich und in den von Stalin unterjochten baltischen, polnischen und ukrainischen Gebieten aus der Perspektive der Bevölkerung durchaus als »Befreier« empfangen. 70 000 Rotarmisten liefen in den ersten drei Wochen über. Dennoch begann im Herbst 1941 ein organisierter Partisanenkrieg großen Ausmaßes. Inzwischen waren die teilweise unmenschlichen Lebensbedingungen der sowjetischen Kriegsgefangenen, die Gräueltaten und die systematischen Mordaktionen des SD nicht ohne Auswirkungen geblieben. Dem im Mai 1942 gebildeten »Stab der zentralen Partisanenbewegung« sollen bis zu 1,5 Millionen Partisanen unterstanden haben.

Im Westen bestand der Widerstand anfangs hauptsächlich in Sabotageakten, dann in Anschlägen gegen Angehörige der Besatzungsmacht. Durch eine Eskalation von Terror und Repressalien – Geiselerschießungen – sollte die drohende »Normalisierung« der Beziehungen zwischen Bevölkerung und Besatzungsmacht verhindert werden. Erst nach der Wende des Krieges bildete sich in Frankreich eine organisierte *Résistance* (franz.; Widerstand) – noch später in Italien – die aber selbst nach den alliierten Invasionen nicht zu einem entscheidenden militärischen Faktor wurde. Auf dem Balkan – wie auch in Griechenland – herrschten die unübersichtlichsten Verhältnisse. Einzelne Partisanengruppen, oft nationalistische gegen kommunistische, erhoben sich nicht nur gegen die Besatzer, sondern bekämpften sich gegenseitig mit unversöhnlichem Hass. Der Kampf zwischen Besatzungstruppen und Partisanen, aber auch zwischen den Gruppierungen, wurde von allen Seiten überwiegend mit ungewöhnlicher Härte und Grausamkeit geführt, die Bevölkerung wurde von keiner Seite geschont.

Wenn sich auch auf dem Balkan der Charakter der Kriegführung schnell geändert hatte, waren die Feldzüge bis zum Sommer 1941 für die Wehrmacht noch vorwiegend europäische »Normalkriege«. Dass der Krieg gegen die Sowjetunion im Wesen etwas völlig anderes darstellte, musste von den führenden Soldaten erkannt werden, wurde von einem Teil offen gebilligt, von der Mehrheit zumindest opportunistisch hingenommen, verdrängt oder umgedeutet. Vor Feldzugsbeginn erteilte Hitler nämlich Befehle und machte programmatische Äußerungen, die nach den Erfahrungen in Polen eindeutig auf eine Verquickung des konventionellen Kampfes der Soldaten mit dem Vernichtungskrieg hinter der Front hinwiesen. Bereits vor Beginn des Feldzuges war

342

B Josip Broz »Tito« (1892–1980)
Partisanenführer und Politiker – Am Ersten Weltkrieg nahm er in der Armee der k.u.k.-Monarchie teil, bis er 1915 in russische Gefangenschaft geriet. In Russland wurde er Zeuge der Oktoberrevolution und trat 1918 in die Rote Armee ein. Nach seiner Rückkehr schloss sich Tito der **verbotenen** Kommunistischen Partei Jugoslawiens an, was zu langen Haftstrafen führte. Nach dem **Überfall** des »Dritten Reiches« auf Jugoslawien organisierte Tito den bewaffneten Widerstand **der** Kommunisten gegen die Besatzungstruppen. Im Jahre 1943 wurde der Partisanenführer zum Marschall von Jugoslawien ernannt. Ende 1944 kontrollierten Titos Verbände das **gesamte** jugoslawische Territorium, wodurch er sich die Unabhängigkeit von Stalin bewahren konnte.

072 Josip Broz »Tito«.

Osttruppen (1943)	Verbände (Btl.-Stärke)	Einheiten (Kp.-Stärke)
Finnen	1	
Esten	4	
Letten		2
Litauer	3	6
»Ostfreiwillige«	51	10
Russen		2
Ukrainer		2
Wolgatataren	12	1
Fernöstliche	1	
Kosaken	24	1
Kalmücken	3	
Nordkaukasier	13	
Georgier	11	2
Aserbaidschaner	11	
Armenier	8	
Turkmenen	33	11
Griechen	1	1

073 Im Jahr 1943 ließ Heinrich Himmler die
13. Waffen-Gebirgs-Division der SS »Handschar«
aufstellen, die aus »Bosniaken mohammedanischer
Religion« bestand. Das deutsche Propagandafoto
zeigt Angehörige beim Lesen der Hetzschrift
»Islam und Judentum«.

Verbände »befreundeter« Staaten	
Spanien	250. Inf.Div.
Kroatien	396. Inf.Rgt.
	369. Inf.Div.
	373. Inf.Div.
	392. Inf.Div.
Vichy-Frankreich	Legion Trikolore (ca. 3100 Mann)

074 Deutsches Werbeplakat für russische
Freiwillige, 1942. »Wir beide gehen den gleichen
Weg, zusammen erreichen wir Sieg und Frieden.
Siegreich kehren wir beide heim, und werden dann
frei und glücklich leben.«

343

075 Eine Gruppe von Tschetniks mit einem
deutschen »Militärberater«. Undatiertes Foto.

S Der Begriff *Tschetnik* (četa, serb.; Schar, Truppe) bezeichnet seit dem ausgehenden 19. Jahrhundert die Mitglieder paramilitärischer Gruppen, die in den unter Fremdherrschaft stehenden Gebieten für die nationale Befreiung kämpften. Sie spielten in den Balkankriegen 1912/13 und im Ersten Weltkrieg eine wichtige Rolle. In der Zwischenkriegszeit organisierten sie sich in Veteranenverbänden. Im Zweiten Weltkrieg wurden die Tschetniks als Widerstandsbewegung gegen die Deutschen wiederbelebt. Da sie zunehmend in Feindschaft mit Tito-Partisanen gerieten, kam es zu lokalen Kooperationen mit den Besatzern.

den führenden Militärs klar, dass, falls er nicht wie erwartet bis zum Herbst 1941 siegreich beendet würde, Deutschland den Krieg nur würde fortsetzen können, wenn die gesamte Wehrmacht im nächsten Kriegsjahr aus Russland ernährt würde, was dort für »zig Millionen Menschen« den Hungertod bedeutete. Die Hungerkatastrophe im Winter 1941/42 traf die Zivilbevölkerung in Nordrussland besonders schwer. Daneben wurden in den Kampfgebieten tausende von Zivilisten als »unnütze Esser« in »Hungerzonen« isoliert. Ebenso gnadenlos war das Schicksal der sowjetischen Kriegsgefangenen, die völlig von der Versorgung durch die Gewahrsamsmacht abhängig waren. Hitlers Weisung lautete, die Rotarmisten seien »keine Kameraden«, für die das Völkerrecht keine Gültigkeit habe. Von den 5,7 Millionen sowjetischen Kriegsgefangenen sind mehr als die Hälfte im Verantwortungsbereich der Wehrmacht ums Leben gekommen.

Zwei weitere völkerrechtswidrige Befehle zeugen von der Bereitschaft der Wehrmachtführung, den Krieg gegen die UdSSR als rasseideologischen Vernichtungskrieg zu akzeptieren: der ▸ »Erlass über die Ausübung der Kriegsgerichtsbarkeit«, der die Pflicht zur Ahndung von Kriegsverbrechen aufhob, die von deutschen Soldaten begangen wurden, und die »Richtlinien für die Behandlung politischer Kommissare«, welche die »Erledigung« der Politoffiziere anordneten. In welchem Umfang der ▸ »Kommissarbefehl« von der Truppe ausgeführt wurde, ist bis heute nicht endgültig geklärt; unklar ist auch die Zahl derjenigen, die erst in den Gefangenenlagern als Kommissare erkannt oder denunziert und ermordet wurden. Bis zur Aufhebung des »Kommissarbefehls« 1942 sind jedenfalls mehrere hundert im Frontbereich erschossen worden.

Frühzeitig wurden auch in Absprachen zwischen OKH und RSHA organisatorisch die Aufgabenbereiche von Wehrmacht und Sicherheitspolizei oder SD abgegrenzt. Dabei wurde das eigentliche Operationsgebiet, in dem die militärischen Oberbefehlshaber die vollziehende Gewalt ausübten, schmal gehalten. In den dahinter liegenden Reichskommissariaten besaßen die Wehrmachtbefehlshaber nur militärische Kompetenzen und waren sonst auf die Zusammenarbeit mit den Reichskommissaren angewiesen. Im Operationsgebiet selbst befand sich bei jedem Armeeoberkommando (AOK) ein Beauftragter des SD zur Abstimmung des Einsatzes der SD-Kommandos. Die Armeeführung war also im Prinzip über deren Tätigkeit im Bilde. Bis April 1942 erschossen die Einsatzgruppen des SD über eine halbe Million Menschen jüdischer Abstammung. In welchem Umfang die Kommandostäbe oder gar die Truppe Kenntnis von den programmatischen Mordaktionen hatten, ist schwer abzuschätzen. Sicherlich haben viele Soldaten und Offiziere nicht wahrhaben wollen, dass es sich nicht um »lokale Überreaktionen«, sondern um eine riesige Mordmaschinerie handelte, zumal die Vernichtungsaktionen meistens gekoppelt waren mit Maßnahmen gegen Partisanen, so dass viele Erschießungen von den »normalen« Soldaten als gerechtfertigte Sühne an auf frischer Tat ertappten Freischärlern abgetan wurden. Dennoch war in der Wehrmacht wie im überwiegenden Teil der Bevölkerung – nicht nur der deutschen – auch ein »traditioneller« Antisemitismus vorhanden, der unterschiedliche Schattierungen, Ausprägungen und Stärke besaß, aber nicht unbedingt in der NS-Rassenideologie wurzelte. Daneben war, besonders ausgeprägt in den bürgerlichen Schichten, eine scharfe antikommunistische Grundeinstellung eine Selbstverständlichkeit. Die Verquickung von Antisemitismus und Antikommunismus durch die Nationalsozialisten, der »Jüdische Bolschewismus«, der pro-

076 Erinnerungsteller an den Ostfeldzug. Meißener Porzellanmanufaktur, um 1941.

„1 Adolf Hitler, »Kriegsgerichtsbarkeitserlass. Auszug aus dem Erlass über die Ausübung der Kriegsgerichtsbarkeit im Gebiet ›Barbarossa‹« (13. Mai 1941)

Der so genannte Kriegsgerichtsbarkeitserlass legalisierte indirekt Kriegsverbrechen der Wehrmacht.

»Die Wehrmachtgerichtsbarkeit dient in erster Linie der Erhaltung der Mannszucht. Die weite Ausdehnung der Operationsräume im Osten, die Form der dadurch gebotenen Kampfesführung und die Besonderheit des Gegners stellen die Wehrmachtgerichte vor Aufgaben, die sie während des Verlaufs der Kampfhandlungen und bis zur ersten Befriedung des eroberten Gebietes bei ihrem geringen Personalbestand nur zu lösen vermögen, wenn sich die Gerichtsbarkeit zunächst auf ihre Hauptaufgabe beschränkt. Das ist nur möglich, wenn die Truppe selbst sich gegen jede Bedrohung durch die feindliche Zivilbevölkerung schonungslos zur Wehr setzt. Demgemäß wird für den Raum ›Barbarossa‹ (Operationsgebiet, rückwärtiges Heeresgebiet und Gebiet der politischen Verwaltung) folgendes bestimmt: [...]
II. Behandlungen der Straftaten von Angehörigen der Wehrmacht und des Gefolges gegen Landeseinwohner
1. Für Handlungen, die Angehörige der Wehrmacht und des Gefolges gegen feindliche Zivilpersonen begehen, besteht kein Verfolgungszwang, auch dann nicht, wenn die Tat zugleich ein militärisches Verbrechen oder Vergehen ist.
2. Bei der Beurteilung solcher Taten ist in jeder Verfahrenslage zu berücksichtigen, daß der Zusammenbruch im Jahre 1918, die spätere Leidenszeit des deutschen Volkes und der Kampf gegen den Nationalsozialismus mit den zahllosen Blutopfern der Bewegung entscheidend auf bolschewistischen Einfluß zurückzuführen war und daß kein Deutscher dies vergessen hat.«

Zit. nach: Martin Moll, »Führer-Erlasse« 1939–1945. Edition sämtlicher überlieferter, nicht im Reichsgesetzblatt abgedruckter, von Hitler während des Zweiten Weltkrieges schriftlich erteilter Direktiven aus den Bereichen Staat, Partei, Wirtschaft, Besatzungspolitik und Militärverwaltung, Stuttgart 1997, S. 172 f.

„1 »Kommissarbefehl« (6. Juni 1941)

Die Richtlinien für die Behandlung politischer Kommissare wurden auf Anweisung des Oberkommandos der Wehrmacht nur den Oberbefehlshabern der Armeen schriftlich mitgeteilt. Ihnen oblag dann die mündliche Weitergabe des Befehls an die Kommandeure und Offiziere.

»Im Kampf gegen den Bolschewismus ist mit einem Verhalten des Feindes nach den Grundsätzen der Menschlichkeit oder des Völkerrechts nicht zu rechnen. Insbesondere ist von den politischen Kommissaren aller Art als den eigentlichen Trägern des Widerstandes eine haßerfüllte, grausame und unmenschliche Behandlung unserer Gefangenen zu erwarten. Die Truppe muß sich bewußt sein:
1. In diesem Kampf ist Schonung und völkerrechtliche Rücksichtnahme diesen Elementen gegenüber falsch. Sie sind eine Gefahr für die eigene Sicherheit und die schnelle Befriedung der eroberten Gebiete.
2. Die Urheber barbarisch asiatischer Kampfmethoden sind die politischen Kommissare. Gegen diese muß daher sofort und ohne Weiteres mit aller Schärfe vorgegangen werden. Sie sind daher, wenn im Kampf oder Widerstand ergriffen, grundsätzlich sofort mit der Waffe zu erledigen.
Im übrigen gelten folgende Bestimmungen: [...]
2. Politische Kommissare als Organe der feindlichen Truppe sind kenntlich an besonderen Abzeichen - roter Stern mit goldenem eingewebten Hammer und Sichel auf den Ärmeln [...]. Diese Kommissare werden nicht als Soldaten anerkannt; der für Kriegsgefangene völkerrechtlich geltende Schutz findet auf sie keine Anwendung. Sie sind nach durchgeführter Absonderung zu erledigen.«

Zit. nach: »Unternehmen Barbarossa«. Der deutsche Überfall auf die Sowjetunion 1941. Berichte, Analysen, Dokumente. Hrsg. von Gerd R. Ueberschär und Wolfram Wette, Paderborn 1984

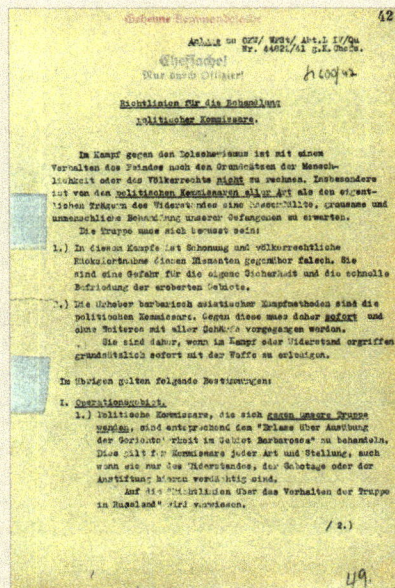

077 Richtlinien für die Behandlung politischer Kommissare vom 6. Juni 1941.

078 Juden mit Reisigbesen werden für einen Arbeits-einsatz gesammelt. Foto, um September 1939.

079 Angehöriger eines Polizeibataillons schneidet einem polnischen Juden den Bart ab. Foto, um 1940.

*080
Russlandfeldzug der deutschen Wehrmacht: Sowjetische Kriegsgefangene in einem Lager in der Ukraine. Foto, 1941.*

In den ersten Nachkriegsjahren herrschte in West-Deutschland ein überwiegend »positives« Bild der Wehrmacht und ihrer Rolle im Zweiten Weltkrieg vor. Eine Verbindung zwischen der Kriegführung der Wehrmacht und den Verbrechen des NS-Regimes wurde in dieser Zeit abgestritten. In der Bundesrepublik beschäftigte sich die universitäre Geschichtswissenschaft in den 50er Jahren kaum mit dem Zweiten Weltkrieg und noch weniger mit der Stellung der Wehrmacht im NS-Staat. Dieser Umstand hatte seinen Grund unter anderem darin, dass die von den USA und Großbritannien beschlagnahmten Wehrmachtakten erst Anfang der 60er Jahre an deutsche Behörden zurück gegeben wurden. Erst jetzt konnte eine fundierte wissenschaftliche Auseinandersetzung mit der Geschichte der Wehrmacht im »Dritten Reich« erfolgen. Wie in der Gesellschaft der Bundesrepublik, so wurde auch in der 1955 gegründeten Bundeswehr am Bild der »sauberen Wehrmacht«, die nicht in Verbrechen des NS-Regimes verstrickt gewesen sei, festgehalten. Ende der 60er Jahre lagen

jedoch die Forschungsergebnisse einer Reihe von Militärhistorikern vor, die dem tradierten Bild der Wehrmacht gründlich widersprachen und die Beteiligung der Wehrmacht an Verbrechen des NS-Staates, besonders während des Russlandfeldzuges (1941–1944) darlegten. Aus diesen beiden gegensätzlichen Sichtweisen auf die Rolle der Wehrmacht während des Zweiten Weltkriegs ergab sich ein Spannungsverhältnis, das sich auch auf die Bundeswehr auswirkte. Auf der einen Seite standen die »Reformer« um Wolf Graf von Baudissin, die mit ihrem Konzept der »Inneren Führung« beziehungsweise dem »Staatsbürger in Uniform« einer wie auch immer gearteten Kontinuität zwischen Wehrmacht und Bundeswehr eine strikte Absage erteilten. Im Kontrast zu ihnen standen die »Traditionalisten«, ehemalige Offiziere der Wehrmacht, die in die Bundeswehr übernommen worden waren. Sie propagierten ein positives Bild der Wehrmacht und waren der Überzeugung, dass zwischen der Wehrmacht und der Bundeswehr ein Traditionszusammenhang bestand. Diese unkritische Sichtweise gegen-

082 Hinrichtung von fünf jungen Männern aus Welisch, Kreis Smolensk. Foto, Sommer 1942.

081 Massenerschiessungen in der Ukraine. Foto, um 1941.

083 Besucher der Ausstellung »Verbrechen der Wehrmacht. Dimensionen des Vernichtungskrieges 1941–1944«. Foto von Marcus Rott.

über der Wehrmacht fand ihren Niederschlag beispielsweise in der Namensgebung von Bundeswehrkasernen. Um diesen unterschwelligen Konflikt zu entschärfen und klärend hinsichtlich eines gültigen Traditionsverständnisses für die Bundeswehr zu wirken, kam es 1965 und 1982 zur Herausgabe von Traditionserlassen durch den Bundesminister der Verteidigung. Dabei hatte der Traditionserlass von 1965 jedoch noch keine eindeutige Stellungnahme gegenüber der Relevanz der Wehrmacht für Tradition die Bundeswehr enthalten. Um so eindeutiger lehnte der Erlass von 1982 die Traditionsfähigkeit der Wehrmacht für die Bundeswehr mit den Worten ab: »Im Nationalsozialismus waren Streitkräfte teils schuldhaft verstrickt, teils wurden sie schuldlos missbraucht. Ein Unrechtsregime wie das Dritte Reich kann Tradition nicht begründen«. Die Politik war mit dieser Feststellung endlich dem Stand der seriösen militärgeschichtlichen Forschung zur Beteiligung der Wehrmacht an Verbrechen des NS-Regimes gefolgt. Dennoch erhob sich ein breiter Protest von in erster Linie ehemaligen

Soldaten der Wehrmacht gegen die längst überfällige Revision des über Jahrzehnte gepflegten Bildes der »sauberen Wehrmacht«. An Dynamik gewann die öffentliche Auseinandersetzung um die Rolle der Wehrmacht im NS-Staat schließlich durch die Präsentation der »Wehrmachtausstellung« des Hamburger Instituts für Sozialforschung. Die Ausstellung »Vernichtungskrieg. Verbrechen der Wehrmacht 1941–1944« wurde von 1995 bis 1999 in einer Reihe deutscher und österreichischer Städte gezeigt. Ihr folgte eine breite und zum Teil erbittert geführte öffentliche Debatte über die Geschichte der Wehrmacht im NS-Staat. Die gesellschaftliche Auseinandersetzung mit dem Vernichtungskrieg der Wehrmacht während des Zweiten Weltkrieges führte letztlich zur allgemeinen Anerkenntnis der Ergebnisse der historischen Forschung seit Ende der 60er Jahre, dass die Wehrmach das eigentliche Instrument der nationalsozialistischen Vernichtungspolitik gewesen war und zur unwiderruflichen Revision des Bildes von der angeblich »sauberen Wehrmacht«.

pagandistische Dreiklang ▶ »Jude – Bolschewist – Partisan«, trug erheblich dazu bei, auch bei vielen Wehrmachtangehörigen den Antisemitismus ins Extreme zu steigern. Die mit den Gräueltaten direkt konfrontierten Soldaten reagierten zwar teilweise mit Abscheu, am liebsten aber mit Wegsehen und Sich-Heraushalten, es gab jedoch auch Zustimmung, Unterstützung und aktive Beteiligung. Es sind nur wenige Fälle bekannt, dass Soldaten bei Mordaktionen den Gehorsam verweigerten oder sich gar dem Morden widersetzten – wie weit es dazu Möglichkeiten gab, ohne das eigene Leben zu riskieren, ist umstritten.

Wie kann man Verhaltensweisen historisch erklären, die so fundamental mit dem traditionellen Berufsethos des Soldaten und den Normen der Kriegführung brachen? Das Offizierkorps von 1941 war sicherlich nicht mehr dasselbe wie 1938 oder gar 1935, sondern ein Spiegel der Gesellschaft, der »NS-Volksgemeinschaft«, in der jahrelange Indoktrination nicht ohne Wirkung geblieben war. Der Charakter von Hitlers Ostfeldzug als »rasseideologischer Vernichtungskrieg« wurde in seinen Konsequenzen nicht erkannt, sondern er wurde als »Kreuzzug gegen den barbarischen Stalinismus« und den »jüdischen Bolschewismus« idealisiert, als rein funktionale außen- und machtpolitische Notwendigkeit umgedeutet oder als »Aufbruch« der osteuropäischen Völker unter Deutschlands Führung gegen die Unterdrückermacht Sowjetunion propagiert.

Als Hitler am 30. März 1941 vor rund 200 bis 250 hochrangigen Offizieren die Notwendigkeit eines ▶ Vernichtungskrieges im Osten verkündete, ließen die Anwesenden die Gelegenheit verstreichen, Hitler zu widersprechen. Anschließende Proteste ignorierte der Oberbefehlshaber des Heeres. Das »Versagen« zu diesem Zeitpunkt steht in einer Kette früherer Versäumnisse. Die höhere militärische Führung war zu einer rein funktionalen Elite herabgesunken. Das alt-

preußische Ideal des verantwortungsbewussten Gehorsams, der unter bestimmten Umständen seine Grenzen hat, war schon in der Reichswehr beginnend mehr und mehr einem »unbedingten« Gehorsam gewichen – eine Entwicklung, die Hitler nur noch zu vollenden brauchte.

Bis in die siebziger Jahre des 20. Jahrhunderts herrschte im Bewusstsein der Öffentlichkeit das Bild einer klaren Trennung der »sauberen« militärischen Kriegführung und der Verbrechen von SD und Sicherheitspolizei vor, obwohl seit den sechziger Jahren, zum Beispiel vom Militärgeschichtlichen Forschungsamt, zahlreiche wissenschaftliche Publikationen über die »Verstrickung« der Wehrmacht in die nationalsozialistischen Untaten erschienen sind. Wenn solche Forschungsergebnisse durch die Medien einer breiten Öffentlichkeit bekannt wurden, kam es gewöhnlich zu heftigen Reaktionen aus der Generation der Kriegsteilnehmer, die darin häufig eine bewusste Diffamierung des deutschen Soldatentums argwöhnten. Subjektiv mögen diese Proteste berechtigt gewesen sein. Denn es hat Millionen von Soldaten gegeben, die persönlich nicht »verstrickt« waren. Auf der anderen Seite steht aber eindeutig fest, dass es daneben in der Wehrmacht Mitwisser, Mithelfer und Mittäter gegeben hat und dass große Teile der Menschen in Osteuropa, ganz zu schweigen von Juden, Sinti und Roma, von der Masse der Deutschen als »minderwertig« angesehen wurden. Jedenfalls hält die bereits wenige Jahre nach Kriegsende aus der subjektiven Erlebnisperspektive des Front-Sanitätsoffiziers geprägte Überzeugung des Schriftstellers Peter Bamm von der »Herrschaft der Anderen« heutigen wissenschaftlichen Erkenntnissen nicht stand. Ob und in welchem Umfang für den einfachen Soldaten bis zum General Handlungsspielräume bestanden, sich zu widersetzen, ist eine andere Frage. Jedenfalls wäre ohne »billigende Duldung« der Wehrmachtführung der Völkermord nicht möglich gewesen.

348

1 Adolf Hitler, »Rede in der Reichskanzlei« (30. März 1941)

Vor ungefähr 250 hohen Offizieren aller Waffengattungen erläuterte Hitler in der Berliner Reichskanzlei den neuartigen Charakter des zu führenden Krieges. Seine Ansprache wurde von Generalstabschef Franz Halder stichpunktartig festgehalten.

»Unsere Aufgaben gegenüber Rußland: Wehrmacht zerschlagen, Staat auflösen ... Kampf zweier Weltanschauungen gegeneinander. Vernichtendes Urteil über Bolschewismus, ist gleich asoziales Verbrechertum. Kommunismus ungeheure Gefahr für die Zukunft. Wir müssen von dem Standpunkt des soldatischen Kameradentums abrücken. Der Kommunist ist vorher kein Kamerad und nachher kein Kamerad. Es handelt sich um einen Vernichtungskampf ... Der Kampf muß geführt werden gegen das Gift der Zersetzung. Das ist keine Frage der Kriegsgerichte. Die Führer der Truppe müssen wissen, worum es geht. Sie müssen in dem Kampf führen ... Kommissare und GPU-Leute sind Verbrecher und müssen als solche behandelt werden ... Der Kampf wird sich sehr unterscheiden vom Kampf im Westen. Im Osten ist Härte mild für die Zukunft. Die Führer müssen von sich das Opfer verlangen, ihre Bedenken zu überwinden.«

Zit. nach: Franz Halder, Kriegstagebuch: Tägliche Aufzeichnung des Chefs des Generalstabes des Heeres. Bd 2. Hrsg. von Hans-Adolf Jacobsen, Stuttgart 1963, S. 335

084 Hitler mit seinem Stab im Führerhauptquartier. Foto, Juni 1940.

085 Erschießung von Zivilpersonen in Russland. Foto, 1942.

1 Soldat, »Brief aus Tarnopol« (6. Juli 1941)

Die von »oben« verordneten antisemitischen Anschauungen und judenfeindlichen Stereotypen entsprachen, das zeigt die Auswertung von Soldatenbriefen, den Anschauungen und Überzeugungen vieler Soldaten. Das Bild von der »anständigen« Wehrmacht, das lange Zeit in Deutschland die Forschung und öffentliche Diskussion bestimmte, ist in letzter Zeit revidiert worden. Auch die Wehrmacht hatte Anteil an der Judenvernichtung.

»Soeben komme ich von der Aufbahrung unserer von den Russen gefangenen Kameraden der Luft- und Gebirgstruppen. Ich finde keine Worte um so etwas zu schildern. Die Kameraden sind gefesselt, Ohren, Zungen, Nase und Geschlechtsteile sind abgeschnitten, so haben wir sie im Keller des Gerichtsgebäudes von Tarnopol gefunden und außerdem haben wir 2000 Ukrainer und Volksdeutsche auch so zugerichtet gefunden. Das ist Rußland und das Judentum das Paradies der Arbeiter. Wenn es heute noch einen Kommunisten in Wien gibt, der gehört sofort erschlagen aber nicht erschossen. Die Rache folgte sofort auf dem Fuße. Gestern waren wir mit der SS gnädig, denn jeder Jude, den wir erwischten, wurde sofort erschossen. Heute ist es anders, denn es wurden wieder 60 Kameraden verstümmelt gefunden. Jetzt müssen die Juden die Toten aus dem Keller herauftragen, schön hinlegen und dann werden ihnen die Schandtaten gezeigt. Hierauf werden sie nach Besichtigung der Opfer erschlagen mit Knüppeln und Spaten. Bis jetzt haben wir zirka 1000 Juden ins Jenseits befördert aber das ist viel zu wenig für das, was die gemacht haben.«

Zit. nach: »Es gibt nur eines für das Judentum: Vernichtung«. Das Judenbild in deutschen Soldatenbriefen. Hrsg. von Walter Manoschek, Hamburg 1995, S. 33

349

Kapitel II – Strukturen:

Das improvisierte Instrument des Krieges

086 Lagebesprechung im Hauptquartier der 9. Armee an der Oderfront. Links hinter Hitler Robert Ritter von Greim, rechts von Hitler (mit Brille) General Theodor Busse. Foto, März 1945.

1. Die Wehrmacht

Während die Angloamerikaner für die Kriegführung gegen Deutschland gemeinsame Stäbe bildeten, ging die Wehrmacht mit einer nicht zeitgemäßen, nach funktionalen Gesichtspunkten ungeeigneten, die Kompetenzen aufsplitternden Spitzengliederung in den Zweiten Weltkrieg. Wie in der preußischen Militärmonarchie die verschiedenen höchsten zivilen und militärischen Gewalten allein durch die Klammer des Monarchen zusammengehalten wurden, so waren die Organisationen im »Dritten Reich« noch absoluter auf die Person des »Führers« zugeschnitten. Im militärischen Bereich standen Hitler fünf unabhängige Führungsorgane zur Verfügung: die drei Oberbefehlshaber (OB) des Heeres, der Kriegsmarine und der Luftwaffe, das ▸ Oberkommando der Wehrmacht (OKW) unter dem Chef OKW Generalfeldmarschall ▸ Wilhelm Keitel und der Chef des Wehrmachtführungsstabes im OKW, General ▸ Alfred Jodl. Im Dezember 1941 entließ Hitler den OB des Heeres, Generalfeldmarschall Walther von Brauchitsch, und übernahm selbst den Oberbefehl über das Heer. Überdies wurde die Landkriegführung aufgeteilt. Der Generalstab des Heeres wurde auf die operative Führung im Osten, Hitlers »persönlichen« Krieg, beschränkt, während der Wehrmachtführungsstab des OKW, operativ direkt Hitler unterstellt, alle anderen Kriegsschauplätze führte, nämlich Dänemark und Norwegen, Finnland, Westeuropa, Balkan, Italien und seit Juni 1941 Nordafrika. Für alle nichtoperativen Belange blieb aber das Oberkommando des Heeres (OKH) zuständig. Dem OKW waren als wichtigste Organisationen das Wehrwirtschafts- und Rüstungsamt mit regionalen Rüstungsinspektionen und –kommandos, 30 000 Mann, meist Offiziere, die Wehrersatzorganisation, das Amt Ausland/Abwehr sowie das Kriegsgefangenenwesen mit knapp 250 Lagern, einschließlich zahlloser Arbeitskommandos mit bis zu fünf Millionen Gefangenen nachgeordnet.

Das Heer bestand vor der Mobilmachung 1939 aus 53 »aktiven« Divisionsverbänden: 35 Infanteriedivisionen, vier Infanteriedivisionen (mot.), sechs Panzerdivisionen, vier leichte Divisionen, drei Gebirgsdivisionen und eine Kavalleriebrigade; außerdem bestanden Grenztruppen. Bei der Mobilmachung wurden die 35 Infanteriedivisionen mit einem zusätzlichen

350

Wilhelm Keitel (1882–1946)
B Generalfeldmarschall - Im Ersten Weltkrieg erhielt er nach Fronteinsatz und Verwundung 1915 die Stellung eines Generalstabsoffiziers. Im August 1935 wurde Keitel zum Chef des Wehrmachtamtes ernannt. Hier schon erwies er sich gegenüber seinem Vorgesetzten als bedingungsloser Jasager. Nach Blombergs Sturz ernannte Hitler ihn zum Chef des OKW. Keitel begehrte nie gegen Hitler auf, sondern führte jeden Befehl aus. Im Zweiten Weltkrieg hatte dieses Verhalten katastrophale Folgen für ihn selbst, Hitler, die Wehrmacht, Deutschland und das besetzte Europa. Im Nürnberger Prozess wurde er zum Tode verurteilt und gehängt.

087 Wilhelm Keitel, Foto, 1940.

Die Spitzengliederung der Wehrmacht im Kriege
September/Oktober 1939

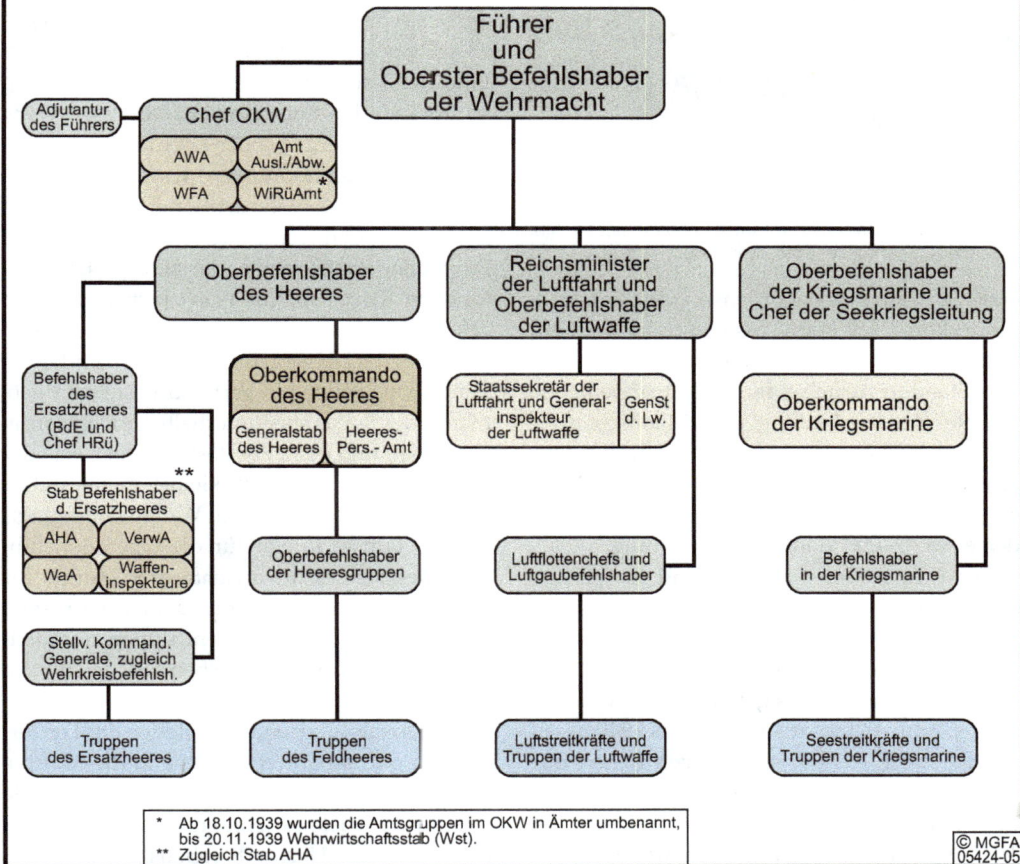

Führer und Oberster Befehlshaber der Wehrmacht

Adjutantur des Führers

Chef OKW
- AWA
- Amt Ausl./Abw.
- WFA
- WiRüAmt *

Oberbefehlshaber des Heeres

Reichsminister der Luftfahrt und Oberbefehlshaber der Luftwaffe

Oberbefehlshaber der Kriegsmarine und Chef der Seekriegsleitung

Befehlshaber des Ersatzheeres (BdE und Chef HRü)

Oberkommando des Heeres
- Generalstab des Heeres
- Heeres-Pers.-Amt

Staatssekretär der Luftfahrt und Generalinspekteur der Luftwaffe | GenSt d. Lw.

Oberkommando der Kriegsmarine

**

Stab Befehlshaber d. Ersatzheeres
- AHA
- VerwA
- WaA
- Waffeninspekteure

Oberbefehlshaber der Heeresgruppen

Luftflottenchefs und Luftgaubefehlshaber

Befehlshaber in der Kriegsmarine

Stellv. Kommand. Generale, zugleich Wehrkreisbefehlsh.

| Truppen des Ersatzheeres | Truppen des Feldheeres | Luftstreitkräfte und Truppen der Luftwaffe | Seestreitkräfte und Truppen der Kriegsmarine |

* Ab 18.10.1939 wurden die Amtsgruppen im OKW in Ämter umbenannt, bis 20.11.1939 Wehrwirtschaftsstab (Wst).
** Zugleich Stab AHA

© MGFA
05424-05

Fünftel ihrer Stärke mit Reservisten aufgefüllt und bildeten die Divisionen der »1. Welle«. 16 Divisionen der »2. Welle« wurden aus voll ausgebildeten Reservisten mit nur sechs Prozent ▶ Stammpersonal aufgestellt. 21 Divisionen der »3. Welle« bestanden aus kurz ausgebildeten jüngeren oder »alten« Reservisten des Ersten Weltkrieges, die also 40 Jahre und älter waren.

14 Divisionen der »4. Welle« entstanden aus den 1938 vermehrten »Ergänzungstruppenteilen« mit den »weißen Jahrgängen« 1900 bis 1914. Bis zum Westfeldzug wurden dann noch Divisionen der »5. bis 9. Welle« aufgestellt, deren Soldaten nur wenige Wochen ausgebildet worden waren. Neben dem Feldheer bestand das Ersatzheer im Wesentlichen aus den im Reichsgebiet verblie- 351

Alfred Jodl (1890–1946)
B Generaloberst – 1935 wurde Oberst Jodl ins Wehrmachtamt als Chef der Führungsabteilung versetzt. Als Hitler am 4. Februar 1938 selbst die Funktion des Reichskriegsministers als »Oberster Befehlshaber der Wehrmacht« übernahm, wurde Jodl Chef des Wehrmachtführungsamtes (ab 1940 Wehrmachtführungsstab) im OKW. Er wurde zum engsten Berater Hitlers in operativen Fragen. 1942 übernahm er die Leitung der Kriegführung auf den Kriegsschauplätzen gegen die Westalliierten. Zahlreiche von Hitler verfügte verbrecherische Befehle trugen seine Unterschrift. 1946 erfolgte nach den Nürnberger Kriegsverbrecherprozessen seine Hinrichtung.

088 Alfred Jodl. Foto, 1943.

089 Panzer des Panzerregiments 1 fahren durch die Furt der Semois bei Bouillon. Im Hintergrund die am 12. Mai gebaute Kriegsbrücke. Foto, Mai 1940.

benen Kommandobehörden – jedes Friedens-Armeekorps ließ beim Ausmarsch ins Feld ein »Stellvertretendes Generalkommando« an seinem Standort zurück –, den Ersatztruppenteilen zur Rekrutenausbildung und Mannschaftsergänzung und den Wachtruppenteilen, meistens »Landesschützenbataillone« mit über 45 Jahre alten Männern; die Kriegsgefangenenlager banden etwa 750 000 Mann zur Bewachung.

Die Erfolge der ▸ Panzer- und motorisierten Verbände zu Anfang des Krieges täuschen darüber hinweg, dass das deutsche Heer ein Infanterie-Heer war und auch bis zum Kriegsende blieb. Von den 104 großen Verbänden waren 1939 nur 14 motorisiert. Im Mai 1940 besaß das Feldheer 157 Divisionen, von denen nur zehn Panzer- und sechs motorisierte Verbände waren. Ein Jahr später waren von den etwa 210 Divisionsverbänden 174 Infanterie- und 36 »schnelle« Divisionen.

Zahlreiche Umgliederungen der Verbände im Verlauf des Krieges waren das Ergebnis von taktischen Erfahrungen, aber auch die Folge der Verschlechterung personeller und materieller Ressourcen und damit Improvisationen. Eine der Kriegslage angemessene Gliederung schuf Guderian mit der »Panzerdivision 1943« und der »Panzergrenadier-Division 1943«. Alle späteren Neuschöpfungen wie »Volksgrenadierdivisionen«, »Volksartilleriebrigaden« und ähnliche waren verzweifelte Ausflüchte und Propagandainstrumente. Die taktische Entwicklung im Krieg war im Wesentlichen dadurch gekennzeichnet, dass zwar über den gesamten Zeitraum die Division mit ihrem Stab und ihren Versorgungsteilen als Verband bestehen blieb, man in der Praxis aber unterhalb der Divisionsebene mehr und mehr zur Bildung von zwei oder drei Kampfgruppen als kleinstem taktischen Verband der »verbundenen Waffen« überging.

Die ▸ Luftwaffe war für die Operationsführung des Heeres unverzichtbar. Sie sorgte für die Luftüberlegenheit über dem Gefechtsfeld und unterstützte die Bodentruppen unmittelbar. Mit den Nerven aufreibenden »Jerichotröten« der Sturzkampfflugzeuge (Stuka) wirkte sie zudem als »fliegende Artillerie« der Panzerspitzen, mit Zerstörern griff sie in die Kämpfe am Boden ein und mit Jagdbombern griff sie militärische Ziele im Hinterland an. Ohne zur Hilfswaffe des Heeres herabzusinken, leistete sie Außerordentliches im Zusammenwirken

≡ Die Luftkriegführung war durch unterschiedliche Einsatzarten von Flugzeugtypen gekennzeichnet. Transporter wie die deutsche Ju 52 oder die amerikanische Douglas C-47 übernahmen Versorgungsaufgaben oder das Absetzen von Fallschirmjägern und Lastenseglern. Die Aufklärung leisteten hingegen nicht nur schwach bewaffnete Aufklärungsflugzeuge (z.B. der »Fieseler Storch« auf deutscher Seite), sondern auch Jagdflugzeuge wie die britische Mosquito oder die deutsche Ju 88. Sie konnten zugleich als Jagdbomber oder Schlachtflugzeuge wie die russische Il-2 Sturmowik effektiv gegen feindliche Panzerkräfte eingesetzt werden. Die Ju 88 kam wie die Me 110 als Nachtjäger gegen die angreifenden britischen Bomberverbände zum Einsatz. Auf sowjetischer Seite bewährte sich als Jäger

090 Deutsche Stukaverbände beim Angriffsflug gegen Polen. Foto, September 1939.

u.a. die Jak-3. Die Verluste alliierter Bomber (z.B. Lancaster, B-17 »Flying Fortress«) gingen zurück, nachdem seit Anfang 1944 Begleitjäger (Thunderbolt, Mustang, Lightning) die Bomberverbände vor deutschen Jägern (Me 109, Fw 190) besser schützen konnten. Die wenigen gegen Ende des Krieges gefertigten deutschen Raketen-/Düsenjäger Me 163 (Komet) und Me 262 (Schwalbe) richteten gegen die alliierte Überlegenheit kaum noch etwas aus. Das Problem der Reichweite konnten die Deutschen bei der Luftschlacht um England 1940/1941 selbst nicht lösen: Allen voran die Me 109 hatte mangels Treibstoff zu wenig Kampfzeit, um die deutschen Bomber He 111 oder Ju 87 (»Stuka«) vor den britischen Jägern Spitfire und Hurricane zu schützen.

Ausgebildete Soldaten des deutschen Heeres im Herbst 1939

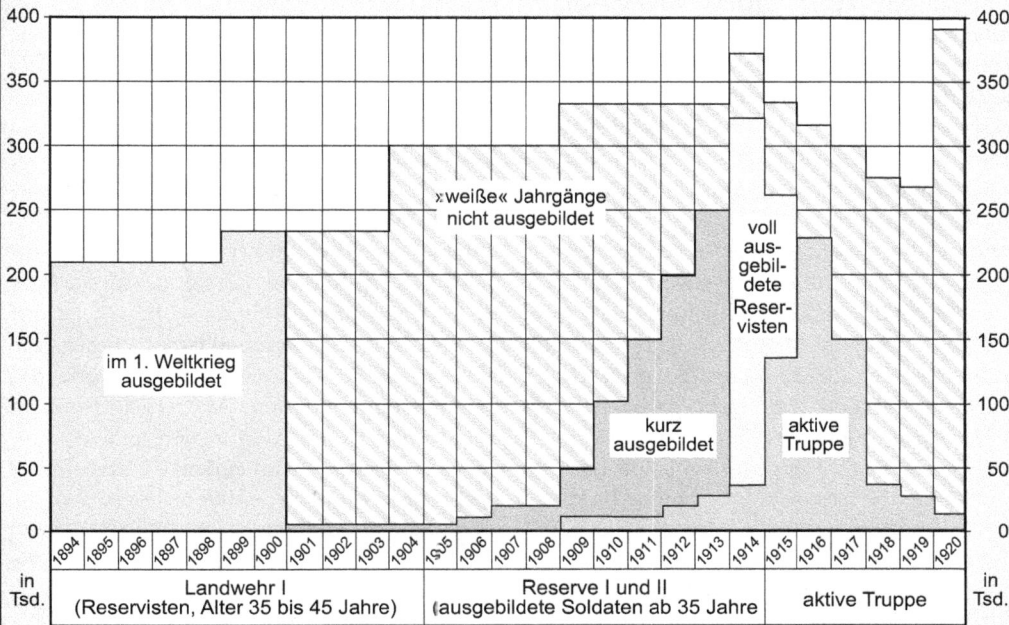

im 1. Weltkrieg ausgebildet

»weiße« Jahrgänge nicht ausgebildet

voll ausgebildete Reservisten

kurz ausgebildet

aktive Truppe

| in Tsd. | Landwehr I (Reservisten, Alter 35 bis 45 Jahre) | Reserve I und II (ausgebildete Soldaten ab 35 Jahre | aktive Truppe | in Tsd. |

Quellen: Loßberg, Wehrmachtführungsstab, Skizze 4; Müller-Hillebrand, Heer, Bd 1, S. 141.

© MGFA
05511-02

Gliederung der Heeresgruppe A (10. Mai 1940)

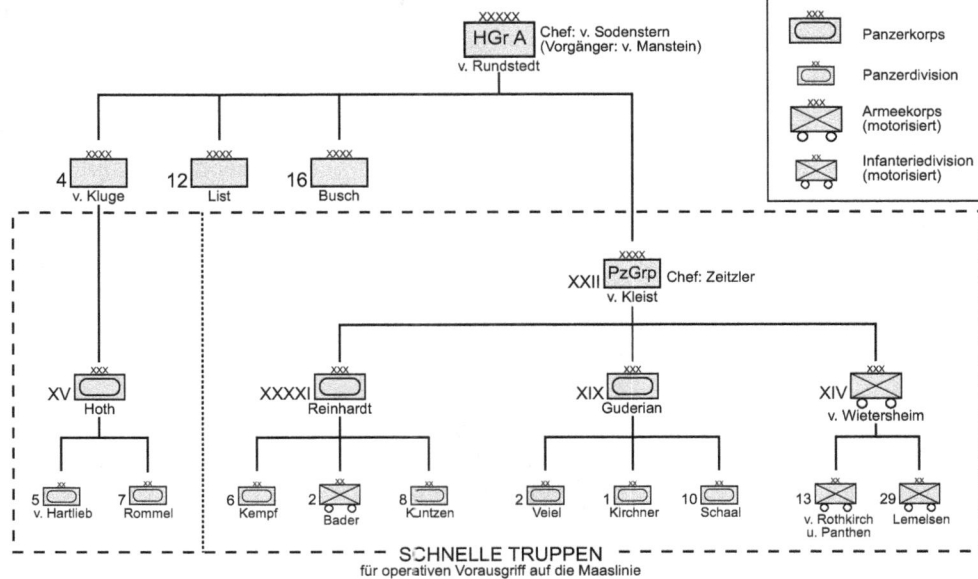

Armee

Panzerkorps

Panzerdivision

Armeekorps (motorisiert)

Infanteriedivision (motorisiert)

HGr A — Chef: v. Sodenstern (Vorgänger: v. Manstein)
v. Rundstedt

4 — v. Kluge

12 — List

16 — Busch

XXII PzGrp — Chef: Zeitzler
v. Kleist

XV — Hoth

XXXXI — Reinhardt

XIX — Guderian

XIV — v. Wietersheim

5 — v. Hartlieb

7 — Rommel

6 — Kempf

2 — Bader

8 — Kuntzen

2 — Veiel

1 — Kirchner

10 — Schaal

13 — v. Rothkirch u. Panthen

29 — Lemelsen

SCHNELLE TRUPPEN
für operativen Vorausgriff auf die Maaslinie

353

© MGFA
05337-03

mit den Bodentruppen. Dafür verzichtete die Luftwaffe weit gehend auf die Option eines eigenständigen strategischen Bombenkrieges und stellte den Bau schwerer Bombenflugzeuge zu Gunsten zweimotoriger Bomber zurück. Auch die Transportfliegerei blieb ein Stiefkind und erreichte trotz der spektakulären Luftlandeunternehmen nie die eigentlich erforderlichen Kapazitäten. Weiterhin bestanden erhebliche Defizite bei der Seefliegerei. Der wundeste Punkt aber war die Luftverteidigung: die Vernachlässigung der Jagdwaffe gegenüber der stationären Luftverteidigung durch Betonbunker und Flakartillerie, die ungeheure Mengen an Personal und Material banden. Die Schwerpunktverlagerung auf die Produktion von Jagdflugzeugen kam halbherzig und viel zu spät, ebenso die Entwicklung von Strahlflugzeugen. Das Jagdflugzeug Heinkel He 162 ist ein bezeichnendes Beispiel für die Improvisation der Luftwaffe im »Totalen Krieg«: Im Herbst 1944 in nur 100 Tagen vom Reißbrettentwurf zum Erstflug gebracht, weit gehend aus »Ersatzstoffen« hergestellt, war es fliegerisch so ausgelegt, dass selbst Hitlerjungen in der Lage sein sollten, vom Segelflugzeug auf den Pilotensitz umzusteigen, und war außerdem als »Volksjäger« und als eine der »Wunderwaffen« ein Instrument von Goebbels' Durchhaltepropaganda. Obwohl zeitweise fast die Hälfte der deutschen Rüstungsproduktion der Luftwaffe zugute kam, war sie dennoch den alliierten Ressourcen hoffnungslos unterlegen. Als die deutsche Flugzeugfertigung zurückging, mussten 200 000 Luftwaffensoldaten in »Luftwaffen-Felddivisionen« wie Heeressoldaten kämpfen.

Die Kriegsmarine, für die der Ende 1938 aufgelegte »Z-Plan« illusionäre Mengen an Neubauten bis 1943 sowie 1947 vorsah, ging 1939 derartig unterlegen in den Krieg gegen Großbritannien, dass die Überwasserstreitkräfte, so Raeder trotzig und resignierend, nur zeigen könnten, »mit Anstand zu sterben«.

Dem ▸ Oberbefehlshaber der Kriegsmarine unterstanden das Marinegruppenkommando Ost für die Ostsee, das Marinegruppenkommando West für die Nordsee mit angrenzenden Gewässern und das Flottenkommando, das einerseits für die Operationsführung, andererseits für die Herstellung der Einsatzfähigkeit der ihm unterstellten Typkommandos – zum Beispiel Panzerschiffe, Kreuzer, Zerstörer, Torpedoboote, Minensuchboote – verantwortlich war. Der ▸ Führer der U-Boote unterstand direkt dem Flottenchef. Für Einsatzaufgaben wurde das Flottenkommando dem Marinegruppenkommando West unterstellt, für seine anderen Aufgaben blieb es direkt unter dem Oberbefehlshaber der Kriegsmarine – eine Konstellation, die zu ständigen Friktionen führen musste, zumal der Flottenchef gleichzeitig Anspruch auf die Führung aller Seestreitkräfte erhob.

Mit der Gewinnung der französischen Atlantikküste und der Ausdehnung der Kriegsschauplätze wurde eine Neueinteilung der Organisation notwendig. Dem neuen Marinegruppenkommando Nord waren jetzt die Marineoberkommandos Ostsee, Nordsee und Norwegen nachgeordnet, es war somit für die heimischen Gewässer zuständig. Das Flottenkommando ging im Marinegruppenkommando Nord auf. Ein neues Marinegruppenkommando West wurde in Paris aufgestellt und war für den Atlantikkrieg verantwortlich, das Marinegruppenkommando Süd für das östliche Mittelmeer. Durch die Verschmelzung des Marinegruppenkommandos Nord mit dem Flottenkommando wurde eine einheitlichere Führung auf diesem Kriegsschauplatz gewährleistet: Das Gruppenkommando führte die Einsätze über

091
Abzeichen für Sonderausbildung
zum Flak-Schützen/Flak-Beobachter
der Kriegsmarine, 1943.

Die Spitzengliederung der Kriegsmarine 1940

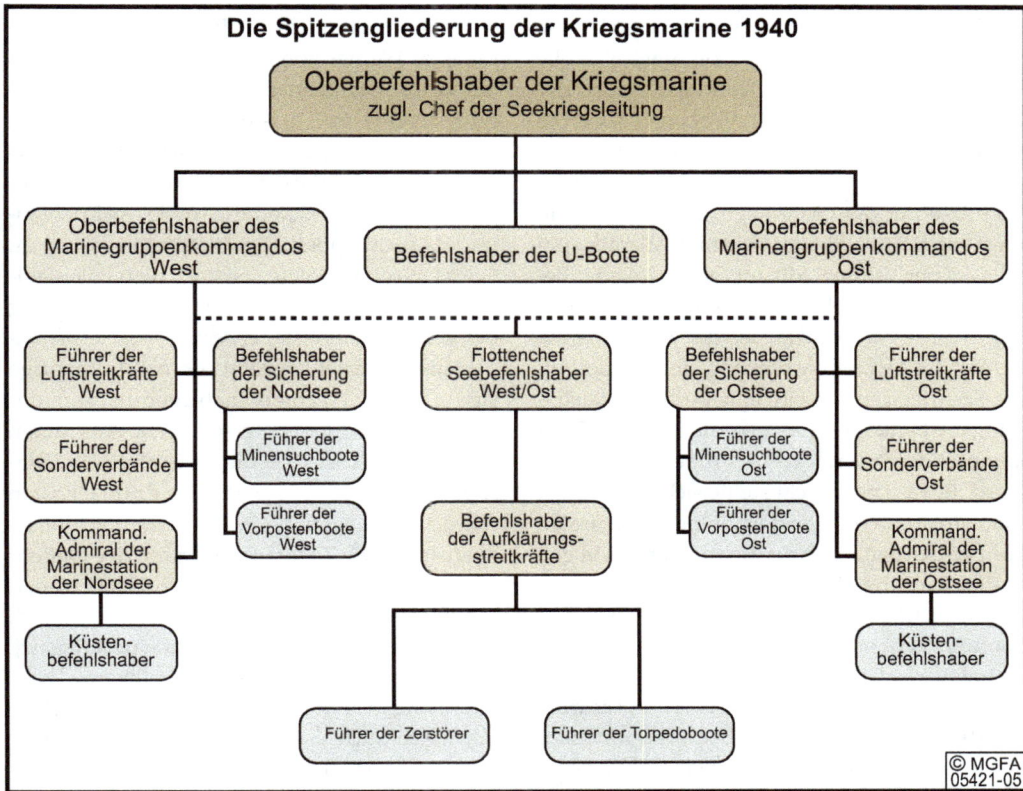

Oberbefehlshaber der Kriegsmarine
zugl. Chef der Seekriegsleitung

- Oberbefehlshaber des Marinegruppenkommandos West
- Befehlshaber der U-Boote
- Oberbefehlshaber des Marinengruppenkommandos Ost

- Führer der Luftstreitkräfte West
- Befehlshaber der Sicherung der Nordsee
- Flottenchef Seebefehlshaber West/Ost
- Befehlshaber der Sicherung der Ostsee
- Führer der Luftstreitkräfte Ost

- Führer der Sonderverbände West
- Führer der Minensuchboote West
- Führer der Minensuchboote Ost
- Führer der Sonderverbände Ost

- Kommand. Admiral der Marinestation der Nordsee
- Führer der Vorpostenboote West
- Befehlshaber der Aufklärungsstreitkräfte
- Führer der Vorpostenboote Ost
- Kommand. Admiral der Marinestation der Ostsee

- Küstenbefehlshaber
- Küstenbefehlshaber

- Führer der Zerstörer
- Führer der Torpedoboote

© MGFA
05421-05

⁂1 »Besprechung des Oberbefehlshabers der Kriegsmarine bei Hitler« (31. Mai 1943)

Nach den hohen U-Boot-Verlusten im Mai 1943 riet Dönitz, den U-Bootekrieg zu unterbrechen – jedoch nicht aus Rücksicht, sondern mit dem Ziel, um für den so genannten Endkampf Kraft schöpfen zu können.

092 Admiral Dönitz bei einer Lagebesprechung.

»Der Oberbefehlshaber der Kriegsmarine führt aus: [...] Die U-Bootkrisis würde jedoch durch die Zunahme der Flugzeuge allein nicht erfolgt sein. Das Ausschlaggebende ist, daß die Flugzeuge durch ein neues Ortungsgerät, das auch anscheinend von Überwasserfahrzeugen angewandt wird, in der Lage sind, die U-Boote zu orten und bei tiefer Wolkendecke, Unsichtigkeit oder bei Nacht dann überraschend anzugreifen. Hätten die Flugzeuge das Ortungsmittel nicht, so würden sie z.B. bei grober See oder bei Nacht keinesfalls das U-Boot erkennen können. Entsprechend verteilen sich auch die Verluste. Der weitaus größte Teil der U-Bootsverluste ist durch Flugzeuge erfolgt. [...] Dieser Lage entsprechend sind auch 65 % der Verluste auf dem Marsch bzw. in Wartestellung erfolgt und nur 35 % am Geleitzug selbst. Das ist natürlich, denn den größten Teil der Unternehmung von 6–8 Wochen befindet sich das U-Boot wartend oder auf dem Marsch; [...] Die Verluste sind zu hoch. Es kommt darauf an, jetzt Kräfte zu sparen, andernfalls würde nur das Geschäft des Gegners betrieben werden.«

355

Zit. nach: Lagevorträge des Oberbefehlshabers der Kriegsmarine vor Hitler 1939–1945. Im Auftrag des Arbeitskreises für Wehrforschung hrsg. von Gerhard Wagner, München 1972, S. 507

die drei Marineoberkommandos und stellte die Einsatzfähigkeit, z.B. die Ausbildung, über die Typkommandos sicher. Der Befehlshaber der U-Boote (BdU) unterstand direkt dem Oberbefehlshaber der Kriegsmarine und besaß somit eine besondere Eigenständigkeit, die wiederum Konflikte mit dem Marinegruppenkommando West entstehen ließ, weil beide im Atlantik »parallel« Krieg führten. Mit der Ernennung des Befehlshabers der U-Boote, Admiral Karl Dönitz, 1943 zum Oberbefehlshaber der Kriegsmarine wurde die Operationsführung der U-Boote in die Seekriegsleitung eingegliedert, die Ausbildungsverbände kamen wie die anderen Typkommandos zum Marinegruppenkommando Nord. Etwas vereinfacht stellte sich die Organisation folgendermaßen dar: Unter der zentralen Führungsinstanz Seekriegsleitung im OKM gab es drei Bereiche, die U-Boot Kriegführung, den Bereich heimische Gewässer mit Einsatzverbänden und Typkommandos und den Bereich außerheimische Gewässer mit Einsatzverbänden.

Das »Übungsgewässer« der Kriegsmarine war die »feindfreie« Ostsee. Beim Heranrücken der Roten Armee wurde sie jedoch Kriegsgebiet. Erneut brach hier der alte Konflikt zwischen dem Marineoberkommando und dem Flottenchef auf, der aus alt hergebrachter Anschauung die Einsatzführung für die ihm unterstellten Verbände forderte. Bis zum »bitteren Ende« erwies sich die Trennung von operativer Führung und Herstellung der Einsatzfähigkeit auf einem heimischen Kriegsschauplatz als Fehlorganisation.

Die so genannte Waffen-SS, ursprünglich als SS-Verfügungstruppe bezeichnet, hatte ihre Ursprünge in bewaffneten »Stabswachen« bei den SS-Abschnitten der Allgemeinen SS und in Hitlers Leibwache, der »Leibstandarte SS Adolf Hitler«. Als Parteitruppe gehörten sie weder zur Wehrmacht noch zur Polizei. Reichskriegsminister Werner von Blomberg gestand der SS auf Wunsch Hitlers zu, eine militärische Verfügungstruppe in Divisionsstärke aufzustellen. Neben der Leibstandarte entstanden bis 1938 drei weitere Standarten, also Infanterieregimenter, eine Artillerie-Standarte sowie Nachrichten- und Pioniertruppen. Die Zusammenfassung zu einer Division erfolgte erst nach dem Polenfeldzug. Daneben waren bis 1938 zur Bewachung der Konzentrationslager vier »Totenkopfstandarten« errichtet worden, deren Angehörige sich als »KZ-Wächter« naturgemäß von der Verfügungstruppe unterschieden. Aus ihnen wurde im Herbst 1939 die berüchtigte SS-Division »Totenkopf« formiert. Eine dritte Division wurde aus Angehörigen der Ordnungspolizei aufgestellt. Die Zusammensetzung der Waffen-SS war also keineswegs einheitlich. Der Personalersatz bestand auch nicht nur aus Freiwilligen. Im weiteren Verlauf des Krieges wurden ganze Schulklassen, wenn »rassisch« vollwertig, zum »freiwilligen« Eintritt in die Waffen-SS genötigt. Vor allem auch ▶ »Volksdeutsche« aus Osteuropa und vom Balkan wurden durch Versprechungen oder Zwangsmaßnahmen rekrutiert.

Mit einer Stärke von etwa 900 000 Mann im Herbst 1944 wurde die Waffen-SS mehr und mehr zu einem vierten Wehrmachtteil. Sie verfügte neben eigenen Truppen- und Junkerschulen, Versorgungs- und Sanitätsdiensten auch über ein eigenes Ersatzwesen. Doch das Verhältnis zwischen Heer und Waffen-SS war gespannt, nicht nur wegen ideologischer Unterschiede, sondern auch wegen des demonstrativ herausgekehrten Elitebewusstseins der »Kern«-Waffen-SS als »Garde« und wegen ihrer in der ersten Kriegshälfte erheblich besseren Ausstattung mit Personal und Material. Durch den gemeinsamen Fronteinsatz wurden die be-

Als »Volksdeutsche« wurden während der NS-Zeit die deutschen ethnischen Minderheiten bezeichnet, die außerhalb des Deutschen Reiches lebten. Im Gegensatz dazu wurden die innerhalb der Reichsgrenzen lebenden Deutschen Reichsdeutsche genannt. Die Staatsbürgerschaft spielte im Falle der Volksdeutschen keine Rolle. Nach dem Ende des Zweiten Weltkrieges wurden etwa 500 000 der »Volksdeutschen« von Jugoslawien auf das Gebiet der heutigen Bundesrepublik und nach Österreich vertrieben oder waren beim Zurückweichen der deutschen Truppen dorthin geflohen.

Großunternehmungen zur
Partisanenbekämpfung
im Bereich HGr Mitte 1943

	»Unternehmen Cottbus« (Jun. 1943)	»Unternehmen Hermann« (Aug. 1943)
Gegnerische Verluste		
Im Kampf gefallen	6087	4280
»Erledigte«	3709	
Gefangene	599	654
Eigene Verluste		
Deutsche	88	46
Fremdvölkische	40	6
Erfaßte Arbeitskräfte		
Männer	4997	9065
Frauen	1056	7701
Kinder		4178

*Zit nach: Kopie Archiv
Weißrußland, 370/1880/109.
Siehe auch BA-MA,
RH 26-286/9.*

094
Bandenkampfabzeichen
in Bronze, 1944.

093 Aufnahme, die bei einem Gefangenen der 7. Waf-
fen-SS-Division »Prinz Eugen«, die vornehmlich aus
Volksdeutschen aus Banat, Batschka und Baranya
bestand, gefunden wurde: Enthauptung eines gefangenen Partisanen mit einer Axt. Foto, 1943/44.

🔲 Heinrich Himmler,
1 »Brief an den Höheren SS- und
Polizeiführer Ukraine«
(7. September 1943)

*Nach der gescheiterten deutschen Offensive
am Kursker Bogen wichen die deutschen
Truppen immer weiter zurück. Am 6. Novem-
ber 1943 eroberte die Rote Armee Kiew. Der
Reichsführer SS befahl beim Rückzug dem
Feind nur »verbrannte Erde« zu hinterlassen.*

»Es muß erreicht werden, daß bei der Räumung
von Gebietsteilen in der Ukraine kein Mensch,
kein Vieh, kein Zentner Getreide, keine Eisen-
bahnschiene zurückbleibt, daß kein Haus
stehenbleibt, kein Bergwerk vorhanden ist, das
nicht für Jahre gestört, kein Brunnen vorhanden,
der nicht vergiftet ist. Der Gegner muß wirklich
ein total verbranntes und zerstörtes Land vor-
finden.«

*Zit. nach: Digitale Bibliothek, Bd 49:
Das Dritte Reich, S. 8835*

095 Hitler beim
Abschreiten der
Ehrenkompanie
seiner Leibstandarte
(SS). Hinter ihm der
Reichsführer SS,
Heinrich Himmler.
Foto, September
1935.

096
Werbeplakat der
Waffen-SS.

stehenden Konflikte lediglich überdeckt. Trotz des rassistischen Elitedenkens dienten bis Ende des Krieges etwa eine halbe Million Ausländer in der Waffen-SS. Elf »Freiwilligen-Divisionen« wurden aus Freiwilligen der »germanischen« Völker wie Niederländern, Norwegern und Dänen, elf »Waffen-Divisionen« aus Angehörigen »nichtgermanischer« Völker, Letten, Kroaten und Albanern, aufgestellt, von denen aber acht Verbände nicht mehr zum Einsatz kamen. Insgesamt umfasste die Waffen-SS bei Kriegsende 38 Divisionsverbände von höchst unterschiedlicher militärischer Qualität.

2. Operationsführung und Heerestaktik

Unter den höchsten deutschen militärischen Führern gab es keinen, der das gesamte strategische Spektrum der Kriegführung im Auge gehabt hätte wie etwa ein Dwight D. Eisenhower auf amerikanischer Seite. Das lag einerseits in der Tradition, die »militärische« Kriegführung als höchste Kunst des Soldaten zu betrachten. Andererseits legte es Hitler darauf an, seine Generale auf ihr Fachgebiet zu beschränken. Er wusste mehr als sie über die Zusammenhänge der Kriegführung auf höchster Ebene und nutzte sein »Herrschaftswissen« und Führungsmonopol, um widersprüchliche Meinungen im Keim zu ersticken. Traditionell bildeten Heer und Marine, dann auch die Luftwaffe ihren Führernachwuchs auf eigenen Akademien aus. Eine alle Teilstreitkräfte übergreifende Wehrmachtakademie bestand Mitte der dreißiger Jahre für nur zwei Lehrgänge. ▶ Strategie wurde in der Wehrmacht nicht gelehrt. Aber sogar die Kriegsakademie des Heeres schränkte die Ausbildung der Generalstabsanwärter oberhalb der Divisionsebene drastisch ein. Die taktische Führerausbildung hatte allerdings höchstes Niveau. Einen entscheidenden Vorteil gegenüber den meisten ähnlichen Einrichtungen im Ausland besaß sie dadurch, dass die Ausbildung nicht getrennt nach Waffengattungen ablief, sondern jeder die Aufgaben des Anderen kannte und übernehmen konnte: Voraussetzung für das ▶ Gefecht der verbundenen Waffen.

Die Beherrschung des Gefechts der verbundenen Waffen war neben der so genannten ▶ Auftragstaktik die entscheidende Voraussetzung für die Erfolge des Heeres in der ersten Kriegshälfte. Voraussetzung dafür war wiederum eine hervorragende Fernmeldetechnik. Bis hinauf zu den Heeresgruppen war die taktische und operative Führung der aller Gegner überlegen. Gegen Kriegsende ließ die professionelle Führungskunst auf der mittleren Ebene nach. Das hatte seine Gründe in den hohen Verlusten, der hastigen und schlechteren Führerausbildung, der gezielten Personalauswahl, die mehr der Weltanschauung und Gesinnung den Vorrang gab als fachlichem Können, und nicht zuletzt in banalen äußeren Zwängen wie Treibstoffknappheit, Munitionsmangel oder fehlenden Reifen.

Der schnelle Erfolg des deutschen Heeres gegen Polen verschleierte den ungenügenden Ausbildungsstand bei einem großen Teil der so unterschiedlichen Divisionen der »1. bis 4. Welle«. Selbst bei den Panzerverbänden funktionierte das Gefecht der verbundenen Waffen einige Male nicht. Die Pause zwischen dem Polen- und dem Westfeldzug, der Angriffstermin wurde insgesamt 29 Mal verschoben, nutzte das Heer zu intensiver Ausbildung mit dem Ergebnis des »Blitzsieges« über die noch nach den Erfahrungsgrundsätzen des Ersten Weltkrieges kämpfenden alliierten Truppen. Entscheidenden Anteil am Sieg hatten die

Jede Planung einer militärischen Operation erfolgt im Rahmen einer übergeordneten Strategie. Auf operativer Ebene werden alle taktischen Gefechte zusammengefasst und in weiträumige militärische Bewegungen eingebunden, die zur Erreichung des von der politischen Führung eines Staates definierten Kriegszieles geplant und geführt werden. Die Strategie ist demzufolge als ein von der obersten Führung entworfener »Gesamtplan« anzusehen, der die politischen, wirtschaftlichen und militärischen Anstrengungen eines Landes umfasst, die für den erfolgreichen Abschluss des jeweiligen Krieges notwendig erscheinen. Während also unter Operationen die Führung der Truppen in mehreren aufeinanderfolgenden Gefechten, wie beispielsweise einem Feldzug, verstanden wird, steht Strategie für die Führung aller Kriegsmittel während eines gesamten Krieges.

Die Spitzengliederung des Heeres 1940

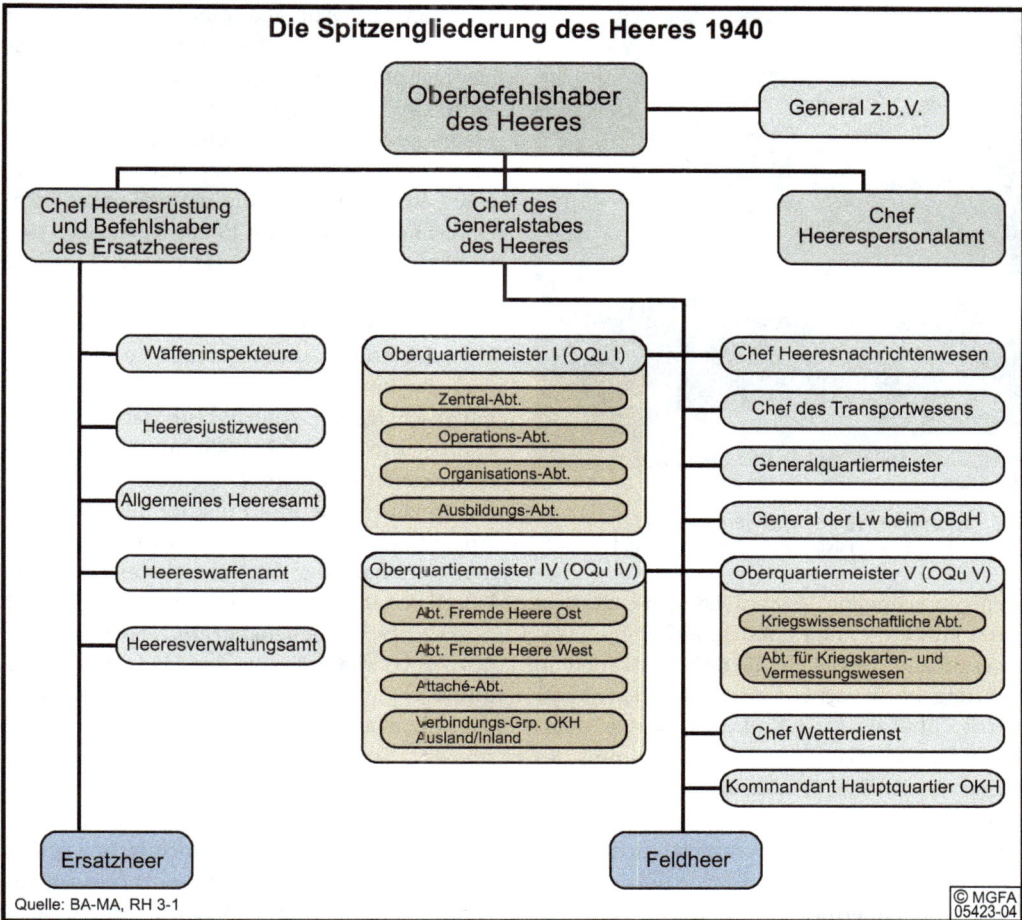

```
                    Oberbefehlshaber
                      des Heeres                    General z.b.V.


Chef Heeresrüstung          Chef des                    Chef
und Befehlshaber         Generalstabes            Heerespersonalamt
des Ersatzheeres          des Heeres
```

Waffeninspekteure	Oberquartiermeister I (OQu I)	Chef Heeresnachrichtenwesen
	Zentral-Abt.	Chef des Transportwesens
Heeresjustizwesen	Operations-Abt.	
	Organisations-Abt.	Generalquartiermeister
Allgemeines Heeresamt	Ausbildungs-Abt.	General der Lw beim OBdH
Heereswaffenamt	Oberquartiermeister IV (OQu IV)	Oberquartiermeister V (OQu V)
	Abt. Fremde Heere Ost	Kriegswissenschaftliche Abt.
Heeresverwaltungsamt	Abt. Fremde Heere West	Abt. für Kriegskarten- und Vermessungswesen
	Attaché-Abt.	
	Verbindungs-Grp. OKH Ausland/Inland	Chef Wetterdienst
		Kommandant Hauptquartier OKH

Ersatzheer   **Feldheer**

Quelle: BA-MA, RH 3-1

© MGFA
05423-04

≡S Bei der Auftragstaktik handelt es sich um ein umfassende Leitpro-
gramm für Führung, Ausbildung und Erziehung einer Armee. Das
Führungsprinzip »Führen mit Auftrag« entwickelte sich im deutschen
Militär als Reaktion auf das veränderte Kriegsbild der zweiten Hälfte
des 19. Jahrhunderts. Die bewusste Erziehung militärischer Führer zu
selbstständigem Denken und Handeln innerhalb ihres Aufgabenberei-
ches stellt einen wesentlichen Faktor der taktisch-operativen Überlegenheit der deutschen Wehrmacht während der ersten Kriegsjahre des
Zweiten Weltkrieges dar.

359

≡S Das Gefecht der verbundenen Waffen ist ein taktisches Konzept der
Gefechtsführung. Bei ihm wird das eigene Feuer und die Bewegung
der eigenen Truppen durch eine enge Zusammenwirkung der Kampftruppen mit den kampfunterstützenden Truppen so koordiniert, dass an einer
entscheidenden Stelle eine Überlegenheit über die feindlichen Kräfte und
somit eine hohe Durchschlagskraft erzielt wird. Um die enge Absprache
der einzelnen Truppengattungen gewährleisten zu können, bedarf das
Gefecht der verbundenen Waffen eines stark vernetzten Informations-
und Führungssystems.

097 Feldanzug eines Gefreiten
des Infanterieregiment 15 aus
dem Jahre 1939.

098 Panzer vom Typ »Königstiger« während der »Ardennenoffensive«. Foto, Dezember 1944.

wenigen schnellen »Elitedivisionen«, die von ihren Führern ohne Rücksicht auf offene Flanken und zum Teil gegen die Befehle der oberen Führung nach vorne gerissen wurden. Mehr durch Zufall als durch Kalkül fiel so dem deutschen Heer das lang gesuchte »Geheimnis des Sieges« in den Schoß, mit dem man auch, so die Überzeugung, im Krieg gegen die Rote Armee zu einem raschen Erfolg kommen würde. Hierfür wurde die Anzahl der Panzerdivisionen erhöht, wobei allerdings die Zahl der Panzer je Division verringert werden musste.

Die überwältigenden Anfangserfolge schienen das Konzept zu bestätigen. Wahrscheinlich wären sie noch durchschlagender gewesen, wenn die schnellen Verbände nach der Bildung von Kesseln im weiten russischen Raum nicht auf das Herankommen der zu langsamen Infanteriedivisionen hätten warten müssen. Nach der »Wende vor Moskau« im Dezember 1941 stand dann das Ostheer vor der bislang

unbekannten Aufgabe einer großräumigen Verteidigung. Hitler befahl das »Halten« einer Hauptkampflinie (HKL) wie 1916 an der Westfront und ging mit ungewöhnlich harten Maßregelungen gegen Befehlshaber vor, die den örtlichen Rückzug antraten. Damit war eine bewegliche Verteidigung fast unmöglich. Das »Halten um jeden Preis« verstärkte sich zur fixen Idee, so dass 1944 offene Städte zu ▶ »Festen Plätzen« erklärt wurden – Festungen waren sie jedoch nur auf dem Papier, denn die Voraussetzungen dafür besaßen sie alle nicht.

Außer im Unternehmen ▶ »Zitadelle«, dem fehlgeschlagenen Angriff auf den Frontbalkon bei Kursk im Juli 1943, und bei der »Ardennenoffensive« im Dezember 1944 hatte die Panzertruppe ihre Funktion als operative Angriffswaffe verloren. In gemischten Verbänden unterhalb der Divisionsebene führte sie lediglich das bewegliche Verteidigungsgefecht durch örtliche Gegenangriffe. Die Hauptlast des Abwehrkampfes in der HKL trugen die Infanterie und die Artillerie. Immer bedeutender wurde aber die Panzerabwehr durch Panzerjäger, Sturmgeschütze und die berühmte 8,8-Zentimeter-Flugabwehrkanone (Flak) im Erdeinsatz. Brachen feindliche Kräfte durch, so wurden sie, solange sie noch in Bewegung waren, von Kampfgruppen aus Panzern, Panzergrenadieren und Panzerartillerie im Gegenschlag vernichtet. Je stärker allerdings die Luftüberlegenheit der Alliierten wurde, umso gefährdeter waren die Bewegungen der Kampfgruppen auf dem Gefechtsfeld. Die hohen Verluste an Truppenoffizieren sowie erfahrenen Unteroffizieren und der zu kurz und schlecht ausgebildete Offiziersersatz hatten seit 1944 zur Folge, dass nur noch wenige Verbände in der Lage waren, das Gefecht der verbundenen Waffen auf taktischer Ebene zu führen.

S Um verlustreiche Materialschlachten, die das Wesen des Ersten Weltkriegs geprägt hatten, vorzubeugen, entstanden in vielen Ländern Europas ausgedehnte Festungswerke, beispielsweise die Maginot-Linie in Frankreich oder der »Westwall« in Deutschland. Auch die Errichtung des »Atlantikwalls« zur Abwehr einer alliierten Landung speiste sich aus den vermeintlichen militärischen Lehren des Weltkriegs. Im Verlauf des Zweiten Weltkriegs erfuhr der Begriff der »Festung« eine gradezu inflationäre Ausweitung durch die Vorliebe Hitlers, ganze Städte und Gebiete zu »Festungen« beziehungsweise »festen Plätzen« zu erklären, die hierfür freilich meist nur unzulängliche Voraussetzungen besaßen. Propagandistisch begleitet wurde dieses Vorgehen der NS-Führung durch den Spielfilm »Kolberg« von Veit Harlan, der den Durchhaltewillen der Deutschen nach dem Vorbild der 1806/07 belagerten preußischen Küstenfestung stärken sollte. Kopien des Films wurden noch Ende Januar 1945 mit dem Fallschirm über der eingeschlossenen »Atlantikfestung« La Rochelle abgeworfen.

Der geplante Zangenangriff auf Kursk (»Operation Zitadelle«), Juli 1943

Brjansk

Brjansker-Front

Orel

XXXXX

Starodub

Gomel

HGr
Mitte

Zentral-Front

Steppen-
Front

Woronesch

Kursk

Tschernigow

Desna

XXXXX

Konotop

Woronesch-Front

Don

Kiew

XXXXX

XXXXX

Charkow

Mirograd

Südwest-Front

HGr
Süd

Tscherkassy

XXXXX

Krementschug

Dnjepr

Donez

Uman

Kirowograd

Dnjepropetrowsk

Perwomajsk

Süd-Front

Kriwoj Rog

Saporoschje

Stalino

0   250 km

Don

Nikolajew

Donez-Becken

Mius

Rostow

Odessa

Melitopol

Nordkaukasus-
Front

ASOWSCHES
MEER

SCHWARZES

Krim

MEER

HGr A

Kertsch

© MGFA
05456-07

361

S Der unter dem Decknamen »Operation Zitadelle« eingeleitete Zangenangriff auf die am Kursker Bogen gesammelten sowjetischen Kräfte stellte die letzte Großoffensive der deutschen Wehrmacht an der Ostfront dar. Unmittelbar nach dem erfolgreichen operativen Gegenschlag im Frühjahr 1943, mit dem Erich von Manstein den Zusammenbruch des Südflügels der deutschen Ostfront verhindert hatte, begann der deutsche Generalstab mit der Planung der Offensive. Da der Angriffstermin mehrmals verschoben wurde, war anzunehmen, dass der sowjetischen Aufklärung die deutschen Absichten nicht entgangen waren. Selbst als der deutschen Führung bekannt wurde, dass die Sowjets ihrerseits Vorkehrungen für die Schlacht bei Kursk trafen, wurde an dem Vorhaben festgehalten. Schließlich ließ Hitler die deutschen Panzer am 5. Juli 1943 in ein kilometerweites Labyrinth aus Minenfeldern, Panzerfallen, Pakriegeln, Schützengräben und Bunkern fahren. Zwar gelangen den deutschen Verbänden tiefe Einbrüche in die sowjetische Front, doch der entscheidende Durchbruch blieb aus. Nach achttägigen Kämpfen brach Hitler die Offensive ab.

Kapitel III – Konflikte:

Der militärische Verlauf des Krieges

1. Die ersten drei »Nebenkriege«: Überfall auf Polen, Besetzung Dänemarks und Norwegens, Westfeldzug

099 Die Deutsche Wehrmacht auf dem Vormarsch in einer eroberten Ortschaft in Serbien. Foto von Hans Grimm, April 1941.

Am 1. September 1939 um 4.45 Uhr entfesselte Hitler durch den Überfall auf Polen den Zweiten Weltkrieg. Zwar hoffte er, durch eine schnelle Zerschlagung Polens Großbritannien und Frankreich die Sinnlosigkeit ihres Kriegseintritts vor Augen führen und sie abermals zur Hinnahme seiner Aggression bewegen zu können, doch nahm er das Risiko eines europäischen Krieges bewusst in Kauf. Nach Ablauf eines Ultimatums, die deutschen Truppen zurückzuziehen, erklärten England und Frankreich am 3. September dem Deutschen Reich den Krieg. Diesmal hatte Hitler sein Pokerspiel verloren.

Der deutsche Aufmarsch von rund 1,5 Millionen Mann war unter ▶ verschleiernden Vorwänden wie Manövern und der Teilnahme an der Tannenberg-Feier in Ostpreußen im Wesentlichen schon im August vollzogen. Das Heer gliederte sich in die Heeresgruppen Süd (Generaloberst Gerd von Rundstedt) und Nord (Generaloberst Fedor von Bock). Der Schwerpunkt lag mit 32 Divisionen, darunter zehn gepanzerten oder motorisierten, bei der Heeresgruppe Süd, der noch drei slowakische Divisionen unterstellt waren. Die Heeresgruppe Nord mit 21 Divisionen, da-

von fünf gepanzerte beziehungsweise motorisierte, wurde durch den »polnischen Korridor« räumlich in die 3. Armee in Ostpreußen und die 4. Armee in Pommern getrennt. Ziel der Operationsführung war es, mit zwei Zangenarmen in Richtung Warschau aus Ostpreußen und Schlesien heraus das polnische Heer noch westlich der Weichsel zu umfassen und zu vernichten. Über 30 Infanteriedivisionen sicherten die deutsche Westgrenze entlang dem – hauptsächlich nur in der Propaganda bestehenden – »Westwall«.

Der polnische Operationsplan kam der deutschen Umfassungsabsicht entgegen. Er sah eine grenznahe Verteidigung mit fünf Armeen und einen Gegenangriff aus der Tiefe auf Berlin mit einer Armee und zwei selbstständigen Gruppen vor, insgesamt rund 1 300 000 Mann in 37 Divisionen und 13 Brigaden.

Am ersten Angriffstag schalteten zunächst die Luftflotten 1 und 4 mit mehr als 1500 Flugzeugen die zahlenmäßig unterlegene und technisch veraltete polnische Luftwaffe überwiegend noch auf deren Basen aus und lähmten dann Nachrichten- und Verkehrsverbindungen. Danach gingen sie zur unmittelbaren Unterstützung der

362

≡ **S** Am 10. August 1939 erhielt der SS−Sturmbannführer Alfred Naujock vom Chef des Sicherheitsdienstes (SD), Reinhard Heydrich, den Befehl, sich ins oberschlesische Gleiwitz zu begeben und sich dort bereitzuhalten, einen polnischen Anschlag auf den örtlichen Rundfunksender vorzutäuschen. Die Aktion, die der deutschen Propaganda und der ausländischen Presse als Beweis für polnische Übergriffe dienen sollte, wurde schließlich am Abend des 31. August 1939 durchgeführt. Zusammen mit einer Hand voll in Zivil gekleideten SS-Männern besetzte Naujok den Radiosender Gleiwitz und ließ über Funk verkünden: »Achtung! Achtung! Hier ist Gleiwitz. Der Sender befindet sich in polnischer Hand.« Nachdem die Ansprache beendet war, gaben Naujok und seine Männer ein paar Schüsse ab und verließen das Gebäude. Einem am Eingang des Gebäudes zurückgelassenen toten KZ-Häftling kam die Rolle eines Opfers des fingierten polnischen Anschlags zu. Bereits wenige Stunden nach der Gleiwitzer Aktion verkündete Adolf Hitler dem deutschen Volke, dass nun »zurückgeschossen« werde.

Deutscher Operationsplan, Polen 1939

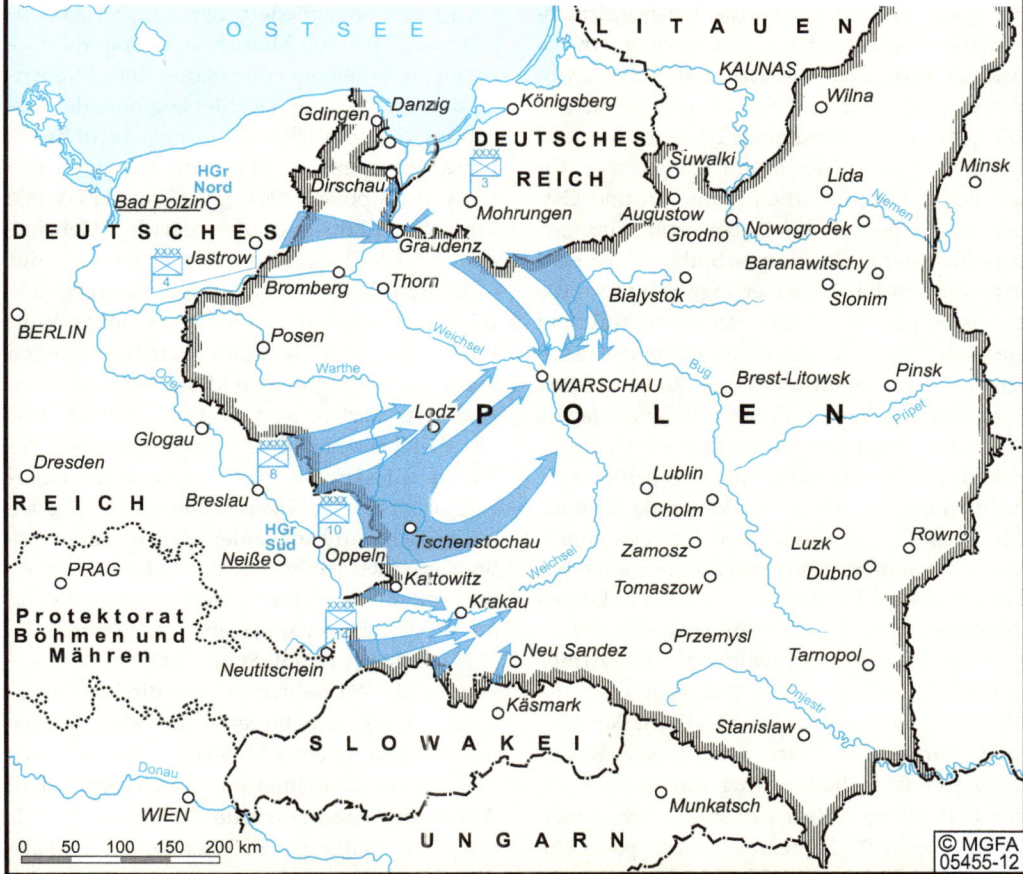

© MGFA
05455-12

1 Adolf Hitler, »Rede vor dem Reichstag« (1. September 1939)

In seiner vielfach zitierten Rede vor dem Reichstag verkündete Hitler den Zuhörern den Beginn des Krieges mit Polen.

»Polen hat heute Nacht zum ersten Mal auf unserem eigenen Territorium auch mit bereits regulären Soldaten geschossen. Seit 5.45 Uhr wird jetzt zurückgeschossen! Und von jetzt ab wird Bombe mit Bombe vergolten. Wer mit Gift kämpft, wird mit Giftgas bekämpft. Wer selbst sich von den Regeln einer humanen Kriegführung entfernt, kann von uns nichts anderes erwarten, als dass wir den gleichen Schritt tun. Ich werde diesen Kampf, ganz gleich gegen wen, so lange führen, bis die Sicherheit des Reiches und bis seine Rechte gewährleistet sind! Ich habe nun über sechs Jahre am Aufbau der deutschen Wehrmacht gearbeitet. Es sind in dieser Zeit über 90 Milliarden für den Aufbau dieser Wehrmacht angewendet worden. Sie ist heute die bestausgerüstete und sie steht weit über jedem Vergleich mit der des Jahres 1914! Mein Vertrauen auf sie ist unerschütterlich! Wenn ich diese Wehrmacht aufrief, und wenn ich nun vom deutschen Volk Opfer, und wenn notwendig, alle Opfer fordere, dann habe ich ein Recht dazu, denn ich bin auch selbst heute genauso bereit, wie ich es früher war, jedes persönliche Opfer zu bringen!«

Zit. nach: Max Domarus, Hitler. Reden und Proklamationen 1932–1945. Kommentiert von einem deutschen Zeitgenossen. Teil II: Untergang, Bd 3: 1939–1940, Leonsberg 1988, S. 1315

363

100 Plakat eines NS-Dokumentationsfilmes, 1939.

Heeresverbände über. Unter ihren Bomben und der Stoßkraft der erstmals in der Kriegsgeschichte massiert eingesetzten gepanzerten und motorisierten Verbände wurden die polnischen Truppen aufgesplittert, eingekesselt und vernichtet. Die polnische Verteidigung brach in wenigen Tagen zusammen. Bereits am 3. September war die Verbindung zwischen Pommern und Ostpreußen hergestellt. Am 10. September drangen erste Teile der Heeresgruppe Süd in die Außenbezirke Warschaus ein, vier Tage später war die polnische Hauptstadt eingeschlossen, während westlich von ihr an der Bzura die eingekesselten Armeen Poznan und Pomorze verzweifelt versuchten, sich nach Osten durchzuschlagen. Bis zum 18. September waren sie jedoch aufgerieben. Da die deutsche Führung befürchtete, nicht sämtliche polnischen Verbände westlich der Weichsel fassen zu können, setzte sie bereits am 11. September eine neue Zange weiter östlich am Bug an. Die deutschen Truppen standen damit tief im sowjetischen »Interessengebiet«.

Nachdem am 17. September die Rote Armee in Ostpolen einmarschiert war, zogen sich die deutschen Truppen hinter die »Demarkationslinie« zurück, die durch den Deutsch-Sowjetischen Freundschaftsvertrag vom 28. September an den Bug verlegt wurde. Warschau hielt sich bis zum 27. September, letzte polnische Teile kapitulierten am 6. Oktober. Mit geschickter Propaganda versuchte die Sowjetunion, die Besetzung Ostpolens als »Befreiung der Brudervölker« darzustellen. Gleichzeitig begann sie mit ihrem Zugriff auf die Baltischen Staaten Litauen, Lettland und Estland, die sämtlich »Beistandspakte« und Stationierungsabkommen schließen mussten. Finnland, das die Forderungen der Sowjetunion zurückwies, wurde am 30. November von dieser ebenfalls angegriffen. Etwa die Hälfte Westpolens,

90 000 km² mit 9 750 000 Einwohnern, wurde dem Reich angegliedert, der Rest, 98 000 km² mit fast 12 000 000 Menschen, erhielt als »Generalgouvernement« den Status eines »Nebenlandes« des Reiches. Die hier beginnende Ausrottung der polnischen Führungsschicht durch Einsatzgruppen des SD und der Gestapo – wie auch in Ostpolen (200 000 km² mit 11 700 000 Einwohnern) durch den sowjetischen Geheimdienst NKWD – und die Konzentrierung der jüdischen Bevölkerung unter menschenunwürdigen Bedingungen in Groß-Ghettos, Willkürakte und Morde führten zu Spannungen zwischen den regionalen Militärbefehlshabern und den Partei- und SS-Dienststellen. Der Oberbefehlshaber Ost, Generaloberst ▸ Johannes Blaskowitz, protestierte beim Oberbefehlshaber des Heeres. Doch die oberste militärische Führung widersetzte sich dem verbrecherischen Treiben nicht, sondern war froh, sich mit der Errichtung der Zivilverwaltung aus der Verantwortung stehlen zu können.

Nach dem Überfall Stalins auf Finnland erwogen die Westalliierten eine direkte Unterstützung des sich tapfer wehrenden Landes durch Landung eines Hilfskorps in Norwegen und dessen Durchmarsch durch Schweden. Auf deutscher Seite wurde die Gefahr der Bildung eines alliierten Brückenkopfes in Skandinavien befürchtet. Das Abschneiden von der lebensnotwendigen Erzzufuhr aus Schweden über die norwegische Hafenstadt ▸ Narvik wäre die Folge gewesen. Neben diese »Präventivschlag«-Überlegungen trat die Forderung der Seekriegsleitung nach einer Erweiterung der Operationsbasis für die See- und Luftkriegführung gegen Großbritannien durch Inbesitznahme der norwegischen Küste. Das ▸ »Unternehmen Weserübung«, eine kombinierte See-Luft-Landeunternehmungen mit insge-

S Nachdem alle deutschen Zerstörer vor Narvik durch die britischen Gegenangriffe vom 10. und 13. April 1940 vernichtet worden waren, war das 2000 Mann starke Gebirgsjägerregiment 38 unter der Führung von Generalmajor Eduard Dietl in einer schwierigen Lage. Zwar war es rund 2600 deutschen Schiffbesatzungsmitgliedern gelungen, sich an Land zu retten und Dietls Truppen zu verstärken, doch eine Verteidigung gegen die 24 500 alliierten Soldaten, die vor Narvik in Stellung gingen, schien dennoch aussichtslos. Am 28. Mai mussten die deutschen Verbände schließlich die Stadt aufgeben. Da sich die Alliierten aufgrund der negativen Entwicklung der Kampfhandlungen in Frankreich gezwungen sahen, verstärkt Truppen aus Norwegen abzuziehen, konnten die Deutschen bereits am 9. Juni Narvik wieder besetzen. Aufgrund des eindrucksvollen Sieges, den Dietl in Narvik errungen hatte, baute die deutsche Propaganda einen regelrechten Mythos um den General auf. Mit der sich verschlechternden Kriegslage wurde das Bild des hartnäckig gegen eine fünffache Übermacht kämpfenden »Helden von Narvik« stets aufs Neue benutzt, um den Durchhaltewillen der Deutschen zu stärken.

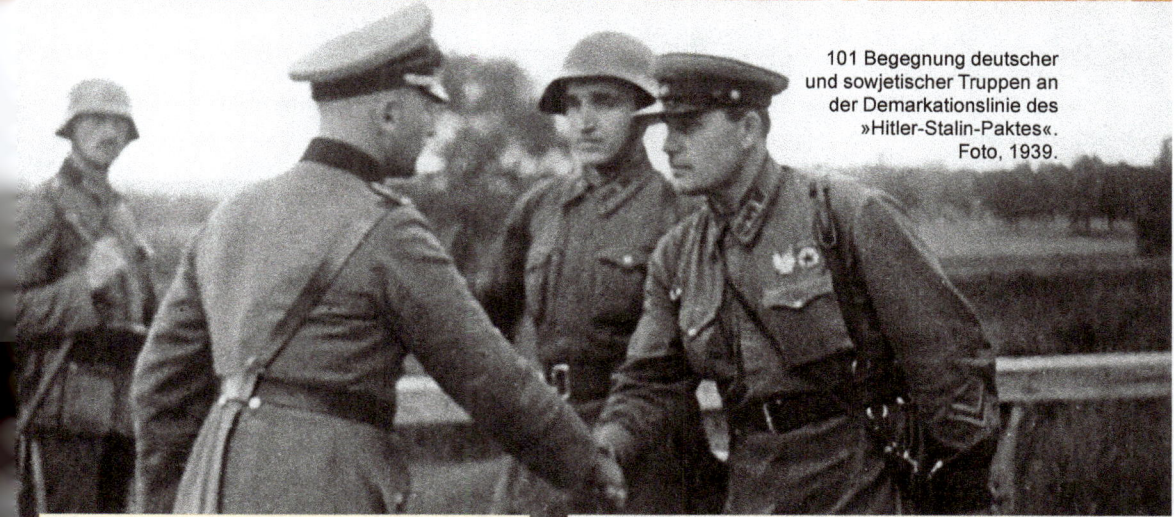

101 Begegnung deutscher und sowjetischer Truppen an der Demarkationslinie des »Hitler-Stalin-Paktes«. Foto, 1939.

1 Gerhard Engel,
»Zustände in Polen«
(18. November 1939)

Der Wehrmachtadjutant Hitlers gibt in seinem Tagebuch die Vorbehalte des Generals Johannes Blaskowitz gegenüber den Vorgängen in Polen wieder. Blaskowitz hatte SS-Männer zum Tode verurteilt, die an Verbrechen gegen polnische Juden beteiligt waren. Hitler hob diese Urteile auf und versetzte Blaskowitz an die Westfront.

»Siewert [Adjutant des ObdH] bestellt mich zu sich und übergibt mir eine Denkschrift von Gen. Blaskowitz über die Zustände in Polen: größte Besorgnis wegen illegaler Erschießungen, Festnahmen und Beschlagnahmungen. Sorge um Disziplin der Truppe, die diese Dinge sehenden Auges erlebt; ört[liche] Absprachen mit SD und Gestapo ohne Erfolg, berufen sich auf Weisungen der Reichsführung SS. Bitte, gesetzmäßige Zustände wiederherzustellen, vor allem Exekutionen nur bei rechtmäßigen Urteilen durchführen zu lassen. Lege am gleichen Nachmittag die Denkschrift, die vollkommen sachlich gehalten ist, F[ührer] vor. Dieser nimmt sie zunächst ruhig zur Kenntnis, beginnt dann aber wieder mit schweren Vorwürfen gegen »kindliche Einstellungen« in der Führung des Heeres. Mit Heilsarmee-Methoden führe man keinen Krieg. Auch bestätige sich eine langgehegte Aversion. Er haben Gen. Bl. niemals das Vertrauen geschenkt, er sei auch gegen die Beauftragung mit der Führung einer Armee gewesen, halte es für richtig, Bl. von diesem Posten, da ungeeignet, zu entfernen. Orientiere ObdH und Siewert, desgl. OQu IV.«

Zit. nach: Gerhard Engel, Heeresadjutant bei Hitler. Hrsg. und kommentiert von Hildegard von Kotze, Stuttgart 1974 (= Schriftenreihe der Vierteljahreshefte für Zeitgeschichte, 29), S. 67 f.

102 Norwegische Batterie bei Narvik während des »Unternehmens Weserübung«. Foto, 1940.

103 »Unternehmen Weserübung«. Kleinere Boote mit Landungstrupps stoßen von den Schiffen ab. Foto, 1940.

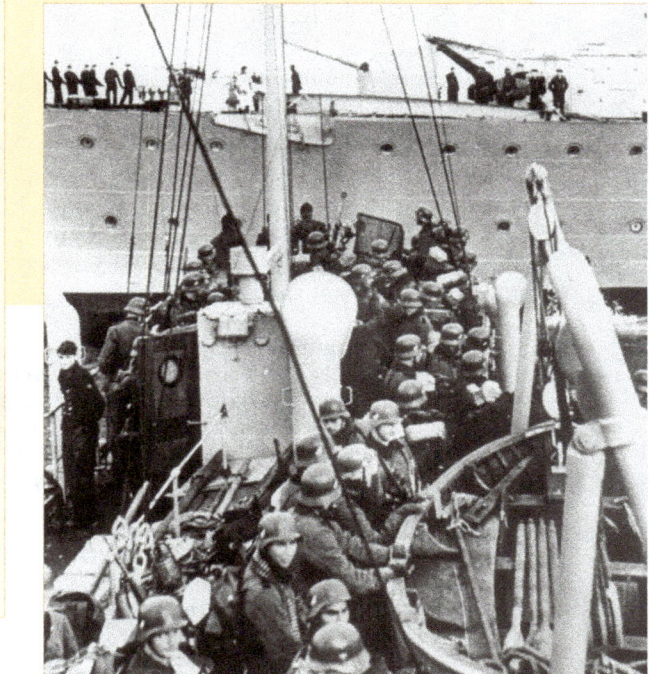

samt achteinhalb Heeresdivisionen, begann am 9. April 1940 und kam alliierten Präventivmaßnahmen in Norwegen zuvor. Dänemark wurde kampflos besetzt. Die Landung in Norwegen erfolgte an sieben Stellen unter vollem Einsatz der Kriegsmarine. Unter der deutschen Luftüberlegenheit brach der norwegische Widerstand bald zusammen. Lediglich in Narvik, wo britisch-französische Kontingente gelandet waren, blieb die Lage lange Zeit unentschieden, bis sich der Zusammenbruch Frankreichs abzeichnete. Vor allem die Kriegsmarine hatte bei dem Unternehmen erhebliche Verluste, drei Kreuzer und zehn Zerstörer, hinzunehmen.

Seit Kriegsbeginn spielte sich an der deutsch-französischen Grenze lediglich ein ▶ »Sitzkrieg« ohne nennenswerte Vorkommnisse ab, da Frankreich seine Zusicherung an Polen, am 15. Kriegstag offensiv zu werden, aus militärischen und psychologischen Gründen nicht hatte einhalten können. Hitler hätte am liebsten noch im Herbst 1939 die Kriegsentscheidung durch eine Offensive im Westen herbeigeführt. Dabei ging er davon aus, dass Großbritannien, wenn nach Polen auch dessen zweiter »Festlandsdegen« Frankreich ausgeschaltet sein würde, den Kampf aufgeben und dem ersehnten »Ausgleich« zustimmen würde. Das OKH hatte jedoch großen Respekt vor der französischen Militärmacht und zeigte angesichts offenkundiger Defizite Widerstände gegen die Ausweitung des Krieges im Westen, die Hitlers Zorn erregten. Die Operationsplanungen des OKH, im Prinzip eine Neuauflage des Schlieffen-Plans von 1905, tat er als »Gedanken eines Kriegsschülers« ab. Der erste, für den 12. November 1939 befohlene Angriff wurde aus Witterungsgründen abgesagt. Insgesamt wurde der Angriffstermin 29 Mal verschoben. Das hatte aber den großen Vorteil, dass die motorisierten Verbände aufgefrischt und vor

allem die Ausbildung bis zum Frühjahr 1940 auf einen Höchststand gebracht werden konnte.

Inzwischen hatte der Chef des Generalstabs der Heeresgruppe A, Generalleutnant Erich von Manstein, eine andere operative Idee entwickelt und dem OKH vorgeschlagen: Einen Vorstoß durch die Ardennen zur Somme-Mündung, um die gegnerischen Kräfte in Nordfrankreich und Belgien abzuschneiden und zu vernichten, den später von Churchill so genannten Sichelschnitt-Plan. Das OKH lehnte es ab, Mansteins Plan Hitler vorzutragen. Als er nicht nachließ zu drängen, wurde er im Februar 1940 kurzerhand von seinem Posten entfernt und als Kommandierender General in Stettin »kaltgestellt«. Doch anlässlich seiner Antrittsmeldung bei Hitler in der neuen Verwendung gelang es ihm, diesen für seine Operationsidee zu begeistern. Damit war die Entscheidung gefallen: Das OKH arbeitete eine neue Aufmarschanweisung aus und entwickelte dabei durch Bildung eines klaren Schwerpunkts und weit gehenden Verzicht auf Flankensicherung Mansteins Plan konsequent weiter.

Das französische Oberkommando rechnete mit einer Wiederholung des Schlieffen-Plans, allenfalls noch mit einer Offensive durch die Burgundische Pforte. Ein Angriff gegen die Maginot-Linie oder durch die unwegsamen Ardennen wurde ausgeschlossen. Der alliierte Operationsplan sah vor, auf die Maas–Dyle–Linie vorzurücken, und kam damit den deutschen Umfassungsabsichten entgegen. Rein zahlen- und qualitätsmäßig waren die Alliierten an Panzern überlegen. Sie waren jedoch nicht in Großverbänden zusammengefasst.

Der deutsche Angriff begann am 10. Mai 1940. Die Luftwaffe überraschte einen großen Teil der feindlichen Luftstreitkräfte noch auf dem Boden und errang schnell die Luftüberlegenheit. Die

---

Ξ S Als »Sitzkrieg« (franz.; »drôle de guerre«) wird die Situation nach der Kriegserklärung Frankreichs an Deutschland bezeichnet. Entgegen den Befürchtungen des deutschen Generalstabs folgte der französischen Kriegserklärung vom 3. September 1939 keine großangelegte Offensive gegen den schwach besetzten deutschen Westwall. Obwohl der französischen Armee ein zahlenmäßig und materiell weit unterlegener Gegner gegenüberstand, führte diese lediglich eine kleine Frontbegradigung durch und verharrte dann in ihrer Maginot-Stellung. Jenes passive Verhalten der Franzosen, das der deutschen Wehrmacht erst den schnellen Sieg im Polenfeldzug ermöglichte, lag im Kriegsbild der französischen Führung begründet. Einen langen Krieg erwartend schätzte sie das Risiko eines Angriffs auf ausgebaute deutsche Stellungen als zu hoch ein. Außerdem erschien eine verlustreiche Offensive angesichts der fünf Milliarden Franc, die in den Bau der Maginot-Linie geflossen waren und den französischen Haushalt über Jahre schwer belastet hatten, innenpolitisch schwer zu rechtfertigen. Somit kam es an der französischen Ostfront zum »Sitzkrieg«, der erst durch die deutsche Offensive vom 10. Mai 1940 beendet wurde.

Operation »Weserübung Nord« vom 7. bis 9. April 1940

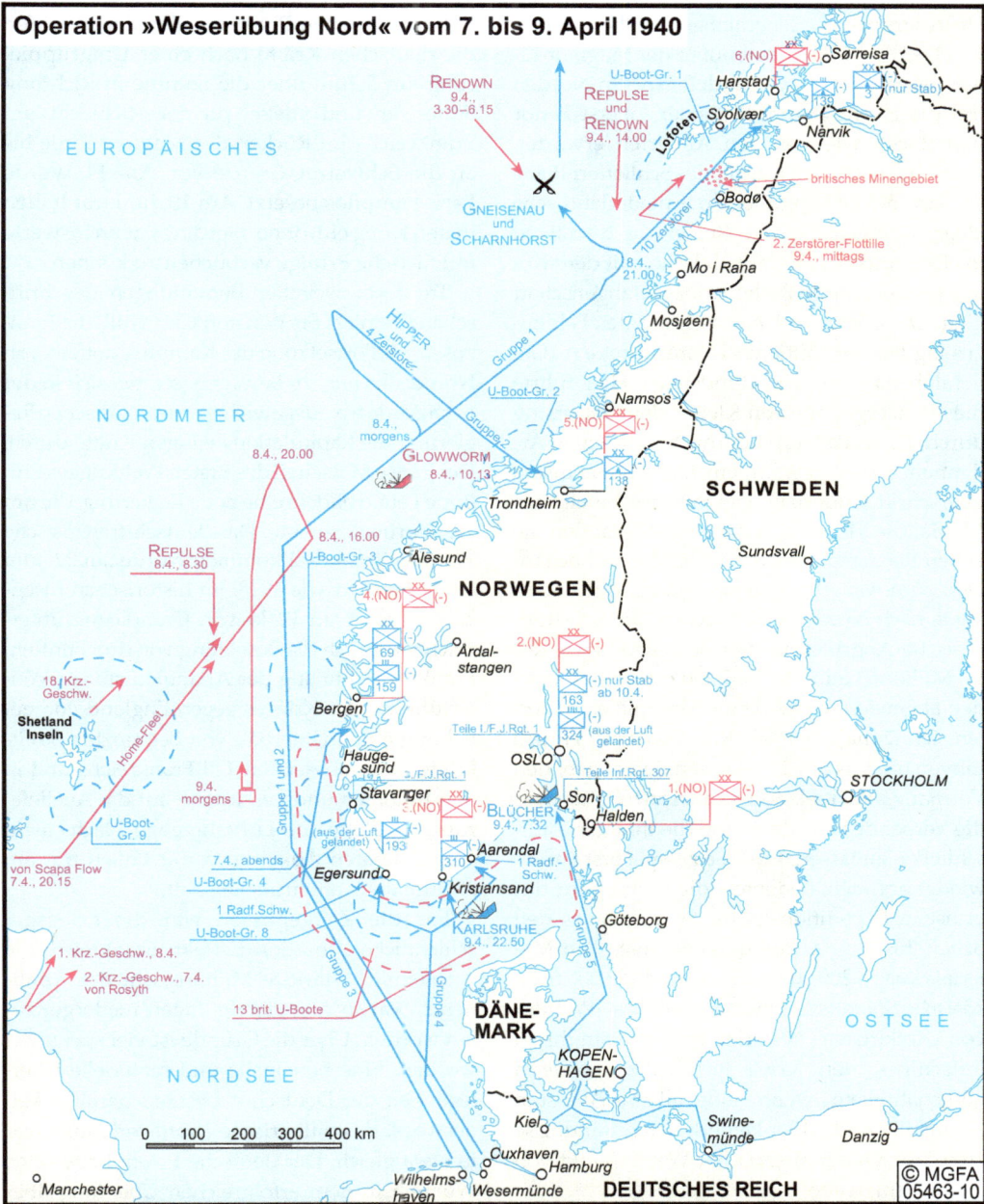

EUROPÄISCHES

NORDMEER

NORDSEE

RENOWN
9.4.,
3.30–6.15

REPULSE
und
RENOWN
9.4., 14.00

U-Boot-Gr. 1

6.(NO)

Sørreisa

Harstad

(nur Stab)

Svolvær

Lofoten

Narvik

britisches Minengebiet

Bodø

2. Zerstörer-Flottille
9.4., mittags

GNEISENAU
und
SCHARNHORST

8.4.,
21.00

Mo i Rana

HIPPER
und
4 Zerstörer

Gruppe 1

Mosjøen

8.4., 20.00

8.4.,
morgens

Gruppe 2

U-Boot-Gr. 2

Namsos

5.(NO)

138

SCHWEDEN

GLOWWORM
8.4., 10.13

Trondheim

REPULSE
8.4., 8.30

8.4., 16.00

U-Boot-Gr. 3

Ålesund

Sundsvall

NORWEGEN

4.(NO)

18. Krz.-
Geschw.

Shetland
Inseln

9.4.
morgens

U-Boot-
Gr. 9

von Scapa Flow
7.4., 20.15

69

159

Ardal-
stangen

2.(NO)

163

324

(-) nur Stab
ab 10.4.

(aus der Luft
gelandet)

Bergen

Teile I./F.J.Rgt. 1

OSLO

Teile Inf.Rgt. 307

STOCKHOLM

Hauge-
sund

../F.J.Rgt. 1

Stavanger

5.(NO)

BLÜCHER
9.4., 7.32

Son

Halden

1.(NO)

(aus der Luft
gelandet)

193

7.4., abends

U-Boot-Gr. 4

Egersund

310

Aarendal

1 Radf.-
Schw.

Kristiansand

1. Krz.-Geschw., 8.4.

2. Krz.-Geschw., 7.4.
von Rosyth

1 Radf.Schw.

U-Boot-Gr. 8

KARLSRUHE
9.4., 22.50

Göteborg

Gruppe 5

13 brit. U-Boote

DÄNE-
MARK

OSTSEE

KOPEN-
HAGEN

Gruppe 4

0   100   200   300   400 km

Kiel

Swine-
münde

Danzig

Manchester

Cuxhaven

Hamburg

© MGFA
05463-10

Wilhelms-
haven

Wesermünde

DEUTSCHES REICH

367

104 Panzersperren des deutschen
»Westwalls«. Foto, 1940.

Heeresgruppe C (Generaloberst Wilhelm Ritter von Leeb) im Süden gegenüber der Maginot-Linie verhielt sich zunächst defensiv. Im Norden trat die Heeresgruppe B (Generaloberst Fedor von Bock), wie von den Alliierten erwartet, scheinbar nach dem Muster des Schlieffen-Plans an. Am 15. Mai kapitulierte das niederländische Heer, Königshaus und Regierung flüchteten ins Exil, und am 28. das belgische, mit dem König Leopold in deutsche Kriegsgefangenschaft ging. Die operative Überraschung des Feldzuges lag bei der mittleren Heeresgruppe A (Generaloberst Gerd von Rundstedt). Hier führte die »Panzergruppe von Kleist« den Hauptstoß durch die als Panzerhindernis angesehenen Ardennen. Unter gewaltigem Luftwaffeneinsatz überschritt Guderians Panzerkorps bereits am 13. Mai die Maas bei Sedan, am 19. standen die ersten Panzerspitzen vor Abbéville und begannen, zum weiteren Vorstoß entlang der Kanalküste nach Norden einzudrehen. Britisch-französische Angriffe auf den deutschen Keil, der 1,7 Millionen alliierte Soldaten einschloss, wurden abgewiesen. Die deutschen Spitzen näherten sich Dünkirchen, als Rundstedt mit Hitlers Einverständnis am 24. Mai den Befehl gab, den Vormarsch am La-Bassée-Kanal anzuhalten, um die Verbände zu ordnen und die Infanterie aufschließen zu lassen. Dass sie zu spät erst am 27. wieder antraten, bedeutete die Rettung für das britische Expeditionskorps. So gelang es den Briten, bis zum 4. Juni unter Verlust allen Materials knapp 200 000 britische und 125 000 französische Soldaten zu evakuieren. Das »Wunder von Dünkirchen« bestärkte die Briten in ihrem Entschluss, den Krieg fortzusetzen, »wenn nötig jahrelang, wenn nötig allein« (Winston Churchill), und Hitler keinerlei Zugeständnisse zu machen – ein historischer Wendepunkt von größter Tragweite.

In der zweiten Phase des Feldzuges griffen die deutschen Kräfte nach einer Umgruppierung am 5. Juni über die Somme in Richtung Süden an und stießen in der »Schlacht um Frankreich« im Rücken der Maginot-Linie bis an die Schweizer Grenze vor. Am 14. wurde Paris kampflos besetzt. Am 10. Juni trat Italien in den Krieg ein, ohne allerdings nennenswerte militärische Erfolge verbuchen zu können.

Trotz verzweifelter Bemühungen des britischen Premiers Sir Winston Churchill, die Franzosen zur Fortsetzung des Kampfes, notfalls von Nordafrika aus, zu bewegen, setzten sich in der nach Bordeaux ausgewichenen französischen Regierung die kapitulationswilligen Kräfte durch. Der greise Marschall des Ersten Weltkrieges Philippe Pétain bildete eine neue Regierung, die um Waffenruhe ersuchte. Das deutsch-französische Waffenstillstandsabkommen wurde am 22. Juni am selben Ort wie 1918, im historischen Eisenbahnwaggon im Wald von Compiègne unterzeichnet. Es sah die Besetzung von drei Fünfteln Frankreichs entlang der Atlantikküste zur Weiterführung des Krieges gegen England vor, genehmigte den Unterhalt von begrenzten Streitkräften im unbesetzten Teil Frankreichs und in den Kolonien und verzichtete auf die Auslieferung der Flotte und Luftfahrzeuge. Nach einem vergleichbaren Abkommen mit Italien trat am 25. Juni die Waffenruhe in Kraft.

Für die Zeitgenossen war die kriegsgeschichtliche Sensation perfekt: Frankreich, die vermeintlich stärkste Militärmacht des Kontinents, war in nur vierzig Tagen niedergeworfen worden. Über die Gründe ist viel spekuliert worden. Eine personelle und materielle Überlegenheit der Deutschen bestand nämlich keineswegs, das militärische Kräfteverhältnis war in etwa gleich. Der deutsche Erfolg hatte seine Wurzeln in dem erfolgreichen Übergang über

105
Französischer
Stahlhelm aus dem
Zweiten Weltkrieg.

106
Britischer
Stahlhelm aus
dem Zweiten
Weltkrieg.

Der deutsche und der alliierte Operationsplan 1940

NORDSEE

Bremen

18 XXXX

LONDON

Themse

AMSTERDAM

NL XXXX

Rotterdam

Arnheim

Lek

Waal

Breda

Münster

HGr B

Dortmund

6 XXXX

Dover

Dünkirchen

Brügge

Antwerpen

Köln

HGr A

Calais

7 XXXX

Boulogne

Lille

BRÜSSEL

B XXXX

Aachen

4 XXXX

Namur

9 XXXX

GB XXXX

Arras

Lord Gort

1 XXXX

Lüttich

Ardennen

12 XXXX

Koblenz

2 XXXX

Abbeville

Somme

Dieppe

Amiens

9 XXXX

Corap

Sedan

16 XXXX

LUXEM-BURG

HGr C

1 XXXX

Le Havre

Rouen

Armeegruppe 1

Aisne

Oise

Seine

Reims

Maas

2 XXXX

3 XXXX

Metz

4 XXXX

5 XXXX

PARIS

SCHLIEFFEN-PLAN

XXXXX

Armeegruppe 2

Straßburg

7 XXXX

0   50   100 km

Orleans

XXXXX

8 XXXX

Freiburg

Rhein

Armeegruppe 3

© MGFA
05458-05

107 Zurückgelassene Helme britischer und französischer Soldaten am Strand von Dünkirchen. Foto, Juni 1940.

108 Unterzeichnung des Waffenstillstandsvertrages im Wald von Compiègne im historischen Salonwagen. Foto, 22. Juni 1940.

die Maas bei Sedan, aus dem die Panzerverbände, zum Teil gegen die Befehle Hitlers und des OKH, ohne Rücksicht auf gültige operative Grundsätze vorwärts stürmten. Die »Blitzkriegführung« war nicht, wie anschließend verbreitet wurde, eine seit längerem vom deutschen Heer systematisch geplante ▷ »Revolution der Kriegskunst«, sondern entstand aus Improvisation und Intuition von Panzergeneralen wie Guderian und Rommel. Die Erfolge der Blitzkriegführung verleiteten zu dem Glauben, dass sie auch gegen ein Land von den Dimensionen der Sowjetunion erfolgreich sein würde.

2. Das Problem der Kriegführung gegen Großbritannien

Dem Entschluss und den schließlich begonnenen Vorbereitungen zu einem direkten Angriff auf die Britischen Inseln lag die Fehlannahme Hitlers zu Grunde, dass der Krieg im Westen eigentlich beendet sei und Großbritannien nur noch die Aussichtslosigkeit der Fortführung des Kampfes gegen die »Achse« demonstriert werden müsse, um es endlich zum »Einlenken« zu bewegen. Die am 16. Juli 1940 befohlene Vorbereitung des Unternehmens »Seelöwe« diente also zunächst auch psychologischen Zwecken. Die Seekriegsleitung stand dem Unternehmen mit großer Skepsis gegenüber, weil es die Kräfte der Wehrmacht überfordern würde, und sah in der Luftherrschaft über dem Kanal die Grundvoraussetzung für die Operation.

Den ▷ Kampf um die Luftherrschaft begann die Luftwaffe am 13. August mit rund 2350 Flugzeugen. Er sollte sich in erster Linie gegen die britischen Luftstreitkräfte, ihre Basen und die Flugzeugindustrie richten. Ein Vergeltungsangriff der Royal Air Force auf Berlin am 25./26. August wegen einer am Vortage versehentlich erfolgten Bombardierung Londons bewirkte eine Weisung Hitlers, mit der er Stör- und Zermürbungsangriffe gegen größere englische Städte befahl. Der Vergeltungsangriff auf London am 7. September richtete mit fast 500 Toten nach damaligen Maßstäben verheerende Verluste an. Gerade zu der Zeit, als die ▷ Luftwaffe die Angriffsziele wechselte, war, wie wir heute wissen, die britische Jagdwaffe so angeschlagen, dass die Luftüberlegenheit über Südostengland in greifbare Nähe rückte. Nun aber wurde die britische Luftverteidigung entlastet, die Jagdwaffe erholte sich und die deutschen Verluste waren regelmäßig höher als die britischen: Am Tag der »Battle of Britain«, am 15. September, hatte die Luftwaffe 56 gegenüber 26 britischen Verlusten. Das Unternehmen »Seelöwe«, bereits mehrmals verschoben, wurde am 17. September »bis auf Weiteres« aufgegeben, eine uneingestandene Niederlage. Lediglich Täuschungsmaßnahmen wurden aufrecht erhalten. Nicht nur der Ausgang des Kampfes um die Luftüberlegenheit, sondern auch unüberwindliche Probleme bei der amphibischen Operation machten die Durchführung unmöglich, was Hitler bereits Ende August zu akzeptieren begann. Außerdem schwenkte sein Interesse bereits auf sein eigentliches Ziel um: Die Zerschlagung der Sowjetunion und die damit verbundene Eroberung von »Lebensraum«.

Mittlerweile stand im Mittelmeerraum den Briten mit Italien ein weiterer Feind gegenüber.

109 Eine Heinkel He 111 der deutschen Luftwaffe über der englischen Küste. Foto, 8. Oktober 1940.

110 Eine Focke-Wulf FW190 verfolgt am Cap Gris-Nez eine Spitfire der RAF. Foto 1940.

Spitzengliederung der Luftwaffe im Oktober 1939

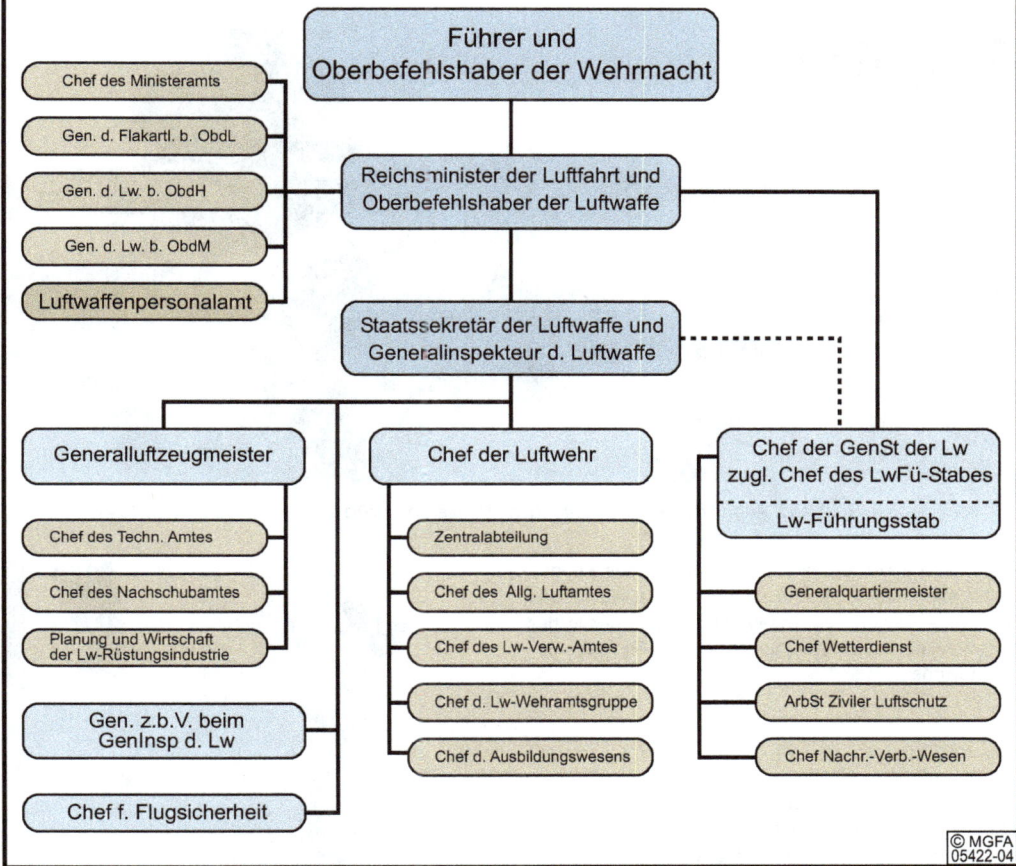

Führer und Oberbefehlshaber der Wehrmacht

- Chef des Ministeramts
- Gen. d. Flakartl. b. ObdL
- Gen. d. Lw. b. ObdH
- Gen. d. Lw. b. ObdM
- Luftwaffenpersonalamt

Reichsminister der Luftfahrt und Oberbefehlshaber der Luftwaffe

Staatssekretär der Luftwaffe und Generalinspekteur d. Luftwaffe

Generalluftzeugmeister
- Chef des Techn. Amtes
- Chef des Nachschubamtes
- Planung und Wirtschaft der Lw.-Rüstungsindustrie

Gen. z.b.V. beim GenInsp d. Lw

Chef f. Flugsicherheit

Chef der Luftwehr
- Zentralabteilung
- Chef des Allg. Luftamtes
- Chef des Lw-Verw.-Amtes
- Chef d. Lw-Wehramtsgruppe
- Chef d. Ausbildungswesens

Chef der GenSt der Lw zugl. Chef des LwFü-Stabes

Lw-Führungsstab
- Generalquartiermeister
- Chef Wetterdienst
- ArbSt Ziviler Luftschutz
- Chef Nachr.-Verb.-Wesen

© MGFA
05422-04

1 »Weisung des Oberkommandos der Wehrmacht zum verschärften Luftkrieg gegen England«
(1. August 1940)

Der deutschen Luftwaffe gelang es bei der so genannten Luftschlacht um England nicht, die britische Kriegsindustrie entscheidend zu schwächen. Der wachsenden Überlegenheit der alliierten Luftwaffe hatten die Deutschen nichts entgegenzusetzen.

»1. Die deutsche Fliegertruppe hat mit allen zur Verfügung stehenden Kräften die englische Luftwaffe möglichst bald niederzukämpfen. Die Angriffe haben sich in erster Linie gegen die fliegenden Einheiten, ihre Bodenorganisation und Nachschubeinrichtungen, ferner gegen die Luftrüstungsindustrie einschließlich der Industrie zur Herstellung von Flakgerät zu richten.
2. Nach Erringung einer zeitlichen oder örtlichen Luftüberlegenheit ist der Luftkrieg gegen die Häfen, hierbei insbesondere gegen die Einrichtungen der Lebensmittelbevorratung, und ferner gegen die Einrichtungen der Lebensmittelbevorratung im Inneren des Landes weiterzuführen.«

Zit. nach: Digitale Bibliothek, Bd 49: Das Dritte Reich, S. 8634

111 Die englische Stadt Coventry nach der Bombardierung durch die deutsche Luftwaffe. Foto, 1940.

112 Vormarsch in Russland. Angriff deutscher Infanterie mit Panzerunterstützung auf ein Dorf. Foto, 1941.

Der Zweite Weltkrieg veränderte das Bild des Krieges vollkommen und übertraf in seinem Ausmaß selbst das jahrelange Ringen des Ersten Weltkrieges, der in der Zwischenkriegszeit ehrfurchtsvoll der »Große Krieg« genannt wurde.

Zu Lande, ...

Während dieser Waffengang von den blutigen Grabenkämpfen und starren Fronten in Westeuropa gekennzeichnet war, wurde die Welt im Mai 1940 mit einer völlig neuen Kampfweise konfrontiert: dem »Blitzkrieg«. Indem sich die deutsche Wehrmacht die Elemente moderner Technik, wie Panzer und Flugzeuge, zu Nutze machte und sie mit einem schnellen und überraschenden Vorgehen kombinierte, war es ihr möglich, die Stellungskämpfe des vorangegangen Krieges zu überwinden und den »operativen Bewegungskrieg« wiederzubeleben. Die Infanterie als »Königin der Waffen« verdrängend avancierte die noch junge Panzerwaffe zum Inbegriff einer beweglichen Kriegsführung. Doch ihr Aufstieg zur entscheidenden Waffengattung des Bodenkrieges wäre ohne die Zusammenwirkung mit einer taktischen Luftwaffe undenkbar gewesen.

in der Luft ...

Bereits zum Ende des Ersten Weltkrieges wurden Flugzeuge neben Aufklärungsflügen für Angriffe auf gegnerische Verbände verwendet. Die rasante Weiterentwicklung der Flugzeugtechnik in der Zwischenkriegszeit hatte den Aufgabenbereich der Luftwaffe allerdings noch erweitert. Mit der steigenden Reichweite der Flugzeuge

113 Eine Dornier Do 17 Z wirft ihre Bomben auf ein Ziel an der Themsemündung. Foto, 1940.

eröffnete sich die Möglichkeit, sie völlig losgelöst von den am Boden kämpfenden Truppen einzusetzen. Bereits in den zwanziger und dreißiger Jahren hatten Militärtheoretiker die Möglichkeiten eines strategischen Bombenkrieges erkannt, der dem Gegner die Möglichkeit nehmen sollte, einen Krieg fortzusetzen, indem man seine Industrie und Infrastruktur bombardierte. Doch die erhoffte Demoralisierung der Bevölkerung durch die herabregnenden Bomben blieb im Zweiten Weltkrieg aus. Vielmehr verschwammen im Bombenkrieg die Konturen zwischen Front und Heimat und ebneten somit dem »totalen Krieg« den Weg. Den Höhepunkt in der Entwicklung des strategischen Bombenkrieges während des Zweiten Weltkrieg stellte schließlich der Einsatz von Atombomben gegen die japanischen Städte Hiroshima und Nagasaki dar. Zum Ende des Zweiten Weltkrieges stand zweifelsohne fest, dass künftige Kriege in der Luft gewonnen werden.

114 Dresden nach der Bombardierung. Foto, 1945.

115
Tote nach einem Luftangriff in einer Berliner Sammelstelle. Foto, 1944.

116 Abwurf der ersten Atombombe auf die japanische Stadt Hiroshima. Foto, 6. August 1945.

... und zu Wasser

Selbst die Seekriegführung wurde durch die Weiterentwicklung der Luftwaffe stark beeinflusst. Im Kampf um die Seeherrschaft erwies sich der Flugzeugträger den großen Schlachtschiffen eindeutig überlegen und verdrängte jene schwimmenden Festungen letztendlich von der Spitze. Weiterhin veränderte die Einführung von elektronischen Früherkennungssystemen, wie dem Radar, den Seekrieg grundlegend. In Anbetracht der Tatsache, dass Bewegungen auf den Weltmeeren nun mit elektronischen Mitteln überwachbar waren, kam der U-Boot-Waffe eine ganz neue Bedeutung zu. Zum Ende des Zweiten Weltkrieges liefen bereits die ersten U-Boote aus deutschen Häfen aus, die wochenlang unter Wasser operieren konnten, ohne auftauchen zu müssen. Zusammen mit dem Flugzeugträger sollten sie fortan die Seekriegführung dominieren.

117 Das deutsche U-Boot U 68 versenkt den britischen 7000-Tonnen-Dampfer BELUCHISTAN mit einem Torpedofangschuss vor Kap Palmas. Foto, 1. März 1942.

Ausblicke

Neben der Entwicklung weiterer zukunftsweisender Technologien, die nach 1945 immer mehr an Bedeutung gewinnen sollten, wie beispielsweise die noch in den »Kinderschuhen« steckende Raketentechnik, brachte der Zweite Weltkrieg eine bis dahin unbekannte Vernetzung der einzelnen Streitkräfte hervor. Die enge Zusammenarbeit von Heer, Luftwaffe und Marine ermöglichte Luftlandeunternehmen, amphibische und triphibische Operationen.

118 Die Landung der Alliierten in der Normandie. Foto, Juni 1944.

Das Königreich, von den europäischen Generalstäben in seiner militärischen Stärke weit überschätzt, hatte sich bei Kriegsbeginn zur »nicht Krieg führenden« Macht erklärt. Gleichwohl beabsichtigte der »Duce« (ital.; »Führer«) ▶ Benito Mussolini, bei günstiger Gelegenheit einen »Parallelkrieg« zur Durchsetzung eigener Interessen – im Kern die Übernahme der britischen und französischen Mittelmeerpositionen – zu führen. Der Zeitpunkt für den Eintritt in den Krieg an der Seite des vermeintlichen Siegers war seiner Meinung nach kurz vor dem Zusammenbruch Frankreichs gekommen. Trotz kleiner Anfangserfolge brach der Großmacht-Anspruch des faschistischen Italiens schnell in einer Reihe von Niederlagen zusammen. Im August 1940 eroberten die Italiener Britisch-Somaliland, aber bereits im Frühjahr des folgenden Jahres wurde ganz Ostafrika von britischen und kaisertreuen äthiopischen Truppen zurückerobert. Einen am 13. September vom italienischen Libyen aus begonnenen Vormarsch nach Ägypten beantworteten die Briten mit einer Gegenoffensive und eroberten bis zum Februar 1941 einen großen Teil der italienischen Ausgangsbasis. Um wenigstens durch den Aufbau eines bescheidenen »Adria-Reichs« Erfolge vorweisen zu können, griffen die Italiener am 28. Oktober 1940 vom im April 1939 überfallenen Albanien aus das militärisch weit schwächere Griechenland an, wurden aber bereits nach wenigen Tagen von den Griechen gestoppt und zurückgeworfen. Das Ergebnis war, dass Mussolini seinen »Parallelkrieg« aufgeben und die Hilfe des Achsenpartners in Anspruch nehmen musste.

Vor allem Mussolinis Alleingang gegen Griechenland wirkte sich für die deutsche Kriegführung verheerend aus, da es bisher das Ziel der deutschen Politik gewesen war, die als Rohstofflieferanten wichtigen Balkanstaaten aus dem Konflikt herauszuhalten. War Hitler dem drohenden Zugriff der Sowjetunion auf das wegen seiner Ölfelder für die deutsche Kriegswirtschaft unverzichtbare Rumänien noch durch dessen Beitritt zum Dreimächtepakt und die Entsendung einer Wehrmachtmission zuvorgekommen, so setzten sich jetzt britische Truppen in Griechenland fest. Damit waren nicht nur die rumänischen Ölquellen aus der Luft, sondern die ganze Südflanke des beabsichtigten Ostfeldzuges bedroht. Hitler dachte deshalb seit Ende 1940 an ein deutsches Eingreifen in Griechenland. Bulgarien und Jugoslawien entzogen sich unter russischem Einfluss zunächst bis März 1941 dem Beitritt zum Dreimächtepakt. Schließlich gestattete Bulgarien den Aufmarsch deutscher Divisionen auf seinem Territorium gegen Griechenland. Nur zwei Tage nach dem Beitritt Jugoslawiens zum Pakt gelangte in Belgrad eine »achsenfeindliche« Gruppierung an die Macht, die umgehend Verhandlungen mit der Sowjetunion einleitete. Hitler entschloss sich, parallel zum Angriff auf Griechenland (Unternehmen »Marita«) nun auch Jugoslawien »auszuschalten«.

Die Angriffe begannen am 6. April 1941 nach Bombenschlägen der Luftflotte 4 unter General Alexander Löhr mit der 2. Armee unter Generaloberst Maximilian Freiherr von Weichs aus dem Raum Kärnten–Steiermark–Ungarn wie mit der 3. ungarischen Armee gegen Jugoslawien und mit der 12. Armee unter Generaloberst Wilhelm List aus Bulgarien in Richtung Albanien, Makedonien und nach Griechenland hinein. Auch in diesen verhältnismäßig unwegsamen, überwiegend ge-

119 Generalfeldmarschall von Brauchitsch (4.v.l.), der Oberbefehlshaber des Heeres, besichtigt die Akropolis in Athen nach der Eroberung Griechenlands durch die Wehrmacht.
Foto, Mai 1941.

B Benito Mussolini (1883–1945)
Politiker und italienischer Diktator – Mussolini schloss 1901 seine Ausbildung als Grundschullehrer ab und trat der Sozialistischen Partei Italiens (PSI) bei. Im Jahre 1902 ging er, um sich dem Militärdienst zu entziehen, in die Schweiz und agitierte dort unter italienischen Arbeitern für die Sozialisten. Der Ausbruch des Ersten Weltkrieges führte zum Bruch zwischen Mussolini und der Sozialistischen Partei. Nach Ende des Ersten Weltkrieges gründete er die Bewegung Fascio di combattimento, die 1921 in Partito Nazionale Fascista (PNF) umbenannt wurde. Im Oktober 1922 gelang es Mussolini, die Macht zu erringen. Der italienische König Viktor Emanuel III. ernannte Mussolini am 31. Oktober 1922 zum Ministerpräsidenten. Anfang 1925 begann er mit dem Aufbau seiner Einparteiendiktatur. Die nichtfaschistischen Parteien und Gewerkschaften wurden ausgeschaltet und die persönliche Vormachtstellung Mussolinis institutionell abgesichert. Seit Beginn der 30er Jahre verfolgte das faschistische Italien eine zunehmend imperialistische Außenpolitik. Im Oktober 1935 begann Italien einen Feldzug gegen Abessinien (Äthiopien). Unter dem Eindruck der Sanktionen des Völkerbundes gegen seine expansionistische Politik näherte sich Mussolini dem nationalsozialistischen Deutschland an. Gemeinsam mit Hitler intervenierte Mussolini im Spanischen Bürgerkrieg. Seine Politik kam immer stärker in Abhängigkeit zum nationalsozialistischen Deutschland. Infolge der militärischen Niederlagen Italiens im Zweiten Weltkrieg geriet Mussolinis Herrschaft in eine schwere Krise. Nach der Landung der Alliierten auf Sizilien wurde er am 25. Juli 1943 gestürzt. Kurz vor Kriegsende wurde Mussolini am 28. April 1945 in Giulino di Mezzegra von italienischen Widerstandskämpfern gefangen genommen und erschossen.

375

120 Hitler und Benito Mussolini beim Staatsbesuch des »Duce« in Deutschland. Fotos, 25.–29. September 1937.

birgigen Gebieten bewährten sich die motorisierten Verbände. Am 17. April kapitulierte Jugoslawien, am 21. Griechenland. Jugoslawien wurde als Staatsgebilde zerschlagen, Teile wurden von den Siegern annektiert oder, wie Griechenland, militärisch besetzt. Die Kroaten bildeten einen eigenen Staat. Den Briten gelang es, etwa 50 000 Mann ihres Expeditionskorps abzutransportieren, einen Teil davon nach Kreta. Die deutsche Eroberung der Insel, die am 20. Mai durch Fallschirmjäger und Luftlandetruppen begann, ist kriegsgeschichtlich bemerkenswert, weil es sich um die erste große triphibische Operation handelte. Ob das operative Ziel, die Beseitigung der britischen Seeherrschaft im östlichen Mittelmeer, das nicht erreicht wurde, jedoch die hohen Verluste, insbesondere der Fallschirmtruppe, rechtfertigte, wird heute überwiegend bezweifelt.

Der britische Gegenangriff in der Cyrenaika im Dezember 1940 hatte vier italienische Divisionen zerschlagen, 38 000 Gefangene gebracht und die Briten bis vor El Agheila geführt. Auf das Hilfersuchen Mussolinis verlegte Hitler das X. Fliegerkorps nach Sizilien und sagte die Entsendung eines Panzersperrverbandes nach ▶ Nordafrika zu. Seit dem 8. Februar 1941 trafen erste Truppen des ▶ »Afrika-Korps« in Tripolis ein, am 12. sein Kommandierender General, Generalleutnant ▶ Erwin Rommel, wenig später folgte die 5. leichte Division. Er ließ sie quasi vom Schiff herunter gegen El Agheila aufklären, nahm den Ort und konnte – trotz anders lautender Befehle – der günstigen Gelegenheit nicht widerstehen, offensiv vorzugehen. Am 13. April nahm er Sollum an der Grenze zu Ägypten und hatte

damit die gesamte Cyrenaika außer Tobruk, das eingeschlossen wurde, zurückerobert. Bis Ende Mai tobten vor Sollum schwere Kämpfe, in deren Verlauf es den Briten nicht gelang, Rommels Stellungen zu durchbrechen.

Gleichzeitig brachen im Westirak Kämpfe zwischen britischen Truppen und der irakischen Armee aus. Deutschland versuchte, die Iraker über Syrien, das als französisches Mandatsgebiet zu Vichy-Frankreich hielt, mit einigen Flugzeugen zu unterstützen. Jedoch rückten die Briten Ende Mai in Bagdad ein und zwangen die Iraker zum Waffenstillstand. Mit der Kapitulation der Truppen Vichy-Frankreichs in Syrien im Juli 1941 war schließlich die britische Nahostposition wieder gesichert. An der libysch-ägyptischen Grenze ruhten die Kämpfe seit Mitte Juni. Am 18. November 1941 starteten die Briten eine überraschende Großoffensive. Rommel, ohne ausreichenden Nachschub, musste verzögernd operierend wieder bis El Agheila ausweichen.

Eine deutsche »Mittelmeerstrategie« war nicht zum Zuge gekommen. Alle Maßnahmen, zu denen auch zwingend die Eroberung der Kronkolonie Malta hätte gehören müssen, wären nur dann militärstrategisch sinnvoll gewesen, wenn sie konsequent auf die Verdrängung Großbritanniens aus dem gesamten Raum und die Inbesitznahme des Suezkanals als »Lebensader« des Empires gerichtet gewesen wären. Doch das Mittelmeer war für Hitler ein »Nebenkriegsschauplatz«, spätestens seit dem Frühjahr 1941 war sein ganzes Augenmerk auf das »Unternehmen Barbarossa« als Allheilmittel für sein strategisches Dilemma gerichtet.

121 Erwin Rommel. Foto, 1942.

⬛B Erwin Rommel (1891–1944)
Generalfeldmarschall – Im Ersten Weltkrieg wurde Erwin Rommel für seinen Einsatz an der Isonzo-Linie in Italien mit dem Orden »Pour le Mérite« ausgezeichnet. In der Reichswehr stieg er erst 1932 vom Rang eines Hauptmanns (seit 1918) zum Major auf. Er war 1934 Bataillonskommandeur und 1935 bis 1937 Lehroffizier an der Infanterieschule in Dresden. Seit 1937 fungierte Rommel auch als Berater für die vormilitärische Ausbildung der Hitlerjugend. Er war als Kommandant des Führerhauptquartiers in der Sudetenkrise, bei der Zerschlagung der »Resttschechei« und im Polenfeldzug eingesetzt. Im Westfeldzug kommandierte er die 7. Panzerdivision (»Gespensterdivision«), mit der er tief in Frankreich vorstieß. Im Februar 1941 wurde

Die Offensiven im Afrika-Feldzug 1940 bis 1943

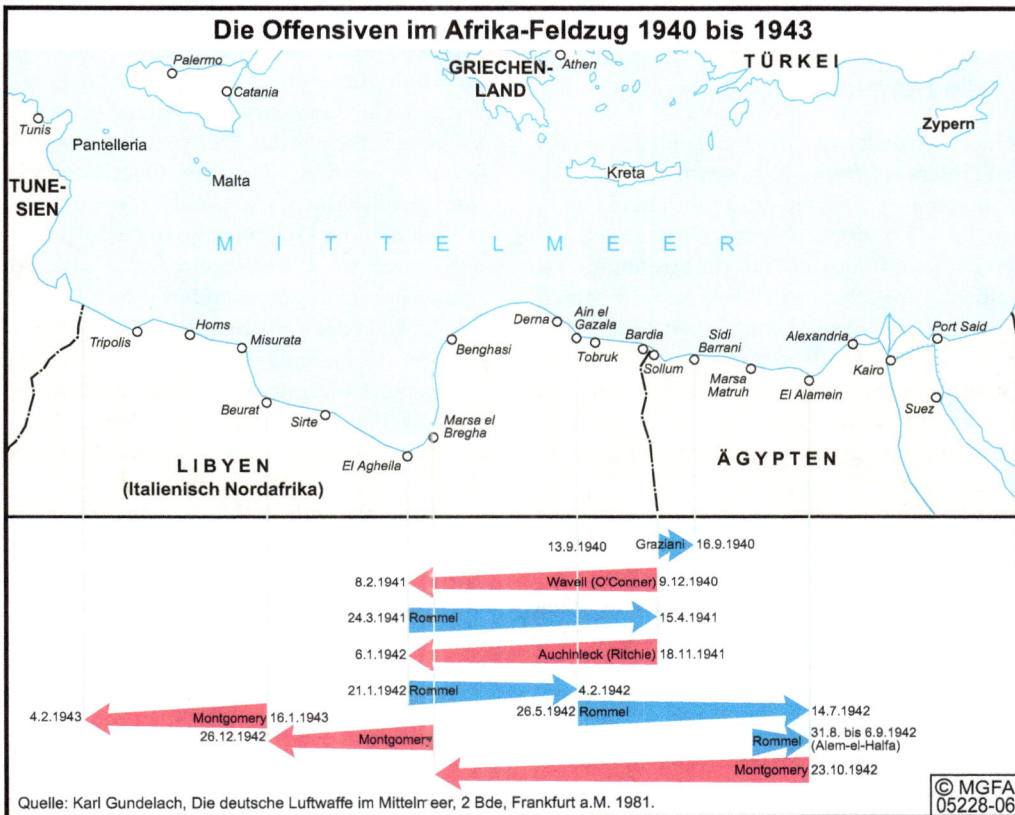

Quelle: Karl Gundelach, Die deutsche Luftwaffe im Mittelmeer, 2 Bde, Frankfurt a.M. 1981.

© MGFA
05228-06

1940 begann der Afrikafeldzug mit einem Angriff der Italiener aus Libyen gegen die britischen Kräfte in Ägypten. Zur Unterstützung der rasch in die Defensive gedrängten Italiener entsandte Hitler 1941 das »Deutsche Afrika-Korps« (DAK) nach Nordafrika. Dieses bestand zunächst nur aus zwei Divisionen, wurde aber bald zu einer Panzergruppe Afrika und später zur Heeresgruppe Afrika erweitert. Kommandiert wurde das DAK ab Februar 1941 von Generalleutnant Erwin Rommel, aufgrund seines taktischen Geschicks von den Briten auch »Desert Fox« (Wüstenfuchs) genannt. Zunächst konnte das DAK große Erfolge erzielen, die Briten nach Osten zurückdrängen und bis Ägypten vorstoßen. Doch das Wüstenklima mit Sandstürmen und sengender Sonne erschwerte den Kampf, und die langen und gefährdeten Nachschubwege über das Mittelmeer taten ihr Übriges. Wichtige Meilensteine des Afrikafeldzugs waren die Schlachten bei Tobruk und bei El-Alamein. Zwei Mal stoppten die Briten den Vormarsch. Die Wehrmachteinheiten zogen sich letztlich ab Ende 1942 vollkommen abgekämpft bis nach Tunesien zurück. Dennoch wurden weitere italienische und deutsche Truppen nach Tunesien geschickt, nachdem alliierte Verbände in Marokko und Algerien gelandet waren. Der nun folgende Zweifrontenkrieg machte die Lage in Nordafrika schließlich so aussichtslos, dass die deutschen und italienischen Truppen am 13. Mai 1943 kapitulierten. Rund 300 000 Soldaten der Achsenmächte gerieten daraufhin in alliierte Gefangenschaft.

377

er Befehlshaber des »Deutschen Afrika-Korps«. Nach legendären Erfolgen, die ihm den Beinamen »Wüstenfuchs« einbrachten, wurde er 1942 bei El Alamein zum Rückzug gezwungen. Im Frühjahr 1943 wurde er zum Oberbefehlshaber der Heeresgruppe Afrika in Tunesien ernannt, befehligte dann die Heeresgruppe in Norditalien und übernahm von Dezember 1943 bis Juli 1944 die Heeresgruppe B in Nordfrankreich. Die Landung der Alliierten in Frankreich konnte er nicht verhindern. Ursprünglich ein Bewunderer Hitlers kritisierte er nun, angesichts der sicheren militärischen Niederlage, Hitlers Kriegführung. Nach dem Attentatsversuch auf Hitler vom 20. Juli 1944 wurde er vor die Wahl gestellt: Selbstmord oder Volksgerichtshof. Er wählte das angebotene Gift. Nach seinem Tod wurde Rommel aus Propagandagründen mit einem Staatsbegräbnis geehrt. Rommel war der wohl bekannteste deutsche Heerführer des Zweiten Weltkrieges, der auch bei den Gegnern für seinen Mut, sein taktisches Gespür und seine Panzerkriegführung geachtet wurde.

3. Hitlers »persönlicher« Krieg: »Weltblitzkrieg« gegen die Sowjetunion

Als sich nach dem siegreichen Feldzug im Westen Hitlers Hoffnung nicht erfüllte, dass Großbritannien »einlenken« und ihm »freie Hand« auf dem Kontinent lassen würde, beschloss der Diktator Ende Juli 1940, die Sowjetunion so bald wie möglich zu zerschlagen. Der in seinem »Programm« vorgesehene »Lebensraumkrieg« im Osten verschmolz jetzt mit dem Krieg gegen Großbritannien, indem dieser Feldzug England den letzten Hoffnungsfaktor und potenziellen »Festlandsdegen« nehmen, eine mögliche Bedrohung Japans durch die UdSSR ein für alle Mal beseitigen und Japan dadurch machtpolitisch so aufwerten sollte, dass die USA im Pazifik gebunden bleiben würden. Aufgrund solcher von Hitler bereits im Juni 1940 geäußerter Absichten fanden im OKW und OKH erste operative Überlegungen statt. Hitler wollte die Angriffsschwerpunkte auf die Flügel, also durch die Baltischen Staaten und die Ukraine legen, der Chef des Generalstabs des Heeres Generaloberst Franz Halder hingegen sah den Schwerpunkt in der Mitte in Richtung auf Moskau. Eine Entscheidung über die Schwerpunktbildung ist aber nicht gefallen. Vielmehr entstand im OKH eine weitere Version, welche die Möglichkeit des Anhaltens des Hauptstoßes auf Moskau bei Smolensk und eine Schwerpunktverlagerung auf die Flügel offen ließ.

Während bei Hitlers Planungen auch die Eroberung wehrwirtschaftlich bedeutender Gebiete eine Rolle spielte, waren die Planungen des OKH ganz auf das Ziel gerichtet, das militärische Potenzial der Sowjetunion noch westlich von Dnjepr und Dwina zu vernichten, dann Moskau und danach die Ukraine zu erobern, weil die sich trichterförmig nach Osten erweiternde Landmasse zu einer Überdehnung der Kräfte führen musste. Operationsziel war eine gedachte Linie zwischen Archangelsk und Astrachan. Wegen der Frühjahr- und Herbstschlammperioden kamen als Operationszeitraum nur die Monate Mai bis Oktober infrage.

Als Hitler der Operationsplan des OKH Anfang Dezember 1940 vorgetragen wurde, billigte er ihn, obgleich er andere Vorstellungen andeutete. In der ▸ »Weisung Nr. 21 (Barbarossa)« vom 18. Dezember verwässerte Hitler die Schwerpunktbildung in der Mitte zu Gunsten der Flügel, stellte das Ziel der Inbesitznahme des Donezbeckens neben das der Einnahme Moskaus, die überdies erst nach dem Fall Leningrads erfolgen sollte. Die Angriffsvorbereitungen waren bis zum 15. Mai 1941 abzuschließen.

Obwohl im OKH nicht die geringsten Zweifel aufkamen, die Sowjetunion in einem kurzen Feldzug niederringen zu können, wurde dort der »Sinn« des Unternehmens nicht eingesehen, und es verstärkten sich die Bedenken dagegen. Dass es sich eben nicht um einen Feldzug im herkömmlichen Sinne mit herkömmlichen Zielen handelte, sondern um den – zwar vorweggenommenen und mit strategischen Zielen verknüpften – »programmatischen« Kampf um »Lebensraum«, also um Hitlers »persönlichen« Krieg, konnte und wollte die militärische Führung nicht erkennen. Dass aber die Art der Kriegführung – gegen die Normen des Völkerrechts – sich radikal verändern sollte, konnte ihr nicht verborgen bleiben. Ende März 1941 erklärte Hitler vor über 200 hohen Offizieren des Ostheeres, dass in dem bevorstehenden Krieg zweier Weltanschauungen ein »Vernichtungskampf« stattfinden würde. Dass keiner der führenden Generale hier Einwände erhob, ist ein zentraler »Sündenfall« des

378

124
Taschendolmetscher
für Frontsoldaten,
1941.

125 Deutsche Panzer beim Vormarsch
an die polnisch-sowjetische Grenze.
Foto, Juni/Juli 1941.

Joseph Goebbels, »Tagebuch«
(16. Juni 1941)

Das Beispiel Napoleons vor Augen, der 1812
mit einer von Hunger und Kälte zermürbten
Armee geschlagen aus Russland abziehen
musste, beschwört Goebbels seine Zuversicht
für den wenige Tage später beginnenden Krieg
gegen die Sowjetunion.

»Der Führer erklärt mir ausführlich die Lage:
der Angriff auf Rußland beginnt, sobald unser
Aufmarsch beendet ist. Das wird im Laufe etwa
einer Woche der Fall sein. Der Feldzug in Griechenland hat unser Material stark mitgenom-
men, deshalb dauert die Sache etwas länger.
Gut, daß das Wetter etwas schlecht war und
die Ernte in der Ukraine noch nicht reif ist. So
können wir hoffen, sie noch zum größten Teil zu
erhalten. Es wird ein Massenangriff allergrößten
Stils. Wohl der gewaltigste, den die Geschichte
je gesehen hat. Das Beispiel Napoleons wiederholt sich nicht.«

Zit. nach: Joseph Goebbels. Tagebücher
1924–1945, Bd 4: 1940–1942. Hrsg. von
Ralf Georg Reuth, München 2003, S. 1601

»Weisung Nr. 21 (Barbarossa)«
(18. Dezember 1940)

Trotz der Kriegsvorbereitungen wurde am 10. Januar
1941 ein Wirtschaftsabkommen mit der Sowjetunion
unterzeichnet. Der Angriffstermin wurde wegen des
anhaltenden Balkanfeldzuges immer wieder verscho-
ben. Am 22. Juni 1941 erfolgte schließlich der Überfall,
ohne vorherige Kriegserklärung, auf Russland.

»Die deutsche Wehrmacht muß darauf vorbereitet sein,
auch vor Beendigung des Krieges gegen England Sowjetrußland in einem schnellen Feldzug niederzuwerfen (Fall Barbarossa).
Das Heer wird hierzu alle verfügbaren Verbände einzusetzen haben mit der Einschränkung, daß die besetzten Gebiete gegen Überraschungen gesichert sein
müssen.
Für die Luftwaffe wird es darauf ankommen, für den Ostfeldzug so starke Kräfte zur Unterstützung des Heeres
freizumachen, daß mit einem raschen Ablauf der Erd-
operationen gerechnet werden kann und die Schädigung
des ostdeutschen Raumes durch feindliche Luftangriffe
so gering wie möglich bleibt. Diese Schwerpunktbildung
im Osten findet ihre Grenze in der Forderung, daß der
gesamte von uns beherrschte Kampf- und Rüstungsraum gegen feindliche Luftangriffe hinreichend geschützt
bleiben muß und die Angriffshandlungen gegen England, insbesondere seine Zufuhr, nicht zum Erliegen kommen dürfen. [...]
Den Aufmarsch gegen Sowjetrußland werde ich gegebenenfalls acht Wochen vor dem beabsichtigten Operationsbeginn befehlen. Vorbereitungen, die eine längere Anlaufzeit benötigen, sind soweit noch nicht geschehen
– schon jetzt in Angriff zu nehmen und bis zum 15.5.41 abzuschließen. Entscheidender Wert ist jedoch darauf zu
legen, daß die Absicht eines Angriffes nicht erkennbar wird.«

Zit. nach: Walther Hubatsch, Hitlers Weisungen für die Kriegführung 1939–1945. Dokumente des
Oberkommandos der Wehrmacht, Bonn 1962, S. 84

deutschen Heeres. Doch die militärische Elite steckte mitten in den Vorbereitungen, im Osten einen gigantischen Feldzug innerhalb von sechs bis acht Wochen siegreich zu Ende führen zu müssen, kämpfte mit militärfachlichen Problemen und hatte ein starkes Abgrenzungsbedürfnis gegenüber allen »völkischen« und »rassischen« Komponenten der Kriegführung, an deren radikaler Durchsetzung sie wohl auch gewisse Zweifel hatte. In einer Reihe von Befehlen – Aufgabenabgrenzung zwischen Heer und Einsatzgruppen der SS, »Kommissarbefehl«, Aussetzung der kriegsgerichtlichen Ahndung von Verbrechen von Wehrmachtangehörigen an der Bevölkerung – setzten Wehrmacht- und Heeresführung die Forderungen Hitlers in die Praxis um und ließen sich damit endgültig in die Verbrechen seines rasseideologischen Vernichtungskriegs verstricken.

Der deutsche Aufmarsch konnte vor der Sowjetunion kaum verschleiert werden. Trotzdem wollte Stalin nicht glauben, dass sich Hitler tatsächlich in einen Zweifrontenkrieg stürzen würde, er vermutete einen Erpressungsversuch. Dennoch ließ er alle entbehrlichen Truppen im Westen aufmarschieren. Daraus abzuleiten, dass es sich bei dem deutschen Überfall um einen »Präventivschlag« im klassischen Sinne handelte, ist eine falsche These. Zwar gibt es Indizien, dass Stalin beabsichtigte, dann als »Zünglein an der Waage« in den Krieg zwischen den faschistischen und kapitalistischen Mächten einzugreifen, wenn diese sich gegenseitig erschöpft hätten, doch damit war vor 1942/43 nicht zu rechnen. Vielmehr ging 1941 von der Sowjetunion keine akute Bedrohung aus. Hitlers Feldzug war von Anfang an als ein verbrecherischer Eroberungskrieg geplant, bei dem strategische Erwägungen nur eine Nebenrolle spielten.

Das Unternehmen »Barbarossa« war der erste »Blitzkrieg«, der auch von Anfang an als solcher geplant war. Hitler hielt die Niederwerfung der UdSSR für ein »Sandkastenspiel«. Von allen Beteiligten, vor allem auch vom Generalstab des Heeres, der im Sommer 1941 mit 75 »guten« Divisionen, später mit 200 Divisionen auf der Gegenseite rechnete, wurde die militärische Stärke der Sowjetunion leichtfertig unterschätzt. Die Geringschätzung der Roten Armee wurde sogar von allen Experten der westlichen Welt geteilt. Der Optimismus ging so weit, dass die Rüstungsfabriken mit Heeresaufträgen zum Teil nicht voll ausgelastet waren und nur im friedensmäßigen Umfang produzierten. Dabei schickte sich die Masse des Ostheeres, etwa vier Fünftel, an, wie weiland Napoleons Truppen Russland zu Fuß zu erobern. Die Ausrüstung bestand aus einem Sammelsurium von Typen aus allen inzwischen besetzten Ländern. Aber trotz riesiger Entfernungen, trotz des mangelhaften Verkehrsnetzes, trotz der Eignung von nur einem Fünftel des Feldheeres für schnelle raumgreifende Operationen glaubte die deut-

10 Gebote

für die Kriegführung des deutschen Soldaten.

1. Der deutsche Soldat kämpft ritterlich für den Sieg seines Volkes. Grausamkeiten und nutzlose Zerstörungen sind seiner unwürdig.

2. Der Kämpfer muss uniformiert oder mit einem besonders eingeführten, weithin sichtbaren Abzeichen versehen sein. Kämpfen in Zivilkleidung ohne ein solches Abzeichen ist verboten.

3. Es darf kein Gegner getötet werden, der sich ergibt, auch nicht der Freischärler und der Spion. Diese erhalten ihre gerechte Strafe durch die Gerichte.

4. Kriegsgefangene dürfen nicht misshandelt oder beleidigt werden. Waffen, Pläne und Aufzeichnungen sind abzunehmen. Von ihrer Habe darf sonst nichts weggenommen werden.

5. Dum-Dum-Geschosse sind verboten. Geschosse dürfen auch nicht in solche umgestaltet werden.

6. Das Rote Kreuz ist unverletzlich. Verwundete Gegner sind menschlich zu behandeln. Sanitätspersonal und Feldgeistliche dürfen in ihrer ärztlichen bzw. seelsorgerischen Tätigkeit nicht gehindert werden.

7. Die Zivilbevölkerung ist unverletzlich. Der Soldat darf nicht plündern oder mutwillig zerstören. Geschichtliche Denkmäler und Gebäude, die dem Gottesdienst, der Kunst, Wissenschaft oder der Wohltätigkeit dienen, sind besonders zu achten. Natural- und Dienstleistungen von der Bevölkerung dürfen nur auf Befehl von Vorgesetzten gegen Entschädigung beansprucht werden.

8. Neutrales Gebiet darf weder durch Betreten oder Ueberfliegen noch durch Beschießen in die Kriegshandlungen einbezogen werden.

9. Gerät ein deutscher Soldat in Gefangenschaft, so muss er auf Befragen seinen Namen und Dienstgrad angeben. Unter keinen Umständen darf er über Zugehörigkeit zu seinem Truppenteil und über militärische, politische und wirtschaftliche Verhältnisse auf der deutschen Seite aussagen. Weder durch Versprechungen noch durch Drohungen darf er sich dazu verleiten lassen.

10. Zuwiderhandlungen gegen die vorstehenden Befehle in Dienstsachen sind strafbar. Verstöße des Feindes gegen die unter 1 - 8 angeführten Grundsätze sind zu melden. Vergeltungsmassregeln sind nur auf Befehl der höheren Truppenführung zulässig.

126 Die »10 Gebote der Kriegführung« aus dem Soldbuch für Soldaten der Luftwaffe.

Aufmarschanweisung »Barbarossa«

O S T - S E E

Stockholm

Hanko

FINNISCHER MEERBUSEN

Leningrad

Wolchow

Dagö

Reval

Narwa

Luga

Nowgorod

Ösel

Pernau

EST-

LAND

Gotland

RIGAER
BUCHT

Walk

Pleskau

Ilmen See

Libau

Riga

LETTLAND

Ostrow

Cholm

Ostaschkow

Kalinin

Memel

Schaulen

Jakobstadt

Opotschka

Welikije
Luki

Rshew

Moskau

Dünaburg

LITAUEN

Königsberg

Tilsit

Kaunas

Polozk

Witebsk

Smolensk

Wjasma

Danzig

18. Armee

18. A.

H.Gr. Nord

Wilna

Orscha

SOWJET-

Kaluga

Allenstein

9. Armee
Pz.Gr.

Suwałki

Lida

Borisow

UNION

H.Gr. Nord
H.Gr. Mitte

Grodno

Minsk

Mogilew

Roslawl

Brjank

Orel

H.Gr.
Mitte

Weichsel

Bialystok

Slonim

Sluzk

Bobrujsk

Starodub

Kursk

Warschau

Brest-
Litowsk

Pinsk

Pripat

Gomel

GENERAL

Kielce

Lublin

Kowel

Sarny

Tschernigow

Konotop

GOUVERNEMENT

4. Armee
Pz.Gr. 2

H.Gr. Mitte
H.Gr. Süd

Zamość

Luzk

Kiew

Desna

Krakau

H.Gr.
Süd

6. A.

Lemberg

Schitomir

Mirograd

Charkow

Rzeszów

Stryj

Tarnopol

UKRAINE

Tscherkassy

Krementschug

SLOWAKEI

Stanislaw

Proskurow

Winniza

Uman

Kirowograd

Dnjepropetrowsk

Kaschau

Theiß

Mogilev-Pod.

Perwomajsk

Kriwoj Rog

UNGARN

Czernowitz

Dnjestr

Pruth

Debreczin

11. Armee

Klausenburg

Piatra
Neamţ

Kischinew

Nikolajew

Melitipol

Temesvár

Odessa

RUMÄNIEN

Kronstadt

Galaţi

Donau

SCHWARZES
MEER

Krim

0   250 km

© MGFA
05229-08

sche Führung an einen kurzen Feldzug. Sollte aber der Sieg nicht im ersten Anlauf errungen werden, drohte eine Katastrophe.

Die Wehrmacht überschritt am Morgen des 22. Juni 1941 die Demarkationslinie zu den von der Sowjetunion 1939 besetzten Gebieten, überwiegend von der Bevölkerung als Befreier begrüßt. Sie bot 150 Divisionen, 3650 Panzer und 3900 Flugzeuge, drei Viertel des Feldheeres und zwei Drittel der Luftwaffe, insgesamt mehr als drei Millionen Mann, auf. Hinzu traten in den nächsten Tagen knapp 700 000 verbündete Truppen. Ihnen standen unmittelbar gegenüber 145 Divisionen und 40 Brigaden der Roten Armee mit rund 10 000 Panzern, insgesamt 2,9 Millionen Mann.

Die Überraschung gelang vollkommen. Die Luftwaffe vernichtete schon am ersten Tag von den knapp 8000 sowjetischen Flugzeugen 1800. Der Chef des Generalstabes des Heeres Halder notierte am 12. Tag nach Operationsbeginn voreilig in sein Tagebuch, dass nach seiner Ansicht der Feldzug innerhalb der ersten zwei Wochen entschieden worden sei. Doch trotz der spektakulären Anfangserfolge und trotz der ungeheuren Gefangenenzahlen wurde das erste Operationsziel, die Vernichtung der Masse des russischen Heeres noch westlich der Dnjepr–Dwina-Linie, nicht völlig erreicht.

Der Ostfeldzug bis zur »Wende vor Moskau« am 5. Dezember 1941 lässt sich schematisch in drei Phasen einteilen:

1. Die Offensive mit dem Schwerpunkt nördlich der Pripjet-Sümpfe bei der Heeresgruppe Mitte ab 22. Juni
2. Die Verlagerung des Schwerpunktes auf die Heeresgruppen Nord und Süd ab 21. August
3. Die Wiederaufnahme des Angriffs auf Moskau (»Taifun«) ab 2. Oktober.

Ihre Stoßkraft erhielt die Heeresgruppe Mitte

(von Bock) durch die beiden Panzergruppen (in der Größenordnung zwischen Panzerkorps und -armee) 2 (Guderian) und 3 (Hoth), welche die Zangenarme zu zwei Kesseln bildeten, zunächst bei Bialystok, danach bei Minsk mit rund 330 000 Gefangenen. Die Heeresgruppen Nord (von Leeb) und Süd (von Rundstedt) kämpften sich zwar planmäßig voran, konnten aber zunächst derart große Erfolge nicht erringen, weil sie jeweils nur über eine Panzergruppe verfügten. Durch das Baltikum rückte die Heeresgruppe Nord unerwartet zügig voran, weil sie Unterstützung bei der Bevölkerung fand. Indessen schloss die Heeresgruppe Mitte einen weiteren Kessel bei Smolensk. Doch es dauerte drei Wochen, bis der Kessel durch die nachrückende Infanterie vernichtet war. Erneut fielen der Wehrmacht über 300 000 Gefangene in die Hände. Der russische Widerstand war inzwischen verbissen. Nach einer kurzen Zeit der Trägheit hatte Stalin wieder die Initiative ergriffen, am 3. Juli den ▶ »Großen Vaterländischen Krieg« proklamiert und verlegte unter größter Geheimhaltung 97 Divisionen aus Fernost nach Westen. Bis Ende des Jahres wurden 300 Divisionen neu aufgestellt und ausgerüstet. Bis Ende Juli hatte die Wehrmacht der Roten Armee zwar schwerste Niederlagen beigebracht, nicht jedoch ihre »lebendigen Kräfte« zerstört, dabei aber auch große Teile des eigenen Kriegspotenzials verschlissen.

Doch nun wurde die klare Schwerpunktbildung aufgegeben. Brauchitsch und Halder wollten an einem Schwerpunkt – nämlich Moskau – festhalten, um die Rote Armee dort zur Entscheidungsschlacht vor den Toren ihrer Hauptstadt zu zwingen. Hitler jedoch glaubte, mehrere Ziele gleichzeitig erreichen zu können. Die Heeresgruppe Mitte wurde 350 Kilometer vor Moskau angehalten, und Teile der Panzer-

128
Die Standardmaschinenpistole der deutschen Wehrmacht im Zweiten Weltkrieg, die MP 40.

In der UdSSR wurde der Kampf gegen Hitler in Anlehnung an den »Vaterländischen Krieg« von 1812 gegen Napoleon als »Großer Vaterländischer Krieg« bezeichnet. Die von der sowjetischen Propaganda gewählte Bezeichnung stellte die Kontinuität mit der russischen Geschichte her. Man setzte auf den Patriotismus, da der Kampf gegen die Wehrmacht von der russischen Bevölkerung nur widerwillig als Weltanschauungskrieg zwischen Nationalsozialismus und Kommunismus akzeptiert wurde. Im Rahmen dieser traditionsorientierten Politik wurden 1943 in der Roten Armee wieder Rangabzeichen, Schulterstücke und Orden eingeführt, die die Erinnerung an große russische Feldherrn beschworen. Die in den Jahren vor dem Krieg brutal verfolgte russische Kirche erhielt ihre Privilegien zurück und führte Waffensegnungen durch.

129 »Möge die tapfere Gesinnung unserer bedeutenden Vorfahren euch in diesem Kriege anfeuern (J. Stalin).« Auf dem Gedenkstein im Hintergrund sind die Schlagworte »Heldenmut, Tapferkeit, Ruhm und Ehre« eingemeißelt. Sowjetisches Propagandaplakat, 1941.

1 Wolfgang Leonhard, »Die Revolution entläßt ihre Kinder« (1955)

Der Publizist Leonhard verbrachte die Kriegszeit im sowjetischen Exil. In seinem bekannten Buch beschrieb er, wie der antifaschistische Kampf gegen »Hitlerdeutschland« mit patriotischer Rhetorik überformt wurde.

»Gleichzeitig mit den neuen Losungen und dem ersten Frontkommuniqué wurde auch die offizielle Formulierung des Krieges bekanntgegeben: ›Großer Vaterländischer Krieg des Sowjetvolkes‹. Einen Augenblick stutzte ich. In den vergangenen Jahren hatte ich allerdings die schrittweise Umstellung der gesamten Propaganda, die allmähliche Ausmerzung aller Begriffe des revolutionären Internationalismus und die immer deutlichere Betonung des sowjetischen Patriotismus bewußt miterlebt und auch darüber nachgedacht. Die neue Parole kam also für mich nicht völlig überraschend. Aber ich hatte erwartet, daß der Krieg zumindest als antifaschistischer Befreiungskrieg geführt würde, um das gemeinsame Ziel mit den anderen von den Nazis unterdrückten Völkern deutlich herauszustellen. Diese Bezeichnung ›Vaterländischer Krieg‹ begrenzte ihn dagegen ausschließlich auf die Sowjetunion, genauer gesagt, auf Rußland. Es sollte offensichtlich die Parallele zum Krieg gegen Napoleon 1813 hergestellt werden – und vielleicht war die Unterstreichung des Begriffes Vaterland vom Standpunkt der sowjetischen Führung auch das wirksamste Mittel, um die große Masse der Bevölkerung für die Unterstützung des Krieges zu gewinnen.«

Zit. nach: Wolfgang Leonhard, Die Revolution entläßt ihre Kinder, Köln 1956, S. 113 f.

383

130 Die Standardmaschinenpistole der Roten Armee im Zweiten Weltkrieg, die PPSch 41.

131 Der im Zweiten Weltkrieg von Stalin gestiftete Kutusow-Orden.

gruppe 3 und des VIII. Fliegerkorps wurden zur Heeresgruppe Nord abgedreht, um die Eroberung Leningrads zu beschleunigen, die aber nie gelang. Die Panzergruppe 2 wurde zur Heeresgruppe Süd umgeschwenkt, um die Eroberung der Ukraine zu unterstützen. Der Entschluss Hitlers zu dieser Operation beruhte auf wirtschaftlichen Überlegungen. Beim Kampf um die Ukraine wurde durch das Zusammenwirken der Panzergruppe 2 von Norden und der Panzergruppe 1 von Süden die sowjetische »Südwestfront« (»Front« entspricht ungefähr einer Heeresgruppe) im Dnjepr–Desna-Bogen umfasst und vernichtet. In dieser »Schlacht um Kiew« gerieten bis Ende September 665 000 Sowjetsoldaten in Gefangenschaft. In der Folge gelang im Süden die Eroberung der Krim, bis auf Sewastopol, und die Inbesitznahme des wirtschaftlich bedeutenden Donez-Beckens.

Am 26. Juni war Finnland als »Waffengefährte« mit dem Ziel der Rückgewinnung seiner im Winterkrieg 1939/40 an die Sowjetunion verlorenen Gebiete in den Kampf eingetreten. Bis Anfang Dezember drangen die Finnen bis an den Swir zwischen Ladoga- und Onegasee vor. Zur Vereinigung mit der deutschen Heeresgruppe Nord kam es jedoch nicht, da deren Spitzen, die 16. Armee, bei Tichwin liegen blieben. Mitte September gelang es, Leningrad fast einzuschließen. Damit begann eine 900-tägige Belagerung der Stadt, die über eine Million Opfer forderte. Im hohen Norden rückten zwei deutsche Gebirgskorps durch Lappland gegen Murmansk vor, konnten aber die für die anglo-amerikanischen Hilfslieferungen lebenswichtige Murman-Bahn nicht unterbrechen. Vom 22. Juni bis zum 1. Oktober hatte das deutsche Ostheer rund 565 000 Mann Verluste erlitten und knapp die Hälfte seiner rund 3600 Panzerkampfwagen verloren.

Inzwischen war am 2. Oktober die Heeresgruppe Mitte mit drei Armeen und den ihr neu unterstellten Panzerverbänden (Panzergruppe 2, 3 und 4) zum Angriff auf Moskau angetreten (Operation »Taifun«), insgesamt 78 Großverbände. Doch fehlten die Hälfte der sollmäßigen Panzer und fast ein Viertel der Kraftfahrzeuge. Der Personalersatz war unzureichend. Dennoch zerschlugen die Verbände in den Kesselschlachten von Wjasma und Brjansk die Hauptkräfte der sowjetischen »Westfront« und machten dabei erneut 673 000 Gefangene. Teile der sowjetischen Behörden und der Bevölkerung begannen, Moskau zu räumen. Da stoppten Mitte Oktober heftige Niederschläge und die damit einsetzende Schlammperiode den deutschen Vormarsch. Die deutschen Verbände waren fast verschlissen und verfügten nur noch über 50 Prozent ihrer Kampfkraft. Nach dem Eintreten von Frost wurde der Angriff am 15. November noch einmal erneuert, und tatsächlich gelang den Panzerverbänden an den Flügeln noch einmal der Durchbruch. Bald sanken die Temperaturen auf 20, sogar auf 40 Grad unter Null. Waffen, Geräte und Fahrzeuge versagten den Dienst, Winterbekleidung war leichtsinnigerweise nicht vorhanden, die Verpflegung mangelhaft, die ▸ Kraft der Truppe war in Sichtweite Moskaus erschöpft, sie verfiel in Apathie. Am 5. Dezember kamen alle Angriffe zum ▸ Erliegen. Am selben Tag begann, völlig überraschend für die Wehrmacht, die lange vorbereitete Gegenoffensive der Roten Armee mit elf neuen Armeen, darunter frische sibirische Truppen aus Fernost. Trotz Hitlers Aufforderung zu »fanatischem Widerstand« wurden große Teile der deutschen Front zum Rückzug gezwungen. Hitlers »Weltblitzkrieg« war gescheitert.

Allzu leichtfertig hatte die deutsche Führung, wie allerdings auch die meisten Militärexperten

384

132
Dankesurkunde für »Winterspenden« an die Front, 1941.

133 Leningrad nach einem deutschen
Artillerieangriff. Foto, 1941.

1 Fedor von Bock,
»Wende vor Moskau« (1. Dezember 1941)

*Der Oberbefehlshaber der Heeresgruppe Mitte
schilderte der Heeresleitung die schwierige Situation
der deutschen Truppen. Am 8. Dezember stellte die
deutsche Armee alle Angriffsoperationen ein, die
Truppe war völlig erschöpft und auf den kalten
russischen Winter nur mangelhaft vorbereitet.*

»Die unter Hinweis auf den bedrohlichen Kräftezustand
wiederholt an das Oberkommando des Heeres gerichteten Anfragen und Meldungen der Heeresgruppe wurden
dahin entschieden, daß der Angriff fortzusetzen sei, auch
auf die Gefahr hin, daß die Truppe völlig ausbrennt. Der
im Gang befindliche Angriff wird, unter Ausnutzung aller
taktischen Möglichkeiten, im Großen aber doch frontal
geführt. Für größere Umfassungsbewegungen fehlt, wie
gemeldet, die Kraft, und jetzt auch jede Möglichkeit, Truppen in großem Umfange zu verschieben. Der Angriff wird
in weiterem blutigen Ringen begrenzten Geländegewinn
bringen, auch Teile des Gegners zerschlagen, eine operative Auswirkung aber wird er schwerlich haben. Der Gedanke, daß der Feind vor der Heeresgruppe ›zusammenbricht‹, war, wie die Kämpfe der letzten 14 Tage lehren,
ein Traumbild. Stehenbleiben vor den Toren von Moskau,
wo sich das Bahn- und Straßennetz fast ganz Ostrußlands
vereinigt, ist gleichbedeutend mit schweren Abwehrkämpfen gegen einen zahlenmäßig weit überlegenen Feind.
Dem sind die Kräfte der Heeresgruppe auch für begrenzte
Zeit nicht mehr gewachsen. [...] Die Heeresgruppe steht
zur Zeit in einer Ausdehnung von nahezu 1000 km mit
einer einzigen schwachen Division als Reserve hinter ihrer Front. In dieser Aufstellung hält sie, bei dem hohen
Führerausfall und mit ihren abgesunkenen Gefechtsstärken einem mit nur einiger Planmäßigkeit geführten Angriff
nicht mehr stand.«

*Zit. nach: Hans Adolf Jacobsen, Der Zweite Weltkrieg.
Grundzüge der Politik und Strategie in Dokumenten,
Frankfurt a.M. 1965, S. 246 f.*

1 Willy Peter Reese,
»Mir selber seltsam fremd« (1941/42)

*Das Fronttagebuch des jungen Soldaten enthält
eindringliche Schilderungen vom Überlebenskampf der Soldaten an der Ostfront.*

»Unsere Quartiere waren zerstört, und überall
lagen Tote umher. Über die deutschen Soldaten
deckten wir eine Zeltbahn, den Kosaken zogen
wir die Filzstiefel, Mützen und auch Hosen und
Unterwäsche aus und zogen sie an. In den übrig gebliebenen Häusern rückten wir enger zusammen. Ein Soldat hatte keine Filzstiefel mehr
gefunden, die ausgezeichnet gegen die Kälte
schützten, und fand erst am nächsten Tag einen
steif gefrorenen Toten der Roten Armee. Vergeblich zerrte er an dessen Beinen. Er nahm eine Axt
und schlug dem Leichnam beide Unterschenkel
ab. Fleischsplitter flogen. Er nahm die Stümpfe
unter den Arm und stellte sie neben unser Mittagessen in den Ofen. Als die Kartoffeln kochten,
waren auch die Beine aufgetaut, und er zog sich
die blutigen Filzstiefel an. Uns machte das Aas
neben dem Essen so wenig aus wie wenn einer zwischen den Mahlzeiten seine Erfrierungen
verband oder Läuse zerknackte.«

*Zit. nach: Willy Peter Reese, Mir selber
seltsam fremd. Die Unmenschlichkeit des
Krieges, Russland 1941–1944. Hrsg. von
Stefan Schmitz, Berlin 2004, S. 86*

385

134 Soldaten im Raum Charkow im Winter. Foto, 1941/1942.

135 Medaille
»Winterschlacht
im Osten 1941/42«,
der so genannte
Gefrierfleischorden.

der westlichen Welt, die militärischen Fähigkeiten der Roten Armee und der Sowjetunion unterschätzt. Zudem hatte die deutsche Seite die eigene, auch »rassische« Überlegenheit teilweise dünkelhaft überschätzt und auf ein allzu riskantes Konzept vertraut. Trotz der taktischen und operativen Erfolge der Wehrmacht hatte Hitler im Dezember 1941 seinen »Hauptkrieg« strategisch verloren, und damit, aus heutiger Perspektive, bereits den gesamten Krieg.

4. Die Ausweitung zum Weltkrieg

Japan versuchte seit 1932 seine Hauptprobleme – Bevölkerungsexplosion und Rohstoffarmut – durch Machtausweitung in der Mandschurei und in Nordchina zu lösen. Das führte 1937 zum offenen Krieg mit dem China Chiang Kai-sheks. Nach raschen Eroberungen in Mittel- und Nordchina waren die Fronten jedoch praktisch festgefahren. Deshalb wurde in der japanischen Führung seit 1939 auch eine Ausdehnung nach Süden in Betracht gezogen. Im scharfen Gegensatz zu den USA und zur Sowjetunion suchte Japan Anlehnung an die »Achsenmächte«. Der »Hitler-Stalin-Pakt« vom August 1939 wurde jedoch von Japan als »Verrat« Deutschlands aufgefasst und führte zu einer Entfremdung zwischen beiden Mächten. Als Japan nach dem Zusammenbruch Frankreichs erneut die Zusammenarbeit mit Deutschland verstärkte und das Programm einer »Großostasiatischen Wohlstandssphäre« unter japanischer Führung in Angriff nahm, verhängten die USA Schritt für Schritt Wirtschaftssanktionen gegen das Inselreich. Die Exportbeschränkungen bei Eisen, Stahlschrott, Flugbenzin und Schmierölen waren gezielt bemessene Warnungen von Präsident Roosevelt, der dadurch hoffte, einen Krieg

doch noch vermeiden zu können. Im April 1941 jedoch schlossen Japan und die UdSSR einen Neutralitätspakt ab, der beiden Mächten den Rücken frei halten sollte. Nach dem auch für die Japaner überraschenden deutschen Überfall auf die Sowjetunion erwogen sie kurz, ob jetzt nicht doch eine Ausdehnung nach Norden günstiger wäre, hielten aber schließlich am Plan der Südexpansion fest, auch wenn das den Krieg gegen die USA und Großbritannien bedeuten würde.

Während des ganzen Jahres 1941 wurde aber mit den USA weiter verhandelt, die zudem immer mehr im Atlantik gebunden schienen. Ende Juli rückten japanische Truppen im französischen Südindochina ein. Die USA, Großbritannien und Niederländisch-Indien verhängten ein umfassendes Handelsembargo. Damit gelangte praktisch kein Öl mehr nach Japan. So entschloss sich die japanische Führung zum kriegerischen Ausbruch aus dem Dilemma. Durch die Entschlüsselung des japanischen diplomatischen Funkcodes, Decknahme MAGIC, wussten die Amerikaner, dass die Japaner trotz laufender Verhandlungen längst zum Krieg entschlossen waren. Zwar gab es auch in Tokio warnende Stimmen, jedoch setzte sich eine Gruppe durch, die darauf spekulierte, dass nach einer blitzartigen Ausdehnung des japanischen Machtbereichs in einer Pattsituation die USA die Unmöglichkeit der Rückeroberung des riesigen Raumes einsehen und die japanischen Eroberungen weit gehend hinnehmen würden.

Am 7. Dezember 1941 griffen japanische Luftstreitkräfte von Flugzeugträgern aus die in Pearl Harbor vor Anker liegende Pazifikflotte der USA überraschend an. Die amerikanischen Verluste waren hoch, aber ohne strategische Bedeutung. Schwer wiegender waren jedoch die politischen Folgen: Die amerikanische Bevölkerung billigte jetzt einmütig die Politik

136
Amerikanischer
Stahlhelm aus dem
Zweiten Weltkrieg.

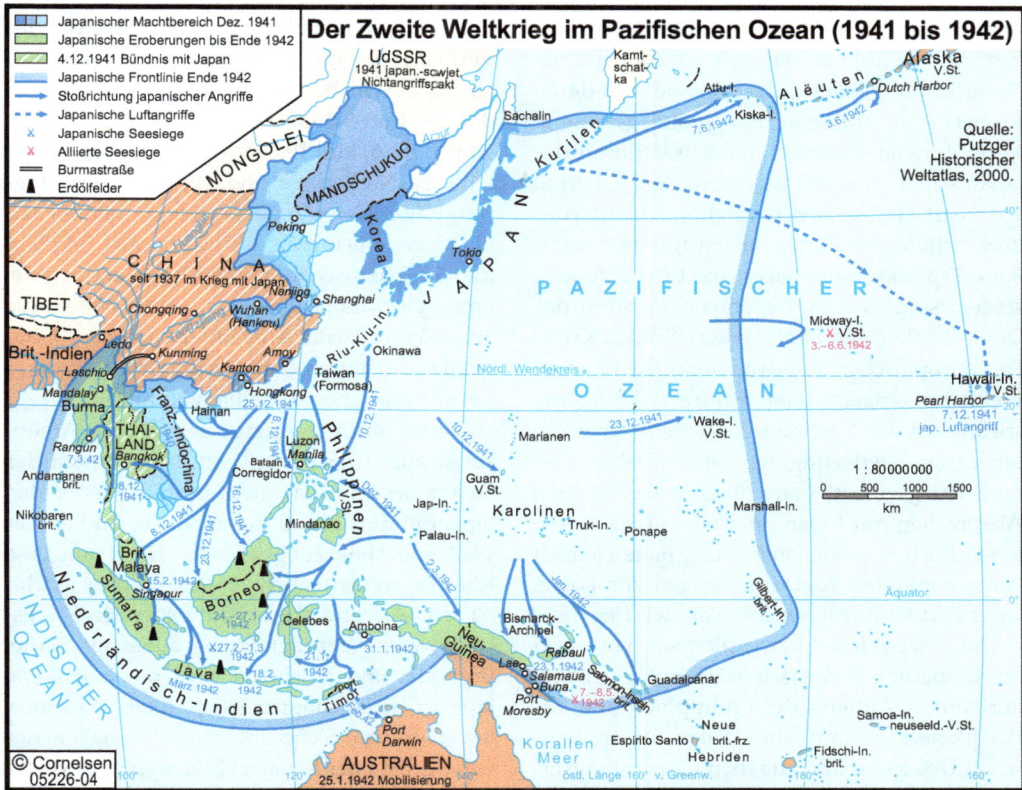

Der Zweite Weltkrieg im Pazifischen Ozean (1941 bis 1942)

Legende:
- Japanischer Machtbereich Dez. 1941
- Japanische Eroberungen bis Ende 1942
- 4.12.1941 Bündnis mit Japan
- Japanische Frontlinie Ende 1942
- Stoßrichtung japanischer Angriffe
- Japanische Luftangriffe
- x Japanische Seesiege
- x Alliierte Seesiege
- Burmastraße
- Erdölfelder

Quelle: Putzger Historischer Weltatlas, 2000.

1 : 80 000 000

© Cornelsen 05226-04

---

1 Winston S. Churchill,
»Ein langer und schwerer Krieg« (26. Dezember 1941)

Seine Rede vor den beiden Häusern des US-Kongresses wurde begeistert aufgenommen. Mit der deutschen Kriegserklärung an die USA am 11. Dezember 1941 hatte Großbritannien neben der Sowjetunion nun einen weiteren mächtigen Verbündeten.

»Die Kräfte sind riesenhaft, die gegen uns angetreten sind. Sie sind böse und hart. Die verruchten Männer und ihre Parteien, die ihre Völker auf den Weg des Krieges und der Eroberung gestoßen haben, wissen, daß sie zu furchtbarer Rechenschaft gezogen werden, wenn es ihnen nicht gelingt, die Völker, die sie angriffen, mit Waffengewalt niederzuschlagen. [...] Sie haben Unmengen an Waffen aller Art aufgehäuft. Sie haben bis ins letzte ausgebildete, disziplinierte Heere, Flotten und Luftwaffen. Sie haben Pläne und Absichten, die lange geprüft wurden und reiften. Sie werden vor nichts haltmachen, was rohe Gewalt und Verräterei einem eingeben kann. Gewiß sind unsere Reserven an Menschen und Material viel größer als die ihren. Aber bloß ein Teil unserer Reserven ist bis jetzt mobilisiert und erschlossen, und wir beide haben noch viel zu lernen in der blutigen Kunst des Krieges. Daher liegt zweifellos eine Zeit der Drangsal vor uns. In dieser Zeit werden wir einigen Boden verlieren, der nur schwer und mit vielen Kosten wiederzugewinnen sein wird. Viele Enttäuschungen und unliebsame Überraschungen warten auf uns. Viele davon werden uns treffen, bevor unsere gesamte latente Macht sich entfaltet haben kann. Beinahe zwanzig Jahre lang lehrte man unsere Jugend, der Krieg sei ein Unglück – was wahr ist –, und er würde nie mehr wiederkommen, was sich als falsch erwiesen hat. Beinahe zwanzig Jahre lang lehrte man die Jugend Deutschlands, Japans und Italiens, der Angriffskrieg sei die edelste Pflicht des Bürgers und er sollte, sobald die nötigen Waffen und die Organisation geschaffen worden sei, begonnen werden. Sie haben Krieg angezettelt und geplant. Wir haben die Pflichten und Aufgaben des Friedens erfüllt.«

Zit. nach: Winston S. Churchill, Reden in Zeiten des Kriegs. Hrsg. von Klaus Körner, Hamburg 2002, S. 143

ihres Präsidenten. Damit war bereits anfänglich das Kalkül der Japaner gescheitert, die Amerikaner würden sich schließlich mit deren Eroberungen abfinden. Für später geäußerte Vermutungen, Roosevelt habe in Kenntnis der japanischen Angriffsabsichten den Überfall auf Pearl Harbor aus psychologischen Gründen nicht verhindert, wurden immer wieder Anhaltspunkte untersucht, die bis heute umstritten sind. Am 11. Dezember erklärten das Deutsche Reich und Italien den USA den Krieg: Der europäische Krieg war nunmehr in einen Weltkrieg eingemündet, während Hitler ursprünglich die Vereinigten Staaten durch die blitzartige Niederringung der UdSSR von einem Kriegseintritt hatte abschrecken wollen. Absprachen mit Japan über eine gemeinsame Kriegführung fanden zwar statt, hatten jedoch keine konkreten Koordinierungen zur Folge. Jeder Partner führte seinen »Parallelkrieg«.

Der ▸ japanische Kriegsplan sah vor, nach der Eroberung Südostasiens, Hongkongs, Niederländisch-Indiens, der Philippinen und der Pazifikinseln Guam und Wake zur strategischen Defensive überzugehen. Die Anfangserfolge der Japaner erschienen atemberaubend: Bis zum Frühsommer 1942 besetzten oder eroberten sie Thailand, Malaya, Singapoor, Niederländisch-Indien und die unter US-Protektorat stehenden Philippinen. Statt sich gegen Indien zu wenden, wo die britische Kolonialherrschaft zu wanken begann, richtete sich der Vorstoß jedoch über Neuguinea auf Australien, musste aber nach der See-Luft-Schlacht im Korallenmeer vom 4. bis 8. Mai, in der beide Seiten je einen Flugzeugträger verloren, abgebrochen werden. Der japanische Machtbereich erstreckte sich nunmehr über 9500 Kilometer von Java bis zu den Aleuten und über 8400 Kilometern von Burma bis zu den Gilbert-Inseln.

Die japanische Führung entschied sich, das Vorfeld gegen die Amerikaner weiter nach Osten zu verschieben und Midway zu erobern. In der See-Luft-Schlacht bei den Midway-Inseln vom 4. bis 6. Juni 1942 erlitten die Japaner eine schwere Niederlage und verloren vier Flugzeugträger. Das war der Wendepunkt des Pazifikkrieges, die Initiative ging auf die USA über, die den pazifischen Kriegsschauplatz in zwei große Operationsgebiete eingeteilt hatten: die South-West Pacific Area unter General ▸ Douglas MacArthur und die Pacific Ocean Area unter Admiral Chester William Nimitz.

Bereits Anfang August setzten die Amerikaner zum Gegenangriff an, landeten auf der Salomonen-Insel Guadalcanal und lieferten den Japanern dort bis zu deren Abzug im Februar 1943 eine Abnutzungsschlacht. Nicht nur diese Kämpfe, sondern auch der Krieg Japans in China seit 1932 und ebenso die folgenden Kriegsjahre waren geprägt von ▸ äußerster Härte, Brutalität und abscheulichen Gräueltaten. Die Japaner beabsichtigten jetzt, einen verkleinerten »absoluten Sicherungsraum« zu halten, der von Burma über Malaya bis Neuguinea und hinauf nach Norden bis zu den Kurilen verlief. Auf zwei Vormarschlinien, durch den Zentralpazifik in Richtung auf Japan und durch den Südwestpazifik auf die Philippinen gingen die Amerikaner nun zum »Inselspringen« über: Sie eroberten schwach gesicherte, für Luft- und Flottenstützpunkte geeignete Inseln und umgingen starke japanische Stützpunkte, ließen sie mit ihren Besatzungen einfach liegen und isolierten sie dadurch. Durch U-Boote erlitt der japanische Nachschubverkehr schwerste Verluste, und durch eine Seeblockade brach die japanische Rüstungsindustrie nahezu zusammen. Die Japaner begannen daher im April 1944 durch eine groß angelegte Offensive in China, die dort

---

Ξ **S** Der deutsche Kommunist Richard Sorge arbeitete ab 1933 im Dienste des KGB als Reporter in Japan. Seine guten Kontakte zur deutschen Botschaft in Tokio nutzte er zum Aufbau eines prosowjetischen Spionagerings. Seine größte Spionageleistung war die Vorhersage des deutschen Angriffs auf die Sowjetunion für den Juni 1941. Doch wurde seine Warnung im Kreml nicht ernst genommen. Im September 1941 gab er die Information weiter, dass die Japaner nicht die Absicht hätten von der Mandschurei nach Sibirien einzumarschieren. Daraufhin ließ Stalin Truppen von der Grenze Richtung Westen abziehen. Im Oktober 1941 wurde Sorge von der japanischen Polizei verhaftet, verurteilt und 1944 gehängt.

138 Krieg im Pazifik: Die Schlacht bei Midway – Der Flugzeugträger ENTERPRISE. Foto, Juni 1942.

B Douglas Mac Arthur (1880–1964)
Amerikanischer General – Douglas Mac Arthur besuchte die US Military Academy in West Point, die er 1903 als Jahrgangsbester verließ. Im Ersten Weltkrieg wurde er im Juni 1918 zum jüngsten Brigadier General der US Army befördert. Nach dem Krieg kommandierte der General Einheiten auf den Philippinen. Von 1930 bis 1935 war er Chief of Staff of the Army. Als der Commonwealth der Philippinen unter amerikanischer Vorherrschaft gegründet wurde, half Mac Arthur mit beim Aufbau einer unabhängigen philippinischen Verteidigungsarmee. Angesichts der Gefahr einer japanischen Invasion wurde in Washington die Aufrüstung der Philippinen beschlossen, doch diese Entscheidung kam zu spät. Konfrontiert mit der japanischen Übermacht blieb den Amerikanern nur der Rückzug, der jedoch Dank Mac Arthur erfolgreich durchgeführt werden konnte. Zurück in den USA wurde der General Oberbefehlshaber der alliierten Truppen im Südwestpazifik. Von Australien aus leitete er die Befreiung Neuguineas und die Rückeroberung der Philippinen. Im Dezember 1944 wurde Mac Arthur zum General of the Army ernannt. Am 2. September 1945 nahm er auf der USS MISSOURI die Kapitulation der Japaner entgegen. Nach dem Krieg übernahm Mac Arthur den Oberbefehl über die amerikanischen Besatzungstruppen in Japan. Im Jahre 1950 wurde er Oberbefehlshaber der UN-Streitkräfte im Koreakrieg.

139 Douglas MacArthur. Foto, Oktober 1944.

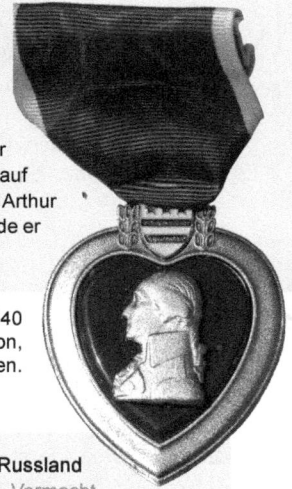

140
Der älteste Militärorden der USA, das Purple Heart, gestiftet 1782 von George Washington, wurde im Zweiten Weltkrieg bei Verwundung oder Tod im Einsatz verliehen.

141 Japanische Truppen auf dem Vormarsch haben Stellung entlang einer Bahnlinie bezogen. Foto, Juni 1942.

S Japan war seit dem Sieg über Russland 1905 die stark expansionistische Vormacht Asiens. Insbesondere China weckte japanische Begehrlichkeiten. Im Juli 1937 kam es zu einem Angriff auf den Gegner im Westen, der sich zu einem großen Krieg ausweitete. Am 13. Dezember 1937 eroberten die Japaner die chinesische Stadt Nanjing. 90 000 Verteidiger gerieten in die Hände der Angreifer. Die Japaner übergossen ihre Gefangenen mit Benzin und verbrannten sie bei lebendigem Leib, zerfetzten sie mit Maschinengewehrsalven oder schlitzten sie mit dem Bajonett auf. Anschließend ging es gegen die Zivilbevölkerung: Sechs Wochen lang mordeten, plünderten und vergewaltigten die japanischen Truppen. An die 200 000 Menschen fielen dem Blutrausch der Japaner zum Opfer.

389

Bei ihrem weiteren Vormarsch in China setzten die Japaner skrupellos Giftgas und biologische Kampfstoffe ein. Militärärzte der berüchtigten »Einheit 731« probierten diese an chinesischen Gefangenen aus und schreckten auch vor anderen Gräueltaten wie etwa Amputationen nicht zurück. Frauen aus China, Korea und weiteren Ländern mussten als Zwangsprostituierte in den Armeebordellen arbeiten. Insgesamt fielen dem japanischen Eroberungswahn in China 20 Millionen Menschen zum Opfer.

eingerichteten US-Luftbasen auszuschalten und erfolgreich eine Landverbindung über 800 Kilometer nach Indochina herzustellen.

Indessen waren die Rückschläge im Zentralpazifik derartig schwer wiegend, dass sie die japanische Führung zwangen, Ende Juli die Verteidigungszone weit zurück zu nehmen. Die engere Defensivlinie verlief nun von den Philippinen über Taiwan, die Ryukyu-Inseln mit Okinawa und das Mutterland bis zu den Kurilen. Ende Oktober setzte mit der amerikanischen Landung bei Leyte die Befreiung der Philippinen ein. Parallel dazu tobte in der Leyte-Bucht vom 22. bis zum 25. Oktober die größte Seeschlacht der Geschichte, in der die Japaner fast die Hälfte ihrer Flotte einbüßten, allein am letzten Tag vier große Träger. Obwohl die Philippinen bis Februar 1945 von General MacArthur weit gehend zurückerobert wurden, war wegen der Positionen Japans auf dem chinesischen Festland ein Ende des Krieges nicht abzusehen. Damit schienen die USA langfristig auf die Unterstützung der Sowjetunion angewiesen zu sein, für die Stalin entschlossen war, einen hohen Preis zu fordern.

5. Der Verlust der Initiative: Der Krieg 1942/43

Mit den am 5. Dezember 1941 begonnenen Großoffensiven wollte Stalin die deutschen Blitzkriegs-Operationen nachahmen. Nicht nur die deutschen Hauptkräfte vor Moskau, sondern auch Truppen im Norden und Süden sollten mit Angriffszangen eingekesselt und vernichtet werden. Obwohl die Rote Armee bis zu 150 Kilometer tiefe Einbrüche erzielte, gelang es ihr aber nicht, größere Verbände einzukesseln. Doch brachte sie das Ostheer in eine Lage, die Halder die größte militärische Krise in zwei Weltkriegen nannte. Hitler war zunächst bereit, örtliche Ausweichbewegungen hinzunehmen, doch er verbot jeden Rückzug. Ständig argwöhnte er, dass die Truppenführer ihre Soldaten nicht mit der erforderlichen Härte zum Durchhalten zwingen würden. Durch die drastischen Haltebefehle nahm er den Befehlshabern die Möglichkeit zum operativen Führen. Der Oberbefehlshaber der Heeresgruppe Mitte, Generalfeldmarschall von Bock, der die Rücknahme unterstellter Verbände genehmigt hatte, wurde abgelöst, Generaloberst Erich Hoepner, der einem Armeekorps seiner 4. Panzerarmee den Befehl zum Rückzug erteilt hatte, wurde seines Kommandos enthoben und später aus der Wehrmacht ausgestoßen. Auf dem Höhepunkt der Krise am 19. Dezember entließ Hitler den Oberbefehlshaber des Heeres Generalfeldmarschall von Brauchitsch und übernahm persönlich den Oberbefehl. Weitere Ablösungen von rund zwei Dutzend Befehlshabern, darunter auch Generalfeldmarschall von ▶ Rundstedt, folgten.

Obwohl Stalin seine Truppen immer wieder zu verlustreichen Angriffen antrieb, erreichten die Sowjets, hauptsächlich wegen schwer wiegender Führungsfehler Stalins, ihre operativen Ziele nicht. Im März 1942 blieben die Angriffsverbände der Roten Armee erschöpft vor der wieder stabilen deutschen Front liegen. Sie waren derart ausgeblutet, dass eine sowjetische Sommeroffensive nicht infrage kam. Die Frühjahrsschlammperiode bot beiden Seiten eine Atempause. Aber auch das deutsche Ostheer war so angeschlagen, dass selbst nach der Frühjahrsruhepause die Ausfälle nur teilweise ersetzt werden konnten: Bis Ende Januar 1942 hatte es ein Drittel seines Personalbestandes – eine Million Gefallene, Verwundete, Kranke und Vermiss-

---

B Gerd von Rundstedt (1875–1953)

Generalfeldmarschall – Rundstedt entstammte einer alten preußischen Soldatenfamilie. Nach dem Ersten Weltkrieg wurde er in die Reichswehr übernommen. Rundstedt verschrieb sich einer unpolitischen Haltung, die jedoch seine Sympathien mit den Nationalsozialisten nicht verbergen konnte. Er befehligte im Polen-, Frankreich- und Russlandfeldzug jeweils eine Heeresgruppe. Nach dem Scheitern des »Blitzkrieges« gegen die Sowjetunion wurde Rundstedt Anfang Dezember 1941 von Hitler seines Kommandos enthoben und in die Führerreserve versetzt. Vom März 1942 bis zum März 1945 hatte Rundstedt den Posten des Oberbefehlshabers West inne. Er kam nach Kriegsende für vier Jahre in britische Kriegsgefangenschaft.

142 Gerd von Rundstedt. Foto, nach 1940.

Der Zweite Weltkrieg im Pazifischen Ozean (1943 bis 1945)

Legende:
- Gebiet der Alliierten Ende 1942
- Rückeroberungen der Alliierten bis August 1945
- Japanische Frontlinie am Tage der Kapitulation 21.8.45
- Stoßrichtung alliierter Angriffe
- Alliierte Luftangriffe
- Umgangene japanische Stützpunkte
- x Japanische Seesiege
- x Alliierte Seesiege
- Burmastraße
- Erdölfelder

Quelle: Putzger Historischer Weltatlas, 2000.

1 : 80 000 000
0 500 1000 1500 km

© Cornelsen 05227-02

Kartenbeschriftungen (Auswahl): UdSSR, 8.8.45 Kriegserklärung an Japan, Alaska V.St., Aleuten, Attu-I. Aug. 1943, Mai 1943, Kiska-I., Dutch Harbor, Kurilen, Kamtschatka, Sachalin, MONGOLEI Kriegserklärung an Japan 11.8.1945, MANDSCHUKUO, Wladiwostok, Peking, Port Arthur 22.8.45, Korea, Tokio, CHINA, Hiroshima 6.8.1945, Nagasaki 9.8.1945, JAPAN, PAZIFISCHER OZEAN, TIBET, Chongqing, Nanjing, Midway-I. V.St., Brit.-Indien, Kunming, Kalkutta, Laschio, Mandalay, Amoy, Riu-Kiu-I., Okinawa 1.4.–21.6.1945, Iwojima 19.2.–16.3.1945, Hawaii-In. V.St., Pearl Harbor, Nördl. Wendekreis, Burma, Rangun, Hainan, Kanton, Hongkong, Taiwan (Formosa), Lingayen Bucht, Luzon, Mariana 19.6.1944, Wake-I. V.St., 30.1.1944, THAILAND, Franz.-Indochina, Bataan, Manila, Corregidor, Saipan 21.7.1944, Guam V.St. 11.8.1944, Andamanen brit., Saigon, Mindoro, Jap-In., Karolinen, Eniwetok 17.2.1944, Marshall-In. V.St., 20.11.1943, Nikobaren brit., Mindanao 1945, 20.10.1944, Pa-au-In., Truk-In., Kwajalein 5.2.1944, Gilbert-In. brit., Brit.-Malaya, Singapur, Brunei, Borneo, Morotai, Makin Nov. 1943, Tarawa Nov. 1943, Äquator, Sumatra, Balikpapan, Celebes, Hollandie 22.4.1944, Manus, Nauru, Java 17.8.45 unabh., INDONESIEN, Niederländisch-Indien, Neu-Guinea, Lae, Rabaul Nov. 1943, Bougainville Nov. 1943, Neu-Britannien, Choiseul, Salomon-In. brit. 13.11.1942, Guadalcanal, Neue Hebriden brit.-frz., Samoa-In. neuseeld.-V.St., INDISCHER OZEAN, Port Timor, Port Darwin, Korallen Meer, Espirito Santo, Fidschi-In. brit., AUSTRALIEN, 17.6.1945

143
Das United States Marine Corps War Memorial in der Nähe des Nationalfriedhofes Arlington.

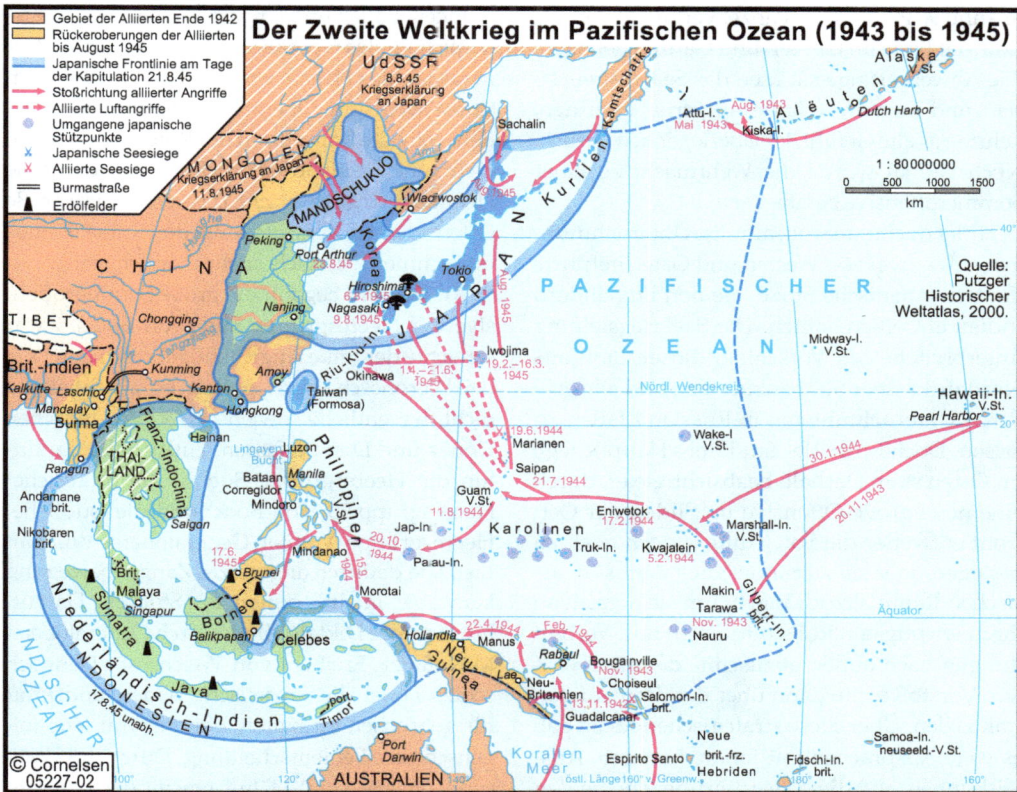

S Die äußerst blutige und verlustreiche Schlacht um Iwo Jima ist eines der bekanntesten Gefechte des Zweiten Weltkriegs im Pazifik. Heute gilt sie als Paradebeispiel einer klassischen Amphibienoperation. Die Eroberung der 1000 Kilometer südlich von Tokio gelegenen Insel sollte der Stationierung von amerikanischen Bombern dienen, die von dort Angriffe auf Japan fliegen konnten. Die etwa 21 000 japanischen Verteidiger erwarteten die am 19. Februar 1945 angreifenden 30 000 Marines in gut ausgebauten Stellungen. Der erbitterte Widerstand der Japaner führte dazu, dass amerikanische Generäle sogar den Einsatz von Giftgas erwogen, was Roosevelt jedoch kategorisch ablehnte. Traurige Berühmtheit erlangte die Schlacht aber dennoch, weil hier erstmals (von amerikanischer Seite) Napalm eingesetzt wurde. Dennoch wechselten die Stellungen mehrmals die Seiten, bis es den Amerikanern Ende März gelang die Schlacht für sich zu entscheiden. Von den japanischen Verteidigern waren nahezu alle gefallen. Das Hissen der amerikanischen Flagge auf dem heiß umkämpften Vulkan Suribachi wurde später nachgestellt und vom Kriegsberichterstatter Joe Rosenthal fotografiert. Dieses Foto diente als Vorlage für das bekannte US Marine Corps War Memorial.

391

te – und 90 Prozent der Panzer verloren. Aber die Ostfront hatte im Großen und Ganzen gehalten. Die Abwehrerfolge stärkten das Selbstbewusstsein, und wo die Verbände aufgefrischt wurden, kehrte das alte Gefühl der Überlegenheit zurück. Noch einmal würde die Wehrmacht zu einer Sommeroffensive befähigt sein.

Hitler dachte an weiträumige Unternehmungen, etwa zwei von Westen und Osten geführte deutsch-japanische Stöße, die den Engländern Indien entreißen sollten. Die Seekriegsleitung unterbreitete den Vorschlag, diesen Stoß aus Nordafrika über Suez anzusetzen und alle größeren Unternehmungen in Russland fallen zu lassen. Doch für Hitler fand der »Hauptkrieg« im Osten statt. Deshalb beabsichtigte er, durch eine neue große Offensive im Süden der Ostfront entweder die Sowjetunion doch noch zu besiegen oder sie zumindest aus dem südrussischen Raum abzudrängen, um sie damit von ihren wichtigsten Rohstoffquellen und Verbindungen nach außen abzuschneiden. Der weitere Vorstoß sollte dann über den Iran auf den Irak zielen. Über diese strategischen Ideen gab es vage Absprachen mit Japan, konkrete Auswirkungen auf die Kriegführung der beiden eher misstrauischen Partner hatten sie nicht.

Der von Hitler in der ▸ »Weisung Nr. 41« im April 1942 festgelegte Feldzugsplan sah neben der immer noch nicht gelungenen Eroberung Leningrads vor, im Süden in vier Phasen vorzugehen: 1. Einnahme von Woronesch, 2. Vernichtung der feindlichen Kräfte zwischen Donez und Don, 3. Vorstoß in einer Zangenoperation abwärts und aufwärts des Don an die Wolga und Eroberung Stalingrads, 4. Einschwenken nach Süden und Vorstoß in breiter Front auf und über den Kaukasus. Im Gegensatz zu 1941 war diesmal die Beteiligung der Bundesgenossen dringend erwünscht. Rumänien stellte zwei

Armeen, Italien und Ungarn je eine. Die Erfolgsaussichten des Operationsplans wurden im Generalstab des Heeres eher kritisch eingeschätzt. Selbst wenn die Operationsziele erreicht würden, wäre die Kampfkraft der Roten Armee noch nicht entscheidend gebrochen, das deutsche Heer aber so geschwächt, dass eine dritte große Offensive zur Zerschlagung der Roten Armee im Sommer 1943 nicht mehr möglich wäre.

Am 28. Juni begann die große Sommeroffensive der Heeresgruppe Süd (von Bock). Zwar erreichte der linke Angriffsflügel rasch den Don bei Woronesch, doch gelang es anschließend nicht, wesentliche sowjetische Kräfte zwischen Donez und Don zu fassen. Hitler teilte daraufhin die Heeresgruppe Süd in die (nördliche) Heeresgruppe B (von Bock) und die (südliche) Heeresgruppe A unter Generaloberst Wilhelm List. Die dadurch angesetzte Zangenbewegung kam aber im Juli erneut ins Stocken. Daraufhin löste der Diktator Bock durch Generaloberst Maximilian Freiherr von Weichs ab. Dennoch schien Hitler die sowjetische Widerstandskraft für gebrochen zu halten, denn er traf eine folgenschwere Fehlentscheidung. Durch die »Weisung Nr. 45« vom 23. Juli wurde der Operationsplan, der das Nacheinander der Phasen 3 und 4 vorsah, abgeändert. Nunmehr sollten die beiden Vorstöße auf Stalingrad (Phase 3) und in den Kaukasus (Phase 4) gleichzeitig vorangetrieben werden. Bei der Heeresgruppe B entstand so eine mehrere hundert Kilometer lange, zu schwach gesicherte Nordflanke, als sie langsam mit der 6. Armee auf Stalingrad vorrückte.

Die Heeresgruppe A konnte wohl in den Kaukasus eindringen, aber weiter, bis zu den Ölfeldern bei Baku, reichten ihre Kräfte nicht. Die Nachschublinien waren ▸ überdehnt. Bei der Heeresgruppe B eroberte die 6. Armee in schweren Abnutzungsschlachten im Septem-

---

S Ab einem bestimmten Punkt einer stürmisch vorangetriebenen Offensive tritt eine Überdehnung der Linien ein. Je weiter jener Höhepunkt der Offensive nun überschritten wird und die angreifenden Truppen in den Raum des Verteidigers vordringen, desto stärker werden die Versorgungslinien des Angreifers überdehnt und seine Flanken entblößt. Während der Angreifer seine Truppen immer weiter auffächert, um den Gegner zurückzudrängen, gewinnt der zusammengedrückte Verteidiger gegenüber dem Angreifer an Stärke. Wenn die Offensive schließlich an den festen Linien des Verteidigers zum Erliegen kommt, kann der Verteidiger zum Gegenschlag gegen den verwundbaren Angreifer ausholen. Jenes Prinzip des *Kulminationspunktes des Sieges* (lat. culminatio: Höhepunkt) ist einer der Eckpfeiler der militärphilosophischen Abhandlungen des preußischen Militärtheoretikers Carl von Clausewitz.

Hitlers operative Vorstellungen im Juli 1942

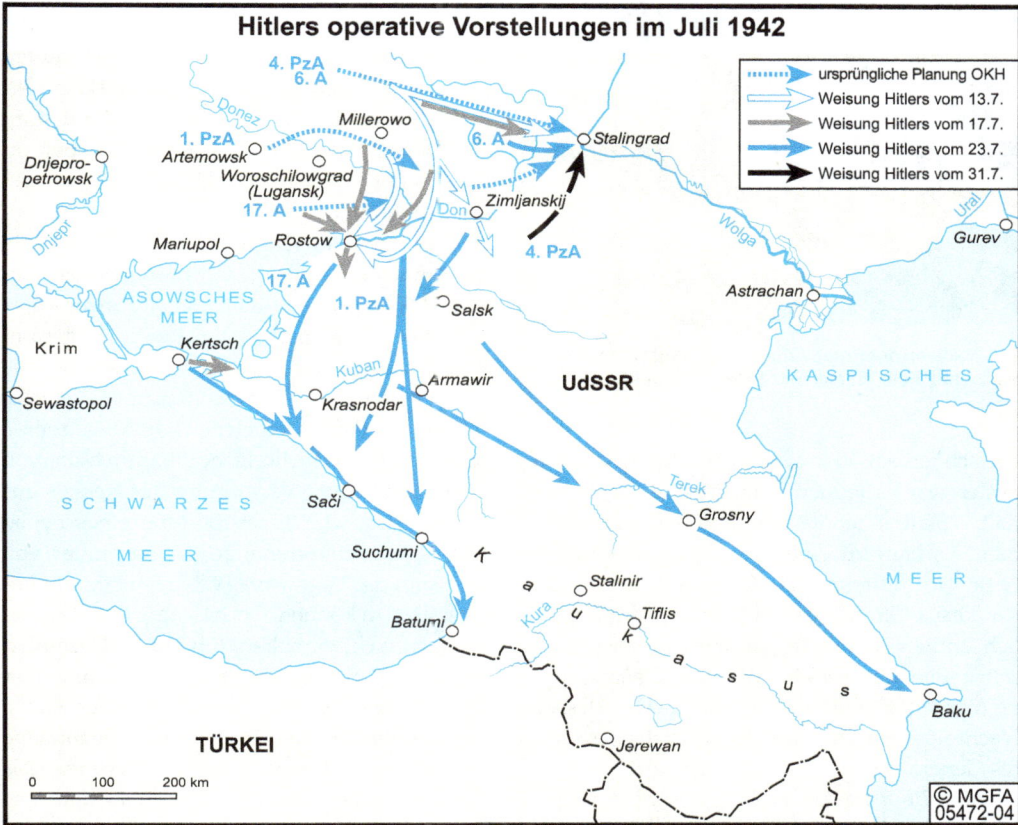

Legende:
- ▸ ursprüngliche Planung OKH
- ▸ Weisung Hitlers vom 13.7.
- ▸ Weisung Hitlers vom 17.7.
- ▸ Weisung Hitlers vom 23.7.
- ▸ Weisung Hitlers vom 31.7.

0   100   200 km

© MGFA
05472-04

Adolf Hitler, »Weisung Nr. 41« (5. April 1942)

Der in der Weisung 41 festgelegte Feldzugsplan sah auch die Eroberung Leningrads vor. Die Erfolgsaussichten des Plans wurden von der Abteilung »Fremde Heere Ost« nur gering eingeschätzt.

»Unter Festhalten an den ursprünglichen Grundzügen des Ostfeldzuges kommt es darauf an, bei Verhalten der Heeresmitte, im Norden Leningrad zu Fall zu bringen und die Landverbindung mit den Finnen herzustellen, auf dem Südflügel der Heeresfront aber den Durchbruch in den Kaukasus-Raum zu erzwingen. Diese Ziel ist in Anbetracht der Abschlußlage nach der Winterschlacht, der verfügbaren Kräfte und Mittel und der Transportverhältnisse nur abschnittsweise zu erreichen. Daher sind zunächst alle greifbaren Kräfte zu der Hauptoperation im Süd-Abschnitt zu vereinigen mit dem Ziel, den Feind vorwärts des Don zu vernichten, um sodann die Ölgebiete im kaukasischen Raum und den Übergang über den Kaukasus selbst zu gewinnen. Die endgültige Abschnürung von Leningrad und die Wegnahme des Ingermanlandes bleibt vorbehalten, sobald die Entwicklung der Lage im Einschließungsraum oder das Freiwerden sonstiger ausreichender Kräfte es ermöglichen.«

Zit. nach: Walther Hubatsch, Hitlers Weisungen für die Kriegführung 1939–1945. Dokumente des Oberkommandos der Wehrmacht, Bonn 1982, S. 184

145 Hitler bei einer Lagebesprechung im Hauptquartier der Heeresgruppe Süd an der Ostfront. Foto, Juni 1942.

393

146 Soldaten der Roten Armee beim Häuserkampf in Stalingrad. Foto, September 1942.

ber schließlich 90 Prozent von Stalingrad. Für Hitler war es jedoch eine Prestigeangelegenheit, »Stalins Stadt« vollkommen einzunehmen. Es kam zu einer Führungskrise, in der Hitler Schuldige suchte. Für das Scheitern der Kaukasus-Offensive machte er List verantwortlich, entließ ihn und übernahm vorübergehend selbst den Oberbefehl über die Heeresgruppe A. Dann trennte er sich von Halder, dessen Nachfolger als Chef des Generalstabs des Heeres General Kurt Zeitzler wurde.

Dass die Rote Armee längst noch nicht geschlagen war, hätte man an ihren Aktivitäten an anderen Frontabschnitten erkennen müssen. Eine bei Schlüsselburg geführte Offensive machte den Mitte September beabsichtigten Entscheidungsangriff auf Leningrad zunichte. Im Süden konnte die sowjetische Führung sogar Großverbände aus der Front lösen und fünf Armeen mit zahlreichen Korps neu aufstellen. Für den Winter plante sie in großen Dimensionen: Vorstoß bis Rostow an der Donmündung und Abschneiden aller zwischen Don und Kaukasus eingesetzten deutschen Kräfte. Als Vorspiel war die Umfassung und Vernichtung der 6. Armee vorgesehen.

Am 19. November 1942 durchstießen die »Donfront« und »Südwestfront« der Roten Armee die Stellungen der 3. rumänischen Armee nordwestlich von ▸ Stalingrad und standen bereits am Abend 35 Kilometer tief im Rücken der 6. Armee, am nächsten Tag gelang ein Durchbruch südlich der Stadt. Am 23. November trafen die Angriffsspitzen bei Kalatsch, 60 Kilometer westlich von Stalingrad, zusammen. Die 6. Armee, Teile der 4. Panzerarmee und zwei rumänische Divisionen, insgesamt etwa 250 000 Mann waren eingeschlossen. Die vom Oberbefehlshaber der 6. Armee, General ▸ Friedrich Paulus, erbetene Handlungsfreiheit gewährte Hitler nicht. Er hoffte, durch die von Göring zugesagte Versorgung des Kessels aus der Luft und durch die Bildung eines neuen Heeresgruppenkommandos »Don« unter von Manstein die Lage vom 19. November wiederherstellen zu können. Doch Göring konnte seine Zusagen nicht einhalten. Ein am 12. Dezember angesetzter Entsatzangriff blieb 50 Kilometer vor dem Kessel stecken, ernsthaft in der Flanke bedroht durch die am 16. Dezember begonnene Zerschlagung der italienischen 8. Armee. Als sich daraus die Notwendigkeit ergab, deutsche Kräfte nach Nordwesten zu werfen, war das Schicksal der 6. Armee endgültig entschieden.

Der Ausbruch aus dem Kessel ist Paulus von Hitler strikt untersagt worden. Eine Chance dafür bestand nur wenige Tage lang unmittelbar nach der Schließung des Kessels. Paulus besaß aber nicht die innere Kraft, einen »Führerbefehl« zu ignorieren, wie es Rommel kurz zuvor bei El Alamein getan hatte. Nach dem Krieg wurde dann der Armeeführung vorgeworfen, den vermeintlich günstigsten Zeitpunkt für einen Ausbruch, als die Entsatzkräfte auf 50 Kilometer herangekommen waren, nicht eigenmächtig genutzt zu haben. Eine realisti-

S Das »Nationalkomitee Freies Deutschland« (NKFD) wurde am 12./13. Juli 1943 auf Initiative der UdSSR durch deutsche Exilkommunisten und Kriegsgefangene gegründet. Das Ziel des Komitees bestand in der Beendigung des Krieges und dem Kampf gegen die Hitlerdiktatur. Da sich dem kommunistisch geführten NKFD kaum höhere Offiziere anschlossen, entstand am 11. September 1943 der »Bund Deutscher Offiziere« (BDO) unter der Führung des Generals Walther von Seydlitz-Kurzbach und des Generalleutnants Alexander Edler von Daniels. Beide Organisationen blieben ein von Moskau abhängiges politisch-ideologisches Gebilde und verloren zunehmend an Bedeutung. Ende 1945 wurden beide Gruppen aufgelöst.

B Friedrich Paulus (1890–1957)
Generalfeldmarschall – Nach dem Ersten Weltkrieg wurde der junge Offizier als Hauptmann in die Reichswehr übernommen. Als die Vorbereitungen für den Überfall auf die Sowjetunion anliefen, holte Franz Halder, Generalstabschef des Heeres, Paulus als Oberquartiermeister I in den Generalstab. Er nahm nun direkt an den Planungen zu »Barbarossa« teil. Bei Adolf Hitler, der ihn in das Oberkommando der Wehrmacht (OKW) holen wollte, genoss Paulus hohes Ansehen. Nach Hitlers Weisung Nr. 45 führte Paulus die 250 000 Mann starke 6. Armee ab dem 1. September 1942 zum Angriff auf Stalingrad. Sie wurde Ende November von den sowjetischen Truppen eingekesselt. Paulus wurde am 31. Januar 1943 zum Generalfeldmarschall befördert. Den von Hitler erwarteten Freitod verweigerte er. Am selben Tag kapitulierten die ersten deutschen Soldaten der bis dahin noch lebenden 90 000 Mann der 6. Armee. Paulus kam anschließend in das sowjetische Kriegsgefangenenlager Woikowo und trat während der Gefangenschaft dem Bund Deutscher Offiziere und dem »Nationalkomitee Freies Deutschland« bei. Im Nürnberger Kriegsverbrecherprozess sagte er als Zeuge der Anklage aus. Nach Verbüßung seiner Haftstrafe lebte er bis zu seinem Tode in der DDR.

147 Generaloberst Paulus (rechts) und General d.Art. von Seydlitz-Kurzbach auf einer Beobachtungsstelle im nördlichen Abschnitt Stalingrads. Foto, 1942.

1 Adolf Hitler,
»Befehl an das Oberkommando der 6. Armee (17. November 1942)

Nach schweren und verlustreichen Kämpfen auf beiden Seiten kapitulierte die eingekesselte 6. Armee schließlich Anfang 1943.

»Folgender Führerbefehl ist allen in Stalingrad eingesetzten Kommandeuren bis zum Rgt.Kdr. einschließlich mündlich bekanntzugeben:
Die Schwierigkeiten des Kampfes um Stalingrad und die gesunkenen Gefechtsstärken sind mir bekannt. Die Schwierigkeiten für den Russen sind jetzt aber bei dem Eisgang auf der Wolga noch größer. Wenn wir diese Zeitspanne ausnützen, sparen wir uns später viel Blut. Ich erwarte deshalb, daß die Führung nochmals mit aller wiederholt bewiesenen Energie und die Truppe nochmals mit dem oft gezeigten Schneid alles einsetzt, um wenigstens bei der Geschützfabrik und beim Metallurgischen Werk bis zur Wolga durchzustoßen und diese Stadtteile zu nehmen. Luftwaffe und Artillerie müssen alles tun, was in ihren Kräften steht, diesen Angriff vorzubereiten und zu unterstützen.«

Zit. nach: Digitale Bibliothek, Bd 49: Das Dritte Reich, S. 8783

1 »Der Untergang der 6. Armee«
(4. Februar 1943)

Nach der Kapitulation der 6. Armee in Stalingrad hatte die Stimmung in der Bevölkerung sowie bei der militärischen Führung einen neuen Tiefpunkt erreicht. Nach Bekanntgabe der Niederlage wurde eine dreitägige Staatstrauer angeordnet.

»Die Meldung vom Ende des Kampfes in Stalingrad hat im ganzen Volke noch einmal eine tiefe Erschütterung ausgelöst [...]. Der dritte Punkt, um den die Gespräche der Volksgenossen z.Z. kreisen, ist die Bedeutung des Kampfes um Stalingrad im gesamten Kriegsverlauf. Allgemein ist die Überzeugung vorhanden, daß Stalingrad einen Wendepunkt des Krieges bedeute. Während die kämpferischen Naturen Stalingrad als Verpflichtung zum letzten Einsatz aller Kräfte an der Front und in der Heimat empfinden, von diesem Einsatz aber auch den Sieg erhoffen, sind die labileren Volksgenossen geneigt, im Fall von Stalingrad den Anfang vom Ende zu sehen.«

Zit. nach: Digitale Bibliothek, Bd 49: Das Dritte Reich, S. 8792

395

148 Deutsche Infanteristen im Straßenkampf in Stalingrad. Foto, 1942.

sche Chance hatte sie aber wegen der verzweifelten taktischen und vor allem logistischen Lage nicht mehr. So begann der Todeskampf der 6. Armee. Unbeschreibliches muss sich im Kessel abgespielt haben: extremste Witterungsbedingungen, Verpflegungsrationen unterhalb der Hälfte des Existenzminimums, Tod durch Hunger und Erfrieren, schließlich Einstellung der Verpflegungsausgabe an Verwundete und Kranke, Fälle von Kannibalismus. Inzwischen aufgespalten, ▸ kapitulierte am 31. Januar 1943 der Südkessel, am 2. Februar der Nordkessel. Von 195 000 Wehrmachtangehörigen waren 60 000 umgekommen, 25 000 konnten ausgeflogen werden, 110 000 kamen in Kriegsgefangenschaft, von denen die meisten in den folgenden Wochen starben; etwa 5000 kehrten heim.

Dennoch hatte die 6. Armee über 100 sowjetische Divisionen gebunden und es Manstein damit erleichtert, die Südfront zu stabilisieren, um der Heeresgruppe A den Rückzug aus dem Kaukasus zu ermöglichen. Das operative Ziel, sie mit einem Durchbruch zur Donmündung abzuschneiden, erreichte die Rote Armee nicht. Sie versuchte nun die Umfassung des deutschen Südflügels aus nordöstlicher Richtung durch eine weit ausholende Operation auf Charkow und Isjum mit Stoßrichtung auf den unteren Dnjepr. Mansteins überragende Führungskunst verhinderte die Katastrophe. In kühnen Bewegungen, der so genannten ▸ Rochade von Rostow, konnte er die Front zum Stehen bringen und durch eine erfolgreiche Gegenoffensive auf Charkow und Belgorod den sowjetischen Angriffskeil zerschlagen.

Beim Eintritt der Schlammperiode verlief die Front in Bögen: Ein sowjetischer »Balkon« um Kursk wurde von der Heeresgruppe Süd (vormals Don) und der Heeresgruppe Mitte umfasst, ein deutscher Frontvorsprung um

Orel durch die Rote Armee. Hitler beabsichtigte, durch einen Zangenangriff auf Kursk die Initiative wieder an sich zu reißen – eine Verlegenheitslösung, der jede strategische Perspektive fehlte. Die Erfolgschancen wurden von den Heeresgruppen zwar skeptisch, aber nicht aussichtslos eingeschätzt, wenn frühzeitig, möglichst Anfang Mai losgeschlagen würde, ehe die Sowjets tiefe Stellungssysteme ausgebaut hätten. Die sowjetische Führung erkannte die Gefahr, entschloss sich aber zum ▸ »Schlagen aus der Nachhand«. Am 15. April erging Hitlers Operationsbefehl »Zitadelle«. Er wollte erst Panzerverstärkungen abwarten, vor allem den Zulauf der neuen schweren Panzer V (Panther) und VI (Tiger I). Schließlich begann die Offensive erst am 5. Juli. Nach einer Woche hatten die beiden Angriffskeile von insgesamt 200 Kilometern nur 15 bzw. 35 zäh kämpfend überwunden. Am 12. Juli schlugen die Sowjets gegen den deutschen Frontvorsprung bei Orel los, am nächsten Tag musste das Unternehmen »Zitadelle« abgebrochen werden. Der mit der Landung auf Sizilien am 10. Juli gelungene Einbruch der Alliierten in Hitlers »Festung Europa« zwang zum Abzug von Verstärkungen nach Italien und beanspruchte Hitlers Aufmerksamkeit mehr und mehr. Die letzte deutsche Großoffensive im Osten war gescheitert.

Vor der alliierten Landung auf Sizilien hatten die Alliierten die Achsenmächte aus Nordafrika vertrieben. Rommels Rückzug auf die Marsa-el-Bregha-Stellung von Mitte November 1941 bis Januar 1942 war durch die katastrophale Versorgungslage erzwungen worden. Gestützt auf Malta, den »unsinkbaren Flugzeugträger«, fügten die Briten den deutsch-italienischen Seetransporten hohe Verluste zu. Nach konzentrierten Luftangriffen der Luftflotte 2 auf Malta kamen aber im Januar Geleitzüge durch.

▤
S »Schlagen aus der Nachhand« bezeichnet das Verfahren eines operativen Gegenangriffes. Hierbei verbleibt das kräftemäßig unterlegene Heer in der Defensive und lässt den überlegenen Gegner zum »Schlagen aus der Vorhand« ausholen. Umso energischer der Gegner seine Offensive nun vorantreibt, desto mehr überdehnt er seine Linien. Der an Kraft abnehmende »Schlag aus der Vorhand« kann nun durch einen »Schlag aus der Nachhand« pariert werden, indem der Verteidiger dem Angreifer beispielsweise in seine geschwächten Flanken fällt. Das bekannteste Beispiel für ein solches Vorgehen ist der Gegenangriff Generalfeldmarschalls Erich von Mansteins am Donez im Frühjahr 1943.

149 Verwundetenabzeichen in Schwarz. Die am 1. September 1939 neu gestiftete Auszeichnung wurde für die ein- oder zweimalige Verwundung verliehen.

Mansteins Gegenschlag am Donez im Februar/März 1943

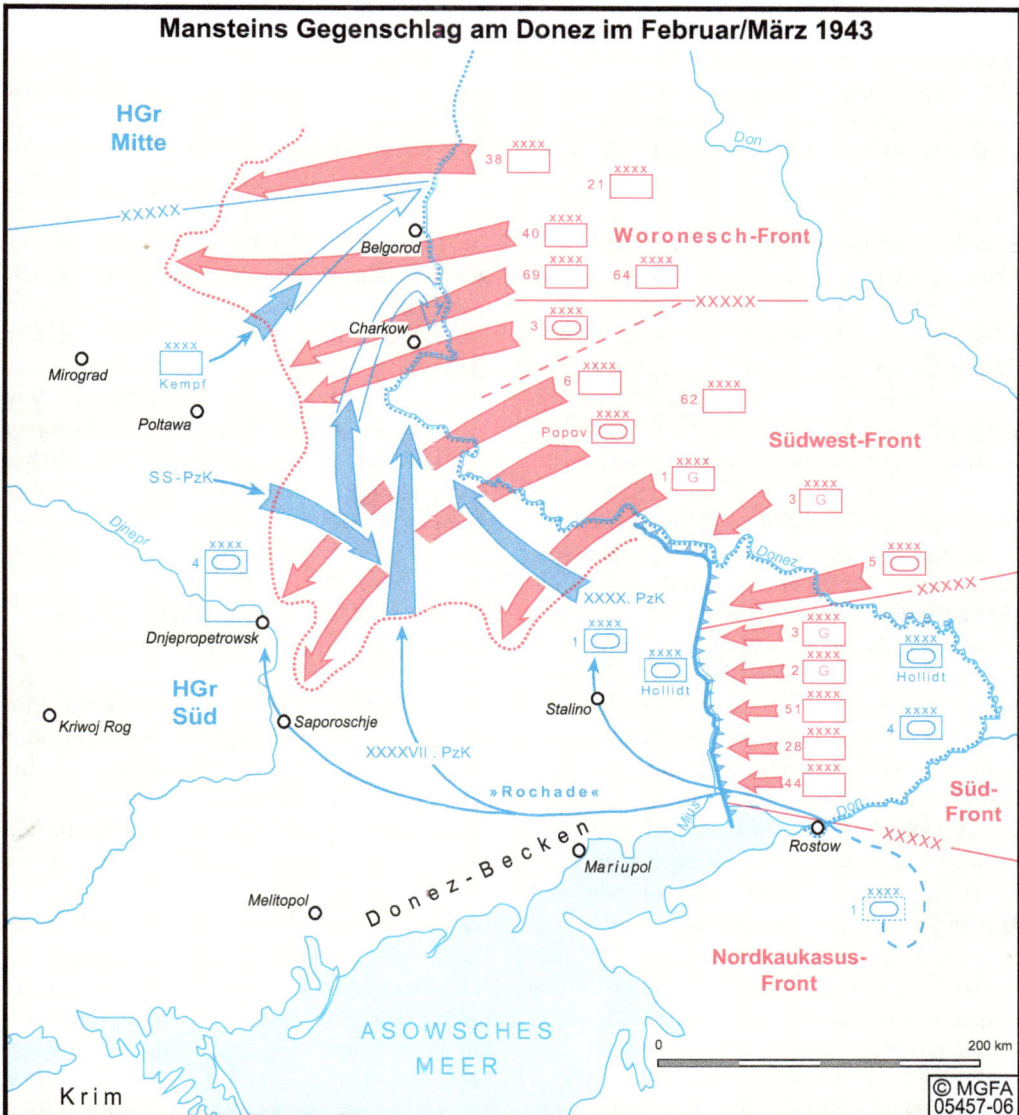

HGr
Mitte

HGr
Süd

Belgorod

Charkow

Mirograd

Poltawa

Kempf

SS-PzK

Dnjepr

Dnjepropetrowsk

Kriwoj Rog

Saporoschje

Melitopol

XXXXVII. PzK

»Rochade«

Donez-Becken

Mariupol

Stalino

Hollidt

XXXX. PzK

Popov

Woronesch-Front

Südwest-Front

Don

Donez

Rostow

Süd-
Front

Nordkaukasus-
Front

ASOWSCHES
MEER

Krim

0   200 km

© MGFA
05457-06

Erich von Lewinski, genannt von Manstein (1887–1973)
Deutscher Generalfeldmarschall – Der Angriffsplan der 1940 dem Feldzug gegen Frankreich zu Grunde lag, ging auf die Gedanken Mansteins zurück und brachte ihm neben großer Bewunderung auch den Neid seiner Kameraden im Generalstab ein. Während des Ostfeldzuges zeichnete sich Manstein durch die Führung erfolgreicher Offensiven und beachtlicher Rückzugsgefechte gegen zahlenmäßig überlegene Gegner aus. Er stabilisierte beispielsweise nach der Katastrophe von Stalingrad die vom Zusammenbruch bedrohte südliche Ostfront. Die »Times« widmete ihm aufgrund seiner militärischen Erfolge im Januar 1944 die Titelseite und bezeichnete ihn voller Ehrfurcht als »gefährlichsten Gegner« der Alliierten. Nichtsdestotrotz fiel der unangenehme operative Kopf im selben Jahr bei Hitler in Ungnade. In die Führerreserve versetzt wartete Manstein vergeblich auf einen weiteren Einsatz als Truppenführer. Nach Kriegsende war der Generalfeldmarschall a.D. wesentlich am Aufbau der Legende der »sauberen Wehrmacht« beteiligt.

397

150 Erich von Manstein bei einer Lagebesprechung. An der Wand der Sinnspruch: »Was würde der Führer dazu sagen?« Foto, 1942.

Rommel griff am 21. Januar erneut an und eroberte bis Anfang Februar die Cyrenaika bis El Gazala zurück. Im Mai verbesserte sich die Versorgungslage der »Panzerarmee Afrika« so weit, dass Rommel erneut die Initiative an sich riss. Am 21. Juni 1942 nahm er die Festung Tobruk – dafür wurde er zum Feldmarschall ernannt – und trat auf Alexandria an, blieb aber Ende Juni vor der britischen Abwehrstellung bei El Alamein liegen. Durchbruchsversuche scheiterten. Am 23. Oktober schlug die inzwischen weit überlegene britische 8. Armee unter General Bernard Law Montgomery zurück. Entgegen Hitlers Haltebefehlen wich Rommel, dessen Entscheidungen weit gehend durch Treibstoffmangel bestimmt wurden, bis Anfang Februar 1943 nach Tripolitanien aus.

Bereits am 7./8. November 1942 waren die Amerikaner und Briten in Marokko und Algerien gelandet, Nordafrika wurde in die Zange genommen. Rommel schlug vor, Nordafrika zu räumen, wurde aber brüsk zurückgewiesen und am 9. März abberufen. Sein Nachfolger Generaloberst Hans Jürgen von Arnim hatte Befehl, Tunesien unter allen Umständen zu halten. Das hing entscheidend vom Nachschub ab, der immer spärlicher floss. Doch wurde bis zum Zusammenbruch der Luftversorgung nicht etwa wertvolles Personal abgezogen, vielmehr auf Hitlers Befehl noch Kampftruppen eingeflogen. So gingen bei der Kapitulation des »Brückenkopfes Tunesien« am 13. Mai 1943 über 130 000 deutsche und 120 000 italienische Soldaten in Gefangenschaft – mehr als in Stalingrad.

Wenn für den heutigen Betrachter auch klar ist, dass der Krieg gegen die Sowjetunion spätestens mit der »Wende vor Moskau« Anfang Dezember 1941 verloren war, so schien die historische Situation im Sommer 1942, als der deutsche Machtbereich im Osten seine größte

Ausdehnung erreichte, für die Zeitgenossen noch offen. Erst die Tragödie von Stalingrad wurde von Vielen als die Wende des Krieges empfunden. Insgesamt drei Signale zeigten im ersten Halbjahr 1943 die unaufhaltsame Niederlage des »Dritten Reiches« an: Die Katastrophe von Stalingrad, die Kapitulation in Nordafrika und der Verlust und Abbruch des U-Bootkrieges im Atlantik im Mai 1943. Je mehr Hitlers erstes »persönliches« Hauptziel des Krieges, die Zerschlagung der UdSSR, in die Ferne rückte, umso intensiver wurde sein zweites Hauptziel vorangetrieben: die Vernichtung der jüdischen Bevölkerung Europas. Dazu musste er alle Kräfte auf die »fanatische« Verteidigung der »Festung Europa« konzentrieren – eine »Festung ohne Dach«.

6. Der operative und strategische Luftkrieg

In der Zeit zwischen den Weltkriegen wurde das neue Kriegsmittel Flugzeug in seinen Möglichkeiten maßlos überschätzt. Es gab Schreckensvisionen, nach denen schon relativ wenige Bomberverbände durch Angriffe auf Industrien und Städte den Widerstand des Gegners brechen sollten. Demnach war das Bombenflugzeug die entscheidende Waffe des Luftkrieges. Schon im Ersten Weltkrieg hatte sich gezeigt, dass für die Unterstützung des Erdkampfes die Luftüberlegenheit Voraussetzung war. Seit Anfang des Zweiten Weltkrieges bestätigte sich, dass entscheidende Operationen am Boden und auf See nur unter Luftherrschaft oder wenigstens Luftüberlegenheit Erfolg haben konnten. Der Kampf um die Luftüberlegenheit stellte also eine spezielle Phase in der Luftkriegführung als Voraussetzung für

151 Ärmelband
des »Deutschen
Afrika-Korps«.

152 Briten nehmen die Besatzung eines kampfunfähig geschossenen Panzers des »Deutschen Afrika-Korps« gefangen. Foto, 1942.

153 Generaloberst Rommel im nordafrikanischen Kampfgebiet. Foto, Frühjahr 1942.

»Führerbefehl« an Erwin Rommel über den Abwehrkampf in Ägypten (3. November 1942)

Trotz der Durchhalteappelle »seines Führers« musste Erwin Rommel, der Oberbefehlshaber der »Panzerarmee Afrika«, sich vor der alliierten Übermacht in Nordafrika nach Tunesien zurückziehen.

»Mit mir verfolgt das deutsche Volk in gläubigem Vertrauen auf Ihre Führerpersönlichkeit und auf die Tapferkeit der Ihnen unterstellten deutsch-italienischen Truppen den heldenhaften Abwehrkampf in Ägypten. In der Lage, in der Sie sich befinden, kann es keinen anderen Gedanken geben als auszuharren, keinen Schritt zu weichen und jede Waffe und jeden Kämpfer, die noch freigemacht werden können, in die Schlacht zu werfen. Beträchtliche Verstärkungen an fliegenden Verbänden werden in diesen Tagen dem Oberbefehlshaber Süd zugeführt werden. Auch der Duce und das Commando Supremo werden die äußersten Anstrengungen unternehmen, um Ihnen die Mittel zur Fortführung des Kampfes zuzuführen. Trotz seiner Überlegenheit wird auch der Feind am Ende seiner Kraft sein. Es wäre nicht das erste Mal in der Geschichte, daß der stärkere Wille über die stärkeren Bataillone des Feindes triumphierte. Ihrer Truppe aber können Sie keinen anderen Weg zeigen als den zum Sieg oder zum Tode.«

Zit. nach: Digitale Bibliothek, Bd 49: Das Dritte Reich, S. 8780

Paul Carell, »Die Wüstenfüchse« (1958)

Erwin Rommel, der von Freund und Feind ehrfürchtig »der Wüstenfuchs« genannt wurde, galt auch nach Krieg als Inbegriff der »sauberen Wehrmacht«. In zahlreichen populären Romanen wurde eifrig das Bild des genialen »Wüstenfuchses« gezeichnet.

»Rommel galt bei seinen Soldaten als kugelfest. ›Für den Alten ist keine Kugel gegossen‹, sagten sie staunend oder kopfschüttelnd, wenn er wieder einmal die Gefahr gerochen und ein paar Sekunden vor dem Einschlag einer Granate an seinem Standort mit seinem Kübelwagen Stellungswechsel gemacht hatte. Man lag im Dreck der Wüste und im Hagel der feindlichen MG-Schützen. Konnte die Nase nicht aus dem Schotter heben, ohne Gefahr zu laufen, daß einem das Gehirn ausgeblasen wurde. Der Angriff blieb stecken.

Rommel kam angefegt. Stellte sich aufrecht ins Schützenloch. Die Hand über die Augen zum Schutze gegen die Sonne. ›Was habt ihr eigentlich? Wenn's drüben knallt, braucht ihr doch nicht gleich in den Dreck zu kriechen!‹ Kaum war er weg, gab's gleich wieder Verluste. Immer wieder passierte das. Viele alte Afrikaner haben mir solche Geschichten erzählt; Männer, die das EK I und das Ritterkreuz mit nach Hause brachten und weiß Gott keine Hasen waren. Ja, für Erwin Rommel war keine Kugel gegossen.«

Zit. nach: Paul Carell, Die Wüstenfüchse. Mit Rommel in Afrika, Hamburg 1958, S. 51 f.

399

die direkte Unterstützung von Heer und Marine dar, aber auch für einen erfolgreichen Bombenkrieg über feindlichem Gebiet.

In der Vorkriegsdiskussion in Deutschland ging es um die Vorrangigkeit einer »kooperativen«, also zur taktisch-operativen Unterstützung der Land- und Seekriegführung geeigneten Kampfweise, oder einer »operativen«, also mehr auf operativ-strategische Fähigkeiten ausgerichteten Einsatzart der Luftstreitkräfte. Auf Grund von Forderungen des Heeres, wegen der zunächst erwarteten kurzen Feldzüge, nicht zuletzt aber auch wegen des beschränkten Rüstungspotenzials war eine »Kompromiss-luftwaffe« entstanden. Im Polenfeldzug wurde sie »kooperativ« eingesetzt, während Hitler im Westen äußerste Zurückhaltung befohlen hatte. Den Westmächten kam das zugute, denn wegen ihrer Rüstungsunterlegenheit mussten sie Zeit gewinnen. Tatsächlich steigerten die Briten die ▸ Jägerproduktion von 93 Stück im September 1939 auf 490 im Juli 1940, während der Luftwaffe zum selben Zeitpunkt nur 220 Messerschmitt Me 109 zuflossen.

Nach Hitlers Vorstellungen sollte ein »operativer« Luftkrieg gegen Großbritannien – wenn er überhaupt notwendig werden würde – erst nach Eroberung des holländisch-belgischen Raums als Basis beginnen. Hingegen forderte der Luftwaffenführungsstab die sofortige Aufnahme eines ▸ rücksichtslosen Luftkrieges gegen den britischen Überseehandel, insbesondere gegen die Häfen. In einer Weisung Görings vom Dezember 1939 wurde aber nur ein Fliegerkorps gegen England angesetzt, die Luftflotten 2 und 3 hatten beim bevorstehenden Westfeldzug das Heer zu unterstützen. Ziele in Städten mit mehr als 5000 Einwohnern durften ohne Genehmigung Görings nicht angegriffen werden.

Bei den Westalliierten gab es hinsichtlich der Luftkriegführung keine klare Konzeption. Die Royal Air Force war frühzeitig prinzipiell auf den operativ-strategischen Einsatz ausgerichtet worden, überschätzte aber dessen Wirkungsmöglichkeiten beträchtlich. Die Franzosen lehnten aus Furcht vor deutschen Vergeltungsmaßnahmen Angriffe gegen das Ruhrgebiet vorläufig grundsätzlich ab. So sollten dann im Fall eines deutschen Angriffs die alliierten Luftwaffen mit Masse den Kampf der Landstreitkräfte unterstützen.

Zu Beginn des Westfeldzuges gelang der deutschen Luftwaffe ein Überraschungsschlag gegen die verbündeten Fliegerverbände am Boden als erster Schritt zur Erringung der Luft-überlegenheit. Schon am 15. Mai lehnte Großbritannien unter dem Eindruck der sich möglicherweise anbahnenden Niederlage die Bitte der Franzosen um Verlegung von zehn weiteren Jagdstaffeln auf das Festland ab. Dieses »Im-Stich-Lassen« des Verbündeten schuf die Voraussetzungen dafür, dass bei der Evakuierung der britisch-französischen Streitkräfte aus Dünkirchen eine örtliche Luftüberlegenheit als Bedingung für deren Gelingen verteidigt und schließlich die ▸ »Luftschlacht um England« durchgestanden werden konnte.

Neben dem »kooperativen« Einsatz flogen beide Seiten aber auch operative Angriffe: die Luftwaffe am 3. Juni mit 600 Kampf- und 500 Jagdflugzeugen gegen Flugplätze und Fabriken um Paris sowie gegen den Hafen von Marseilles, die Royal Air Force (RAF) am 15. Mai mit 100 schweren Bombern gegen das Ruhrgebiet. Die Erfolge blieben gering und weit hinter den Erwartungen zurück. Beide Seiten hatten sich in den Wirkungsmöglichkeiten der Bomberwaffe gründlich getäuscht. Trotzdem galt die Bomberflotte in britischen Augen im-

154 Während der Luftschlacht um England fotografiert ein deutscher Beobachter aus der Nase seines Kampfflugzeugs einen vorbeifliegenden britische Jäger Typ ›Spitfire‹. Foto, 1940.

»Bomben auf Engelland« (1939)

*Dieses Lied wurde vom Komponisten Norbert Schultze ursprünglich
1939 für den Polenfeldzug mit dem Refrain »Bomben auf Polenland«
geschrieben. Mit Abschluss des Polenfeldzuges wurde daraus
»Bomben auf Engelland« und es entstanden weitere zwei Strophen.*

»Wir fühlen in Horsten und Höhen des Adlers verwegenes Glück!
Wir steigen zum Tor der Sonne empor, wir lassen die Erde zurück!
Kamerad! Kamerad! Alle Mädels müssen warten!
Kamerad! Kamerad! Der Befehl ist da, wir starten!
Kamerad! Kamerad! Die Losung ist bekannt: ran an den Feind!
Ran an den Feind! Bomben auf Engelland!

Hört ihr die Motoren singen: ran an den Feind!
Hört ihr's in den Ohren klingen: ran an den Feind!
Bomben! Bomben! Bomben auf Engelland!

Wir flogen zur Weichsel und Warthe, wir flogen ins polnische Land!
Wir trafen es schwer, das feindliche Heer, mit Blitzen und Bomben
und Brand!

So wurde die jüngste der Waffen im Feuer getauft und geweiht!
Vom Rhein bis zum Meer, das fliegende Heer, so stehn wir zum
Einsatz bereit!

Wir stellen den britischen Löwen zum letzten entscheidenden Schlag.
Wir halten Gericht. Ein Weltreich zerbricht. Das wird unser stolzester
Tag!«

*Zit. nach: Günter Ulrich, Soldatenlieder im Wandel der Zeit.
Darstellung, Wertung und Interpretation, Beckum 1989, S. 107 f.*

155 Reichsstraßensammlung für das
Winterhilfswerk: Hitler-Jungen haben
einen Stand aufgebaut, an dem eine
Landkarte Englands »genagelt« wer-
den kann; im Hintergrund ein Plakat
mit der Aufschrift »Jeder kann einmal
England bombardieren«.
Foto, 17. Dezember 1939.

Die deutsche Flugzeugproduktion 1939 bis 1945

	1939	1940	1941	1942	1943	1944	1945
Bomben-flugzeuge 18235	737	2852	3373	4337	4649	2287	—
Jagd-flugzeuge 53725	605	2746	3744	5515	10898	25285	4936
Schlacht-flugzeuge 12359	134	603	507	1249	3266	5496	1104
Aufklärungs-flugzeuge 6299	163	971	1079	1067	1117	1686	216
Strahl-flugzeuge 1988	—	—	—	—	—	1041	947

Quelle: dtv-Atlas, Bd 2, 1980, S. 200.

© MGFA
05224-06

401

mer noch als kriegsentscheidende strategische Waffe. Doch der Lehrsatz *the bomber will always get through* (engl.; Die Bomber kommen immer durch.) war in dem Sinne, damit über die *Ultima Ratio* (lat.; das letzte Mittel) in der Kriegführung zu verfügen, erschüttert, die Royal Air Force verzichtete künftig auf Tagangriffe.

Die britische Luftkriegstrategie beinhaltete nicht nur Angriffe gegen militärisch bedeutende Punktziele, sondern überwiegend ▸ Flächenbombardierungen von Industriegebieten und Arbeiterwohnvierteln in Großstädten, in der Hoffnung, durch Demoralisierung der Bevölkerung deren Widerstand gegen das Regime zu entfachen – eine angesichts der propagandistischen und repressiven Möglichkeiten eines totalitären Regimes völlige Fehlspekulation. Im Gegenteil, der »Bombenterror« führte zu Trotzreaktionen oder zumindest zu Teilnahmslosigkeit. Als sich die britische Führung im Mai 1941 dazu entschloss, mangels anderer Möglichkeiten einer direkten Kriegführung gegen Deutschland den operativen Luftkrieg aufzunehmen, sah sie zunächst zwei Phasen für die Offensive vor: zuerst wegen noch nicht ausreichender Stärke gegen die Verkehrsverbindungen zwischen Rhein und Ruhr, dann, nach Verfügbarkeit einer hinlänglichen Anzahl von Bombern, Flächenangriffe gegen deutsche Städte. Die durch die deutsche Luftverteidigung erzwungene Beschränkung auf Nachtangriffe hatte zur Folge, dass die Bekämpfung von Einzelzielen wie Verkehrsknotenpunkten, Bahnhöfen und Hydrierwerken fehlschlug und die RAF mehr und mehr zum Flächenbombardement überging, das die Zivilbevölkerung nicht schonte.

Als der umstrittene Air Marshal Arthur T. Harris, genannt Bomber-Harris, im Februar 1942 Befehlshaber des Bomber Command geworden war, bauten die Alliierten ihre Flotten gezielt aus und gingen ausschließlich zum Angriff auf die »Moral der Zivilbevölkerung« über. Das Konzept des *dehousing* (engl.; »enthausen«) hatte zum Ziel, die Einwohner der Großstädte obdachlos zu machen, weil Harris davon überzeugt war, dass der Verlust der Wohnungen die Bevölkerung am schnellsten demoralisieren würde. So legten die Briten in Lübeck über 1000 Wohnhäuser, in Rostock über die Hälfte der Altstadt und in Köln 3300 Gebäude in Schutt und Asche. Mit einem Nachtangriff auf Essen am 5. März 1943 begann das Bomber Command die ▸ »Schlacht gegen das Ruhrgebiet«, die bis Mitte Juli andauerte. Immerhin stiegen die Verluste der Briten auf 15 Prozent, so dass sie sich entschlossen, bei der ▸ »Schlacht um Hamburg« (24. Juli–18. November 1943) erstmals eine streng gehütete »Geheimwaffe« einzusetzen, den Abwurf von Aluminiumstreifen zur Blendung der deutschen Funkmessgeräte (Radar). Tatsächlich betrugen dann die Verluste bei der Operation »Gomorrha«, den Angriffen auf Hamburg zwischen dem 25. Juli und dem 3. August mit täglich bis zu 700 Flugzeugen, nur noch 8,4 Prozent. Hingegen war die durch den abgestimmten Einsatz von Spreng- und Brandbomben gezielt herbeigeführte Brandwirkung die verheerendste des ganzen Luftkrieges. Über 100 000 Menschen wurden verletzt, über 30 000 kamen im Feuersturm um, mehr als 270 000 Wohngebäude wurden zerstört. Die Moral der Hamburger war angeschlagen, zu krass war der

Der Bombenkrieg 1940 bis 1945						
	1940	**1941**	**1942**	**1943**	**1944**	**1945**
Bomben (in Tonnen) auf Deutsches Reich	10 000	30 000	40 000	120 000	650 000	500 000
Bomben (in Tonnen) auf Großbritannien	36 644	21 858	3260	2298	9151	761

Quelle: dtv-Atlas, Bd 2, 1980, S. 200.

© MGFA
05225-06

1 »Polizeibericht über die Bombenangriffe auf Hamburg« (August 1943)

Die Operation »Gomorrha« der britischen Air Force hatte die Zerstörung der alten Hansestadt zum Ziel. Zwischen dem 24. Juli und 3. August warfen 2353 Bomber mehr als 9000 Tonnen Sprengstoff- und Brandbomben über der Stadt ab.

»Vernichtung im ganzen ist so radikal, daß auch von vielen Menschen buchstäblich nichts geblieben ist. Bei einer losen Aschenschicht in einem großen Luftschutzraum konnte von den Ärzten die Zahl der Menschen, die hier ums Leben kamen, nur schätzungsweise mit 250 bis 300 angegeben werden. [...] Die Schreckensszenen, die sich im Feuersturmgebiet abgespielt haben, sind unbeschreiblich. Kinder wurden durch die Gewalt des Orkans von der Hand der Eltern gerissen und ins Feuer gewirbelt. Menschen, die sich gerettet glaubten, fielen vor der alles vernichtenden Gewalt der Hitze um und starben in Augenblicken. Flüchtende mußten sich ihren Weg über

156 Blick auf Ruinenfelder in Hamburg, Foto um 1945.

Sterbende und Tote bahnen. [...] In der Zeit vom 25. Juli bis 3. August 1943 hatte Hamburg 7 Terrorangriffe des Gegners auszuhalten. 4 schwere Großluftangriffe und 3 mittlere Angriffe, davon 2 Tagesangriffe, wurden geflogen. [...] Nach Schätzungen beteiligten sich ca. 3000 Maschinen an den Angriffen, wovon lt. Wehrmachtsbericht 35 abgeschossen wurden. In den betroffenen Wohngebieten entstanden durch Abwurf großer Mengen Minen, Spreng- und Brandbomben große Verwüstungen. Es bildeten sich ausgedehnte Flächenbrände, die bis zu Feuerstürmen anwuchsen und alles versengten, was sich ihnen auf dem Sturmwege entgegenstellte.«

Zit. nach: Digitale Bibliothek, Bd 49: Das Dritte Reich, S. 8832–8834

1 Manfred Messerschmidt, »Die Bombardierung von Dortmund« (1944/45)

Der Historiker Messerschmidt, der als 17-Jähriger 1944 zur Wehrmacht eingezogen wurde, berichtet über die Bombardierung Dortmunds.

»Die Endphase – wann begann sie, wann kam die Ahnung auf? Für mich als noch nicht 17jährigen in einer Großstadt des Ruhrgebiets war dies im Mai 1943 der Fall. Meine Heimatstadt Dortmund wurde in diesem Monat zweimal Ziel von Angriffen der Royal Air Force. Beide Angriffe erlebte ich im Luftschutzkeller zwischen weinenden Kindern und betenden Müttern. Das Haus wurde nicht getroffen, nur leicht beschädigt. Draußen herrschte Chaos. Da kamen Rettungsfahrzeuge und Feuerwehren nicht mehr durch. Im Laufe der Nacht suchte ich die Familie meines Onkels: das Haus existierte nicht mehr. Im Kriegstagebuch des Oberkommandos der Wehrmacht (OKW) ist unter dem 23. Mai zu lesen: ›ca. 300 [Flugzeuge] zwischen 00.25 und 03.50 in das rhein.westfäl. Industriegebiet. Angriffsschwerpunkt

157 NS-Plakat aus dem Zweiten Weltkrieg, 1940.

Der Feind sieht Dein Licht!

Verdunkeln!

403

Dortmund. Angriffe aus 4–8000 m Höhe. Bisher schwerster Angriff im Luftgau 6 [...] Flächenbrände, Löschwassermangel.‹ Der Befehlshaber des Bomber Command, Sir Arthur Harris, zählte Dortmund Anfang November 1943 in einer Notiz für Churchill zu den Städten, die er als ›virtually destroyed‹ kennzeichnete.«

Zit. nach: Manfred Messerschmidt, Militarismus. Vernichtungskrieg. Geschichtspolitik. Zur deutschen Militär- und Rechtsgeschichte. Im Auftrag des Militärgeschichtlichen Forschungsamtes hrsg. von Hans Ehlert, Arnim Lang und Bernd Wegner, Paderborn 2006, S. 383

2 Christian Habbe, »Wie ein Schlag in den Magen« (2004)

Die englische Royal Air Force (RAF) und die Airforce der Vereinigten Staaten verloren während des Bombenkrieges in Europa etwa 80 000 Mann der Flugzeugbesatzungen. Die hohen Verlustraten hatten katastrophale Auswirkungen auf die Moral der Truppe.

»Der Stress war allgegenwärtig, wenn auch Bomberchef Arthur Harris trotzig beharrte, eine »Motivationsfrage« gebe es nicht bei seinen Männern. Die Moral der Crews sei »immer ein Großproblem« gewesen, schrieb hingegen der britische Historiker Richard Overy in seinem Standardwerk über das Bomber Command. Dies bestätigt auch eine Untersuchung, in der die Leitung der 3. Bombergruppe den Einsatzablauf von Maschinen eingehend analysierte. 4 hatten gar nicht erst abgehoben, 19 kehrten vor dem Ziel um, und unter den Abbrechern hatten nur zwei Teams eine nach Ansicht der Inspektoren stichhaltige Begründung. [...] Crews, die mit Angst im Nacken abheben mussten, waren kreativ beim Ersinnen von Schlichen, wie der Einsatz zu verhindern sei. Ein Schlupfloch bot die Regel, Air-Force-Soldaten nach insgesamt 200 Flugstunden die erste längere Einsatzpause zu gewähren. Um Zeit zu schinden, dehnten viele Flieger einfach den Rückflug aus, sodass das Bomber Command schließlich die Regel änderte und Auszeit erst nach einer Mindestzahl von 30 Einsätzen zuließ. Zu den beliebten Tricks kampfesmüder Flieger gehörte auch, Teile der Bombenlast schon über der Nordsee auszuklinken, um so die Manövrierfähigkeit der schwerfälligen Maschinen zu verbessern. Außerdem häuften sich Notlandungen in den neutralen Ländern Schweiz und Schweden. Ebenso dubios wirkten viele Meldungen über Defekte oder luftkranke Navigatoren, mit denen eine vorzeitige Rückkehr zur Basis angekündigt wurde.«

Zit. nach: Als Feuer vom Himmel fiel. Der Bomberkrieg in Deutschland. Hrsg. von Stephan Burgdorff und Christian Habbe, Bonn 2004, S. 173

Gegensatz zwischen den vollmundigen Versicherungen Görings und der sich jetzt abspielenden Katastrophe. Mit Rücksicht auf den »Volkszorn« hielt es die Partei für geboten, die allzu plumpe Siegespropaganda vorübergehend auszusetzen und die ersten Hilfsmaßnahmen für die am härtesten betroffenen Einwohner besser dem politisch weniger belasteten Roten Kreuz zu überlassen. Dennoch erfüllte sich die Hoffnung der Alliierten nicht, die Deutschen würden sich wegen des »Terrorbombardements« schließlich gegen das NS-Regime wenden.

Wesentlich wirkungsvoller im Hinblick auf die Schädigung des deutschen Kriegspotenzials war letztlich die gemäß den Beschlüssen der Konferenz von Casablanca Anfang 1943 einsetzende Luftoffensive der USA, wenn sich auch die deutsche Luftverteidigung noch bis zum Ende dieses Jahres einigermaßen behaupten konnte. Die Amerikaner hatten ein Konzept der gezielten Tagangriffe aus großer Höhe gegen sorgfältig ausgewählte Objekte entwickelt. Sie verfügten schon vor Kriegsbeginn über einen schwer bewaffneten viermotorigen Bomber, die B–17 *Flying Fortress* (engl.; »Fliegende Festung«). So ergab sich eine Art »Arbeitsteilung« bei Tag- und Nachtangriffen zwischen Amerikanern und Briten. Bis Mitte 1943 richteten sich die Schwerpunkte der Angriffe gegen Verkehrsknotenpunkte und gegen U-Bootstützpunkte und Werften. Mangels Begleitjägern mit ausreichender Eindringtiefe waren aber die Verluste so hoch, dass als Zwischenphase die Niederringung der deutschen Jagdflugzeugfertigung in Angriff genommen werden musste. Bei den Besatzungen kam es zu Krisen. Zum Beispiel hatte die Bekanntgabe des Angriffsziels Schweinfurt mit seinen kriegswichtigen Kugellagerfabriken – von der Reichsgrenze bis dorthin und zurück ohne

158 Bombardierung deutscher Städte durch britische und amerikanische Bomberverbände: Boeing B-17 der US-Luftwaffe (Flying Fortress) im Einsatz. Foto, 1944.

Jagdschutz – schockartige Wirkung. Tatsächlich gingen am 14. Oktober 1943 von 229 B–17-Bombern 60 durch Abschuss verloren. 138 wurden beschädigt.

In Folge verbesserter deutscher Abwehr- und Vorsorgemaßnahmen wie Feuerleitung mit Funkmessgeräten stiegen die alliierten Verluste überdies in der »Schlacht um Berlin« zwischen dem 18. November 1943 und dem 31. März 1944 wieder an. Noch im Dezember 1943 war Harris davon überzeugt, Deutschland durch die Bomberoffensive bis zum 1. April 1944 zur Kapitulation zwingen zu können. Diese Strategie schlug jedoch fehl. Beim letzten Angriff vor Unterstellung des Bomber Commands unter Dwight D. Eisenhower, den alliierten Oberbefehlshaber, zur Vorbereitung der Invasion, beim Angriff auf Nürnberg am 31. März 1944, betrugen die Verluste über 20 Prozent. Die ▶ Moral der Bomberbesatzungen war angeschlagen.

Allerdings war die deutsche Luftverteidigung bis 1942 vernachlässigt worden. Dass Göring »Meier« heißen wollte, wenn ein feindliches Flugzeug in den deutschen Luftraum eindringen würde, war Ausfluss einer zum Teil ideologisch begründeten Überheblichkeit, dass keine gegnerische Luftwaffe einer deutschen Offensive gewachsen wäre. Folglich betrug die Zahl der Angriffsflugzeuge das Zweieinhalbfache der Jagdflugzeuge. Kern der Luftverteidigung waren die defensiven Komponenten Bunker und ▶ Flak, weniger Jagdflugzeuge. Die Fliegertruppe war bis Ende 1942 ganz überwiegend »kooperativ« zur Unterstützung des Heeres eingesetzt. Aber auch an den Fronten am Boden begann Ende 1942 die Luftüberlegenheit der deutschen Jäger verloren zu gehen. Als Anfang 1943 das Problem der Heimatluftverteidigung immer schwer wiegender wurde, reagierten Hitler und die Luftwaffenführung gemäß überkommenen

1 Manfred Messerschmidt, »Flakhelfer« (1944/45)

Mehr als 200 000 Jungen der Jahrgänge 1926 bis 1929 wurden während des Krieges als Flakhelfer einberufen. Die lebensgefährliche Aufgabe fand meist neben dem Schulunterricht statt.

»Um diese Zeit war ich seit einigen Monaten Flakhelfer. In einer schweren Batterie im Norden der Stadt erlebten wir die nicht zu bezweifelnde Überlegenheit der viermotorigen Bomberverbände. Mit diesem Anschauungsunterricht verband sich ein dumpfes Gefühl der Ausweglosigkeit. Russische Kriegsgefangene schleppten die Munition an die Kanonen. Wir Schüler praktizierten als Richtkanoniere, und unser Geschützführer war ein gemütlicher, etwas hilfloser über 40jähriger Obergefreiter: eine ›schlagstarke‹ Gruppe, in der sich während der stundenlangen nächtlichen Alarmphasen so etwas wie ein Zusammengehörigkeitsgefühl herausbildete. Ein strohblonder Unterleutnant schwärmte vom Theater in Rostov, ein älterer Soldat, im Zivilberuf Mathematiklehrer, verblüffte uns mit Rechentricks. Die Royal Air Force mußte uns nicht fürchten, und vielleicht wußte selbst Harris nicht, gegen welche man power seine Besatzungen anzufliegen hatten. In den Monaten bis März 1944 traf uns kein Blitz aus dem Himmel. Gelegentliche Wochenendfreizeiten in der Trümmerlandschaft der Stadt zeigten die Absurdität der Situation.«

Zit. nach: Manfred Messerschmidt, Militarismus. Vernichtungskrieg. Geschichtspolitik. Zur deutschen Militär- und Rechtsgeschichte. Im Auftrag des Militärgeschichtlichen Forschungsamtes hrsg. von Hans Ehlert, Arnim Lang und Bernd Wegner, Paderborn 2006, S. 383

405

159 Luftwaffenhelfer werden während des Unterrichts in der Flakstellung alarmiert.
Foto, 1944.

Denkmustern zunächst aggressiv: Terror sollte durch Gegenterror vergolten werden. Erst die Katastrophe von Hamburg bewirkte eine teilweise Wende zu defensivem Denken. Generalstabschef Generaloberst Hans Jeschonnek hielt die Lage nun für so aussichtslos, dass er sich das Leben nahm.

Die Flakartillerie wurde – trotz sinkender Erfolge – um fast das Eineinhalbfache vermehrt und umfasste Ende 1943 über eine Million Soldaten, unterstützt durch 400 000 Flakhelfer und -helferinnen, darunter 80 000 Schüler und 60 000 Kriegsgefangene. Sie verfügte im Heimatgebiet Ende 1944 über 30 000 Geschütze und 7500 Scheinwerfer. Etwa ein Drittel der Totalverluste an alliierten Bombern gingen auf das Konto der Flak. Dabei wurden für einen Abschuss mehrere Tausend Schuss großkalibrige Munition verbraucht. Die Flak »verpulverte« zwölf Prozent der Gesamtproduktion an Munition, allein mit dem dafür benötigten Aluminium hätten nahezu 40 000 Jäger gebaut werden können. Immerhin stand die Jagdwaffe das Jahr 1943 trotz drastischer Unterlegenheit mehr schlecht als recht durch und bereitete den Alliierten zeitweise schmerzliche Verluste. Umso dringlicher wäre es gewesen, die Produktion von Jagdflugzeugen drastisch zu steigern. Das geschah aber nur halbherzig, da Hitler dem Bau von Fernbombern Vorrang eingeräumt hatte und diesen nur widerwillig aufgeben wollte. Der Zusammenbruch der Heimatluftverteidigung konnte nur durch den Abzug von Jägern von den Landfronten aufgehalten werden – mit den entsprechenden Folgen für die Luftüberlegenheit dort. Der Anfang vom Ende kam schon im Frühjahr 1944 mit dem Einsatz amerikanischer Begleitjäger, deren Reichweite einen Anflug auf Berlin ermöglichte. An Zahl überlegen, beschränkten sie sich nicht auf den Schutz der Bomber, sondern griffen die deutschen Jäger an, deren Verluste allein bei der Reichsluftverteidigung, also ohne an anderen Fronten, von rund 1200 im letzten Quartal 1943 auf 2130 im ersten Quartal 1944 sprunghaft anstiegen. Trotz zunehmender Luftherrschaft der Alliierten konnte aber der Zusammenbruch der deutschen Kriegswirtschaft durch vorsorgliche Verlagerung von Schlüsselindustrien noch erstaunlich lange herausgezögert werden.

Militärisch schwer erklärbar bleiben die alliierten Terrorangriffe in der Endphase des Krieges wie noch am 23. April 1945 auf Potsdam und am 13./14. Februar auf ▸ Dresden mit schätzungsweise 35 000 Todesopfern. Der deutsche wie der alliierte Luftkrieg standen spätestens seit 1942, als es beiden Seiten um die Terrorisierung der Bevölkerung ging, nicht im Einklang mit den Regeln des Völkerrechts. Zwar hatten die Briten bereits 1940 gemäß ihrer Luftkriegsdoktrin den strategischen Bombenkrieg eröffnet, und Hitler hatte zunächst gezögert, doch ist mit Sicherheit davon auszugehen, dass auch die Luftwaffe ihn schließlich in aller Radikalität geführt hätte, wenn sie dazu in der Lage gewesen wäre. Der Einsatz der ▸ »V-Waffen« gegen Kriegsende lässt daran keine Zweifel aufkommen. Die britische Doktrin des »unterschiedslosen Bombenkrieges« widerlegt allerdings die bisher in der deutschen Publizistik häufiger vertretene These, die Deutschen hätten den terroristischen Bombenkrieg begonnen, gesteigert und brauchten sich über die Reaktion nicht zu wundern, nach dem Motto, »wer Wind sät, wird Sturm ernten«. Die vordergründig plausible direkte Linie Guernica, Warschau, Rotterdam, Belgrad, Coventry und als Folge dann Hamburg und Dresden muss deshalb ausgewogener betrachtet werden.

160
Luftangriff auf eine deutsche Stadt.
Undatierte Aufnahme.

S »V-Waffen« waren so genannte Vergeltungswaffen, die die alliierte Luftüberlegenheit »vergelten« sollten. Die V1 – eine Flugbombe – kam das erste Mal im Juni 1944 zum Einsatz, die V2-Rakete seit September 1944. Die militärische Nutzlast lag bei etwas weniger als 1000 Kilogramm. Ziele waren vor allem London und Südengland sowie die alliierten Nachschubbasen Lüttich und Antwerpen. 80 Prozent der 8000 V1 wurden abgeschossen, von der V2 erreichten knapp 2400 Raketen ihre Ziele. Die V-Waffen-Produktion wurde unter Ausnutzung von Zwangsarbeitern und KZ-Häftlingen vorangetrieben, von denen viele ihr Leben ließen. Produktionsort war das unterirdische Rüstungszentrum »Mittelbau-Dora« bei Nordhausen im Südharz. An der Entwicklung der V2 hatte der deutsche Physiker Wernher Freiherr von Braun als technischer Direktor an der Heeresversuchsanstalt Peenemünde maßgeblichen Anteil. Er ging 1945 in die USA, wurde 1955 amerikanischer Staatsbürger und baute zwischen 1959 und 1972 als leitender Mitarbeiter der NASA die amerikanische Raumfahrt mit auf.

161 Eine »fliegende Bombe«. Startende V1-Rakete. Die V1 wurde von der Propaganda als Vergeltungs- und Wunderwaffe gepriesen, mit der man den »Endsieg« erringen wollte. Foto, 1944.

1 »Soldatenbrief« (18. November 1944)

Der Gefreite, der zu diesem Zeitpunkt in Holland stationiert war, berichtet in seinem Brief über die so genannten Wunderwaffen. Neben der V1, die von der Propaganda als Vergeltungswaffe angepriesen wurde, gehörte auch die Messerschmitt 262 zu den Wunderwaffen. Sie war das erste eingesetzte Flugzeug mit Düsenantrieb, das allerdings keine kriegsentscheidende Wirkung mehr entfalten konnte.

162 Die Messerschmitt Me 262, der erste in Serie produzierte Düsenjäger der Welt. Foto, 1945.

»Hier habe ich jetzt einiges gesehen, was meinen Glauben an den Endsieg wieder sehr gefestigt hat. Täglich saust V1 über uns weg. Weißt Du, wenn man das sieht, ist man doch sehr beeindruckt. Zuerst sieht man am Horizont plötzlich einen feurigen Ball aufsteigen, der mit unheimlich[er] Geschwindigkeit an Höhe gewinnt.
In großen Höhen zieht er dann einen dicken Condensstreifen nach sich. Allmählich kommt das Ding außer Sichtweite. Nach 30–40 sec. hört man dann ein dumpfes Grollen, das langsam anschwillt und wieder nachläßt. Daran kannst Du ermessen, was für eine ungeheure Geschwindigkeit das Ding hat. Weit über Schallgeschwindigkeit. Jedesmal wenn ich V1 sehe, dann denke ich immer mit Freuden an die Zerstörung, die es in England anrichtet. Ich bin ja sonst kein schlechter Mensch. Aber dem Tommy wünsche ich nur das Schlechteste. Weiter habe ich hier noch einen von den neuen Flugzeugtypen gesehen. Die Blitzbomber, das Flugzeug mit dem Turbinenantrieb ohne Luftschraube, flitzt hier auch immer rum. Ich weiß nicht, ob Du ihn schon einmal gesehen hast. Die Geschwindigkeit ist ganz ungeheuer. Ich habe mal versucht mitzumischen.
Das ist einfach unmöglich.«

Zit. nach: Jörg Echternkamp, Kriegsschauplatz Deutschland 1945. Leben in Angst – Hoffnung auf Frieden: Feldpost aus der Heimat und von der Front. Hrsg. vom Militärgeschichtlichen Forschungsamt, Paderborn 2006, S. 115

1 Hans Voigt, »Bombenangriff auf Dresden« (Februar 1945)

Der Leiter der Abteilung Tote in der Dresdner Vermisstenzentrale berichtet über seine Erlebnisse während der Bombardierung Dresdens. Das Bombardement traf die Stadt völlig unvorbereitet. Eine Flugabwehr existierte in der Stadt an der Elbe nicht mehr. Schätzungsweise 35 000 bis 40 000 Menschen starben im Bombenhagel.

»Nie habe ich geglaubt, dass der Tod in so verschiedener Form an den Menschen herantreten kann, nie habe ich für möglich gehalten, dass der Tote in so vielen Gestalten den Gräbern übergeben werden könnte: Verbrannte, Verkohlte, Zerstückelte; scheinbar friedlich schlafend, schmerzverzerrt, völlig verkrampf, gekleidet, nackt und als ein kümmerliches Häufchen Asche. Und über allem der beizende Rauch und der unerträgliche Verwesungsgeruch.«

Zit. nach: Als Feuer vom Himmel fiel. Der Bombenkrieg in Deutschland. Hrsg. von Stephan Burgdorff und Christian Habbe, München 2003, S. 83

407

7. Der Krieg zur See
(Werner Rahn)

Im Zweiten Weltkrieg konzentrierte sich die deutsche Seekriegführung auf die ▸ Vernichtung der alliierten Seetransportkapazität. Mit der Abschnürung der Zufuhren sollten die Widerstandskräfte Großbritanniens gebrochen und zugleich die Vereinigten Staaten vom europäischen Kontinent ferngehalten werden. Allerdings lagen die Ausgangsbasen für die Seekriegführung wie im Ersten Weltkrieg zunächst nur am Südrand der Nordsee. So konnte Großbritannien alle Seeverbindungen kontrollieren und den Durchbruch deutscher Handelsstörer in den Atlantik erheblich erschweren. Eine neue Lage ergab sich ab Sommer 1940, als Deutschland nach der Eroberung Norwegens und Dänemarks sowie der Niederlage Frankreichs, Belgiens und der Niederlande die europäische Festlandküste vom Nordkap bis zu den Pyrenäen beherrschte und damit über eine sehr gute Ausgangsbasis für einen Seekrieg gegen Großbritannien verfügte. Allerdings bestand die Gefahr, dass eine offensive deutsche Seekriegführung im Atlantik eine Gegenreaktion der USA auslösen würde. Dies zeichnete sich bereits im Juli 1940 ab, als Washington den Ausbau seiner Marine mit dem Ziel vorantrieb, sowohl im Atlantik als auch im Pazifik als überlegene Seemacht auftreten zu können.

Im Hinblick auf die begrenzten eigenen Ressourcen sah die ▸ deutsche Seekriegsleitung (Skl) die Gefahr, dass Deutschland einen langen Abnutzungskrieg gegen beide atlantische Seemächte kaum durchstehen konnte. Von Anfang an setzte die Seekriegsleitung deshalb ihre Hoffnung auf den Einsatz von U-Booten, die sich im Handelskrieg des Ersten Weltkrieges bewährt hatten. Der Ausbau der U-Boot-Waffe in der erforderlichen Größenordnung von 300 Booten war jedoch erst 1942 zu erreichen, sofern entsprechende Rüstungskapazitäten bereitstanden. Doch diese Schwerpunktbildung unterblieb im Sommer 1940, da Hitler bereits den Überfall auf die Sowjetunion plante. Ende 1940 war der Bestand an U-Booten lediglich auf 73 Einheiten gestiegen, von denen wiederum nur 27 für Fronteinsätze eingeplant werden konnten. Auch wenn diese Boote bei ihren Einsätzen relativ hohe Erfolge erzielten, konnte die günstige geografische Ausgangslage nicht in dem erwünschten Ausmaß genutzt werden. Daher strebte die Seekriegsleitung auch den Einsatz schwerer Überwassereinheiten im Handelskrieg an.

a) Die Überwasserkriegführung im Atlantik und Nordmeer

Während der ersten beiden Kriegsjahre setzte die Seekriegsleitung die wenigen vorhandenen Überwasserstreitkräfte – drei Schlachtschiffe, drei Panzerschiffe, zwei Schwere Kreuzer – allein oder gemeinsam als Handelsstörer im Atlantik und zum Teil im Indischen Ozean ein. Für den sofortigen Einsatz standen bei Kriegsbeginn bereits zwei Panzerschiffe im Atlantik. Bis Dezember 1939 versenkten sie zwölf Handelsschiffe mit insgesamt 62 000 Bruttoregistertonnen (BRT). Die Seekriegsleitung war bemüht, durch Vorstöße schwerer Einheiten im Heimatbereich Kräfte des Gegners zu binden und damit die Panzerschiffe zu entlasten. Im November 1939 stießen die Schlachtschiffe GNEISENAU und ▸ SCHARNHORST bis nördlich der Färöer-Inseln vor, versenkten einen britischen Hilfskreuzer und kehrten unbehelligt nach Wilhelmshaven zurück.

Ein erster Rückschlag trat ein, als das Panzerschiff ADMIRAL GRAF SPEE am 13. Dezember vor der La-Plata-Mündung auf drei britische Kreu-

B Erich Raeder (1876–1960)
Admiral (ab 1939 Großadmiral) – Während des Ersten Weltkrieges war Raeder bis 1917 Admiralstabsoffizier bei Vizeadmiral Hipper. In der Reichsmarine war er von 1928 bis 1935 Chef der Marineleitung und anschließend bis 1943 Oberbefehlshaber der Kriegsmarine. Noch 1929 hielt Raeder einen künftigen Seekrieg gegen England für aussichtslos, doch bereits ab 1937 rechnete er wieder mit diesem Gegner, warnte jedoch Hitler vor einem verfrühten Krieg gegen diese überlegene Seemacht. Nach

163 Erich Raeder. Foto, um 1938.

Der Seekrieg 1939 bis 1945							
	1939	1940	1941	1942	1943	1944	1945
Verlust an U-Booten (Deutsches Reich)	9	22	35	85	287	241	153
Versenkt an Tonnage (USA, Großbrit.)	810000	4407000	4398000	8245000	3611000	1422000	458000
Neubauten USA in BRT	101000	439000	1169000	5339000	12384000	11639000	3551000
Neubauten Großbrit. in BRT	231000	780000	815000	1843000	2201000	1710000	283000
Neubauten zusammen in BRT	332000	1219000	1984000	7182000	14585000	13349000	3834000

Quelle: dtv-Atlas, Bd 2, 1980, S. 200.

© MGFA
05223-05

1 Erich Raeder, »Gedanken bei Kriegsausbruch« (3. September 1939)

Die Kriegstauglichkeit der Marine beurteilt Raeder wie folgt:

»Am 3.9.39 trat Deutschland in den Krieg mit England ein, da dieses – entgegen der Annahme des Führers, ›England brauche wegen der polnischen Frage nicht zu kämpfen‹ – glaubte, im jetzigen Augenblick in Verbindung mit der polnischen Frage als Vorwand kämpfen zu sollen, da es früher oder später nach seiner Auffassung doch mit Deutschland, und dann möglicherweise unter militärisch ungünstigeren Verhältnissen (Erfolgter Ausbau der deutschen Flotte), hätte kämpfen müssen. Was die Kriegsmarine anbetrifft, so ist die selbstverständlich im Herbst 1939 noch keineswegs für den grossen Kampf mit England hinreichend gerüstet. Sie hat zwar in der kurzen Zeit seit 1935 (Flottenvertrag) eine gutausgebildete, zweckmässig aufgebaute U-Bootswaffe geschaffen, die aber trotzdem noch viel zu schwach ist, um ihrerseits kriegsentscheidend zu wirken. Die Überwasserstreitkräfte aber sind noch so gering an Zahl und Stärke gegenüber der englischen Flotte, dass sie – vollen Einsatz vorausgesetzt – nur zeigen können, dass sie mit Anstand zu sterben verstehen und damit die Grundlage für einen späteren Aufbau zu schaffen gewillt sind.«

Zit. nach: Kriegstagebuch der Seekriegsleitung 1939–1945. Teil A, Bd 1: August September 1939. Im Auftrag des Militärgeschichtlichen Forschungsamtes in Verbindung mit dem Bundesarchiv-Militärarchiv und der Marine-Offizier-Vereinigung hrsg. von Werner Rahn und Gerhard Schreiber, Herford, Bonn 1988, S. 15 f.

DER REICHSKANZLER u. ADMIRAL RAEDER

164 Flottenparade in Kiel. Hitler mit Admiral Erich Raeder. Foto, 1933.

409

Kriegsausbruch im September 1939 sah er in einem Wirtschaftskrieg gegen England mit U-Booten und Überwasser-einheiten durchaus Erfolgschancen. Ende 1940 riet Raeder von einem Angriff auf die Sowjetunion noch vor der Bezwingung Englands ab. Nach einem missglückten Kreuzergefecht im Nordmeer wurde Raeder im Januar 1943 durch Admiral Karl Dönitz abgelöst. Der Internationale Militärgerichtshof in Nürnberg verurteilte ihn 1946 zu lebenslänglicher Gefängnishaft, 1955 wurde er jedoch entlassen.

165 Die Selbstversenkung des Panzerschiffes
ADMIRAL GRAF SPEE in der La Plata-Mündung.
Foto, 17. Dezember 1939.

Bereits in der Spannungszeit lief das Panzerschiff ADMIRAL GRAF SPEE am 21. August 1939 aus Wilhelmshaven aus, um im Kriegsfall im Südatlantik Handelskrieg zu führen. Unter dem Kommando von Kapitän z.S. Hans Langsdorff stehend, erhielt das Schiff jedoch erst Ende September dazu die Erlaubnis. Langsdorff operierte so erfolgreich, dass die britische Admiralität mehrere Verbände zusammenstellte, welche die GRAF SPEE stellen und ausschalten sollten. Am 13. Dezember 1939 kam es vor der Mündung des Rio de La Plata zum Gefecht zwischen der Spee und dem britischen Schweren Kreuzer Exeter und den Leichten Kreuzern Ajax und Achilles. Es gelang Langsdorff die Exeter schwer und die beiden Leichten Kreuzer leicht zu beschädigen. Nach dem Gefecht entschloss sich Langsdorff, Montevideo anzulaufen, um dort Reparaturen durchführen zu lassen. Uruguay verweigert aber die hierfür erforderliche Liegezeit. Durch manipulierte Meldungen über die Massierung starker britischer Kräfte verunsichert, ließ Langsdorff die Besatzung von Bord gehen, lief am 17. Dezember wieder aus und sprengte die Spee nach Rücksprache mit Berlin außerhalb der 3-Meilen-Zone. Er selbst nahm sich drei Tage später – gehüllt in die Reichskriegsflagge – das Leben.

410

zer stieß, in ein Gefecht verwickelt wurde und dabei 15 Treffer erhielt. Der britische Verband brach das Gefecht zwar ab, blieb aber stets in Sichtweite. Die GRAF SPEE lief Montevideo an, um die Gefechtsschäden zu reparieren sowie die 36 Toten und 60 Verwundeten von Bord zu geben. Doch Uruguay lehnte einen längeren Reparaturaufenthalt ab. Der britischen Propaganda war es inzwischen gelungen, den Aufenthalt starker eigener Kräfte vor der La-Plata-Mündung vorzutäuschen. Angesichts dieser Lage und wegen der Schäden an seinem Schiff hielt der Kommandant der GRAF SPEE, Kapitän zur See (z.S.) Hans Langsdorff, einen Ausbruch in den Atlantik für aussichtslos. Nachdem er Handlungsfreiheit erhalten hatte, wurde das Panzerschiff am 17. Dezember 1939 außerhalb der Hoheitsgewässer Uruguays gesprengt.

Die Einsätze im Rahmen des Unternehmens »Weserübung« führten im April 1940 zu schweren Verlusten. Drei Kreuzer und zehn Zerstörer gingen verloren. Die Schlachtschiffe GNEISENAU und SCHARNHORST erzielten zwar einige Erfolge, erhielten aber Torpedotreffer und fielen damit für Monate aus.

Wie im Ersten Weltkrieg stand für den Einsatz in überseeischen Gewässern mit den Hilfskreuzern ein Seekriegsmittel zur Verfügung, das bei relativ geringem Aufwand erhebliche Gegenmaßnahmen des Gegners erforderte, dessen Kräfte band und durch die Versenkung oder Aufbringung von Handelsschiffen diesen zudem schwächte. Allerdings zeigte sich ab 1942, dass die Zeit der klassischen Kreuzerkriegführung angesichts der zunehmenden Überwachungs- und Abwehrmaßnahmen der Alliierten langsam ablief. Von 1940 bis 1943 wurden auf allen Weltmeeren neun Hilfskreuzer eingesetzt, die 138 Schiffe mit einer Gesamttonnage von 857 533 BRT versenkten oder als

167
Kapitän zur See
Hans Langsdorff.
Undatiertes Foto.

166
Trommelsextant
der Kriegsmarine.

Prisen aufbrachten. Von diesen Prisen mit ihrer zum Teil hochwertigen Ladung erreichten 23 Schiffe Westfrankreich oder Japan. Als Erfolge kamen noch ein versenkter Leichter Kreuzer sowie zahlreiche durch Minentreffer beschädigte Schiffe hinzu. Fünf Hilfskreuzer gingen durch Feindeinwirkung verloren.

Die Seekriegsleitung steuerte den globalen Einsatz der schweren Überwassereinheiten und Hilfskreuzer nach folgenden Grundsätzen: Nicht die Zahl der versenkten Handelsschiffe war maßgeblich, sondern die Störung des gesamten gegnerischen Zufuhrsystems. Die gegnerischen Streitkräfte sollten durch eine »doppelpolige Seekriegführung« gebunden werden, also ein verstärktes Auftreten von Handelsstörern in einem bestimmten Seegebiet sollte feindliche Streitkräfte anziehen, um dadurch eigene Operationen in der Heimat oder in anderen Seegebieten zu erleichtern. Der Kampf mit Seestreitkräften sollte nach Möglichkeit vermieden werden, denn jeder Gefechtsschaden konnte die Einsatzdauer eines Handelsstörers empfindlich beeinträchtigen, da Stützpunkte mit Reparaturmöglichkeiten nur in der Heimat vorhanden waren.

Im Frühjahr 1941 erreichte dieser Ansatz seinen Höhepunkt: Die Schlachtschiffe SCHARNHORST und GNEISENAU konnten ab 22. Januar unter der Führung des Flottenchefs Admiral Günther Lütjens acht Wochen lang im Atlantik operieren. Das Versenkungsergebnis von 22 Schiffen mit insgesamt 116 000 BRT war zwar relativ gering, doch das Auftreten dieser beiden Einheiten zwang die Royal Navy zu einer erheblichen Kräftekonzentration. Jeder Geleitzug musste jetzt mit mindestens einem Schlachtschiff gesichert werden.

Nach diesem Erfolg sollte der Handelskrieg mit dem neuen Schlachtschiff ▶ BISMARCK und

168 Die Schlachtschiffe SCHARNHORST und GNEISENAU nach dem Durchbruch durch den Ärmelkanal. Foto, 1940.

Im April 1940 unterstützte die SCHARNHORST mit ihrem Schwesterschiff der GNEISENAU die deutsche Invasion Norwegens. Wenige Wochen später operierten beide Schlachtschiffe westlich von Norwegen und versenkten den britischen Flugzeugträger GLORIOUS; dabei erhielt die SCHARNHORST einen Torpedotreffer durch einen Zerstörer. Im Frühjahr 1941 operierten beide Schlachtschiffe mehrere Wochen erfolgreich im Atlantik und liefen anschließend in Brest ein. Dort wurden beide Schiffe mehrfach von der Royal Air Force bombardiert und dabei beschädigt. Im Februar 1942 verlegten beide Schlachtschiffe zusammen mit dem Schweren Kreuzer PRINZ EUGEN durch den Ärmelkanal zurück nach Deutschland. Dabei erhielten sie Minentreffer. Nach einer längeren Reparatur verlegte die SCHARNHORST im März 1943 nach Norwegen. Am 25. Dezember 1943 operierte das Schiff zusammen mit Zerstörern gegen einen britischen Geleitzug, wurde jedoch von der Kreuzersicherung abgedrängt, erhielt einige Artillerietreffer und konnte den Geleitzug nicht angreifen. Auf dem Rückmarsch gelang es nicht, sich vom Gegner zu lösen, der durch Radar ständig Kontakt hielt und ein überlegenes Schlachtschiff heranführte, das sein Artilleriefeuer bereits mit Radarunterstützung leiten konnte. Die SCHARNHORST sank nach mehreren Artillerie- und Torpedotreffern am 26. Dezember 1943. Von den etwa 1950 Mann der Besatzung konnten nur 36 gerettet werden.

411

169 Schlachtschiff SCHARNHORST auf Kriegsmarsch im Nordmeer. Im Hintergrund die GNEISENAU. Foto, 1940.

S Das nach dem Reichskanzler Otto von Bismarck benannte Schlachtschiff lief am 14. Februar 1939 von Stapel und wurde Ende August 1940 in Dienst gestellt. Im Mai 1941 lief die BISMARCK zusammen mit dem Schweren Kreuzer PRINZ EUGEN in den Atlantik aus, um Handelskrieg zu führen.

In der Dänemark-Straße kam es am Morgen des 24. Mai 1941 zum Gefecht zwischen der BISMARCK und den britischen Schlachtschiffen HOOD und PRINCE OF WALES. Die HOOD wurde versenkt und die PRINCE OF WALES wurde durch schwere Beschädigung zum Ablaufen gezwungen. Auch die BISMARCK wurde beschädigt. Sie musste ihre Marschfahrt reduzieren und hinterließ eine Ölspur. Doch der Gegner verlor zeitweilig den Kontakt zur BISMARCK und erfasste das Schiff erst wieder am 26. Mai. Beim Angriff britischer Torpedoflieger wurde die Ruderanlage zerstört und das Schiff konnte keinen Ostkurs mehr laufen. Am Morgen des 27. Mai wurde die BISMARCK in einem etwa einstündigen Artilleriegefecht von britischen Schlachtschiffen zusammengeschossen und erhielt noch zahlreiche Torpedotreffer von einem Kreuzer. Bei ihrem Untergang verloren etwa 1980 Mann ihr Leben, nur 115 konnten gerettet werden.

170 Das Schlachtschiff BISMARCK. Undatiertes Foto.

dem Schweren Kreuzer PRINZ EUGEN fortgesetzt werden. Beim Durchbruch in den Atlantik stieß die deutsche Kampfgruppe am 24. Mai 1941 bei Island auf einen britischen Schlachtschiffverband und versenkte in einem kurzen Gefecht den Schlachtkreuzer HOOD. Erst 400 Seemeilen vor der französischen Küste gelang es dem Gegner, die BISMARCK mit Trägerflugzeugen abzufangen und durch einen Torpedotreffer weit gehend manövrierunfähig zu machen. Die BISMARCK sank am 27. Mai nach schwerem Beschuss durch britische Schlachtschiffe. Von über 2200 Mann der Besatzung wurden nur 115 gerettet. Der Untergang der BISMARCK beendete den ozeanischen Einsatz der schweren Einheiten, die in sieben Operationen bis 1941 eine Gesamttonnage von 350 000 BRT vernichteten.

Gegen den Widerstand der Marineführung befahl Hitler Anfang 1942 die Verlegung der schweren Einheiten von der Atlantikküste nach Norwegen, um dort eine mögliche Landung der Alliierten zu verhindern. Gleichzeitig sollten sie aber auch die alliierten Hilfslieferungen für die Sowjetunion bekämpfen. Wenn es für Schlachtschiffe und Kreuzer der Kriegsmarine ab 1942 überhaupt noch eine sinnvolle Einsatzmöglichkeit gab, die den hohen Aufwand für diese Seekriegsmittel rechtfertigte, dann war es die offensive Option im Nordmeer, wo die Einheiten stets im Wirkungsbereich der eigenen Luftwaffe operieren und den Gegner mit überraschenden Vorstößen in Bedrängnis bringen konnten. Allein die Dislozierung des Schlachtschiffes TIRPITZ löste bei den Briten Beunruhigung aus. Der riskante erste Einsatz der TIRPITZ erwies sich allerdings als Fehlschlag, da die Luftunterstützung fehlte. Weitere Vorstöße unterblieben zunächst aus Mangel an Heizöl.

Zerstörer allein konnten sich gegen Geleitzüge nicht durchsetzen. Die Konvois wurden

171
Torpedotreffer auf einem in einem Konvoi fahrenden Transportschiff. Foto, 1941.

daher nur durch U-Boote und Flugzeuge bekämpft. Erst im Juli 1942 schien die Gelegenheit günstig, den Konvoi PQ 17 mit einem massiven Einsatz aller verfügbaren Einheiten, Tirpitz mit drei Kreuzern und zwölf Zerstörern, im Zusammenwirken mit U-Booten und Luftstreitkräften völlig zu vernichten. Doch die Furcht vor einer Flugzeugträgerkampfgruppe führte zunächst zu einschränkenden Befehlen und dann zum Abbruch des Vorstoßes, da Raeder unter allen Umständen einen Misserfolg vermeiden wollte. Der inzwischen aufgelöste Konvoi wurde daher wiederum nur von U-Booten und Flugzeugen angegriffen und verlor dabei etwa 65 Prozent seiner Ladung. Nur elf von 34 Schiffen erreichten Archangelsk. Dieses Desaster führte zu einer zeitweiligen Einstellung der Nordmeergeleitzüge.

Nach den Erfolgen der U-Boote und Luftwaffe gegen die Konvois sperrte sich Hitler noch mehr als bisher gegen den Einsatz der schweren Einheiten, die nur noch defensive Aufgaben übernehmen sollten. Doch die Marineführung wollte ein tatenloses Liegen der Schiffe in den Fjorden vermeiden und weiterhin jede Erfolg versprechende Gelegenheit nutzen. So kam es Ende Dezember 1942 zu einem Vorstoß von zwei Kreuzern und sechs Zerstörern gegen einen ▸ Konvoi (Unternehmen »Regenbogen«). Der Seebefehlshaber war jedoch wegen einschränkender Weisungen in seiner Handlungsfreiheit stark gebunden und musste zudem unter den äußerst schwierigen Bedingungen der Polarnacht operieren. Der Vorstoß wurde zu einem Fehlschlag, denn der Konvoi erreichte unbehelligt sein Ziel. Dieser Misserfolg führte bei Hitler zu einem heftigen Wutausbruch gegen die Marine, dem Raeder nicht mehr gewachsen war. Er legte daher Ende Januar 1943 den Oberbefehl nieder und Dönitz wurde sein Nachfolger.

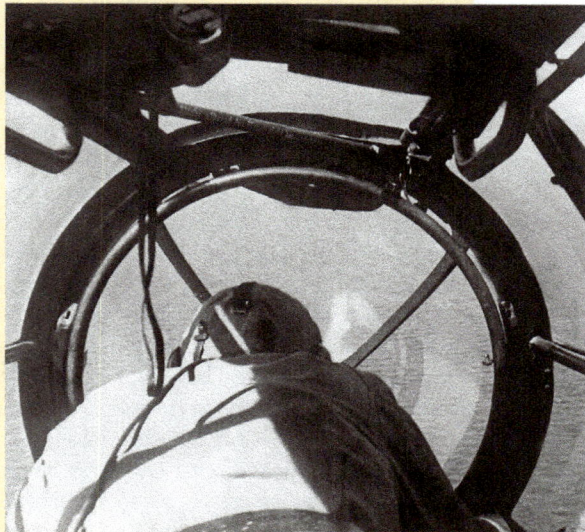

172 Der Beobachter eines deutschen Bombers schießt mit einem Maschinengewehr auf ein gegnerisches Schiff in der Nordsee. Foto, 1941.

Auf den wichtigsten Seefahrtsrouten richteten die Alliierten zum Schutz vor U-Boot-Angriffen das Konvoisystem ein. In einem Konvoi (auch Geleitzug) wurden Handelsschiffe zusammengefasst und von Kriegsschiffen beschützt. Das Marschtempo des Konvois musste sich nach dem langsamsten Schiff richten.
Anfänglich fuhren 30 bis 40 Handelsschiffe in neun bis zwölf Kolonnen zu je vier Schiffen. Die Rechteckformation des Konvois bot eine gute Sichtverbindung zwischen den Schiffen, außerdem reduzierte sie die Angriffsmöglichkeit eines U-Bootes.
Allerdings hatten die Sicherungsfahrzeuge nicht immer Erfolg, bei Nacht angreifende U-Boote abzuwehren. Mit Einführung des Radargerätes, des Hochfrequenzrichtfunkpeilers und neuen Waffen wurde die U-Boot-Abwehr erheblich verbessert.
Die Verluste von Einzelfahrern waren mindestens doppelt so hoch wie bei den in Konvois fahrenden Schiffen.

413

Die schweren Einheiten behielten im Nordraum zwar ihre Funktion als ▸ »Fleet-in-being«, doch ihr Einsatz gegen Konvois unterblieb bis Ende 1943, da der größte Teil der Hilfslieferungen für die Sowjetunion über den Iran lief. Als die Royal Navy nach massiven Forderungen aus Moskau im November 1943 den Geleitverkehr im Nordmeer wieder aufnahm, kam es am 25./26. Dezember 1943 auf Drängen von Dönitz zum Einsatz des Schlachtschiffes SCHARNHORST. Es war ein Einsatz, der wegen der überlegenen Ortungstechnik der Briten nicht mehr zu verantworten war und zur Katastrophe führte. Die SCHARNHORST sank unter sehr hohen Personalverlusten, nur 36 Mann wurden gerettet. Die Existenz des Schlachtschiffes TIRPITZ in Norwegen wurde auf alliierter Seite bis weit in das Jahr 1944 hinein als Bedrohung empfunden, so dass die Briten immer wieder versuchten, dieses Schiff außer Gefecht zu setzen. Das gelang erst Anfang November 1944 mit einem massiven Luftangriff unter Einsatz schwerster Bomben. Das Schlachtschiff kenterte unter hohen Verlusten.

b) Der U-Bootkrieg

Das wichtigste Seekriegsmittel im Kampf gegen die Seetransportkapazität des Gegners war ab Sommer 1941 das ▸ U-Boot. Das damalige U-Boot war ein »Torpedoboot« mit besonderen Eigenschaften: Wegen seiner robusten Antriebsanlage hatte es eine große Seeausdauer und es besaß die Fähigkeit, sich durch ein Tauchmanöver für etliche Stunden weit gehend der Erfassung durch einen Gegner zu entziehen. Die U-Boot-Führung setzte bei Operationen gegen Geleitzüge im Nordatlantik meist den U-Boot-Typ VII C (ca. 760 t) ein, der sich mit seiner Überwassergeschwindigkeit von 17 Knoten (31 km/h), seinem Fahrbereich von 6500 Seemeilen (12 000 km) und seiner Hauptbewaffnung mit 5 Torpedorohren und 14 Torpedos noch bis Anfang 1943 gegen die alliierte U-Boot-Abwehr durchsetzen konnte.

Der Befehlshaber der U-Boote, Admiral ▸ Karl Dönitz, sah die Entscheidung des Seekrieges in dem »Wettrennen« zwischen Versenkungen und Schiffsneubauten: Wenn es über längere Zeit gelingen sollte, mehr Schiffe zu versenken, als der Gegner durch Neubauten ersetzen konnte, so musste Großbritannien wirtschaftlich zusammenbrechen. Da die Alliierten ihre Schiffbaukapazität ständig vergrößerten, spielte der Zeitfaktor eine entscheidende Rolle. Es kam Dönitz darauf an, die Schiffe dort zu versenken, wo mit kurzen Operationen und geringen Verlusten große Erfolge zu erzielen waren. Er prägte dafür den Begriff des »ökonomischen U-Boot-Einsatzes«. Dönitz hatte erkannt, dass auf die Konzentration der Handelsschiffe im Geleitzug mit einer Konzentration der U-Boote reagiert werden musste. Bevor U-Boote einen Geleitzug bekämpfen konnten, mussten sie ihn in der Weite des Atlantiks erst finden. Für die Aufklärung standen jedoch meist nur U-Boote zur Verfügung, da die Luftwaffe für eine weiträumige Seeraumüberwachung nicht gerüstet war.

Die zunächst noch schwachen britischen Abwehrmaßnahmen führten dazu, dass die U-Boote bis zum Frühjahr 1941 vor allem auf den Bündelungen des Schiffsverkehrs nordwestlich und südwestlich von Irland große Erfolge erzielten. Unter dem Druck der allmählich stärker werdenden U-Boot-Abwehr mussten die Boote ab April 1941 mehr nach Westen in den Nordatlantik ausweichen. Im April 1941 verfügte Dönitz bereits über 100 Boote, von denen jedoch nur 28 Frontboote waren; die übrigen absolvierten noch ihre Gefechtsausbildung oder wurden als Schulboote benötigt.

414

≡S Der Begriff *»Fleet-in-being«* (engl.; vorhandene Flotte) beschreibt ein strategisches Konzept im Seekrieg. Die »Fleet-in-being« ist eine Flotte, die nur durch ihr einsatzbereites Vorhandensein die Kriegslage beeinflusst. Bereits die Möglichkeit ihres Auslaufens zwingt den Gegner, ausreichend Streitkräfte bereitzustellen, um diese Flotte gegebenenfalls bekämpfen zu können. Die »Fleet-in-being« soll ein Gefecht mit feindlichen Streitkräften möglichst vermeiden. Sie kann einem Gegner die Vorherrschaft auf See verweigern, diese aber nicht selbst erringen.

173 Großadmiral Karl Dönitz.
Porträtaufnahme, um 1943.

B Karl Dönitz (1891–1980)

Großadmiral – 1910 trat Dönitz in die Kaiserliche Marine ein. Im Ersten Weltkrieg war er U-Bootkommandant. 1935 wurde er mit dem Aufbau der U-Bootwaffe betraut, deren Befehlshaber er bis 1945 blieb. In Auswertung der Erfahrungen des Ersten Weltkrieges entwickelte er den Gruppenansatz von U-Booten gegen Konvois. Im Januar 1943 übernahm er als Nachfolger des Großadmirals Raeder den Oberbefehl über die Kriegsmarine, blieb jedoch gleichzeitig Befehlshaber der U-Boote. Am 30. Januar 1944 verlieh Hitler Dönitz als neuem Ehrenmitglied der NSDAP das Goldene Parteiabzeichen. Nach dem Attentat auf Hitler beschwor Dönitz seine Marineoffiziere, »fanatisch hinter dem nationalsozialistischen Staat zu stehen«. Hitler ernannte ihn am 30. April 1945 zu seinem Nachfolger. Nach dessen Tod versuchte Dönitz, noch große Teile der deutschen Zivilbevölkerung und Soldaten aus dem Osten abtransportieren zu lassen. In seinem Auftrag unterschrieb General Jodl am 7. Mai 1945 die bedingungslose Kapitulation. Am 23. Mai wurde Dönitz verhaftet und zu einer zehnjährigen Gefängnisstrafe verurteilt, die er im Spandauer Gefängnis verbüßte.

174 Das U-Bootkriegsabzeichen war das erste Marinekampfabzeichen, das bereits am 13. Oktober 1939 gestiftet wurde.

1 Wolfgang Hirschfeld, »Feindfahrten« (1986)

Der Autor, ein ehemaliger Funkmaat von U 109 und späterer Funkmeister von U 234, schildert das Leben und die schwierigen hygienischen Verhältnisse auf einem U-Boot.

»27. August 1942. [...] Am Nachmittag, gegen 16.00 Uhr, schrillen die Alarmglocken. Die Fahrt geht steil abwärts; das ist keine Übung. Von der Brückenwache hören wir, daß eine große Landmaschine mit doppeltem Leitwerk Backbord querab aufgetaucht war. Wir warten gespannt, aber alles bleibt ruhig. Keine Detonation. Nach einer Weile kommt der Alte durch das Kugelschott aus der Zentrale. Er hat sich beim Einsteigen ins Turmluk das Schienbein aufgeschlagen. Ich mache ihm einen Verband mit Lebertransalbe. Die Wunde scheint ihm große Schmerzen zu bereiten. [...] 28. August 1942. [...] Das Schienbein des Kommandanten sieht schlimm aus. Ich habe es wieder mit Lebertransalbe behandelt, denn meinen guten Peru-Balsam lehnt er ab. Ich erwähne, daß ich damit bei Maschinen-Maat Vetter ein großes Loch im Oberschenkel geheilt habe, das er sich an einer scharfen Ecke vom Dieseltrittbrett geholt hatte, aber der Kommandant bleibt skeptisch, was mich als Medizinmann etwas kränkt. Einige Männer leiden an Furunkulose, die ich täglich mit Ichthyol behandle. Berthold Seidel spricht nur von den Leuten mit den Pestbeulen. Ausgerechnet der Gefechtsrudergänger Paul Pötter hat ein Furunkel im Gesicht, das lebensgefährlich sein kann. Der Alte ist sehr besorgt um ihn und sieht jeden Tag bei der Behandlung zu. Die Gonorrhoe von Zank scheint geheilt. [...] Die Stimmung ist auf dem Nullpunkt angelangt. 30. August 1942. [...] Um 11.00 Uhr Prüfungstauchen. Der Kommandant hofft, daß wir vielleicht ein Schiff hören, aber in der Tiefe ist es totenstill. Heute willigt er endlich ein, daß ich sein Bein mit Peru-Balsam behandle. ›Wo haben Sie das Gift eigentlich her?‹ fragt er. ›Das hat mir der Stabsarzt Dr. Ziemke schon nach der ersten Fahrt in Lorient gegeben. Soll schwer zu beschaffen sein.‹ – ›Gnade Ihnen Gott, wenn es nicht hilft‹, brummt der Alte. 1. September 1942. Wir sind südlich der Elfenbeinküste. Meine Pilzkrankheit breitet sich langsam über den ganzen Körper aus.«

Zit. nach: Wolfgang Hirschfeld, Feindfahrten. Das Logbuch eines U-Boot-Funkers, Gütersloh 1986, S. 322–324

175 Ein U-Boot-Mann beim Bedienen von Entlüftungsventilen. Foto, 1941.

415

Der Einsatz der U-Boote in Aufklärungslinien und Angriffsgruppen erforderte einen wechselseitigen Funkverkehr zwischen der Führung an Land und den Booten. Dönitz wusste zwar, dass ein Boot bei jedem Funkspruch möglicherweise seine Position preisgab, doch er musste diesen Nachteil hinnehmen, da ohne Funkverkehr eine Konzentration der Boote gegen Geleitzüge nicht möglich war. Dass auch der Inhalt der Funksprüche vom Gegner mitgelesen und sogar operativ ausgewertet werden könnte, hielt die deutsche Marineführung für unmöglich. Ab Sommer 1941 war es jedoch den Briten durch den Einsatz von Rechnern gelungen, den Funkverkehr der U-Boot-Führung mit einigen Verzögerungen laufend zu entziffern, was sich für die Steuerung der Konvois sehr vorteilhaft auswirken sollte. Deren Umleitung führte dazu, dass sie zumeist von den U-Booten überhaupt nicht mehr erfaßt wurden.

Ab September 1941 musste die Seekriegführung Italiens im Mittelmeer auf Weisung Hitlers unterstützt werden. Der Ansatz dieser Boote erwies sich zunächst als wenig erfolgreich. Erst mit der Versenkung des Flugzeugträgers Ark Royal am 13. November und des Schlachtschiffes Barham am 25. November 1941 trat hier eine gewisse strategische Entlastung ein.

Nach dem Kriegseintritt der USA im Dezember 1941 erkannte Dönitz, dass die Ostküste Nordamerikas nach dem Prinzip des »ökonomischen U-Boot-Einsatzes« selbst unter Inkaufnahme der langen Anmarschwege ein lohnendes Operationsgebiet werden könnte, solange die U.S. Navy nur wenig Erfahrung in der U-Boot-Abwehr hatte. Am 1. Januar 1942 verfügte die U-Boot-Waffe über 249 Boote. Doch im Fronteinsatz standen erst 91 Boote. Von den Frontbooten waren 26 Boote im Mittelmeer, sechs vor Gibraltar und vier im Nordmeer gebunden. Für den eigentlichen Tonnagekrieg im Nordatlantik verblieben somit nur noch 55 Boote, von denen allerdings 23 zur Instandsetzung in den Stützpunkten lagen. Es befanden sich also nur 22 Boote im Nordatlantik.

Hier setzte ab August 1942 die letzte massive U-Boot-Offensive gegen alliierte Geleitzüge ein. In zahlreichen Geleitzugschlachten gelang es den U-Booten erneut, hohe Versenkungserfolge zu erzielen. Im Februar 1942 war bei der britischen Funkentzifferung für elf Monate ein »Blackout« eingetreten, da die Kriegsmarine ihre ▸ Schlüsselmaschine erheblich verbessert hatte. Doch nachdem den Briten im Dezember 1942 der erneute Einbruch in das deutsche Schlüsselsystem geglückt war, konnten die Alliierten die Ergebnisse ihrer Funkaufklärung wieder erfolgreich für die U-Boot-Abwehr nutzen. Die daraufhin erfolgte Umleitung der Konvois blieb Dönitz nicht verborgen. Immer wieder vermutete man in der U-Boot-Führung, dass der Gegner die eigenen Funksprüche mitlesen würde. Doch alle Untersuchungen kamen zu dem Ergebnis, dass die eigenen Schlüsselmittel als sicher galten.

Inzwischen hatten die U-Boote im Nordatlantik eine Stärke erreicht, die es ihnen erlaubte, mehrere sich ▸ überlappende Streifen zu bilden, um die ▸ Konvois zu erfassen und zu bekämpfen. Anfang März 1943 fuhren nacheinander vier Geleitzüge in drei Aufklärungslinien der U-Boote und erlitten schwere Verluste. Doch in den folgenden Wochen begann sich die Überlegenheit der Alliierten immer mehr auszuwirken. Es war jetzt möglich, den Konvois eine ständige Luftsicherung durch Flugzeugträger zu geben, welche die U-Boote frühzeitig unter Wasser drückte. U-Jagd-Gruppen operierten in der Nähe besonders gefährdeter Konvois und gingen gegen erkannte U-Boote vor. Die große

Der 1930 schon in der Reichswehr eingeführte Chiffrierautomat »Enigma« (gr. Rätsel) verschlüsselte durch fünf elektronisch verbundene Walzen Befehle und Nachrichten. Der Verschlüsselungscode wurde alle 48 Stunden gewechselt. Der Adressat empfing die Botschaft über ein synchrongeschaltetes Gerät und dechiffrierte sie mit Hilfe des vereinbarten Schlüssels. Auf deutscher Seite war man der Meinung, dass diese Codes nicht zu knacken waren. Jedoch wurden schon 1932 wichtige Unterlagen zur Bedienung der Enigma von einem Mitarbeiter des Reichswehrministeriums an den französischen Geheimdienst verraten, der diese an polnische und britische Stellen weiterleitete. 1932 – zu dieser Zeit hatte die Maschine noch drei Walzen – gelang dem polnischen Nachrichtendienst der erstmalige Einbruch in den deutschen Funkschlüssel. Die Umstellung auf fünf Walzen im Jahre 1938 machte die Erfolge jedoch zunichte und nach dem deutschen Überfall wurden die Ergebnisse der polnischen Funkaufklärung

Die Rudeltaktik (auch Gruppentaktik) der deutschen U-Boote wurde bereits vor 1939 erprobt. Die Taktik war aus der Überlegung entstanden, der im Konvoi zusammengefassten großen Zahl von Schiffen eine große Zahl von U-Booten entgegenzustellen. Durch den Angriff mehrerer Boote konnten die Abwehrkräfte zersplittert werden. Ein Konvoi sollte mit Hilfe eines breiten Aufklärungsstreifens aus U-Booten erfasst werden. Dazu liefen U-Boote in Abständen von ca. 40 Seemeilen quer zum vermuteten Konvoikurs. Das U-Boot, das den Konvoi zuerst sichtete, sollte nicht sofort angreifen, sondern die Position und den Konvoikurs melden, den Konvoi beschatten und die anderen Boote heranführen.

Tagsüber wurde der Konvoi meist nur verfolgt. In der Nacht erfolgte der Überwasserangriff der Boote. Die Einsätze der U-Boote wurden über Funk geführt. Dabei hatte die Landbefehlstelle des Befehlshabers der U-Boote (BdU) die Übersicht über die Großlage sowie die taktische Führung der Operationen. Die Schwierigkeit lag im Auffinden eines Konvois in der unendlichen Weite des Atlantiks. Die U-Boot-Funksprüche mit den Positionsmeldungen waren Kurzsignale, die vom Gegner schwer zu orten waren. Erst mithilfe automatisierter Funkpeiler gelang es den Alliierten, die U-Boote leichter einzupeilen und dann zu bekämpfen. Bis Anfang 1943 konnte mit dem Gruppenansatz der U-Boote große Erfolge erzielt werden. Ab Mai 1943 musste diese Taktik wegen der überlegenen U-Boot-Abwehr aufgegeben werden. Spätere Versuche bei der Wiederaufnahme mit neuen Waffen blieben weit gehend erfolglos.

178 Enigma-Chiffriermaschine der deutschen Kriegsmarine aus dem Zweiten Weltkrieg.

1 Lothar-Günther Buchheim, »Das Boot« (1973)

Der Autor berichtet in seinem Roman »Das Boot« über seine Erfahrungen als Mitglied einer U-Boot-Besatzung im Herbst/Winter 1941.

»Der Alte [U-Boot-Kommandant] riskiert, trotz der Mondhelle noch ein Stück näher ans Geleit [Konvoi] heranzustaffeln. Er vertraut dabei auf unseren schönen dunklen Hintergrund und setzt wohl auch auf den Mangel an Wachsamkeit bei den Seeleuten auf den Geleitdampfern. Wir ragen ja ohnehin kaum aus dem Wasser. [...] die Aufstellung des Geleitzugs [...]: In einem langgestreckten Rechteck die vier Kolonnen. In der Mitte die wertvollsten Schiffe, die Tanker. Zwei Korvetten, die Feger, als Voraussicherung, die mit langen Törns quer vor dem Geleit hin und her jagen, um U-Boote daran zu hindern sich aus vorlicher Position zwischen die Dampfer sacken zu lassen. Und dann die seitlich sichernden Zerstörer oder Korvetten, die an den Flanken des Geleits hin und her hetzen [...] Der Kommandant weist den I WO [I. Wachoffizier] an ›Ranlaufen und gleich schießen. Nach dem Schuß sofort nach backbord drehen. [...]‹ Der I WO hält das Ziel im Glas gefaßt. [...] Er verbessert ständig seine Werte. Schon hat er die rechte Hand am Abfeuerungshebel. [...] Dicht neben meinem Ohr höre ich den Kommandanten: ›Rohr eins und zwo – Feuererlaubnis!‹ Sekunden danach befiehlt der I WO: ›Rohr eins und zwo los!‹ Ich mache alle Sinne scharf: kein Knall – kein Ruck im Boot – nichts! Das Boot prescht weiter, noch näher an die Dampfer heran. Die merken nichts! [...] ›Hart steuerbord!‹ brüllt der Kommandant. Das [U-]Boot hat kaum nach der anderen Seite abgedreht, da zuckt drüben ein orangeroter Blitz auf, einen Sekundenbruchteil darauf noch einer. Eine gewaltige Faust staucht mich in die Knie. Scharfes Sausen dringt wie ein kalter Stahl in mich ein. ›Die Schweine, die schießen! – ALARM!‹ brüllt der Alte. [...] ›Den [das torpedierte Schiff] hats erwischt!‹ zischelt der Kommandant.«

Zit. nach: Lothar-Günther Buchheim, Das Boot, München 1973, S. 315–324

417

den Briten übergeben. Im Frühjahr 1940 gelang es einer in Bletchley Park bei London stationierten Einheit des britischen Geheimdienstes, in das Enigma-Verschlüsselungssystem der Wehrmacht einzubrechen. Auf deutscher Seite wurde dies für unmöglich gehalten, so dass die »Enigma« im Rahmen der militärischen Nachrichtenübermittlung bis Kriegsende weiterverwendet wurde. Die Möglichkeit der Entschlüsselung des deutschen Funkverkehrs verschaffte den Alliierten bei der Planung und Durchführung von militärischen Operationen in der Folgezeit einen nicht zu unterschätzenden Vorteil. Die britische Dechiffrierungsoperation »Ultra« lief unter der höchsten Geheimhaltungsstufe; erst 1974 wurden Einzelheiten hierzu veröffentlicht.

Überlegenheit der alliierten U-Boot-Abwehr in allen Bereichen wie Funkaufklärung, Radar, See- und Seeluftstreitkräfte, Waffentechnik führte im Mai 1943 zu so hohen Verlusten, dass Dönitz gezwungen war, die U-Boote aus dem Nordatlantik abzuziehen. Im Rahmen des Tonnagekrieges war jedoch der ▶ U-Boot-Einsatz bereits Ende 1942 am Industriepotenzial der USA gescheitert, als der Neubau von Handelsschiffen die Versenkungen weit übertraf. Selbst massive U-Boot-Konzentrationen konnten die Materiallieferungen nach Großbritannien nicht mehr beeinträchtigen. Es ist daher eine immer noch weit verbreitete Legende, dass Großbritannien im März 1943 auf dem Höhepunkt der Atlantikschlacht am Rande einer Niederlage gestanden haben soll.

Ab Mai 1943 war der Einsatz der U-Boote vor allem auf die Kräftebindung beim Gegner ausgerichtet, um seine Offensive in Europa zu verhindern oder zumindest hinauszuzögern. Doch diese Einsätze führten weiterhin zu hohen Verlusten und damit zum Verschleiß von Personal und Material ohne entsprechende Erfolge.

Die deutsche Marineführung war sich darüber im Klaren, dass die Seetransportkapazität des Gegners auch eine personelle Komponente enthielt, weil für alle Neubauten zivile Seeleute und Kapitäne erforderlich waren. Doch nicht zuletzt aus Furcht vor Repressalien gegen U-Boot-Besatzungen ging die Kriegsmarine nicht so weit, mit der gezielten Vernichtung von Überlebenden der versenkten Schiffe die brutalen Prinzipien des Vernichtungskrieges anzuwenden, wie es Hitler mehrfach auch für den Seekrieg gefordert hatte. Es gab allerdings 1942 und 1943 ▶ Befehle der U-Boot-Führung, die bei den Alliierten den Verdacht aufkommen ließen, dass den U-Boot-Kommandanten nahegelegt worden war, auch gegen Überlebende der Handelsschiffe gewalt-

sam vorzugehen. Diese Befehle haben im Nürnberger Prozess für die Anklage gegen Dönitz eine wichtige Rolle gespielt. Doch es ließ sich nicht zweifelsfrei nachweisen, dass Dönitz die Tötung von Schiffbrüchigen vorsätzlich befohlen hatte. Es ließ sich nur ein Fall belegen, in dem ein U-Boot-Kommandant bei der Vernichtung von Wrackteilen eines Schiffes auch die Tötung von Überlebenden in Kauf genommen hatte, um die Spuren der Versenkung zu beseitigen.

Ab Sommer 1943 konzentrierten sich alle Hoffnungen der Marineführung auf den »neuen U-Bootkrieg«, der im Herbst 1944 mit den inzwischen entwickelten echten Unterseebooten einsetzte sollte. Es waren Boote, die mit Hilfe eines Schnorchels und ihres diesel-elektrischen Antriebs ständig unter Wasser operieren konnten. Noch im Oktober 1944, als Westeuropa für das Reich bereits verloren war, gab sich Dönitz der Illusion hin, mit dem Tonnagekrieg die Offensivkraft der Gegner entscheidend schwächen zu können. Bis Kriegsende musste ein versenktes Handelsschiff mit dem Verlust eines U-Bootes und meist mit der gesamten Besatzung bezahlt werden.

Im September 1939 begann die Kriegsmarine den U-Bootkrieg mit 57 Booten. Im Laufe des Krieges wurden insgesamt 1095 Boote gebaut, hinzu kamen noch 15 ausländische Boote. Von diesen 1167 Booten kamen 859 zum Einsatz. In mehr als 3000 Unternehmungen versenkten sie über 2610 Handelsschiffe mit etwa 13 Millionen BRT und 178 Kriegsschiffe. Etwa 40 000 Menschen verloren dabei ihr Leben. 757 U-Boote gingen verloren, davon 648 Boote in See und von diesen wiederum 429 mit der gesamten Besatzung. Etwa 29 000 U-Boot-Fahrer sind auf See geblieben, damit lag die Verlustrate beim U-Boot-Personal der im Fronteinsatz befindlichen Boote über 60 Prozent.

179 U 226 bei Probefahrten. Das 1942 in Dienst gestellte Boot wurde im November 1943 im Atlantik durch britische U-Jagdfahrzeuge mit der gesamten Besatzung versenkt. Es gehörte zum Typ VII C, von dem mehr als 650 Einheiten gebaut wurden. Foto, 1942.

1 Karl Dönitz, »Der Laconia-Befehl«
(17. September 1942)

*Nach Versenkung des britischen Truppentrans-
porters* LACONIA *am 12. September 1942 retteten
U-Boote zahlreiche Überlebende. Nach dem
Angriff eines US-Bombers (am 16. September)
wurden die Rettungsmaßnahmen abgebrochen.
Anschließend erließ Dönitz folgenden Befehl.*

»1) Jeglicher Rettungsversuch von Angehörigen
versenkter Schiffe, also auch Auffischen von
Schwimmenden und Anbordgabe auf Rettungsboote, Aufrichten gekenterter Rettungsboote, Abgabe von Nahrungsmitteln und Wasser, haben zu
unterbleiben. Rettung widerspricht den primitivs-
ten Forderungen der Kriegführung nach Vernichtung feindlicher Schiffe und Besatzungen. [...]
4) Hart sein. Daran denken, daß der Feind bei
seinen Bombenangriffen auf deutsche Städte auf
Frauen und Kinder keine Rücksicht nimmt «

*Zit. nach: Clay Blair, Der U-Boot-Krieg. Die
Gejagten 1942–1945. München 1998, S. 102*

180 Wache auf dem Turm eines U-Bootes. Foto,
1942.

181 Die wegen Kriegsverbrechen zu Haftstrafen
verurteilten Großadmirale a.D. Erich Raeder und
Karl Dönitz nach ihrer Entlassung. Foto, 1956.

419

S Der Einsatz von U-Booten in einem Tonnagekrieg gegen ein von Seezufuhren abhängiges Inselreich war allerdings nicht von vornherein aussichtslos, wie das Vorgehen der US Navy gegen Japan ab 1942 bewies. Die
Niederlage Japans im Pazifik zeigte die strategische Gefährdung, die von einer Unterbrechung der Seeverbindungen
ausgehen konnte. Indem die japanische Marineführung die langen Seewege zwischen den neu eroberten Rohstoff-
gebieten und der Heimatbasis nur unzureichend gesichert hatte, konnten die amerikanischen U-Boote erfolgreich
gegen die japanischen Seetransporte vorgehen und damit die Kriegswirtschaft Japans bereits vor dem Einsatz der
Atombombe weit gehend zum Erliegen bringen. Demgegenüber scheiterte die deutsche Marineführung mit ihrem
U-Bootkrieg bereits in den ersten Kriegsjahren an der unzureichenden Schwerpunktbildung der Marinerüstung, an
der indirekten und bald darauf direkten Unterstützung Großbritanniens durch die Vereinigten Staaten und nicht zuletzt
an den Ressourcen dieser zur Weltmacht aufstrebenden zweiten atlantischen Seemacht.

c) Operationen im Küstenvorfeld

Die lang gestreckten und stark gegliederten Küsten des gesamten deutschen Machtbereichs vom Nordkap bis zu den Pyrenäen mit einer Länge von etwa 5100 Kilometern bildeten eine Frontlinie, deren Vorfeld ständig überwacht und gesichert werden musste, um Angriffe frühzeitig zu entdecken, um den eigenen Seestreitkräften die Operationsfreiheit zu bewahren und um die küstennahen Seewege für Wehrmacht- und Rohstofftransporte zu nutzen. Die wirksame Sicherung des Seeverkehrs im Küstenbereich hatte unmittelbare Auswirkungen auf die gesamte Rüstungskapazität des Reiches, denn 43 Prozent der Eisenerzeinfuhren hingen von der erfolgreichen Sicherung der Seewege in der Ostsee, entlang der norwegischen Küste und in der Biskaya ab.

Die flachen Gewässer des Festlandsockels waren ideal für die ▸ Minenkriegführung. Die vielfältigen Einsatzmöglichkeiten der Mine schufen Unsicherheit und bildeten eine andauernde Bedrohung für alle Operationen im Küstenvorfeld, zumal es keiner Seite gelang, bei dem ständigen technologischen Wettlauf zwischen neuen Zündsystemen und den darauf abgestimmten Räumtechniken für längere Zeit einen entscheidenden Vorteil zu gewinnen. Vom Sommer 1941 an bekamen die deutschen Sicherungsverbände bei ihren täglichen Geleit- und Minensuchoperationen mehr und mehr die Überlegenheit der alliierten Luftstreitkräfte zu spüren, was zu steigenden Verlusten führte.

Bis 1941 erzielten die deutschen Schnellboote (S-Boote) wegen ihrer durch Geschwindigkeit und Torpedobewaffnung überlegenen Kampfkraft und unter Ausnutzung des Überraschungsmoments bei Angriffen auf den britischen Küstenverkehr beachtliche Erfolge. Doch allmählich gelang es der Royal Navy, ein Abwehrsystem aufzubauen, das unter Ausnutzung moderner Ortungs- und Führungstechniken die eigenen Kräfte so wirkungsvoll ansetzte, dass die Erfolge der S-Boote 1942/43 drastisch zurückgingen. Die Unfähigkeit der deutschen Kriegführung, das Küstenvorfeld lückenlos zu überwachen, nutzte der Gegner aus, indem er durch Kommandounternehmen an bestimmten sensiblen Punkten (z.B. Radarstationen) vorging und damit auf deutscher Seite Unsicherheit und Kräftebindung bewirkte. Mit einem ▸ Raid (engl.; Überraschungsangriff) auf St. Nazaire am 28. März 1942 wurde eine große Seeschleuse zerstört, die als Dock für die Tɪʀᴘɪᴛᴢ geeignet war.

Für die ▸ Abwehr der alliierten Invasion reichten die deutschen Seestreitkräfte bei weitem nicht aus. Auf Grund der großen Luftüberlegenheit des Gegners kamen die wenigen Zerstörer, Torpedoboote und S-Boote nicht an die Landungsflotte heran. Auch die U-Boote erzielten nur wenige Erfolge. Mit der Ausschaltung der Atlantikstützpunkte verloren die U-Boote im Sommer 1944 ihre günstigen Ausgangsbasen. Einige »Atlantikfestungen« konnten sich bis Kriegsende halten.

S Als »Atlantikwall« wurden von der deutschen Propaganda die Befestigungsanlagen entlang der 4000 Kilometer langen Küstenlinie von Nord-Holland bis an die französisch-spanische Grenze bezeichnet. Die Schwerpunkte der Festungswerke lagen im Bereich zwischen Schelde und Loire-Mündung. Der »Atlantikwall« wurde zur Abwehr einer erwarteten alliierten Landung gebaut, konnte aber bereits innerhalb der ersten Stunden des so genannten D-Day am 6. Juni 1944 überwunden werden.

182 Geschützturm des »Atlantikwalls«. Foto, 1944.

183
Ein deutsches Schnellboot
mit Tarnanstrich, wie er für Boote
im Finnischen Meerbusen
1941 üblich war.

Eine Seemine ist ein unter der Wasseroberfläche verankerter Sprengkörper, der durch Zünd-
schnur und Sprengkapsel, Berührung, elektrische
Signale, akustischen oder magnetischen Impuls sowie Zeitzünder zur Explosion gebracht werden kann.
Diese »Sperrwaffe« wird gegen gegnerische Über-
und Unterwasserstreitkräfte eingesetzt und dient
zur passiven Verteidigung von Häfen, Küsten sowie
Mündungen größerer Flüsse. Man unterschiedet
grundsätzlich zwischen zwei Arten von Seeminen: die
Ankertaumine und die Grundmine. Erstmals wurden
primitive Vorformen von Seeminen im amerikanischen
Unabhängigkeitskrieg in den Jahren 1777/78 gegen
die britische Flotte eingesetzt. In Deutschland kamen
Seeminen zum ersten Mal während der schleswig-
holsteinischen Erhebung 1848 gegen ein dänisches
Blockadegeschwader zum Einsatz. Der junge preußische Artillerieoffizier Werner von Siemens konstru-
ierte Seeminen aus mit Schwarzpulver gefüllten und
geteerten Bierfässern, die er mit Berührungszündern
versah. Mit diesen Sperrwaffen konnte ein mögliches
Eindringen der dänischen Schiffe in die Kieler Förde
erfolgreich verhindert werden. In den folgenden Jahr-
zehnten wurden Seeminen kontinuierlich weiterent-
wickelt und sind seit Mitte des 19. Jahrhunderts ein
fester Bestandteil der Seekriegführung.

184 Verlegung von Seeminen in der Nordsee.
Foto, 1942.

185
Minenräumboote auf
dem Marsch im Finnischen
Meerbusen. Foto, 1941.

421

Am frühen Morgen des 19. August 1942 landeten britische und kanadische Verbände bei der nordfranzösischen
Hafenstadt Dieppe, der so genannte Raid von Dieppe begann. Die operativen Ziele der britischen Kommando-
soldaten waren die westlich von Dieppe gelegene Artilleriebatterie Varengeville und die Stellungen bei Berneval, das
Gros der Kanadier ging gegen die Stadt selbst vor. Mit der Operation »Jubilee« erhofften sich die Alliierten Aufschlüsse
über den deutschen »Atlantikwall« zu gewinnen. Außerdem sollte durch das begrenzte Unternehmen ein politisches
Signal in Richtung der stark in Bedrängnis geratenen Sowjetunion gesetzt und die Eröffnung einer Zweiten Front in
Aussicht gestellt werden. Der Wehrmacht gelang es aber, trotz anfänglicher alliierter Luftüberlegenheit, den Raid
von Dieppe bereits an der Küste zurückzuschlagen. Von den 6086 britischen und kanadischen Soldaten, die an den
Kämpfe um Dieppe beteiligt waren fielen 1179 und 2190 gerieten in Gefangenschaft. Die Verluste der Wehrmacht
betrugen an diesem Tag lediglich 311 Gefallene und 280 Verwundete.

8. Der Sturm auf die »Festung Europa«

Die nach Abbruch des Unternehmens »Zitadelle« Mitte Juli 1943 an ständig wechselnden Frontabschnitten einsetzenden Offensiven der Roten Armee weiteten sich vor allem im Südabschnitt der Ostfront zu operativen Durchbrüchen aus. Hitler wollte den sowjetischen Vormarsch in einer improvisierten Auffangstellung, dem »Ostwall«, auf der Linie Krim–Dnjepr–Witebsk–Peipussee stoppen, doch wurde der Dnjepr bereits im Herbst von der Roten Armee überschritten. Die Krim wurde abgeschnitten, Hitler lehnte ab, sie zu evakuieren. Der Rückzug aus dem Raum Leningrad erfolgte viel zu spät und kam erst Ende Februar 1944 am Peipussee zum Stehen. Die Hauptschläge der Sowjets richteten sich jedoch gegen den deutschen Südflügel. Am 6. November 1943 fiel Kiew und gegen Jahresende war die halbe Ukraine wieder in sowjetischer Hand. Eine Großoffensive Anfang März 1944 drängte die Front bis Mitte April über den Dnjestr auf die Karpaten, also schon auf rumänisches Gebiet, und nach Ostgalizien zurück. Dann herrschte »Ruhe vor dem Sturm«, außer in Finnland und auf der Krim, die bis Anfang Mai von den Russen zurückerobert wurde. Unter Verlusten konnten noch 125 000 Menschen von der Kriegsmarine über See abtransportiert werden. Hitler, der alles »um jeden Preis« halten wollte, dem jede noch so geringe Frontverkürzung förmlich »abgetrotzt« werden musste, hatte nichts erreicht.

Am 22. Juni 1944, dem dritten Jahrestag des deutschen Überfalls, begann eine Serie von
▶ sowjetischen Großoffensiven, die mit der Zerschlagung der Heeresgruppe Mitte endeten, ein Desaster von weit größerem Ausmaß als das von Stalingrad: 28 Divisionen waren aufgerieben, 350 000 Mann gefallen oder gefangen, ein 350 Kilometer breites Loch klaffte in der Front. Eine weitere Großoffensive in Galizien drang bis Lemberg vor, und im Norden erreichten die sowjetischen Angriffsverbände die Ostsee an der Rigaer Bucht und schnitten die Heeresgruppe Nord zum ersten Mal ab. An der ostpreußischen Grenze und vor Warschau kam der Vormarsch zum vorläufigen Stillstand. Finnland schloss am 19. September 1944 mit der Sowjetunion und Großbritannien Waffenstillstand, musste sich aber noch verpflichten, an der Vertreibung der deutschen Lappland-Armee mitzuwirken. Sie wurde nach Nordnorwegen zurückgedrängt und verblieb dort bis zur Gesamtkapitulation. Die Heeresgruppe Nord wurde im Oktober endgültig von allen Landverbindungen abgeschnitten. Anfang 1945 in »Heeresgruppe Kurland« umbenannt, hielt sie sich bis Kriegsende. Eine sowjetische Offensive gegen Ostpreußen konnte im Oktober noch einmal abgewehrt, Goldap und Gumbinnen zurückerobert werden, doch verlief jetzt ein Teil der Ostfront zum ersten Mal auf deutschem Boden.

Im Süden aber stieß die Rote Armee tief nach Rumänien hinein, das die Fronten wechselte. Bulgarien wurde im September besetzt und erhielt eine sowjetfreundliche Regierung. Für Ungarn versuchte der Reichsverweser Admiral Nikolaus Horthy von Nagybánya den Kampf zu beenden, indem er im Oktober den Waffenstillstand proklamierte. Den Deutschen gelang es, einer neuen Regierung an die Macht zu verhelfen, die den Krieg fortsetzte. Der sowjetische Vormarsch in Südosteuropa bedrohte die Verbindungslinien auf dem Balkan und zwang die Heeresgruppe E zum Rückzug aus Griechenland, die sich bis Januar 1945 unter

S Anfang 1944 begannen auf sowjetischer Seite Planungen für die Sommeroffensive »Bagration«. Sie sollte zeitgleich mit der Invasion der Westalliierten in Nordfrankreich stattfinden und hatte die Zerstörung der deutschen Heeresgruppe Mitte zum Ziel. Nach zahlreichen erfolgreichen Täuschungsmanövern, die die Deutschen einen Angriff gegen die Heeresgruppe Nordukraine vermuten ließen, und nach der größten Partisanenoperation während des Krieges am 20. Juni, traten am 22. Juni 1944 mehr als 1,25 Millionen Soldaten zum Angriff an. In nur wenigen Tagen eroberten die sowjetischen Truppen Witebsk, Orscha und Mogilew. Die deutschen Verbände wurden bis hinter die Beresina getrieben. Am 3. Juli befreiten die Russen Minsk. Innerhalb von nur zwölf Tagen hatte die deutsche Wehrmacht 28 Divisionen mit 350 000 Mann verloren, die Russen waren im mittleren Frontabschnitt über 350 Kilometer vorgerückt. Das Konzept der Alliierten war insofern aufgegangen, als zwischen deutscher West- und Ostfront kein Transfer von Truppen zur Verstärkung der angegriffenen Frontabschnitte stattfinden konnte.

Zusammenbruch der Heeresgruppe Mitte (22. Juni bis 4. Juli 1944)

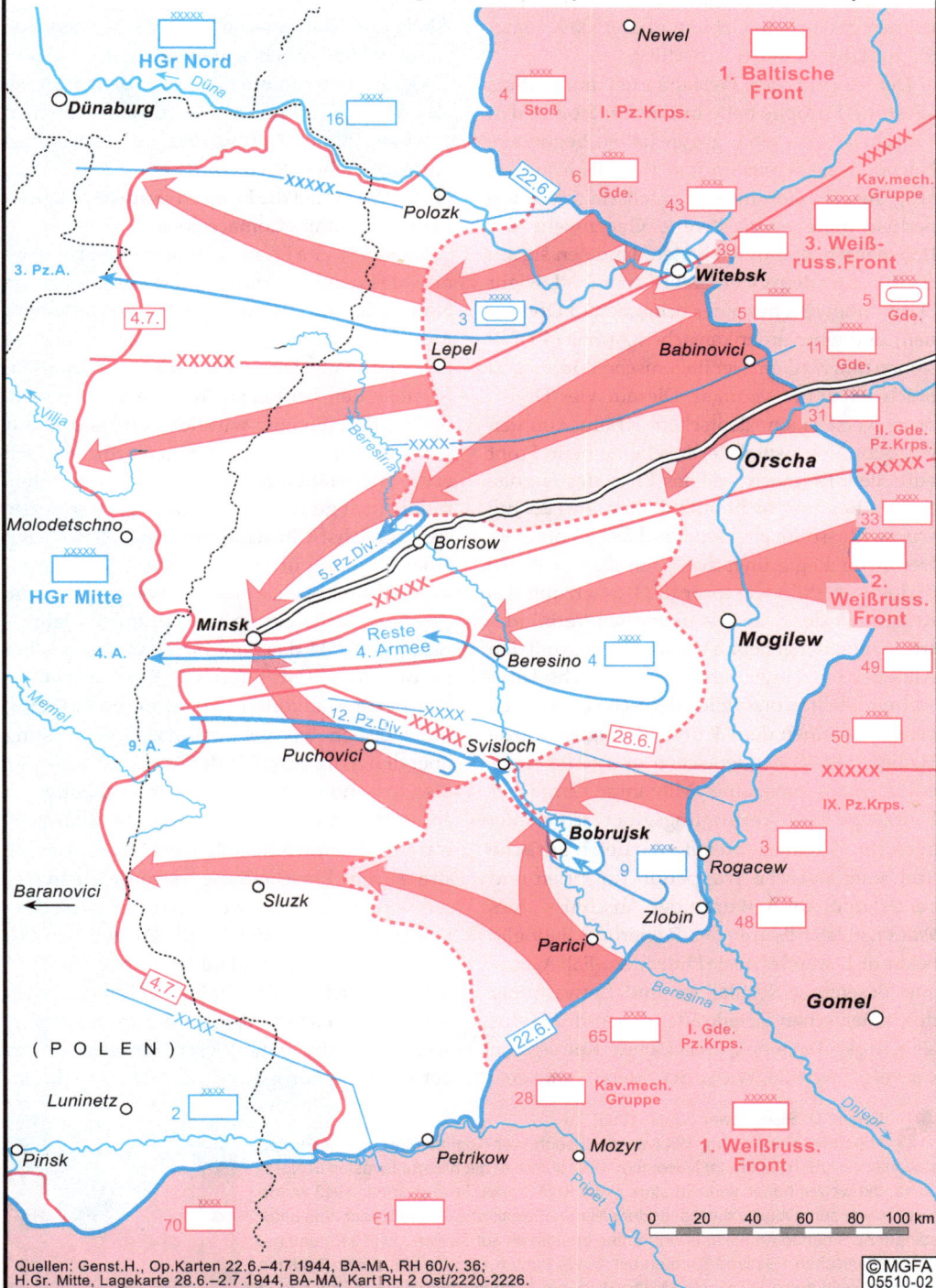

Newel

1. Baltische Front

HGr Nord

Düna

Dünaburg

16

4 Stoß

I. Pz.Krps.

22.6.

6 Gde.

43

Polozk

39

Witebsk

Kav.mech. Gruppe

3. Weiß-russ.Front

3. Pz.A.

5 Gde.

5

3

11 Gde.

4.7.

Lepel

Babinovici

Vilja

XXXXX

Beresina

XXXX

31

II. Gde. Pz.Krps.

Orscha

33

Molodetschno

5. Pz.Div.

Borisow

2. Weißruss. Front

HGr Mitte

Minsk

XXXXX

4. A.

Reste 4. Armee

Mogilew

49

Memel

12. Pz.Div.

Beresino 4

9. A.

Puchovici

Svisloch

28.6.

50

IX. Pz.Krps.

Sluzk

Bobrujsk

9

Rogacew

3

Baranovici

Zlobin

48

Parici

Beresina

Gomel

4.7.

XXXX

(P O L E N)

22.6.

65 I. Gde. Pz.Krps.

423

Luninetz

2

28 Kav.mech. Gruppe

Mozyr

1. Weißruss. Front

Pinsk

Petrikow

Pripet

Dnjepr

0 20 40 60 80 100 km

70

61

©MGFA 05510-02

Quellen: Genst.H., Op.Karten 22.6.–4.7.1944, BA-MA, RH 60/v. 36;
H.Gr. Mitte, Lagekarte 28.6.–2.7.1944, BA-MA, Kart RH 2 Ost/2220-2226.

schwierigsten Bedingungen, in der Flanke von der Roten Armee bedroht, durch von Tito-Partisanen gefährdete Gebiete über 1500 Kilometer zur Drina-Linie durchschlug.

Der Angriff der Westalliierten auf Hitlers »Festung Europa« hatte mit einem Stoß in den »weichen Unterleib«, gegen Italien begonnen. Nachdem sie bereits im Juni 1943 die festungsartig ausgebauten Inseln Pantelleria und Lampedusa ohne nennenswerte Gegenwehr der Italiener eingenommen hatten, landeten sie am 10. Juli unter dem Oberbefehl General ▶ Dwight D. Eisenhowers mit einer britischen (5 Divisionen) und einer amerikanischen Armee (4 Divisionen) auf Sizilien. Der italienische Widerstand brach schnell zusammen. Die auf vier Divisionen verstärkten deutschen Kräfte konnten vor dem Nordostteil der Insel eine neue Front aufbauen. Dennoch war das Ende des faschistischen Regimes nicht aufzuhalten. Am 25. Juli wurde Mussolini abgesetzt und festgenommen. Der neue Regierungschef Marschall ▶ Pietro Badoglio verkündete zwar die Fortsetzung des Krieges an der Seite des deutschen Verbündeten, leitete aber geheime Verhandlungen mit den Alliierten ein. Hitler, der den Frontwechsel argwöhnte, stellte vorsorglich deutsche Divisionen bereit. Zwischen dem 3. und 17. August wurde Sizilien von 40 000 deutschen und 62 000 italienischen Soldaten unter Mitnahme sämtlicher Fahrzeuge und Versorgungsgüter planmäßig geräumt. Anfang September landeten britische und amerikanische Truppen in Kalabrien und bei Salerno, am 8. wurde der Abschluss eines Waffenstillstands mit der Regierung Badoglio bekannt. Daraufhin löste Hitler den »Fall Achse« aus: Besetzung Restitaliens und Entwaffnung der italienischen Streitkräfte, denen der Status als Kriegsgefangene gemäß Genfer Konvention verweigert wurde. Wider Erwarten konnte eine

Verteidigungslinie nördlich von Neapel aufgebaut und – trotz amerikanischen Landungen bei Anzio und Nettuno – im Wesentlichen gehalten werden. Heftige Schlachten tobten im Frühjahr 1944 um das berühmte Kloster auf dem ▶ Monte Cassino. Erst ab Ende Mai waren die Deutschen gezwungen, sich Zug um Zug nach Norditalien zurückzuziehen. Rom wurde am 4. Juni befreit, Ende 1944 verlief die Front etwa auf der Linie La Spezia–Apennin–Comacchio-See.

Diese »zweite Front« in Italien entsprach keineswegs den Erwartungen des misstrauischen Stalins, der seit 1942 von den Westalliierten immer wieder eine Landung auf dem Kontinent gefordert hatte. Der Vormarsch im Süden diente mehr den britischen Mittelmeerinteressen, während Stalin eine wirkliche Entlastung nur von einer alliierten Invasion in Nordfrankreich erwartete. Hätten die Amerikaner diese Operation auch gerne 1943 durchgeführt, so setzte sich zunächst Churchill mit seiner Forderung einer Landung in Italien durch. Die Landung in Nordfrankreich wurde für 1944 vorgesehen. Zu ihrer Vorbereitung wurde um die Jahreswende 1943/44 das *Supreme Headquarter Allied Expeditionary Forces* (engl.; Oberstes Hauptquartier der alliierten Expeditionsstreitkräfte) unter Eisenhower gebildet, das eine Landung über den Ärmelkanal in der Normandie plante, die Operation »Overlord«, während Hitler sie an der engsten Stelle des Kanals bei Calais erwartete. Anfang November 1943 traf Hitler die strategische Entscheidung – seine letzte in diesem Krieg – den Schwerpunkt der deutschen Kriegführung wieder nach Westeuropa zu verlegen. Den Osten glaubte er ohne entscheidende Gebietsverluste halten zu können, nach einer erfolgreichen Abwehr der Invasion aber »sei alles vorbei«, die Westalliierten wären an der »Festung Europa« gescheitert und er könn-

B Dwight D. Eisenhower (1890–1969)
US-General – Im Juni 1942 wurde Eisenhower Kommandeur der in Europa stationierten US-Truppen. Im November 1942 leitete er die alliierte Invasion in Nordafrika, die wegen hoher Verluste stark in die Kritik geriet. Im Dezember 1943 wurde Eisenhower zum Oberbefehlshaber der alliierten Streitkräfte ernannt, nachdem unter seinem Kommando Amerikaner und Briten erfolgreich auf Sizilien (Juli 1943) und auf dem italienischen Festland (September 1943) landen konnten. In dieser Funktion leitete er wohl seine wichtigste Militäraktion, die Landung der alliierten Truppen in der Normandie. Im Dezember 1944 erhielt Eisenhower den militärischen Rang eines Fünf-Sterne-Generals.

186 Dwight D. Eisenhower. Foto, 1. Februar 1945.

187 Alliierte Landung auf Sizilien. Ein US-Panzer rollt von einem Landungsboot auf den Strand. Foto, 10. Juli 1943.

188 Deutsche Offensive in Italien (»Fall Achse«). Nach Abschluss des Waffenstillstandes zwischen Italien und den Alliierten am 3. September 1943 erfolgte die Besetzung Roms durch Fallschirmjäger. Foto, 10. September 1943.

S Monte Cassino bezeichnet einen Berg in der mittelitalienischen Provinz Frosinone. Die Gegend um das gleichnamige Benedikti- nerkloster – gegründet 529 – war Anfang 1944 Schauplatz erbitterter Kämpfe. Die Abtei lag auf der deutschen Verteidigungslinie, der »Gustav- Stellung«, war aber nicht von Truppen besetzt. Seit dem 17. Januar 1944 versuchten die Alliier- ten, den Monte Cassino im frontalen Sturman- griff zu erobern. Als dies misslang, zerstörten 229 amerikanische Flugzeuge die Abtei am 15. Fe- bruar 1944 fast vollständig. Bei dem Angriff ka- men rund 300 Menschen, vor allem Mönche und Flüchtlinge, ums Leben. Erst jetzt nisteten sich deutsche Fallschrimtruppen in den Ruinen ein. Auch in den drei folgenden Offensiven nahmen die Alliierten Monte Cassino nicht ein. Erst nach dem Rückzug der Deutschen am 17. Mai gelang- ten exilpolnische Einheiten in das Kloster. Schät- zungen zu Folge starben in den vier Monaten am Monte Cassino 20 000 deutsche und 12 000 alli- ierte Soldaten.

189 Deutsche Fallschirmjäger auf dem Monte Cassino. Foto, 1944.

425

B Pietro Badoglio (1871–1956)
Italienischer Marschall – Pietro Badoglio war Berufsoffizier und wurde im Ers- ten Weltkrieg zum Generalmajor befördert. Von 1929 bis 1933 Generalgouverneur in Libyen, leitete er ab 1935 den Krieg in Äthiopien, wo er durch den Einsatz von Massenvernichtungswaffen den italienischen Sieg erzwingen konnte. Im Zweiten Weltkrieg sprach sich Badoglio gegen einen Kriegseintritt auf deutscher Seite aus. Im Jahre 1943 betrieb er die Lösung Italiens aus dem Bündnis mit Deutschland und die Absetzung Mussolinis. Als erster postfaschistischer Ministerpräsident handelte Badoglio einen Waffenstillstand mit den Alliierten aus, der im September 1943 zum italienischen Frontwechsel führte.

190 Pietro Badoglio. Foto, 1935.

te sich wieder auf den Ostkrieg konzentrieren. Daher wurde der »Atlantikwall« fieberhaft ausgebaut, mehr als eine Viertelmillion Arbeiter waren eingesetzt und fast ein Drittel der Wehrmacht war im Westen gebunden. Die Befestigungen unmittelbar hinter der Wasserlinie gingen auf eine Entscheidung Hitlers zurück, die Küste als Hauptkampflinie (HKL) zu betrachten, an der die Angreifer innerhalb von 24 Stunden zerschellen sollten. Der Oberbefehlshaber West, Generalfeldmarschall Gerd von Rundstedt, hielt zusätzlich starke gepanzerte Reserven zum »Schlagen aus der Nachhand« für erforderlich. Generalfeldmarschall Rommel, OB der Heeresgruppe B, kannte die Folgen der alliierten Luftüberlegenheit aus eigener Erfahrung in Nordafrika und drängte auf eine küstennahe Bereitstellung der schnellen Truppen. So kam es zu ihrer Aufsplitterung. Je drei gepanzerte Divisionen erhielt die Heeresgruppe B an der niederländisch-nordfranzösischen Küste sowie die Armeegruppe G am Golf von Biskaya und in Südfrankreich, vier Divisionen blieben im Raum um Paris zur Verfügung des OKW, in diesem Falle Hitlers.

Nach massiven Luftangriffen und Luftlandungen im Hinterland begann die Invasion am 6. Juni 1944, dem ▶ »D-Day«, zwischen Cherbourg und Caen mit 75 Divisionsverbänden, über 6000 Schiffen und 15 000 Flugzeugen. Der OB West verfügte über knapp 60 Divisionen unterschiedlicher Kampfkraft, die Luftflotte 3 über kaum 500 Maschinen. Die erste Welle der Alliierten bestand aus acht Divisionen, die sich schon am Abend des Landungstages an Land festgesetzt hatten. Die über Nordfrankreich verstreuten wenigen deutschen Reserven konnten wegen der alliierten Luftherrschaft nur nachts »kleckerweise« herangeführt werden oder wurden vom OKW zurückgehalten,

weil es noch mit einer »Hauptlandung« am Pas de Calais rechnete. Das Konzept Rommels, den Gegner schon am ersten Tag ins Meer zurückzutreiben, scheiterte. Damit war die Invasion gelungen, die einzelnen Landeköpfe verbanden sich in den nächsten Tagen und weiteten sich etwas aus, wenn es auch die Alliierten in den nächsten sieben Wochen nicht schafften, den operativen Ausbruch aus dem Landungsraum zu erzwingen. In dieser Zeit brachten sie aber ungeheure Mengen an Personal und Material in den Brückenkopf, bis zum 29. Juli über 1,5 Millionen Mann. Am 31. Juli gelang den Amerikanern bei Avranches der Durchbruch durch den Einschließungsring. Mit stürmischen Vorstößen in Richtung Bretagne und nach Südwesten gingen sie zum Bewegungskrieg über. Ein deutscher Gegenangriff auf Avranches scheiterte und endete im Kessel von Falaise. Die deutsche Front brach zusammen und die Wehrmacht flutete auf die Reichsgrenze zurück, zusätzlich bedroht durch eine amerikanisch-französische Landung zwischen Toulon und Cannes, die Operation »Dragoon«. Der Rückzug kam erst in einer improvisierten Front auf der Linie belgisch-holländische Grenze–Trier–Vogesen zum Stehen.

Die Invasion, von Hitler zunächst mit Erleichterung aufgenommen, weil er überzeugt war, hier den Westalliierten eine entscheidende Niederlage beibringen zu können, war für die deutsche Wehrmacht ein Desaster geworden. Ihr den Stellenwert einer Entscheidungsschlacht des Zweiten Weltkriegs beizumessen, wie Hitler es tat, ist aus heutiger Sicht keinesfalls abwegig. Ihr Misslingen hätte am Ausgang des Weltkonfliktes letztlich nichts geändert, zu erdrückend überlegen war das Potenzial der USA, aber die Dauer des Krieges vielleicht um Jahre verlängert. Während des Kalten Krieges

---

Das Kürzel »D-Day« hat keine bestimmte Bedeutung, außer dass es den Termin einer größeren militärischen Operation bezeichnet. D-Day wird dabei im Englischen als Abkürzung für Decision Day, Deliverance Day, Doomsday oder Debarkation Day verwendet, doch die Herkunft des Begriffes ist unsicher. Häufig findet man auch die Erklärung, dass D einfach eine Wiederholung von Day ist und lediglich als Platzhalter für einen bestimmten Tag und eine bestimmte Uhrzeit verwendet wurde. Die erste Nutzung des Begriffs fand im Ersten Weltkrieg statt. Das bekannteste Beispiel für einen D-Day ist der 6. Juni 1944, der Tag der alliierten Landung in der Normandie.

191 Landung der Alliierten in der Normandie. Foto, 6. Juni 1944.

---

1 Joseph Goebbels, »Die Invasion« (7. Juni 1944)

Reichspropagandaminister Goebbels schilderte, wie Hitler auf die Nachricht einer alliierten Landung auf dem europäischen Festland reagierte: Euphorischer Siegeswillen paarte sich mit Realitätsverlust.

»Gestern: [...] Die große Entscheidung des Krieges ist jetzt nahegerückt. Schon in der Nacht laufen die ersten Meldungen über die begonnene Invasion im Westen ein. Da wir zuerst in den Besitz des einschlägigen Materials gelangen, können wir vor dem Feind eine Interinf-Meldung [Presseagentur] herausgeben, die um den ganzen Erdball geht. Die Engländer und Amerikaner halten sich in den ersten Stunden zurück. Dann kommt eine Reutermeldung des Inhalts, daß sie eine Landung an der befestigten Westküste Frankreichs unternommen haben, und zwar findet diese Landung zwischen Le Havre und Cherbourg statt. Der Führer ist über diese Tatsache mehr als glücklich. Ich bemerke an ihm einen Vorgang, den ich schon häufiger früher bei schweren Krisen beobachtet hatte, daß er nämlich so lange gedrückt ist, als noch die Krise nicht zur Auslösung gekommen ist, daß aber in dem Augenblick, in dem die Krise zur Auslösung kommt, es ihm wie Zentnerlasten von der Seele fällt.«

Zit. nach: Joseph Goebbels. Tagebücher 1924–1945, Bd 5: 1943–1945. Hrsg. von Ralf Georg Reuth, Müchnen 2003, S. 2049

427

192
Landung der 1. US-Armee
unter General Bradley.
Foto, 6. Juni 1944.

hat die sowjetische Geschichtspropaganda das ihr Mögliche getan, die Bedeutung der Invasion herunterzuspielen, um die Siege der Roten Armee als kriegsentscheidend im Bewusstsein der Weltöffentlichkeit zu verankern – nicht zuletzt um die Besetzungen in Osteuropa zu legitimieren. Zwar hat die Sowjetunion unvorstellbare Opfer erbracht, aber ihre Überlebensfähigkeit ohne die ungeheuren Material- und Rüstungslieferungen der USA muss bezweifelt werden.

9. Der Untergang des »Dritten Reiches« und das Ende des Zweiten Weltkrieges

Als sich die deutsche Westfront im September 1944 knapp westlich der Reichsgrenze stabilisierte, behinderten die Westalliierten Nachschubprobleme und Rivalitäten über die Fortführung der Operationen. Ein Vorstoß Montgomerys mit drei Luftlandedivisionen über den Niederrhein auf Arnheim, Operation »Market Garden«, zur Inbesitznahme mehrerer Brücken scheiterte Ende September ebenso wie zunächst Angriffe der 1. und 9. US-Armee im Raum Aachen. Hitler gab sich der Illusion hin, dass nach einem erfolgreichen Schlag seinerseits die angloamerikanische Koalition zerbrechen würde. Mit mühsam zusammengebrachten 21 Divisionen sollte die Heeresgruppe B am 16. Dezember 1944 zwischen Monschau und Echternach zur ▸ Ardennenoffensive auf Antwerpen antreten. Die bewusst bei schlechtem Wetter begonnene Überraschungsoffensive brachte einen Anfangserfolg, der sich bereits nach wenigen Tagen als Illusion erwies; als sich das Wetter besserte, blieb der Angriff unter der alliierten Luftherrschaft liegen.

Die hier verbrauchten Divisionen fehlten im Osten, als dort am 12. Januar 1945 zwischen Ostsee und Karpaten sowjetische Großoffensiven mit am Ende acht Heeresgruppen losbrachen, welche die Rote Armee in wenigen Wochen bis an die Oder führten. Ostpreußen wurde abgeschnitten. Endlose Trecks der ostdeutschen Bevölkerung zogen vor der Roten Armee nach Westen. Wer sich nicht retten konnte, wurde Opfer von Plünderung, Vergewaltigung, Verschleppung und Mord. In Ungarn war Budapest Ende Dezember eingeschlossen worden. Eine Anfang März 1945 angesetzte deutsche Offensive zur Wiedergewinnung der Donau-Linie scheiterte nach wenigen Tagen. Der Gegenangriff brachte ganz Ungarn in sowjetische Hand und stieß am 13. April bis Wien durch.

Am 8. Februar begannen bei Nimwegen und am 23. an der Rur endlich die Offensiven der Alliierten im Westen. Die deutschen Truppen zogen sich hinter den Rhein zurück. Am 7. März fiel den Amerikanern bei Remagen eine unversehrte Rheinbrücke in die Hand. Am 24. griff General Omar N. Bradley aus dem Brückenkopf Remagen nach Nordosten an, die Heeresgruppe B wurde mit über 300 000 Mann im Ruhrgebiet abgeschnitten. Am 26. März überschritten die Alliierten den Rhein bei Wesel und schlossen mit diesem zweiten Zangenarm den Ruhrkessel ein. Der »Nero-Befehl« Hitlers, alle Industrieanlagen und Zechen zu zerstören, wurde ▸ sabotiert. Churchill drängte auf einen Vorstoß auf Berlin, flankiert von Montgomerys Vormarsch über Hannover auf Lübeck, konnte sich aber gegen die langsamere, systematische Operationsführung der Amerikaner nicht durchsetzen, die in Richtung Leipzig vorgingen und zudem das Phantom einer ▸ »Alpenfestung« in ihrer Südflanke fürchteten. So trafen die Amerikaner erst am 25. April bei Torgau an der Elbe mit den

---

S Die »Alpenfestung« war eine von Hitler bei einer Lagebesprechung Ende April 1945 im Führerbunker unter der Berliner Reichskanzlei erwogene Endkampfstellung im Alpenraum: Hier wollte er abwarten, bis nach dem Zusammentreffen der Westalliierten mit den Sowjets politische Differenzen die von Hitler als »widernatürlich« angesehene Kriegskoalition sprengen würden. Der illusorische Plan, für den keinerlei militärische und logistische Vorbereitungen getroffen worden sind, scheiterte an der Entscheidung des »Führers«, in Berlin zu bleiben.

1 Gerd von Rundstedt,
»Schreiben an alle Gauleiter«
(21. September 1944)

Der Oberbefehlshaber West stand vor der Aufgabe, den alliierten Vormarsch auf das Deutsche Reich aufzuhalten. Rund einen Monat bevor mit Aachen die erste deutsche Stadt von alliierten Soldaten erobert wurde, gab er den Gauleitern den Befehl, die Bevölkerung auf einen harten Abwehrkampf vorzubereiten.

»Der Führer hat befohlen, daß, da der Kampf auf weiten Abschnitten auf deutschen Heimatboden übergegriffen hat und deutsche Städte und Dörfer zum Kampfgebiet werden, unsere Kampfführung fanatisiert werden muß. In der Kampfzone muß unser Einsatz zu äußerster Härte und unter Beteiligung jedes wehrfähigen Mannes auf das äußerste Höchstmaß gesteigert werden. Jeder Bunker, jeder Häuserblock in einer deutschen Stadt und jedes deutsche Dorf muß zu einer Festung werden, an der sich der Feind entweder verblutet oder die ihre Besatzung im Kampf Mann gegen Mann unter sich begräbt. Es gibt nur noch Halten der Stellung oder Vernichtung. Ich bitte die Gauleiter, in geeigneter Form auf die Bevölkerung einzuwirken, daß sie sich der Notwendigkeit dieses Kampfes und ihrer jeden einzelnen angehenden Folgen bewußt wird. Die Härte des Kampfes kann dazu zwingen, nicht nur Besitztum zu opfern, sondern es aus Kampfgründen zerstören zu müssen oder durch Kampf zu verlieren. Dieser Kampf um Sein oder Nichtsein des deutschen Volkes macht in seiner Härte auch nicht vor Kunstdenkmälern und sonstigen kulturellen Werten halt.«

*Zit. nach: Digitale Bibliothek, Bd 49:
Das Dritte Reich, S. 8906–8907*

193 Überreste eines zerschossenen Flüchtlingstrecks in Ostpreußen. Foto Januar/Februar 1945.

194 Flüchtlingstreck auf einer Landstrasse in Ostpreussen.Foto, Januar/Februar 1945.

1 Adolf Hitler,
»Aufmarschbefehl zur Ardennen-Offensive«
(10. November 1944)

*Die deutsche Ardennenoffensive, die am
16. Dezember 1944 begann, blieb erfolglos.*

»Ziel der Operation ist, durch Vernichtung der feindlichen Kräfte nördlich der Linie Antwerpen–Brüssel–Luxemburg eine entscheidende Wendung des Westfeldzuges und damit vielleicht sogar des ganzen Krieges herbeizuführen. Ich bin entschlossen, an der Durchführung der Operation unter Inkaufnahme des größten Risikos auch dann festzuhalten, wenn der feindliche Angriff beiderseits Metz und der bevorstehende Stoß auf das Ruhrgebiet zu großen Gelände- und Stellungsverlusten führen sollten.«

*Zit. nach: Digitale Bibliothek, Bd 49:
Das Dritte Reich, S. 8917*

429

195 Einheiten der 1.US-Armee sind bei Remagen zum Rhein vorgestoßen. Ein US-Soldat schaut auf die unversehrte Ludendorff-Brücke im Rheintal, kurz vor der Einnahme. Foto, 7. März 1945.

Russen zusammen. Die sowjetischen Truppen waren am 16. April zur letzten Offensive aus der Oder–Neiße-Linie heraus gegen Berlin angetreten, das am 25. eingeschlossen wurde. Nach Scheitern eines Entsatzangriffes der 12. Armee unter General Walther Wenck setzte Hitler am 30. April im Bunker unter der Reichskanzlei seinem Leben ein Ende. In Italien hatte die Wehrmacht die im Spätherbst 1944 erreichten Stellungen im Großen und Ganzen gehalten. Am 19. April erzielten die Alliierten endlich den Durchbruch auf Bologna. Zehn Tage später unterzeichnete die Heeresgruppe C in Caserta die Kapitulation, über die bereits seit Anfang März in der Schweiz streng geheim und ohne Wissen Hitlers verhandelt worden war.

Noch Hitler selbst hatte für den Fall einer Spaltung des Reichsgebietes die Bildung von zwei Führungsstäben für den Nord- und Südraum angeordnet. Am Tag seines Selbstmordes ernannte er den Oberbefehlshaber der Kriegsmarine Großadmiral Dönitz testamentarisch zu seinem Nachfolger. Dönitz verlegte mit seinem Führungsstab nach Flensburg-Mürwik und leitete gegenüber den Briten Kapitulationsverhandlungen ein. Sein Konzept bestand darin, durch Teilkapitulationen gegenüber den Westalliierten die Gesamtkapitulation hinauszuzögern, um im ▶ Osten so viele Menschen wie möglich vor dem sowjetischen Zugriff zu retten. Am 4. Mai kapitulierte Generaladmiral Georg von Friedeburg für alle deutschen Streitkräfte in Nordwesteuropa im Hauptquartier Montgomerys bei Lüneburg. Am 7. Mai unterzeichnete Jodl in Reims im Hauptquartier Eisenhowers die bedingungslose Gesamtkapitulation, die – völkerrechtlich überflüssig – auf Verlangen der Sowjets am 9. Mai um 0.16 Uhr in Berlin-Karlshorst wiederholt wurde. Die Waffen schwiegen bereits seit Mitternacht. Dönitz und seine »Ge-

schäftsführende Reichsregierung« wurden am 23. Mai in Mürwik verhaftet.

Mit der Kapitulation gerieten weitere vier Millionen deutsche Soldaten in Kriegsgefangenschaft, von denen aber die Westalliierten vom Sommer 1945 an schon die Masse entließen. Während des ganzen Krieges wurden rund elf Millionen Deutsche gefangen genommen, rund 1,2 Millionen starben während der Gefangenschaft. Hunderttausende übergaben die USA, Großbritannien und die UdSSR an kleinere Verbündete wie Frankreich, Belgien oder Polen. Nach alliiertem Beschluss sollten alle Kriegsgefangenen bis zum 31. Dezember 1948 entlassen werden, doch kehrten die letzten Gefangenen aus Polen und der Sowjetunion erst 1950, 28 000 in der UdSSR »Verurteilte« sogar erst bis 1955 zurück.

Im Fernen Osten hatten die Japaner mit dem Verlust von Burma und den Philippinen schwere Rückschläge erlitten. Doch was die Amerikaner bei einer Invasion des japanischen Mutterlandes zu erwarten hätten, davon bekamen sie einen Vorgeschmack bei den Kämpfen um Okinawa, nur noch 550 Kilometer von der südlichen japanischen Hauptinsel entfernt. Von Anfang April bis zum 21. Juni lieferten sich 180 000 GIs, unterstützt von 1200 Kriegsschiffen, erbitterte Kämpfe mit den 110 000 Verteidigern. Durch ▶ Kamikaze-Flieger musste die US-Navy die schwersten Verluste des ganzen Krieges hinnehmen. Die Amerikaner verloren 50 000 Mann, davon ein Viertel Tote, von den 150 000 Japanern, einschließlich Zivilisten, überlebten nur 7400. Die japanischen Militärs befahlen sogar Zivilisten, im Kampf zu sterben oder Selbstmord zu verüben. Die Amerikaner befürchteten deshalb bei einer Invasion Japans 1,5 Millionen Mann Verluste, wenn die zum kollektiven Selbstmord entschlossene Militär-

Mit dem Beginn der sowjetischen Offensive am 12. Januar 1945 verschärfte sich an der Ostfront die Situation für die Wehrmacht zusehends. Große Teile der deutschen Bevölkerung entschlossen sich, angetrieben durch das von der NS-Propaganda erzeugte Gräuelbild vom »Bolschewisten« sowie durch bekannt gewordene Grausamkeiten sowjetischer Soldaten an der deutschen Zivilbevölkerung, zur Flucht. Durch den raschen sowjetischen Vormarsch wurde Ostpreußen eingeschlossen und der Landweg nach Westen für die Flüchtlinge versperrt. Zur Evakuierung der Flüchtlinge wurden von der Kriegsmarine Ende Januar 1945 zahlreiche Kriegs- und Handelsschiffe zusammengezogen. Im Rahmen der Evakuierungsmaßnahmen wurde auch das deutsche Passagierschiff Wilhelm Gustloff eingesetzt. Am 31. Januar 1945 verließ die Gustloff

196 Die MS Wilhelm Gustloff. Farbdruck, 1938.

197 Deutscher Kriegsgefangener hinter Stacheldraht.
Foto, 1945.

📝**1** Albert Speer,
»Nero-Befehl« (1969)

*Speer, der vom Nürnberger Kriegsverbrechertribu-
nal zu 20 Jahren Haft verurteilt worden war, gehörte
zum engsten Kreis um Hitler. Es gelang ihm in
seiner Funktion als Reichsminister für Rüstung und
Kriegsproduktion, die vollständige Durchführung des
so genannten Nero-Befehls Hitlers, der die Zerstörung der Infrastruktur vorsah, zu verhindern.*

»In einem Nebenraum der Reichskanzlei formulierte
ich einen ›Durchführungserlaß‹ zu Hitlers Zerstö-
rungsbefehl vom 19. März 1945. Um alle Diskussionen zu vermeiden, versuchte ich gar nicht erst,
ihn aufzuheben. Nur zwei Dinge legte ich fest: ›Die
Durchführung wird ausschließlich von den Dienststellen und Organen des Reichsministers für Rüstung und Kriegsproduktion vorgenommen. Durchfüh-
rungsbestimmungen erläßt mit meiner Zustimmung
der Reichsminister für Rüstung und Kriegsproduktion. Er kann Einzelanweisungen an die Reichsvertei-
digungskommissare geben.‹ [...]
Mit einem Satz hatte ich Hitler ferner darauf festgelegt, daß bei Industrieanlagen
auch durch ›Lähmung der gleiche Zweck
erreicht werden kann‹; ich beruhigte ihn
freilich mit dem Zusatz, daß Totalzerstö-
rungen für besonders wichtige Werke auf
seine Weisung durch mich festgelegt würden. Eine solche Weisung ist nie erfolgt.«

*Zit. nach: Albert Speer, Erinnerungen,
Berlin 1969, S. 461*

198 Verhaftung der »Geschäftsführenden
Reichsregierung« in Flensburg-Mürwik.
Von links Speer, Dönitz und Jodl.
Foto, 23. Mai 1945.

199 Flüchtlingstransport aus Ostpreußen. In den letzten
Kriegswochen rettete die Kriegsmarine hunderttausende
von ostdeutschen Menschen über die eisige Ostsee.
Foto, 1945.

431

Gotenhafen mit dem Ziel Kiel beziehungsweise Flensburg.
An Bord des Schiffes befanden sich etwa 6600 Flüchtlinge
und verwundete Wehrmachtsoldaten. Kurz nach 21 Uhr
wurde die GUSTLOFF auf der Höhe von Stolpmünde von
einem sowjetischen U-Boot torpediert und sank innerhalb einer Stunde. Beim Untergang der WILHELM GUSTLOFF
kamen 5348 Menschen ums Leben. Dennoch gelang es
der Kriegsmarine bis zum Kriegsende im Mai 1945 etwa
1,5 Millionen Zivilisten und 500 000 Wehrmachtsoldaten
aus den deutschen Ostgebieten zu evakuieren.

clique die Oberhand behalten oder durch einen Staatsstreich die Macht an sich reißen würde.

Zu Beginn der Potsdamer Konferenz (17. Juli–2. August 1945) erfuhr Präsident Harry S. Truman von der ▸ Einsatzbereitschaft der Atombombe. Am 26. Juli forderten die Konferenzteilnehmer Japan ultimativ zur bedingungslosen Übergabe auf. In der Hoffnung, dass die USA doch noch vor einer Invasion zurückschrecken und einen Kompromiss akzeptieren würden, lehnte die japanische Regierung ab. Der amerikanische Präsident, der sich verpflichtet fühlte, den Krieg möglichst schnell zu beenden, entschloss sich zum Einsatz der Atombombe; die erste fiel am 6. August auf Hiroshima, die zweite am 9. auf Nagasaki. Beide forderten über 200 000 Tote und über 150 000 Verletzte. Während der Potsdamer Konferenz hatte sich Stalin – gegen Zugeständnisse in Europa – zum Kriegseintritt gegen Japan bereit erklärt. Das wäre nun nicht mehr erforderlich gewesen. Trotzdem erklärte die Sowjetunion Japan am 8. August den Krieg, überrannte die japanische Kwantung-Armee und begann mit der Eroberung der Mandschurei, Koreas und der Kurilen. Amerikas Schützling Chiang Kai-shek musste in einen »Freundschaftsvertrag« einwilligen, welcher der UdSSR gewichtige Vorrechte einräumte. Es gelang den USA jedoch, den sowjetischen Einfluss auf Nordchina und Nordkorea einzudämmen und vor allem die Sowjetunion von der Kapitulation des japanischen »Mutterlandes« auszuschließen. Nachdem sich Japan am 14. August zur Kapitulation bereit erklärt hatte, wurde diese am 2. September an Bord des Schlachtschiffes MISSOURI vollzogen. Die beharrliche Weigerung Präsident Trumans, die UdSSR an der Besatzung Japans zu beteiligen, deutete die Wendung zur Konfrontation der beiden späteren »Supermächte« an.

10. Bilanz

Bei der »bedingungslosen Kapitulation« lag die völkerrechtlich wie historische Neuheit darin, dass neben die übliche militärische Kapitulation eine staatlich-politische trat, dass die Staatsgewalt vom Besiegten an den Sieger übergeben werden musste. Mit der »Berliner Deklaration« übernahmen am 5. Juni 1945 die Alliierten die oberste Gewalt in Deutschland. Ihre oberste Behörde war der Alliierte Kontrollrat, während die einzelnen Besatzungszonen den jeweiligen Militärgouverneuren unterstanden. Ein Novum war es auch, nicht nur die Demobilisierung der unterlegenen Streitkräfte, sondern die Beseitigung aller militärischen Relikte in Wirtschaft, Industrie und geistigem Leben, die »totale Entmilitarisierung« durchzuführen. Blieben auch zunächst noch einige Stäbe und Dienststellen zur Leistung von Hilfsdiensten für die Alliierten über den 8. Mai hinaus bestehen, so stellten diese in keinem Fall den Kern einer neuen (west-)deutschen Streitmacht dar. Das unwiderrufliche Ende der dreihundertjährigen Geschichte neuzeitlicher deutscher Streitkräfte schien gekommen.

Die Einsetzung kommunistischer Marionetten-Regierungen und die Einbeziehung Ostmitteleuropas in den sowjetischen Machtbereich wurden Gegenstand der Potsdamer Konferenz vom 17. Juli bis 2. August 1945, auf der es eigentlich nur um die deutsche Frage gehen sollte. Da sich hier bereits unüberbrückbare Gegensätze zwischen Stalin und den Westmächten abzeichneten, wurde Potsdam zur Schlusskonferenz des Zweiten Weltkrieges. Stalin konnte seine Beute, die er bereits 1939 in dem Pakt mit Hitler gemacht hatte, behaupten und bis Mitteleuropa ausdehnen. Die Sowjetunion, die im Krieg mit ▸ 20 Millionen Toten die größten Opfer gebracht hatte, war damit

Das Manhattan Project, das als Abkürzung für das Manhattan Engineer District (MED) steht, bezeichnet die US-amerikanischen Aktivitäten zum Bau der Atombombe. Sie wurden in Verantwortung des Heeres von General Leslie R. Groves und dem Physiker Robert Oppenheimer geleitet. Nachdem den deutschen Wissenschaftlern Otto Hahn und Fritz Straßmann im Dezember 1938 die erste Kernspaltung gelungen war, warnte der in die USA emigrierte Physiker Albert Einstein US-Präsident Roosevelt im August 1939 vor den Bemühungen der Deutschen in der Atomforschung. Zwar steigerten die Deutschen 1942 im Norsk-Hydro-Werk in Norwegen die Produktion von Schwerwasser, doch standen ihnen nicht die industriellen Kapa-

200 Abwurf der ersten Atombombe auf die japanische Stadt Hiroshima. Foto, 6. August 1945.

S Im Zweiten Weltkrieg war die japanische Flotte durch die militärischen Erfolge der Alliierten in die Defensive geraten, deshalb wurde im Oktober 1944 auf den Philippinen unter dem Namen »Shimpu« ein Sonderverband der japanischen Marineluftwaffe aufgestellt, dessen Piloten sich mit voller Bombenlast auf gegnerische Schiffe stürzen sollten. Die offizielle Bezeichnung für diese Einheit bezog sich ebenso wie der allgemein gefasste Begriff »Kamikaze« (japan.; »Götterwind«) auf einen Taifun der Japan 1281 vor einer mongolischen Invasion gerettet hatte. Zum ersten Einsatz der Kamikaze-Flieger kam es während der Seeschlacht im Golf von Leyte. In der Schlacht um die Insel Okinawa erreichte diese Angriffstaktik ihren Höhe- und Endpunkt. Der selbstmörderische Einsatz der Marineflieger, der das kaiserliche Japan vor einer Kriegsniederlage bewahren sollte, verfehlte aber sein Ziel.

Auch die deutsche Luftwaffe griff in den letzten Monaten des Zweiten Weltkrieges zu verzweifelten Abwehrmaßnahmen gegen die erdrückende Luftüberlegenheit der Alliierten. Die Deutschen Jagdflieger sollten amerikanische oder britische Bomber durch Rammstoß zum Absturz bringen oder sich auf die Oder-Brücken stürzen um den Vormarsch der Roten Armee aufzuhalten. Wie die Einsätze der japanischen Kamikaze-Flieger hatte die »Selbstaufopferung« der deutschen Piloten keinen Einfluss auf das baldige Kriegende und die militärische Niederlage.

201 Unterzeichnung der bedingungslosen Kapitulation Japans auf dem Schlachtschiff MISSOURI. Foto, 2. September 1945.

zitäten wie den Alliierten zur Verfügung, um den Bau einer Atombombe voranzutreiben. Zudem betrachtete Hitler die Atomphysik als »jüdisches Blendwerk«. Die Amerikaner forcierten seit August 1942 dennoch ihre Bemühungen. In Los Alamos im US-Bundesstaat New Mexico entstanden die Laboranlagen zum Zusammenbau der Atombombe, die zum ersten Mal am 16. Juli 1945 bei Alamogordo gezündet wurde.

1 Bohdan Arct, »Kamikaze« (1966)

In seinem Roman »Kamikaze«, entstanden aus dem Tagebuch eines japanischen Fliegers aus dem Zweiten Weltkrieg, beschreibt der polnische Schriftsteller Bohdan Arct einen typischen Kamikazeangriff bei der japanischen Insel Okinawa.

»In ein bis zwei Minuten musste Okinawa auftauchen. Iino Yoshitaka wackelte plötzlich mit den Tragflächen seiner Maschine. ›Achtung, vor uns das Ziel!‹ rief er ins Mikrophon. Aus der aufgewühlten dunklen See erhob sich, von den weißen Strichen der Brandung umrissen, eine langgezogene Küstenlinie. Davor lag eine große Gruppierung der Kriegsflotte des Feindes.

Noch vor wenigen Wochen war die Insel in japanischen Händen gewesen. Jetzt hatte der Gegner einen mächtigen Stützpunkt daraus gemacht, um einen vernichtenden Schlag genau ins Herz des Imperiums zu führen. Von dieser Insel starteten die großen Kampfverbände der ›fliegenden Festungen‹.

Beim nächsten Signal von Urio Yoshitaka schoben sich die zwölf Kamikaze, immer noch zu vier Ketten geordnet, nach vorn. Die vier Shioki gaben Vollgas und stiegen höher. Unter ständigem Umherkurven bezogen sie günstige Ausgangspositionen, damit sie rechtzeitig eingreifen konnten. Aber vorläufig waren keine feindlichen Jäger zu sehen.

Die Schiffssilhouetten wurden zusehends größer. Endlich entdeckte der Gegner die drohende Gefahr. Auf den Decks zuckten unzählige Flämmchen auf, und den Himmel versperrte ein mächtiger Feuerriegel.

Wanatume Musa, der die erste Kette der Kamikaze führt, legt die Maschine plötzlich auf die Tragfläche und stößt fast senkrecht hinab. Wie ein riesiges Geschoss zerschneidet sein Flugzeug den Himmel, die Tragflächen beben unter dem Druck der anprallenden Luft. Wanatume taucht in das Dickicht der dunklen Geschossdetonationen, durchbricht den Vorhang aus Stahl und Feuer, unbeirrt, wie seinerzeit bei einer Übung auf die Silhouette eines Flugzeugträgers, die man auf die Startbahn gemalt hat.

Der Pilot hat gut gezielt und die Entfernung richtig eingeschätzt; aber er ändert plötzlich seinen Entschluss, fängt die Maschine ab und steuert sie auf einen der Kreuzer zu, der schwarze Rauchwolken aus seinen Schornsteinen stößt. Eine Sekunde noch. [...] Der Selbstmörder ist genau über dem Deck. Der Bruchteil einer Sekunde noch. [...] Da erhebt sich eine neue Woge von Detonationen. [...] Wanatume Musos Flugzeug ist verschwunden. Es ist in der Luft zerfetzt worden. Die brennenden Stücke fallen ins Meer. [...]

Die beiden restlichen Maschinen der ersten Kette stoßen hinab. Sie werden von zwei jungen Burschen geführt, die Taroo nicht einmal dem Namen nach kennt. Am Abend vorher sind sie vom Flugplatz Numata nach Oita gekommen. Zwei Achtzehnjährige in langen weißen Gewändern, die kein Fallschirmgurt umspannt. Wozu auch hätten sie Fallschirme mitnehmen sollen?«

Zit. nach: Bohdan Arct, Kamikaze, Berlin 1966, S. 193 f.

433

zwar noch nicht eigentlicher Sieger, aber größter Gewinner des Zweiten Weltkrieges. Es gelang ihr, ihr strategisches Vorfeld durch einen Kranz von Satellitenstaaten weiträumig abzusichern. Doch fühlte sie sich weiterhin von »imperialistischen« Mächten »eingekreist«, und die Vorteile des weiträumigen Vorfeldes wurden durch die Fortschritte in der Luftfahrt- und Raketentechnik schnell wieder aufgehoben. Zudem stand sie in den ersten Nachkriegsjahren einer weit überlegenen Weltmacht und einem immer enger zusammenrückenden westlichen Block gegenüber, dessen Freiheitsideale nicht ohne Wirkung auf die unterjochten Völker bleiben konnten. Chancengleichheit mit den USA hatte die UdSSR zunächst noch nicht, aber die Voraussetzungen für den Aufstieg zur Weltmacht waren gelegt. Er begann erst in den fünfziger Jahren und bedurfte noch riesiger Anstrengungen, die mit harten Entbehrungen und Einschränkungen für die Menschen im sowjetischen Herrschaftsbereich erkauft wurden.

Hingegen waren die USA nach 1945 die ökonomische und strategische Weltmacht mit dem attraktiven Angebot einer freiheitlich-demokratischen Gesellschaftsform. Im Besitz des Kernwaffenmonopols bot sich einer Macht – erstmals in der Weltgeschichte – die Möglichkeit zum Aufbau der Weltherrschaft. Das amerikanische Volk war auf die Situation einer direkten globalen Herrschaft nicht vorbereitet und höchstens zu einer informellen Dominanz in der Welt bereit. Deshalb haben die Amerikaner die Chance nicht genutzt; sie glaubten an die Vorzüge einer indirekten Herrschaft durch den Export des »American Way of Life« und bevorzugten zur Eindämmung der sowjetischen Machtausweitung die Form des »Kalten Krieges« statt des Einsatzes des vorhandenen Machtpotenzials. Erst als Anfang der sechziger Jahre wegen des nuklearen Gleichgewichts der Kalte Krieg entschärft werden musste, war die UdSSR zum militärisch gleichwertigen Sieger des Zweiten Weltkrieges aufgestiegen. Obwohl es nach dem größten aller Kriege nicht gelungen war, eine tragfähige Friedensordnung zu schaffen, entstand ein halbwegs stabiles Gleichgewicht, als mit der Verfestigung von zwei gegensätzlichen Blöcken klar war, dass nennenswerte territoriale Veränderungen nicht mehr ohne die Katastrophe eines nuklearen Weltkrieges möglich sein würden.

Obwohl unter den vier Siegermächten scheinbar gleichberechtigt, verloren Großbritannien und Frankreich ihre herausragende Stellung im Mächtesystem und sogar ihre traditionelle europäische Großmachtstellung, ohne diese Tatsache zunächst im gleichen Maße zu akzeptieren. Großbritannien hatte seine Funktion als Garant des europäischen Gleichgewichts und damit seine indirekte Führungsrolle in Europa verloren. Der schon im Ersten Weltkrieg beginnende Prozess der Auflösung des Britischen Empires wurde durch den Zweiten Weltkrieg unumkehrbar beschleunigt. Hatte Hitler die Überzeugung besessen, Großbritannien würde sich einem »großgermanischen« Deutschland anschließen, um nicht zum Juniorpartner der USA herabzusinken, so hatten die Briten die Juniorpartnerschaft mit den Amerikanern eindeutig einer solchen mit Hitler vorgezogen. Die Abwahl Churchills im Juli 1945 kann als Indiz dafür gewertet werden, dass die Mehrzahl der Briten bereit war, sich mit einer bescheideneren »Weltmachtstellung« abzufinden. Im Gegensatz dazu stand die Politik Frankreichs, das immerhin formal wieder als Großmacht anerkannt worden war, noch Jahrzehnte lang unter dem Missverhältnis von Wollen und

202 Tote nach Luftangriff in Berlin. Foto, 1944.

	Soldaten	Zivilbe-völkerung	Gesamt-verluste
UdSSR	13 600	7 000	20 600
Deutsches Reich	3 250	3 800*	7 050
Polen	100	5 500	5 600
Jugoslawien	300	1 400	1 700
Frankreich	250	350	600
Tschechoslowakei	150	318	468
Rumänien	200	260	460
Ungarn	140	280	420
Italien	330	80	410
Großbritannien	326	62	388
Österreich	230	104	334
Litauen	302	k.A.	302
Niederlande	12	198	210
Lettland	209	k.A.	209
Griechenland	20	140	160
Estland	144	k.A.	144
Belgien	12	76	88
Finnland	86	2	88
Bulgarien	10	10	20
Norwegen	6	4	10
Dänemark	k.A.	2	2
Europa insgesamt	19 679	19 584	39 263

Opfer der Kriegshandlungen unter Soldaten und Zivilbevölkerung der europäischen Staaten

Angaben in 1000
* einschließlich der »Volksdeutschen« in Osteuropa

203 Handelsübliche Kondolenzkarte.

FÜR FREIHEIT u. VATERLAND

Herzliche Teilnahme

435

Können, den begrenzten Möglichkeiten und der Selbstüberschätzung in der europäischen, vor allem aber in der Weltpolitik. Der erfolglose Versuch, das französische Kolonialreich wiederherzustellen, fesselte die französischen Kräfte mehr als 15 Jahre lang in Indochina und Nordafrika, führte aber schließlich auch zur Rückbesinnung auf die Rolle Frankreichs in Europa und zur Einsicht in die Notwendigkeit der Integration Europas.

Für das Deutsche Reich stellte Hitlers Ziel der Erringung einer Weltvormachtstellung einen Bruch mit dem traditionellen preußisch-deutschen Großmachtanspruch dar und ging auch prinzipiell über die Ziele des italienischen »Juniorpartners« – Errichtung eines Mittelmeer-Imperiums – und des japanischen Verbündeten – Vorherrschaft über einen südostasiatischen Großraum – hinaus. Die extreme Zielsetzung der Nationalsozialisten wurde aber von den wenigsten Deutschen erkannt. Da die bevorstehende totale Niederlage nicht nur das Scheitern dieser Weltmacht-Bestrebungen, nicht nur das Ende der traditionellen deutschen Großmachtstellung, sondern den Untergang des Bismarck-Reiches einschloss, saßen Hitler und die Mehrheit der »alten Führungsschicht« zumindest hinsichtlich der dritten Konsequenz in einem Boot und hatten trotz aller nationalsozialistischen Untaten teilweise das selbe Interesse: den Zusammenbruch des Reiches irgendwie verhindern oder wenigstens so lange wie möglich hinausschieben. Das – wie die zu erwartenden Gräueltaten der Roten Armee – erklärt zum Teil die Härte und die Hartnäckigkeit des Widerstandes der Wehrmacht bis zum Eintritt der militärisch-politischen Katastrophe. Weil aber die Fortdauer des Krieges es Hitler ermöglichte, unter Verschleierung sein zweites Kriegsziel, die Vernichtung der jüdischen Bevölkerung Europas zu Ende zu bringen, bedeutete das Offenbarwerden dieses Zusammenhangs überdies eine moralische Katastrophe für das deutsche Soldatentum.

Dass es des ▶ »Führers« Absicht gewesen war, dafür zu sorgen, dass das deutsche Volk die Schmach einer Niederlage nicht überleben sollte, wussten die wenigsten Deutschen. Ein großer Teil von ihnen vermochte deshalb die Kapitulation im Mai 1945 auch nicht als ▶ Befreiung zu empfinden. Eher herrschte Erleichterung vor, »davongekommen« zu sein vor den äußeren Gefahren des Krieges und dem Terror des Regimes. Die rassistischen Verbrechen wurden zunächst teilweise gar nicht begriffen, teilweise verdrängt und nur zögernd mit Bestürzung zur Kenntnis genommen. Fassungslosigkeit herrschte über den Untergang des deutschen Nationalstaates, dessen Ende aber wohl die Voraussetzung dafür war, dass sich zunächst in den westlichen Besatzungszonen eine demokratische, freiheitliche und soziale Staatsform entwickeln konnte. Durch die tendenzielle Einebnung sozialer Unterschiede in der »Volksgemeinschaft« des »Dritten Reiches«, die Zerschlagung seines Kernstaates Preußen und die Verdrängung seiner traditionellen Führungsschicht waren in den Westzonen die Grundlagen für die stetige Entwicklung zu einer Zivilgesellschaft gegeben, während in Ostdeutschland für vier Jahrzehnte eine militarisierte Gesellschaft unter anderen Vorzeichen Realität blieb.

Konsequenterweise musste die Bundeswehr deshalb auch den Bruch mit den militärischen Traditionen – von einigen Ausnahmen abgesehen – vollziehen, wenn es in ihren Anfangsjahren auch nicht immer leicht war, sich vom verführerischen Vorbild der Wehrmacht zu lösen.

436

206
Die Ruine der Neuen Reichskanzlei:
Soldaten der Roten Armee vor dem
herabgestürzten Reichsadler, der über
dem Eingang zum Ehrenhof im Osttrakt
angebracht war. Foto, Mai 1945.

205 Hitler zeichnet im Garten der Reichskanzlei in Berlin Angehörige der Hitler-Jugend mit dem Eisernen Kreuz aus. Die Szene war in der letzten Ausgabe der Wochenschau am 23. März 1945 zu sehen.

1 Adolf Hitler, »Politisches Testament« (29. April 1945)

Die letzte von Hitler überlieferte Botschaft hatte er wenige Stunden vor seinem Selbstmord verfasst. Das Original-Dokument wurde vernichtet und nach den Schilderungen Oberst von Belows, des Luft-waffenadjutanten Hitlers, rekonstruiert.

»Das Volk und die Wehrmacht haben in diesem langen und harten Kampf ihr Alles und Letztes hergegeben. Das Opfer ist ein ungeheures gewesen. Aber mein Vertauen ist von vielen mißbraucht worden. Treulosigkeit und Verrat haben die Widerstandskraft während des ganzen Krieges untergaben. Deshalb war es mir nicht vergönnt, mein Volk zum Sieg zu führen. Der Generalstab des Heeres war mit dem Generalstab des ersten Weltkriegs nicht zu vergleichen. Seine Leistungen stehen weit zurück hinter denen der kämpfenden Front. [...] Die Anstrengungen und Opfer des deutschen Volkes in diesem Krieg waren so groß, daß ich nicht glauben kann, sie könnten umsonst gewesen sein. Es muß weiter das Ziel sein, dem deutschen Volk Raum im Osten zu gewinnen.«

Zit. nach: Hugh Redwald Roper, Hitlers letzte Tage, Zürich 1948, S. 188

1 Richard von Weizsäcker, »Rede zum 40. Jahrestag des Kriegsendes« (8. Mai 1985)

Der Bundespräsident hielt im Plenarsaal des Bundestages in Bonn seine viel beachtete Rede.

»Der 8. Mai war ein Tag der Befreiung. Er hat uns alle befreit von dem menschenverachtenden System der nationalsozialistischen Gewaltherrschaft. Niemand wird um dieser Befreiung willen vergessen, welche schweren Leiden für viele Menschen mit dem 8. Mai erst begannen und danach folgten. Aber wir dürfen nicht im Ende des Krieges die Ursache für Flucht, Vertreibung und Unfreiheit sehen. Sie liegt vielmehr in seinem Anfang und im Beginn jener Gewaltherrschaft, die zum Krieg führte. Wir dürfen den 8. Mai 1945 nicht vom 30. Januar 1933 trennen. Wir haben wahrlich keinen Grund, uns am heutigen Tag an Siegesfesten zu beteiligen. Aber wir haben allen Grund, den 8. Mai 1945 als das Ende eines Irrweges deutscher Geschichte zu erkennen, das den Keim der Hoffnung auf eine bessere Zukunft barg.

Der 8. Mai ist ein Tag der Erinnerung. Erinnern heißt, eines Geschehens so ehrlich und rein zu gedenken, daß es zu einem Teil des eigenen Innern wird. Das stellt große Anforderungen an unsere Wahrhaftigkeit. Wir gedenken heute in Trauer aller Toten des Krieges und der Gewaltherrschaft. Wir gedenken insbesondere der sechs Millionen Juden, die in deutschen Konzentrationslagern ermordet wurden. Wir gedenken aller Völker, die im Krieg gelitten haben, vor allem der unsäglich vielen Bürger der Sowjetunion und der Polen, die ihr Leben verloren haben. Als Deutsche gedenken wir in Trauer der eigenen Landsleute, die als Soldaten, bei den Fliegerangriffen in der Heimat, in Gefangenschaft und bei der Vertreibung ums Leben gekommen sind. Wir gedenken der ermordeten Sinti und Roma, der getöteten Homosexuellen, der umgebrachten Geisteskranken, der Menschen, die um ihrer religiösen oder politischen Überzeugung willen sterben mußten. Wir gedenken der erschossenen Geiseln. Wir denken an die Opfer des Widerstandes in allen von uns besetzten Staaten. Als Deutsche ehren wir das Andenken der Opfer des deutschen Widerstandes, des bürgerlichen, des militärischen und glaubensbegründeten, des Widerstandes in der Arbeiterschaft und bei Gewerkschaften, des Widerstandes der Kommunisten. Wir gedenken derer, die nicht aktiv Widerstand leisteten, aber eher den Tod hinnahmen, als ihr Gewissen zu beugen.«

Zit. nach: Friedbert Pflüger, Richard von Weizsäcker. Ein Portrait aus der Nähe, München 1993, S. 475–490

437

AA	Auswärtiges Amt
Abt.	Abteilung
Abw.	Abwehr
a.D.	außer Dienst
a.d.	an der
AEG	Allgemeine Elektrizitäts-Gesell-schaft
AHA	Allgemeines Heeresamt
AK	Armeekorps
Anst.	Anstalt
AOK	Armeeoberkommando
Arbeitn.	Arbeitnehmer
Art.	Artikel
Art.	Artillerie
Ausl.	Ausland
Bd/Bde	Band/Bände
BdA	Befehlshaber der Aufklärungs-streitkräfte
BdE	Befehlshaber des Ersatzheeres
BdL	Befehlshaber der Linienschiffe
BdP	Befehlshaber der Panzerschiffe
BdU	Befehlshaber der U-Boote
Befehls.	Befehlshaber
Belg.	Belgien
Brig.	Brigade
BRT	Bruttoregistertonnen
bzw.	beziehungsweise
ca.	circa
ChefHRü	Chef der Heeresrüstung
Chefs.	Chefsache
cm	Zentimeter
DAF	Deutsche Arbeitsfront
d.Art.	der Artillerie
d.Ä.	der Ältere
DDP	Deutsche Demokratische Partei
d.h.	das heißt
d.I.	der Infanterie
Div.	Division
d.J.	der Jüngere
d.Kav.	der Kavallerie
DNVP	Deutschnationale Volkspartei
dt.	deutsche
Dulag	Durchgangslager (für Kriegsge-fangene)
DVP	Deutsche Volkspartei

ebd.	ebenda
E.K.	Eisernes Kreuz
engl.	englisch
erw.	erweitert
e.V.	eingetragener Verein
FdM	Führer der Minensuchboote
FdT	Führer der Torpedoboote
FdU	Führer der Unterseeboote
Fla	Flugabwehr
Fla-MG	Flugabwehr-Maschinengewehr
franz.	französisch
Frhr.	Freiherr
GenInsp.	Generalinspekteur
GenSt	Generalstab
Geschw.	Geschwader
Gestapo	Geheime Staatspolizei
GI	*Government Issue* (= Regierungs-eigentum; Bezeichnung für einfache US-amerikanische Infanteristen)
GmbH	Gesellschaft mit beschränkter Haftung
gr.	griechisch
Grp.	Gruppe
Grfl	Gruppenführer Flieger
h	*hour* (engl.; Stunde)
Halbbd	Halbband
HGr	Heeresgruppe
HJ	Hitlerjugend
HKL	Hauptkampflinie
HL	Heeresleitung
Hrsg.	Herausgeber
HRü	Heeresrüstung
i.G.	im Generalstab
ILÜK	Interalliierte Luftfahrt-Über-wachungskommission
IMKK	Interalliierte Militärkontroll-Kommission
Inf.	Infanterie
Ing.	Ingenieur
k.A.	keine Angaben
Kav.	Kavallerie
Kav.-Div.	Kavalleriedivision

439

Kdo.	Kommando	NSDAP	Nationalsozialistische Deutsche Arbeiterpartei
Kds.	Kommandos		
KfZ	Kraftfahrzeug	NSFO	Nationalsozialistischer Führungsoffizier
Kgr.	Königreich		
km	Kilometer	NSV	Nationalsozialistische Volkswohlfahrt
km/h	Kilometer pro Stunde		
Kofl	Kommandeur der Flieger		
KoGenLuft	Kommandierender General Luftstreitkräfte	OB	Oberbefehlshaber
		ObdH	Oberbefehlshaber des Heeres
Koluft.	Kommandeur Luftstreitkräfte	ObdL	Oberbefehlshaber der Luftwaffe
Komintern	Kommunistische Internationale	ObdM	Oberbefehlshaber der Kriegsmarine
Kp	Kompanie		
KPD	Kommunistische Partei Deutschlands	Offz.	Offiziere
		OHL	Oberste Heeresleitung
KRA	Kriegsrohstoffabteilung	OKH	Oberkommando des Heeres
Krz.	Kreuzer	OKM	Oberkommando der Kriegsmarine
KSSVO	Kriegssonderstrafrechtsverordnung		
		OKW	Oberkommando der Wehrmacht
KStVO	Kriegsstrafverfahrensordnung	Org.	Organisation
K.u.k.	Kaiserlich und königlich		
KZ	Konzentrationslager	PA	Heerespersonalamt
		Pers.	Personal
lat.	lateinisch	PKW	Personenkraftwagen
LKW	Lastkraftwagen	PS	Pferdestärken
Lt.	Leutnant	Pz.	Panzer
LUX.	Luxemburg	PzK	Panzerkorps
Lw	Luftwaffe	Radf.	Radfahr
LwFü	Luftwaffenführung	RAF	*Royal Air Force* (= Königliche Luftstreitkräfte; Luftwaffe Großbritanniens)
M.A.A.	Marine-Artillerie-Abteilung		
mech.	mechanisiert	rd.	rund
MG	Maschinengewehr	Rgt.	Regiment
mil.	militärisch	RM	Reichsmark
mot.	motorisiert	RSDRP	Russische Sozialdemokratische Arbeiterpartei
MSPD	Mehrheitssozialdemokratische Partei Deutschlands		
		RSHA	Reichssicherheitshauptamt
		russ.	russisch
Nachr.	Nachrichten	RV	Reichsverfassung
NDL.	Niederlande		
N.F.	Neue Folge	SA	Sturmabteilung (der NSDAP)
NIACC	*Naval Inter-Allied Comission of Control* (= Interalliierte Marine-Überwachungskommission)	S-Boot	Schnellboot
		SD	Sicherheitsdienst (der SS)
		Sipo	Sicherheitspolizei
NKWD	*Narodnyi komissariat vnutrennich del* (= Volkskommissariat für Innere Angelegenheiten; sowjetischer Geheimdienst)	Skl	Seekriegsleitung
		S.M.	Seine Majestät
		SPD	Sozialdemokratische Partei Deutschlands
NS	Nationalsozialistisch	SS	Schutzstaffel (der NSDAP)

ständ.	ständiger	Verb.	Verband
Stat.	Statik	Vers.	Versorgung
Stuka	Sturzkampfflugzeug	Vertr.	Vertretung
		Vertr.	Vertreter
T.	Teil(e)	VL	Volksliste
TA	Truppenamt	v.li.	von links
T-Boot	Torpedoboot	vol.	volume (engl.; Band)
ts	Tonnen	Vorw.	Vorwort
Tr.	Trupp		
Trup.	Truppe		
		WA	Wehramt
u.a.	unter anderem/und andere	WaA	Heereswaffenamt
U-Boot	Unterseeboot	WG	Wehrgesetz
UdSSR	Union der Sozialistischen	W'haven	Wilhelmshaven
	Sowjetrepubliken	wiss.	wissenschaftlich
USA	United States of America	W.O.	Wachhabender Offizier
USPD	Unabhängige Sozialdemokrati-		
	sche Partei Deutschlands	z.B.	zum Beispiel
usw.	und so weiter	z.b.V.	zur besonderen Verfügung
u.v.a.	und viele andere	Zg.	Zug
		z.S.	zur See
V	Verfügung(en)	z.T.	zum Teil
VA	Heeresverwaltungsamt	zugl.	zugleich

Personenregister

Es sind lediglich die Personen der Zeitgeschichte angegeben, die im Haupttext Erwähnung finden. Die Platzierung des jeweiligen Biogramms, falls vorhanden, ist fett ausgezeichnet.

444

Angegeben werden die Bildnummern des jeweiligen Epochenabschnittes. Die unbezifferten Bilder der Einführung (S. IX–XIII) entstammen dem Familienbesitz des Autors.

Erster Weltkrieg
akg-images 1–5, 7, 9, 11, 13, 19–21, 23, 25, 27–31, 35, 37 f., 41 f., 46, 48, 53, 59, 61, 63, 66, 69, 78, 83 f., 86–90, 92–94, 96 f., 101, 103, 105, 108, 110, 114, 116, 120–125, 129, 136–140, 142, 144 f., 147–149, 151, 153 f., 156, 158, 160, 163, 165, 169, *Otto Dix/VG Bild-Kunst/Bonn 2017:* 12, *Jean-Gabriel Domerque/ VG Bild-Kunst/Bonn 2017:* 77, *Gerhard Gossmann/VG Bild-Kunst/Bonn 2017:* 141, *Sotheby's* 32 f. **bpk Bildagentur** 98, 143 **BArch** 49(Plak 001-005-080/Louis Oppenheim) 85 (Bild 146-1974-132-26A), 112 (Bild 134-C1481), 150 (Bild 183-R27066), 168 (Bild 146-1972-062-01), **Bundesarchiv in Freiburg i.Br.** 6, 72, 91, 113, 119 **Deutsches Historisches Museum, Berlin** 34, 45, 47, 104, 109 **Landesbildstelle Berlin** 146 **Gunnar Lucke, Berlin** 39, 60, 64 f., 71, 79, 95, 100, 155 **Luftwaffenmuseum der Bundeswehr** 161, 162 **Militärhistorisches Museum Dresden** *Ingrid Meier* 10, 14 f., 26, 36, 43 f., 51 f., 54–58, 67 f., 70, 73–76, 80–82, 102, 106, 111, 115, 117 f., 126–128, 130–134, 152, 164, 167 **Knud Neuhoff, Berlin** 107 **ullstein bild** 17 f., 22, 24, 40, 50, 62, 135, 157, *Haeckel-Archiv* 8, *Keystone:* 159

Weimarer Republik
akg-images 1–4, 6–9, 12–17 19 f., 22 f., 25 f., 28–31, 39 f., 42, 44–46, 49, 52 f., 56 f., 61–63, 66, 72 f., 76, 78–88, 90 f., 93 f., 100 f., 106, 110, 112, 115, 122 f., 129, 133, 135, 140, 142–145, 154 f., 157, 174, 177, 179 f. **bpk Bildagentur** 37, 175, *Studio Niermann/Emil Bieber:* 146, *Atelier Bieber/Nather:* 162, *Heinrich Hoffmann:* 70 **BArch** 16 (Plak 002-029-031/Hans Schweitzer) 18 (Plak 002-012-058/ Frenzel) 21 (Plak 002-016-047/Hans Schweitzer), 27 (Bild 146-1977-074-08/Robert Sennecke), 48 (Bild 146-2005-0163/Oscar Tellgmann), 92 (Plak 002-012-058), 96 (Plak 002-007-186-T2/Lucian Zabel), 98 (RH 2 Bild-02292-043), 102 (Plak 002-029-039/Richard Müller), 103 (Bild 102-11704/Georg Pahl), 105 (Plak 002-037-029/Karl Geiss), 107 (Plak 002-015-057/Lily Wiessner-Zilcher), 109 (Bild 102-03487), 111 (Bild 146-1974-132-26A), 113 (Bild 102-1E096/Georg Pahl), 116 (Bild 134-B0272), 138 (Bild 136-1353/ Oscar Tellgmann), 163 (Bild 102-01234/Georg Pahl) [Ausschnitt] **Bundesarchiv in Freiburg i.Br.** 55, 77, 134, 141, 160 f., 165–168, 173, 176, 178, 181–183 **Bundeswehr** *Detmar Modes* 67 **Deutsches Marinemuseum Wilhelmshaven** 59 **Anna Maria Engelmann, Werder** 153 **Marineschule Mürwik** 51, 71, 108, 164, 169–171, 184 **Militärhistorisches Museum Dresden** *Ingrid Meier* 5, 10 f., 34, 36, 41, 47, 54, 58, 68 f., 74 f., 89, 104, 114, 117, 119–121, 136 f., 139, 141, 156, 158 f. **Daniela Morgenstern, Berlin** 152 **Potsdam-Museum** 147, 149 **Bundesregierung** *Klaus Lehnartz* 65 **Schifffahrtsmuseum Kiel** 132 **Wolfgang Schmidt, Potsdam** 151 **ullstein bild** 33, 38, 64, 127 f. *histopics:* 35 *SZ-Photo:* 50 **Wehrgeschichtliches Museum Schloss Rastatt** 24, 32, 99

Publikationen:
Albert Benary, Rüstungsfibel, Verlag »Offene Worte«, Berlin 1933 118 *Bruno Buchrucker, Im Schatten Seeckts, Kampf-Verlag, Berlin 1928* 95 *Walter Flex, Der Wanderer zwischen den Welten, C.H. Beck'sche Verlagsbuchhandlung, München 1935* 126 *Ernst Jünger, In Stahlgewittern. Ein Kriegstagebuch, E.S. Mittler&Sohn, 14. Aufl., Berlin 1934* 130 f. *Manfred Freiherr von Richthofen, Der rote Kampfflieger. Eingeleitet und ergänzt von Bolko Freiherr von Richthofen, Ullstein Verlag, 3. Aufl., Berlin 1933* 124 f. *Schlachten des Weltkrieges. In Einzeldarstellungen bearbeitet und hrsg. im Auftrage des Reichsarchivs, Bd 31: Die Tankschlacht von Cambrai 20.–29. November 1917, Verlag Gerhard Stalling, Berlin 1929* 148, 150

»Drittes Reich«
akg-images 2 f., 5, 8 f., 11, 14, 18, 20 f., 27, 29, 33, 41, 43, 54, 59, 70, 81 f., 86, 92, 96, 103 f., 107, 115, 128, 140, 143, 149 f. *Hans Asemissen:* 19, *The Heartfield Community of Heirs/VG Bild-Kunst/Bonn 2017:* 52, *Pablo Picasso/Succession Picasso/VG Bild-Kunst/Bonn 2017:* 106, **bpk Bildagentur** 60: Staatsbibliothek zu Berlin, 105, 144 **BArch** 12 (Plak 002-042-072/Hans Gaflings), 30 (Plak 003-015-059/Ludwig Hohlwein), 31 (Bild 102-01234/Georg Pahl), 37 (Bild 102-16108A/Georg Pahl), 39 (Bild 183-S38324), 58 (Bild 136-B3516/Gustav Tellgmann), 62 (Plak 003-011-009, 85 (Bild 183-1987-0922-500/Scherl), 88 (Bild 146-1970-052-08), 91 (Bild 146-1970-052-2), 97 (Bild 146-1970-052-08), 108 (Bild 183-E06852/Scherl), 111 (Bild 102-16030/Georg Pahl), 118 (Bild 101I-769-0229-12A/Erich [Eric] Borchert), 131 (Bild 134-C0478) **Bundesarchiv in Freiburg i.Br.** 13, 34, 55 f., 80, 83 f., 89, 94 f., 99, 112 f., 117, 119 f., 135, 141 f., 146 **Bundeswehr** *Bernd Kühler* 45 **Deutsches Historisches Museum, Berlin** 4, 6 f., 10, 23, 25 f., 32, 47, 57, 66, 68, 71–75, 77, 87, 90, 93, 102, 152 **Deutsches Marinemuseum Wilhelmshaven** 109, 127 **Institut für Zeitgeschichte, Wien** 17 **Gunnar Lucke, Berlin** 101 **Luftwaffenmuseum der Bundeswehr** 145, 147 **Marineschule Mürwik** 130, 133 f., 138, 154 **MGFA** 42 **Militärhistorisches Museum Dresden** *Ingrid Meier* 15 f., 28, 35 f., 44, 46, 49–51, 53, 61, 63 f., 67, 69, 76, 78, 100, 114, 116, 121 f., 129, 132, 136, 139, 151, 153 **Süddeutscher Verlag Bilderdienst** 123 **ullstein bild** 65, *SZ-Photo:* 1, *Keystone:* 148

Publikationen:
Walter Görlitz, Geschichte des deutschen Generalstabes von 1650–1945, Bechtermünz Verlag, Augsburg 1997 98 *Adolf Hitler, Mein Kampf, Franz Eher Verlag, 597. Aufl., München 1941* 22 *Der nationalsozialistische Staat. Grundlagen und Gestaltung. Urkunden des Aufbaus – Reden und Vorträge. Hrsg. von Walther Gehl, Ferdinand Hirt Verlag, Breslau 1933* 79 *Siegfried Sorge, Der Marineoffizier als Führer und Erzieher, E.S. Mittler&Sohn, 4. Aufl., Berlin 1943* 137

Zweiter Weltkrieg

akg-images 1–4, 6, 8–10, 13 f., 16, 21, 24–27, 30 f., 34, 51, 53, 55 f., 62 f., 65, 71, 78, 80–82, 84, 87, 95, 98 f., 101, 104, 107–109, 116–120, 125, 133, 137, 139, 145 f., 156, 158, 161, 163 f., 173, 178, 186–188, 190, 196, 200 f. **Archiv Marine Offizier Vereinigung/Deutsches Marine Institut** 174, 179, 181, 183, 185 **Bibliothek für Zeitgeschichte, Stuttgart** 5, 171, 191 **bpk Bildagentur** 152 **BArch** 7 (B 145 Bild-P008041), 11 (Bild 101I-540-0403-09/Helmuth Pirath), 17 (Plak 003-020-019/H. Stalüter), 33 (Plak 003-028-063/René Ahrlé), 39 (Bild 183-B25445/Rabenberger), 41 (Bild 183-H28897/Pips Plenik), 45 (Bild 183-J05235/Ernst Schwahn), 47 (Plak 003-025-017/Walter Biedermann), 67 (Bild 146-2004-0041), 68 (Bild 183-1983-0210-507/Heinrich Hoffmann [Ausschnitt]), 73 (Bild 101III-Mielke-036-23), 85 (Bild 101I-212-0221-07/Thiede), 147 (Bild 146-1971-070-73/Jesse), 153 (Bild 146-1977-158-07/Moosmüller), 169 (Bild 101II-MW-0905-15/Sander) **Bundesarchiv in Berlin** 29, 36, 40, 43, 49 f., 74, 77, 89, 92, 112, 148, 159, 168, 177, 192, 198 f. **Bundesarchiv in Freiburg i.Br.** 58, 69, 102 f., 115, 150, 189, 202 **Bundeswehr** *Langheinrich* 72 *Marcus Rott* 83, 143 **Deutsches Historisches Museum, Berlin** 20, 90, 120 f., 157 **Deutsches Marinemuseum Wilhelmshaven** 166, 175, 180 **Sammlung Wolfgang Haney, Berlin** 15 **Privatarchiv Familie Hosenfeld, Fulda** 60 **Gunnar Lucke, Berlin** 160 **Militärhistorisches Museum Dresden** *Ingrid Meier* 32, 37, 42, 44, 48, 54, 59, 75 f., 91, 94, 96 f., 100, 105 f., 114, 124, 126, 128–132, 134–136, 140, 149, 151, 162, 203 **Marineschule Mürwik** 165, 167, 170, 184 **Süddeutscher Verlag Bilderdienst** *SZ Photo* 22 **ullstein bild** 64, 66, 79, 93, 110, 172, 193 f. *Walter Frentz:* 86, 88, *TopFoto:* 111, *Roger Viollet:* 142, *Süddeutsche Zeitung Photo/Scherl:* 28, 113, 154, *Heirnich Hoffmann:* 155

Publikationen:

Mit Hitler im Westen. Hrsg. von Heinrich Hoffmann, Zeitgeschichte-Verlag, Berlin 1940 12 *Der nationalsozialistische Staat. Grundlagen und Gestaltung, Urkunden des Aufbaus – Reden und Vorträge. Hrsg. von Walther Gehl, Ferdinand Hirt Verlag, Breslau 1933* 35 *Signal, Jg. 1943/44* 176, 182

Autoren

Gerhard P. Groß

Ernst Willi Hansen

Karl-Volker Neugebauer

Harald Potempa

Werner Rahn